浦口简志

南京市浦口区地方志编纂委员会办公室

方志出版社

图书在版编目（CIP）数据

浦口简志 / 南京市浦口区地方志编纂委员会办公室编 .—— 北京：方志出版社，2019.4

ISBN 978-7-5144-3737-9

I. ①浦… II. ①南… III. ①区（城市）—地方志—南京 Ⅳ . ① K295.34

中国版本图书馆 CIP 数据核字（2019）第 125312 号

浦 口 简 志

编　　者：南京市浦口区地方志编纂委员会办公室
责任编辑：王　俊

出 版 人：冀祥德
出 版 者：方志出版社
地址　北京市朝阳区潘家园东里 9 号（国家方志馆 4 层）
邮编　100021
网址　http://www.fzph.org
发　　行：方志出版社发行中心
电话（010）67110500
经　　销：各地新华书店
印　　刷：南京四彩印刷有限公司

开　　本：787 × 1092　　1/16
印　　张：23.875
字　　数：456 千字
版　　次：2019 年 4 月第 1 版　　2019 年 4 月第 1 次印刷
印　　数：0001 ~ 1500 册

ISBN 978-7-5144-3737-9　　定价：260.00 元

《浦口简志》编纂委员会

（2014 年 10 月成立）

主　　任　王　磊

常务副主任　吴光政

副 主 任　刘玉冬　史小华　陆先明

委　　员　窦仕海　朱久康　韩　忠　程　媛　许国平　刘党伟　宋仁荣
　　　　　王明玉　姚海洋　李家云　徐道俊　黄　文　石　磊　杨延龙
　　　　　黄　荣　方　强　孙治国　徐立新　蒯文荣　柯华龙

（2019 年 1 月调整后）

主　　任　曹海连

常务副主任　陈晓路

副 主 任　韩　忠　郭玉臣　马文媛

委　　员　窦仕海　陈小涛　徐道俊　柯华龙　史小华　林　云　余荣国
　　　　　胡祥国　刘建武　吴长兆　欧阳华江　郑恒萍　袁　婷
　　　　　葛　梅　徐茂荣　周　娅

南京市浦口区地方志编纂委员会办公室

主　　任　陆先明（2012.2 ～ 2016.12）
　　　　　马文媛（2017.2 ～ ）

副 主 任　吴国华（2009.2 ～ 2017.3）
　　　　　李永胜（2017.5 ～ ）

工作人员　朱军玲　徐　源

《浦口简志》编纂人员

主　　编　陆先明　马文媛

副 主 编　吴国华　李永胜

撰　　稿　刘海东　朱军玲

审　　读　徐　源　卢仕松　刘尚和　杨万友　杨宇金　周世泉

浦口区地图

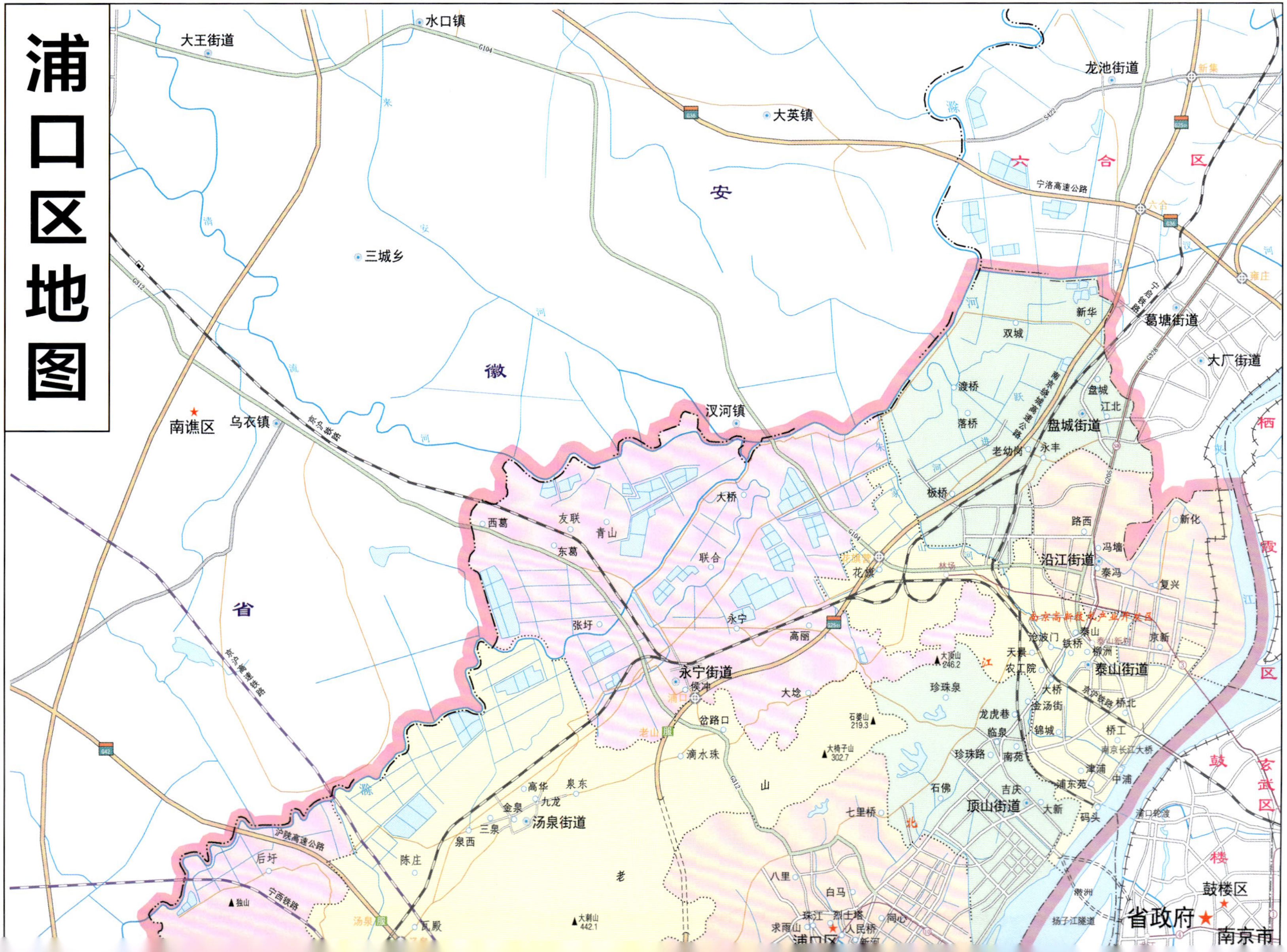
大王街道
水口镇
三城乡
大英镇
龙池街道
六合区
安徽省
南谯区
乌衣镇
汉河镇
葛塘街道
大厂街道
新华
双城
渡桥
落桥
盘城
江北
盘城街道
老幼岗
永丰
板桥
栖霞区
新化
路西
冯墙
沿江街道
泰冯
复兴
西葛
友联
青山
东葛
大桥
联合
花旗
张圩
永宁
高丽
南京高新技术产业开发区
沧波门
泰山
铁桥
柳洲
京新
天景
农工院
泰山街道
永宁街道
侯冲
珍珠泉
大桥
金汤街
桥北
大埝
岔路口
石婆山 219.3
大顶山 246.2
龙虎巷
临泉
锦城
桥工
滴水珠
大椅子山 302.7
珍珠路
南苑
南京长江大桥
津浦
中浦
浦东苑
高华
泉东
九龙
金泉
三泉
汤泉街道
泉西
石佛
吉庆
顶山街道
大新
码头
七里桥
后圩
沪陕高速公路
宁西铁路
独山
陈庄
老山
瓦殿
大刺山 442.1
八里
白马
珠江
烈士塔
求雨山
人民桥
同心
浦口区
新河
鼓楼区
玄武区
省政府
南京市
扬子江隧道
宁洛高速公路

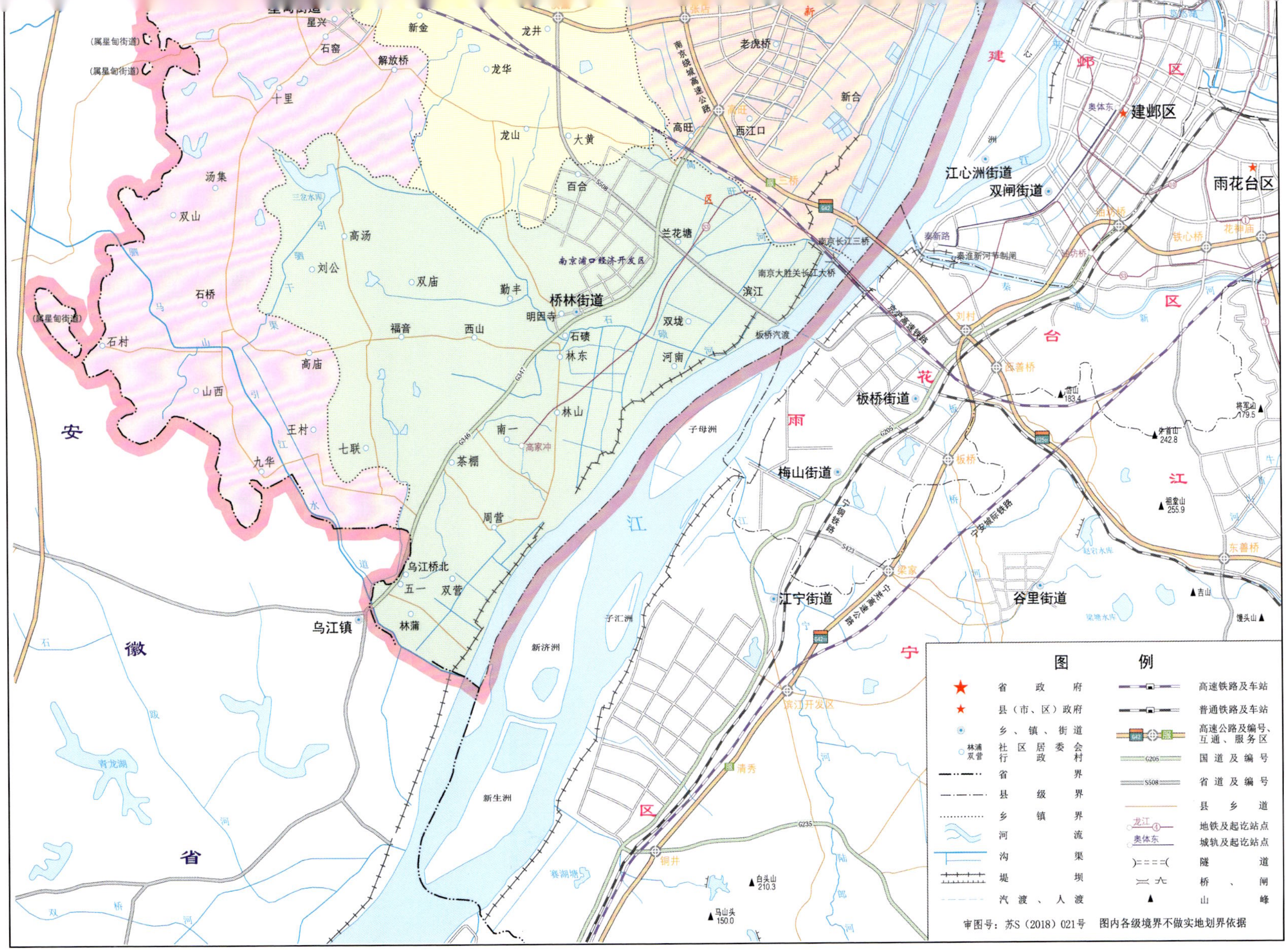

建邺区
雨花台区
江心洲街道
双闸街道
板桥街道
梅山街道
江宁街道
谷里街道
桥林街道
乌江镇
南京浦口经济开发区
建 邺 区
雨 花 台 区
江 宁 区
安 徽 省
星兴
石窑
解放桥
新金
龙井
龙华
龙山
大黄
老虎桥
新合
高旺
西江口
十里
汤集
双山
石桥
石村
山西
王村
九华
七联
高庙
刘公
高汤
双庙
福音
西山
勤丰
明因寺
石碛
林东
林山
南一
高家冲
茶棚
周营
乌江桥北
五一
双营
林蒲
百合
兰花塘
滨江
双垅
河南
板桥汽渡
南京长江三桥
南京大胜关长江大桥
南京绕城高速公路
京沪高速铁路
宁铜铁路
宁安城际铁路
宁芜高速公路
秦淮新河节制闸
秦新路
子母洲
子汇洲
新济洲
新生洲
青龙湖
三岔水库
(属星甸街道)
云台山 183.4
将军山 179.5
牛首山 242.8
祖堂山 255.9
吉山
馒头山
白头山 210.3
马山头 150.0
东善桥
梁家
滨江开发区
清秀
铜井
西善桥
板桥
刘村
铁心桥
花神庙
奥体东
三桥
图例
省政府
县（市、区）政府
乡、镇、街道
社区居委会
行政村
省界
县级界
乡镇界
河流
沟渠
堤坝
汽渡、人渡
高速铁路及车站
普通铁路及车站
高速公路及编号、互通、服务区
国道及编号
省道及编号
县乡道
地铁及起讫站点
城轨及起讫站点
隧道
桥、闸
山峰
审图号：苏S（2018）021号
图内各级境界不做实地划界依据

城南河晨韵（滕宏飞　摄）

陶塑人面像（新石器时代）

铜铙（商代晚期）

老山层峦叠嶂（刁爱国　摄）

达摩像石碑（立于明弘治四年）

明清时期的浦口城中敌台

明清时期宝塔山之晋王塔

明代庄昶墓诗碑

浦镇东门左所大街明清建筑

清代光绪年间复建的大成殿

中共南京地区第一个党小组——浦口党小组诞生地

浦口火车站

江浦街道凤凰大街
（郭华林　摄）

南京长江隧道
（郭华林　摄）

南京地铁 10 号线文德路站
（朱军玲　摄）

“八五”期间南京浦镇车辆厂研制的国内首列新型 SRZ 空调双层软座车

老山营养保健品公司生产大楼

南京铁塔集团有限公司

建于 20 世纪 90 年代的南京装饰城

台积电南京12吋晶圆制造基地（郭华林　摄）

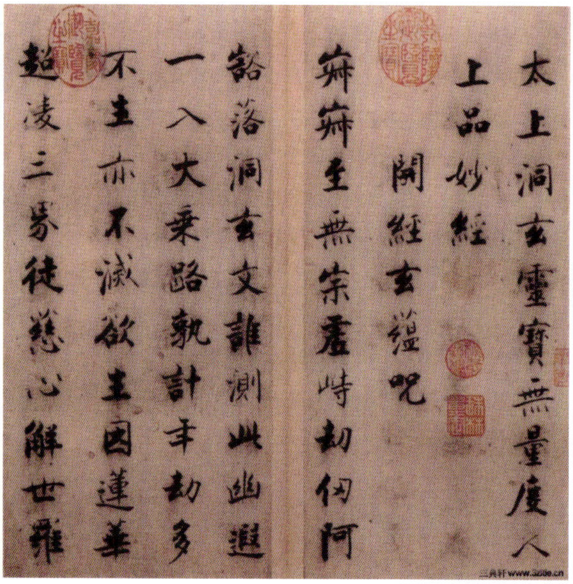

张即之书法

林散之

吴国亭国画《霜叶红胜花》

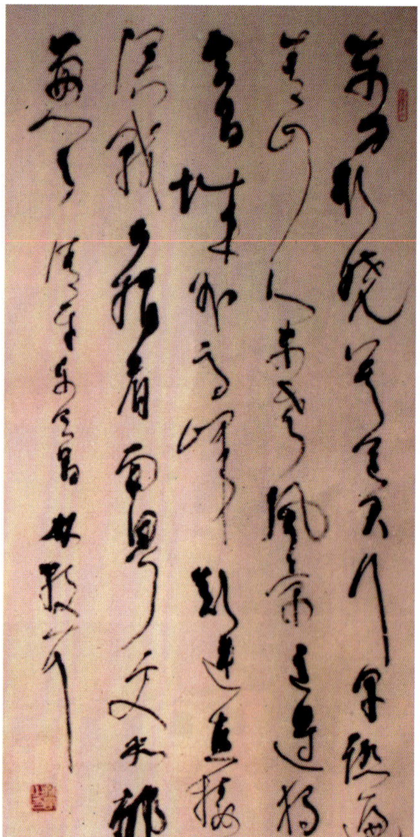

林散之书法作品

永宁手狮舞表演

序

《浦口简志》编修工作历时四载，三易其稿，终成卷帙。这是浦口区建置以来的第一部简志，也是我区拓展和创新方志服务社会的一次有益实践，是全区文化建设事业的又一成果。

编史修志是中华民族特有的文化传统。浦口区地方志编修始于明成化年间（1465 ~ 1487），历经明清至民国，曾 9 次修志，成书 7 部。每部志书对地方重大事件多有记述，堪称地方历史文化典籍，其中最有影响的为清光绪十七年（1891）由邑人侯宗海、夏锡宝编纂的《江浦埤乘》，被后人称为“浦邑唯一之良史”。新编地方志兴盛于中共十一届三中全会之后。自 1987 年起，先后依法编修和出版新编《江浦县志》，创修《浦口区志》，续修《江浦县志》，47 部镇街志、专业（部门）志，以及 7 部《江浦年鉴》、16 部《浦口年鉴》，文字总量 3500 多万字，全面系统地反映了浦口地区的历史与现状，是我区历史上规模空前的地方文献，在全国、省、市历次优秀志鉴评比中获各类奖项 20 多个。由于古代志书都是文言文，阅读有难度；新编志书部头大，动辄百数十万字，不便一般读者使用。为盘活和利用新旧志书和年鉴资源，开拓创新地方志服务功能，提高其社会效益，区政府于 2015 年初启动《浦口简志》编纂工作。

编撰《浦口简志》是一项全新的工作，按照横排纵写、述而不作的志书体例，力求结构简要、内容简明、文字简洁。以科学分类和现代社会分工，参照国民经济分类标准，全志设建置、环境、政治、经济、文化、社会、人物 7 章及自然资源、城镇建设、经济开发园区、中国共产党、政权沿革、农业、工业、房地产业、旅游业、教育、科技、文化遗产、民俗、宗教等 43 节；以 45 万字的篇幅，纵述浦口地区 5000 年文明史、中国共产党浦口小组成立以来 90 多年奋斗史、“三浦”解放以来特别是改革开放 30 多年发展史，再现浦口人民栉风沐雨、艰苦创业的历史足迹和勇立改革开放潮头的精神风貌。2002 年新浦口区成立后，经济实力大幅提升，地区生产总值、一般公共预算收入分别从 2002 年的 53.89

亿元、7.97 亿元增至 2015 年的 713.96 亿元、93.68 亿元，分别增长 12.25 倍、10.75 倍。基础设施建设快速推进，境内铁路、高速公路“内联网、外成环”，现有“两桥两隧三轨”与江南相连，正在形成“一江两岸、联动发展”的格局。思想文化建设取得新的进展，永宁街道侯冲社区党支部创新党建工作，把支部建在协会上的经验由中宣部向全国推介。诗词、书法等优秀传统文化大力弘扬，浦口区被文化部命名为中国民间文化艺术（书法）之乡。生态文明建设成效显著，我区先后被命名为全国生态示范区、国家生态区。社会事业全面发展，区中医院肛肠科被列为国家级农村中医重点专科，区体育局被评为全国体育先进单位，浦口区获评全国义务教育发展基本均衡区。人民生活不断改善，城、乡居民人均可支配收入分别由 30013 元、13204 元增长到 2015 年的 43687 元、19733 元。

“却顾所来径，苍苍横翠微”。翻阅《浦口简志》，聆听历史回声，必将激发全区人民更加热爱家乡的热情和奋发创业的激情。2015 年 6 月，国务院批准建设南京江北新区，浦口的发展又站在一个新的起点上。2017 年 8 月，区委四届三次全会提出“五个国家级”（国家级自主创新先导区、国家级开发区、国家级新型城镇化示范区、国家级旅游度假区、国家级现代农业示范区）奋斗目标。2018 年，浦口区委、区政府在全面贯彻落实党的十九大精神的开局之年，动员全区人民围绕浦口区新的定位和目标，奋进新时代，开启新征程，借力借势江北新区发展，推动产业向中高端迈进、创新向争一流迈进、城乡向一体化迈进、发展向绿色化迈进，为把浦口打造成特色鲜明、产业发达、生态宜居、现代开放的“江北明珠”而不懈奋斗！

是为序，更为愿！

浦口区人民政府区长

2019 年 7 月

凡　例

一、本志以马克思列宁主义、毛泽东思想、邓小平理论、“三个代表”重要思想、科学发展观、习近平新时代中国特色社会主义思想为指导，坚持辩证唯物主义和历史唯物主义的立场、观点和方法，概要记述浦口区自然、政治、经济、文化和社会的历史与现状，是社会各界和广大读者了解浦口的一部简明的资料性文献。

二、本志记述范围以2015年浦口区行政区划为准。对2002年前后的浦口区，分别用“原浦口区”（即1933～2001年）和“浦口区”（即今所辖江浦县、原浦口区，简称新区、全区或区境）表述，以示区别。“原浦口区”在本志同一自然段中多次出现时，为了减少重复，在其首次出现时写全称，以后出现时，可省去“原”字。

三、本志记述内容详今明古，突出重点。上限溯至事物源流，下限断至2015年，少数内容（图照）适当下延。

四、本志采取章节体与条目体相结合的编目结构，分章、节、目、子目4个层次，个别子目下设子子目；采用以志为主，述、志、传、图等综合体裁，以语体文记述。

五、本志遵循“生不立传”的原则，立传人物以本籍为主，排列以卒年先后为序。

六、本志纪年，中华人民共和国成立之前采用朝代年号纪年（包括民国纪年），在本志同一自然段首次出现时括注相应的公元纪年，如清宣统三年（1911），民国5年（1916）；为了记述方便和减少字数，在其以后出现时，可省去朝代年号和不加括注。1949年10月1日中华人民共和国成立后一律用公元纪年。

七、本志记述地名、机构等名称，均采用历史名称，并视需要括注今名。

八、本志自 1949 年后采用国家法定计量单位，少数内容为反映历史原貌仍保留旧制。

九、本志所记述的国民经济和社会发展相关数据以区、县统计年鉴为准；业务性内容主要采用史籍专著及部门、单位文字资料，依照通例一般不注明出处。

目　　录

第一章　建　　置

第二章　环　　境

第三章　政　　治

第四章　经　　济

第五章 文 化

第六章　社　　会

第七章 人 物

概　　述

浦口区位于江苏省中西部，地处长江北岸，东与南部与南京市栖霞区、鼓楼区、雨花台区、江宁区隔江相望，西与北部与安徽省和县、全椒县、滁州市南谯区、来安县，江苏省南京市六合区毗邻。2015 年，区域面积 913. 75 平方千米，城乡人口 64. 28 万人。

浦口历史悠久，据考古工作者推断，旧石器时代这里就有人类繁衍生息，新石器晚期创造了农业文明。明初建立江浦县，为浦口区建置之始。民国 22 年（1933），划江浦县浦口商埠区（浦口火车站、码头一带）建立南京市第八区（后改称浦口区），从此，形成区县同城的局面。为了加快南京市江北地区经济发展与城市化进程，2002 年 4 月，经国务院批准，撤销南京市江浦县、原浦口区，以原辖区域成立新的南京市浦口区。2015 年 6 月，国务院批准在南京市长江以北地区设立国家级南京江北新区。作为新区的核心区域，浦口区在新型城镇化建设等方面又一次迎来前所未有的新的发展机遇。

远古至元代

1980 年，在距区境 10 余千米的安徽省汪家山龙谭洞发掘一具完整的猿人头盖骨化石，考古工作者据此推断，早在 25 万年前浦口地区已有古人类活动。1983 年，营盘山古墓葬群遗址的发掘，证实距今 5000 年前后，浦口地区已进入以血缘为纽带的氏族公社时期。约从公元前 21 世纪夏朝历殷商、西周、春秋到战国早期，浦口地区先后属淮夷族及吴、越、楚民族的辖地。在已发掘的分布于石碛河、滁河流域的牛头岗、曹城子、蒋城子、大古堆、杨山头等台型文化古遗址中，有大量的房屋、灶坑、火塘遗迹，动物骨骼、水稻种子及秸秆遗痕和铁镢、青铜箭簇、铜鬲等遗物，表明浦口先民已经告别采摘、游猎和半穴居生活而逐步转向以农牧业生产为主的生存方式，开始过着自足的自然经济生活，印证了《史记》关于楚越之地，没有冻饿之苦，也没有千金富商之说。

秦、汉至南北朝时期，浦口地区中西部隶属九江郡东城县乌江亭地（后改乌江县），东部和东北部地区分别隶属棠邑县（后改堂邑县）、建阳县（后改全椒县、顿丘县）。西晋永嘉元年（307），于今泰山街道沧波门一带建宣化镇，隶尉氏县，与乌江县相接，此为浦口地区有文字记载的首个集镇，且因镇而衍生出宣化江、宣化渡、宣化山、宣化关、宣化巷等地名。“永嘉之乱”以后的二三百年间，北方晋人难忍阶级和民族的双重压迫，纷纷越淮南下，侨居长江南北。定都于建康（今南京）的东晋、刘宋等朝廷以侨置政区的对策，在流民集中之地，设置以其原籍为名的郡、县机构。所设秦郡尉氏县、怀德县和临滁郡初为“无辖地实土”，后改为从所在县域“裂土而治”，遂为“实县”，形成侨置郡县与本地郡县交错并存的建置混乱状况，这种特殊的侨立郡县之制至陈亡隋兴而废。梁普通七年(526)，西域高僧菩提达摩驻锡定山寺面壁修行，留有达摩岩、宴坐石、卓锡泉等遗迹，从此定山寺被国内佛教界称颂为“中国禅宗(达摩)第一道场”，遂使禅宗成为境内佛教的主流文化，也为该寺成为当代中国佛教研究中心南京达摩研究基地奠定了基础。

隋、唐至宋元时期，浦口地区分属乌江县地、六合县地、来安县地。隋开皇三年(583)，改宣化镇为六合镇，隶属六合县。八年，隋文帝命晋王杨广率精兵50万南下伐陈，至浦口桃叶山下屯兵，修筑晋王城。九年正月初一，隋军兵分两路(东路京口、西路采石)出师，直取建康。后人为了纪念晋王杨广，将其登临的桃叶山改名晋王山，并在山上修建一座晋王祠和晋王塔。唐代以后，朝廷鼓励百姓开荒发展农桑，浦口地区“旷土尽辟，桑拓满野”，塘坝、圩堤等农田水利设施逐步完善，农业、手工业、商业都有所发展。至元初，六合镇改名浦子市，亦称浦子口，成为江北地区的商贸重镇。唐宋两代，值得探究的是历久弥新的地域人文特色，即“张姓文化”现象。张氏自中唐张籍至宋代后期的近500年间，代有名人。出生于燕窝张村(今属桥林街道周营村)的张籍是中唐时代杰出的现实主义诗人，新乐府诗的先驱，在中国文学史上占有重要地位；千余年后，代表作《秋思》被收入现代人教版、沪教版小学语文课本，《节妇吟》被法国作曲家罗塞尔谱成曲子演奏，轰动巴黎乐坛。其后，有南宋不辱使命的外交使节张邵、居官廉静自守的诗人张祁、官至江南东路常平荣盐公事的张郯、累官至参知政事的进士张孝伯，更有上承苏轼、下开辛弃疾豪放词派的爱国词人、状元张孝祥，以及“以能书闻天下”的书艺可接力唐人、影响后世的书法革新家张即之等，他们犹如璀璨的星子，照亮了浦口历史和文化的天空，至今仍熠熠生辉。由唐而宋，李白、刘长卿、孟郊、孙觉、秦观、贺铸、王安石等客籍文人学士为浦口山水之美、人文之胜所吸引，先后挟艺莅临，并留有名篇佳作。其中，诗仙李白于唐天宝十二年(753)秋，从河南曹州南下宣城，至和州乌江县横江渡口(今属江浦街道西江口社区)时，天气骤变，暴雨陡至，江面上掀起滔天巨浪，诗人有感而作《横江词》六首。千百年来，《横江词》传唱不止，表明浦口人民对诗仙李白的敬仰之情。

明至清代

明代立国，建都金陵(今南京)。出于保卫京畿和巩固江北门户的需要，明王朝于洪武四年(1371)始筑浦子口城，先后于城内外设“五卫”(即应天卫、龙虎卫、武德卫、和阳卫、横海卫，驻卫士近3万人)、“三仓”(即储备粮、草和械器的国库)。又于九年六月，析六合县、滁州、和州边地置江浦县，治浦子口城，隶应天府，此乃南京政区建置实行跨江而治之肇始。二十四年，迁县治至旷口山之阳(今浦口区驻地)。万历八年(1580)筑江浦新城，进一步确立了浦口的战略地位。清顺治二年(1645)，江浦隶属江宁府。咸丰八年(1858)，洪秀全将江浦县擢升为省制，定名天浦省，省治设在江浦县城，并派重兵镇守。同治三年(1864)，太平天国失败后复称江浦县。

明代于应天府实行“马政”，即令属县农民牧养种马。江浦县起初领养种马1390匹，附余马184匹。至景泰五年(1454)，加添种马445匹，一户牧马四五匹至七八匹，全县划有牧马草场11处，共34顷66亩。按“马政”规定：马养瘦了要受罚，死了要赔偿，不少农户被逼得背井离乡。至天顺时，许多村庄呈现了马多人少的荒凉景象。出于军事防御的需要，明王朝在江浦境内设卫屯田。万历《江浦县志》载：“吾浦之圩多矣，大都军卫错居，视民田不啻数倍”。清朝前期，康熙、雍正年间先后实行“粮因壤定”“丁随田办”“滋生人丁永不加赋”等赋税改革，以减轻农户负担，农业、手工业有所恢复和发展。新殿庙(今星甸)、汤泉的籼米，色白质优，颗粒如玉，闻之清香，食之爽口，远销苏州、无锡一带。南部地区生产的“乌江卫花”保暖性好，驰名他省。经靛青、桦果、槐米制作的染料，用碧泉、清泉水染的绿布、青布享誉国内，有“浦绿甲天下”之说，濠泗间人(今安徽省凤阳、苏北泗阳一带)捆载转售，谓之“京青”。境内市场获得新的发展，较元末明初新增浦口镇(元为浦子市)、新殿镇、汊河镇、石桥集、石村庙集及永宁小店，其中浦口镇“街市喧阗，商贾辐辏，最称繁庶”，左所大街店家比肩、商铺林立。粮行、药店、酒家、钱庄、布店、染坊等商号多达三四百户，最有名的杨广生粮行、金臻泰大粮行，把生意做到日本东京、大阪和国内一些大商埠。

清咸丰三年(1853)三月起，太平天国起义军(简称太平军)转战浦口，至同治二年(1863)败退，与清军及地方民团作战140余次，江浦县城与九袱洲要塞屡陷屡克，双方投入兵力累计达数十万之众，太平军将士用血与火在浦口大地上写下可歌可泣的英雄战绩。咸丰八年九月，太平军在二破江北大营战斗中，斩清军副将、副都统，歼灭清军1万余人。九年十月，太平军攻打浦口城，击溃清军营盘50余座，击毙清军将领、湖北提督周天培。同治二年(1863)六月，江浦县城失陷后，数以万计的太平军退守江边，或遭清军围攻战死，或投江溺死，或饿死，无一降者。六月，九袱洲保卫战打响后，守洲太平军奋起还击，近2000门火炮一齐怒吼，歼灭清军2000多人，终因孤立无援，寡不敌众，2万多太平军全部壮烈牺牲。战争让浦口人民蒙受空前的灾难，衙署、学宫、书院、寺庙毁于一旦。由此至清朝灭亡的48年间，官府无力医治战争的创伤，被毁的建筑绝大部分没有修复或新建，即使有复建的于今尚存的江浦县学宫大成殿，其规制也大不如前。

清朝末年，修筑津浦铁路和浦口火车站是浦口地区颇具影响的重大历史事件。光绪三十四年(1908)一月，清政府屈从与迎合英国、德国列强在华利益强权，与英国、德国银团代表签订《天津浦口铁路借款合同》，宣统二年(1910)九月，又签订《津浦铁路续借款合同》，两次借款总额达980万英镑。英国、德国凭借这两个合同，长期控制着津浦铁路的使用权，扩展其在华东、华北等地的侵略势力，加速了浦口地区半殖民地化进程。三年，津浦铁路筑成。民国元年(1912)，津浦铁路全线通车。为适应铁路客货运输的需要，铁路局在浦口江边兴建飞鸿轮渡码头，开设轮渡业务，并配有大轮2艘、小轮10艘，浦口航运几乎被其垄断；港埠的开放权和关税被英国把持的金陵关所控制。但通过铁路运输和长江水运,将浦口运输功能辐射到大江南北,加快了与外地的经济交流和人员流动。随着浦镇机厂、临江煤炭港口、临江马路、铁路医院、扶轮小学等设施的建成,客观上将浦口这片寂寞荒洲迅速推向现代文明建设的前沿。

明清时期,浦口地区文教事业兴盛。明洪武十年(1377),知县刘进在浦口城清江门内开办县学。不久,朝廷在浦口始设专管教育工作的教谕训导机构。成化年间(1465~1487),浦口名士庄昶辞官回浦隐居定山,教授生徒,发展教育。隆庆元年(1567)起,知县王之纲等地方官和乡贤先后办起10所文会和6所书院。由明而清,丁氏家族“两朝甲第,五代科名”,族人丁毅、丁胜、丁凤、丁遂、丁峻飞、丁雄飞等,或从政为官、或从医济世、或从文著书。才子刘岩一生著作等身,除参与《康熙字典》和《朱子全书》编纂外,还写了大量有关浦口名胜古迹的诗文。清光绪末年,废科举,改书院办学堂,浦口改珠江书院为高等小学堂,创办2所公立蒙养小学堂及2所私立小学堂。外国侨民先后在浦镇、桥林、汤泉等地开办教会学校。津浦铁路通车后,数以千计的外来人口将各地文化带进浦口,在一定程度上促进了浦口地区的文化发展。

中华民国

民国元年(1912)废府存县,江浦县直属江苏省行政公署。3年,改设省、道、县三级制,江浦县属金陵道。16年废道存县,江浦县隶属江苏省政府。16年,江浦县浦口商埠区由省民政厅移交南京市政府管辖。22年,划浦口商埠区为南京市第八行政区,从此,形成江浦县与南京市浦口区并存的局面。这一时期,浦镇机厂机匠、共产党员王荷波在浦镇建立南京地区最早的党组织——浦口党小组。党小组成立后,通过工会组织为工人谋福利,利用工人夜校传播马克思主义,宣传劳工神圣,启发工人的阶级觉悟;在浦镇机厂、津浦铁路局机务段、港口、码头发展基层工会组织,开展工人运动,引导工人由自发而单纯的经济斗争走上政治斗争的舞台。12年2月,为声援京汉铁路工人“二七”大罢工,两浦铁路工人英勇地进行了卧轨斗争。14年,上海爆发“五卅”反帝爱国运动,浦镇机厂工人参加南京各界人民反帝示威大游行,发起抵制英、日商品的斗争。16年初,为了配合国民革命军进攻南京,浦镇机厂党组织领导工人纠察队,秘密张贴标语、散发传单,传播北伐军胜利进军的消息,鼓动奉军士兵起义;共产党员买雨田、蒋玉连及数十名工人参加北伐军铁道队,走上北伐战争第一线。同年8月,土地革命战争开始后,中共南京市委和浦口党组织派党员到浦口九袱洲组织农民协会,开展抗租抗税斗争,并在积极分子中发展党员。11月,成立南京地区第一个农村党支部,杨明清任书记。23年初,中共南京特别支部决定成立中共江浦县特别支部,支部成立后,组织店员、教员和进步青年积极开展抗日救亡宣传活动,在永宁、星甸地区组织进步青年开展秘密军事训练,组织农民进行抗租抗债斗争活动。这一时期,虽然战争频繁,但浦口地区相对稳定,经济社会事业尚有发展。县农会、农业试验场、棉植场、江华、惠黎垦殖公司、县林场、林苗场、林垦公司、重农公司等农林机构先后成立,并通过编印农业作物基本知识和栽培技术手册,举办农民讲习班等方式,开境内科学种田的先河。工商业也有起色。于清光绪三十四年(1908)建成投产的浦镇机厂成为浦口地区近代工业滥觞期的唯一官营企业,该厂机床、电力等设备都从英国购买,主要从事铁路筑路机械、配件等生产和维修,以及进口机车车辆的组装。浦镇东门陈义和皮革厂生产的牛革皮箱、手提包、皮靴皮鞋等"异常精致,虽泊来品无以过之"。江浦县立贫民工厂生产的布、巾、袜等产品颇受用户欢迎。集市贸易渐趋兴盛,农村集市全部按期逢集。新兴浦口镇商贸有15个行业、40多个行栈,店铺300多家、餐饮业108家。桥林镇有各类商店250多家,从业人员500多人。文化教育事业较清末有新的发展。在城镇开办幼稚园、爱群女子学校、县立乙等师范讲习所、县立师范学校、县立乙等商业学校,在成人教育方面先后创建县立通俗教育馆、县民众教育馆,附设民众夜校1所;新建县公共体育场,先后举办3次全县体育运动会。

民国26年(1937)12月,江浦沦陷,江浦县政府统治中断。28年4月12日,于安徽省和县三户荡重新组建江浦县政府(俗称西政府)。同年,汪伪政权江浦县维持会(后改称县政府,俗称东政府)在浦镇成立。日本侵略军(以下简称日军)在沦陷区内烧、杀、抢、掠,无恶不作,犯下滔天大罪。据不完全统计,炸毁、烧毁房屋6155间,杀害军民400余人,关押在浦口集中营内的5000余名被俘的新四军战士、游击队员、国民党抗日将士及平民,有4000余人死于搬运煤炭和矿石的劳役或在暴动越营中遭到日军枪杀。在文化教育方面,侵略者实施殖民同化政策,全面推行奴化教育。为了抵抗日本帝国主义的侵略,江浦人民不畏强敌,进行了长达8年的艰苦抗战。县政府成立抗日救亡委员会,全县民众满怀抗日救国热忱,踊跃认购救国公债,支持抗战大业。民间自卫组织用大刀长矛和日军拼搏。27年3月间,日军乘汽艇在兰花塘头板跳登陆,抢夺财物,侮辱妇女,枪杀百姓1人,当地刀会组织奋起反击,当场打死1名日军。第二天,日军百余人至此报复,遭到数千名刀会成员和乡民围阻,日军弃战而逃,群众奋起追击,刀劈枪杀日军11人,伤1人。同年8月21日,西葛街青年闵登科等十数人,假装送礼,混入津浦铁路线的十八迈日军据点,智取日军枪械,打死据点日军12人。30年秋,驻星甸镇日伪军窜至十里邹抢劫,当地民众以鸣锣为号,统一行动,集歼日伪军17人,俘虏7人,仅逃跑伪军1人。西政府地方武装常备队(后改为县保安大队、保安团)爱国官兵依靠民众,联合刀会组织,成为江浦抗战的主要力量。在大童截击日军、袭击桥林明因寺伪据点、抗击侵犯青石岗日军等战斗中,英勇杀敌,重挫日军的嚣张气焰。同年元旦后,1000多名日伪军清剿驻防高旺镇的江浦县保安团四中队,中队长朱龙率部抗击,百余名官兵全部阵亡,朱龙自戕殉国,为江浦的抗日斗争谱写了一曲英雄壮歌。抗日战争进入战略相持阶段后,新四军遵循中共中央开辟敌后战场、东进抗日的方针,新四军江北纵队一大队、二大队于28年1月进驻江浦及边境。同年5月,组建中共和(县)江(浦)中心县委,这是抗日战争时期第一个县级党的领导机构,同时成立江浦办事处、江浦抗日联合会。由于斗争形势需要,两个月后,撤销和江中心县委、江浦办事处、江浦抗日联合会。同年8月中旬的一天傍晚,新四军五支队十团2个连队在七里桥龚家洼、彭家山头伏击日伪军队,打死打伤日伪军50余人。29年5月,中共皖东军政委员会决定成立江(浦)和(县)全(椒)工作委员会,后改为江和全县委。32年3月,江和全县委划分为江全县委和全滁县委。江全县委领辖滁河以南的全椒、江浦与和县北部地区。至34年8月日本投降,中共江全地区先后成立6个区委、30多个支部,有党员200多人;对日伪军作战30多次,其中规模较大的有石村庙歼灭战等10多次,拔除日伪据点10多个,解放敌占区400平方千米。这一时期,中共路东省委、华中局在江浦东部地区先后成立浦(口)六(合)工委、江浦县工委(后改为中共江浦县委)和江浦县办事处(后改为江浦县抗日民主政府),建立3个区级政权、20个乡级政权、14个党支部,发展党员80多人,开展江浦路东敌占区情报收集和瓦解伪军工作。

民国34年(1945)8月抗日战争胜利后,浦口商埠区恢复南京第八区建制。9月下旬至12月上旬,中共江全县委、中共江浦县委及其行政、军事组织全部北撤,仅留少数党政人员坚持地下斗争。与此同时,国民革命军七十四师侵蚀江浦解放区,江浦县政府拼凑班底,施行反动统治,推行"戡乱"政治,搜捕中共党政军人员;征粮加租,搜刮民财,民怨鼎沸。37年11月,中共江淮区委成立江和全县委(简称江全县委)、江全督导室(后改江全办事处)、江全大队。1949年2月,中共华东局组建接收江浦县的领导班子,撤销江全县委、江全办事处,成立江浦县委、县政府、县大队,县委、县政府机关先后设在和县香泉大麻集和江浦县石村庙。2月,国民政府主力部队二十八军驻防浦口、浦镇和江浦县城。4月上旬,中国人民解放军第三野战军第三十五军完成解放"三浦"战役的作战部署,4月20日深夜至21日清晨,第一〇三师攻克江浦县城,俘虏敌人1700多人。21日上午,第一〇三师协同第一〇四师、第一〇五师攻击浦镇。22日黎明,浦镇解放,国民党守军残部连夜向南京溃逃。深夜,人民解放军占领浦口,至此,结束了国民党在浦口地区22年的反动统治。

中华人民共和国

中华人民共和国成立后,浦口地区开始了由新民主主义向社会主义过渡的新时期。20世纪50年代初期,中共江浦县委、县人民政府(隶属安徽省皖北行政公署滁县专署,1953年划回江苏省,属扬州专区)、中共南京市第八区(后改为第七区、浦口区)区委、区人民政府为建立和巩固人民政权做了大量工作。在全面接管旧江浦县政府、浦口区政府机构和废除乡村保甲制的基础上,设立县、区党政工作部门,建立工、农、青、妇各界群众组织,建立乡、村政权。根据中国人民政治协商会议《共同纲领》和中央人民政府有关规定,江浦县、原浦口区分别于1950年1月7日、1951年4月27日召开首届各界人民代表会议,行使人民政权职权。1949年4月开展剿匪肃特工作。7月14日,江浦县在西北独峰寺一带围剿国民党苏北特务总队某大队,击毙和俘虏敌特14人。至1950年9月,浦口区配合南京市公安局破获武装敌特津浦铁路中线青年救国团第一护路队和苏浙皖边区第六纵队。在国民经济恢复期间(1950～1952),江浦县、浦口区开展抗美援朝、土地改革和镇压反革命运动。朝鲜战争爆发后,人民群众积极响应抗美援朝保家卫国的号召,捐款捐物,江浦县超额完成购买一架飞机的捐款任务,数百名青年志愿入伍,为维护世界和平不惜流血牺牲,涌现出“钢铁英雄”刘辉等志愿军典型人物。废除封建土地所有制是新民主主义革命的基本内容和目标,在1950年6月至1951年8月土地改革中,江浦县、浦口区计有18180户无地少地农民分得16641.62公顷耕地和相应的生产资料,极大地解放了农村生产力,激发了农民的生产积极性。同时,为了克服农户在分散经营中的劳力、畜力、农具、资金不足的困难,按照自愿互利的原则,引导农民“组织起来,发展生产”。1951年春,浦口区吉祆乡五官村女青年李玉组织5户农民成立南京市郊第一个互助组;江浦县白马乡丁长友、公子乡许光宏、汤泉乡李金茂先后成立龙华、双垄、九龙互助组,被誉为全县农业战线上的“三条龙”。是年底,浦口区互助组发展到115个。1952年底,江浦县互助组发展到2079个、19706户,占全县总农户的54%。1950年底至1953年秋,在全县、全区开展镇压反革命运动,坚决打击敌对势力,为恢复发展国民经济和推进民主改革提供了稳定的社会环境。1951年底至1952年6月,为纠正党内和政府工作中出现的骄傲自满等不良倾向和官僚主义等问题,提高党员、干部的思想政治水平,根据中共中央指示、南京市委和滁县专署的部署,江浦县、浦口区进行整党整风,开展反贪污、反浪费、反官僚主义的“三反”运动和反行贿、反偷税漏税、反盗窃国家财产、反偷工减料、反盗窃国家经济情报的“五反”运动。1953年,宣传学习中共中央制定的党在过渡时期的总路线,开始实行国民经济发展第一个五年计划。“一五”计划期间,江浦县、浦口区分别完成农业、手工业和资本主义工商业的社会主义改造。至1956年,江浦县723个初级农业合作社转为134个高级社;手工业批准加入合作组织的有959户、1017人,占手工业总户数的88%以上;私营商业除不便组织的小商小贩外,共有1031户、1422人过渡到供销社门市部、公私合营商店、合作小组等集体所有制企业。浦口区将49个农业生产初级社合并成立李玉、红旗2个高级社,划分为19个耕作区、128个生产队;建立17个手工业生产合作社、2个生产组、1个供销社,计574人,占手工业总数的92%;私营商业、饮食业等99个行业、2571户于1956年1月16日集中申请,被批准全行业公私合营或参加合作社。但在农业、手工业和工商业改造的高潮中存在着过急、过快和过粗的问题。尽管如此,社会主义改造的顺利实现,为“一五”计划任务的完成提供了保证。至1957年,江浦县社会总产值5年累计23890万元(1980年不变价),年平均增长4.1%;国民收入16080万元(1980年不变价),年平均增长3.2%;1957年较1953年,粮、油总产量分别增长38.18%、120.69%。在国民经济发展的同时,文教、卫生等社会事业的改革和发展也取得了显著成绩。

1957～1965年,社会主义建设进入曲折发展时期。1957年至1958年夏,中共江浦县委和原浦口区委根据中共中央指示,在县、区范围内开展反右派斗争。由于斗争严重扩大化,有88人被错划为右派分子。后经多次“改正”“摘帽”,直到中共十一届三中全会之后,才对所有错划的右派分子彻底平反。1958年,江浦县、浦口区在中央提出的建设社会主义总路线的鼓动下,开展"大跃进"和"人民公社化"运动。在"大跃进"运动中,各行各业开展社会主义劳动竞赛,掀起"比、学、赶、帮、超"高潮,工农业生产蒸蒸日上,但由于受盲目冒进思想影响,干部队伍出现浮夸风和瞎指挥风等不良倾向,对工农业生产和建设提出不切实际的高指标、高速度。9月19日,江浦县委下达"全党全民大搞钢铁冶炼工业的指示",9月底全县建成炼钢小高炉300座,10月保证每天出铁600吨,年底完成5000吨钢铁生产任务。9月24日起,浦口区动员工人、农民、干部、教师、学生、居民、商人5万多人参加大炼钢铁运动,至10月上旬,全区建造土法炼铁炉118座、土法炼钢炉52座,至月底,炼出生铁250吨、土钢28吨,由于产品质量低下,无法销售,造成劳民伤财的严重后果。"人民公社"集农村基层政权和经济管理为一体,实行政社合一,把农业互助合作组织引入社会主义集体化发展道路,带领农民共同富裕。但由于片面强调"一大二公"(社队规模大、公有制程度高)和社会分配上的平均主义,超越了生产力发展水平,挫伤了农民群众的生产积极性。加上三年自然灾害(1959~1961),江浦县工农业生产水平和粮、棉、油产量持续下降,经济建设和人民生活出现严重困难局面。1961年,全县工农业总产值2989万元,较1957年下降40.55%;粮食、棉花、油料总产量分别为31185吨、451吨、261吨,分别下降54.59%、44.05%、72.67%。是年起,调整国民经济,恢复农村生产大队一级组织,调整生产大队、生产小队规模,以生产队为基本核算单位;推行生产责任制,落实社员自留地;农田水利基本建设初见成效,浦口区"旱改水"面积由3600公顷扩大到4333公顷;江浦县续建和新建三岔、大黄、唐冲、石窑、赵庄等9座小型水库及一批电力排灌站。调整工业体制,改善企业经营作风,经济开始复苏。1965年,江浦县工农业总产值5279万元(至1978年为1980年不变价),较1956年增长17.86%;粮食总产量71660吨,增长27.39%。浦口区粮食总产量2.41万吨,增长94.35%。自1963年4月起,江浦县、浦口区先后开展以"四清"(清账目、清物资、清现金、清工分)为主要内容的社会主义教育运动。1965年8月,中央、省委、扬州专区组织5000余名工作队员到江浦县开展"四清"运动。运动中心内容由清经济为主发展为清政治、清经济、清组织、清思想的政治斗争。历时9个月,清出瞒产、私分粮食1687吨,挪用、贪污公款55.7万元,58%的生产大队干部和62%的生产队干部犯有"四不清"错误,但由于运动以"阶级斗争为纲",造成打击面过宽、过重的"左"倾错误,伤害了一些基层干部。

1966年5月,中共中央发出"五一六"通知后,江浦县、原浦口区进入十年"文化大革命"时期,各中学红卫兵组织开始大破"旧思想、旧文化、旧风俗、旧习惯"的所谓"四旧"。浦口区清除和烧毁家谱300多件,祠堂寺庙中的楹联、亡人牌、佛像、辟邪等被洗劫一空,龙虎巷近百户民宅门楼砖雕尽遭损毁,无一幸免。1967年初,"造反派"夺取县区各级党、政、财、文大权,大批党员干部和普通群众在运动中受到批判斗争,经济建设、社会生活受到严重影响,城乡秩序陷入混乱;造反派之间的派系斗争愈演愈烈,江浦县先后发生1967年"八一五"与1968年"一一〇"武斗事件。1968年,江浦县、浦口区成立"三结合"(即造反派、解放军和老干部)的革命委员会。此后,在“清理阶级队伍”“一打三反”(即打击现行反革命破坏活动,反对贪污、盗窃、投机倒把)、深挖“五一六”和“批林批孔”运动中,一大批干部和群众被审查批斗,造成许多冤假错案。1971 年,浦口区在继续深挖“五一六”运动中,公开批斗 133 人,帮教对象 245 人。实际上后来的调查证明,所有批斗和帮教对象没有一个是“五一六”分子。1968 年冬至 1978 年春,浦口区动员 1.63 万名知识青年到金湖、六合等县插队落户,城镇居民 8840 人(其中干部、教师 303 人)到苏北涟水县农村安家落户。同期,江浦县接受主要来自南京和上海等地的 1.54 万名知识青年插队落户。“文化大革命”期间,经济建设受到严重破坏,国家和个人财产遭受严重损失。但由于党员干部和广大群众坚持抵制与抗争,国民经济仍在困境中缓慢发展。自 1971 年起,农村深入开展“农业学大寨”运动,大搞农田基本建设,改良耕作制度,推广作物新品种;工业战线开展“工业学大庆”运动,实行厂、社挂钩,发展社队工业,工业经济发展呈自然上升状态。1976 年,江浦县地区生产总值 6020 万元(当年价),较 1966 年增长 68.82%,其中第一、二、三产业各占 55.5%、30.53%、13.97%,较 1966 年分别增长 15.33%、63.52%、100.7%。这一时期,社会事业受到一定影响,文化、教育、卫生等事业发展一度停滞。1976 年 10 月,10 年“文化大革命”宣告结束。中共江浦县委、县政府,中共浦口区委、区政府在纠正“文化大革命”“左”倾路线错误的基础上,重新确立解放思想、实事求是的思想路线,带领干部群众恢复发展国民经济和社会事业。

1978 年中共十一届三中全会以后,江浦县、原浦口区进入了改革开放和社会主义建设新时期。中共江浦县委、中共浦口区委在党中央的正确领导下,全面贯彻党的历届大会精神,坚持以改革开放为主线,坚持以经济建设为中心,正确处理改革、发展、稳定的关系。根据不同阶段的中心任务,适时作出重大决策和发展战略。实施思想政治领导与组织领导,发挥各级党组织的战斗堡垒作用和共产党员的先锋模范作用。调动各方面的积极性,沿着改革之路砥砺奋进。江浦县、浦口区的体制改革起步于农村经济体制改革。1981 年秋,林山人民公社中心生产队率先在南京市郊县试行“包干到户”责任制。1982 年 5 月,《新华日报》全文刊发林山公社《关于实行联产承包责任制的若干规定》。1983 年秋,江浦县、浦口区计有 1935 个生产队实行“大包干”责任制,占总农户的 98% 以上。1984 年党的十二届三中全会以后,江浦县、浦口区经济体制改革从农村到城镇,从生产领域到流通领域全面展开。20 世纪 90 年代初,改革进入建立社会主义市场经济体制新阶段,中共江浦县委、中共浦口区委开始在工业、流通、建筑等系统推行以“置换投资主体、置换职工身份”为主要标志的企业产权制度改革。这一改制工作延续至 21 世纪初基本结束。在推行经济体制改革的同时,积极推行党政机关和事业单位机构改革,建立功能健全、廉洁高效的行政管理体制。自 1988 年 3 月,江浦县、浦口区被国务院批准为沿海经济开发区后,出台一系列招商引资优惠政策,推进和完善县、区经济开发区建设,加大招商引资力度,优化项目服务,实现对外开放新突破。

改革开放以来,经济总量快速增长,产业结构不断优化。原浦口区 1978 年地区生产总值仅有 0.9 亿元,一、二、三产值比重为 51∶35∶14,1998 年地区生产总值增加到 20.7 亿元,

一、二、三产业比重调整为28∶35∶37。2001年，江浦县地区生产总值由1978年的0.71亿元增加到32.15亿元，一、二、三产业结构由1978年的50.6∶34.8∶14.6调整为21.4∶31.1∶47.5。2015年，浦口区地区生产总值由2002年的53.89亿元增加到713.69亿元，一、二、三产业比重由2002年的15.5∶37.3∶47.2调整为5.3∶49.7∶45.0。改革开放推动现代农业加速发展。1981年，农村实行家庭联产承包责任制后，充分调动了农民生产积极性，农业生产迅猛发展。1984年，江浦县粮食总产19.59万吨，创历史最高纪录，成为国家商品粮生产基地。是年，珠江镇农民罗国友家庭承包江滩洲地50公顷、水面1.4公顷，至1987年向国家交售商品粮1211吨，被国家科学技术委员会、农业部授予全国致富能手和全国售粮模范称号。80年代后期开始调整农业内部结构，从以种植业为主转向种植业、林特业和养殖业并举，从单一追求产量向"两高一优"（高产、高效和优质）方向转变；发展种植业大户和蔬菜、河蚌育珠、苗木花卉、水产养殖、家禽饲养等特色农业。1989年，顶山镇育珠能手周波获全国"五一"劳动奖章和全国劳动模范称号。1998年，浦口区农业总产值16362万元，是1978年的6.25倍。2001年，江浦县农业总产值77634万元，是1978年的11.25倍。21世纪后，以工业理念发展现代农业，构建新型农业经营体系，大力发展各种形式的农村专业合作社、家庭农场和农业产业化龙头企业，推进农业标准化建设。2015年，全区有农村专业合作社582家；工商注册家庭农场246家，其中7家家庭农场录入首批省级示范家庭农场名录；农业产业化龙头企业25家，其中国家级1家，省级4家；种植业食用"三品"（有机农产品、绿色农产品、无公害农产品）208个。实现农林牧渔业总产值70.38亿元，较2002年增长3.2倍。浦口区获首批创建全国农民林业专业合作社示范区（市、县）称号，获江苏省发展现代高效农业成效显著区（市、县）称号。改革开放促进工业经济实力增强。1978年后，县属、区属工业快速发展，乡镇工业异军突起。1984年起，工业企业普遍推行"一包三改"（包利润、改固定工为合同工、改干部任命制为聘任制、改固定工资制为浮动工资制）经济责任制。1987年，江浦县工业产值3.1亿元，占工农业总产值的63.45%，历史性地调整了工农业产值比重；1993年，乡镇工业产值7.22亿元，占全县工业的"半壁江山"。1998年，浦口区实现工业产值29.1亿元，是1978年的124倍，其中乡镇工业产值27.68亿元，占全区工业总产值的95%以上。这期间，工业企业先后推行承包经营制、新建股份合作制企业和组建企业集团。1995年，金飞城集团公司成立，这是浦口区第一个企业集团。1998年，全面实施乡镇企业产权制度改革，规模企业逐渐增多，经济总量不断增加。江浦县年产值1000万元以上的企业有64家，其中南京大吉铁塔制造有限公司、南京嘉士麦芽有限公司、南京江标集团有限公司成为首批产值过亿元企业。2001年，江浦县、浦口区工业产值分别达46.69亿元、31.46亿元，分别是1978年的81倍、95倍。2002年，继续深化产权制度改革，加速推进企业民营化和公司化，至2004年，全区工业企业改制面达98%。区委、区政府进一步确立"产业立区"，重点是"工业立区"的发展理念，加大对民营企业扶持力度，强化招商引资工作，大力推进项目建设，一批知名企业纷纷进区落户，形成以中国南车浦镇公司、南京中车浦镇海泰制动设备有限公司为龙头的交通运输装备产业，以南京中脉科技有限公司、南京老山制药股份有限公司、南京先声东元药业有限公司为龙头的生物医药产业，以南京际华五三零二服饰装具有限公司、江苏舒逸纺织有限公司、江苏昱莹羽毛有限公司为龙头的纺织、服装、羽绒产业，以南京大吉铁塔制造有限公司、南京立业电力变压器有限公司、南京乾鑫电器设备有限公司为龙头的机电产品制造业，以东爵有机硅（南京）有限公司、中钢天源南磁厂为龙头的橡胶、塑料、化工产业等六大支柱产业。全区规模以上工业企业（2000万元以上）工业总产值于2012年、2013年、2014年连续突破500亿元、600亿元、700亿元大关（当年价，不含盘城、沿江、泰山3个南京高新区托管街道，下同）。2015年，全区实现工业总产值791.27亿元、利税103.04亿元，分别是2002年的278倍、279倍。改革开放拓宽了商贸流通广阔市场。1978年以来，江浦县、浦口区积极推行国营合作商业流通体制改革，逐步形成多种经济成分、多种流通渠道、多种经营方式的开放型的市场化格局。1992年，经营、物价、用工、分配实行"四放开"，江浦县依托南京工商企业，实行工商联手、商商联营，在苏北、皖北以及鲁、豫等省采取代理、连锁等经营形式，销售卷烟、石油、毛线、家电、摩托车等名特优工业品。1993年，县百货公司在全国设立46个连销点，销售毛线500吨，古林公司与五交化公司销售"熊猫"牌系列电视机13万余台。1998年，浦口区建成以建材、汽车及其配件、服装为特色的市场群，涌现出浦口服装城、石林石材商场、南京装饰城、红太阳商业大世界和天津汽车销售维修中心等一批在全省乃至全国有影响的企业。当年，全区国有、私营、个体商业网点发展到3837个，社会商品零售总额达28.37亿元。2001年，江浦县有商业餐饮业网点5623个，社会消费品零售总额11亿元；第三产业实现增加值15.4亿元，其中贸易餐饮业占74%。2004年起，商贸工作转向以市级江北商贸集聚区及顶山、江浦、桥林、汤泉4个区级商业中心建设为重点，逐步形成和发挥区域市场的整体优势。2011年，消费环境有较大改善，华东贸、太平购物广场、沃尔玛、百安居、苏宁天润广场、澳林生活广场、永辉超市等项目在江北商贸集聚区陆续建成开业，全区实现社会消费品零售总额132.91亿元。至2015年，先后建成大洋百货江北店、南京江北弘阳广场、江北常发广场、东方商贸城、大润发广场、江北汽车产业园、南京新一城、老浦口1914商业街、林公堤民国风情街等市场群体，全区实现社会消费品零售总额269.16亿元。旅游业快速发展，全区拥有AAAA级景区1个、AAA级景区2个，全年实现旅游收入20.55亿元，景区旅游接待量959.53万人次。

城乡建设成果丰硕，生态环境明显改善。改革开放之初，城乡建设缓慢，江浦县城仍然维持民国时期的基本面貌。20世纪80年代后，随着上河街、文德西路、文德东路、城东路、城北路、环城路、团结路的建成，建成区面积由民国时期的2.3平方千米扩至5.3平方千米。1996年，江浦县政府制定"一年一大步，三年大变样"的县城改造目标和珠江城市改造规划，率先在南京市五县拉开旧城改造序幕。到1998年底，拓宽改造城区文德路、文昌路、中圣街、凤凰大街等6条主干道，总长3280米，面积9.5万平方米；累计拆除各类房屋12万平方米，新建各类5～7层楼房64栋24万平方米。1999年，县城建成区面积扩至8.4平方千米。

至21世纪初,建成黄山岭路、建设路、象山路、珠泉路、珠泉西路,建成区扩至11.38平方千米。与此同时,小城镇建设有重点、分层次、全方位推进,泰山镇于1999年被国务院批准为小城镇改革试点单位,汤泉镇、星甸镇、石桥镇、乌江镇被南京市政府命名为新型小城镇。2004年,桥林镇被南京市列为重点发展的全市"三城九镇"之一,被市、区两级规划为现代化的滨江新城。2015年,南京江北新区在"总体规划"中,明确桥林新城为江北新区向西南辐射的次中心区功能定位,成为智能交通、智能装备、新材料、信息技术制造业新城,港口物流新城,田园水乡风光新城。改革开放以后,优先发展交通设施建设,并以道路建设为突破口,依托国道、省道,带动县(区)道、乡村道路建设。1987年,江浦县有国道、省道、县道和乡镇道路49条,总长334.45千米。1988年开始村级道路建设。1991年,实现乡镇通柏油路,村村通公路。2000年,在南京市郊县率先实施乡村道路硬质化(水泥路)工程。至2001年,全县公路总里程1152.7千米,是1987年的3.4倍;客运公司拥有客运车辆1441辆,增长7倍。21世纪后,境内道路建设加速,交通设施逐年配套完善。2015年,通往境外或过境的铁路由1条(京沪)发展到4条(新增宁启、宁合、京沪高铁),国道公路由2条(312、104)发展到7条(新增205、G40、328、宁淮、江北大道),省道公路由4条(宁乌、绕城公路浦口段、宁连、宁徐)增加到7条(新增S002星甸、汤盘、S127宁滁),南京地铁10号线、3号线、S8号线建成营运,过江隧道2条(南京长江、南京扬子江),过江桥梁2座(南京长江大桥、南京长江三桥)。在此期间,浦口区大力整合县(区)道和发展街村道路,县道由27条195.19千米调整为13条300.9千米,街村道路由266条582千米增加到1048条1531千米,所有县(区)、街村道路分别与相关国道、省道、地铁线路相对接,形成现代高效、外联内畅的交通格局。2011～2015年,国家拨款、区财政投入、街镇自筹水利经费16.99亿元,主要用于加强防洪除涝基础设施建设。长江浦口段堤防达到国家规划标准;滁河分洪道马汊河、朱家山河、驷马河浦口段以及区内石头河、七里河、城南河、高旺河、石碛河分别达20年一遇和50年一遇标准;全面完成25座小型水库除险加固工程;拆建改造和新建长江、滁河重点泵站8座、街镇重点泵站14座、村级泵站60座。区内电力基础设施和管理条件能够满足社会用电需要,电网装备现代化水平显著提高,各项供用电指标快速增长。2015年,全区电网供电总容量5418兆伏安,31座变电站配变电容3033兆伏安,比2010年分别增长近3倍、40.9%;城网、农网供电可靠率分别达99.99%、99.96%。生态文明建设成效显著。20世纪90年代后期,干部群众的环境保护意识和绿色发展理念不断增强。环境保护制度逐步健全,环境质量总体趋于好转。2001年6月,江浦县被国家环保总局列为第六批生态示范区试点县。2003年,新的浦口区以原江浦县创建生态示范区规划为基础,创建国家级生态示范区。2006年3月,浦口区被国家环保总局命名为全国第六批生态示范区。2007年开始,区政府坚持贯彻绿色发展理念,稳步推进生态区建设。通过发展生态工业、生态农业,建设自然生态体系和保护生态文化体系等举措,全区生态文明环境状况得到明显改善。2013年1月,浦口区被环保部授予国家生态区称号。

人民生活显著改善,社会事业全面进步。城乡居民收入大幅提升。1978 年,江浦县职工年均收入 426 元,农民人均纯收入 99 元,2001 年职工年均收入、农民人均纯收入分别达 11380 元、4220 元。2011 年,全区从业人员平均工资、城镇和农村居民人均可支配收入分别为 47193 元、30013 元、13204 元,至 2015 年,分别增加到 74855 元、43687 元、19733 元。2015 年,浦口区金融机构年末人民币各项存款余额 1105.12 亿元,分别是 2002 年的 25.62 倍、2011 年的 2.69 倍。城乡居民家庭每百户拥有家用汽车 43 辆、洗衣机 95 台、电冰箱 101 台、热水器 106 台、空调器 202 台、移动电话 253 台、彩电 172 台、计算机 84 台,人均住房建筑面积 37 平方米。民生投入持续加大。2011 ~2015 年累计完成民生投入 242 亿元,实施民生项目 313 个。新增就业岗位 10.25 万个,新增就业 4.54 万人次。建设保障性安居房 6 万套,改造农村危房 490 户。脱贫攻坚取得阶段性成果,累计投入扶贫资金 2.76 亿元,有 3.84 万人稳定脱贫。1978 年以来,各类教育持续发展。江浦县率先在南京市乃至江苏省推行基础教育分级办学、分级管理的新体制,大力普及初等教育;1986 年,被国家教委命名为全国基础教育先进县。1994 年,江浦县、原浦口区实现九年免费义务教育,接受义务教育人口覆盖率达 100%。2002 年后,整合优质教育资源,引入南京琅琊路小学等优质名校 7 所。2015 年,全区有各级各类学校 138 所,在校学生 79057 人,教职工 7735 人,其中专任教师 6033 人。浦口区先后被评为江苏省学前教育改革发展示范区、省首批社区教育示范区、省级教育现代化先进区、全国义务教育基本均衡区。加强公共文化服务体系建设,先后建成桥北文化中心、浦口市民中心等大型文化设施,求雨山文化名人纪念馆、永宁手狮舞成为全国有影响的文化品牌,浦口火车站列入全国重点文物保护单位。医疗卫生事业快速发展,医疗服务体系不断完善。江浦县专业卫生人员、卫技人员由 1978 年的 728 人、624 人,发展至 2001 年的 976 人、781 人,曾获评全国血防工作先进县。2011 年,全区有各级医疗机构 195 个,专业卫生人员 2659 人,卫技人员 2050 人,至 2015 年,分别增加到 202 个、3977 人、3269 人。区中心医院通过三级综合医院评估,浦口医院、中医院及浦厂医院分别通过二级甲等综合医院及二级乙等医院评估;区中医院儿科为省重点专科,肛肠科为国家级农村中医重点专科。

未来,在开启新时代中国特色社会主义建设征程中,浦口,这颗特色鲜明、产业发达、生态宜居、现代开放的“江北明珠”必将大放异彩!

第一章　建　置

第一节　政区建置

一、建置沿革

今之浦口，古为扬州地域。东周灵王元年（前571），区境隶属楚国棠邑；周敬王十四年（前506）属吴；周元王三年（前473），吴亡，入越；周显王十四年（前355），楚灭越，复属楚。秦王嬴政二十五年（前222），灭楚，属秦；二十六年，秦始皇统一中国，郡县天下，区境东部及西部分属九江郡东城县乌江亭地与棠邑县地。汉承秦制，西汉武帝元狩元年（前122），划区境东北部（今永宁街道一带）入九江郡建阳县；六年，改棠邑县为堂邑县。东汉明帝永平年间（58～75），并建阳县入全椒县。三国时，吴魏相争，区境初属魏；吴赤乌十三年（250），地属吴。西晋武帝太康六年（285），于东城界置乌江县，治乌江镇。怀帝永嘉元年（307），于今泰山街道沧波门社区一带置宣化镇，与乌江县相接，至此，区境中西部地区隶属乌江县。东晋孝武帝太元元年（376），废全椒县，区境东北改属顿丘县；安帝隆安元年（397），改堂邑郡为侨置秦郡，治六合山（南朝时改名定山，今为大顶山）；置尉氏县，治宣化镇，隶属秦郡。南朝宋孝武帝大明五年（461），析区境西部地区立怀德县，治怀德乡，隶秦郡。梁天监年间（502～519），分顿丘县地置高塘郡。太清年间（547～549），乌江、怀德及高塘郡为东魏所占，同划归临滁郡，郡治西葛城（今永宁街道西葛社区）。陈初，改高塘郡为高塘县。隋初，以州统县。开皇三年（583），乌江入和州，区境宣化镇改称六合镇；四年，尉氏并入六合县，隶方州；九年，高塘县易名新昌县；十八年，新昌县易名清流县，隶滁州。大业年间（605～616），复改州为郡，乌江隶扬州九江郡，六合、清流同隶扬州江都郡。唐初，复行隋初旧制，改郡为州，区境分属淮南道和州乌江县、扬州六合县、滁州清流县。景龙三年（709），分清流县置永阳县。南唐中兴元年（958），改永阳县为来安县。宋代，区境分属淮南西路和州乌江县、淮南东路真州六合县及滁州来安县。元代，改六合镇为浦子市，亦称浦子口（今浦口地名由此而来），区境隶属州、县关系沿袭宋代。明初，省乌江县入和州，属庐州府；六合县改属扬州府；省来安县入滁州，属凤阳府。洪武九年（1376）六月，析和州遵教、怀德、任丰、白马4乡、六合孝义乡、滁州丰城乡置江浦县，治浦子口城。二十四年，迁治于旷口山（今浦口区驻地）。清咸丰八年（1858），以区境为省垣，建太平天国天浦省。民国16年（1927），国民政府将区境浦口商埠地区划属南京市，22年编为南京市第八区，1955年定为浦口区。2002年4月，经国务院批准，撤销南京市浦口区和江浦县，以原浦口区、江浦县的行政区域设立新的南京市浦口区，区人民政府驻珠江镇（今江浦街道）。

秦郡 本治池阳，今陕西泾阳西北。东晋隆安元年（397），更堂邑郡为秦郡，侨置，以安置秦地流民，郡治六合山，领秦、平丘、外黄、雍丘、浚仪、尉氏、义成、临涂、昌国9县，皆析堂邑境而成实土。刘宋时，秦郡所领减为秦、尉氏、义成3县。南齐永明元年（483），秦郡并入齐郡。梁天监元年（502），废齐郡复置秦郡，又分尉氏东部复置堂邑县。元帝承圣元年（552），改秦郡为秦州。敬帝绍泰元年（555），秦州入北齐。陈太建七年（575），秦州复名秦郡；十年，改秦郡为义州，旋罢。北周静帝大象元年（579），改秦郡为方州，隶属六合郡，秦郡遂废。

尉氏县 本治河南尉氏，属陈留国，为郑大夫望族居邑。东晋隆安元年（397），析堂邑县西南境为实土，即今浦口区江浦街道以东一带地域侨置尉氏县，以安其流民，治宣化镇，隶属秦郡。梁天监元年（502），分尉氏为堂邑、尉氏二县。隋开皇四年（584），改尉氏县为六合县；省堂邑、方山县并入六合县，隶方州，统于扬州总管府。

怀德县 《宋书·州郡志》载：孝武帝大明五年（461），立怀德县，领今桥林街道以西、星甸街道西南及安徽省和县北部一带地域，有实土，治怀德乡，隶秦郡。又以历阳之乌江并此为二县，立临江郡。前废帝永光元年（465），省临江郡，仍以怀德隶秦郡，乌江隶历阳。南齐武帝永明二年（484），怀德复属临江郡，隶南豫州。该县废置时间无考。

临滁郡 临滁郡原为临江郡，建于南朝宋大明三年（459），治乌江（今安徽省和县乌江镇），领乌江、怀德二县。昇明三年（479），齐代宋后，临江郡先后隶属南北豫州。南朝梁天监二年（503），改临江郡为江都郡，属南兖州，治广陵（今扬州市）；普通七年（526），改江都郡为临滁郡，改属南谯州，治新昌（今滁州市区）。东魏武定七年（549）七月，临滁郡改治东葛城（今南京市浦口区东葛社区，与滁州市南谯区相邻）。北齐文宣帝元年（550），北齐代东魏，临滁郡迁治北谯郡，郡治嘉平。陈太建五年（573）五月，临滁郡还治乌江，复名临江郡；太建十二年，北周改临江郡为乌江郡。隋开皇三年（583），郡废，地属和州。

江浦县 明洪武九年（1376）六月，析六合县孝义乡，和州遵教乡、怀德乡、任丰乡、白马乡，滁州丰城乡，置江浦县，治浦子口城，隶属南直隶应天府，为畿县。二十四年七月，始移县治于新开路口（又名旷口山）。同年，复割江宁沙州乡2000户，建崇德乡。清顺治二年（1645），改属江南省江宁府。民国元年（1912），废府，江浦县直属江苏省。3年，隶金陵道。16年，废道，复属省。23～26年，先后属省第九、第十、第五行政督察区。34年8月，抗日战争胜利后，隶属江苏省第五专员公署。37年11月，改属江淮第五行政区。1949年4月，江浦全境解放，6月，改属皖北人民行政公署滁县行政区。1953年1月，根据中央人民政府委员会《关于调整省、区建制的决定》，江浦县由安徽省划回江苏省，属扬州专区。1956年2月，属镇江专区。1957年1月，再属扬州专区。1958年7月，属南京市。1962年6月，第三次属扬州专区。1966年3月，划属六合专区。1971年3月，六合专区撤销，复属南京市，沿至2002年4月撤销县制。

太平天国天浦省　清咸丰八年(1858),太平天国二破清军江北大营后,遂以江浦县为立足点,加强天京的江北屏障,诏会将江浦、六合一带划为省制,以江浦为省垣,置天浦省。天王洪秀全亲笔颁布《命镇守天浦省诏》:特诏弟天豫薛子元"统齐兵士,赶赴天浦省垣,协同将帅黄连生等实力镇守,安抚黎庶,造册举官,团练乡兵,以资防堵;征办粮饷,源源解京;鼓励将士,严密堵剿,毋些疏虞……并排薛之武弟带同一队官兵,前赴浦口镇守。"咸丰十年九月二十日(10月29日),幼主诏旨,以"黄人柱为天朝九门御林中军天浦省正总提磐天福,刘明亮为天朝九门御林军天浦省副总提煜天福。"黄、刘任职天浦省,均从"燕"爵(四等爵)提升为"福"爵(三等爵)。同治二年(1863)六月二十五日,守卫省垣的太平军撤离江浦县城,天浦省不守,江北屏障尽失。

原南京市浦口区　民国16年(1927)6月6日,国民政府公布《南京特别市暂行条例》,将江浦县浦口商埠区(今南京北站及轮渡码头一带)划属南京市政府浦口商埠码头管理处管辖。22年,浦口商埠区建为南京市第八区,其范围为:长江江心以西,九袱洲、铁路河以东,海关分卡以南,永生洲以北,区公所设在浦口东后河沿14号。24年9月,南京市、江苏省、江浦县会勘划定区界:南部以九袱洲新圩及永生洲福字号、禄字号原有圩埂为界,北部以二样沟及复生洲之一部分为界,南北长不足2000米,东西宽不足1000米。抗日战争期间,浦口地区归属江浦县管辖。34年8月抗日战争胜利后,国民政府恢复浦口为南京市第八区建制。1949年,南京市政府明确第八区区域四至为:东北至三样沟塞淤处与六合县分界,顺沿二样沟向西以三汊河铁路桥为界,更沿会通河向西南至贯心埂,折向西南至砖窑与江浦县分界,面积9.85平方千米。同年4月,浦口解放后,江浦县所属之浦镇、东门镇划归南京市,与第八区合并建为两浦区。1950年6月2日,复称第八区;6月15日,改为新七区。1955年8月,改名浦口区。1956年2月,六合县沿江乡划入浦口。同年3月,江浦县石佛、九袱乡除双合、句容2村的辖地外全部划入浦口区。1958年5月,市属大厂镇划入浦口区。1973年12月,大厂镇及沿江、盘城、葛塘3个公社划出,成立大厂区。1975年10月,撤销大厂区建制,仍并入浦口区。1980年4月,大厂镇和葛塘公社再次划出,与六合县长芦公社合并成立大厂区。1987年,浦口区土地总面积165.18平方千米。至2002年未变。

新的南京市浦口区　南京市江北行政区划调整经历了较长时间的酝酿。2000年起,中共江苏省委在全省城市工作会议及南京市负责干部大会上,两次要求南京市抓好行政区划规划工作,加快建设南京都市圈,发挥省会城市和中心城市的集聚辐射功能。2001年10月,南京市第十一次党代会提出"抓好南北沿江地区的开发建设及江南江北共同发展"的战略目标;市人大、政协以及社会各界就江北地区的发展,也提出很多好的建议和意见。市委成立领导小组和工作班子,开展调查研究,听取各方意见,经反复比选,提出江北区划调整的建议方案,经市委书记办公会和市政府常务会议研究确定后报省委省政府。期间,江浦县政府及原浦口区政府也向南京市政府提出区划调整的请示,认为区县合并可以在更大范围内整合资源,优化结构,实现区域内土地、资金、劳动力等生产要素的互补,有利于辖区内高等院校、科研单位与高新区的联合，促进产、学、研、贸一体化发展，更好地解决高新区、浦口、江浦辖区规模过小和发展空间有限的问题，推动相关产业协调发展，推进江北城市化进程。同年，江苏省人民政府将南京市江北行政区划调整方案以苏政发〔2001〕164号文件报国务院审批。2002年4月3日，国务院以国函〔2002〕23号文件印发《国务院关于同意江苏省调整南京市部分行政区划的批复》："同意撤销南京市浦口区和江浦县，设立新的南京市浦口区，以原浦口区和原江浦县的行政区域为浦口区的行政区域。区人民政府驻珠江镇。"同年4月18日，市委、市政府以宁委〔2002〕91号文件发出《关于分别成立南京市浦口区、六合区行政区划调整工作筹备领导小组的通知》，成立浦口区行政区划调整工作筹备领导小组，明确刘捍东任组长，林克勤、施卫国任副组长。4月22日，江苏省政府印发《关于调整南京市部分行政区划的通知》（苏政发〔2002〕54号）。4月28日，市委、市政府召开江北区划调整动员大会，宣读国务院关于南京市江北地区行政区划调整的批复和省政府的通知。5月17日，市委、市政府以宁委发〔2002〕17号文件发出《中共南京市委、南京市人民政府关于切实做好江北地区行政区划调整实施工作的通知》，撤销原江浦县、浦口区组织机构，原领导班子成员职务自行免除；成立新的浦口区区委、区人民代表大会、区人民政府、区政治协商会议、区纪律检查委员会、区人民法院、区人民检察院，并按照党章和有关法律要求，产生新的领导班子；明确"五个不变"政策，即在服从全市总体规划的前提下，原县享有的县级管理权限不变，现阶段市政府授权原县区实施的政策不变，原浦口区机关干部、教师工资待遇不变，市各部门对原县区已定的支持政策不变，对区内大企业的支持服务政策不变。5月23日，市委以宁委〔2002〕124号文件任命中共南京市浦口区委常委会组成人员和书记、副书记；市委以宁委〔2002〕125号文件印发《关于设立南京市浦口区人大、政府、政协、纪委、法院、检察院筹备组并明确其成员的通知》，决定设立南京市浦口区人大筹备组、浦口区政府筹备组、浦口区政协筹备组、中共南京市浦口区纪委筹备组、中共南京市浦口区法院筹备组、中共南京市浦口区检察院筹备组，明确各筹备组组长和成员。5月26日上午，在珠江镇凤凰大街召开新区成立大会，省、市有关领导到会致辞，并为中共南京市浦口区委揭牌。7月，区政协一届委员会召开第一次会议，大会选举产生区政协第一届委员会；召开区一届人大一次会议，依法选举区人大常委会组成人员，浦口区人民政府区长、副区长，区人民法院院长，区人民检察院检察长。

二、区 域

清末，江浦县积地面积2560方里。民国22年（1933），根据南京陆军测绘局绘制的万分之一地图计算，全县总面积82550公顷，约合825.5平方千米。1949年5月起，江浦县陆续划出汊河集入安徽省来安县、七里河以东地区入浦口区。1958年，根据《江苏省地图集》计算，全境面积737平方千米。原浦口区自1949年5月后，陆续划入六合县、大厂区相邻地区，包括今沿江、盘城地区。1987年土地详查，浦口区总面积165.18平方千米。

2002年,原浦口区与江浦县合并后新区面积为902平方千米。与周边县区界线分别为浦口—来安界线长为26.66千米,浦口—南谯界线长为25.22千米,浦口—全椒界线长为7.36千米,浦口—和县界线长为65.75千米,浦口—六合界线长为26.01千米,浦口—栖霞界线长为6.39千米,浦口—下关界线长为5.63千米,浦口—建邺界线长为7.18千米,浦口—雨花台界线长为16.5千米,浦口—江宁界线长为13.5千米。2005年,区统计局公布全区土地面积为913.75平方千米,至2015年未变。

第二节　行政区划

一、江浦县行政区划

自明洪武九年(1376)起,以乡、里为区划单位,全县领6乡15里,即孝义乡2里、白马乡3里、任丰乡4里、遵教乡3里、怀德乡2里、丰城乡1里。二十四年,增建崇德乡4里。

清雍正四年(1726),区划单位为乡、保。全县领5乡48保:中乡辖6保,东乡辖11保,南乡辖12保,西乡辖10保,北乡辖9保。光绪十七年(1891),编并为5乡41保。三十四年,朝廷诏划自治区域,始行市、乡制,原中乡、东乡、西乡分别改称江浦市、浦口市、星甸市,南乡、北乡分别改称石碛乡、永宁乡,3市与2乡辖保如旧。

民国元年(1912),江浦县行政区划沿袭清制。17年,取消保制,始行区、村(里)制,改江浦市为城厢区,改浦口市为浦镇区,改星甸市为星甸区,改石碛乡为石碛区,改永宁乡为永宁区,区下设村、里,全县划为85村、22里。18年,城厢、浦镇、石碛、星甸、永宁5区依次改称一、二、三、四、五区,改村、里为乡、镇,乡、镇下设闾、邻,全县划为77乡、25镇、884闾、4395邻。23年,扩并乡镇,废闾、邻制,推行保、甲制,全县划为5区、27乡、9镇、244保、2870甲。37年3月,取消区制,编并乡镇,全县划8镇3乡,即珠江镇、浦镇、东门镇、桥林镇、高旺镇、星甸镇、汤泉镇、永宁镇及北三乡、乌江乡、赭洛乡,乡镇下设107保、1489甲。

1949年4月,江浦县废除保甲制,以区、乡镇、村为区划单位。全县划为城区(后称浦城区)、新桥区(后改桥林区)、汤泉区;8月,撤销汤泉区,增设星甸区、永宁区;全县划为4个区、36个乡镇、122个村。1950年4月,撤销星甸区、永宁区,恢复汤泉区,全县划为3个区、39个乡镇、173个村。1951年冬,改村为代表区,全县共划为386个代表区。1952年10月,划汤泉区为星甸区、永宁区,全县划为4个区57个乡镇。1956年3月,撤销区制,扩并乡镇,除石佛乡、九袱乡划给南京市浦口区外,所存55个乡镇编并为24个乡镇;8月,再编并为珠江、桥林2个镇,白马、建设、兰花、龙山、林山、陡岗、石桥、星甸、汤泉、永宁、大桥11个乡,331个代表区。

1958年9月,撤销乡镇建制,原13个乡镇,除兰花乡、桥林镇合并成立红专人民公社,其余11个乡镇依次成立珠江、龙华、上游、东风、红光、超美、卫星、星火、幸福、永宁、大桥11个人民公社,下辖62个生产大队。1960年8月,珠江人民公社并入龙华人民公社。1961年7

月，珠江、桥林分别从龙华、红专人民公社划出，单独建镇。全县划为2个镇、11个公社，下设134个生产大队。1962年起，除龙华人民公社更名为城东人民公社外，其余10个人民公社均恢复1956年乡名。

1983年开始政社分设，改人民公社为乡，改生产大队为村民委员会，全县划为珠江、桥林2个镇，城东、建设、兰花、龙山、林山、陡岗、石桥、星甸、汤泉、永宁、大桥11个乡，155个村民委员会。1986年2月，永宁、汤泉、星甸撤乡建镇，实行镇管村体制。1992年，撤销城东乡、兰花乡，以原辖区域分别并入珠江镇、桥林镇。2000年4月，撤销建设乡、龙山乡、陡岗乡、大桥乡，以原辖区域分别并入珠江镇、星甸镇、桥林镇、永宁镇；同年10月，林山乡改设乌江镇，石桥乡改设石桥镇，全县划为珠江、桥林、乌江、石桥、星甸、汤泉、永宁7个镇，下设91个村委会、36个居委会。至2002年未变。

二、原浦口区行政区划

1949年4月解放后，江浦县浦镇、东门镇划入后，设有浦口南镇、北镇、浦镇南门、东门4个镇；10月，划出南镇、北镇农村部分分别成立吉袱乡、柳袱乡。1950年秋，撤销南镇、北镇，建立浦口镇，柳袱乡划为柳袱、三河2个乡。1953年6月，划出南门镇与东门镇的农村部分，成立杨北乡。1955年9月，撤销浦口镇，设阳沟街、小河南、老江口3个街道。1956年3月，划入江浦县九袱乡、石佛乡和六合县沿江乡；柳袱、吉袱、九袱乡并入三河乡。1957年，石佛乡并入杨北乡，阳沟街、小河南、老江口3个街道合并为小河南、老江口2个街道。全区辖小河南、老江口2个街道，东门、南门2个镇，三河、杨北、沿江3个乡。

1958年8月31日，撤乡建人民公社。三河、杨北乡合并成立红旗人民公社（后改浦镇人民公社），沿江乡成立沿江人民公社（后改红星人民公社）。1960年2月，划入六合县龙山人民公社及葛塘人民公社的7个大队；3月，红星人民公社改称卸甲甸人民公社；5月撤销老江口、小河南街道及东门镇，成立浦口城市人民公社，撤销南门镇，成立南门城市人民公社。1961年，葛塘人民公社的7个大队与卸甲甸人民公社合并为葛塘人民公社；划出龙山人民公社、浦镇人民公社的部分生产队及卸甲甸人民公社的原沿江乡范围成立沿江人民公社；龙山人民公社易名为盘城人民公社。1962年7月，撤城市人民公社，建浦口、小河南2个街道，恢复南门镇和东门镇。9月，浦口、小河南街道分别改称老江口、大马路街道。1963年6月，划小公社规模，全区划为12个人民公社。1965年5月，由12个人民公社调整为三河、顶山、沿江、盘城、永丰、葛塘6个人民公社。1973年，撤销老江口、大马路街道，成立浦口镇。1980年4月，葛塘人民公社划出。全区划为浦口、东门、南门3个镇，顶山、三河、沿江、盘城、永丰5个人民公社。

1983年，改人民公社为乡、镇建制。1984年，全区以原3个镇、5个人民公社改为3个镇、5个乡。1989年6月，沿江、盘城、顶山撤乡建镇；撤销东门镇和三河乡，以其原辖区合并建立泰山镇；撤销浦口镇，建立浦口街道。1995年5月，撤销南门镇，将其镇域并入顶山镇。

2001 年,全区划为 1 个街道、4 个镇、1 个乡,31 个居委会、26 个村委会。

三、新的南京市浦口区行政区划

2002 年 4 月新区成立后,设浦口街道、珠江镇、桥林镇、乌江镇、石桥镇、星甸镇、汤泉镇、永宁镇、泰山镇、沿江镇、盘城镇、顶山镇、永丰乡和珍珠泉管理区。同年 11 月 27 日,经省、市政府批复同意,浦口区政府下发《关于调整浦口区部分行政区划的通知》,调整方案为:将盘城镇与永丰乡合并设立盘城镇,镇政府驻盘城新街;撤销泰山镇,将原辖区域与浦口街道合并设立泰山街道;撤销顶山镇,以其原辖区域设立顶山街道;撤销沿江镇,以其原辖区域设立沿江街道。2006 年 2 月 24 日,南京市人民政府以宁政复〔2006〕15 号文件批复,同意浦口区撤销珠江镇,以其原辖区域设立江浦街道。2007 年 1 月,根据市政府《关于加快推进跨江发展的若干政策》通知,将市农垦集团所属的老山林场、汤泉农场整建制移交浦口区管理和建设;6 月 5 日,区政府与市农垦集团签订移交协议;8 月 8 日,老山林场下属的响堂、滴水珠、林庄、大堰 4 个村,分别划归江浦街道和汤泉镇、永宁镇管理;12 月 8 日,江苏省人民政府以苏政复〔2007〕72 号文件批复,同意浦口区撤销桥林镇、汤泉镇、盘城镇,分别设立桥林街道、汤泉街道、盘城街道;12 月 12 日,南京市人民政府以宁政复〔2007〕11 号文件作出相应批复。2012 年,经省市人民政府批准,乌江镇与桥林街道合并,设立新的桥林街道;撤销石桥镇、星甸镇,将原两镇所辖区域合并,设立星甸街道。2013 年 7 月 8 日,江苏省人民政府苏政复〔2013〕55 号文件和南京市人民政府宁政复〔2013〕94 号文件批复,同意浦口区撤销永宁镇,以其原行政区域设立永宁街道。2015 年末,全区辖江浦、桥林、星甸、汤泉、永宁、盘城、沿江、泰山、顶山 9 个街道及老山林场、汤泉农场、珍珠泉度假区,121 个社区。

第二章　环　　境

第一节　自然环境

一、地　质

地层　区境出露地层由老而新:上元古界的震旦系上统地层出露较好,其中陡山沱组出露于星甸西山整个山体,呈北东走向;灯影组出露于老山山体及西亭子山西南段,呈北东走向,向皖境延伸。古生界寒武系幕府山组出露于老山东段顶山地段及汤泉以北一带,炮台组出露于老山西段北坡及陡岗集至赭洛山一线,观音台组出露于龙洞山至汤泉一带;奥陶系仑山组、汤头组、王峰组地层出露于赭洛山,作东向延伸至顶山地段;志留系坟头群组出露于驷马山,南延至赭洛山、乌江一线;泥盆系五通组零星出露于驷马山至二姚以南地段,分布不甚整齐;石炭系、二叠系地层分布均同泥盆系。中生界侏罗系象山群组地层出露于陡岗集及乌江一带,龙山组广布于兰花塘、东龙山地段;白垩系浦口组地层出露于老山南侧坳陷区,东延至顶山、馒头山,赤山组出露于老山、西山北侧坳陷区。新生界第三系三垛组地层在龙王山、猪头山零星出露,雨花台组出露于高旺至盘城龙王山一线;第四系下蜀组地层广布于丘陵岗地,现代积沉组分布于长江、滁河漫滩地区。

地质构造　区域处于南京凹陷北部边缘,长江大断裂北岸,滁河断裂带之南侧,由于印支运动影响,地壳褶皱隆起,产生一系列与褶皱走向一致的纵向断裂和与褶皱走向垂直的横向断裂。褶皱构造基本类型为汤泉—冶山复背斜,全长 80 千米,呈北东向展布。断裂构造以北东向压扭断裂为主,主要有长江、滁河断裂、江浦—六合断裂、龙洞山—大椅子山断裂。并派生多条北西向张扭型横向断裂,其中陈庄—桥林断裂在汤泉西部将老山山系错开,错距达 2. 5 千米,分成老山、西山两段。

二、地　貌

低山丘陵区　指海拔 100 ~ 500 米的老山、赭洛山和龙王山。赭洛山位于区境西南端,南北走向,主峰高 228 米,向南延入皖境。龙王山位居区境东北部,峰高 114 米。老山山脉位于区境中部,走向为东北、西南向,中间断开,东段为老山,西段为西山,东西长约 35 千米,南北宽约 15 千米,有 100 米以上山丘 87 座,为全区地形骨架的脊梁。山势中间高,由主峰龙洞山向东北、西南渐次降低,山峰高度大部分在 200 ~ 350 米之间。龙洞山往东,山体分为南北两列，南列由西华山、馒头山、大马山、帽子山、中椅子山、黑色山组成，北列有鹰嘴山、平阳山、三条沟等山峰，中间隔以海拔 100 ~ 150 米的谷地。山地坡度呈西段较陡，多为20° ~ 30°；东段较缓，一般在 20°以下。

老山东段山体连绵，巉岩多姿，形成“岭”的壮观地貌。如西部的狮子岭，西接龙洞山主峰大刺山（442.1 米），为区境制高点，东连西华山莲花峰（377 米），南达亭子山（420.8 米），东西长 5.5 千米，状似卧狮，曾以“狮岭雄观”“狮岭雄姿”荣列“金陵四十八景”“金陵四十景”。中部黄山岭，古称“黄悦岭”“七갑山”，主峰老鹰山（336.1 米），与西侧伏龙山（294 米）石脊亘连，明洪武初年开凿东葛驿道，东部、南部分别与椅子山（301 米）、帽子山（250 米）相接。东部骆驼岭，位于今顶山街道，古名定山，后讹为顶山，山体由 3 座山峰组成，由东而西，一字排开，挺拔峻峭，气势非凡，总面积 3.18 平方千米，东为大顶山（古称狮子峰，246 米），中为二顶山（古称妙高峰，255.5 米），西为三顶山（古称芙蓉峰，182 米），南北视之，三山酷似一只三峰骆驼。在三峰的南部、西南部耸峙呈“品”字型的寒云峰、石人峰、双鸡峰，与三峰环合，壮丽如画。

老山北麓常见“嵿”“洼”（又称“凹”）、“冲”的地貌，如西山北麓的秦嵿、唐嵿、胡嵿、朱嵿、贾嵿等，老山北麓的丁家洼、李家洼、王家洼及周家冲、张冲、孙冲、余冲等。其特点相似，坡面起伏较大，呈指状长梁分布，冲沟发育，谷底切入基岩，沟深 50 ~ 100 米，沟缘重力作用活跃，滑坡地貌甚为普遍，“嵿”的上端常塌陷而成围椅状宽谷。

老山群峰中，分布着龙洞、天井洞、白筱岭洞、祖师洞、文殊洞、观音洞等岩洞 24 处，其中龙洞最为壮观，天井洞最为奇险，所有洞穴至今仍保持着喀斯特溶洞的原始地貌，均为极具开发价值的自然景观。

山麓平原区 分布于老山、西山南北两侧山麓，过渡到沿江、沿滁冲积平原之间的广阔地区，海拔一般 15 ~ 40 米，地面为较厚的下蜀黄土，由于流水冲刷和人工堆垫，形成岗、塝、冲相结合的平缓岗地，总面积约 500 平方千米，为区境主要地貌。其间有少数突起的残丘，即高阶地，因起伏明显，又称波状砂砾岗地，当地习惯称“山”，海拔 50 ~ 100 米，地表由薄层黄土和松散的砂砾石构成。在山南（由东而西）主要有盘城街道的龙洞山（40 米）、刘凹山（40 米），沿江街道的九龙洼山（60 米）、耿家洼山（63 米）、老虎洞山（60 米）、李家洼山（50 米）、陈家洼山（50 米），泰山街道的宝塔山（50 米）、宣化山（45 米）、平山（40 米）、浦子山（40 米），顶山街道的虎山、鼓楼岗，江浦街道的胡家凹（62.9 米）、五里桥（42.1 米）、老虎桥北殷庙（48.3 米），汤泉街道的巫山，桥林街道的东龙山（50.6 米）、老陡集（58.5 米），星甸街道的驷马山（81.8 米）；在山北（由西而东）主要有星甸街道的北姚家山（68 米），汤泉街道的西大坝（61.6 米），永宁街道的刘家茶棚（51.4 米）、朱家门口（72 米）等。

冲积平原区 指海拔小于 15 米的沿江、沿滁平原。沿江平原为沙洲平原，由细砂、粉砂堆积而成，地势平坦，海拔 5 ~ 7.5 米，处于长江洪水水位以下，微向江面倾斜，长约 52 千米，宽约 1 ~ 3.6 千米，总面积 140 平方千米。沿滁平原为河谷平原，为滁河流域的泥砂冲积物，海拔5~7.3米。

三、气 候

日照 20世纪50年代以后,由于区位及地形的影响,日照时数、日照率持续减少和下降。1960~1987年,年均日照时数减至1987小时,日照率45%,日照量为全省各县倒数第二位;1988~2001年,年均日照时数减至1925.3小时,日照率43%;2002~2010年,年均日照时数1743.9小时,日照率39%。日照年际变化较大,1978年日照时数高达2316.4小时,2003年为1573.8小时。春季日照率为40%左右,夏季为42%~52%,秋季和冬季界于40%~50%之间。各月的日照率在不同年份变化很大,1979年10月,秋高气爽,日照量达285.3小时,日照率81%,1985年10月,日照率仅为1979年同期的33%。境内区域性日照亦有差异,东部、中部较西部地约少5%~10%。2011~2015年,年均日照时数1906.8小时,与2002~2010年相比,年均日照时数偏多162.9小时;但2015年11月,受历史同期罕见的持续连阴雨寡照天气影响,从7日至25日基本无有效日照,是月的日照时数仅为80.1小时,创浦口区有气象记录以来同期最低值。

气温 区气象台观测资料统计,气温上升速度呈加速趋势。1960~2010年,平均气温15.6℃,其中1960~1987年为15.3℃,1988~2001年为15.8℃,2002~2010年为16.4℃。年份最高气温16.9℃(2007年),最低气温14.6℃(1980年)。春季(3~5月,下同)日均气温稳定在10℃以上,但天气变化快,冷暖差异大,早春常有低温、晚霜出现,1998年3月20~22日,受强冷空气影响,气温降至零下2.2℃;夏季(6~8月,下同)为全年最热期,7月中旬至8月中旬,月均气温达27.5℃以上,2002~2010年,7月、8月均温达28.4℃、27.9℃;秋季(9~11月,下同)由暖转凉,1960~2001年,11月均温为10.7℃;冬季(12月至次年2月,下同)寒冷,12月平均气温在4.4℃~5.2℃之间,1月平均气温在2.2℃~2.8℃之间。极端最高气温39.5℃(2003年8月1日),极端最低气温零下13.1℃(1969年2月6日、1991年12月29日)。2011~2015年与2002~2010年相比,年平均气温走低,偏低0.18℃,但高温值有所上升,2013年8月11日,气温高达40.8℃,创浦口气象站1960年建站以来极端最高气温记录。

霜期 累年(1960~2015)平均无霜天数为224天,但年际间变化甚大,1999年无霜期最长263天,1992年最短仅有190天,两者相差73天。最早霜日为1992年10月24日,最晚霜日为1990年4月17日。2011~2015年,年均无霜日数228天,较常年无霜日数偏多4天。

降水 年平均降水量1161.4毫米,64%的年份降水量在1000毫米以上。20世纪90年代起,降水明显增多,且相对集中。2002~2010年,年均降水量为1179.6毫米,与1960~1987年、1988~2001年两个时段相比,分别增加179.6毫米、108.3毫米。年降水量最多为1778.3毫米(1991年),最少为465毫米(1978年)。春季月均降水量86.6毫米,但偶有连阴雨天气,1996 年 3 月 14 ~ 29 日连续阴雨,发生大面积小麦赤霉病和烂秧现象;2003 年 4 月 17 ~ 29 日连续阴雨,影响棉花出苗和小麦抽穗、结实率。夏季降水量为全年最多时段,6 月中下旬至 7 月上中旬梅雨期间,出现连绵性大雨或暴雨的年份有:1969 年、1975 年、1983 年、1987 年、1991 年、1995 年、1996 年、1998 年、2003 年、2008 年、2010 年。其中,1969 年 7 月上中旬连续降雨 598.6 毫米,出现历史上罕见的洪涝灾害;1991 年 6 月中旬、7 月上旬连降暴雨,6 月 13 日、7 月 10 月,滁河晓桥水位分别超历史最高水位 0.26 米、0.56 米,长江出现 1949 年以来第三个高水位年。夏季还是伏旱多发季节,1971 年 7 月,出现伏旱,滁河断流,80% 塘坝干涸;1978 年 1 ~ 10 月份降水量 401.7 毫米,比常年同期下降 60%,形成春旱接夏旱、伏旱连秋旱的特大干旱年份;1994 年 6、7、8 月降水量分别为 89.7 毫米、71.1 毫米、60.5 毫米,为常年的 57.3%、36.1%、49.4%,成为典型的伏旱年份。秋季降水量约占全年降水量的 15% ~ 20%,10 下旬至 11 月上旬,偶有"烂稻场"天气,2003 年 10 月 2 ~ 7 日、2006 年 11 月 16 ~ 20 日、22 ~ 29 日出现连阴雨天气,影响农村秋收、秋种。冬季降水量为全年最少,约占 10% ~ 13%。月降水量 7 月最多,月均 210.9 毫米,1 月最少,月均 26.3 毫米。日最大降水量 301.4 毫米(2003 年 7 月 5 日)。2011 ~ 2015 年较 2002 ~ 2010 年年均降水量偏高 14.5 毫米,但各月降水量分配不均,旱涝情况明显,呈现多灾害并发性气候。2012 年 6 月降水量仅有 60.6 毫米,2015 年 6 月降水量跃至 624.5 毫米,分别为 1960 年以来各年同期月降水量最小值、最大值。

降雪 1960 ~ 2001 年,降雪量不大,有三分之一的年份无积雪,积雪深度超过 10 厘米的有 10 年,最大积雪深 32 厘米(1984 年 1 月 19 日)。2002 ~ 2010 年,每年均有降雪,基本上都形成积雪,2008 年 1 月 26 日出现连续性暴雪天气,最大积雪深 35 厘米。2011 ~ 2015 年各年皆有降雪且都形成积雪,其中 2013 年 2 月 18 ~ 19 日,降雪深 16 厘米。

风向风速 区境风向呈现明显的季节性变化,全年最多风向是东北风,春季、夏季以偏东风为主,秋季以东北风为主,冬季以偏北风为主。年均大风日 10 天左右。年平均风速 2.6 米/秒,春季稍大,其中 3 月份为 3.1 米/秒,冬季次之,夏季较小,7 月、8 月平均风速为 2.3 米/秒,有时受台风影响,多雷雨大风,风速略大于秋季。

四、水 文

河流 2011 年第一次全国水利普查资料显示,境内流域性河流有长江干流浦口段、滁河浦口段,区域性河流有驷马山河、清流河,以及区境 12 条支汊河道。

长江浦口段 上起驻马河口,下迄石头河,全长 49 千米。上流自安徽省马鞍山东窄段之后,分两股入境,于新济洲尾汇合,主汊偏北;七坝以下为大胜关顺直段,江面宽约 1000 米;自梅子洲后,江流分左右两汊,其中左汊江宽约 2.5 千米,右汊江宽约 500 米,洲体宽约 2 千米;下游近沿江街道附近八卦洲头,江水再分左右两汊,右汊为长江主航道,浦口段江宽 1000 ~ 3000 米,自然水深 15 ~ 30 米,最深点约 40 米,可终年通航万吨级海轮。

滁河浦口段 为长江浦口段主要支流，源于安徽省肥东县梁园丘陵山区，于江苏省南京市六合区大河口入长江，全长约269千米。浦口段上自安徽省全椒县陈浅，下至六合区小李头，河道长42.8千米，河面宽一般为13.4米，底宽70米，底高程4米，水面面积157公顷，流域面积261.5平方千米，干流比降在1∶20000～1∶40000之间，水流平缓，全赖堤防束水行洪。

驷马山河浦口段 又称驷马新河，为1971年新开挖的人工河道，上自安徽省和县金城港，连通滁河，下至区境驻马河口入江，既是引江灌溉河道，又是滁河分洪道。全长27.36千米，境内长11千米，设计河底宽18～36米，河底高程0.5～3.5米，河槽深3.5米，排洪能力325～600立方米/秒，通航水位7米以上。

清流河浦口段 为滁河中流的一大支流，发源于滁州市西北清流山区，自永宁街道毛家渡入境东流，在汉河集与来安河汇入滁河干流。全长84.1千米，区境长9.35千米，水面面积64.1公顷。

支汊河道 以老山为天然分水岭，分布于南麓平原的有石头河、七里河、城南河、高旺河、石碛河、周营河，多为北西—南东方向流入长江；分布于北麓平原的有万寿河、陈桥河、永宁河、朱家山河、团结河、马汊河，多为南东—北西方向汇入滁河。

水文特征 境内河流不结冰，水文主要表现为长江、滁河流量大、汛期水位起落快、泥沙沉积量大等特征。

流量 江河流量变化与年际、季节降水量变化基本一致。长江浦口段水量充沛，据大通站水文资料统计，1950～1974年年平均流量2.91万立方米/秒，年平均径流深538.5毫米，年平均最大流量4.31万立方米/秒（1954年），年平均最小流量2.21万立方米/秒（1972年）；月平均流量1月最小，为1.04万立方米/秒，7月最大，为4.91万立方米/秒；最大洪峰流量为9.26万立方米/秒（1954年8月1日）。据汉河集水文站1956～1974年水文资料统计，滁河浦口段年平均流量32.7立方米/秒，年平均径流深172.2毫米，年平均最大流量66.4立方米/秒（1962年），年平均最小流量0.5立方米/秒（1967年），最大洪峰流量为669立方米/秒（1956年6月10日）。1991年，江浦县晓桥汛期水文站实测，滁河最大洪峰流量445立方米/秒。

水位 江河水位与防洪、排涝、灌溉、航运关系密切。长江最高水位10.22米（1954年8月17日），其次为10.14米（1998年7月26日），1972～2010年，汛期（5～9月）9米以上高水位出现16次；低水位一般发生在冬、春季节，以12月至次年3月为最低，少数干旱年份用水量大，4～10月也可能出现低水位。滁河源短流急，上中游调蓄能力小，洪水上涨快，洪峰次数多，加上下游洪水位受到长江洪水位顶托影响及河床淤积等原因，高水位出现机率增加，1990～2010年，汛期出现10米以上水位有10年，其中1991年7月10日水位高达12.63米，为历史最高水位。

泥沙 江河含沙量多少，与暴雨强度、流径地势、土壤等因素有直接关系。境内长江、滁河、城南河等下游均为泥沙堆积区。1950～1974 年,长江含沙量年均 0.54 公斤/立方米,年均输沙量 4.77 亿吨。含沙量和输沙量历年各月分配有差异,主要集中在 5～10 月,其中输沙量以 7 月为最多,约占全年输沙量的 20% 左右。由于江流平缓,泥沙沉积量大,在江中形成新济洲、江心洲、潜洲和八卦洲等沙洲。沙洲岸线不稳定,洲头受江水冲刷而不断后退,洲尾则不断淤涨,沙洲亦不断向下游移动。原浦口区浦口街道地区 20 世纪前即为江中沙洲,因主涨道南移,沙洲北岸淤涨迅速,遂成陆地。1954～1974 年,滁河含沙量年均 0.33 公斤/立方米,年均输沙量 31.7 万吨。

潮汐 境内江河均有潮汐现象。长江多年平均潮位 5.26 米,平均潮差 0.55 米,最大潮差达 1.56 米。1962 年,高潮位为 5.46 米,低潮位为 4.9 米。历年最高潮位为 1954 年 8 月 17 日的 10.22 米,最低潮位出现在 1956 年 1 月 9 日,仅 1.54 米。涨潮时间历时 2 小时左右,落潮为 10 小时左右。

地下水 境内水文地质条件比较简单,按含水岩组及富水程度,含水层分为三类,并从平原到阶地、到低山区作有规律分布:洲滩相、松散岩类孔隙含水岩组,分布于长江、滁河漫滩地区,水量丰富,水质尚好,宜于饮用。沿江含水层埋深 10～40 米,含水层厚 10～30 米,最大厚度 45 米,单井涌水量 500～3000 吨/日;沿滁含水层埋深 25～30 米,含水层厚 10 米左右,近河沿厚度增大,富水层愈好,单井涌水量 500～1000 吨/日。碎屑岩相、岩石孔隙裂隙含水岩组,为浦口组、赤山组砂岩,广泛分布于山麓平原地区,大部分为第四系松散层覆盖,透水性及富水性较差,单井涌水量 20～100 吨/日,局部达 500 吨/日,水质较差,不宜饮用;覆盖在浦口、赤山组砂岩之上的雨花台层孔隙水层,分布于陡岗—乌江、高旺—江浦街道—原浦口街道一线,含水层埋深 0～20 米左右,厚约 20 米,单井最大涌水量 200 吨/日左右,矿化度小于 0.5 克/升;再上为下蜀土层裂隙水层,分布于山麓低丘陵地区,岩性为砂粘土,透水性、富水性不好,单井涌水量 10 吨/日,最大 30 吨/日,水质尚好,矿化度小于 1 克/升。碳酸盐岩相、岩溶裂隙含水层,分布于老山、西山及赭洛山山体和近山北坡地带,富水性较强,水质好,其中老山裂隙溶洞埋深 104～206 米,单井涌水量在震旦系、寒武系石灰岩地层水量分别达 150～400 吨/日、2000 吨/日。

地下水资源量包括大气降水入渗补给量、地表水体入渗补给量(塘坝渗漏补给量、灌溉水回渗量)和山前侧向流入量。根据 1962～2005 年年平均降水量、1991 年为最大年降水量、1978 年为最小年降水量分析计算,丰水年地下水总量为 1.26 亿立方米,平水年为 1.07 亿立方米,中等干旱年为 0.96 亿立方米,特殊干旱年为 0.85 亿立方米。2005 年为 1.03 亿立方米,多年平均为 1.11 亿立方米。

地下热水点主要分布于老山北坡。汤泉街道金泉社区往西至陈庄社区一线,温泉与冷泉同源共融,有 15 处自溢温泉、9 处自溢冷泉,形成十里温泉带。天然温泉露头总流量 6500 吨/日,泉水矿化度 2.33 克/升,全硬度 93.88 德国度,pH 值 6.8,水温 43.2℃左右,300 米深度以内水温为 52℃,含多种稀有微量元素,属 SO_4-Ca 型泉水。西山南北有朱刘庵及朱家嵿泉群,流量均为500吨/日。老山东段有琥珀泉、珍珠泉,水温在23℃左右。

五、土　壤

境内土壤种类多样,性态特征各异。1981年,全国第二次土壤普查面积43166.21公顷,分为5个土类、10个亚类、21个土属、55个土种。其中,水稻土类分渗育型、测渗型、潴育型、潜育型、淹育型5个亚类,沙河土、白土、马肝土、黄白土、河淤土、江白土、青肝土等土种,面积26638.13公顷,占普查土壤总面积的61.71%;潮土类分灰潮土亚类,洲马肝、江沙土、鸡屎土3个土种,面积12820.76公顷,占29.7%;黄棕壤土类分粗骨黄棕壤、粘盘黄棕壤(耕种黄棕壤)2个亚类,厚层红砂土、轻中粗骨土、岗黄土、黄白土、沙黄土等土种,面积3526.29公顷,占8.17%;石灰岩土和基性岩土类面积分别为60.66公顷、120.37公顷,分别占0.14%、0.28%。

1950年,原浦口区第一次土壤质量状况调查资料显示:土质疏松肥沃的油沙土、黑油土、黑土、红马肝土等有551公顷,占普查土壤总面积的34.27%;土质一般的黑马肝土、白螺丝土、香灰土等有273.53公顷,占17.01%;土质差的死黄泥土、黄泥土等有783.4公顷,占48.72%。20世纪50年代中期起,经过不断地植树造林、兴修水利、平整土地以及耕作制度改革,至1981年全国第二次土壤普查时,全境土壤质量发生较大变化。有机质含量2.0%~3.0%的三级以上土壤面积,浦口区和江浦县分别占65.4%、50.38%;全氮含量0.10%~0.15%的土壤面积,分别占16%、9.4%;速效磷含量在10ppm~20ppm的土壤面积分别占16%、12.25%;速效钾含量属中等水平,50ppm~150ppm的土壤面积分别占68.1%、67.03%。第二次土壤普查以后,由于大力提倡秸秆还田,增施有机肥料、复合及单质钾肥,耕地状况发生很大变化。2007年,浦口区以农业部"全国测土配方施肥技术规范"为依据,对各类土壤分布、理化性状、土地利用现状进行全面调查,采集粮油大田样点3750个,菜地样点301个,苗木地样品468个,其中水稻土样4535个。分析结果表明,水稻土土壤有机质含量在8~40克/千克之间,平均含量21.2克/千克;全氮含量为0.49~4.12毫克/千克,平均1.32克/千克;速效磷含量为2~94.6毫克/千克,平均13.3毫克/千克;速效钾含量为20~297毫克/千克,平均92.7毫克/千克。

六、植　被

浦口区属北亚热带淮阴山地及江淮丘陵平原落叶、常绿阔叶树种的混交林区。植物种类南北兼有,亚热带性质显著。原生植被几无残存,已被多种次生植被和栽培植被所取代。

自然植被　主要有草本植物群落和次生植物类型,现存草丛多为森林遭反复破坏后出现的次生性草甸植被类型,其中以白茅群丛、艾蒿群丛、营草群丛、灌木群丛及次生落叶、阔叶林为主。草类有白茅草、桔草、狗尾草、野菊、白莲蒿、鸡眼草、矛叶荩草、黄背草、野大豆等。森林植被有:人工针叶林,如马尾松林、黑松林、湿地松、火炬松林、杉木林、侧柏林等常绿针叶林;落叶针叶林,如水杉林、地杉林等;落叶阔叶林,如栓皮栎林、麻栎林、白栎林、黄檀林、枫香林、刺槐林等;常绿针叶与落叶阔叶混交林,如黄檀林、马尾松林和栎类林等;竹林,如毛竹林、刚竹林等。

栽培植被 大田作物型主要有水稻、小麦、玉米、山芋、黄豆、蚕豆、绿豆等粮食作物和油菜、花生、芝麻、西瓜、香瓜等经济作物;蔬菜作物型组成种类有青菜、大白菜、包菜、花菜、雪里蕻等白菜类,红萝卜、胡萝卜等根菜类,芹菜、菠菜、茼蒿、苋菜、菊花脑等绿叶菜类,大蒜、洋葱、韭菜等葱蒜类,茄子、辣椒等茄果类,黄瓜、冬瓜、苦瓜等瓜类,毛豆、四季豆、豇豆、扁豆等豆类,马铃薯、芋等薯芋类,藕、茭瓜、慈菇等水生蔬菜类;园地经济林型主要有桑园、茶园、果园;绿化型树种主要有悬铃木、水杉、泡桐、雪松、龙柏、樟树、玉兰、银杏、冬青、海棠等。

第二节 自然资源

一、土地资源

土地利用 清光绪十七年(1891),全境积地2560方里。民国22年(1933),据南京陆军测绘局绘制的万分之一地图计算,全境土地面积为123.82万亩,其中平地40万亩,山地78.9万亩,水道湖泽4.92万亩。37年,《江苏省统计提要》载:全境土地面积为123.65万亩。1949年解放后,因行政区划及与毗邻区县调整"插花地""飞地",如江浦县划出汉河集入安徽省来安县,六合县划出葛塘区桥塘乡、新渡乡、龙山乡入原浦口区,至1977年进出相抵,计调进土地7800公顷。1984年3月,根据国务院1984年70号文件要求,江浦县和浦口区同时详查土地资源利用现状。至1987年12月,查清全境土地总面积91211公顷,合912.11平方千米,较统计部门上报面积多出17.83平方千米。土地利用现状分为一级八类:耕地43702.03公顷,占总面积的47.91%;园地958.49公顷,占1.05%;林地11050.21公顷,占12.12%;牧草地1326.07公顷,占1.45%;居民点及工矿用地8081.87公顷,占8.86%;交通用地1899.17公顷,占2.08%;水域及水利设施用地21962.49公顷,占24.08%;未利用地2230.67公顷,占2.45%。2002年4月,全境上报土地面积902平方千米。是年底,《浦口区土地利用总体规划修编大纲》明确全境土地面积为91375公顷,合913.75平方千米。2010年,土地利用现状变更调查统计,全境八类土地面积91049公顷。其中,耕地28102.71公顷,占土地总面积的30.87%;园地1603.37公顷,占1.76%;林地16589.82公顷,占18.22%;牧草地992.65公顷,占1.09%;城镇村及工矿用地19153.32公顷,占21.04%;交通运输用地3210.63公顷,占3.52%;水域及水利设施用地19947.36公顷,占21.91%;其他用地(含未利用地)1449.14公顷,占1.59%。2015年,全区土地利用现状与2010年相比,八类土地总面积仍为91049公顷,其中耕地、园地、林地、牧草地、水域及水利设施用地、其他用地分别减少251.82公顷、198.19公顷、583.89公顷、114.14公顷、810.99公顷、25.85公顷,城镇村及工矿用地、交通运输用地分别增加1095.46公顷、889.42

公顷。

建设用地管理 1988年初,江浦县、原浦口区分别成立土地管理局,依法审批管理境内国家、集体、居民建设用地(简称三项建设用地)。江浦县国家建设大宗用地项目有:1989年312国道征地126.5公顷,1992年津浦铁路永宁段自保工程、县人民医院病房楼、林散之纪念馆等工程用地62.25公顷,1994~1995年南京化工大学(今南京工业大学)浦口分校、南京绕城公路江浦段等工程用地86.7公顷,1997年南京三株医疗机械有限公司、江苏贝宁面料有限公司等征地29.67公顷,2000年南京金融专科学校扩建和江浦中学易地新建等工程用地17.06公顷。至2001年,全县国家、集体、居民和开发区用地累计10392宗,总面积1627.34公顷,其中国家建设用地655宗、面积1394.73公顷。在国家建设用地中,工矿企业用地626.22公顷,水利用地9.06公顷,交通用地466.3公顷,教育、文化、卫生用地171.69公顷,军事用地121.46公顷。

原浦口区自1984年起,大宗用地项目有:1985~1992年经市规划局、省市土地局批准,华能南京电厂在沿江、盘城2个乡征地155.25公顷;1987~1988年,新建浦珠公路和扬子石化公司铁路专用线改造分别征地38.07公顷、41.17公顷;1988~1995年,南京高新技术产业开发区经省、市土地局、规划局批准,在沿江、永丰2个乡征地236公顷;1989~1995年,南京钢铁厂在沿江镇征地18.07公顷;1990年,南京大学浦口分校、东南大学浦口分校分别在沿江镇征地8.79公顷、45.84公顷;1992年,昭富国际高尔夫会员俱乐部经市规划局批准,在顶山镇林场征地124.05公顷。至2001年,计有184个单位包干征(拨)建设用地885.06公顷。

浦口区成立后,进一步优化区内土地利用总体规划空间布局,坚持建设用地报批管理制度。2002年,报批南京长江三桥、宁启铁路等重点项目用地866宗,用地面积205.53公顷;办理审批个人建房799户,用地面积8.28公顷。2008年,完成京沪高铁、南京北站及枢纽工程、滨江大道(浦口段)等单独选址建设项目的报批工作,全年完成6批次32个项目及7个单位选址工作,用地500.73公顷。2015年,进一步规范农用地转用和土地征收报批程序,强化征地计划和针对性,通过国家计划、增减挂钩计划、单独选址计划、村镇建设用地等报批路径,组织南京港七坝港区码头工程、合众九州4G产业园等138个项目用地计划申报工作。

基本农田保护 *划定基本农田保护区* 1994年12月,江浦县启动基本农田保护区划定工作。按照南京市政府提出的"合理布局相对集中"和"定面积、定位置、定质量、定标志、定责任人、定规划"的要求,1995年3月,全县划定11个基本农田保护区,保护面积3.95万公顷。其中,一级基本农田2.93万公顷,二级基本农田1.02万公顷,保护率分别为74.18%、25.82%。2003年,修订基本农田保护规划,基本农田保护面积调整为31512.54公顷。其中,一级农田6923.87公顷,占21.97%;二级农田12384.51公顷,占39.3%;三级农田8586.96公顷,占27.25%;四级农田3617.2公顷,占11.48%。2014年,优化基本农田规划布局,划定并被批准永久性基本农田面积为29957.78公顷,其中耕地19986.09公顷,可调整地类9971.69公顷。

土地开发复垦 1990年起,江浦县加大土地开发力度,各乡镇开发和复垦荒山、荒地、滩涂、洼地及各类废弃地(包括老宅基地)。1995年,永宁镇投资120万元,开发张家圩低洼荒水地,用于种粮、养鱼,至1997年,累计产稻谷61.2万公斤、油菜籽15.84万公斤、成鱼161.46万公斤,总产值1056万元,净收入183万元。至2001年,全县累计开发复垦土地面积747公顷。2002~2015年,浦口区完成土地开发复垦项目234个,新增耕地1836公顷。

建设用地增减挂钩 2006年起,区政府落实城乡建设用地增减挂钩政策。当年完成占补平衡9个补充耕地项目,实现净增耕地指标141公顷。2008~2009年,城乡建设用地增减挂钩项目24个,确认新增耕地指标60.68公顷。2010年,实施城乡建设用地增减挂钩一期拆旧村庄复垦项目90个,拆迁总户数4108户,拆迁总面积40.66万平方米。经省厅、市局检查验收,确认新增农用地351公顷。2011~2013年,实施建设用地增减挂钩项目231个,总建设规模1036.04公顷,新增耕地指标1012.94公顷。2014~2015年,全区城乡建设用地增减挂钩复垦项目43个,项目建设规模234.88公顷,新增耕地面积150.63公顷,其中规模较大的项目有星甸街道十里村金城组、石窑村油坊等组、汤集村后杜组村庄复垦项目,桥林街道周营村中心等组、西山村西山三组等村庄复垦项目,永宁街道青山村竹园组村庄复垦项目,新增农用地面积153.78公顷。

二、矿产资源

石灰岩 矿点主要分布于老山中段和西山地段,是生产优质水泥和炼钢熔剂的最佳原料,总储量7.8亿吨。老山段矿层产于灯影组下段,夹于白云岩地层中,西起大孤山,经龙洞山、老鹰山、椅子山,至二顶山,长17千米,厚90米,一般品位为:CaO26.35%~42.75%,MgO1.28%~21.07%,$SiO_2$1.06%~19.45%,$Fe_2O_3$0.38%~3.82%。西山段矿层产于陡沱组上段石灰岩地层中,西起独山,经亭子山(西)、独峰寺,止于高祖庙,长7.5千米,厚50~70米,一般品位为:CaO46%~50%,MgO0.48%~0.7%,$SiO_2$5.4%~7.02%,$Fe_2O_3$1.09%~2.03%,矿石储量1.16亿吨。

石英岩 矿层赋存于灯影组上段地层的顶部,分布于龙洞山复式背斜两翼部位,呈东北方向延伸,东北止于二顶山,长17千米,宽2.5~4.5千米,面积约6.8平方千米。矿层在北翼出露于大孤山、大黄泥山、斗蓬山、面子山、东山乳牛场等地,南翼出露于横山、响铃庵、大马山、象山、猪头山一带。矿层呈中薄层,厚2~30米,资源总量4.41亿吨。一般品位为:$SiO_2$98.46%~99.05%,$Fe_2O_3$0.03%~0.21%,$Al_2O_3$0.1%~0.45%,淡色的可做单晶硅原料,色深的可为炼钢配料,一般的可做玻璃原料。在已开采的象山、大马山、罗卜地、狮子岭矿中,以东段象山矿层质量为好,矿层长100~480米,厚2.9~4.5米,一般品位为:$SiO_2$97.92%,各矿点露采最低海拔40~48米。

砂矿 高丽店—东葛车站一带低丘陵地区分布着紫红色粉砂岩、细砂岩,矿层出露长一般1～2千米，厚数米，品位为：$SiO_2$73.48%～78.5%，$Al_2O_3$6.1%～11.4%，$Fe_2O_3$0.16%～0.28%，是钢铁企业铸造翻砂专用原料。石英砂分布亦广泛，兰花—高旺—老虎桥以东一带为甚，是优质建筑材料。

黏土矿　产于第四系上更新统地层，又称下蜀土，其成份为：$SiO_2$65.59%～71.49%，CaO0.58%～1.36%，$Al_2O_3$12.78%～15.83%，$Fe_2O_3$5.25%～6.59%，是优良的水泥配料。分布于乌江东龙山、汤泉、江浦两坳陷山麓下的下蜀土，普遍可制砖瓦。

矿产资源开发管理　1986年，江浦县计经委成立矿产资源管理办公室。1994年开始征收矿产资源补偿费，全年征收近5万元。1996年4月，成立县矿业秩序整顿领导小组，对大桥乡矿产企业爆破影响珍珠泉风景区问题实施勘查，提出整改意见。1997年，制定《江浦县红砂管理实施办法》，依法取缔非法个体开采。至2000年，全县有矿山企业69家。2002年，为实现三年内关闭山林景区、重要交通干线附近的矿山企业目标，按照工作要求和时间进度，收回14家矿山企业的有关执照并及时分解补偿款项，实现平稳停产。是年，全区有矿山企业82家，其中采石38家，砖瓦25家，砂矿15家，地热泉水4家。2003年，关闭禁采区的矿山企业21家，首次挂牌出让5家矿山企业采矿权，收取出让金8048万元。2004年，依法整顿矿产资源市场，关闭禁采区内矿山企业21家，通过现场抽查方式年检矿山企业20家。2008年，加大对采矿权出让价款征缴管理力度，对2户拒缴者申诉法院强制执行。2011年起，对不符合规划的砂矿资源开采点实施关闭，对符合规划的砂矿资源可采点实行公开挂牌出让。2012年，制定下发《浦口区露采矿山关停实施方案》，对采矿权许可证到期的企业发给《采矿权许可证到期不再办理延续的通知》与《采矿权许可证到期注销的通知》，对无证黏土砖生产企业统一下发《责令停止国土资源违法行为的通知》。是年底，按照露采矿山“三不留一毁闭”（不留人员、不留采矿设备、不留建筑物，毁闭井筒，恢复地貌）的标准落实关停计划。同时，关闭17家非法偷盗采矿企业。至2013年，有13家砖瓦厂关停拆除，13家矿企停止生产。2014～2015年，依法关停1家露天采矿企业，现场拆除5处非法偷采点。

三、水资源

地表水资源　2006～2007年，浦口区水务局调查评估水资源数量、质量及其时空分布特征，将区境水系按照格局和地形情况，划分为沿江片、沿滁片和驷马山河片3个水资源分区，以1962～2005年年均降水量1048.6毫米、1991年最大年降水量1778.3毫米、1978年最小年降水量465毫米，分析计算区境多年平均地表水资源量为33883.2万立方米，其中沿江片18220.6万立方米，沿滁片11783.9万立方米，驷马山河片3878.7万立方米。再结合径流深370.8毫米、多年平均地表径流系数0.35，算出区境年径流量为11859.13万立方米，沿江片、沿滁片和驷马山河片年径流量分别为6377.21万立方米、4124.37万立方米、1357.55万立方米。

地下水资源　地下水资源量一般指地下水体中参与水循环且可以逐年更新的动态水

量。浦口区属山丘平原区，地下水资源量采用补给量法计算，包括降水入渗补给量、地表水体入渗补给量、山前侧向流入量，其中地表水体入渗补给量包括鱼塘、塘坝渗漏补给量、灌溉水回渗量。区境1962～2005年平原区地下水资源量分别为：降水入渗补给量1963.2万立方米、灌溉回渗量1034.6万立方米、塘坝渗漏量1350万立方米；山丘区地下水资源因缺少完整的地质水文资料，仅以同期降水入渗补给量计算，该区地下水资源量为6757.6万立方米；区境地下水总量为11105.4万立方米。

过境水资源 区境地处长江、滁河下游，过境水量丰富。长江大通站以上集水面积170.54万平方千米，滁河襄河口以上集水面积3500平方千米。长江、滁河径流量和区境径流量基本同步，彼丰此丰，彼枯此枯。长江年均过境水量9100亿立方米，相对稳定；滁河年均过境水量10亿立方米，年际、年内分配不均，且不稳定。

水资源管理 1992年12月7日，江浦县施行《江浦县水资源管理办法》。1993年8月，执行国务院《取水许可制度实施办法》。至1994年6月，颁发取水许可证234户，其中农业153户，征收水资源费。1999年5月25日，江浦县政府印发《江浦县地下水资源、地热资源监督管理实施意见》，是年批准地下取水10万立方米、地表水30万立方米。2001年，地下取水增至49万立方米、地表水增至182万立方米。

2002年10月，浦口区执行修改后的水法。2005年，全面推行水资源有偿使用制度。查处南京某船舶有限公司、某新型环保材料厂、某森林旅游有限公司等5家单位擅自取用地下水的违法行为，作出罚款4万元并补办取水许可手续的行政处罚。2008年，强化水资源综合管理，制定《浦口区水资源管理办法》，实施“八大行业节水行动”工程，推进节水载体建设。至2010年，完成江苏舒逸纺织厂、大吉铁塔制造有限公司、江苏省江浦高级中学及碧云山庄、海都嘉园、阅景龙华、盘城葡萄园、永宁蔬菜基地等节水型企业和单位创建，其中南京立业电力变压器有限公司通过密闭式冷凝水回收项目改造每年节约用水1万立方米。2011～2013年，加强水功能区保护工作，区财政投入专项资金1086万元，重点实施三岔水库水源地生态修复工程，治理城南河等6条通江河道和象山水库水环境，4家水体保洁公司常态化打捞水面飘浮物，清理岸坡垃圾，推行河道长效管理机制。2015年12月，全区集中式饮用水源地达标建设工程通过江苏省水利厅、环保厅、住建厅联合验收组全面质量验收。

四、生物资源

植物资源 民国《江浦县续志稿》实物卷物产目分谷之属、枲之属、蔬之属、茶之属、果之属、竹之属、木之属、花之属、草之属、药之属，记载植物名录178种。据南京林业大学等单位1963年、1972年调查资料统计，江浦县境内植物共有184科、1053种，其中天然野生植物913种，引进植物140种；可分为木、竹、花、蔬、草五类，其中一级保护植物有水杉、金茶花（引进），二级保护植物有巨杉、杜仲、金钱松（引进），三级保护植物有明党参、短穗竹、野大豆、平贝母（原生）、红花木莲（引进）等。2006年，南京师范大学生命科学院教师在境内七里河地区发现一株水蕨，为省内濒危植物。植物资源具有较大的利用潜力。

药用植物有173科、879种，其中地道药用植物有明党参、柴胡、黑三棱、夏枯草、苍术、何首乌等，珍稀药用植物有杜仲、七叶一枝花等，濒危药用植物有龙胆草、白芨、苏贝母等。

油料植物主要有黄连木、山胡椒、臭椿、乌桕、梧桐、苍耳等。

栲胶植物主要有橡碗、花香果、皂荚等。

淀粉植物主要有麻栎、白栎、栓皮栎、短柄枹树、石蒜及菝葜等。

纤维植物有70余种，包括苎麻属、柳属、桑属、构树、葎草、野葛、紫藤芦竹、白茅等。

蜜源植物有枇杷、槐树、牡荆、枣树、油菜、紫云英等。

动物资源 民国初期，境内动物分毛之属、羽之属、鳞之属、介之属、虫之属，志书记有动物名录82种。据20世纪60～70年代调查，境内有野生动物270多种，其中脊椎动物68科215种，软体动物4科6种，环节动物2科2种，节肢动物23科35种。香獐、穿山甲、江豚、中华虎凤蝶为国家二级保护动物，鲥鱼为国家名贵鱼类。2007年初，南京市园林部门和南京林业大学在首次全面调查南京地区鸟类、鱼类和植物种类时，在境内七里河湿地观察到国家一级保护鸟类东方白鹳和黑脸琵鹭等珍稀濒危鸟类。2009年2月17日，《扬子晚报》报道，江苏野鸟协会成员2月16日在浦口区发现25只全球性濒危动物花脸鸭。主要经济动物有食用动物、药用动物和观赏动物。

2002年起，浦口区加大野生动物保护工作力度，区森林警察大队和区农业部门履行野生动物保护职责。2011～2013年，受理野生动物保护警情65起，放生蛙、蛇、鸟等野生动物活体4万余只。2014年，查处非法运输野生动物案件8次，查获娃娃鱼（大鲵）42条、王锦蛇500余条、五步蛇54条及斑鸠、野鸭等其他野生动物1200余只。2015年，核查野生动物驯养场所160家，结合“清网行动”，清除销毁各类捕鸟网26张、4000多米，放生被擒鸟42只，放生蛙、蛇等野生动物活体600多只（条）。

五、湿地资源

自然湿地 2009～2010年，根据南京市湿地资源遥感影像判读和现场调查，浦口区湿地资源总面积13022.62公顷，其中自然湿地面积5294.18公顷。在自然湿地中，有河流湿地5244.54公顷。在河流湿地中，长江和滁河永久性河流湿地面积3954.35公顷，其中开发于2005年的绿水湾湿地公园是长江北岸典型的湿地地貌。公园东邻南京长江隧道，西抵江北新城滨江大道，南至南京长江三桥，总面积约1500公顷。2007年2月，南京市规划部门将绿水湾湿地公园定位为省级湿地公园；同年6月，经南京市政府申报、江苏省建设厅审查推荐、建设部批准，绿水湾湿地公园为国家城市湿地公园。至2014年，湿地公园陆续建成青奥公园、滨水广场、闻涛广场及外滩广场等设施，成为最地道、极具生活风情的生态旅游目的地。位于老山北麓、滁河南岸的滁河湿地公园，总面积约1480公顷，具有独特的区位优势和资源优势。至2015年，已建成由青年旅行社、儿童乐园、植物迷宫和现代农业展示基地组成的滁河湿地公园。

人工湿地 浦口区人工湿地面积7728.44公顷,主要为水库湿地和水产养殖场。全区有7座小(一)型水库、18座小(二)型水库,水面面积约504公顷。2015年,池塘、河沟水产养殖面积6580公顷。

湿地资源保护与开发 2004年始,区政府根据省市“绿色江苏”“绿色南京”工程建设要求,陆续在长江、滁河及其他通江、通河岸线绿化造林,搬迁长江岸边部分居民,拆除影响湿地保护工作的建筑物和江边渔船餐厅,拆除73016部队大型猪场和42栋房屋。2015年,区农业局接管绿水湾湿地保护工作,安装湿地铭牌和宣传标识标牌,区林业站与区森林警察大队在绿水湾湿地开展联合执法宣传活动。

第三节 自然灾害与灾害测报

一、气候灾害与气象测报

浦口地区气候灾害有洪涝、干旱、低温冻害、暴雪、台风、连续阴雨、雾霾等,尤以旱、涝为重。

洪涝 明洪武十八年(1385)至万历四十三年(1615)发生水灾22次。其中,成化六年(1470),以水灾免县税粮。弘治十六年(1503)五月,江潮入望京门,浦子口城圮入江。正德十二年(1517)夏,大雨,水骤涨,街衢可通舟。嘉靖十年(1531)七月,江溢,淹没沿江圩田。万历四十三年六月,大雨,城内水深三尺,损田庐甚众。

清顺治元年(1644)至同治七年(1868),发生水灾27次。其中,康熙二年(1663)九月,大雨,江水泛滥,舟行街市。乾隆二十年(1755)夏,大雨,江涨40多天始退。道光二十九年(1849)五月,江潮奇涨,浦口南城垛口与江水相平,山田大半淹没,民庐倾倒无数。

民国20年(1931)7月,连降大雨4天4夜,河水陡涨一丈数尺。7月24日,日降雨量近700毫米,乌江镇淹没农田1.7万亩,重灾1477户,1260多户房屋倒塌。江、滁圩围决堤,津浦铁路停运54天。26年8月,大水,22日,马骡圩决堤。

中华人民共和国成立后,自1949年到2015年,浦口地区共发生洪涝灾害34次。其中,1949年7月,强台风过境,江水上涨,长江下关水位9.17米,江浦县、原浦口区破圩24个,受灾农田3334公顷。1954年7月2日至8月中旬,特大洪水,降雨量846毫米,长江下关最高水位10.22米,滁河汊河集水位11.59米,江浦县淹没农田10667公顷,颗粒无收9855公顷,倒塌房屋18165间。1964年4月3~15日,降雨量212.6毫米,浦口区渡桥人民公社王家渡决堤破圩,淹没农田1049公顷。1969年7月,降雨610毫米,其中15~18日连降暴雨300毫米。江浦县七联圩、青骆圩破圩;浦口区受涝农田1987公顷,倒塌民房969间。1973年7月中下旬连续降雨,17日,江浦县向阳圩、浦口区大柳洲外圩相继决堤破圩;22日,沿江人民公社京新小圩等圩破圩,淹没农田467公顷。1975年6月22~24日,浦口区连降暴雨,雨量

356.9 毫米,其中 24 日降雨量 210.6 毫米,受灾农田面积 1260 公顷,217 间房屋倒塌,1735 户城镇民房进水;江浦县受灾农田 8267 公顷。1991 年特大洪涝,5 月 18 日至 7 月 11 日,江浦县降雨 1001 毫米,是常年同期的 4 倍多,受淹农田面积 20333 公顷,严重受涝面积 5346 公顷,损失粮食 2.2 万吨、油料 1280 吨,流失鱼 1500 吨,畜、禽损失近 5000 头、100 万羽,工矿企业停产半停产 111 家;主动炸破孟家圩、青骆圩、蒿子圩蓄洪,直接经济损失 16126 万元。浦口区农田受淹面积 6527 公顷,成灾面积 3100 公顷,倒塌房屋 1318 间。1998 年 3 月 20 ~ 22 日,降雨 1418.1 毫米,为常年同期雨量的 1.8 倍,三麦严重受害。6 月中旬起,长江中游多次出现大范围连续性暴雨,整个汛期长达 91 天,长江上游出现 3 次洪峰,江浦县沿江堤防突发险情 300 余处。浦口区受淹农田 562 公顷,133 公顷蔬菜、西瓜和鱼塘绝收。2003 年 7 月 1 ~ 11 日,出现强降雨天气,其中 7 月 5 日降雨量 301.4 毫米,致使滁河水位骤涨。永宁镇种植业绝收面积 1578.8 公顷,家禽死亡 5.1 万羽,淹死苗木花卉面积 1077.6 公顷,直接经济损失 10012 万元。2011 年 7 月 11 ~ 12 日连续大暴雨。沿江街道 11 日 11:30 ~ 13:00 降雨量 130 毫米(区域站数据),其中 12:00 ~ 13:00 降雨量达 92.5 毫米,超过浦口区有气象记载以来 1 小时降水量最大值(59.8 毫米),降水强度之大为历史罕见。2015 年 6 月 1 ~ 2 日、16 ~ 17 日、25 ~ 29 日出现区域性暴雨。6 月份总降雨量达 624.5 毫米,为浦口区气象站有记录以来同期历史最大值。

干旱　明建文三年(1401)至崇祯十四年(1641),发生干旱 16 次。其中,嘉靖二年(1523)夏、秋,大旱,庄稼枯绝,谷价腾贵。

清顺治九年(1652)至光绪十七年(1891),发生干旱 17 次。其中,康熙十八年(1679),大旱,民饥,食草根、树皮。咸丰六年(1856)六月,旱;秋,大旱,飞蝗蔽野,饥死者无算。

民国期间,发生旱灾 6 次,其中民国 18 年(1929)7 月上旬至 8 月中旬,基本无雨,汤泉街东井干涸,市民饮用水困难。23 年,春旱,入夏后旱情尤甚,夏旱连秋旱,农村塘干田裂,秧苗枯萎,旱地农作物基本绝收。

中华人民共和国成立后,1953 ~ 2015 年,浦口地区共发生旱灾 21 次。其中,1959 年 6 月下旬出现旱情,7 ~ 8 月,江浦县降雨 111 毫米,9 月持续干旱,石桥、陡岗地区 150 天未得透犁雨,全县 70% 塘坝干裂,滁河断流,长江出现民国 18 年(1929)以来的最低水位,受旱农田 14667 公顷。1978 年 1 ~ 10 月,江浦县降雨量 401 毫米,较常年同期下降 60%,长江来水量较常年少 30%,全县受旱农田 8100 公顷。原浦口区受灾面积 400 公顷。1994 年,江浦县夏旱。6、7、8 月降雨量分别为 89.7 毫米、71.1 毫米、60.5 毫米,为常年的 57.3%、36.1%、49.4%;6 ~ 8 月蒸发量高达 664.2 毫米,高出降雨量的 2 倍多。1996 年,秋旱。9 ~ 12 月,江浦县共降雨 55.5 毫米,仅为常年的 24%,对晚秋作物成熟和三麦出苗、油菜移栽造成不同程度的危害和影响。2011 年上半年,全区出现较为严重的旱情。1 月至 6 月 13 日,降雨量 150.2 毫米,不足常年同期 394.3 毫米的 40%,水利工程蓄水比多年同期下降 70%,通江河道几近干涸,给居民生产生活和企业用水造成一定影响。

气象观测与预报 1960年,江浦县气象站建立,编制3人,站址设在上游公社巩固大队(今江浦街道巩固社区),开始对云能见度、天气现象、空气温度和湿度、风向风速、日照、蒸发量等气象要素进行观测记载和预报。1975年引进概率统计预报技术。1981年始用气象传真收片机。1988年,气象站更名为气象局,建立气象测报站,实行局站合署。1997年,采用FAX软件电话线路与省气象台联网。1998~2000年,建造24.5米高的通讯铁塔,装置"96121"天气电话自动答询系统,建成"9210"工程VSAT气象卫星地面接收站,添置人工增雨火箭发射架和江铃皮卡。2001年7月13日19时30分,首次实施人工增雨,雨量超过100毫米。2002年5月,江浦县气象局更名为南京市浦口区气象局,内设气象业务科(气象台)和产业科。是年,ZQ2-C11型自动气象站开始运行,24小时连续自动观测气象要素。2008年,增设移动气象台(气象应急车载系统),应用于现场气象应急指挥。2010年,建成土壤水分自动观测站。同年9月,建成泰山街道明发滨江新城(社区)气象示范基地。2012年12月,区气象局联合区农业局、环保局等单位在老山国家森林公园建成南京首个森林生态环境气象监测站。2013年1月,浦口气象测报站易名气象观测站,同时迁址沿山大道236号。2015年,加大生态气象监测力度,全年发布空气污染扩散条件预报52期。开展人工影响天气作业点标准化建设,开展降低森林防火等级、改善空气质量人工影响天气作业3次。夯实城乡社区风险预防基础,建成汤泉气象防灾科普广场。

二、地质灾害与监测防治

地质灾害 地质灾害主要包括地震、滑坡、地面沉降、洞井塌方、水库塌坝(岸)、土地退化等数十种。浦口处于地壳相对稳定的部位,从明初至今未发生地震灾害,仅受邻区地震波及30多起,其中波及影响较大、震感明显的有清康熙七年(1668)郯城8.5级地震、1979年6月溧阳6级地震、1991年9月12日江宁小丹阳3.4级地震及2002年10月15日溧阳南渡3.2级地震。境内常见的地质灾害为低山丘陵斜坡岩土运动引起的崩塌和滑坡灾害。2003年始,浦口区逐年排查和确定区级地质灾害(崩塌、滑坡、泥石流等)危险点、隐患点,编制区年度地质灾害防治方案。2004年,区国土资源局被省国土资源厅评为江苏省地质灾害防治工作先进集体。2011年,浦口区获国土资源部全国第二批地质灾害群测群防"十有县"(有组织、有经费、有规划、有预案、有制度、有宣传、有预报、有监测、有手段、有警示)称号。是年,根据地质环境特征、地质灾害现状、危害程度和对人口集中居住区、风景旅游区、交通干线旁等区域进行重点防治的原则,确定区级地质灾害危险点、隐患点25个。2015年,地质灾害点增至27个。按险情等级分为大型、中型、小型3个级别。其中,大型危险点1个,即泰山街道花旗村山林组;中型危险点14个,分别为汤泉街道大黄村陈庄组、大黄村大塘张组,顶山街道金汤街社区点将台、老虎巷社区医院山,江浦街道狮山路110KV城开线20井高压线基座底部、响堂村村民屋后,宁滁公路黄山岭段,73853部队宿舍楼南侧,盘城街道江北社区南钢九龙洼、江北社区顾家山、江北社区丁解二组山,泰山街道柳洲社区小街组,沿江街道冯墙社区马庄组、冯墙社区柏巷29号；小型危险点12个，分别为桥林街道周营村滑坡地质灾害、周营村村部西侧，老山狮子岭狮平路大洼口，江浦街道凤凰山公园西坡，星甸街道信宁水泥厂东侧，顶山街道临泉社区五官组，盘城街道江北社区丁解水库山，泰山街道天景社区罗庄、泰山庙大平山，沿江街道冯墙社区陈家洼组、路西社区墩子组、路西社区学府路。

灾害监测和防治　1982年，江浦县在珠江镇求雨山东麓建立地震测报站，与县地震办公室合署办公，编制7人，隶属县科学技术委员会，以测震、水氡、水井为主要观测项目。1991年，增设水汞观测项目。1995年，水氡观测升格为国家Ⅱ类水化台网，水汞观测纳入地下流体国家基本台网。2004年，建成地震地下流体前兆数字化观测系统。2015年，省强震台网项目强震仪、市级三台地震裂度仪投入试运行。是年，台网运行率、监测资料连续率均达98%以上。

90年代后期，开始治理斜坡岩土滑坡灾害。2003年汛期，全区有江永公路（区道）黄山岭段等8个地质灾害危险点发生塌方、滑坡，造成民房倒塌，公路交通阻塞等险情。其中，7月13～14日，黄山岭西侧出现泥石土滑坡，冲毁公路30米挡土墙，接着出现山体坍塌，形成一个长50米、宽40米、深50多米的大洞，1.5万立方米泥石土倾覆而下，造成交通中断。区交通部门和区国土资源局组织力量赴现场抢险，用3000平方米的防雨布覆盖山体，动用掘土、推土和运输机械，于15日晨恢复交通。2006年起，加强地质灾害防治工作，保障人民生命财产安全。至2011年，消除顶山街道鸽子山片区隐患，治理面积近7万平方米；点将台和医院片区实施拆迁避让，共拆迁496户；永宁猪头山滑坡防治工程通过省专家组竣工验收，治理面积达80万平方米；完成乌江镇双营山体滑坡、江浦街道响堂水库道路滑坡、南京陆军指挥学院靶场滑坡等治理工程。2013年初，实施江浦街道凤凰山地质灾害治理工程。该工程采用袖阀管注浆地基加固、设置双排抗滑桩（上排24根、下排47根）、桩顶设置冠梁等多项根治性工艺，历时6个月，总投资近700万元。年内，完成桥林街道周营村地质灾害项目、星甸街道信宁水泥厂取土场滑坡地质灾害应急消除项目。

第四节　环境保护与生态文明建设

一、环境监测

1980年8月，原浦口区政府设立环境保护科，同时成立区环境监测站，事业编制10人，属国家环境监测网四级站。同年9月，江浦县成立环境保护局，12月成立县环境监测站。1983年，开展大气、水质、噪声、酸雨等24个常规项目监测工作。1984年5月，浦口区成立环境保护局，行政编制4人。1987年，江浦县环境监测站有职工10人，拥有光度计、酸度计、声极计、极普仪、风速仪、导电仪、BOD测定仪、COD测定仪、烟尘测试仪、大气采样器等仪器设备。1998年6月，江浦县实施环境监测站标准化建设。2000年5月，江浦县环境监测站迁至珠江镇中圣南街，人员增至14人，其中专业技术人员13人；办公实验用房面积760平方米，仪器设备63台(套)，监测项目126项。2002年9月，浦口区环境监测站被市环保局确定为国家实验室认可单位。2003年5月，通过国家实验室专家评审组现场评审。该站申请认可的项目包括水、气、声、底泥、生物等109项全部合格，11月，获得中国国家实验室认可(CNAL)证书。2004年9月，区环境监测站安装环境空气自动监测系统并投入运行。该系统中心站设置在区环境监测站内，子站位于南京工业大学新教学楼顶部，主要监测项目为SO_2、NO_x、PM10以及温度、湿度、气压、风向和速度等气象参数。2009年8月，区环保局完成重点排污单位在线远程控制系统一期工程。控制中心位于区环保局内，24小时不间断自动控制城区污水处理厂等6个单位排污情况，有效防止排污设施闲置等现象发生。2014年，区环境监测站购置气相色谱仪、环境空气采样器、声级计、PID多功能气体采样器。2015年，监测站有干部职工24人，其中大专以上学历22人。

二、环境管理

1980年，江浦县人民政府印发《关于开展排污收费工作宣传的通知》，征收县城地区排污超标单位排污费。1981年，原浦口区政府环保科确定凡新建、扩建、改建项目必须配套建设环境保护设施，做到与主体工程同时设计、同时施工、同时投产使用(即"三同时"制度)。1989年8月15日，江浦县县长与南京市市长签订第一轮(1989～1992)县长环保责任状。其中1990年，市政府下达江浦县责任目标为环境质量、污染治理、环境管理三大项、17个子项，经届期考核，全部达标，江浦县被市政府评为完成环保责任目标先进县。1993年、1996年，先后成立江浦县、浦口区环境监理站(后改为环境监理大队)，监督检查环境保护法律、法规、管理制度执行情况。1997年3月起，"三同时"制度扩展到资源开发、城市基础设施、市政公用设施和饮食、服务、娱乐等建设项目，至2001年，江浦县5年累计办理267个"三同时"审批手续，审办率、执行率均达95%以上。2000年始，江浦县依法征收建筑施工噪声排污费，全年征收各种排污费235万元。2002年，按照市场经济管理要求，环境监察由过去控制性管理方式为主改革为引导性管理方式为主。2003年4月，区环境监理大队更名区环境监察大队。同年7月，区环保局开展"清理整顿不法排污企业，保障群众健康环保行动"监察活动。2004～2007年，累计出动执法人员5932人次，检查企业1215家次，挂牌督办、限期治理企业179家，立案查处违法排污企业304家，强制关停企业13家，搬迁企业2家。2007年2月始，公开企业环境行为评价(简称"环评")，即按照国家制定的评级方法，经过企业申报、材料收集、现场核查、行为初评、结果终审等程序，综合评价206家企业和单位的污染物排放、环境管理、环境社会行为和环境守法等工作，评出优秀单位6家、较好153家、一般21家、较差26家。2008年5月，区环保局被省环保厅评为五年环保专项行动先进集体。2009年，市区长环保目标责任状四大类(环境质量控制、环境污染治理、环境管理和工业污染防治)31项指标，按照资料档案、专项验收和现场检查综合被市评定为优秀；建设项目"环评"率、"三同时"执行合格率、工业固体废弃物综合利用率、工业废水排放达标率均达95%以上，危险废物交换转移办理率、危险废物处置率、医疗废物处置率均达100%;依法征收环保费798万元。2015年,浦口区在履行环境保护目标责任制、执行“三同时”制度的同时,加大执法监察力度,全年检查化工、电镀、制药等重点行业、洗染行业、废油产生企业、畜禽养殖企业等692家次,立案查处102件。

三、水环境保护

水环境质量 民国时期,境内水环境呈自然状态。中华人民共和国成立后至20世纪70年代初期,境内长江段及其支流朱家山河、城南河、石碛河、滁河等水质状况较好,污染较少。70年代中后期,地表水显现污染,危及饮用水源。城南河接纳珠江地区大部分工业废水和城市生活污水,水体污染严重,1986~1995年,水质为劣Ⅳ类,PH值最高年份为8.2毫克/升,挥发酚为0.38毫克/升,氰为0.27毫克/升,石油类为1.8毫克/升。朱家山河主要超标项目为生化需氧量和石油类,滁河主要污染指标项目为氨氮和石油类。原浦口区、江浦县城自来水厂取水点均位于七里河口长江下游段,水质稳定,除氨氮、高锰酸盐指数个别项目超标外,其余参评项目均达Ⅱ类标准。各乡镇所在地区饮用水源,除个别水厂水源水质硬度超标外,其余均达Ⅲ类水质标准。1996~2001年,滁河清流河口断面13个分析项中,除高锰酸盐指数、石油类分别达7毫克/升、0.15毫克/升,其余项目指数均达地面水环境Ⅲ类质量标准;朱家山河车站后段断面水质符合Ⅳ类质量标准;城南河由于城市规模扩大,人口增多,城市污水量相应增加,水质依旧呈高污染状态。2001年,城南河高锰酸盐指数及石油类超标0.6倍和8倍以上。2006年,永宁、大桥、汤泉、星甸、龙山、陡岗、桥林、石桥、乌江9个自来水厂全部由三岔水厂供水,浦口水厂、江浦水厂和三岔水厂取水口水质均达Ⅱ类标准,江浦街道南门水井、响堂水井、顶山街道浦铁一村水井水质优于地下水环境Ⅲ类标准,珍珠泉深层地下水水质符合Ⅱ类标准。2000~2010年,饮用水和地下水水质稳定并趋好。滁河、朱家山河、城南河除个别年份生化需氧量、氨氮超标外,均达Ⅳ类标准。2015年,长江水系水质丰水期基本达到目标水体功能(地表水Ⅱ类标准)要求,滁河水系6个监测断面丰、枯、平三水期均能达到目标水体功能要求。饮用水源水质良好,江浦水厂、浦口水厂、三岔水厂水质均能达到地表水Ⅱ类标准,水质现状达到地表水Ⅴ类标准。地下水水质枯水期优于丰水期,珍珠泉源头、顶山水库、响堂水井、南门水井、浦铁一村水井水质均在较好级别。

废水治理 1980年11月,江浦县磷肥厂安装氟吸收处理设备,回收氟化氢。1985年,该厂建造沉淀池和冷却塔,循环保用冷却水,减少废水排放量。1987年,南京市第五棉纺厂安装YF—N浮动床离子交换器,用电解法净化染色废水;江浦县石村电镀厂应用氧化还原法,废水含铬量降低50%。1989年,江浦豆制品厂有机废水厌氧处理工程竣工投运,日处理废水22吨。1998~1999年,江浦县投入943万元,完成73家重点工业企业废水限期治理达标工程,达标率90%以上,全县工业水污染物排放总量下降56%。1999年7月,实施限期治理非重点工业企业水污染物达标排放工程。至2001年,江浦县耗资294万元,完成南京中美加麦芽有限公司、江浦农药厂、南京市江浦金属喷塑厂、江浦县石桥化工厂等11家废水治理工程,工业废水处理率99%,废水排放达标率70%以上。2003~2006年,南京英特布鲁啤酒有限公司、老山制药厂、南京石油化工有限公司等26家均按照环保要求建有污水处理设施(其中停产2家)。2007年,监测重点工业废水排放企业215家,工业废水排放达标率96%。2008年,实施《浦口区城乡三年水环境综合治理方案》,采取关停、搬迁、改造污染企业及建设污水处理厂、保护集中式饮用水源地等治理保护措施,确保工业废水排放达标率稳中有升。至2010年,全区建成7个城镇污水处理厂、12个村级污水收集处理工程。2011年,强化污染整治力度,逐一验收112家企业,关停、搬迁和转产9家整治不合格企业。全年征收排污费1200万元,工业废水排放达标率97%以上。2012年,完成城南河水环境综合整治工作,沿岸6家水污染企业通过市级达标验收。2013年,26家企业通过市经信委整治达标验收,共减少工业用水11万吨,减少排放化学需氧量56.8吨、氨氮3.9吨、二氧化硫78.5吨、氮氧化物22吨。全区重点企业工业废气、废水排放达标率90%,工业用水重复利用率85%。2014年,重点整治城南河、七里河、高旺河、清流河、珠北河、东方红河、镇南河等20余条河道水环境,组织人员检查集中式饮用水水源地、水源保护区等周边废水排放工业企业的环保设施运行情况,复查保护区内违法排污口的取缔关闭情况,开展江浦水厂、浦口水厂及三岔水厂等水源地例行环境监测,落实保护措施。2015年,完成南京林发养猪专业合作社等畜禽养殖污染治理减排项目6个,关停珠江乳牛场有限责任公司、南京珠联金属制品厂等6家重污染企业,完成珠江污水处理厂扩建工程,新建浦口开发区污水处理厂、污水收集主次干管5.2千米、到户支管3.3千米,实现江浦片区污水处理率96%、其他镇街污水处理率72%,减排化学需氧量277吨、氨氮39吨、氮氧化物1456吨,达到主要污染物年度总量控制要求。

四、大气环境保护

大气环境质量 20世纪70年代末,城区大气环境呈中度污染,废气主要来自燃煤、燃油时产生的有害气体和烟尘,其次为工业企业排放和泄漏的气体和粉尘。20世纪80年代起,酸雨现象呈上升趋势,1986年,江浦县城周围酸雨频率达40%以上。1987年,全县燃煤5.05万吨,耗油0.57万吨,排放二氧化硫和氮氧化物各约560吨、烟尘2000吨、水泥粉尘800吨,县城环境空气中可吸入二氧化硫、二氧化氮和总悬浮颗粒物年均浓度均达到空气环境质量二级标准。县化肥厂、柴油机厂等地段超过国家三级标准,交通干道地段的氧化物有时超过三级标准的1~2倍。90年代起,机动车辆尾气、工地扬尘及废气排放量增加,城区空气污染呈混合型态势。90年代后期,酸雨频率有所上升,年均达47%左右。2002年,二氧化硫、二氧化氮指标年均值达国家二级标准,可吸入颗粒物指标年均值超过国家二级标准1.24倍。2005年,区环境监测站设立环境空气自动站和大气降水自动采样点,在全区设立浦口开发区、浦口区环境监测站、老山森林公园、浦建村和南京工业大学5个监测点位,各镇街监测点位均设在政府(办事处)所在地。2010年,全区城乡大气环境质量指标均达国家标准,其中江浦街道地区二氧化硫、二氧化氮、可吸入颗粒物指标优于国家二级标准,老山森林公园和汤泉地区达国家一级标准。2011年起,区环保部门加强扬尘污染治理,实现秸秆焚烧“零火点”,大力淘汰黄标车,加强工业污染源治理,推进烟控区建设,为改善空气环境质量提供有力保障。2015年,八项空气质量监测中,二氧化硫、二氧化氮、一氧化碳、臭氧、降尘和硫酸盐化速率均达国家标准。

废气治理　1981年5月,原浦口区环保科首次召开驻区各企事业单位锅炉现场会,要求各单位做好消烟除尘工作,凡新建炉、窑一律选用技术先进、烟尘排放达标的设备。1982~1987年,江浦县环保局完成废气、粉尘治理项目9个。1990年5月,机动车辆一律安装曲轴箱强制通风阀,控制车辆尾气排放。1991~1992年,先后建成浦口街道3.3平方千米、珠江镇3.3平方千米、盘城镇2.8平方千米的“烟尘控制区”。1993年,珠江镇烟尘控制区面积扩至43.59平方千米,覆盖率达99.7%,20台锅炉、20眼营业灶烟气排放浓度达标率90%,烟尘排放林格曼黑度达标率95%。1995年8月,江浦县340家餐饮、娱乐、服务企业全部落实烟气污染防治措施,当年完成限期治理目标23家,改造小锅炉13台(套)、锅灶12眼。1996年起,实施工业烟气(尘)污染企业限期治理达标工程,其中部分企业由旋风除尘装置改用水膜除尘装置,治污效果明显。1998年4月起,落实《南京市禁止销售和使用含铅汽油管理办法》,先后建成沿江、泰山、顶山、珠江、汤泉、星甸等镇街国道、省道两侧3000米范围内的“烟尘控制区”。2003年,建成珠江镇凤凰大街“餐饮污染控制一条街”,并通过市环保局检查验收。2006年3月,区环保局实施建设107.6平方千米的烟尘控制区和66.2平方千米的噪声达标区工作方案,综合整治浦珠路、宁六路、江浦片、桥北片“两线两片”大气、噪声环境,至2007年5月,通过南京市环境保护委员会达标验收。2011年,区环境监察大队拉网式检查在建工地,出台并实施集中整治110家污染企业计划方案,90%的工地扬尘控制到位,工地内部90%以上的扬尘控制措施落实到位,90%的道路路面基本无积尘。2012年,着重治理红太阳石材加工场等企业噪声粉尘扰民问题。全区空气质量平均优良天数比例达89%。2013年11月,南京市发布空气质量橙色预警通知,区城管局加强道路机扫力度,主要道路增加2~3次机扫和洒水,夜间实施道路冲洗作业,并配合交通部门查处抛撒滴漏车辆;区建工局禁止工地土石方工程作业,加强工地内部裸土的喷洒力度;区公安分局加强路检,加大处罚黄标车和无标车闯禁区行为的力度,年内淘汰黄标车443辆。2014年5月,区环保局出台《浦口区工地扬尘管理挂牌考核实施办法(试行)》,至10月底,区扬尘办完成12批次105个建筑工地首次挂牌考核、9批次挂牌变更考核,挂红牌12家、黄牌42家、蓝牌49家、绿牌2家。江浦街道开展餐饮环境达标创建活动,珠海路“餐饮环境达标一条街”创建通过市环保局验收。区政府投入70余万元,建成“蓝天卫士”秸秆禁烧在线监控系统,实现全年秸秆“零火点”。2015年,建立秸秆收、运、贮物流系统和利用沼气技术就地消化秸秆等做法得到省市高度肯定。年内购置洒水车4台、高压冲洗车3台、小型冲洗车4台、小型洗扫车4台、机扫车8台,实现主次干道机扫率80%、渣土车密闭化运输率100%。

五、固体废弃物处置

固体废弃物排放 20世纪80年代起,城区、集镇生活垃圾和工业固体废弃物产生量不断增多。1987年,江浦县固体废弃物产生量2.08万吨,其中48%为工业煤渣,其余为生活垃圾。1993~1996年,江浦县固体废弃物产生量由3.12万吨增加到4.71万吨。1997~2001年,该县工业固体废弃物年产生量稳定在2.26万~2.99万吨。2009年,浦口区污染源普查动态更新,调查工业源企业193家,其中大型、中型、小型企业分别1家、18家、174家,年产生工业固体废弃物15.56万吨,其中危险废弃物619.45吨。2015年,一般工业固体废弃物产生量6.35万吨,其中危险物品产生量7491吨。

固体废弃物综合利用 1982年起,原浦口区工业煤渣主要应用于烧砖和铺路,南京制冷设备厂的泡沫塑料、南京玻璃纤维厂的废玻纤丝等由环保部门收集处理或由企业直接运往指定地点填埋。1987年,江浦县排放煤渣1万吨,其中30%用于制砖,少部分用于填塘、铺路。1993年,该县回收煤渣7400吨,综合利用率达95%以上。1995年,江浦县危险废弃物主要运往境外危险废弃物处置中心处理,处置率达95%,城镇生活垃圾日均产生量约378吨,全部运至珠江镇光明村垃圾场填埋。2002年,珍珠泉旅游度假区修建11座动物粪便池,安装QW无动力污水处理设施,收集和处理粪便污染。2004年,南京利鹏化工有限公司开发利用废弃聚苯乙烯泡沫塑料制造油漆技术,年均综合利用废弃泡沫1000吨。南京发尔士化工厂年回收餐饮业废弃油脂2000吨,生产脂肪酸。是年起,实施工业企业ISO14000认证工作和清洁生产审核工作。2005年,全区有23家企业利用固体废弃物为原料或为辅助原料生产产品。同年4月6日,南京绿色资源再生工程有限公司在泰山街道天井洼新建的发电厂投产。2010年,工业固体废弃物利用率保持在95%以上,危险废弃物处置率100%,累计完成ISO14000认证45家、清洁生产审核28家。2011年,区环保局检查38家医疗单位医疗危险废物管理情况,大部分单位做到"七有",即有规章制度、有专人负责、有分类收集、有暂存库房、有危险标识、有定时消毒、有转移审批单,总体符合环保管理要求。2012年,133家产废企业安全处置危险废物4541吨。电镀污泥和废酸安全处置实现破题,南京大吉铁塔有限公司、江浦县镀锌厂等企业的废酸和南京鼎爵电镀等企业的电镀污泥全部转移给处置单位作安全处置。2013年,专项检查重污染行业、违法排污企业,关闭污染企业25家,停产限期整改企业60余家,立案查处环境违法行为20余起。全年危废安全转移294家次。2015年,集中整治电镀企业11家,其中4家拆迁停产,其余7家完成设施提档升级、管理制度完善等整治任务。新建危废临时储存场所,全区危废规范化处理合格率达90%,其中医疗废物规范化收集、无害化处置率100%,珠江污水处理厂出厂污泥处置率100%。2012~2015年,全区一般工业固体废物排放总量28.8万吨,综合利用23.88万吨,利用率82.92%。

六、声环境保护

声环境质量　20世纪80年代,噪声源主要来自工业生产、交通运输、建筑施工和社会活动。1982年,江浦县化肥厂、制药厂、锯木厂、柴油机厂的风机、锻造、电具、冲床等在生产中产生的噪声均在90分贝以上。1987年,珠江镇昼间噪声均值64分贝,超过《城市区域环境噪声标准》(GB3096－1993)4分贝;浦乌线等交通干线县城段噪声均值76.5分贝;珠江镇夜间噪声均值为50分贝。90年代后,机动车鸣号声突出,施工噪声加大,工厂噪声仍然严重。1991～1995年,原浦口区泰山新村区域环境噪声昼夜年均值59.3分贝,珠江镇区域53.9分贝,均符合国家二类标准;大桥北路、浦珠路、浦东路、泰浦路、浦泗路监测点交通噪声年均值73.8分贝,浦珠路、宁乌路、江星桥路等干线噪声均值74.6分贝,分别超标3.8分贝和4.6分贝;浦口区以浦运公司、区环境监测站为居住、商业混杂区,噪声昼夜年均值为58.1分贝,江浦县分别以珠江镇工人新村、新华书店为居民区、商业区代表点,噪声昼间年均值为61.2分贝和72.9分贝,夜间为51.2分贝和65.7分贝。1996～2001年,浦口区区域环境噪声昼夜年均值57.5分贝,珠江镇区域54.9分贝;浦口区交通噪声昼夜年均值70分贝,江浦县68.1分贝;浦口区功能区昼夜噪声年均值58分贝,江浦县分别为55.5分贝和67.9分贝。2002～2010年,浦口区城市区域环境噪声以江浦街道建成区(3.19平方千米)为代表,采用网格布点103个,每年5月中旬监测1次,每点每次监测10分钟,期间2002～2005年,昼夜噪声年均值53分贝,2006～2010年为55分贝。各镇街驻地噪声环境达国家一类区标准。2005年8月监测,10个镇街昼夜噪声平均值49.5分贝,最低的汤泉街道为46.5分贝,最高的桥林街道为52.6分贝。2010年,昼夜噪声均值68.6分贝。功能区噪声以珠江镇代表点为代表,于每季末月上旬监测,每次连续监测24小时。监测结果表明,功能区昼夜噪声值全部达标,居民区昼夜平均最高值为55.8分贝和48.2分贝,商业区为67.4分贝和59分贝。2011～2015年,居民区昼夜均值分别为55.5分贝、45.6分贝,商业区分别为65.7分贝、52.2分贝。

噪声控制　1987年,南京市江浦县内燃机厂在马力测试车间采取装贴隔板及单间操作等措施,使室内噪声值由102分贝降至92分贝,厂外噪声值低于国家规定标准。1992年开展噪声达标区建设,珠江镇以三条巷(今凤凰大街文昌路至文德中路段)以东、文德西路(今文德中路东门桥至中圣商场段)以北、环城北路以南、河滨路以西地段规划为噪声达标区。对达标区内原有噪声污染企业实施关停、并转、搬迁政策。位于其中的南京电力变压器厂申请新建中型变压器生产项目未获环保部门批准,后搬迁至江浦县开发区。1996年,原浦口区环保局选定泰山新村居委会为噪声达标建设试点,面积6.8平方千米。1998年起,环保部门对建筑施工项目实行审批制度,加大执法检查和违规惩戒力度,当年江浦县环保局审批施工项目23项,检查施工工地107个次,批评教育8个次。每年夏季中考、高考期间,对考场附近有噪声源的建筑工地作临时停工处理。2006年3月,区环保局制定66.2平方千米噪声达标区工作方案,在“两线两片”进行噪声环境综合治理。2007年5月,噪声达标区建设通过市环保局验收。2011～2015年，噪声治理持续发力，严格按管理规范审批夜间施工，对同一工地存在多家单位夜间施工，按照统一时间进行审批，每天夜间施工单位不超过10个（控制在全区工地总数的5%以内）。中高考和青奥会期间，严禁夜间施工，确保敏感时期停工令的落实。

七、生态文明建设

全国生态示范区建设 2001年6月5日，国家环保总局批准江浦县为全国第六批生态示范区建设试点县之一。2002年2月28日，县人大常委会讨论通过县示范区建设规划，并批准实施。同年4月3日，浦口区政府决定以江浦县创建生态示范区规划为基础，继续创建国家级生态示范区。2003年3月，区政府印发《南京市浦口区生态示范区建设实施意见》，全面实施构建生态农业、提高污染控制水平、综合整治环境、培育生态旅游、恢复矿山土地生态5项生态建设工程。2004年12月20～21日，通过国家环保总局检查验收。2006年3月，国家环保总局命名浦口区为全国第六批生态示范区。

国家生态区建设 2006年1月，启动浦口区生态区建设规划编制工作。同年12月1日，建设规划通过省环保厅、市环保局专家组评审。规划以2005年为基准年，分创建推进阶段（2006～2009年）、全面建设阶段（2010～2015年）、提高完善阶段（2016～2020年）。2007年起，区政府稳步推进生态区建设，构建生态建设体系。依托工业园区发展生态工业，加快推进节能减排和循环经济建设，先后关停9家高污染、高耗能企业，完成清洁生产改造企业27家、循环经济试点12家、绿色企业2家。至2009年，实现企业工业产值单耗下降13%。依托种植、养殖基地发展生态农业，先后建成无公害、绿色、有机食品基地70个，总面积2.56万公顷，建成特色生态农庄200余个，其中国家级旅游农业示范点2个，南京休闲农业星级景点20个，市级以上名牌农产品15个。建设自然生态体系，集中利用饮用水源，先后关闭10家镇街自来水取水口，改用新建的10万吨三岔水库取水口，扩建20万吨长江取水口，自来水普及率达100%。建设节水型企业10家、节水型高校4所、节水型社区15个，推广水稻节水灌溉6667公顷。实施"绿色浦口"工程，培植万亩村庄绿化林、万亩河道绿化林、1333公顷滨江风景林、2000公顷荒山育林、3333公顷道路绿化林，造林面积达1.13万公顷以上，城镇人均公共绿化面积27.61平方米，森林覆盖率33.67%。打造生态人居环境，提升居住服务功能，营造生态家园，先后建成明发·滨江新城、威尼斯水城、国信·自然天城等一批近江靠山的住宅小区，同时实施老城改造、老小区出新工程，江浦街道老城区沿街两侧新建、出新商住楼数十栋。保护生态文化体系，新建宋代状元张孝祥文化广场，修复浦口火车站、"二七"纪念馆、江浦文庙等历史文化资源，整理"八老鸽子""吓老鹰"、采茶舞、手狮舞等非遗项目。2009年12月30日，通过江苏省环保厅技术考核。2011年12月，通过环保部考核验收。2013年1月18日，环保部授予浦口区国家生态区称号。

第五节　城镇建设

一、市政建设

江浦街道　原名旷口山，明洪武二十四年(1391)立为江浦县治所，开拓建镇。万历八年(1580)始筑城垣。从此，县治始有本城、县城、江城、浦城、城厢镇之称。民国37年(1948)3月，城厢镇改名珠江镇。2002年4月，经国务院批复，定为新的南京市浦口区政府驻地。2006年2月，经省政府批准，撤销珠江镇，设立江浦街道。2015年，城镇人口123861人，城镇化率100%。

城池　明万历八年(1580)三月，知县余乾贞始筑江浦城，九月城成。城以条石墁基，大砖包砌。北端据凤凰山南脊东西而下，圈地环合，延袤七百八十丈，高二丈，厚近一丈八尺。辟五门：东为朝宗，南为钟奇，西为霁和，北为拱极，东南为敦艮。门各建楼，楼各有额："东为朝宗大观，南曰钟奇毓秀，西曰霁和高映，北曰拱极胜状，东南曰敦艮雄飞；弩台十有二，为潴泄者二，穿地为斗门者三。"十一年，知县孔祖尧于城西、城南开挖护河道，同时于西门、南门各造石板桥一座。四十三年春，知县余枢在县城东北至东南段"开儒学前新河"，与南门城濠相连，至此，护城河大体具备。清康熙九年(1670)知县徐龙光、四十九年知县董志建、六十一年知县项维正均重修城池。此后长期失修，至民国时期，城墙逐渐破圮，护城河濒于淤塞。1949年后，随着城镇建设事业的发展，城墙被陆续拆除。原护城河道作为县城防洪工程而得到不断治理。1958年5月，河面拓宽至25～35米，底宽15～25米，深至4.5米(吴淞基准水位，下同)，河堤加高至10米，堤顶宽至1.5米。1966年冬，按6级河道标准人工疏浚东门桥至南门桥段。1981年，沿东段至南段外侧堤埂护砌水泥块石防洪墙460米，墙高1.3米，宽0.4米。1984年，东门桥至南门桥段及南门桥至西门桥段堤顶道路分别加铺水泥和碎石路面。1989年4～6月，循河内侧护砌块石防洪墙1990米。2000年10～12月，以机械清淤除障，河底拓宽至20米以上，河床浚深至4米以下。2001年春，沿河两岸迎水坡全部改做水泥护坡。2002年5月，城东2号桥至南门桥段两侧堤埂全部使用工艺墙砖贴面，堤顶人行道加铺地板砖、安装水泥构件景观护栏2150米。凤凰台和城东路口分别建游览景观台。2009～2010年，实施西门桥至兰亭桥段清淤护砌工程，全长300米。

街(路)巷　明万历八年(1580)，江浦城内形成一纵三横道路格局。一纵为北极门至钟奇门，即今中圣北街、中圣街、中圣南街。三横分别为：朝宗门(今江浦高级中学老校区大门处)至北门大街南端(今人民银行)为东门大街，即今文昌路段；都会楼(今电信局对面)至西门桥(今西门桥北50米处)为西门大街，即今东关巷；南门大街北端(今中圣南街与中圣街连接处)向东至今凤凰大街为文德街，即今文德路。民国18年(1929)，城内有街巷26条，其中东门片有东门大街、清真巷、三家巷、察院巷、百子巷、赵家巷、弓家巷、宣化桥，小东门有文德街、牛首桥、许家巷、赵家巷、彭家巷、禹家巷、十字街,南门有南门大街、火巷,西门有西门大街、都会楼、甘家巷,城中有下牌楼、武家巷,北门有北门大街、北门桥、上牌楼、永宁巷。34年8月抗日战争胜利后至中华人民共和国成立初期,北门大街南段(今中圣街)先后易名中街、中正街、中圣街,街道路面宽6~7米,块石路面。1955年3月,浦乌公路从大东门入城改从小东门入城。1959年6月,拓宽中圣街和部分北门大街,街面由4米拓宽至9米。9月,文德街由宽4米扩至9米,加铺碎石路面。1969年,文德街扩宽至17米,改铺水泥路面。1973年5月,新建西门桥,桥址由原址向东平移50米,同时裁弯取直新建西门大街(今文德西路)。1981年,文德街更名文德路,西门大街更名文德西路。1985年3月,开筑东门桥至城东乡王庄,与浦乌公路相接,长1080米,路基宽30米,总投资30万元,竣工后命名为文德东路。至此,文德东路、文德路、文德西路连成一线,成为横贯城区的主干道。1989年8月,扩建北门大街北段(今中圣北街),全长348米,宽25米,水泥路面,造价19万元。1996年5月8日,启动文德西路拓宽改造工程,改造后的文德西路长828米,宽36米,水泥路面。1997年3月,启动北门大街南段、东门大街(今文昌路)拓宽改造工程,路面宽分别由9米、10米扩至25米。同年,启动白马湖大道(今象山南路、象山中路、象山北路)改造工程,全长4080米,路宽25米。1998年,新建凤凰大街。大街由凤凰山公园向南穿越东门大街、文德街,抵今菜场巷,全长710米,街面宽50米,双向6车道,宽18米,两侧人行道各10米。中间为街心公园,宽12米,建有喷泉、假山、水池、花坛、草坪、石径及雕塑小品,成为城区一条极具园林特色的景观大道。同时拓宽改造南门大街、雨山路和珠江路,总长1790米,宽25~30米。1999年,完成东门大街西延、中圣北街北延工程和公园南路扩建工程。2000年,拓宽上河街、河滨路、团结路、公园北路,新建珠泉路、珠泉西路、雨山西路。2001~2003年,新建城东路,完成上河街、河滨路南延工程。2006年,扬子路(康华路至下河街)开工建设,全长1250米,宽18米。2007年,白马路(东门转盘至沿山大道)开工建设,至2010年1月,一期工程(东门转盘至大村安置小区)竣工,路长1000米,宽35米。至2015年,江浦街道建成区共有街(路)巷71条,总长51.9千米。

桥梁 明清时期,县城内外有桥梁十数座。城内有宣化桥、淳化桥、牛首桥、育英桥,城东门外有马家桥、广善桥、长安桥、小桥,城南有广济桥、广聚桥、乐善桥、晒网桥,城西有五里桥、板桥、劝农桥。至民国后期,上述部分桥梁因年久失修,毁坏无存。20世纪70~80年代,新建312国道江浦大桥、城西养路工区道班桥等4座。90年代在旧城改造中,城市桥梁建设速度加快,1993~1999年,新建巩固新村桥、广丰桥、众星桥、三中桥等7座,翻建回春桥、雨山一号桥、二号桥等5座。2000~2015年,新建、翻建南门桥、西门桥、东门桥、城河桥、光明桥、凤悦天晴桥、江中桥等14座,总长322.4米。

防洪 排水 民国时期,城内防洪排水设施简陋,东门大街、中圣街和中圣南街仅有砖砌阴沟和一条黄鳝沟。1954年冬,县、镇两级政府组织大量劳力,全面疏浚护城河、城南河及城内外排水沟渠,建设防洪堤防。1958年,在北门大街、中圣街和南门大街埋设城区第一条地下水泥管道,管道断面直径800~1000毫米,全长1200米。1964年起,相继在西门大街、上河街、文德街、江浦中学、今象山花园等地段埋设排水管道,至1987年,排水管道增至36条,总长6800米。1989年,加固护城河防洪堤,由城东二号桥,经南门桥、西门桥至雨山二号桥建堤顶块石挡浪墙2100米,至2005年,城区建成块石水泥防洪堤8道,总长19.01千米,建成雨污合流排水管道18.3千米。2012年,实施珠泉路南北庄地段管网改造,增设直径300毫米排水管涵300米、直径1200毫米排水管道150米。2013年,地铁10号线文德路站增设直径800毫米排水管道250米、直径300毫米支管170米、雨水检查井7座。2014年,在龙华路地铁站铺设直径1000毫米排水砼管800米,雨山路地铁站铺设直径600毫米排水砼管1800米。同年,改造第二中学片区明渠及箱涵排水工程。2015年,对熙龙山院、城南河路、中石化龙华加油站、群盛·北江豪庭、南京审计学院、东方·万汇城、中海·万锦熙岸等处348.93千米排水干管及133千米支管进行清疏绞拉。是年底,城区有市政管道62条,总长71.58千米,城市防洪堤总长30.8千米,自流涵闸3座,城市排涝泵站12座。

休闲广场　1996年起,在旧城改造中,为适应市民休闲健身和社会交往的需要,兴建西门市民广场、北门市民广场、凤凰市民广场。至2005年,城区先后建成凤凰文化广场、城南河绿化休闲广场、文昌路绿化广场、求雨山文化广场,总面积8.93万平方米。其中,建于2003年的城南河绿化休闲广场面积4.7万平方米,广场设计以回归自然为主调,突出人文气息,集绿化、休闲、亲水为一体,建有花岗岩地坪2.1万平方米,草坪2.3万平方米,健身广场4片,步道4000余米,沿河两岸安装铁链护栏2029米。2015年,街道有市民休闲广场7片。

园林　绿化　城区建有凤凰山公园和求雨山文化园。凤凰山公园位于凤凰山上,1978年兴建,原名江浦公园,公园内原有1957年江浦县人民委员会建造的革命烈士纪念碑(1999年迁至求雨山重建)。1985年起,建有儿童乐园、溜冰场、游泳池等设施。2003年,增建凤凰山瀑布(2015年停止对游客开放,后拆除)、凤凰阁等景观,江浦公园易名为凤凰山公园。2015年,公园绿化面积16.4万平方米。求雨山文化园位于城西求雨山上,园内建有林散之、萧娴、高二适、胡小石纪念馆(详见第五章第四节《文化遗产·求雨山"金陵四老"纪念园》)。2015年,园区绿化面积2.76万平方米。

泰山街道　境内原东门镇和浦口镇分别是江浦立县时的治所和原浦口区人民政府驻地。1989年10月,以东门镇建立泰山镇。2002年11月,泰山镇和浦口镇合并成立泰山街道。2015年,城镇人口157618人,城镇化率100%。

城垣　明洪武四年(1371)建,时名浦口城,亦称浦子口城,周长十六里有余。清咸丰年间(1851~1861),城墙屡经兵燹,始渐倾圮,至1949年,仅存断壁颓垣数处。2012年,城墙遗址列为南京市文物保护单位。(详见第五章第四节《文化遗产·浦口明城墙遗址》)

街(路)巷　从明初建城到清道光末年(1850),城内街巷布局形成三片:朝宗门至城隍庙片(今浦子山东北麓,南空机务训练团右侧),主要街巷有东门大街、牌楼大街、中街、祠前街、攀龙门大街、上官厅巷、下官厅巷、郭家巷、张家巷、孙家巷、林家巷、孟家巷、陈家巷、板桥巷、营房巷;城隍庙西至十字街片,主要街巷有广储门大街、小街、琵琶街、十字街、金汤门大街、北门街、宫前街、鼓楼街、堂子巷、墙根巷、蔡家巷、头府巷、二府巷、浓家巷;万峰门至十字街片,主要街巷有西门大街、府山巷街、附凤门大街、抽屉巷街、丁家巷、龙虎巷、太平关巷。城外有街巷20余条,其中城外东北段有大马头街、旂杆街、鱼市大街、湾头街、新营街、左所巷下街、左所巷中街、左所巷上街、江沿东街、江沿中街、江沿西街、衣庵巷、盐卤巷、碾坊巷、木行巷、后巷、曹营关巷、刘家巷,城外西南段有金汤门外大街、忠信街、西门外大街、珍珠桥大街。清末到民国初期,城内外街巷布局基本保持明清风貌,街道路面多用条石或块石铺设,巷道多为泥土路面。清宣统元年(1909)津浦铁路开工后,浦口镇开始形成集市。民国元年(1912),浦口镇新筑临江路、大马路、阳沟街、津浦路。4年,构筑通往浦镇南门的兴浦路,全长4.4千米。20年兴建淮浦路,长6.9千米。25年兴建泰冯路,长3.4千米。至37年,镇区有街(路)巷37条。1979年起,境内先后新建浦东路、浦园路、浦珠路泰山段、柳洲路、浦珠路北段、滨江大道泰山段和浦东路东延7条高等级城市道路,至2001年,改造扩建主次干道17条、街巷道路63条。2010~2015年,新建星火南路、火炬南路、玉泉路、永兴路、江北大道(泰山段)、宁淮高速(泰山段)、南浦路(泰山段)、沿山大道(泰山段)、兴浦路二期(泰山段)、朱家山河堤顶道路等主干道20.8千米。

河流 桥梁 朱家山河旧名黑水河,自林场社区流入街道,至老江口入江,境内全长10千米。明万历年间(1573~1620),在东门镇一带有东门石桥、响水桥、筛王桥等。1949年后,于老江口增建木拱桥1座(后拆除)。1958年,于南京制纸厂门前建水泥桥1座。20世纪90年代至2015年,先后建造市级桥梁13座,10米以上跨度的桥梁有兴浦桥、西河桥、津浦大桥、滨江大道老河口桥、东门十七中学桥等9座。

防洪 排水 1950~1955年,实施两次大规模的防洪工程建设,江堤高程(吴淞高程系,下同)达11米,此后逐年加高加固。期间1951年初,浦口镇开始铺设直径300毫米的排水管道。至1978年,管道总长达8800米。1987年,在新马路、浦园路、小河南等主要街道铺设直径600~1200毫米的排水管道3162米。1991年起,全面改造和根治兴浦路、临江路、大马路的排水设施,8年累计铺设直径600~800毫米的排水管道1410米。1995年,建成防洪江堤,长20千米,宽6~10米,高程12.5米。在浦口镇码头段构筑钢筋混凝土防洪墙8000米,水泥块石护坡长1.2万米。朱家山河堤顶宽6米,高程13米,城镇段进行水泥护坡。1999~2002年,重新翻修改造原东门镇、浦口镇51条街巷排水管道,共埋设直径600~1500毫米的排水管道5400米。2004年,改造浦东村、浦园村排水管道900米。2011年,实施东门地段朱市河排水改造工程,清淤、疏浚河道1202米。2012年,改造桥北客运站至江山路排水管道950米。2015年,全街道建有排涝泵站6座。

公园 广场 境内有浦口公园和南京长江大桥北堡公园,其中浦口公园建于1951~1955年,位于原浦口镇,占地13.33公顷,内有假山、溪流、水池,池中有岛,岛中有凉亭和滩头雕塑。小溪长1600米,溪上有小桥6座,溪中可荡小舟。公园广植奇花异草,有木本花卉2000

余盆、兰花600盆，其中一盆金丝马尾兰在1990年成都全国兰花展览会、1991年绍兴全国兰花展览会上连获金奖，1992年在深圳全国展览会上获铜奖。2015年，境内有浦口火车站广场、浦口市民广场、大桥北堡华侨广场、柳洲南路市民广场和滨江新城市民广场。

桥林街道 原名石碛，北宋元丰八年（1085）是和州乌江四乡五镇之一镇。清光绪十七年（1891），《江浦埤乘》首次出现桥林地名。民国23年（1934），官方正式命名为桥林，延用至今。2015年，城镇人口52787人，城镇化率74.29%。

清末民初，镇区有五街四巷，即南街、北街、东岳街、西河沿、东河沿及火巷、池堂巷、饶家巷、梨花园巷。1995~1996年，新建商业街、西街弯。2001~2002年，兴筑石碛路、延寿路。2003年，启动浦乌公路镇街段城市化改造工程，全长1000米，路幅宽25米，人行道8米。2006年，建南二小区路，长600米，宽8米，水泥路面。2012年，启动老街改造、新城规划编制工作。老街定名为水街，规划用地45公顷，东至濛雨路，南至石碛河，西至望江路，北至浦乌路，建筑面积34万平方米。以石碛桥为中心，以原南街、北街为纵轴，构建"桥林旧影"街巷为旅游商业区；以石碛河东侧水岸为纵轴，构建水景文化街区。2015年9月，水街改造一期工程启动。至年底，完成私房拆迁802户，面积9.11万平方米，完成3万平方米地面平整工作。

2015年，街道市政桥梁有石碛桥、利涉桥、中分桥、南街石桥、桥林桥、桥林大桥。其中，石碛桥建于明嘉靖二十五年（1546），1970年第五次重建。桥林桥建于民国25年（1936），1970年5月重建，桥长64.5米。利涉桥毁于20世纪60年代初。

民国时期，镇区有24条全长1240米的砖砌排水窨沟。1980年起，在南街、北街铺设水泥管道450米，直径400毫米，至2007年，在西街、长桥路、石碛路、明因路、民旺小区共铺设管径400~600毫米下水道8473米，修建地下暗沟500米。2013年，街道组织雨水、污水分流工程会战，投入3800万元，从街区到社区新建翻建直径110~1000毫米的砼顶管、钢管、水泥管、塑料直管，总长13.57千米。2014~2015年，铺设污水管道11.17千米、污水管网2.78千米。

2002~2014年，街区先后建有车站广场、邮局广场和人民文化广场，总面积6300平方米，绿地面积1700平方米，安装健身器材3套。

星甸街道 原名新店，最早见于清雍正三年（1725）《江浦县志》。光绪十七年（1891）《江浦埤乘》记名新殿镇，标图为新殿庙。民国初年《江浦新志稿》记作星甸市，星甸地名至今未变。1952年建星甸乡。1986年，撤乡建镇。2012年，撤销石桥镇、星甸镇，以原两镇所辖区域合并，设立星甸街道。2015年，城镇人口20667人，城镇化率43.08%。

清末民初，老街呈"十"字形布局，分别称东街、南街（又称南关子）、西街、北街（又称北关子），总长约800米，路幅宽2~2.5米，条石路面。20世纪50年代中期，沿江星桥公路星甸段开辟一条新街，长1000米，宽8米，与原东街构成"人"字形。1997~1999年，先后新建农民一条街、育才南路和星兴路，全长5100米。2002年，新建翠云大道，全长1200米。2003

年，新建桃园路，长 2000 米。2013 年，新建河东路，长 1000 米。

1987 年，建东街和北街砖砌下水道 300 米，断面为 50 厘米 ×40 厘米。1998 年起，新建道路均同时铺设下水管道，至 2004 年，累计铺设地下水泥管道（包括断面 100 厘米 ×80 厘米砖砌排水沟）8100 米。2013 年起，翻建农民一条街、翠云大道、星龙路 3 条直径 400 毫米的水泥管道，总长 4700 米。至 2015 年底，街道共铺设地下排水管道 4 条，总长 6900 米。

2001 年，于东街南侧建市民广场。2002 年，建翠云特色文化广场，占地面积 3760 平方米，建有"日新月异"大型不锈钢雕塑、健身展示舞台、灯光塑胶篮球场和羽毛球场以及健身器材等设施。2013 年，新建娄子市民广场，占地面积 6000 平方米，建有演出舞台、健身路径、凉亭及花坛等设施。

汤泉街道　汤泉地名出自南朝萧梁时，汤泉建镇始于北宋。1949 年 4 月江浦解放后为区、乡建制。1986 年，经省政府批准，撤乡建镇。1991 年，被江苏省列为百家名镇之一。2007 年，撤销汤泉镇，成立汤泉街道。2015 年，城镇人口 31824 人，城镇化率 73.75%。

解放前，街道自南而北呈"一"字形，街东侧有东关巷、火巷，西侧有猪市巷、黄家巷，街巷总长 1700 米。20 世纪 50～70 年代，先后筑卫生院至老街、棉纺厂至机械厂 2 条道路，拓宽江星桥公路，全长 3200 米。1987 年，建老街至惠济寺道路，长 800 米。街区面积扩展至 2 平方千米。1990～1999 年，相继建成银泉路、龙泉路、吉林路、汤农路、泉西大道，总长 4000 米。2000 年，建吉林南路、假日路，全长 1150 米。2007～2008 年，建木青北路、水墨东路、莲花路。2011 年，建木兰路，长 583 米，宽 28 米。2015 年，街道共有街（路）巷 13 条，总长 11.5 千米。

1987 年，在南北街道和巷道埋设直径 300 毫米的水泥排水管 420 米。1996 年，新建男女浴室至江星桥公路排水道，砖石结构，断面直径 60 厘米 ×40 厘米，沟面铺设水泥盖板。1999 年，沿银泉路、惠济路等街道铺设水泥管道 4450 米。2013 年，铺设污水管网 7500 米，污水处理厂改造工程竣工。2015 年，完成银泉路改造项目及沿途雨污分流管网建设。

1990 年 10 月，汤泉镇人民政府建惠济寺公园，占地面积 3.26 万平方米，园内有古银杏树 3 株、林散之《古银杏行》诗碑、佛殿 3 间以及古碑刻等景点、文物。1998～2000 年，先后建银泉广场、九龙广场、吉泉广场和泰来广场，总面积 1.74 万平方米。2014 年，启动惠济寺复建规划，惠济寺公园面积扩至 23.97 万平方米（详见第五章第四节《文化遗产·惠济寺和古银杏树》）。

永宁街道　永宁街道一名小店，为明代江浦县 7 个店镇之一。民国初年为区、乡建制，36 年（1947）撤区建镇。1949 年江浦解放后，先后为区、乡、人民公社建制。1986 年建制为镇。2013 年 7 月 8 日，撤销永宁镇，成立永宁街道。2015 年，城镇人口 24783 人，城镇化率 63.37%。

解放前，集镇仅有一条南北向老街，长约 400 米。20 世纪 50 年代后期，老街向南延伸 300 米，形成新街。1967 年，新建粮站至永宁中学的大窑路，长 400 米。至 1987 年，新老街几经改造，长达 1100 米。1990 ~ 2000 年，新建玉兰路、新拥路、真相路、宁泉路、府前路。2002 ~ 2004 年，建成新区路、纬三路、宁泉南延路、永合路。至 2009 年，镇区道路 10 条，总长 8000 米。2014 年，新建、扩建（延伸）勤业路、府西路、琥珀路、宁愿路等。至 2015 年，市政道路总长 9500 米。

1998 年，铺设老街下水道 500 米。2013 年，翻建府西路、宁泉路、琥珀东路、玉兰路等 5 条道路排水管道，总长 6495 米。2015 年，新建、扩建排水管道 4 条，长 5380 米。

2012 年 4 月，新建街道科普文化体育广场，占地面积 3600 平方米，建有科普宣传栏及健身器材等设施。

盘城街道　北宋仁宗天圣年间（1023 ~ 1032），置盘城集。元丰年间（1078 ~ 1085），置盘城乡，为六合县治所。民国 23 年（1934），盘城乡改称龙山乡。1958 年 9 月，成立龙山人民公社。1960 年，隶属浦口区。1961 年，龙山人民公社更名为盘城人民公社。1983 年政社分设，建立盘城乡。1989 年，撤乡建镇。2007 年 12 月，撤销盘城镇，成立盘城街道。2015 年，城镇人口 37317 人，城镇化率 95.89%。

民国年间，盘城集仅有一条长约 200 米、宽 4 米的老街。1968 年，老街向东延伸与浦淮路相连，全长 2000 米。1980 年后，陆续建成盘城后街、盘城中街、盘城新街、盘城南路、盘新路 5 条干道，全长 8700 米。1997 年，拓宽浦淮路并安装路灯。1998 年，铺设盘城南路沥青路面。2011 年，新建华宝路、万家坝路。2013 年，维修龙山北路，全长 3000 米，路面宽 15 米，为盘城街区主干道之一。

1964 年，沿盘城老街铺设直径 600 毫米的水泥管道 300 米。1975 年，沿盘东街铺设直径 600 毫米的水泥管道 150 米。2000 年，在龙山东路、龙山北路埋设直径 800 毫米的水泥管道 4500 米。2003 年，结合浦淮路改造，在新街和南街铺设直径 800 毫米的水泥管道 550 米。至 2015 年，盘城街道共铺设下水道 8200 米。

沿江街道　1952 年，为六合县沿江乡。1956 年，划入南京市浦口区。1958 年，成立沿江人民公社。1983 年 10 月，撤社建乡。1989 年 10 月，撤乡建镇。2002 年 11 月，撤销沿江镇，成立沿江街道。2015 年，城镇人口 75713 人，城镇化率 100%。

1978 年以前，沿江镇没有集镇。1980 年后，开始在镇政府所在地冯墙村进行城镇化建设。1991 ~ 1992 年，建设南浦路、复兴路，全长 7600 米，沿线建商店、农贸市场、幼儿园、中学、文化站和老年公寓等公共设施。1996 ~ 1997 年，建友谊路、沿江中心路，全长 1500 米。2000 ~ 2007 年，先后建成学府路、冯墙中心路、天晴路、干道路、富康南路、浦龙路、宁龙路、泰冯路、复康路，全长 8900 米。2012 年，新建广家洼路、柏巷路，全长 3300 米。2013 年，新建江山路北延段，长 1800 米。2015 年，出新改造富康南路，全长 1600 米，路幅宽 11 ~ 13 米，沥青路面。

1989 年前，乡政府院内有砖砌窨沟，断面 30 厘米 ×20 厘米。1990 年，改铺地下管道，直径 400 ~ 500 毫米，总长 440 米。1992 年，沿泰冯路两侧埋设直径 400 ~ 600 毫米的管道 5250

米。至2007年,铺设排水水泥管道25千米。2015年,街道有金庄泵站和引水河泵站2座。

1999年、2006年,先后在镇政府驻地冯墙社区建柏巷、冯墙市民广场,总面积8000平方米,安装健身器材16套。2008~2013年,先后在京新、新化、复兴社区建休闲健身广场6片,总面积1.16万平方米。

顶山街道 原名六合山,一名定山,又因"定"与"顶"谐音,故于1958年成立人民公社时改称顶山。1983年,撤社建乡。1989年,撤乡建镇。1995年,南门镇并入顶山镇。2002年,撤销顶山镇,改建顶山街道。2015年,城镇人口41085人,城镇化率100%。

从明初到清光绪三十四年(1908)浦镇机厂建成后,该地区逐渐形成2.7平方千米的街区,先后建金汤街、工会街、鼓楼街、浦新街、琵琶街、浴堂街、后所街、虎山街、同义巷、龙虎巷、西山巷、居仁巷、礼义巷等37条街巷,总长11.88千米。1992年服装商城建成后,开辟一条长500米、宽8米的商业街。1994年,自南而北建成一条长3000米、宽30米的珍珠北路。1995年,在南苑小区建2条砂石路。1997年,自建珍珠南路,全长4200米。2004年,沿山大道顶山段建成通车,全长4200米。2011~2013年,整治出新沿山大道黄姚至七里桥段。2013年,新建金汤路、华府路、大新路3条城市支路,全长1750米。2015年,街道有街巷、道路46条,总长25.53千米。

1949年4月以前,以金汤街、龙虎巷道路两侧的沟漕排泄浦镇车辆厂地区的雨污积水。20世纪50年代初,政府清疏水沟,沟面加盖水泥预制板。1981~1982年,沿主要街巷铺设下水道19条,总长8710米。1991年,南京市建设委员会投资650万元,兴建金汤河泵站,安装900ZLB-100型轴流泵4台,配备功率155千瓦的电机4台,排水总量为每秒8立方米。1994~1995年,在南门街区铺设下水道4条,总长1579米。2000年,在珍珠街两侧铺设直径600毫米的水泥管道800米。此后,区城管局加强对市政管道的整合和管养工作。2004年,重修西河泵站。2015年,顶山街道有市政管道11条,总长8070米。

2002年,新建顶山街道市民广场和商城广场,总占地面积4500平方米。2007年,修建点将台绿色休闲广场。2013年,建设临泉市民广场及停车场,总面积7800平方米,其中绿化面积1700平方米。同年,在珍珠路社区新建小天鹅广场,占地面积2150平方米。

二、房屋建筑

江浦县房屋建筑 民国时期,江浦县城沿街多为商住两用房,砖木结构,3开间,2~3进,前店后宅,每进之间以厢房或院墙相连。少数军政权贵私宅多为3~5进,以风火墙与邻户相隔,形成封闭院落。贫民居所多为土木结构,主要分布于街头巷尾。1953年5月统计,城区住宅1633间,面积3.26万平方米,人均居住面积7.8平方米。此后由于人口增长迅速,住房趋于紧缺,1959年5月调查,人均居住面积降为3.8平方米。1963年起,县房管部门和驻镇机关单位陆续在解放桥(今东门桥)、百子庵(今公安分局住宅楼处)、圣宫巷、北门巷等地建造职工宿舍,至1969年,城区住房面积增至4.5万平方米,人均住房面积回升到

5.1 平方米。1973 年起，房管部门和医疗机械厂、制药厂、柴油机厂等单位在城区西北隅率先兴建工人新村，占地面积 2.2 万平方米，建有 2～3 层楼房 16 栋、330 套，建筑面积 1.69 万平方米。此后，公教新村、求雨山新村、北门小区（今北门新村）和东门住宅区（今东门新村）相继开工建设。1985 年房屋普查统计，城区住房面积达 33.09 万平方米，人均 13.36 平方米。1990 年以后，城区停止私人建房，城乡结合部私人建房由政府统一规划。1994 年起，城区房屋建设引入商品化开发机制，北门小区扩建工程及鑫海花园、环岛公寓、凤凰花园等住宅区相继开工。1995 年统计，城区住房面积增至 88.4 万平方米。1996 年 3 月，启动三年旧城改造工程，至 1998 年，累计动迁居民 1600 多户，拆除房屋面积 11.91 万平方米，新建各类商住综合楼 65 栋，建筑面积 25.05 万平方米，其中住宅面积近 19.2 万平方米。1999 年，实施新三年县城建设规划。是年，新建南江新寓（一期）、珠泉花园、象山花园、浦珠花园等住宅用房 11 万平方米，县城人均住房使用面积达 17.62 平方米。至 2001 年，县城人均住房面积 19.3 平方米，农村人均住房面积 29.4 平方米。是年，江浦县城镇、农村住宅建筑面积 727 万平方米，其中城镇住宅 155.99 万平方米，农村住宅 571.01 万平方米。全县工业、交通、邮电、商贸、餐饮、教育、文化、卫生、体育、党政机关、人民团体等有公共建筑面积 284 万平方米，其中县城公共建筑 140 万平方米。工业企业房屋建筑面积 1 万平方米以上的有江苏广丰羽毛有限公司、南京诺丰工贸实业有限公司、南京胜利体育用品实业有限公司、安徽天源南京磁性材料厂等 13 家，商贸服务业用房面积 5000 平方米以上有龙华大酒店等 5 家，新建办公用房面积 5000 平方米以上的有县政府办公楼、烟草大厦、县开发区管委会办公楼等 7 家。

原浦口区房屋建筑　清末至民国初年，原浦口区复建和新建一批徽派、津派和英式城市住房。左所大街杨广生粮行的内宅民居至今仍保留着明清徽派建筑风格，面宽 38.65 米，进深 56.3 米，院墙门楼高大，花窗格式各不相同，硬山顶式，以风火墙与邻户相隔，室内天花、地面皆用城砖铺就，呈传统民居风采。位于龙虎巷的津派民居，一色的青砖黑瓦，屋檐高翘，院墙环绕，形成四合院或三合院，院内有过厅、过道、照壁、厢房、水井、花台。在浦镇车辆厂内有两座英式别墅，其中一座为砖墙、铁皮顶、木地板，四面有长廊，构成休闲聚会的场所，室内有壁炉和空调等设备。城区一般市民住所多为土木结构，单排 2～3 开间，堂屋、灶房共用，很少有院落。贫民和打工为生者则以草棚栖身。1949 年 4 月南京解放前夕，区内人均住房面积不到 4 平方米。20 世纪 50 年代初至 70 年代中期，区政府及浦镇车辆厂、港务作业区等单位新建和改建住房约 12 万平方米。期间 1964 年调查，老江口、小河南 2 个街道和东门、南门 2 个镇还留有 39 个棚户区、8192 户、37537 人。1978 年以后，一些政府部门和驻区单位开始建造职工住宅，同时有大量私房（草房、平房）翻盖为楼房。1985 年 12 月统计，浦口区共有房屋面积 244.04 万平方米。其中，房管部门直管房 17.37 万平方米，占全区城镇房产的 7.12%；全民自管房 169.76 万平方米，占 69.56%；集体自管房 18.47 万平方米，占 7.57%；私人房 38.44 万平方米，占 15.75%。随后，浦口区房地产业迅速发展，旧城改造和新区开发相结合,住宅建造向高层次、小区型发展。规模较大、设施配套、管理健全的浦东村小区、南苑小区、铁桥小区、创业新村等先后落成,总面积24.56万平方米。至1999年底,全区房屋建筑面积443.6万平方米。城镇人均住房面积10平方米,是1949年的2.5倍,住房成套率70%以上。对学校、医院等公共设施进行更新改造,新建一批工业、商贸服务业用房,其中浦口服装商城、大桥装饰城建筑面积分别达19万平方米、12万平方米。

浦口区房屋建筑 2002年以后,浦口区加速推进城市化进程,助力市民实现安居,涌现出一批具有现代城市气息、建筑风格独特的住宅小高层建筑群。街道引导农民居住向城镇集中,建成一批农民集中居住区。至2010年,全区建成珠泉花园、雍雅园、新理想家园、碧云山庄、农贸综合楼、华侨城、柳州苑、浦东花园、旭日华庭、钱塘·望景花园、揽月山庄、西水湾家园、群盛·北江豪庭、金泉泰来苑、浦欣家园、万江·共和新城地和苑、大华·锦绣华城桂美颂、明发·滨江新城、天润城、金城丽景、鼎泰家园等73个城市住宅小区,建成农民集中居住区34个,建筑面积分别为1070.26万平方米、76.39万平方米。是年末,全区住房总面积2068.77万平方米,城镇、农村人均住房面积分别为35.04平方米、43.7平方米。2011年起,区政府不断完善各类保障房制度体系,逐步形成多主体供给、多渠道保障、租购并举的城镇住房格局。至2015年,全区保障房(包括经济适用房、产权调换房、廉租房、公共租赁住房)开工项目61个,总面积898.27万平方米,其中同心佳园、盘城居住新区、西圩盛景华庭、大新华府、娄子农民集中居住区、兰桥雅居、巩固滨江和园、桥林拆迁安置房等49个项目相继竣工,总面积452.68万平方米。年底,全区住房面积2407.48万平方米,城乡居民人均住宅面积分别为37平方米、41平方米。期间,非住宅用房建设进入新的发展时期,2012年,南京大吉铁塔制造有限公司在浦口开发区桥林新区竣工房屋面积53.73万平方米,集生产、科研、办公、生活用房于一体。江北第一高楼鼎业国际及红太阳家居·华东MALL一号店、澳林生活广场等商业综合体相继营运,江苏教育学院附属高级中学天润城分校、桥北文化中心、浦口市民中心、浦口区中医院等文教、卫生用房陆续投入使用或开工建设。

三、供 水

1951年,原浦口区以铁路水厂和浦镇车辆厂水厂为依托,分别在浦口镇和南门镇、东门镇设21个供水站,供应居民用水。1981年,在浦口临江路18号筹建浦口水厂。1984年7月建成供水,最高日供应量达1.78万立方米。1990年,二期工程竣工,日供水量5万立方米,供水面积28平方千米。1992年,利用奥地利政府贷款4600万奥先令(折合人民币3370万元)扩建水厂,1998年3月竣工,日供水能力15万立方米。2001年,浦口区有企业自建水厂3座,分别为铁路水厂、南京港务局三公司水厂和浦镇车辆厂水厂,日生产能力分别为1500立方米、3000立方米、2万立方米;顶山镇部分地区及沿江镇、盘城镇、永丰乡分别由江浦自来水厂和大厂镇水厂供水,日供水量约7.69万立方米。

1969年12月,江浦县在珠江镇筹建自来水厂,取水点设在城南河口,日制水能力0.2万立方米，可供应2000户居民生活用水。1981年，水厂取水点移至长江。1988年6月，利用南京市自来水公司弃用的船上水厂设备，在长江九袱洲浦口段建成一体化船上水厂。1991年6月30日，因洪涝灾害，船上水厂沉没。同年12月，在珠江镇联合村建陆地水厂，1992年6月建成供水，日供水能力2.5万立方米。1993年起，江浦自来水厂几经改造，至1996年，日供水量达5万立方米。1998年，铺设陆地制水厂至江浦经济开发区输水管道6500米，直径分别为800毫米、400毫米。2001年，新建县城西门增压站，铺设输水管道3500米，解决高旺地区生产、生活用水。期间，其他乡镇供水工作起步于20世纪80年代初，1983～1987年，桥林镇、汤泉镇、星甸镇、永宁镇相继建成深井自来水厂。90年代后，乌江乡、石桥乡、陡岗乡、桥林镇、永宁镇水厂陆续改用长江、滁河水源。1997年，陡岗乡在三岔水库建水厂，至1998年，铺设铸铁和塑料管道100多千米，自来水普及率达95%以上，成为南京市丘陵山区改水第一乡。2001年，全县6个镇12座自来水厂日供水量2.2万立方米。

2003年，浦口区水务局制定区域供水规划。2004年，区政府全额投资8500万元，建设三岔水厂。2005年11月，一期工程竣工并实现供水，全区全年供水1118万立方米，新增用水户7562户，江浦自来水厂被南京市市政公用事业局评为三星级供水企业。2006年，全区供水量突破2000万立方米，自来水普及率达98%，供水水质合格率达100%。2009～2010年，扩建江浦自来水厂规模，日供水量由5万立方米增至10万立方米。2011年4月，江浦自来水厂更名为浦口自来水总公司。是年起，至2013年6月，浦口自来水总公司实施制水厂扩建工程。工程设计供水规模为45万立方米/日，其中一期扩建工程制水规模为20万立方米/日。2015年，浦口区自来水供水总量7299万立方米，其中浦口自来水总公司供水量3086.22万立方米，市自来水总公司江北分公司供水量4212.78万立方米；售水总量6537.93万立方米，其中浦口自来水总公司售水量2732.09万立方米，市江北分公司售水量3805.84万立方米。

四、供 气

液化石油气 1978年7月，南京市液化石油气公司在原浦口区分设6个站点，供应13528户居民液化石油气。1979年，江浦县始建液化气供应站。1984年，该县发展液化气用户350户。1990年，液化气经营市场开放，社会办气增多。1991年10月，珠江镇建余平液化气站，是全县第一个个体瓶装液化气站。1995年，全县供气量1200吨，合8.4万瓶，用户增至8016户，城区气化率达90%。1999年，供气量增至2628吨，城区普及率达100%。2000年以后，液化气进入市场化经营，县城出现多种所有制形式的供气站（点），并开展送气上门服务。2001年，浦口区设南京第四机床厂、南京金陵气配厂、大桥四处3个液化气站和南京江北燃气有限公司供气点，社会供气单位发展到22家，用户23396户，其中集体用户2095户，城乡气化率81.2%。

2004年，全区集镇供气率100%，农村90%～95%。2011年，区燃气所瓶装液化气销售

5403吨。是年起,开展为液化气钢瓶安装条码工作。至2012年5月,有6万只钢瓶有了“身份证”,以保障居民用气安全。2013～2014年,区住建局、区安监局和燃气行业开展迎亚青百日安全站点行动、迎青奥200天专项整治活动,营造安全有序的燃气市场环境。2015年,检查26个单位储罐场、门市部、街道液化气供应站点,与相关执法部门联合执法8次,收缴不合格钢瓶376只,取缔黑气站点8家。区燃气所与区人保财险浦口支公司联系,做好本单位及下属站点的5万多只液化气钢瓶参保工作。

管道煤气 1987年3月,江浦县煤气管理所实施珠江镇城市管道煤气工程。该工程以县化肥厂生产的合成氨驰放氧配比一定比例半水煤气产生混合气,作为生活煤气气源。12月,建成储气柜一座,容量1万立方米,铺设供气管道17.8千米,用气户2000户。1990年,用气户发展到3528户,达到设计用户总数的88.2%。1993年,县化肥厂停止化肥生产,专业生产管道煤气。1994年4月,因生产技术落后,生产成本过高,加之瓶装液化气迅速普及,管道煤气停止生产。

管道燃气 2002年6月28日,浦口区管道燃气有限公司挂牌成立。该公司由南京市煤气总公司和浦口煤气管理所联合组建,主要承担浦口区管道燃气和天然气开发工程的规划和建设。是月,管道燃气一期工程在珠江镇城区与城建工程同步运作,主要配套建设环城南路、雨山路、象山路等居民区燃气管网系统,全长5.6千米,设计供气规模2万户,同时在煤气管理所内建设LPG中央气化站1座。2005年10月,供气系统建成,沿线南江花园、新世纪公寓、碧云山庄、象山花园等住宅小区首批3000多户居民开始使用管道燃气。2010年,全区新增天然气管道57.6千米,置换天然气用户1.7万户。至年底,天然气用户达11.6万户,铺设燃气管道266.8千米。2011年,天然气工程作为全区“为人民办实事”重点工程之一,在管道建设、用户发展上进展顺利,全年新铺设管道99.8千米,新增用户2.3万户。全区天然气销售量1817万立方米,安装天然气用户13.4万户,建设次高压管线11.1千米、中低压管线378.1千米。2015年,全区有12家燃气企业、51个液化气站点、5个气化站、9个加气站;铺设中低压管网125.13千米,中低压管网总长663.8千米;新增天然气用户22815户,总用户达16.02万户。

五、供 电

民国12年(1923)7月,浦口铁路局浦口电气厂向浦镇机厂和浦口铁路部门供电,17年始,向浦口镇居民供电。1951年,电气厂停止发电,由南京下关电厂供电。1981年7月,110千伏浦口变电站在长江大桥北端建成,主供长江大桥附近企事业单位及乡镇居民生产、生活用电。1986年12月,位于顶山镇五官村的110千伏顶山变电站一期工程竣工。1993年6月,220千伏盘城变电站建成投运,由华能电厂接入华东电网的220千伏枢纽变电站,220千伏有两条线路与江南500千伏东善桥连接,110千伏、35千伏线路和南京热电厂相连,向南钢、南化和江浦县供电。2001年,南京供电局江北分局(后改为江北供电公司)向原浦口区售电16.96亿千瓦时。

1958年5月，江浦县开始供电。是年，从浦口变电所架设一条通往江浦县西江口的35千伏直配电力排灌线路，全长26.5千米。6月1日，建立南门电灌站，安装1台560千伏安的直配变压器，江浦县始由南京电网供电。1964年8月，35千伏南门开关站建成投运。1965年，35千伏南门开关站改名为江浦县南门变电所。1979年4～12月，在珠江镇北门兴建江浦县第一座110千伏变电所，引入南京热电厂电源。至1987年，全县先后建成江浦、桥林、龙山、石桥、星甸、汤泉、永宁、大桥8座变电所，初步形成以珠江北门110千伏变电所为中心的辐射型电网结构。1988年8月，珠江北门变电所第二电源大（厂）—江（浦）线开始建设，至1991年9月投运。1993年4月至1996年4月，35千伏珠江城西变电站、35千伏林山变电站相继投运。1996年11月，110千伏县开发区变电站落成，架设110千伏北（门）—开（发区）线。1998年起，实施农村电网建设和改造，先后更换和新增变压器1303台，容量达17.86万千伏安。2001年，实现全县农村居民与城镇居民用电同网同价和城乡非居民照明用电同网同价，农村用电量持续上升，由1998年的6396万千瓦时上升到11591万千瓦时。2002年3月，江浦县供电局更名为江浦县供电公司，9月，再更名为浦口供电公司。实施农村电网二期改造工程，新建、改造10千伏线路133.32千米、400伏线路388.32千米，新增主变36台、配变40台。至年底，用电量2.17亿千瓦时，最高负荷5.08万千瓦，人均用电量724.5千瓦时，分别是1988年的2.31倍、1.88倍、2.18倍。

2004年2月26日，江北和原浦口两个供电公司合并成立新的浦口供电公司。全年实现供电量7.37亿千瓦时，售电量7.05亿千瓦时。2005年12月，浦口供电公司在珠江镇高旺建成境内第一座220千伏无人值守变电站。一期工程建设安装主变12兆伏安1台、220千伏进线2回、110千伏出线6回。2010年5月6日，南京供电公司将浦口供电公司机构建制调整为浦口供电营业部，负责浦口区域内配电、营销和农电等相关业务管理工作。是年，营业部管辖变电站26座，主变总容量1836.2兆伏安，售电量18.89亿千瓦时。2015年，浦口供电营业部下辖变电站31座，配变电总容量3033.52兆伏安，配电线路总长3538.09千米，售电量28.36亿千瓦时，实现连续安全生产2066天。

第六节　经济开发园区

一、南京高新技术产业开发区

1988年4月，南京市在原浦口区建立南京浦口高（新）技术外向型开发区。1991年3月，经国务院批准为首批国家高新技术产业开发区。同年4月，更名为南京高新技术产业开发区（简称南京高新区）。是年底，进区高新技术企业34家，技工贸总产值1亿元，利税2000万元，创汇100万美元。1999年起，创建南京软件园、南京生物园，初步形成以软件研发、光电子信息为主的电子信息业和以生物工程、生物制药为主的生物医药两大产业。2000年，实现技工贸总收入265亿元、工业总产值257亿元、地区生产总值55亿元、利税30亿元。2007年,启动“园区带街”战略。2010年8月,浦口区与高新区实施全面整合一体发展。是年底,实现地区生产总值250.3亿元、工业增加值217.8亿元、外贸出口13.19亿美元、业务总收入1424.6亿元。2011年起,全面推进自主创新示范区建设,实现全区经济社会平稳较快发展。2015年,固定资产投资373.9亿元,实现技工贸总收入2477.1亿元、地区生产总值595.5亿元。

规划与基础设施建设 1989年,南京浦口高(新)技术外向型开发区总面积7平方千米。当年7月建成5800平方米标准厂房。1991年12月,国家科委明确南京高新区面积为16.5平方千米。1993年,建成区道路总长8000米,浦口水厂日供水量10万吨。1994年6月,110千伏变电站、4000门光纤程控交换机等配套设施投入营运。1996年12月,实现供电线路地下电缆化。1997年2月,省政府将南京高新区面积调减为6.5平方千米。同年1万吨自来水增压站投入使用。1999~2001年,扩建改造学府路、火炬路、纬二西路、学府西路、星火北路、纬六东路、Ⅱ期浦泗路等,道路总长16千米。2003年2月,市政府批复同意南京高新区在泰山街道开发新区面积8.27平方千米。2004年,建成3.3万平方米高新技术研发大厦、5.3万平方米物流中心一期工程和2.5万平方米会所、公寓楼、幼儿园等建筑主体,相继竣工小柳工业园一期4.6万平方米标准厂房以及柳洲路、浦园路、泰山园区河道工程,建成电力、自来水、通讯、雨污水、热力管网10千米及景观绿化工程10余万平方米。2007年,南京高新区受中共浦口区委委托,对周边的盘城镇实行统一规划、建设和管理,高新区规划面积增至82.46平方千米。2010年8月,浦口区泰山街道、沿江街道、盘城街道、永宁街道部分地区纳入高新区板块,总规划面积156平方千米。是年完成基础设施投入41.2亿元。至年底,高新区可提供“七通一平”(通路、给水、排水、电、燃气、蒸汽、电信及土地平整)标准的工业用地;有220千伏变电站1座,110千伏、35千伏变电站各3座,实现双回路不间断供电;自来水日供应能力20万吨,工业用水日供应能力10万吨,污水处理能力每日1万吨,热力中心每小时可供应蒸汽200吨;开通区内环行免费客车线路30多条,设置站点23个,每隔30分钟一班,程控电话总容量3万门。2015年,地铁3号线开通,在园区设有林场站、星火路站、东大成贤学院站、泰冯路站;污水处理能力每日增至3万吨。

招商引资与项目建设 1988年11月,南京浦口高(新)技术外向型开发区入驻第一批12家单位19个项目,其中有南京大学人工晶体等4个项目、东南大学陶瓷放电管等2个项目和南京十四所CCD摄像头项目等,共兴办高新技术企业14家,总投资4300万元。1989年7月,熊猫集团普凌电子设备制造公司进区开工生产。1990年,第一家中外合资企业碧波微波器件公司投入生产。1991年6月,第一家外资生物医药企业南京欧加农制药有限公司成立。至年底,有驻区企业34家,其中“三资”企业6家。1992年9月,中瑞合资南京爱立信通讯有限公司落户南京高新区。全年新批进园区外资企业105家。至1996年,园区企业累计1100余家。1998年,扬子石油化工股份有限公司和江苏宏图高科技股份有限公司等236

家企业进入园区,总投资 38 亿元,其中外商投资企业 23 家,合同利用外资 2907 万美元。1999 年 4 月,南京聚隆化学实业有限责任公司研发和生产高性能改性塑料、塑木复合材料及制品、聚氯乙烯窗框型材三大类产品,带动新材料产业发展。2000 年始,集中发展南京软件园和医药生物园。美国硅谷凤凰公司、焦点科技、擎天科技、富士通南大、三宝科技、联创等 20 多家软件企业先后入驻软件园,软件园被认定为国家火炬计划软件产业基地;医药生物园的医药生物中心(孵化器)被确定为江苏省新药创业服务中心。2001 年 4 月,南京冠亚电源设备有限公司落户高新区,该公司先后承担科技部、国家发改委、中国可再生能源发展项目办公室、南京科技局等部门 7 个项目的研发。2004 年,引进和新批入区外资企业 44 家,投资总额 5.33 亿美元,实际利用外资 1.1 亿美元;引进内资项目 245 个,投资总额 9.2 亿元。2008 年,江苏辉伦太阳能科技有限公司成立,该公司生产的高性能光伏组件技术水平位于国内前列。2010 年,南京高新区入驻 12 家世界 500 强企业、587 家外资企业、2020 家内资企业,形成软件及系统集成、车辆制造、生物医药、新能源、新材料等产业集群;合同利用外资累计 29 亿元,实际到位外资 11 亿元;利用内资累计 405 亿元。2011 ~2015 年,新批外商投资企业 94 家,其中 1000 万美元以上企业 42 家;合同利用外资 13.76 亿美元,实际利用外资 10.06 亿美元;新增注册内资企业 974 家,其中亿元以上企业 65 家。

二、江苏省南京浦口经济开发区

原名江浦县工业小区,1992 年 7 月建立,位于县城珠江镇东部,启动面积 100 公顷。1993 年 12 月,经江苏省人民政府批准,更名为江苏省江浦经济开发区(简称江浦开发区),为省级经济开发区。至 1995 年底,投产企业 13 家,完成工业产值 3118 万元。2001 年,入区企业 213 家,其中“三资”企业 45 家;实现工业总产值 5.48 亿元、工业增加值 1.74 亿元,分别占全县工业总产值、工业增加值的 15.75%、20%。2002 年 7 月,因区划调整,江浦开发区更名为江苏省南京浦口经济开发区(简称浦口开发区)。2006 年 9 月,浦口开发区与同年 5 月成立的浦口区三桥开发区资源整合,原浦口开发区改称隧道园区,形成一区(浦口开发区)二园(隧道园区、三桥园区)格局。2009 年 7 月,为打造浦口先进制造业新基地,浦口开发区转战桥林,开辟桥林园区。2010 年,浦口开发区规划面积 43.69 平方千米,实际启动面积 21.88 平方千米,入驻产值过亿元企业 22 家,初步形成医药食品、汽车机车、电力电器、新型材料、纺织轻工、软件开发等支柱产业。完成工业产值 91.02 亿元、增加值 25.79 亿元。2011 年,依托国家火炬计划南京浦口生物医药产业基地、国家生化工程中心、国家级鼎泰药物安全性评价中心和国家级南工大科技产业园等发展平台,经济运行呈现较快增长态势。2015 年,实现规模以上工业总产值 340.01 亿元、利税 103.01 亿元。

规划与基础设施建设　1993 年,江浦开发区规划面积 4.61 平方千米,东自七里河,西至东方红河,南傍杨家村,北到浦乌公路。启动面积 1 平方千米。建成万寿路、天浦路(一期)、新浦路,总长 2.4 千米。建成给水管道 3.7 千米、排水管道 6.2 千米。同杆架设 110 千伏与

400伏线路3.5千米,开通程控电话400门。1996年,规划面积扩大到16平方千米。110千伏变电站投入运行,采用3.5千伏和110千伏双回路供电,年供电量3.95万千伏安。1997~1998年,新建兴隆路、临滁路,总长2.3千米。开发区邮电大楼竣工,装机容量5万门。1999~2000年,新建厂房4.01万平方米。新建四方路、江苑路,延伸天浦路,总长2.18千米。2001~2002年,新建迎江路、新浦路(二期),长1.4千米,埋设直径600毫米、长2000米的排水管道。2003年,新征土地面积400公顷,提供“七通一平”工业用地67公顷,新建标准厂房2.2万平方米。2005年,投资2.26亿元,新征土地86.8公顷,实施2.5千米主干道杆线下地、路面沥青化出新工程及7.2千米双向22万伏高压输电线路位移工程,延伸新浦、万寿、临滁等道路,实现开发区内道路连片成网。2006年5月,新建三桥开发区。同年9月,浦口开发区与三桥开发区资源整合。整合后的开发区一期规划面积50平方千米,二期规划面积100平方千米。2007~2009年,投入14.6亿元,用于隧道园区、三桥园区扩园253公顷及平整工业地,回收老山药业、中脉科技等公司闲置土地40公顷;完成隧道园区新建望江路及完善临滁路、河滨路、天浦路、新浦路等10条道路交通设施、景观绿化工程;实施东方红河、丰子河河道整治及双涵、联合泵站工程建设;完成三桥园区西江路、虎桥东路、西华路、大华路、胜利河桥、1号污水提升泵站等工程建设。2010年起,浦口开发区规划与基础设施建设工作重点转向桥林新区。是年,完成园区20平方千米的控详规划,一期启动面积4.08平方千米。双峰路、凌霄路、秋荫路等16条道路新建和改造项目及浦乌线8.22千米桥林新区段拓建改造工程全线开工,总长17.8千米,百合湖、丝兰湖及百兰河整治工程同时启动。投资3亿元,启动兰桥雅居安置房(一期)建设。至2012年,竣工道路总长7000米,浦乌路完成路基工程量90%。交付安置房面积12万平方米,在建安置房面积13万平方米,在建标准厂房面积8万平方米。虎桥变电站竣工通电,兰花变电站竣工调试。2002~2015年,三个园区共建成道路57条,长104千米;供电线路48条,杆线长390.79千米;自来水管道30条,总长414千米;通讯线路44条,杆线总长912千米。

招商引资与项目建设 1992~1993年,江浦开发区共引进冶金部矿山研究院高新技术开发中心及南京胜利体育用品有限责任公司等内资及“三资”企业27家,开工企业7家,投产企业3家。至1995年,批准进区企业42家,实现年产值3118万元、增加值549万元。1997年,引进“三资”企业5家、内资企业14家,总投资1.16亿元。是年,年产值1000万元以上的开工企业有南京浦镇海通铁路设备有限公司、江苏天宝保健药业有限公司、江苏贝宁面料有限公司等12家,实现年产值1.72亿元、销售收入1.71亿元。1998年8月,利用智能化网络引进企业22家,总投资600万美元,其中南京先声东元制药有限公司投资2450万元,兴建5000平方米的生产车间及附属设施。2001年,批准进区企业46家,总投资4.42亿元。是年,江苏远大工程织物有限公司4300平方米轻钢结构厂房和南京大渊生物工程有限公司3600平方米温室投入生产。2003年,实施千万元以上重点工业项目15个。注重产业发展特色化,生物医药和纺织轻工两大行业产业集聚效应初步形成。其中,生物医药园占地

3 平方千米,有先声东元、立业药业、东捷药业、中脉科技、大渊美容、易亨制药等企业 12 家,实现销售收入 6 亿元、利税 1.5 亿元。2004 年 7 月,科技部火炬中心批准浦口开发区建立国家火炬计划南京浦口生物医药产业基地。2007 年,引进企业 21 家,实际利用外资 6687 万美元。世界 500 强企业富士康科技集团软件基地项目落户。南京三乐集团、江苏味和汤业有限公司等 21 个重点项目建设顺利推进,实现固定资产投资 14.49 亿元。京泉华电子、香港立业投资发展有限公司研发与生产 22 万伏以上大功率变压器等 10 个工业重点项目开工,建筑面积 12 万平方米,总投入 15.8 亿元。2009 年,举办及参加各种招商活动 29 场,引进先进制造业项目 24 个,总投资 58.77 亿元,注册资本 12.34 亿元;服务业类项目 7 个,总投资 64.4 亿元,注册资本 4.65 亿元。江苏康缘集团有限公司现代中药产业化基地项目占地面积 13.33 公顷,建筑面积 13.7 万平方米,总投资 4.8 亿元。2010 年,签约项目 28 个,总投资 146.6 亿元。投资 30 亿元的雨润集团(南京)食品工业项目以及南京同凯兆业生物技术有限责任公司、江苏硕德电力有限公司、江苏久吾高科技股份有限公司等 12 家企业分别在桥林园区、三桥园区开工建设。在建企业如福中网络电脑生产项目 7 栋厂房、九思膜产业园项目 1 万平方米厂房、工大科技园 9 栋厂房先后封顶和装修。2011 年,浦口开发区新增南京钛能电器有限公司、南京稳步自动化设备有限公司、南京易亨医药有限公司、南京老山药业股份有限公司 4 家高新技术企业,新增渗透气化脱水膜及成套设备、TH 系列温湿度控制器装置、JS 时间继电器装置、陶瓷膜盐水精制反映器等 16 个高新技术产品。是年底,高新技术产业累计 12 家,实现高新技术产值 60 亿元。2011 ~2015 年,累计签约落户重点产业项目 106 个,总投资 961.82 亿元,实际利用外资 40061 万美元。

三、南京海峡两岸科技工业园

1990 年 5 月,原浦口区拟在泰山镇小柳村建立台商投资区。1992 年 6 月,南京市政府同意建立南京高新技术产业开发区台商投资区。1995 年 9 月,国务院发函批准在南京高新技术产业开发区内建中国台湾科技工业园。2008 年 8 月,利用宁台直航契机,园址调整到浦口开发区。2011 年,在市、区共建浦口新城后,园址再迁至江浦街道西部地区,改称南京海峡两岸科技工业园,简称科工园。2015 年,科工园完成财政预算收入 2.3 亿元。

规划与基础设施建设 1992 年,科工园起步区西至浦珠路,东至夹河村,南起浦六路,北止朱家山河,占地 59.48 公顷。是年,原浦口区经济技术发展总公司投资 1820 万元,修建道路 7 条,长 2.7 千米;实施小柳村排灌河护坡工程 1.8 千米,建设桥梁 1 座;铺设排水涵管 1 万余米;平田整地完成土方 150 万立方米;建成标准厂房 4 栋,面积 2.4 万平方米;投资 300 万元,铺设自来水管道 4 条,日供水量 20 万吨;建有 11 万伏和 35 万伏变电站各 1 座,总装机容量 2 万千瓦;安装程控电话 60 门。1995 年 9 月,国务院发函批准规划面积 122.53 公顷,划分为起步区、私营公贸区、工业开发区、第三产业开发区。1998 年,泰山镇出资 1500 万元,修建柳洲北路,长 2.8 千米,宽 50 米。同年,400 平方米的邮政服务中心楼竣工,占地面积 1

公顷。2008 年,科工园迁入浦口开发区,规划区域范围为东起七里河,西至南农大农场,南临长江,北抵丰子河大道(今浦滨路)。2011 年,科工园规划范围分为两个园区,其中科技园区范围为三桥连接线以东、黄山岭路—雨山西路—团结路以西、宁合高速—浦乌路以北、沿山大道以南,面积约 13.2 平方千米;另一园区范围为三桥连接线、沿江大道、虎桥路、浦乌路围合区域,面积约 8.16 平方千米。是年建成华山路、环城西路、五合路、立新路东延段及其沿线给水、排水管道、桥梁及人行道铺设等设施,完成雨山河、华山河整治及沿岸绿化工程,在建及开工项目有五华路、绿水湾北路、仁山路、礼泉路和环城西路西延等工程。2012 年,竣工续建道路 5 条,新建花莲路、新竹路、海桥路、东华路、西华路,总长约 20.4 千米;完成绿水河、金雁河部分整治工程,总长约 3.5 千米。2013 年,实施基础设施项目 19 个(结转 11 个),其中新建光明路、台中路、台北路、思源路及卓溪路,计划投资 8.48 亿元;在建安置房 A 区总面积 10 万平方米,计划投资 2 亿元;完成浦乌路三桥至五里段(4.7 千米)、虎桥路两侧环境整治等 6 项工程,计划投资 2.79 亿元。2015 年,石塘路、湾梗路、石塘西路、新合南路、临江南路开工建设,华山变电站、虎桥变电站二号主变项目完成开工前期手续。安置房 B 区总建筑面积 32 万平方米,其中一期 11 万平方米进入桩基施工阶段。

招商引资与项目建设 1992～1993 年,台商投资区引进南京飞浦有限公司、南京金贸中心开发总公司、石林商场等工商企业 131 家,开工建设 65 家,其中“三资”企业 40 家。1994 年,投资区实现产值 2.5 亿元。1999 年,引进规模企业(销售收入 500 万元以上)105 家,其中独资企业 6 家,“三资”企业 23 家,内联企业 18 家,私营企业 58 家,实现生产总值 8 亿元,利润 3000 万元,出口税额 500 万美元。2009 年,与南京海峡两岸科技园发展有限公司签约海和精密设备总部项目,总投资 9500 万美元;引进浩腾科技先进制造业项目,总投资 1.5 亿美元。2010 年,启动由深圳市东方置地实业有限公司投资 68 亿元建设的南京东方万汇城项目。该项目位于江浦街道总部大道(今浦口大道)南北侧,占地面积 15 万平方米,建筑面积 100 万平方米,建有大型商业、五星级酒店、甲级办公楼、城市公寓等设施。同时启动新城总部大厦项目,计划投资 9 亿元。2011 年,实施石林新能源科技产业研发基地、七星浚电子科技、艾柯恩太阳能电池组件、海和精密设备研制及新城金融大厦 5 个产业类重点项目,计划总投资 56.66 亿元,其中艾柯恩光电项目位于科工园社区片内,计划投资 8000 万美元,新建 200 兆瓦太阳能组件生产线和 100 兆瓦太阳能电池生产线。2012 年,先后与天朗地产集团、明发集团签订协议,拟建电子科技产业园和高科技孵化园,计划分别投资 30 亿元、40 亿元。开工建设项目主要有科技创新综合体一期工程、科技创新一号大厦和科技创新总部大厦,其中科技创新综合体一期工程项目位于江北新城中心区三号地块,占地面积 4.75 万平方米,建筑面积 10.4 万平方米,总投资 5 亿元,主要建设集孵化器、加速器、中试平台为一体的科技研发办公楼及附属工程。2014 年,与南京银行鑫星中小银行综合服务平台基地、吉林商会智慧城项目、南京工业大学明德云计算信息化应用协同集群项目、迪威视讯智慧城市 4 个项目签订投资协议或框架协议。2015 年 4 月,与江苏省高新技术创业服务中心签订合作协议书，拟以浦口特别社区科技创新总部大厦为载体，共同推进孵化器和公共服务平台建设。9月，与中国台湾地区中华大学、元智大学、台北科技大学、阳明大学签订成立两岸青年创业联盟。12月，与大唐电信科技股份有限公司、中铁七局集团有限公司和中财城市管廊先导基金管理（深圳）有限公司签约，共同建设运营“智慧城市”项目和牛津国际公学南京学校项目。其中，牛津国际公学南京学校项目总投资10亿元，拟建一所结合中英教育优势的包含幼儿园、小学、中学的新型国际学校。

四、街道工业集中区

1994年9～10月，江浦县建设乡、陡岗乡及原浦口区沿江镇、顶山镇工业集中区先后建立，规划总面积975公顷，启动面积308.6公顷。2000年，因乡镇区划调整，建设乡工业集中区、陡岗乡工业集中区分别易名为珠江镇工业集中区、桥林镇工业集中区。2001年，永宁镇工业集中区建立，分为永宁、花旗2个片区，规划面积分别为114.16公顷、101.9公顷。是年，沿江镇工业集中区入园企业65家，有职工3484人，实现工业产值9.17亿元、利税3241万元，被列为南京市首批13家重点乡镇工业园之一。2002年2月、7月，星甸镇、石桥镇工业集中区相继建立，规划面积分别为128.66公顷、33.3公顷，启动面积为34公顷、5.6公顷。年底，珠江镇工业集中区建成区面积86公顷，平整土地53.3公顷，建成内、外环道路5000米，架设高低压线路5000米，埋设供排水管道1万米，兴建标准厂房1.6万平方米；入园企业17家，投资总额5.12亿元，实现产值11.47亿元、利税1.08亿元，分别占全镇工业经济总量的59.4%、70.1%，被江苏省经贸委、省乡镇企业管理局和省中小企业管理局命名为江苏省乡镇示范工业园。2003年，乌江镇工业集中区建立。2004年，汤泉街道、盘城街道工业集中区建立。2005年4月，泰山街道工业集中区建立。年底，全区11个镇街工业集中区累计投入基础设施建设资金7.4亿元，建成道路50.9千米，供电容量1.54万千伏安，日供水能力329万立方米，建成标准厂房19万平方米。此后，在适应江北新城建设中，加速“工业第一方略”实施步伐，泰山、顶山、沿江、江浦街道工业集中区以发展都市经济为重点，工业生产企业逐步向桥林、石桥、星甸、永宁4个工业集中区转移。2010年，全区街道工业集中区有入园企业496家，实现工业产值249.63亿元、利税23.74亿元。2015年，除汤泉街道工业园区外，全区街道工业集中区有入园企业735家，实现工业产值505.18亿元、利税50.83亿元。

第七节　交　通

一、驿道　大道

明代以应天府（今南京）为中心，修筑8条通往全国13个布政使司的驿道，其中浦乌（乌江）、浦滁（滁州）、浦广（广陵，即今扬州）以及京凤（南京、凤阳）道，均以浦子口（今泰山街道、顶山街道老东门、南门一带）驿站作为始发地，总长257千米。境内还建成江浦新江口、江浦西江口、江浦全椒、江浦西葛4条驿道，总长50.25千米。清光绪二十九年（1903），江浦县浦镇东门邮务局成立后，各条驿道遂改建为县境大道。

民国2年（1913）津浦铁路竣工，浦口商埠地区客货集散量剧增。为适应新的交通格局，津浦铁路总局于民国4年修筑浦口至浦镇马路，该路沿铁路西侧纡曲至金汤门，长4.4千米，路面宽5米，碎石、煤渣路面，并以来回售票方式向骡马车、黄包车开放。22～23年，建成浦镇东门至老江口，金汤门至浦镇东门，江浦县城至东葛、新江口，高旺镇至星甸镇、西江口，星甸镇至永宁镇，永宁镇至花旗营8条大路，总长70.71千米。36年，江浦县政府征集桥林、石桥、星甸、汤泉农民修筑桥林至石桥、星甸至汤泉2条乡间大道，总长19千米，宽4米，土面。

二、公路交通

民国24年（1935）至抗日战争前夕，建成浦乌（乌江）、浦定（定远，后改合肥）、浦椒（全椒）、浦六（六合）、浦淮（淮阴）、浦启（启东）6条公路。中华人民共和国成立后，公路建设速度加快，路况等级渐进提高，形成以国道、省道为干线的交通网络。自1978年后，汽车运输业呈现活跃局面。至2001年，两县、区公路里程1378千米，客运量812万人次。2010年，区内等级公路总里程1706千米。其中，国道5条，长124千米；省道4条，长43千米；区道13条，长301千米；乡（街道）村（社区）道路长1238千米。2015年，全区有国道、省道、区道及乡、村道路1075条，总长2090.72千米。其中，国道7条，长160.21千米；省道7条，长98.41千米；县道13条，长300.9千米；街村道路1048条，长1531.2千米。

国道 104国道（北京—福州）浦口段 境内段从来安县滁河汉河桥至南京长江大桥，长17.5千米。其中，沿江立交桥至泰山新村环交处与宁六公路重合，长2千米；泰山新村环交处至长江大桥北堡与大桥北路重合，长2.6千米；汉河桥至沿江立交桥段12.9千米，1984年建成通车，砂石路面，为二级公路。1998年，全线大修改造为一级公路，路幅宽17～32米，路面宽14～22.5米。2014年，按照双向六车道一级公路标准，扩建汉河桥与328国道交叉点段，长12.59千米，总投资4.3亿元。

312国道（上海—乌鲁木齐）浦口段 境内段从南京长江大桥北堡至星甸街道周庄滁河大桥，长35.77千米，其中大桥北堡至江浦街道龙华转盘段与浦乌线重合，长11.5千米。1988年10月，兴建江浦街道龙华转盘至周庄滁河大桥段，长24.27千米。1992年7月竣工，路基宽23.6米，路面宽20.5米，沥青路面，全封闭型一级公路。1999年3月，实施高速化工程改造，设计为四车道，时速100千米，加铺沥青混凝土面层厚度12厘米，紧急停车带路面加宽2.25米。同年12月，南京长江大桥北堡至龙华转盘段拓宽改造工程竣工，路幅宽60米，路面宽44米。2007～2008年，实施津浦铁路通道扩建工程，由四车道扩建为八车道。2012～2014年，对龙华广场至顶山服装城北新线段进行升级改造，主干道为双向六车道，辅道为双向四车道,总投资5.16亿元。

G40国道(沪陕高速)浦口段 该段起于张店枢纽以东,顺接312国道龙华立交,向西经星甸街道,止于安徽省滁水大桥,全长18.06千米,1992年7月建成通车,为312国道组成部分。

205国道(山海关—广州)浦口段 境内段从盘城街道新庄十字路口至南京长江大桥北堡,长10千米,与浦六公路、大桥北路重合。其中,泰山新村转盘至六合县城南门,原为浦(口)淮(阴)公路的一段,为民国24年(1935)建成的低等级公路,全长27.93千米,境内长7.4千米。1958年,该路改为宽8~9米的碎石路面。1976~1980年经两期改建后,路面扩至23~25.5米,设计为双向四车道,沥青路面。1997~2000年,分期分段将境内路段拓宽为60米,设计为双向六车道,成为高速公路。2012~2014年,南京市交通局对浦口段进行城市化改造。

328国道(南京—启东)浦口段 该道原为南京经扬州到海安。1997年,宁通(南通)一级公路建成后,改由南京经扬州、南通至启东。境内从南京长江大桥北堡到盘城新庄十字路口段10千米,与205国道重合。

宁淮高速公路(南京长江三桥—淮阴)浦口段 境内段从南京长江三桥北接线至盘城,长64.9千米,沥青混凝土路面,双向六车道,设计时速120千米。该段于2004年4月开工,2006年12月竣工通车。

江北大道浦口段 江北大道起于浦口区龙华广场,沿浦珠路经顶山街道至泰山新村转盘,再沿宁六公路经大厂、葛塘,终于雍庄互通,全长24.35千米。浦口境内长18.6千米。主线双向六车道,设计车速80千米/小时;辅道双向四车道,设计车速40千米/小时。2014年8月建成通车。

省道 宁乌线(南京长江大桥北堡—和县乌江)浦口段 长41.09千米,其中南京长江大桥北堡至龙华转盘段11.5千米与312国道重合。该段原为古代浦镇至乌江驿道,民国21年(1932)定为京川(京陕)国道江苏段。24年8月,由省建设厅勘测定线,12月开工,共填挖土方64.5万立方米。25年7月竣工,土路宽9米,定名浦乌线。1952年、1957年、1965年,先后新铺浦镇至珠江镇、珠江镇至桥林、桥林至乌江段碎石路面,实现全线晴雨通车。1968年长江大桥通车后,该线交通量激增。1973年起,分期分段实施混凝土路面改建以及裁弯取直、拓宽路基路面工程。1988年,与南京长江大桥北堡引线衔接,更名宁乌线。至此,大桥北堡至珠江段以312国道标准建设。1997年起,珠江至乌江段按一级公路标准改建,当年完成县城西门段(建设路)改建工程,路基由12米扩至22.5米。1999年8月,实施五里桥至乌江段改建工程。工程由江苏省交通科学院设计,江浦县交通部门承建,征地53.93公顷,取土场地22.53公顷,拆迁房屋5.33万平方米,拆除围墙3710米,移动程控电话杆和输电线杆703根、高压铁塔2座、变电房2座、地下电缆长2万米。2001年1月20日竣工通车,填挖土方1090.1万立方米,新建防护工程6.66万立方米,摊铺石灰土料1.87万立方米,铺设沥青混凝土7.92万立方米，新建中型桥梁3座、小型桥梁4座、涵洞100道。该路段长23.99千米，路基宽25.5米，路面宽24米，为一级公路，决算总投资2.21亿元。2007年，宁乌公路被评为省"十一五"期间十大优质工程。2011年，对浦口经济开发区段进行城市化拓宽改造，全长8.22千米，双向八车道，设计车速60千米/小时，2014年7月竣工，总投资4.5亿元。

南京市绕城公路浦口段　该段自南京长江板桥汽渡北岸至星甸街道侯庄，与312国道立交互通，全长13.2千米，双向四车道，1996年建成通车，路基宽17米，路面宽14米，沥青砼硬质化二级公路。2012年5月，按一级公路标准改建，瓦殿城镇路段路基宽37米，其他路段路基宽24.5米，双向四车道，设计车速60千米/小时，2014年1月通过交工验收，总投资1.6亿元。

S002省道（星甸绕城公路段）　起点宁合高速瓦殿互通西侧匝道与江星桥线的T形交叉口处，终点高绰线，全长6.6千米。2012年5月开工建设，道路标准为一级公路，部分路段为二级公路，路基宽24.5米，双向四车道，设计速度60千米/小时。2013年9月3日建成通车，2014年1月27日通过交工验收。

宁连线（南京—连云港）浦口段　1998年建成通车，境内段从盘城新庄十字路口至南京长江大桥北堡，长10千米，与205国道重合。

宁徐线（南京—徐州）浦口段　1999年建成通车，境内段由盘城新庄十字路口至南京长江大桥北堡，长10千米，与205国道重合。

S002省道（汤盘公路）　起自312国道瓦殿互通，经汤泉街道、永宁街道至南京高新技术产业开发区、盘城街道，止于马汊河，全长26.39千米。2013年启动一期工程，实施段为瓦殿互通至朱家山河，长约23.5千米，采用一级公路标准，设计车速80千米/小时。其中，瓦殿互通至山水大道段，路基宽37米，双向六车道；山水大道至104国道，路基宽24.5米，双向四车道；高新技术产业开发区段，长2.89千米，路面宽24.5千米，两侧各设2米侧分带、4.25米非机动车道和3米人行道。2015年底，全线完成路面施工。

S127省道（宁滁快速通道）浦口段　该段起自龙华广场，终至永宁街道西葛社区，全长22.67千米，2012年5月开工建设。其中，龙华广场至沿山大道段2.37千米，按城市主干道标准建设，路基宽40.5米，双向六车道；沿山大道至森林大道段1.7千米，森林大道段4.8千米、永宁街道段13.8千米，按一级公路建设，路基宽26米，双向四车道。2014年6月竣工，全线通车。

县（区）道　境内首条区道为兴浦公路，自浦口轮渡码头至顶山街道南门，由津浦铁路总局于民国4年（1915）兴建，次年竣工，路长4.4千米，宽5米。民国20年，路基加宽至8米。1958年，准许汽车通行。1966年，建成最长的县级道路——江星桥线。该线由江浦县城向西北经汤泉、星甸、石桥、陡岗至桥林，与宁乌线相接，全长50千米。其中，县城至汤泉段（原浦椒线江浦段）于民国25年9月建成通车，长14千米，路基宽9米，抗日战争后路基损毁严重,1954 年整修。1956 年,开通桥林至星甸段,长 25 千米,路基宽 8 米。1957 年 3 月,整修汤泉至星甸段,长 11 千米,同年开通星甸至县城至浦口汽车客运线路。1966 年 10 月,江星线与桥星线合称江星桥线,环绕老山南北。至 2007 年,计有区道 27 条,总里程 195.19 千米。2008 年 1 月,调整线路,由 27 条调整为 13 条,即晓岔线(浦合线晓桥—盘城街道)长 16.17 千米,浦六线(浦口公园—盘城街道)长 13.56 千米,龙周线(龙山街—周营村)长 15.78 千米,江北沿江线(南铜二号门—江浦南门农场)长 33.71 千米,盘汪线(盘城—雍汪村)长 50.45 千米,汤虎线(高丽村—汤泉农场)长 20.39 千米,盘乌线(盘城—周营村)长 60.99 千米,双城线(新华村—盘城滁河边)长 5.31 千米,浦合线(大新村—西葛村)长 21.86 千米,江永线(茅塘桥—江浦街道江边)长 13.07 千米,高绰线(高旺社区—和县绰庙)长 18.99 千米,桥石线(河南村—石村村)长 19.52 千米,孟家圩防洪通道(星甸镇政府—后圩村)长 11.09 千米。2015 年,区道无变化。

乡(街道)村(社区)道路　中华人民共和国成立后,交通部门采取公助民办、自建自管的形式,推动乡村道路建设。1977 年,江浦县实现乡乡通公路。1991 年,实现村村通公路。2000 年起,政府财政加大农村道路建设投入力度,加速乡村道路建设等级化、灰色化进程。至 2010 年,全区有乡村等级公路 353 条,总长 724.61 千米。2013 年起,实施农村公路提挡升级工程,坚持以政府为指导,广泛参与、突出重点、分步实施、因地制宜、分类指导、建养并重、协调推进的原则建设开放式交通体系。至 2015 年,全区有村(社区)级道路 1048 条,总长 1531.2 千米。

桥梁 隧道　明清时期,境内有古桥 86 座,保留较完整的有茅塘桥、凤凰桥。民国年间,修建公路桥梁 18 座,多为木结构,其中规模较大的桥林大桥于民国 25 年(1936)建成,4 孔,总跨 30 米,长 32 米,宽 5.7 米。中华人民共和国成立初期,整修原有公路桥梁。20 世纪 60 年代起,修建部分永久性、半永久性桥梁。80 年代后,新建、改建的桥梁均为永久性桥梁,基本消除水毁现象,承载力明显提高。至 2001 年,两县、区有大、中、小公路桥梁 120 座、立交桥 8 座。2010 年,区公路管理站管养桥梁 101 座、公路桥 8 座、跨江隧道 2 条、老山隧道 2 条。2015 年,区内有桥梁 413 座(特大桥 8 座、大桥 20 座、中桥 77 座、小桥 308 座),隧道 4 条(过江隧道 2 条、穿山隧道 2 条),公路涵管 418 道。

茅塘桥　建于明洪武三年(1370),"桥广五丈,砖券五瓮",跨后河(滁河南支流),屡被洪水冲决,知县刘英重建。清同治六年(1867),候补知县廖纶监修;十一年,巡道孙衣言重修。1949 年 3 月中旬,国民党二十八军炸毁该桥第五孔 8.85 米。1952 年,浦口公路管理站以木结构修复。1967 年,木件腐朽。12 月,扬州桥梁工程队按原桥式样修复,5 孔,孔径 9 米,砖石拱结构,桥长 74.6 米,净宽 13 米。1973 年整治滁河,封闭南支,该桥成为旱桥。

南京长江大桥(公路桥)　位于鼓楼区下关与浦口区临江村之间,主体工程于 1960 年 1 月开工,1968 年 9 月 30 日建成通车,全长 4588 米。

七里河桥　又称七里新桥,位于 312 国道江浦街道与顶山街道交界处,1987 年建。桥长

81 米,5 孔,跨径总长 80 米,桥面宽 28 米。1999 年拓宽改造,于主桥两侧加宽 7 ~ 8 米慢车道和人行道。改造后桥长 89 米,宽 42.4 米,7 孔,孔径 12.7 米,下部为灌柱桩,上部为 T 型梁。

南京长江三桥　位于雨花台区大胜关和浦口区西江村之间,2005 年 10 月 7 日通车,跨江桥长 4744 米,主跨 648 米,双向六车道,为国内首座弧线型钢塔斜拉桥梁。

宁淮高速公路老山隧道　位于南京长江三桥北线,老山西段。2004 年 2 月 16 日爆破开工,2005 年 6 月 7 日贯通。该隧道由一号、二号隧道组成,两隧道间隔 60 米,单线总长 7200 米,高 8 米,均宽 14 米,停车带宽 19 米。为减少山体开挖,保护原生态环境,于二号隧道右侧建傍山棚洞,长达 376 米,为国内首创。

城南河大桥　位于城南河橡胶坝下游 970 米,紧邻江星航运码头,跨越城南河,全长 520 米,宽 60 米,主桥长 132 米,引桥长 388 米,汽车荷载达 1 级公路标准,2008 年 12 月 3 日动工,2010 年 10 月 1 日竣工。

车站　扬子浦口公交客运总站　原名浦口客车站,位于江浦街道东门小圆盘西北侧,占地面积 2 万平方米,建筑面积 9600 平方米。该站由江浦县客运公司于 1999 年开工建设,2003 年竣工,2002 年 11 月由南京中北集团公司收购经营,更名为南京中北集团公司浦口客车站。2012 年,南京扬子浦口公交客运有限公司成立后,车站易为现名。

南京江北客运站　原名江北长途客运站,位于大桥北路 22 - 1 号,1995 年 11 月由南京市政府投资兴建,1999 年营运,为南京 7 个始发站配客服务。2002 年,日均发送旅客 500 人次。2003 年 8 月起,始发扬州、合肥班车,每天各 1 班次,至 2010 年累计发送旅客 20 余万人次。2015 年,配客车 900 余辆,发往长江以北地区线路 34 条,日发送旅客 3500 人次。

镇街客车站　2002 ~ 2007 年,先后改造和新建石桥、乌江、星甸、盘城、桥林 5 个镇街车站。2008 年,新建汤泉、永宁 2 个车站。2010 年,有 4 级站 3 个、5 级站 4 个,平均占地面积 1980 平方米,建筑面积 354 平方米。2015 年,全区有镇街客车站(场)33 个(扬子公交 22 个),总面积 13.12 万平方米。

客、货运输　民国 25 年(1936)8 月,江苏省公路管理处设浦口汽车站。9 月 1 日,浦云、浦乌、浦椒三线同时开始客运,其中浦乌线设浦口、浦镇南门、江浦、高旺、桥林、乌江 6 个站点,每天上午、下午各行两班。抗日战争爆发后停运。1949 年 10 月起,原浦口区客运业务由南京市公交公司五队经营。1954 ~ 1973 年 6 月,江浦县客货运输先后属扬州运输公司和南京市公交公司管理。1973 年 7 月,成立江浦县汽车运输队,开始独立经营客、货运输业务。当年拥有客运汽车 13 辆,运输量、周转量分别为 93.1 万人次、974 万人千米;货运汽车 52 辆,运输量、周转量分别为 31.6 万吨、400 万吨千米。1976 年 4 月,客、货运输分别经营,成立江浦县客车站(后改为客车运输公司)和江浦汽车运输公司。1984 年,成立江浦县第二汽车运输公司、江浦县桥林汽车运输公司(后更名为江浦县第三汽车运输公司)。1987 年,县客运公司开辟客运线路 31 条,拥有汽车 49 辆,班车 155 对,运客 546 万人次,周转量 9969 万人千米；货物运输除交通部门和个体运输外，县交通部门3个货运公司拥有营运汽车46辆、挂车11辆、二轮机动车4辆，完成货运量21万吨，周转量1086万吨千米。1988年，社会客运纳入行业管理，并逐步采取经济调控手段，制止个体车辆无序竞争，实行客运线路招标有偿使用。是年，货运市场进一步开放，个体运输工具向大吨位、专业化发展，县交通部门运输公司于1995～1997年先后停运。至2001年，县交通系统拥有客运汽车130辆，运客647万人次，周转量10984万人千米；货运个体户拥有中巴、面包车131辆，的士轿车165辆。2002年11月，南京中北集团公司收购江浦县客运公司，成立中北集团浦口分公司，加快推进城市公交化，新辟公交班线。2003年8月，江浦县第一、第二、第三汽车运输公司由南京中北集团公司以348万元收购，职工同时归属中北集团，三公司实行体制改革，职工置换身份。2006年10月12日，南京金陵交运集团浦口分公司、浦涟出租车公司同时成立，各投入运营出租车100辆。2010年，中北集团浦口分公司拥有客车283辆，年运量3127万人次，周转量78339万人千米。个体货运户2419户，车辆3243辆，总吨位24132吨，年货运量1538万吨，周转量14.61亿吨千米。2012年，南京公交总公司实施公交资源整合，境内客运业务以扬子浦口公交客运公司、扬子公交高新公司为主，城区客运以2家出租车公司为辅。2015年，扬子浦口公交客运公司有营运客车515辆，运量5020万人次，周转量10.68亿人千米；扬子公交高新公司有营运车辆681辆，运量8210万人次，周转量41190万人千米。

三、铁路交通

线路　津浦线（天津—浦口）浦口段　自境内永宁街道西葛社区至泰山街道长江边，长26.3千米，民国元年（1912）正式通车。为解决沪宁、津浦铁路列车过江问题，19年10月筹建火车轮渡，英国马尔康洋行中标承建火车渡轮。20年，在津浦铁路浦口段铺设6股轨道2952.9米接至引桥。22年9月，在浦口轮渡桥处建起一座4孔、长187.13米的铁路引桥，同期建造的1艘长113.3米、宽17.86米的“长江号”火车渡轮投入使用。1958年11月，修筑江浦段上行线。该线从花旗营向西，经慈碑营、永宁镇街道沿复兴圩、张家圩至东葛车站，全长16.81千米。1968年南京长江大桥（铁路桥）通车后，从林场火车站岔出，向南延伸5000米（含引桥），与沪宁线衔接。1992年5月19日，于林场至东葛站兴建铁路自保高架桥，1993年10月1日建成，桥长2859米，167孔，铺新线16.47千米。2004年，浦口火车站客运停运，货运正常营运。2015年无变化，安全运行。

宁启线（南京—启东）浦口段　2002年3月开工建设。境内段西起京沪线浦口区林场站，东至盘城出境，长18.6千米。2003年12月首线贯通。2010年，启动二期复线电气化工程。2015年12月27日，宁启铁路复线电气化工程全线通电试运行。

宁合线（南京—合肥）浦口段　境内段起自泰山街道林场火车站，经汤泉至星甸滁河，长44千米，沿途设高里、永宁2个站点。2005年7月开工，2007年12月建成，2008年4月正式营运。至2015年无变化，安全运行。

京沪高速铁路(北京—上海)浦口段　境内段自西江渔民新村,经高旺、龙山,至星甸后圩滁河,长24千米,2008年4月开工,2011年7月营运。2015年,营运总收入232.4亿元。

专用铁路　清宣统三年(1911),建成南京浦镇机厂专用铁路,长2.6千米。清宣统二年(1910)至民国时期,新建津浦码头(今南京港第二港务公司码头)、三井码头(后改为三民码头,今为南京港第三港务公司码头),两条专用铁路长7.97千米。中华人民共和国成立后至2001年,先后扩伸浦镇车辆厂专用铁路,新建南京化学工业公司、南京铁路分局采石场、铁道部大桥局第四桥梁工程处、南京市棉麻仓库、扬子化工股份有限公司5条专用铁路。2004年,撤除南京市棉麻仓库和南京铁路分局采石场专用线7.15千米。2010年,境内专用铁路总长63.32千米。2015年,境内专用线尚存58.17千米。

桥梁　南京长江大桥(铁路桥)　1960年1月开工,1968年12月30日通车。桥长6772米,双线长钢轨。

京沪高铁南京大胜关长江大桥　位于雨花台区大胜关与浦口区渔民新村之间,2006年8月开工建设,2009年9月28日合龙。该桥是中国第一座按6线轨道设计的高速铁路过江大桥,承载京沪高速铁路双线、沪汉蓉铁路双线和南京地铁双线6条平行轨道,全长9.28千米。

浦口火车站　位于津浦铁路终点,前身为浦口火车站,清宣统元年(1909)开工建设,三年十月建成,是南京铁路分局一等直属站。占地129公顷,建有1700平方米的英式三层楼房1栋,上层为办公室,下层为候车室。民国26年(1937)2月,楼房遭日本侵略军飞机轰炸,仅剩钢筋水泥框架,27年修复。1958年,津浦复线开通,该站成为较完整的兼办客、货运输的地区编组站。1998年7月,更名南京北站。全站设7个行车室,119条线路,客运、货运、转运3个车间。2003年,浦口区政府投资5000万元,恢复车站、沿前英式长廊、售票厅和浦口码头,复原标志性雕塑——直径5米的地球仪;整治和开发原大马路两侧建筑,形成回字型庭院式休闲商业区,利用车站、码头优势,培育展示文物、艺术品拍卖、演艺等文化商业;在滨江景观区配置灯饰、座椅、雕塑、景观平台等设施。2010年,该站归属南京站,下设林场、永宁、东葛3个中间站。2013年,浦口火车站恢复原名,被列为全国重点文物保护单位。

客、货运输　津浦铁路通车初期,均为客、货混合列车,每周对开1列,年运旅客13万人次。民国10年(1921),浦口与北平(今北京)开行特快列车。11~16年,日开货列4~5对。19年,发送旅客140万人次,货列运量85.7万吨。37年至翌年2月,客运量锐减,月均1.1万人次。1949年5~12月,发送旅客220.7万人次,货运量35万余吨,此后逐年增加。1968年长江大桥通车后,浦口站客运业务逐步停止。1983年,林场站开始中转旅客,日发送与到达旅客均在160人次左右(8年后停办客运业务)。1985年4月,浦口站恢复客运业务,日开列车4对,年发送旅客58万人次,期间1962~1987年,林场、永宁、东葛三站年均客运量14.8万人次;1985年货物吞吐量48.95万吨。1994~1998年,东葛、永宁站年发送货物7万~10万吨,旅客1.1万~1.8万人次。1999~2003年,南京北站至蚌埠间仅运行1对客运列车,2004 年起停办客运业务。2004 ~2009 年,林场、永宁、东葛 3 个站点年均货物到达与发送量各在 3 万 ~4 万吨。2009 年 7 月起,3 个站点停止货列到发业务。至 2015 年,未恢复运输业务。

四、水路交通

航道 长江航道浦口段 自乌江镇驻马河入江口至南钢集团公司江岸,全长 48 千米。江面最宽处为北岸七坝至南岸三山矶,江面宽 5000 米,深水段林浦骚狗山(又名东龙山)段常年平均水深约 30 米,水流常年保持平稳段为浦口客运码头到对岸中山码头。段内航道常年可通航 5000 吨级船舶,被视为"黄金水道"。航道由长江南京航道局维护,南京海事局负责安全监理,南京市航道管理处和浦口区航道管理所分别负责南岸和北岸航运管理工作。2011 ~2015 年,港口管辖权属南京市港口局,水上交通安全权属南京海事局,航道管辖权属长江南京航道局。

滁河航道浦口段 自星甸街道后圩村至盘城街道滁河村,全长 42.8 千米。滁河村至汉河集段,长 10.8 千米,枯水期水位 1 ~3.2 米,水深 0.3 米;汉河集至后圩村段,长 32 千米,枯水期水位 6 ~6.3 米,水深 1 ~2 米,河面宽 6 ~15 米。2015 年定为 6 级航道。

城南河航道 江浦街道通江河,长 5.6 千米,河面宽 120 米,漕宽 35 米,枯水期水位 2.6 米左右,可通行 500 吨级船舶。2010 年定为季节性 7 级航道。2014 年 8 月起,该河航道规划等级调整为航宽按六级控制,通航净星甸街道高按五级控制。

驷马山河航道浦口段 境内自今石桥社区前进桥至乌江船闸,长 9.6 千米。水位常年保持在 7 米左右,河面宽 15 米,通航船舶 500 吨级,由安徽省定为 6 级航道。

渡口 明万历以前,境内有新河口渡、西江口渡、八字沟渡、宣化渡、三汊河渡。至清光绪年间(1875 ~1908),增设车家渡、平家渡、板桥渡、塔塘营渡、沈家摆渡、孙家摆渡、陈家摆渡、张家摆渡、胡家港渡。民国以后,增设长江浦口旅客轮渡,城南河龙王庙渡、农场渡、电灌站渡、四方沟渡,石碛河河南渡、闸上渡、闸下渡,驷马山河林场渡,滁河河沿渡、汪家渡、河北渡、余湾渡、张堡渡、下摆渡、王家渡、中吕渡,清流河曹家渡、东沟渡、九队渡。1969 年,新建南京板桥汽渡。1988 年起,加强渡口管理,取缔无证经营;建造内河桥梁,逐步撤销乡村渡口。至 2008 年末,除两道江运外,内河渡口全部停运。

南京浦口旅客轮渡 清末前,浦口江渡由民船经营。清宣统二年(1910),浦口市场局购置"浦北"号货轮 1 艘。民国 3 年(1914),浦口、下关各建客运码头 1 座。25 年 3 月 16 日,启用新建中山码头,渡船增至 4 艘。35 年,有渡船 5 艘,客位 2800 多个,日航班次 60 个,日运旅客 1.2 万 ~1.5 万人次。1956 年,渡轮改为 3 艘,客位 2469 个,日运旅客 1.44 万人次。1968 年底,浦口火车站停办客运业务,日运旅客降至 1.3 万人次。1985 年,浦口站恢复客运业务,日运旅客增至 4.1 万人次。2002 ~2010 年,日均渡运旅客 1.5 万 ~1.8 万人次。2015 年,有 4 艘渡轮,400 个客位,日均开行 100 航次(往返),年运输旅客 280 万人次。

南京板桥汽渡 江北渡口位于境内桥林街道滨江村,1969 年 4 月建成通渡,渡运能力为日运标准汽车 400 辆次。2002 年,渡运汽车 74.8 万辆次。2010 年,渡运汽车 68 万辆次。2015 年,渡运各种车辆 80 万辆次,渡运吨位 1863 万吨。

码头 清末民初,沿江及内河有码头 14 座,即津浦、新河口、西江口、七坝、桥林、乌江、大平、永宁、晓桥、张堡等。民国中后期,增建津浦码头、三井码头和 1 座军事码头,新河口、西江口、七坝、永宁等码头停废。中华人民共和国成立后,新建南京振强工贸中心码头、南京棉麻总公司浦口中转站码头、浦口港务公司码头、南京宏波货物转运有限责任公司码头、浦口江星水泥有限公司码头,晓桥、张堡、乌江等码头先后废弃。2010 年,境内尚存码头 10 座。2013 年 7 月,浦口区政府依据《中华人民共和国行政许可法》《中华人民共和国水法》《中华人民共和国港口法》,以崭新面貌迎接亚青会、青奥会,建设滨江风光带,决定南京宏波货物转运有限责任公司码头、南京棉麻总公司浦口中转站码头迁出。2015 年,除保留 4 座码头外,其他码头被依法拆除。

南京港第二港务公司码头 位于泰山街道临江路 1 号,建于清宣统二年(1910),时名津浦码头,由 2 艘趸船组成。1954 年易为现名。2001 年,公司占地面积 11 万平方米,其中堆场面积 2.5 万平方米,建筑面积 6 万多平方米,拥有机械化直运式岸壁码头 6 座、泊位 6 个。2010 年,货物吞吐量 525 万吨。2015 年,货物吞吐量 456 万吨,营业额 5500 万元。

南京港第三港务公司码头 位于浦口新炭场江边,建于民国 30 年(1941),时称三井煤炭中转码头,由侵华日军建造。34 年 8 月,更名三民码头,1954 年再更名为南京港第三港务公司码头。1960 年以后经多次扩建改造,至 2001 年末,公司占地面积 13.5 万平方米,有泊位 8 个,拥有专业装卸机械 13 台,日装船能力 4 万吨。2010 年,转运货物(以煤炭为主)480 万吨。2015 年,货物吞吐量 340 万吨。

南京振强工贸中心码头 位于南京长江大桥北岸下游江边,码头泊位 2 个,一次停靠船舶 2 艘,最大可停靠 5000 吨位货船,配备直立式吊机一座。2015 年,定为南京市首批重点物流企业,货物吞吐量 50 万吨,实现纯收入 500 多万元。

南京港务管理局 21 号码头 建于民国 35 年(1946),为军用码头,中华人民共和国成立后由华东海军司令部接管。2001 ~2015 年,码头由南京港务管理局代管,平时用于泊停或修理船只。

搬运装卸 清末民初,内河航运业务渐旺,搬运组织应时而生。浦口东门有“杨三尾”“柜上”“瓦房”“上家”四大伙房,每个伙房 60 人左右。伙房老板为行帮房屋产业主人,从搬运力资中抽成得利;入伙劳工自备扁担、箩筐、扛棒、木质独轮小车。桥林有“小车帮”“十八箩(罗)汉”,珠江镇有“八大家”等搬运组织。津浦铁路通车后,沿江码头出现商绅兴办的民生扛驳公司、利益扛驳公司以及铁路总局自办的搬运组织。民国 26 年(1937)前,津浦码头搬运工较为固定,有 24 个班,每班 27 ~50 人,归铁路港务处管理。中兴、贾汪两个煤场用工分固定工和临时工两种:固定工 14 个班,每班 50 ~110 人;临时工根据货物量点用,多时达

2000 人。中华人民共和国成立后,区政府成立新炭场、临江路 2 个搬运营业所和浦镇搬运站,管理搬运工人。后搬运员工分别划归南京港务局二公司、三公司及铁路系统,转为正式工人。一般乡镇成立搬运社或搬运队。1980 年起,随着个体运输业的发展,搬运装卸业务清淡,加之搬运队伍未能得到及时补充,搬运社(队)先后解体或并入社办企业。

第八节　邮电 信息化

一、驿　铺

驿站　汉魏以降,境内代有驿站设置,唐之盘城驿,宋之宣化驿,明之东葛驿、江淮驿,均为当时著名驿站。东葛驿设于明洪武四年(1371),配马 50 匹、驴 28 头。江淮驿位于江浦县城,设于万历二十四年(1596),配马 66 匹、驴 29 头。以上二驿,向有驿丞,所需草料、铺陈银由浙江等处协解。清康熙十四年(1675),江淮驿设马夫 55 名、马 60 匹,东葛驿设马夫 50 名、马 60 匹。乾隆二十三年(1758),江淮、东葛二驿马夫分别减至 29 名、28 名,每名日支银 4 分;驿马均减至 45 匹,每匹日支银 6 分。光绪五年(1879),江淮驿、东葛驿马夫 54 名,每名日支银 4 分;驿马 54 匹,每匹日支银 6 分。二十九年,驿站裁撤。

递铺　古者十里一亭,秦乌江亭及汉永丰、宣化、长山三铺均在境内。明初,县城设县前总铺,设铺长 1 名、司兵 6 名;乡间设永丰、浦口西门、高旺、横路、石山、黄岩(即八里铺)、西葛城、东葛城、瓦殿、蛇冲、号岗 11 铺。嘉靖年间(1522～1566),撤号岗、蛇冲、东葛城、瓦殿 4 铺,其余 8 铺各设司兵 5 名。清光绪元年(1875)起,总铺设铺长 1 名、司兵 4 名,乡间除永丰铺外,各铺设司兵 3 名,每名日支银 1 分 8 厘。二十九年,递铺全部裁撤。

二、邮　政

机构　清光绪二十九年(1903),在浦镇东门洋珠巷创设二等邮务局,输送官方文书及民间函件等类。三十一年,设浦口邮务局,江浦县城设信柜 1 处,西葛添设邮务分所。宣统元年(1909)至民国 7 年(1918),先后在汤泉、永宁、东葛、桥林、高旺、星甸、汉河、花旗营等处添设代办所。9 年,县城代办所改设三等邮务局,浦口添设二等邮局。26 年设盘城邮政代办营业所。是年 12 月,江浦、浦口沦陷,邮政业务停办。27 年 3 月,浦口、浦镇邮务局复业。37 年,江浦县城三等邮局恢复经营,因业务量不足,遂降为四等邮局。1949 年 7 月,江浦四等邮政局改为三等局,下设汤泉、星甸、高旺、永宁、西葛、桥林、花旗营 7 个代办所。1950 年初,设浦口、浦镇邮政支局。1952 年 2 月,浦镇邮政支局改为营业所,划归浦口邮政支局领导;6 月,设立江浦县三等邮电局。1954 年 4 月,浦口邮政支局改为邮电支局,浦镇邮政营业所改为邮电营业所。1956 年,浦镇邮电营业所恢复为支局。1969 年 12 月,江浦县邮电局分设为县邮政局、县电信局。1970 年 5 月,浦口邮电支局改设浦口邮电营业所。1973 年 10 月,江浦县邮政局与电信局合并成立江浦县邮电局;浦口邮电营业所恢复为邮电支局。1987年,江浦县邮电局下设人秘股、邮政股、电信股、计财股及话务班、营报班、农话机线班、电力班、市机班、市线班、营发班、机要班;下辖桥林、永宁、汤泉、星甸、高旺5个邮电支局、8个邮电所、2个代办处、2个邮政储蓄点、1个集邮点、54个信箱,有职工202人。1998年9月1日,电信业务从邮政划出,成立江浦县邮政局、电信局。同年,浦口邮电支局改称浦口邮政局。1999年8月,江浦县邮政局迁至凤凰大街16号办公。2000年3月,浦口邮政局由兴浦路7号迁至浦珠路与浦东路交汇处办公。2001年7月,成立高新区邮政支局,撤销浦镇邮政支局。2003年1月1日,江浦县邮政局与浦口邮政局、高新区邮政支局合并成立浦口区邮政局。是年底,区邮政局下设21个支局、3个投递部,共有职工198人,其中合同工115人。2010年,区邮政局下设20个支局、3个投递部,有职工242人,其中合同工81人。2015年,该局下辖1个联合中心支局、20个支局,职工272人。

邮件 清光绪年间(1875~1908),浦口、浦镇邮务局仅办理信函、明信片及挂号邮件,后增办报纸、博物、书籍、货样等包件。民国元年(1912)以后,陆续开办保价、保值信函以及平、快函件和小包业务等。1949年10月以后,“人民邮电”建立,全国统一业务种类和收寄范围。1950年,增办军人平信免费邮寄业务,开办小型包裹(金银饰品等)业务,浦口、浦镇邮政支局收寄函件10.17万件、包件5000件。1951年开办装钞保价信。1953年,停办国内存证信函和商务传单业务。1957年1月,江浦县机要通信由县政府划交邮电局,县邮电局成立机要组,当年办理进出口机要邮件3600件。1960年10月开办特种(粮油票、户口本、工作证等)挂号信函业务。是年,江浦县邮电局及浦口、浦镇邮电支局共收寄函件95.88万件。1972年,开办国际及中国港台地区挂号、平常函件。是年,江浦县邮政局收寄函件56.39万件、包件1.39万件。1985年1月始,相继开办单位收据、征订单、信息等产品介绍函件及贺年片、礼仪函、商业信函等收投业务。至年底,江浦县邮电局共收寄信函93.1万件、包件1.92万件。1988年7月1日,开办国内邮政快递业务,适寄范围为信函、轻小型包件、汇款,当年江浦县邮电局收寄量为8600件。1990年10月1日起,邮寄信件统一使用标准信封,实行邮政编码,江浦县为211800,原浦口区为210032。1991年1月,开办国内国际特快专递业务,范围为信函、文件、资料类、物品类等,城乡进口特快邮件一律当日投送到户,江浦县邮电局收寄量100件。1996年停办邮政快件业务。1999年,邮政广告试刊发行。2000年,江浦县邮政局为汤泉镇苗木专业户制作广告明信片3.4万张。2001年,浦口邮政局、高新区邮政支局及江浦县邮政局收寄函件399.27万件、包裹5.35万件。2002年以后,函件业务向制作广告明信片、专题画册、招商指南、邮政贺卡方面发展,包件、机要通信收寄走进军营、大专院校,特快专递开发配送鲜花和蛋糕项目。2009年3月起,速递业务划归南京市速递局管理。2010年,函件业务量172.82万件,业务收入491.66万元;包裹业务量4.75万件,业务收入45万元;机要通信2900件,收入1.54万元。2015年,函件业务量173.85万件,业务收入512.96万元;包裹业务量3.05万件,业务收入69.55万元;机要业务1300件,收入7592元。

汇兑 清光绪三十四年(1908),浦镇二等邮务局办理单张50元限额银钞邮政汇款及邮政兑付业务。民国20年(1931)11月,浦口、浦镇二等邮务局及江浦三等邮务局办理电报汇款业务。1949年解放后,江浦邮政局采用英式汇兑方式,即汇款人将汇款收据用挂号信寄给收款人,收款人凭汇款收据到当地邮局领款。1955年改用苏式兑款方式,即在汇票与票根骑缝处印有金额数字,汇款时从骑缝处剪开,收款人凭票据到当地邮局领款,当年江浦县邮电局开发汇票1.44万张,金额1600元。1956年增办电汇业务。1957年10月1日起使用汇单方式,即汇款人填写汇单,由邮局投寄对方,对方凭汇单取款。浦口、浦镇邮电支局及江浦县邮电局开发汇票14.05万张,汇款最高限额为300元。1980年9月6日,取消300元普汇。1981年,增办高额汇票业务,票额为5000元以下,公款在30元以上的采用收取支票的办法。1998年后,由于邮电分营,加之商业银行开办个人汇兑及银行结算卡业务,邮汇总量有所下降。2001年,浦口邮政局、高新区邮政支局及江浦县邮政局开发汇票分别为2.52万张、2.28万张、2.74万张。2004年,区邮政局开发汇票3.65万张,业务收入50.16万元。2011年,汇兑业务收入116.4万元。随着金融业的发展,汇款渠道增多,汇兑业务逐年下降,2015年,汇兑业务收入31.44万元。

报刊发行 民国时期,浦口、浦镇二等邮务局按新闻纸包件办理少量报刊收寄业务。江浦县邮务局不办理报刊发行业务。报纸由私人贩卖,主要有《大公报》《大江报》《新民晚报》等。1950年4月1日起,全国报刊实行"邮发合一",结束私人推销报刊的历史。当年江浦县邮政局发行《人民日报》《中国青年》《皖北日报》和《展望》周刊等。1953年,实行报刊定期预订制度。1954年,江浦县邮电局发行报刊116种,发行量31.28万份。1958年增设社会发行站。1963年起,生产大队、生产队普遍订阅《新华日报》。1985年7月起,江浦县邮电局设专职报刊推广员。1987年,发行报纸415种,占全国邮电报纸种类的69.3%;发行杂志1630种,占全国邮发杂志种类的59.8%;发行报刊总量751.34万份,全县人均27.26份;报刊流转额54.49万元,占县邮电局总收入的15.8%。1989年,部分报刊自办发行后,邮电部门在企业单位增设报刊发行站,城区增设报刊零售亭,以遏制报刊发行量大幅下降的趋势。1996年,浦口、浦镇邮电支局及所属营业所开办收订报刊业务。1998年6月起,江浦县邮电局采取部、室划片与下达基层单位指标相结合、争取地方党政部门支持与调动投递人员积极性相结合、做好报刊征订与开办社会销售点相结合的办法,推动报刊发行量快速回升。2001年,浦口邮政局、高新区邮政支局发展社会报刊发行站67个,发行员119人,全年收订报刊4700种,流转金额318万元。江浦县邮政局发行报刊549.6万份,发行收入106万元。2005年,报刊收订工作进社区摆摊设点,下农村上门收订,全年完成报刊流转额728.81万元。2010年,报刊流转额上升到1256万元。2015年,完成党报党刊征订9048份,实现收入436万元。

集邮 1981年,浦口、浦镇邮电支局兼办集邮业务,每期50~200套。1984年4月1日,江浦县邮电局集邮门市部开业,经营特种邮票、首日封、纪念封、邮资信封、邮资明信片和集邮专用工具品等,拥有集邮户123户。1987年3月24日,成立江浦县集邮协会。1994年成立“江浦县集邮者之家”。同年,浦口、浦镇邮电支局共办理集邮预订卡2080张。1999年停办集邮预订业务。2001年,江浦县集邮量达60.94万元,浦口邮政局、高新区邮政支局邮品销售收入分别为8.5万元和12.8万元。2002年,发行“新浦口纪念邮册”2000册,全年集邮业务收入88.02万元。2003年12月,发行由国家邮政局与区政府联合发行的贺年有奖明信片《浦口新貌》,全套6枚,共印制发行5000套。2005年起,围绕举办十运会、青奥会、世博会开展邮票、邮品销售工作。2010年,实现集邮业务收入194.29万元。2015年,集邮业务收入421万元。

储蓄 民国12年(1923)1月1日,浦镇、浦口二等邮务局开办存款及邮票储金2种业务,存款以国币(银元)为单位,款额最少1元,最多1000元,团体限额3000元。13年10月1日停办。1986年11月10日,江浦县邮电局设储蓄台,开办邮政储蓄业务。储蓄种类分活期、整存整取、零存整取3种,当年储蓄款3.09万元。1989年10月25日,浦口、浦镇邮电支局同时启动储蓄业务,至1990年底,两局储蓄款额分别为85万元、93万元。1999年,邮储人员上门服务,积极发展代发工资、养老金、失业保险金、代办保险等中间业务。2001年,江浦县邮政局、浦口邮政局、高新区邮政支局与市邮政、全国邮政储蓄微机联网,实现邮政储蓄“绿卡工程”目标,年末储蓄余额分别为2.89亿元、3300万元、3600万元。2004年,浦口区邮政局邮储统一版本正式切换上线,邮储余额达6.4亿元。2008年7月,邮储实行专业化管理,成立中国邮政储蓄银行有限责任公司江苏省南京市浦口支行。区邮政局25名职工划归浦口支行管理。2010年末,区邮政局储蓄余额达15.7亿元。2015年,邮储余额45亿元,储蓄市场占有率达15.8%。

三、电 信

机构 清宣统元年(1909)设浦镇东门二等电报局。民国8年(1919)移设浦口、江浦县城电报分局。同年,经国民政府交通部批准,龚心铭在汤泉街设立私人电报房。9年设浦口电信分局,14年增设浦镇电信分局,因业务不足,于22年裁撤。37年,江浦县成立电信所。1949年4月,中国人民解放军南京市军事管制委员会接管浦口电信分局;10月恢复浦镇电信分局。1952年,江浦县成立邮电局。1954年4月,浦口、浦镇电信分局分别改为邮电支局。1966年9月,浦口、浦镇邮电支局电话总机及人员移交南京市电信局管理。1987年11月,人员归属南京市话兴中门分局。1988年9月,在浦兴路5号成立电话分局(局号35局)。1990年12月撤销35局,在浦东路1号设局号为85局的电话分局。1993年,在南京、高新区新建局号为84局的电话分局。1995年5月,85局、84局合并,于泰山镇(今泰山街道铁道口处)成立南京市话江北区局。1998年9月1日,江浦县邮电局分设县邮政局与县电信局。2003年7月22日,县电信局更名为江苏省电信有限公司浦口区分公司,有员工86人。2010年,分公司下设综合管理部、维护安装部、市场营销部及高旺、岔路口、花旗等11个支局,有员工103人。2015年,分公司下设办公室、维护安装部、销售部及15个支局,有干部职工118人。

电报　境内开办电报业务,以浦镇东门二等电报局成立为始。民国8年(1919),从江浦县公署至浦镇金汤门沿途电杆另安电话线,用银元700多元,开通有线电报。同年,龚心铭在汤泉设私人电报房,兼对外营业。26年浦口沦陷前夕,电报业务中断。37年,江浦县电信所使用无线电台收发报机开通军政话传电报。1952年,江浦县邮电局以话传方式发报。1958年改用人工发报。1960年,电报业务点扩展到各人民公社邮电、邮政网点,当年浦口、浦镇邮电支局和江浦县邮电局共收发电报4.65万份,1970年增至21.65万份。1975年,发报改用电传。1980年,浦口、浦镇邮电支局电报业务量达27.58万张。1983年,江浦县邮电局开办国际电报业务,县人民政府开办至南京传真电报。7~12月,收发传真电报近1万份。1987年,江浦县邮电局开办特急、加急、邮送3种特别报务,全年收发电报10.87万份,业务收入7.59万元。1991年,开发公众用户传真电报业务。1994年,开通国内国际长途传真电报。1995年,增设同城鲜花礼仪电报业务。2001年8月1日起,取消特急、加急电报业务,江浦县电信局与南京邮政局江北区局共收发电报3400份。2004年,电报业务呈萎缩趋势,浦口分公司业务收入降至1.07万元。2005年12月1日起,取消公众礼仪和鲜花礼仪电报业务种类。是年底,浦口区传真电话基本普及,电报业务停止。

电话　民国9年(1920),浦口电信分局装50门磁石式人工交换机1部,利用电报过江水线与公众电话网连通南京市下关电信分局。18年,龚心铭在汤泉街利用电报线装话机1部,为浦口电信局纳费用户。24年,江浦—浦口—南京开通军政电话。36年10~11月,江浦县逐次架设县城至浦镇、东门镇、桥林、高旺、永宁等乡镇支干电线64千米,耗资法币4920万元。37年11月,江浦县城电信交换所装置国际西门子总机30门,桥林电信所装置西门子总机10门,浦镇东门、南门电信所分别装置中天式总机10门、西门子总机10门;电话线路6条,总长93千米。1949年6月,江浦县政府利用1部20门磁石交换机装电话单机8部。1950年3月,浦口电信分局使用2部30门供电式人工交换机。1952年,江浦县邮电局开始经营市话,对外办理长话业务。1958年,江浦县12个人民公社、62个生产大队实现社社设总机、队队通电话。1960年,浦口、浦镇邮电支局及江浦县邮电局长途电话业务量达6.87万张。1974年,江浦县邮电局开办国际长途电话业务。1978年,县邮电局供电式交换机更新为1000门准电子自动电话交换机,并与南京电信局8分局联网。1980年,浦口、浦镇邮电支局和江浦县邮电局长途电话(去话)业务量分别达3.46万张、2.87万张和3.65万张。1987年,江浦县邮电局拥有长途电话线路16条,计费去话5.95万张,业务收入7.57万元;市话用户708户,计费用户674户,话机744部;农话交换机23部、1620门,话机1011部,计费去话40.07万张;电路总长413杆千米,明线总长894千米,电缆81.4皮长千米。1990年,境内首次开通国内国际直拨长途电话,长话业务量16.41万张。1993年6月,江浦市话4000门程控机开通使用,从此告别电话"摇把子"历史。1994年,乡村提前一年实现电话程控化、传输数字化,江浦县市话话机增至6202部,农村话机2958部,市话、农话交换机容量分别达8000门、8288门。1996年,建成江浦汤泉三王"电话村"。1997年,建成汤泉"电话镇"。2001年,江浦县电信局长话业务量260.36万张,业务收入500万元;市话、农话交换机容量分别为30768门、36368门,话机4.27万部、4.43万部。2002年,江浦县电信局完成电信业务总量3901.59万元,固定电话用户累计达6.47万户。2004年,浦口区电信分公司固定电话8.4万部,宽带用户近3000户,无线市话2.3万部,完成业务收入5700万元。2015年,浦口区电信分公司固网语音12.7万户,移动语音22.4万户,宽带用户15.5万户,完成业务总收入3.53亿元。

四、移 动

1991年,85号电信分局在浦东路建设移动基站发射塔,高112米,发射频率为900兆,具备移动电话模拟A网、B网和数字G网收发及寻呼功能。1993年1月,江浦县城建成移动基站,塔高60米。9月18日,江浦移动通信B网开通8个信道。1994年8月,A网开通18个信道,至年末共开通移动电话(俗称大哥大)用户712户。1998年9月26日,移动通信资产和工作人员13人从县电信局剥离,成立中国移动江浦分公司,隶属江苏省移动南京分公司管理。至年底,移动电话用户增至9543户。1999年5月,公司迁至凤凰大街16号营业厅。2001年,移动网络基站由1998年8个增至12个,初步形成全球通、神州行、动感地带品牌业务,在职员工22人,移动电话用户2.8万户;原浦口区移动电话普及率约达85%。2005年,浦口分公司迁入珠江路16号浦口移动通讯综合大楼办公。当年完成省级长途干线安装任务,开通基站44个、网点55个,净增用户51829户,运营收入1.14亿元。2008年,公司启动中国自主3G技术校准YD-SCDMA网络建设工作。2009年,加快TD业务应用,提高TD网络质量和服务水平。2010年,公司开通基站297个、网点261个,净增用户45263户,运营收入3.89亿元。2014年,新建和开通41座基站,基本覆盖了盲区以及网络投诉的热点区域。2015年,浦口区有移动网点246家,在网用户68万户,运营收入5.03亿元。

五、联 通

1993年1月,江浦县邮电局建成无线寻呼铁塔1座,安装寻呼MOTO发射机1套。4月,开通无线寻呼126人工台、127自动台。至年底,有用户170户。1994年底,开通寻呼用户1627户。1997年,中国联通南京分公司设立江浦办事处,有职工6人。1998年,寻呼用户增至8932户。1999年4月,无线寻呼业务并入中国联通公司,成立中国联通公司南京国信寻呼有限公司江浦经营部。2000年,中国联通公司江浦营业厅在珠江镇凤凰大街3号开业,办理130移动电话业务、寻呼业务和长途IP业务。2001年,中国联通公司江浦办事处改建中国联通公司江浦分公司,职工增至18人。开通珠江、大桥、星甸、乌江等地11个基站,开办如意行、如意通、联通新时空、联通165、193长途网等项业务,用户达2.1万户。2003

年,联通江浦分公司更名为浦口分公司。2004 年 12 月,分公司完成 CDMA 网(简称 C 网)3 期和 GSM 网(简称 G 网)9 期新建基站割接入网工作,执行“强攻 C 网、狠抓 G 网”的营销思路,坚持 C 网、G 网协调发展,全年完成业务收入 3970.97 万元。2006 年,全区 C 网用户 7328 户,G 网用户 75997 户,实现主营业务收入 4970.48 万元。2010 年,公司内设综合部、市场部、集团客户部,职工 69 人;共设营业厅 43 家,零售网点 120 家,基站总数 140 个。管理辖区内 340 千米干线光缆、1300 千米当地网光缆、400 千米管道、600 千米杆路的传输线路。全年累计发展用户 75080 户,累计收入 3555 万元。2015 年,浦口联通分公司启动“沃超越”精品网络建设,新增基站 326 个,加上原有网站点全部开通后全区有基站 800 个,网络覆盖面和质量均有较大提升。

六、信息化

2005 年 10 月 21 日,浦口区成立建设“数字浦口”领导小组,推动全区各行业信息化发展。2006 年 3 月 1 日,区政府政务网建成。7 月 1 日,全区实行无纸化办公,81 个单位接入政务网,2240 台电脑终端接入政府自动化统一平台;构建并完善区政府外网信息发布服务平台;启动镇街子网站和各部门网站建设,11 个镇街相继开发各自门户网站;构建区政府政务内网工作平台,采用 SOA 框架,实现门户单点登录。2007 年,开发完成行政处罚系统、数字城管、数字务农、数字信访、数字档案等数字化项目。2009 年 2 月 23 日,成立浦口区信息中心,为正处级行政机构,配备行政编制 3 人、事业编制 20 人,与区政府办公室合署办公。是年,实现政务内网区内全覆盖,计有 91 个单位、132 个村(社区)网络接入。投资 1300 万元,建成重大项目管理系统、数字气象、视频会议系统、农村合作医疗系统、应急指挥中心系统、信息中心门户网站和内部管理系统等 11 个信息化项目。至 2015 年底,全区政务网接入单位近 310 个(含社区),约 800 台终端电脑。根据信息化设备资源要求,利用建成的云计算平台,完成近 40 个系统,涉及 120 个虚机的承载资源整合工作,基本实现全区共享的政务信息化云平台,为智慧浦口建设打好基础。

第九节　水　　利

一、江河整治

长江浦口段堤岸治理　长江浦口段岸线历来崩塌淤积交替,南迁北移不止。自明代以来,堤岸治理工程不断,至 1949 年,规模较大的有 30 余次。其中,民国 20 年(1931)大水后,县政府统一规划,全线培修加固江堤,西自乌江口起,东至浦镇江边,一律以高出当年大水 1 米为筑堤标准。民国 34 年起,浦口三民码头、交通码头、津浦一、三、四、五、六、七号码头及新炭场江岸相继塌陷。1950 年 1 月,交通部会同铁道部、水利部及华东财经委员会、南京市政府成立浦口码头抢修工程委员会。至1951年,先后组织12万人次在浦口港区抛石7.6万余立方米,沉放梢龙(直径0.7米×15米柳棍)4209个。期间,江浦县政府组织2.63万人,排土118万立方米,筑江堤7.03千米,堤高3~5米,顶宽2.2~4.6米。1954年冬,江浦县组织1.27万人,泰兴、靖江两县支援2.32万人,协作加固江堤32.7千米,共挑土220万立方米,堤顶高程超过当年最高水位(10.64米)0.2~0.5米,顶宽4米。是年,中外专家勘察浦口铁路轮渡栈桥上下江岸连续崩塌现场,决定采用重型沉排护岸工程方案治理,单块排体面积最大达80米×110米。至1956年底,完成浦口码头至老江口总长2379米沉排工程,实施原浦口区南京造纸厂段江堤退建工程。至1957年春,新建江堤1.84千米,完成土方25万立方米。1965年5月,在煤炭港上游江岸抛石80万吨,投资600万元。1966年,九袱洲中部以下受冲,木材码头崩塌,抛石40万吨,延长岸线1.5千米,对大柳洲小圩江堤实施块石护坡,完成石方5000立方米。1970年5月,自动化煤码头、棉麻码头、九袱洲退建江堤接连塌方,抛石40万吨,延长岸线1000米。1971年,在江浦县七坝石碛河口抛石护岸1.2千米;1972年,在河口上游护岸800米;至1980年,共护岸线3.71千米。1986年后又延伸加固,至1992年累计护堤7.67千米,抛石107.8万吨。1993年6月至1994年3月,江浦县林蒲圩段堤岸崩塌2.5千米,速率相当于前10年的总和,市政府将其列为年内全市最大的塌江治理工程,抛石11.3万吨,总投资400多万元。1996年3月19~22日,江浦县林山圩段发生突发性塌江,崩塌面达241米×103米。4月上旬,经省水利厅批准,市长江管理处采取应急措施治理方案,先用块石封住窝口门,再加固崩窝前沿,巩固周边段面,抛石4.68万吨,总投入210万元。1998年1月起,实施江堤达标工程,江浦县成立长江堤防达标工程建设指挥部,县长任总指挥。要求按照标准堤防加高培厚,不准淤泥、腐殖土上堤;清除堤身表层土、树根、草皮及废弃块石等杂物,保证新老土质结合良好,江堤外坡一律用压土机分层碾压密实;严格控制取土距离,临水侧在30~50米以外,背水坡在50米以外;按照坡比做足堤外坡脚深塘土方等。当年4月,林蒲圩段护坡工程经市工程质量检查组抽样检查,发现施工质量存在横格埂断面及下齿墙断面不达标准、砌体强度砂浆标号不足、水泥含量过低、坐浆不够密实等问题,该段工程(长1000米)被责令返工。1999年2月,启动涵闸改建工程。至2001年7月,江堤达标工程全面竣工,共完成土方350万立方米,护坡面积50.18万平方米,建成标准堤36.6千米,堤顶高程11.5~13米,堤顶挡墙高程12.8~13.4米,堤顶宽6米,平台高程9.5~10米,平台宽8米,内外坡比分别为1∶3、1∶2.5,改建闸头涵、新民涵、闸口涵、四方沟高涵及明星闸,总投入550万元。同期,浦口区新筑大柳洲滨江大堤2.6千米,堤顶高程12米,宽10米,总投资2160万元;完成胜利圩、九袱洲圩、大柳洲圩、京新圩、复兴圩部分堤段加厚培高、填塘固基等土方达标工程和块石护坡、砌筑块石挡浪墙工程;实施城市段2.16千米江岸混凝土防洪墙建设,总投资8120万元。2002年以后,继续巩固和提高江堤达标工程质量,至2005年,主要加固江堤顶山街道养殖场段(含通江七里河堤)3.28千米、珠江镇城东圩段4.8千米、桥林镇联合圩段3千米、乌江镇林蒲圩段6千米,泰山街道京新圩段和沿江街道复兴圩段7.5千米，共完成土方87.3万立方米、混凝土2400立方米、浆砌石2180立方米。2006～2010年，主要实施江堤及通江河堤堤后50米范围内填塘固基工程，填塘总长32.5千米，完成土方228.2万立方米。2011年2月下旬至2012年3月，启动长江堤防应急加固和防洪能力提升工程，投资6798万元，完成联合圩段5.5千米、大桥北堡段1.5千米堤防加固；拆除段内通江老旧涵闸3座；拆除原造纸厂泵站和大桥四处小圩泵站，按两站原装机规模重建小圩泵站。2012年12月至2013年12月，加固江堤林蒲圩段6.7千米、林山圩段3.9千米、威尼斯水城段1.6千米；原址翻建新合泵站，扩建四新涵和闸头涵，工程投资9730万元。2013年，投资4994万元，加固江堤石碛河口段2级堤防3.7千米、团结圩高旺河口段1级堤防5.1千米、小年圩堤防1.5千米。

滁河整治　滁河源短流急，泄洪不畅，整治重点为裁弯取直和加固堤防。1954年冬至1955年4月，江浦县组织3.2万人次，工赈大米25万公斤，对堤防进行全面维修加固，完成土方360万立方米。1969年，组织沿滁公社近万名劳力培修河堤，完成土方86.4万立方米，堤顶高程12.5～13米，顶宽3米。同年12月，开挖滁河支流驷马新河，由安徽省设计施工，河长27.36千米，走向大体沿明代老河旧迹。共完成土方1600万立方米、石方15万立方米，泄洪能力500立方米/秒，总投入5000万元。1971年11月，江浦县组织1.1万人疏浚滁河支流朱家山河张家堡至黑桥段，至次年3月，完成土方25.64万立方米、石方1.34万立方米，耗资16.45万元，用粮14.46万公斤；原浦口区疏浚朱家山河黑桥以下河段，施工中流沙、塌方等情况频频发生，其中点将台、解放桥两处因塌方而复建，此次工程规模较大，拆迁民房百余间。1972年11月，于滁河下游六合县新集与浦口区交界处的小李头开挖分洪道马汊河，全长13.63千米，南京市、扬州市联合组织9.5万余人参加会战。至1973年5月，一期工程竣工，完成土石方741万立方米，投入748万个工日，国家投资1010万元。是年底，完成晓桥至汊河集干河疏浚、退建，加固草场圩段滁河干堤6.1千米，加固三合圩南埂6.2千米，完成土方180万立方米。1974年，封闭该段滁河南支，将茅塘桥桥洞改建为箱涵，于南支下端新建余家湾套闸及抽水站，使北城圩、草场圩、刘康圩、祁圩联成面积39.8平方千米的铁路圩，缩短津浦铁路防洪线路26千米。1976年，南京市组织郊区4万余人裁弯取直、拓宽朱家山河口至马汊河口段滁河干流，裁掉池湾、东湾、西埂余、后河濠4处河湾，整治河道4.6千米，完成土方69万立方米，总投资46.2万元。1980～1983年，浦口区组织1.8万人，裁弯取直干流桃湾段，整治河道1.2千米，完成土石方58.69万立方米，投资69.77万元。1987年12月至1990年12月，实施马汊河二期工程，修建建筑物41处，块石护坡3.29千米，稳定边坡处理工程6处，完成土石方849.9万立方米，国家投资4970万元，实际使用经费5216.21万元。1991年特大洪水后，加做草场圩及北城圩北堤后平台2.78千米，复建复兴圩南堤标准堤防1000多米，同时块石护坡北城圩北埂堤防850米，增建张圩至三合圩段公路隔埂挡洪墙500米。1993年，江浦县3.5万人会战孟骆圩段滁河干堤，完成土方70多万立方米，复堤9.7千米。1995年11月，组织20万人会战邵兴圩段滁河干堤，完成土方71万立方米，修筑标准堤防1万米。2001年，抛石3560吨，实施北城圩、邵兴圩、孟骆圩部分堤防抛石固基。2007年10月，浦口区实施朱家山河水利血防工程，对柳洲路桥至向阳河桥以上300米处5000米河道左右两岸堤防实行硬质化护坡，对3.9千米堤身进行防渗处理，采用多头小直径水泥深层搅拌桩形成垂直防渗墙，加高培厚5.6千米堤防，修复该工程段堤顶道路，路宽6米，水泥结石路面。工程于2008年4月竣工，完成土方9.65万立方米，土方回填12.72万立方米，护砌砼9906立方米，浆砌护坡3141立方米，筑防渗墙2.23万平方米，河道清淤3.98万立方米，新建及修复道路3.79万平方米，总支出1266.44万元。2009年，就上年滁河堤防出现的险工险段施行应急加固，堤外填塘固基，堤身土方加固、压密灌浆，迎水坡抛石防冲，治理堤防总长6000米，完成土方107.79万立方米、混凝土1913.94立方米、石方3.16万立方米，总投资4153.12万元。2011年1月，实施滁河防洪治理工程，加固堤防21千米，其中孟骆圩堤段8千米，七联圩段6.8千米，蒿子圩段6.2千米，改造滁河泵站、邵家斗门泵站、河南泵站、白鹤泵站、大平泵站，拆建熊窑涵、圩东涵，同年12月完工，总投资18260.78万元。2013年4月，加固滁堤15千米，其中邵兴圩段6.3千米，复兴圩段3.3千米，张圩段5.4千米。至2014年4月，全面完成堤身土方加培、锥探灌浆、迎水坡护砌、填塘固基、白蚁防治、堤顶道路等工程项目，总投资17010万元。9月，加固堤防12千米，其中北城圩段6.4千米，三合圩段1.4千米，盘城街道段4.2千米；疏浚干流河道10.4千米，其中永宁街道段4.5千米，盘城街道段5.9千米；工程于2015年5月竣工，总投资9099万元。

城南河治理 城南河位于江浦街道境内，为明洪武年间(1368～1398)开凿的通江河道，一名新河、直江河、对江河。万历二十二年(1594)，知县倪壮猷督浚，建石闸。清康熙年间(1662～1722)知县甘国埏、光绪元年(1875)防军统领张得胜先后疏浚。民国12年(1923)，县农会组织民工拓浚，耗资1.1万元，河道浚至宽14米，深3米，两岸堤顶宽1.8米，加高1.5米。22年10月，培厚加高河堤4.7千米，挑土20万立方米。1949年，因其位于县城之南，改称城南河。1957年，疏浚新河口至求雨山段，长4.5千米，排洪能力120立方米/秒。1972年1～3月，由于河口江砂阻塞，将龙王庙以下2.6千米河段下移2000多米，以利航运，完成土方57万立方米。1979年，拓宽闸口至龙王庙段，浚深龙王庙至河口段，全长1585米，完成土方37.4万立方米。是年起至1981年，继续拓浚闸口至龙王庙河段，采用机械挖泥船进行水下清淤，耗资82万元。1996年春，加固团结圩城南河堤防，拆除房屋158间、围墙600米，完成土方10万立方米，筑标准堤1.8千米，耗资80余万元。2002年4月至2003年6月，新砌城南河东支(东门桥至凤凰桥段)两岸防洪墙853.1米；建设凤凰台至南门涵段两岸3.2千米达标堤防，完成土方16.13万立方米、砼1441立方米，浆砌块石17494立方米，总投资1614.22万元。2005年10月至2006年，疏浚河口至沿山大道8000米，投入挖掘机16台，清淤土方61万立方米。2008年1～5月，实施水利血防工程，于橡胶坝下游硬质化护坡1.77千米，同时对该段河道清淤降滩，堤顶道路改铺水泥结石路面，拓宽至6米，工程决算价598.74万元。2013年1月，实施城南河综合整治清淤工程，北起公园北路江中桥和雨山南路雨山桥，南至城南河入江（夹江）口，全长4.48千米，清淤土方13.2万立方米，工程耗资1233.96万元，于当年4月完工。

石碛河治理 该河干流位于桥林街道，上游自星甸街道屠家岗、磙子桥、三岔子、杨家跳，流经桥林街道大胡芦湾，至西江口入江。因流经沙套口，上游段清代以前称沙河。全长24.95千米。1955年，为缩短防洪圩堤，将马骡圩、公子洲等合并为联合圩，堵闭通西江口老河道，由王凤塘直穿公子洲至七坝入江，缩短防洪堤3.8千米，完成土方20万立方米。1969年9月初，拓宽浚深明星电灌站至侯家坝段，全长5592米。至10月上旬，完成土方80.7万立方米。10月20日至12月下旬，对入江口至明星电灌站段进行施工，长2866米，投入1.4万人，完成土方119.46万立方米。1976年12月至1977年1月，实施侯家坝至前小童段8000多米河道裁弯取直工程，完成土方50万立方米。1978年，组织1万人疏浚七坝至侯家坝干流河底，人工挖挑土方10.5万立方米，机械挖泥船掘挖土方1.33万立方米，河底高程由4.8米降至3.5米，河口段降至3米，底宽拓至10米，投资6.64万元。1999～2001年，结合江堤达标工程，实施林山圩、联合圩段堤防除险加固工程，全线堤防劈裂灌浆，筑浆砂块石挡浪墙，堤顶加宽至6米，一级平台宽10米，堤顶高程较洪水位（11.03～11.6米）超高1.5米，进行填塘固基，拆除房屋1134间、病险涵洞12座，改建箱涵、泵站6座，完成土方63.99万立方米，总投资1610.36万元。2008年1～5月，实施硬化护坡工程，自河口护坡起与上游护坡衔接，全长3000米，护砌高程6～9.5米，浇砼护坡厚100毫米，同时实施河床清淤降滩，对堤身进行防渗处理，修复堤顶防汛道路，坡面铺植草皮，总投资876.63万元。此后未有较大的治理工程。

二、农田水利

塘坝 水库 浦口山圩参杂，历史上圩区农田灌溉依赖沟漾引用江湖河水，山区全靠塘坝拦蓄降水径流。明万历《江浦县志》载有官塘、芦塘、兰花塘、东龙塘、西龙塘、孤塘、檀家坝、高家坝、金家坝等塘坝名录。清咸丰以后，塘坝失修，淤塞严重。民国12年（1923），江浦县知事奚侗令行各区保董调查塘坝数目，责令各业户分期挑浚，后因兵事无果。1953年12月至1954年1月，江浦县新开大福山塘，新筑竹马园坝，整修大黄庄塘等1497座（道），完成土方16.06万立方米。1955年8月统计，全县有塘22759座、坝2180道。1956年，江浦县首批建成罗汉寺（后改石窑）、百子岭、大堰3座小（二）型水库，库容量分别为19万立方米、72万立方米、45万立方米。1957年，原浦口区建成珍珠泉水库和小王庄水库，库容量分别为54万立方米、11.56万立方米。1958年，浦口区建成丁解水库，库容量25.6万立方米。江浦县启动建设三岔、大黄、狮子岭、戴塘、龙眼、蒋山口、竹叶湖、胡庄、大许、龙华10座小型水库。1962年，江浦县有小型水库17座，总库容量1042万立方米；塘坝22972座（道），蓄水量2800万立方米。1970～1975年，江浦县建成侯坝、石窑、七联、赵庄、大顶山、月塘、大鱼塘等9座小型水库。1977年，浦口区新建友谊水库，库容13万立方米。1978年统计，江浦县有小

(一)型水库6座、小(二)型水库26座,总库容2661万立方米;浦口区有小(二)型水库4座,总库容64.16万立方米。在以"蓄"为主的同时,实施"引、提、调"相结合的配套工程,开挖老山环山河、西山环山河、三岔引驷干渠,新建引驷补库石桥翻水站,解决塘、库补给水源问题,扩大蓄水工程效益。1982年农村实行家庭联产承包责任制以后,修塘筑坝仍以村或居民小组为建设管理单位。1987年,江浦县有塘坝1.97万座(道),总面积3603.7公顷。水库由县、乡镇两级管理。1990年以后,乡镇、村重点整修、加固和扩建当家塘坝。1991年,江浦县修建大塘217座,增加蓄水量155万立方米,其中蓄水量5万立方米以上的有华山、胡胜、百胜、九王、蔡庄等。1996年冬至1997年春,山区95个村扩建水塘50座,完成土方72万立方米,增加蓄水量300多万立方米,完成一批水库续建、配套、扩容工程。1998~2001年,江浦县实施塘坝、水库建设达标工程。其中,投资848万元,相继完成三岔、金坝、百子岭、平坦等17座小型水库消险任务,主要工程项目包括大坝灌浆加固、溢洪道改建、涵洞翻建及新建反滤等;对月塘、龙眼、六五、赵庄、茆庄、竹叶湖、胡庄、大许、戴家坝9座因设施不足、难以达标的小型水库作销号处理。至2001年底,江浦县有塘坝1.16万座(道),总蓄水量4930万立方米;有小型水库23座,总库容2432万立方米,兴利库容1581.8万立方米,有效灌溉面积3670公顷。浦口区据顶山、盘城、沿江街道统计,有水塘30座(不含被征用销号10座),蓄水量46.88万立方米;小王庄水库、丁解水库、友谊水库已作销号处理,仅存珍珠泉水库,库容量减至44万立方米。2003年,南京珍珠泉旅游度假区在大顶山南麓兴建集防洪、灌溉、供水、生态、旅游为一体的路南水库,又名佛手湖。动迁顶山街道居民207户、820人,当年建成大坝、溢洪道等设施,总库容353.65万立方米,总投资1945.22万元。是年起,先后实施三岔、象山、珍珠泉(又名镜山湖)、付坝等13座水库堤坝加固、溢洪道翻建、涵洞拆建工程。至2010年,全区有小型水库25座,集水面积78.77平方千米,总库容2838万立方米,兴利库容1596万立方米。2011年初,浦口区启动小拐子、百子岭等9座小(二)型水库新一轮除险加固系列工程,工程项目包括水库大坝加固、涵洞翻建、溢洪道改造、背水坡新建排水设施及坡面培植保护草坪、新增管理设施等。至2012年5月,先后完成大黄水库、侯坝水库、平坦水库、响堂水库4座小(一)型水库和小拐子水库、狮子岭水库、百子岭水库、三五水库、金坝水库、前赵水库、大鱼塘水库、戴塘水库、蒋山口水库9座小(二)型水库除险加固工程,资金总投入2229万元。2015年,全区有小型水库25座,其中18座水库分别达到省、市小型水库规范化管理单位标准。

机电排灌工程 民国26年(1937),公子洲(今桥林街道双垄、滨江一带)梁进(字济猛,广东省高要县人)从无锡工艺厂购回4台套单缸卧式双飞轮低速柴油机(俗称"大头车"):一台28匹马力配带10吋泵2台,一台24匹马力配带12吋和8吋泵各1台,两台20匹马力各配带12吋泵1台,分别用于双垄公子涵、双套口和西江口象伏洲农田灌溉与排水。1949年前,原浦口区有3台柴油机、6台电动机。1957年,江浦县建成首座县城南门排涝站,装置煤气机10台300马力,配10台12吋混流泵。浦口区兴建石佛寺农场和北圩排涝站、魏占河南岸和北岸排灌站。1959年末,江浦县建成闸口、西江、北顺等15座电灌站,装机59台套、3290千瓦,排灌面积4600公顷;浦口区建成机电排灌站10座,装机20台套、824千瓦,6.68个流量。1961年起,以灌溉工程为主体,江浦县在相继兴建沿江圩区新合、观桥、四营、花园、明星、兰花及沿滁圩区板桥、北城、祁圩、东埂、西葛等排涝电站的同时,建成丘陵山区岱山、前童、石桥、高华、桥林、小李等灌溉电站,其中当年兴建的星甸万寿站扬程达29米。至1969年,全县建排涝站24座、灌溉站29座,装机134台套、6640千瓦。同期,浦口区先后兴建圩区黄庄、老幼岗、板桥、三河、大新、新华、红山嘴、夹河、小柳、临江等排灌站,丘陵山区建成鲁家大塘二级站、四清桥三级站、盘城三级站及王家渡、邹庄、西埂余、新民等站涵结合排灌站。至1970年,浦口区丘陵山区累计建有电灌站46座,装机91台套、3592千瓦,25.22个流量;排涝、排灌结合站21.2个流量。1971年起,江浦县农业机电排灌事业进入建设丘陵山区骨干抗旱翻水线工程阶段,当年完成侯家坝灌区翻水线主体工程,建成一级站1座、二级站4座、三级站4座、四级站3座、五级站1座、干渠4条、支渠9条,总长62千米,缓解兰花、龙山、陡岗、星甸4个人民公社部分山区用水困难。1973年,浦口区为落实省、市关于圩区日雨200毫米两天排出、蔬菜地区日雨300毫米一天排出的要求,排灌工程以治涝为主,至1979年,先后兴建或改造桥北、京新、临江、祝庄、复兴、新民、坝子窑、下坝、西庄、老幼岗、吨粮河、朱庄等排灌站、排涝站30余座,建成山区黄姚一级站、二级站、西庄站、同心站、范伏站、陈桥站等20余座。1980年,江浦县扎根江河,续建山区骨干灌溉设施,实施"引驷补库"工程。当年5月建成石桥一级站,装机10台套,容量1300千瓦;7月,建成下陈二级站,装机6台套,容量780千瓦。1981年,江浦县完成干渠19千米、支渠40千米的配套工程,国家总投资237.5万元。1984年后,更新改造部分严重老化及装置不合要求的排灌泵站。江浦县整修、翻建33座建筑物;浦口区翻建鲁家大塘电灌站,迁建石佛寺农场电灌站,更新丁解水库、顶山、范伏、新华、板桥等电灌站。至1990年末,浦口区机电排灌保有量达89座、238台套、1.03万千瓦、81.67个流量。江浦县电力排灌总动力达3285台、55896千瓦,有效灌溉、排涝面积分别占山区、圩区农田面积的90%、100%。1991年以后,继续更新改造排灌工程,江浦县每年施工项目少则八九项,多则30多项。至2001年,江浦县累计新建、改造排灌站150多座,机电排灌保有量4592台、5.71万千瓦。浦口区以改造圩区排涝站为主,累计更新改造中庄、京新排涝站及邵家斗门等排灌站21座、64台套、2985千瓦,年内拥有机电排灌站84座、219台套、9887千瓦。2002年后,注重优化排灌泵站布局,提高圩区单站排涝能力,在山区撤销一批二级以上的多级提水泵站。依托输水渠道和水库塘坝,新建一批小型电灌站,改善农业供水条件,满足现代农业发展需要。2010年,全区农用排灌动力为4231台、6.75万千瓦,其中固定泵站149座、504台套,功率4.12万千瓦,设计流量380.78立方米/秒。2011~2012年,实施长江、滁河干堤防洪能力提升工程,先后新建和改建大柳洲圩小圩站、林蒲圩新合站、联合圩小年站、孟骆圩大平站、张圩白鹤站、北城圩河南站、双城圩邵家斗站、滁河余家湾站,总投资3500.63万元。同时新建乌江东林站、桥林中联站、汤泉郭庄站、永宁祁圩与唐营站,改造汤泉陈子头、永宁梅庄农村重点泵站,投入资金 3492.45 万元。2011 ~ 2015 年,全区拆建和改造村级泵站 60 座,累计投入资金 4361 万元。2013 ~ 2015 年,新建、改建农村重点泵站 7 座,包括永宁街道五四、刘营、李营站,泰山街道港桥、东一站,桥林街道河南、河口站,投入资金 3283.67 万元。2015 年,全区有固定机电泵站 317 座,装机流量 366.61 立方米/秒,装机功率 4.18 万千瓦,水泵 601 台套。

农田整治 明万历七年(1579),江浦濒江、沿滁有圩围 65 个。清光绪十七年(1891),圩围减至 55 个,其中濒江 37 个,临滁 18 个。1949 年,江浦县有圩围 83 个,面积约 1.06 万公顷。农田整治从圩区入手,开始联圩并圩,提高圩区抗洪能力。至 1956 年底,江浦县沿江 68 个圩围联并为林蒲、林山、联合、团结、城东 5 个大圩,沿滁圩区联并为 13 个圩;原浦口区沿江圩区联并为九袱圩、吉庆圩、大新圩、柳洲圩、双城圩、延佑圩。山区以治理冲田为主,开始打埂拆水,错开茬口,按需供水。1970 年后,圩区开展"四分开"(内外分开、高低分开、山圩分开、排灌分开)、"二控制"(控制地下水位、控制内河水位)治理,改造老河网,建设新水系;山区开展平田整地,实行山、水、田、林、路综合治理,按"用"字、"月"字型模式治理冲田。江浦县和浦口区分别以陡岗人民公社双庙冲、星甸人民公社顾家坝冲和顶山人民公社王楼山冲为典型。其中,顾家坝冲位于西山南麓,长 7000 米,6 个汊口,耕地面积约 660 公顷,1975 年秋开始治理,先后开挖中心河、环山河,总长 14.5 千米,溢洪道 2 条,长 14 千米,灌渠 31.5 千米,跨河过路桥涵及田间排灌建筑物 117 座(个),新建塘库 7 座,蓄水量 22.5 万立方米,填老河 1 条、塘 67 座,削平土墩 13 个,将 8700 多块"巴掌田"改造成 1200 多块方整化梯田,新增农田 60 多公顷。至 1981 年底,累计投入 108 万个劳动日,完成土方 439.5 万立方米,国家和集体总投资 42.8 万元。该项目被江苏省定为丘陵山区治水改土的样板。1985 年,江浦县有冷浸型、流失型、砂漏型中低产田 8767 公顷。1988 年,成立县中低产田改造办公室。1989 年起,实施中低产田改造工程。至 1995 年,共开发改造中低产田 4407 公顷,总投资 440 万元。浦口区顶山镇改造中低产田 679.3 公顷。1997 年,在改造中低产田的同时,启动丘陵山区小流域治理工程。在水土严重流失的农业区栽植用材林和经济林,实行山、水、田、林、路综合治理,桥、涵、闸、站全面配套,修筑沟、渠、塘、库,岗、塝、冲分开,利用流域优势发展养殖业、加工业。1999 年,浦口区综合治理顶山镇石佛村双城圩小流域,治理面积 66.67 公顷,建砂石道路 5000 米,修挖排灌沟 6.3 千米,建涵洞 8 座,改造利用水面 6.67 公顷,建成苗木基地 40 公顷、经济林果 20 公顷,省、市、区共投入 120 万元。至 2001 年,江浦县先后完成陡岗乡双庙冲、龙山乡秦村冲、石桥乡新河冲、林山乡高家冲、汤泉镇瓦殿冲、星甸镇新金冲、桥林镇南二冲等治理工程,总面积 2067 公顷。2002 年,农田整治重点为实施国家级土地治理、省级丘陵山区小流域治理、市级农田特色基地建设等项目,加速推进生态、旅游农庄和标准化、产业化、现代化农业基地建设。至 2010 年,全区实施国家级土地治理面积 5866.67 公顷、省级丘陵山区小流域治理面积 1466.67 公顷、市级农田特色基地面积 2327.67 公顷,开发总投资 1.56 亿元。建成乌江帅旗农庄、南京万成生态园、盘城金水湾生态园、赭洛山庄、龙泉山庄、中马农庄、望月农庄等42个市级以上生态、旅游农庄，建成星甸镇九华村200公顷特色粮油基地、龙北村333公顷国家重点苗木示范基地、江浦街道大林村199公顷省级高效蔬菜基地、盘城街道落桥社区100公顷市级特色葡萄基地、石桥镇九华村66公顷省级高效茶叶基地、永宁镇永合村200公顷市级特种水产养殖基地等51个。2011年起，投入资金3.57亿元，继续实施中央财政小型农田水利重点县建设工程、农田水利重点片区建设工程、水土保持小流域综合治理工程。至2015年末，先后完成七联圩、三合圩、邵兴圩、星甸后圩、汤泉高华、星甸前赵6项农田水利重点片区建设工程，三岔冲、瓦殿冲、泉东冲、石合冲4项小流域治理工程，全区农田水利基本建设水平明显提升，新增高标准旱涝保收农田4153公顷，新增节水灌溉面积6333公顷。

第三章　政　　治

第一节　政权沿革

一、明清县署

明初，江浦县行政机构为县署，初设于浦口城内（今泰山街道东门大街街北）。洪武二十四年（1391），迁县治于旷口山之阳（今江浦街道凤凰小区大成殿及其周围地块）。县署设主官知县1人，佐官县丞1人、主簿2人，属官设典史1人、教谕1人、训导2人、阴阳学术1人、医学训科1人、僧会1人、道会1人，浦子口、西江口巡检司各设巡检1人，江淮、东葛驿各设驿丞1人，浦子口税课局设大使1人，南京户部分司公署设主事1人，南京守备设浦口守御1人。弘治间裁撤县丞，嘉靖八年（1529）裁撤西江口巡检司。县以下设乡约馆5所，分别设在县城、浦口镇、石碛镇、星甸庙和汤泉镇，由南五城察院掌管。县各官分司其职。知县为朝廷委派的全县最高行政长官，自明初立县至崇祯七年（1634）260多年间，朝廷委派的江浦知县计74任（74人）。其中，首任知县刘进于洪武九年（1376）六月到任，始建县治、文庙于浦子口；永乐间知县丁毅是唯一的江浦县人，在任期间，“有执有守，上悦下安”。县丞、主簿均为知县副职，参与机要，总领文书，管理户籍及粮马、征税等府事。典史为属官之首，掌管缉捕、监狱等事项。教谕、训导为教职之称，同事县学的管理与课业。户部主事专管储事，负责浦口五卫仓储。浦口守御专督应天、龙虎、武德、横海、和扬、江淮六卫官军。乡约馆以协助县署征收田赋等事宜为主要任务。

清初承袭明制。康熙间裁撤主簿及江淮、东葛驿丞、税简大使等职，复设江淮巡检，改浦口守御为浦口守备。雍正二年（1724）增设城守把总1人，十年改浦口守备为浦口营都司。光绪间，再改城守把总为外委千总，知县、典史、教谕、训导各职依旧。清初至光绪十二年（1886）间的242年中，知县更迭95任、89人，其中光绪元年知县万青选，系中华人民共和国开国总理周恩来外祖父。

二、民国县政府

民国元年（1912）2月，县署改为民政公署，下设总务、警务、实业、主计4课，各置课长1人；知县更名民政长，首任民政长应运，续任夏斌。2年，民政公署改称知事公署，民政长更名知事，知事下设典狱员、承审员、警佐各1人。是年7月，县公署增设江浦知事署浦口办事处,设委员、书记各1人,差遣队1排。至16年6月,县知事依次为黄如栋、杨德成、勒大鹏、杨南珊、张久卿、杜福堃、奚侗、王荔书、周宗颐。

民国16年(1927)6月,县公署改称县政府,知事改称县长,首任县长白一寰。18年,江浦县划为三等县,设第一科、第二科及财务局、公安局、建设局、教育局,葛芝岩、熊矩、刘采亮、夏礼先后任县长。21年1月起,统一县政,置秘书室及第一科、第二科、第三科、公安股,黄汝鉴、沈秉谌、周平澜依次任县长。26年12月,日本侵略军入侵,县长武文携印潜逃。27年春,江浦籍官员及地方士绅于安徽和县三户荡重新组建县政府,推举何汉吾为县长,由江苏省政府批准加委。29年3月,何汉吾卸任后,姚镜涵、虞明礼相继接任县长。33年,县政府内设机构由"三室三科"(秘书室、第一科、第二科、第三科、特工室、司法室)改为"一室五科",即秘书室及民政科、财政科、教育科、军事科、建设科,另设法官1人。34年9月抗日战争胜利后,姚镜涵再任县长,县政府迁回县城,增设社会科、田粮科、地政科、公安局、税捐征收处、公产管理处等机构。35年1月,虞明让任县长。37年,县政府机构缩并为二室四科,即秘书室、会计室、第一科、第二科、第三科、第四科。秘书室设主任秘书1人及军法承审员、统计员、人事管理员等;会计室设主任1人及科员、事务员等;第一科设科长1人及户政主任、合作指导员、分掌军事科员、禁政科员等;第二科设科长1人及地政专员、地政技术员等;第三科设科长1人及督学等;第四科设科长1人及技士、技佐、度量衡检定员等。1949年4月,随着江浦全境解放,县政府解体。

县政府下设区、乡公所。民国16~37年(1927~1948),全县划有5区,各区公所设区长1人,助理员、丁差2~3人。各乡(镇)公所设乡(镇)长1人,干事书记员、乡丁等5~7人。

三、民主政府

民国28年(1939)5月,中共苏皖省委在江浦、和县地区成立江浦办事处,是江浦县第一个由中国共产党领导的县级抗日民主政权机构,主任祁式潜。同年7月,办事处撤销。32年1月,中共皖江区委和含地委在和县北乡及江浦西部地区成立江全办事处,李岩、顾训芳先后任主任,办事处内设财粮科、教育科、物资管理局、税务局。33年10月,经中共淮南区委批准,在浦(江浦)、六(六合)、来(来安)三县边缘区建立江浦办事处,办公机关设在汊河区文山乡杜营村,主任叶品三。34年1月,江浦办事处改称江浦县抗日民主政府,叶品三、纪立纲先后任县长,内设军事科、财粮科、教育科;10月,江全办事处撤销;12月,抗日民主政府机关北撤。37年11月,中共江淮区委建立江全督导室,主任葛平。1949年1月,江全督导室改为江全办事处,周俊任主任,内设民政科、财粮科;2月,华东局撤销江全办事处,建立江浦县政府,县长石永家,政府机关先后驻和县香泉大麻集、江浦县石村庙,内设秘书室、公安局、民教科、财粮科、工商局,下辖香南区、西埠区、善后区、香北区(以上4区1949年4月后属安徽省和县)、新桥区(今桥林街道)、汤泉区。

四、人民政府

（详见本章第四节《人民政府》）

第二节　中国共产党

一、中共江浦县地方组织

县委及其工作机构　抗日战争时期，江浦县是中国共产党创建的皖东抗日根据地的前哨阵地，也是中共在境内逐步形成比较系统的组织建设时期。民国28年（1939）5月，中共苏皖省委决定派省委委员祁式潜随新四军第八支队八团一大队进入江浦、和县地区，建立和（县）江（浦）中心县委，祁式潜任书记，县委机关设在和县北乡香泉集。县委成立后，建立党的基层组织，发动和组织群众开展抗日斗争。同年7月，因八团一大队调到安徽省无为县整编，中共和江中心县委随之撤销。29年5月，中共安徽省舒（城）无（为）地委派胡克诚在江浦、和县、全椒三县交界地区建立江（浦）和（县）全（椒）工作委员会，胡克诚任书记。31年5月，江和全工委与全椒县委合并，胡克诚继任书记。这一期间，工委、县委建立江和全游击队，成立和北游击队、八大禁游击队，打击日本粮商，摧毁伪军据点，在乌江花骨墩村激战中，县委委员张智锦不幸被捕，于同年11月14日在香泉集晓山下英勇就义。32年春，因统一抗日根据地党的领导及调整各组织间的关系，江和全县委撤销。新成立的中共皖江区委和含地委同时在和县北乡与江浦地区建立中共江和全县委，简称江全县委，时生任书记，县委机关设在八大禁。同年3月，中共淮南区委和新四军二师在江浦东北部地区建立中共铁路工委，负责东至浦镇、西至明光的津浦铁路沿线的群众工作和交通联络工作，书记程明。33年9月，中共铁路工委撤销。同年10月，中共淮南区委在江浦、六合、来安三县交界处（俗称“浦六来”边缘区）建立江浦县工委，书记刘秀山，工委机关设在汊河区文山乡观音寺。34年1月，中共江浦县工委改为中共江浦县委，刘秀山、杜李先后任书记。10月，因新四军北撤，江全县委随之撤销。11月，中共江浦县委奉命北撤。为处理北撤后的遗留问题，淮南区党委路东地委改中共江浦县委为中共江浦工委，书记纪立纲。一个月后，北撤工作结束，中共江浦工委随之撤销。抗日战争期间，江浦人民在中国共产党的领导下，不畏艰险，不怕牺牲，参军参战，奋起抗日，周宗汉、秦学贤等优秀儿女为民族的生存奉献出宝贵的生命。37年11月，中共江淮区委在江和全地区成立中共江和全县委，书记王训友。1949年2月，改中共江和全县委为中共江浦县委，王训友继任书记。6～7月，胡林任县委书记。8～9月，虞廷松任副书记，主持工作。县委机关先后设在和县香泉大麻集、江浦县石村庙，下设组织部、宣传部、民运部。在支援解放军渡江战役中，县委成立支前指挥部，为解放军筹运粮草、修路搭桥、提供训练和攻城等器材；组织580人成立支前民工营，随军渡江，经芜湖、湾沚到上海、绍兴，为战斗运送弹药、抢救伤员，150多人立功受奖。

1949年4月21日,江浦全境解放,县委机关设于县城。县委下设秘书处、组织部、宣传部、民运部、社会部和农村工作委员会。1955年8月,经扬州地委批准设立县常务委员会。1956年4月25日,中共江浦县第一次代表大会选举产生中共江浦县第一届委员会。县委下设秘书处、组织部、纪律检查委员会、财政贸易工作部、工业部、统一战线工作部、林业部、政法部、文教部及《江浦报》编辑部。1958年、1962年整编精简后,县委工作机构仅保留办公室、组织部、宣传部、监委、农工部、党校、机关党委,增设县委整党工作队。1966年,增设工交财贸政治部。1967年2月,因"文化大革命"发生"造反派"夺权,县委工作中断。同年3月,成立县人民武装部生产办公室,王印北任主任。1968年4月2日,成立江浦县革命委员会,实行党政"一元化"领导。1969年11月,成立中共江浦县革命委员会核心领导小组,行使县委职权。1970年12月,召开中共江浦县第五次代表大会,选举产生中共江浦县第五届委员会。1973年5月始,恢复建立县委办公室、组织部、宣传部、机关党委、党校等工作部门。1978年6月,恢复县委纪律检查委员会、统一战线工作部,增设县委政法委员会、农村工作委员会。1979年1月,召开中共江浦县第六次代表大会,选举产生中共江浦县第六届委员会。1982年,增设县委党史资料征集领导小组办公室、县委经济案件领导小组办公室。1984年2月,县级机关体制改革后,县委设办公室、组织部、宣传部、统战部、农村工作部、政法委员会、党史资料征集领导小组办公室和党校等工作机构。7月,县委纪律检查委员会改称中共江浦县纪律检查委员会。9月,中共江浦县第七次代表大会召开,选举产生中共江浦县第七届委员会和中共江浦县纪律检查委员会。是年起,至2002年5月,中共江浦县第八次、九次、十次、十一次代表大会分别选举产生中共江浦县第八届、九届、十届、十一届委员会。县委工作机构经精简调整后,设办公室[县委政策研究室与其合署办公,挂县委机要(保密)办公室牌子]、组织部(县级机关党委与其合署办公,挂县组织员办公室牌子)、宣传部(挂县精神文明建设指导委员会办公室牌子)、统战部(挂县侨务办公室、民族宗教事务局牌子)、政法委(挂县社会治安综合治理委员会办公室牌子),另设政策研究室、机要(保密)办公室、老干部局、台湾工作办公室4个部门管理机构。

中华人民共和国成立前历任县委书记均由上级组织委派,已见前述。自1949年10月至1956年4月,县委主要领导人均由上级组织决定任免。此后历任县委领导人一般由历次全委会选举产生,有时因工作需要,少数领导人由上级组织决定任免。历任中共江浦县委书记更迭如下:虞廷松(1949.8~1951.8,副书记,主持工作)、苏桦(1951.8~1952.12,期间1951年8月至1952年9月任代理书记)、杨可夫(1952.12~1954.5,期间1952年12月至1953年3月任代理书记)、肖九成(1954.5~1956.2,第一书记)、刘宗铨(1956.2~1960.4,期间1956年2~4月任负责人)、顾玉山(1960.4~1961.2,第一书记)、方明(1961.2~1963.1,第一书记)、顾玉山(1963.1~1966.2)、蒋逸成(1966.2~1970.12,期间1966年5月至1970年12月因"文化大革命"未能正常行使职务)、刘宗泽(1969.11~1972.11,期间1969年11月至1970年12月任中共江浦县革命委员会核心领导小组组长)、谭仁甫

(1972.11～1975.5)、王培林(1975.5～1978.4)、谭仁甫(1978.4～1980.10)、季魁(1980.10～1984.2)、朱可云(1984.2～1987.3)、翟惟昌(1987.3～1990.7)、盛金隆(1990.7～1993.5)、戴宗宝(1993.5～1999.7)、刘捍东(1999.7～2002.5)。

基层组织与党员状况 民国29年(1940)5月,江和全工委下辖香泉、赤镇2个区委。31年5月,江和全县委下辖香泉、赤镇、枣林3个区委、4个党支部,有党员20人。34年10月,江全县委、江浦县委下辖香南、香北、绰庙、桥林、花浦、西太、和当、六郎桥(今属江宁区)、霍里(今属马鞍山市)、汊河(今属来安县)、新集(今属六合区)、盘城12个区委、46个党支部,有党员296人。

1949年底,全县有4个区级基层党委、30个党支部、243名党员。其中,45岁以下236人,46岁以上7人;大专以上文化程度1人,中专、高中文化程度5人,初中文化程度29人,小学文化程度152人,文盲56人。1951年,设县政府党组。1952年9月,建立县级机关党总支部。1956年撤区并乡,撤销4个区委,设立13个乡、镇党总支部,增设县级机关党委。是年底,有6个党组、1个党委、13个党总支部、182个党支部、2127名党员。当年吸收党员713人,是中华人民共和国成立后吸收党员最多的年份。1958年5月,13个乡、镇党总支部改为乡、镇党委。是年9月,实现人民公社化,11个乡党委改为人民公社党委。至1965年,全县设15个基层党委、1个党总支部、256个党支部,有党员3272人。1975年,仍为15个党委,党总支部增至5个,党支部增至387个,党员人数达7167人,较"文化大革命"前增长1.2倍。1978年以后,各级党组织建设得到加强。1984年,在县级机关委、办、局设立8个党组、5个党委、5个党总支部。1997年起,注重发展企业和农业生产一线的技术骨干、文化程度较高的知识分子、35岁以下的优秀青年、有一定素质的妇女入党。2001年,试行发展党员公示制。是年底,县委下辖5个党组、1个党工委、23个党委、41个党总支部、635个党支部,有党员14935人。其中,1978年以后新发展党员6442人;45岁以下5532人,45岁以上9403人;大专以上文化程度2028人,中专、高中文化程度4707人,初中文化程度4219人,小学文化程度3459人,文盲522人。

代表大会与重大决议 1949年4月江浦解放后,中共江浦县委组织领导全县人民建立和巩固人民政权。8月,废除保甲制,全县划为星甸、永宁、桥林、浦城4个区,珠江镇、汤泉乡等36个乡镇,122个村,1015个组。中华人民共和国成立后,注重开展民主建政工作。1950～1953年,开展抗美援朝、土地改革、镇压反革命运动。全县1000多名青年报名参军,200多人经政审、体检合格应征入伍,志愿军战士刘辉被中国人民志愿军司令部授予"钢铁英雄"称号,超额完成7万元认购"一门大炮"的捐献任务;有29390余户次农民分到土地、耕畜和农具;打击一批土匪、特务等反革命分子,为人民群众提供了稳定的生产、生活环境。1953年1月起,开始有计划的经济建设,逐步完成对农业、手工业、工商业的社会主义改造。至1956年,参加高级、初级农业生产合作社农户31337户,约占全县总农户的95%,大部分手工业者走上集体化道路,资本主义工商业基本消亡,初步建立社会主义经济基础。"一五"

时期,社会总产值、国民收入年平均值分别增长4.1%、3.2%。

1956年4月25日至5月2日,在珠江镇召开中共江浦县第一次代表大会,出席代表273人。会议总结解放七年来的经验教训,反复强调要继续贯彻中央政治局提出的“全国农业发展纲要”,以发展农业生产为主线,推动国民经济健康发展。会议选举产生中共江浦县第一届委员会。大会以后,县委、县人委根据中央指示精神,全面落实农业生产“三包一奖”(包工、包产、包成本、超产奖励)责任制,调动农民生产积极性。然而,1957年至翌年6月,在全县开展整风反右派斗争,对政治形势作出不切实际的估计,导致反右派斗争严重扩大化,全县有44名知识分子、爱国人士和党内外干部被错划为“右派分子”,受到严重伤害。1958年8月,在全县开展“大跃进”和“人民公社化运动”,提出不切实际的生产高指标和不顾实际的做法,挫伤人民群众的生产积极性。是年12月28日至1959年1月4日,召开县第二次党代会,出席代表278人。由于“左倾”思想的影响,大会肯定了1957年全民性整风运动和1958年“大跃进”等方面的成绩和经验,要求各级党组织高举共产主义旗帜,组织1959年更大跃进。会议选出二届县委委员23人、候补委员5人、出席中共南京市代表大会代表22人、候补代表5人。“左”倾错误的严重泛滥,加上三年连续自然灾害,农业生产遭受严重损失,经济建设和人民生活出现严重困难局面。1962年3月,县委下拨75万公斤粮食,地委返还和发放救济款50万元,妥善安排好社员生活。1963年1月5~8日,召开县第三次党代会,出席代表260人。大会总结1958年12月以来经济建设中犯有的“五风”(共产风、浮夸风、命令风、特殊风、瞎指挥风)错误,肯定贯彻以“调整、巩固、充实、提高”为中心的八字方针所取得的成就。调整县级机关人员编制,减少干部143人。调整农村政策,全县有131个大队、1399个生产队落实以生产队为基本核算单位的政策,按户、按人落实自留地和菜地。会议选举产生三届县委委员25人、候补委员5人。当年12月,县委三届二次会议着重总结农业生产在调整中逐步恢复的经验,提出1964年经济发展计划。至1965年,基本完成国民经济调整任务,实现社会总产值1.61亿元,年均增长16.3%;国民收入1.09亿元,年均增长17.2%。1966年5月20~23日,召开县第四次党代会,出席代表350人。会议号召各级党组织团结广大党员、群众深入开展阶级斗争、生产斗争和科学实验三大革命运动,夺取社会主义建设的新胜利。大会选举产生中共江浦县第四届委员会委员25人、候补委员7人。7月,县委成立第三个五年计划规划委员会,提出1967年粮食超“纲要”、皮棉超百斤的生产指标。县委成立“文化大革命”领导小组。8月中旬以后,机关、学校、工厂、医院的造反派组织相继成立,并逐步形成“联总”和“炮联”两大派。1967年2月,县委被造反派夺权,职能部门和基层党组织陷入瘫痪状态。1970年12月11~15日,召开中共江浦县第五次代表大会,出席代表480人。大会号召全党学习“无产阶级专政下继续革命的理论”,狠抓阶级斗争,搞好“斗、批、改”。大会选举产生中共江浦县第五届委员会委员27人、候补委员7人。1976年10月以后,县委在领导干部、群众揭批江青反革命集团的同时,贯彻第二次全国农业学大寨会议和全国工业学大庆会议精神,消除经济上的混乱局面,国民经济得到快速恢复和初步发展。

1979年1月6~9日,召开中共江浦县第六次代表大会,出席代表550人。大会传达贯彻中共十一届三中全会精神,把工作重点转移到社会主义现代化建设上来,实事求是地制订1980~1985年以工农业生产为中心的国民经济发展规划。大会选举产生六届县委委员27人、候补委员7人。1981年7月,县委制定农村联产计酬责任制试行办法,农村经济体制改革进入起步阶段并取得重大突破。1983年,实行家庭联产承包责任制的生产队1613个,占全县生产队总数的98.59%。农业结构得到初步调整,农、林、牧、副、渔全面发展。1984年,农业总产值、粮食总产量双超历史,分别达1.25亿元、19.59万吨,比1980年分别增长58.44%、44.13%。是年9月5~8日,召开中共江浦县第七次代表大会,出席代表291人。大会号召全县各级党组织、党员和群众锐意改革,开拓前进,为江浦全面振兴而奋斗。会议选举产生七届县委委员25人、候补委员6人,选举中共江浦县纪律检查委员会委员14人。1987年9月6~10日,召开中共江浦县第八次代表大会,出席代表300人。大会以深化改革、建设城郊型经济、全面完成"七五"计划为议题。大会选举八届县委委员25人、候补委员5人,选举县纪委委员15人。1988年7月,八届县委三次全会讨论通过《江浦县经济发展战略设想(1988~2000)》。11月,四次全会统一思想,落实中共中央关于治理经济环境、整顿经济秩序、全面深化改革的重大决策。1990年9月5~8日,召开中共江浦县第九次代表大会,出席代表253人。大会选举九届县委委员23人、候补委员4人,选举中共江浦县纪律检查委员会委员13人。1992年6月,九届五次全委会作出《关于加快改革开放,促进江浦经济发展若干问题的决定》。1993年8月,九届七次全委会提出以发展外资企业为重点,大力发展外向型经济的工作部署。是年,美、英、日等9个国家及中国香港、台湾地区的65家企业落户开发区。1994年8月16~18日,召开中共江浦县第十次代表大会,出席代表230人。大会确定坚持党的基本路线,坚持改革开放,坚持稳定发展农业、重点突破工业、进一步搞好商业流通的指导思想和经济工作思路。大会选举十届县委委员23人、候补委员4人,选举中共江浦县纪律检查委员会委员13人。1999年8月26~30日,召开中共江浦县第十一次代表大会,出席代表229人。大会提出坚持以经济建设为中心,坚持"两个文明"一起抓,大力实施开放开发、科教兴县、城镇化建设和可持续发展战略。大会选举十一届县委委员23人、候补委员5人,选举中共江浦县纪律检查委员会委员12人。2000年7月19日,十一届三次全委扩大会议提出支持工业改革发展的若干意见,加快公退民进,全县有58家县属企业实行先售后股、整体出售、股权流转和破产重组等产权制度改革。同年9月,县委落实全国科普会议和科技创新大会精神,命名表彰41名中青年科技拔尖人才。2001年12月28日,县委十一届七次扩大会议提出富民强县和现代化建设奋斗目标,为全面建设小康社会注入新的内容和要求。2002年5月17日,随着江北地区行政区划调整,成立新的浦口区委,撤销江浦县委组织机构。

二、原中共浦口区地方组织

区委及其工作机构 民国11年(1922)秋，浦镇机厂工人王荷波在浦镇建立中共浦口小组，王荷波、张振诚、王恩荣先后任组长。12年，浦口小组由中共北方区委改属中共上海地方兼区执行委员会领导。同年12月，浦口和南京2个中共小组合并建立中共南京地方执行委员会，谢远定为负责人。14年初，撤销中共南京地方执行委员会，成立中共浦口地委，吴芳任书记。15年4月，中共浦口地委改称中共南京地委。32年9月，中共淮南党委建立中共浦(口)六(合)工委，陈雨田任书记。34年初，中共皖江区委指示中共和(县)含(山)地委成立中共花浦区委，葛平任书记。35年5月，中共南京市委设下关两浦工人区委，彭原任书记。36年1月，下关两浦区委并入南京市委工人工委。

1949年4月22日浦口解放，23日，万里率金陵支队抵达浦镇，24日建立中共两浦区委会，万里、谭善和先后任书记。是年6月18日，撤销中共两浦区委会，成立中共南京市第八区工作委员会。10月，改称中共南京市第八区委。1950年8月，更名为中共南京市第七区委。1955年8月，改名中共浦口区委。区委下设办公室、组织部、民运部、组委会、妇委会、农委会、财委会。1956年2月，区委增设常委。4月，召开中共南京市浦口区第一次代表大会，产生第一届区委及常委会。是年，纪委会改为监委会，农委会改为农工部，财委会改为财贸部，增设文教部、交通部、工业部。1957年8月始，区委仍作为市委派出机构。1964年3月，撤销区委常委。内设机构经数次调整，至1965年5月，区委下设办公室、组织部、宣传部、农工部、监察组、财贸部、工业部、区机关总支委员会、政法组、党校。1966～1969年，全区党、政工作由中共浦口区文化大革命领导小组、军事管制委员会党组织及其综合办事机构统领。1970年，中共浦口区革命委员会核心领导小组成立后，逐步恢复职能部门工作。1971年8月，中共浦口区第二次代表大会选举产生第二届区委及其常委会。此后历届组织形式至2002年4月未变。区委工作机构经过恢复、重建、新建及合并，至2002年4月，设办公室(含机要室、政策研究室)、组织部(党史工作办公室与其合署办公)、宣传部(含精神文明建设指导委员会办公室)、统战部(含台湾工作办公室，挂民族、宗教事务2个办公室牌子)、政法委(社会综合治理委员会办公室与其合署办公)、农村工作办公室(农林水利局与其合署办公)、机构编制办公室(列区委工作机构序列，与人事局合署办公)，另设老干部局、信访局、保密办公室、党校4个部门管理机构。

南京解放后，历任原浦口区委书记更迭如下：万里(1949.4～1949.5)、谭善和(1949.5～1949.6)、高黎光(1949.6～1949.10)、袁林(1949.10～1952.10，期间1949年11月至1950年8月任第一副书记，1950年8月至1952年1月任副书记)、金文萍(1949.11～1950.1)、伊萍(1952.10～1953.9)、王光钧(1953.9～1955.1)、范奉吉(1955.1～1958.9)、孙一山(1958.9～1965.5)、薛斌(1965.5～1971.8，期间因“文化大革命”，未能正常履行职务)、赵金盛(1970.4～1972.8，期间1970年4月至1971年8月任中共浦口区革委会核心领导小组组长)、薛斌(1972.8～1975.5)、顾兴华(1975.5～1975.11)、李玉山(1975.10～1977.4，副书

记,期间1975年11月起主持区委工作)、张玉虎(1977.4~1978.3,代书记)、江绘五(1978.3~1979.12)、李英俊(1979.12~1981.11)、丛恺珠(1981.11~1984.3)、李之荣(1984.3~1985.10)、居瑞甲(1984.8~1986.7,副书记,1985年10月起主持工作)、韩庆华(1986.7~1994.6)、朱可云(1994.6~1997.11)、钱平桃(1997.11~1998.12)、张学义(1998.12~2001.10)、林克勤(1999.7~2002.4,副书记,期间2001年10月起主持工作)。

基层组织与党员状况 民国14年(1925)9月,中共浦口地委下辖浦镇第一、第二支部、浦口支部和南京支部,共有53名党员。11月,发展为5个支部、55名党员。34年初,中共花浦区委下辖石佛、北河口(今雨花台区江东门一带)2个支部,有26名党员。1949年,区委设柳袱乡、东门镇、南门镇3个党支部,有81名党员。1953年,在政府设党组。1956年初,建立红旗生产合作社党总支部。1958年10月,成立红星、红旗2个人民公社党委。是年底,全区辖3个党委、9个党总支部、46个党支部,有党员975人。其中,45岁以下945人,45岁以上30人;大专以上文化程度16人,中专、高中文化程度62人,初中文化程度318人,小学文化程度520人,文盲59人。1962年,设粮食局、供销合作总社党总支部。至1965年,全区共设7个党委、6个党总支部、143个党支部,有党员1448人。"文化大革命"开始后,机关党组、党总支部相继撤销,农村基层党委因行政区划调整变化较大。1970年9月,设1个党总支部,设三河、顶山、沿江、永丰、盘城、葛塘6个人民公社党委及浦口、东门、南门、大厂4个镇党委。1978年,首次设工交、财贸、文教、公安4个党委。1984年,设计经委及城建、商贸、教卫系统9个党总支部。至1988年11月,上述党总支部全部撤销。同年12月,根据中共南京市委关于企事业单位党组织实行属地领导的部署,接收南京毛纺厂、南京交通工程公司等7个驻区市属单位的4个党委、2个党总支部和1个党支部。1991年1月,8个市、部属党组织回归原系统。2月,设计经委、城建系统、商贸系统、卫生系统等8个党工委。2001年,区委辖人大常委会、政府、政协、法院、检察院5个党组,乡、镇及公安局6个党委,区机关及珍珠泉旅游度假区、南京海峡两岸科工园等15个党工委,300个党支部,有党员6086人。其中,45岁以下2270人,45岁以上3816人;大专以上文化程度1339人,中专、高中文化程度1816人,初中文化程度1650人,小学文化程度1173人,文盲108人。

代表大会与重大决议 1956年4月11~13日,召开中共南京市浦口区第一次代表大会,出席代表66人。大会总结1955年以来区委在开展农业合作化运动、对生产资料所有制的社会主义改造和党的组织建设、思想建设方面所取得的成绩,提出1956~1957年农业生产、手工业生产、文化卫生工作及党的组织、宣传工作全面规划、发展目标。大会选举区委委员17人、候补委员5人。同年10月,贯彻中共八大精神,全区中心任务转移到发展工农业生产上来,98%的农户加入高级农业合作社,农业增产增收,工商业和手工业生产乘势而上,职工工资、生活待遇有了提高和改善。1957年10月,开展党内整风运动,后转化为反右派斗争,44名知识分子、爱国人士和党内外干部被错划为"右派分子"。1958年,各地开展"大跃进"和"人民公社化运动",次年开展"反右倾"斗争,组织工作采取"左"的措施处分了一批干部。1961年11月起，区委相继召开全委会、农村四级干部大会，认识并纠正“左”的错误，将国民经济建设转入以调整为中心的轨道。调整社队规模，人民公社由3个划为4个，大队由37个划为47个，生产队由427个划为578个，并以生产队为基本核算单位。压缩城镇人口和“精兵简政”，1962年，全区减少城镇人口1344人，精减职工400人，区级机关和乡镇共精减人员150人。1963年8月，以三河公社为试点，开展“清理账目、清理仓库、清理财物、清理工分”的社会主义教育运动。1964年3月，南京市委撤销浦口区委常委会，区委委员由17人减为11人。1966年6月，区委成立“文化大革命”领导小组。1967年1月26日，造反派向区委、区人委夺权，党和各级组织被迫停止工作。1971年8月3～5日，召开中共浦口区第二次代表大会，出席代表351人。大会选举产生二届区委委员21人，通过《深入进行思想和路线教育，夺取革命生产新胜利》的决议。二届区委成立后，开展“批林整风”“批林批孔”运动，纠正农村工作中存在的分配不兑现、平均主义等“左”的做法；落实集体增产、个人增收、减轻负担等农村政策，推行厂社挂钩，探索工业扶持农业、城市支援农村、城乡互动的新型农业发展之路。1976年粉碎江青反革命集团后，继续推进农业学大寨、工业学大庆运动，促进全区经济、社会事业逐步恢复与发展。1978年，粮食总产、单产分别达3704万公斤、589公斤，比历史上最高产量的1976年分别增长10%和17%；工业总产值3323万元，比1977年增长17%。

1978年11月19～21日，召开中共浦口区第三次代表大会，出席代表393人。大会选举产生三届区委委员32人。1979年5月，三届二次区委全委扩大会议学习贯彻中共十一届三中全会精神，开展实践是检验真理唯一标准的讨论，拨乱反正，平反冤假错案，把工作重点转移到社会主义现代化建设上来。至年底，对1957年以来受到审查、受过不同处理的机关干部、知识分子、基层农村干部和职工857人案件作了复查、纠正和平反。1980年，落实国民经济“调整、改革、整顿、提高”八字方针。1982年，全面推行家庭联产承包责任制，并取得显著成效。与1978年比较，1983年实现“两个翻番”，即工农业总产值从3969万元增加到8889万元，农民人均纯收入从168元增加到409元。1984年8月28～30日，召开中共浦口区第四次代表大会，出席代表248人。会议选举四届区委委员22人、候补委员3人，选举产生中共浦口区纪律检查委员会，选举产生出席南京市第八次党代会代表10人。同年11月起，贯彻中共十二届三中全会精神，推进浦口经济体制和各项事业改革。1987年初，区委提出以外向型经济为主导的经济发展战略，区内企业与南京大厂建立紧密型经济联合体，与驻区高等院校共建科学工业园和“教育·科技·外向型经济开发区”。同年8月31日至9月3日，召开中共浦口区第五次代表大会，出席代表249人。大会提出今后三年工作的指导思想和主要任务，即进一步加快各项改革步伐，进一步加强党的建设，全面发展城郊型经济。会议选举五届区委委员18人，选举产生中共浦口区纪律检查委员会。1990年8月31日至9月2日，召开中共浦口区第六次代表大会，出席代表200人。大会提出把浦口区逐步建设成为开放式、多功能、高科技、外向型的江北新城区的奋斗目标。大会选举六届区委委员17人、候补委员4人，选举产生中共浦口区纪律检查委员会。1992年起，贯彻落实邓小平南方谈话及党的十四大精神，区委、区政府加快发展外向型经济，实施“城乡一体，兴工强农”和“科教兴区”战略，出台一系列有利于社会主义市场经济体制及发展的战略措施。1994年8月23～25日，召开中共浦口区第七次代表大会，出席代表190人。大会选举七届区委委员21人，选举产生中共浦口区纪律检查委员会。1995年初，七届二次区委全委会议部署转化经济薄弱村工作。同年11月，区委印发《关于加快农村小康和现代化进程的意见》。1998年，经市委、市政府考核验收，浦口区被批准为全面达小康区。同年8月19～21日，召开中共浦口区第八次代表大会，出席代表180人。会议总结区第七次党代会以来的主要成就：经济实力明显增强，实现国内生产总值22.2亿元，比五年前增长245%；城市建设明显加快，基础设施和公用事业总投入5882万元；坚持依法治区方略，民主法治和精神文明建设有力推进，深入开展普法教育和群众性精神文明创建活动。会议确定建设以高新技术产业、旅游业以及工业品贸易为主的滨江新区奋斗目标。大会选举八届区委委员21人、候补委员4人，选举产生中共浦口区纪律检查委员会。2001年末，全区工农业总产值33.42亿元，实现地区生产总值13.38亿元。

三、中共浦口区地方组织

区委及其工作机构 2002年4月3日，国务院撤销原南京市浦口区和江浦县，设立新的南京市浦口区。同年4月18日，南京市委、市政府决定成立南京市浦口区行政区划调整工作筹备领导小组，刘捍东任组长，林克勤、施卫国任副组长。5月17日，中共南京市委发出通知：成立新的浦口区区委，并按照党章要求，产生新的领导班子。撤销江浦县、原浦口区相应的组织机构，原领导班子成员职务自行免除。当月23日，市委决定刘捍东任中共南京市浦口区委常委、书记，林克勤、刘爱平、吴政强、张平、吴顺林任区委常委、副书记，祁凤英、李跃芝、孔令富、董伟任区委常委。9月10日，中共南京市浦口区第一次代表大会选举产生中共南京市浦口区第一届委员会。区委机构设置区纪律检查委员会（区监察局与其合署办公）；工作机构有办公室（挂区委机要局、保密委员会办公室、国家保密工作局牌子）、组织部（组织员办公室与其合署办公）、宣传部（挂精神文明建设指导委员会办公室牌子）、统一战线工作部（挂区政府侨务办公室牌子，区政府民族宗教事务局与其合署办公）、台湾工作办公室（挂区政府台湾事务办公室牌子）、政法委员会（区社会治安综合治理委员会办公室与其合署办公）、区级机关工作委员会、610办公室、老干部局、信访局、区委党校。2006年6月，中共南京市浦口区第二次代表大会选举产生二届区委会。同年，区委工作机构增设依法治区领导小组办公室，办公室设在政法委员会。2008年，增设区行政学校，与区委党校合署办公。2011年7月，中共南京市浦口区第三次代表大会选举产生中共浦口区三届委员会。同年4月，成立督察工作办公室。2012年7月，成立人才工作办公室，与区委组织部合署办公。2013年12月，成立社会建设工作委员会、国家安全领导小组办公室，均设在政法委员会。

2015 年,区委工作机构无变化。

历任浦口区委书记更迭如下:刘捍东(2002.5~2005.7)、戚鲁(2005.9~2010.4)、成玉祥(2010.4~2014.3)、瞿为民(2014.3~)。

基层组织与党员状况 2002 年 5 月,区委整合江浦县、原浦口区党的基层组织,新建政府、人大常委会、政协、法院、检察院、质监局、质监浦口分局、药监局、工商管理局、国税局、地税局、工商联 12 个党组;区级机关、文化局、市容管理局、国土资源局、房产管理局、经济开发区管委会办公室、珍珠泉旅游度假区管委会办公室、海峡两岸科工园管委会办公室、对外贸易经济合作局、民政局、广播电视局、劳动和社会保障局、泰山街道、顶山街道、沿江街道 15 个党工委;区发展计划与经济局、教育局、商业贸易局、卫生局、交通局、建设局、农林局、公安局、粮食局、水务局、供电公司、盘城镇、珠江镇、桥林镇、乌江镇、石桥镇、星甸镇、汤泉镇、永宁镇 19 个党委,6 个二级党委;江浦县信用联社、原浦口区信用联社 2 个党总支部,56 个二级党总支部;848 个党支部。有党员 21338 人。其中,女党员 3480 人;少数民族党员 171 人;45 岁以下 7661 人,45 岁以上 13677 人;大专以上文化程度 3575 人,中专、高中文化程度 6718 人,初中以下文化程度 11045 人。2004 年 1 月,江浦县信用联社和原浦口区信用联社党总支部合并成立浦口区信用联社党委。同年,撤销质监浦口分局党组。2006 年 3 月,珠江镇党委改建为江浦街道党工委。2007 年 6 月,汤泉农场党委、老山林场党委由市划转浦口区委。7 月,红太阳集团党委由泰山街道下属二级党委划归区委直管。10 月,粮食局党委、民政局党工委、对外贸易经济合作局党工委划归区级机关党工委。2010 年 5 月,房产管理局党工委和城建局党委合并成立住房和城乡建设局党委,文化局党工委、广播电视局党工委合并成立文化广电局党工委;撤销劳动和社会保障局党工委,成立人力资源和社会保障局党工委;新建投资促进局党工委、江北新城开发建设指挥部党工委。2012 年 7 月,成立老山旅游度假区党工委。8 月,乌江镇党委并入桥林街道党工委;撤销石桥镇党委、星甸镇党委,成立星甸街道党工委。2013 年 7 月,撤销永宁镇党委,成立永宁街道党工委。2014 年 5 月,成立南京市规划局浦口分局党工委。2015 年 1 月 27 日,因机构改革,撤销质监局党组、药监局党组、工商管理局党组,成立市场监督管理局党工委、海峡两岸科技工业园党工委、民政局党工委,撤销江北新城开发建设指挥部党工委。是年末,区委下设 35 个直属党(工)委,各党(工)委下设 1381 个基层党组织。全区有党员 32461 人。其中,女性 8781 人,占 27%;35 岁以下 8006 人,占 24.7%;高中以上文化程度 23034 人,占 71%。

代表大会与重大决议 2002 年 9 月 9~10 日,在区级机关大礼堂召开中共南京市浦口区第一次代表大会,出席代表 230 人。会议以实践“三个代表”重要思想,推进富民强区,建设现代化新市区为议题,明确新区功能定位,确定今后五年的奋斗目标和主要任务,即到 2006 年,地区生产总值、财政收入分别达 120 亿元、20 亿元,城镇居民人均可支配收入和农民人均纯收入分别达 1.2 万元和 6000 元左右,主要经济指标总量和人均量在全市处于领先地位。会议选举一届区委委员 25 人、候补委员 5 人,选举产生中共南京市浦口区纪律检查委员会。2003 年 7 月 18 日，一届三次全委会作出全面建设小康社会的实施意见。区委、区政府印发《关于加快沿江开发的意见》，发挥沿江区域优势和特色，推进新区工业化和城市化进程。2005 年 7 月，一届七次全委会提出实践统筹城乡发展战略。2006 年 6 月 26～28 日，召开中共浦口区第二次代表大会，出席代表 200 人。会议议定八个方面的主要任务和战略举措，如加速推进现代化新市区建设，打造江苏沿江最美的城市明珠；加快城乡统筹发展，建设浦口特色的社会主义新农村；坚持实施开放开发战略，全面提升外向型经济水平；大力推进各项改革，为新市区发展注入新的活力；坚持生态立区，加快构建资源节约型、环境友好型社会；加强和改进党的领导，提高科学、民主执政的能力。会议选举二届区委委员 34 人、候补委员 6 人，选举产生中共南京市浦口区纪律检查委员会。是年底，全面完成一次代表大会提出的奋斗目标和主要任务，实现地区生产总值 147.55 亿元，超过原指标的 22.96%；财政收入 42.51 亿元，超额 112.55%；城镇居民人均可支配收入 15690 元，超额 30.75%；农民人均纯收入 7050 元，超额 17.5%。2007 年 7 月，二届三次区委全委会发出“全面达小康，建设新浦口”的动员令。年底，24 项省定指标达标，全面小康实施度达 96%。2009 年 5 月，区委印发《关于加快江北新城核心区开发建设的实施意见》。同年 7 月，区委、区政府实施浦口开发区转移桥林的战略部署，要求区经济开发区实施二次创业，打造浦口区先进制造业新基地。2010 年 12 月，二届十次区委全委会提出“十二五”期间要实施创新驱动、产业推动、城市带动“三大战略”，把浦口区建设成科技创新城市的先行区、高端产业集聚的特色区、城乡统筹发展的示范区。2011 年 7 月 23～24 日，召开中共南京市浦口区第三次代表大会，出席代表 215 人。大会提出今后五年在建设更高水平全面小康基础上，率先基本实现现代化的总目标。其中，人均地区生产总值突破 12 万元，城镇居民人均可支配收入、农民人均纯收入分别年均增长 12%、15%，基层组织依法自治达标率 100%，环境质量综合指数稳定在 88 分以上。会议选举三届区委委员 33 人、候补委员 7 人，选举产生中共浦口区纪律检查委员会。同年 12 月，三届二次区委全委会明确“经济现代化、科教现代化、城市现代化、社会现代化、生态现代化”奋斗目标。2012 年 9 月，实施浦口区、高新区一体发展战略，建立高新区与行政区优势互补、协调发展的新机制。2014 年 12 月，三届八次区委全委会提出主动适应发展新常态，建设“宜居健康的自然生态、创业创新的人文生态、法治诚信的社会生态、风清气正的政治生态”，促进全区经济社会健康持续发展。2015 年，地区生产总值 713.69 亿元，财政预算收入 93.68 亿元，城镇居民人均可支配收入 43687 元，农村居民人均可支配收入 19733 元。

第三节 人民代表大会

1950～1953年，江浦县、原浦口区先后召开4届各界人民代表会议，作为向人民代表大会的过渡形式，代行人民代表大会职权。1954年，江浦县、浦口区分别召开第一届人民代表大会第一次会议，标志着地方国家权力机关正式确立。至1998年，先后分别召开14届人民代表大会。

一、江浦县人民代表大会

各界人民代表会议 县一届一次会议于1950年1月7～9日举行，实到代表154人。会议代表由各界民主选举或协商推荐，或由政府遴选邀请。会议听取县长石永家和县委副书记虞廷松分别作政府工作报告和形势与任务报告，通过关于兴修水利、生产救灾、加强治安及反匪反霸4项决议。县二届一次会议于1951年4月22～25日召开，实到代表476人。会议选举成立江浦县农民协会委员会和江浦县各界人民抗美援朝分会。县三届一次会议于同年12月11～15日召开，实到代表204人。会议选举产生江浦县各界人民代表会议常务委员会委员15人，选举苏桦为主席，林散之、杨化田为专职委员。县四届一次会议于1953年1月10～17日召开，实到代表199人。根据选举法以无记名投票方式，选举产生县人民政府县长、副县长3人和行政委员18人，选举各界人民代表会议常务委员会委员19人，选举杨可夫为主席。

人民代表大会会议 县第一届人民代表大会第一次会议于1954年6月29日至7月2日召开，应到代表119人，实到代表113人。大会代表由乡、镇人民代表大会间接选举产生，其中妇女代表21人；无党派24人；农民84人，工商系统13人，干部14人，文教系统、军人及其他8人。会议学习讨论《中华人民共和国宪法》（草案），听取县政府工作报告。县一届人大二次会议于1955年6月17～22日召开，实到代表91人。会议选举县第一届人民委员会县长、副县长、委员共13人，选举县人民法院院长。县二届人大一次会议于1956年12月24～28日召开，应到代表121人，实到代表110人。会议选举人民委员会县长、副县长、委员共17人，选举县人民法院院长。县三届人大一次会议于1958年5月14～17日召开，应到代表121人，实到代表120人。会议选举县人民委员会县长、副县长、委员共17人。县四届人大一次会议于1961年7月20～22日召开，应到代表111人，实到代表104人。会议选举县人民委员会县长、副县长、委员共21人，选举县人民法院院长。县五届人大一次会议于1963年10月28～31日召开，应到代表172人，实到代表141人。会议选举县人民委员会县长、副县长、委员21人，选举县人民法院院长。县六届人大一次会议于1966年5月14～17日召开，应到、实到代表200人。代表中，妇女55人；无党派96人；农民84人，工商系统10人，干部75人,文教系统21人,军人及其他10人。会议选举县人民委员会组成人员21人,选举县人民法院院长。1966年5月"文化大革命"开始后,县人民代表大会制度中断。1968年4月2日,以解放军、领导干部、群众组织代表三结合的形式成立江浦县革命委员会(简称县革委会),设主任、副主任、常委、委员45人,行使中共江浦县委、县人委一切权力。1977年10月,根据中共中央指示,县革委会顺次计为县第七届人民代表大会。县八届人大一次会议于1978年12月27~29日召开,应到代表564人,实到代表560人。根据1978年颁布的《中华人民共和国宪法》关于地方各级革委会是地方各级人民代表大会的常设机构又是人民政府的规定,大会选举产生县革委会主任、副主任、委员53人,选举县人民法院院长和县人民检察院检察长。中共十一届三中全会后,加强民主法制建设,恢复人民代表大会制度。1980年9月22~28日,召开县九届人大一次会议,应到代表298人,实到代表294人。会议代表由选民直接差额选举产生。会议依法决定设立县人民代表大会常务委员会(简称县人大常委会),撤销县革委会,恢复建立县人民政府。会议差额选举县人大常委会主任、副主任、常委共17人,选举县人民政府县长、副县长4人,选举县人民法院院长和县人民检察院检察长。是年起,县(区)级人大任期3年,每年举行一次会议。县十届人大一次会议于1984年5月9~15日召开,应到、实到代表258人。会议选举县人大常委会委员13人,正、副主任4人,选举县人民政府正、副县长5人,选举县人民法院院长和县人民检察院检察长。县十一届人大一次会议于1987年5月4~10日召开,应到、实到代表205人。会议选举县人大常委会委员13人,正、副主任4人,选举县人民政府正、副县长5人,选举县人民法院院长和县人民检察院检察长。县十二届人大一次会议于1990年5月3~8日召开,应到代表223人,实到代表221人。会议选举县人大常委会委员13人,正、副主任4人,选举县人民政府正、副县长6人,选举县人民法院院长和县人民检察院检察长。县十三届人大一次会议于1993年2月8~14日召开,应到代表230人,实到代表227人。会议选举县人大常委会委员15人,正、副主任4人,选举县人民政府正、副县长7人,选举县人民法院院长和县人民检察院检察长。是年起,县(区)级人民代表大会任期由3年改为5年。县十四届人大一次会议于1998年1月6~10日召开,应到代表181人,实到代表178人。代表中,妇女32人;无党派33人;农民73人,工人15人,干部73人,军人3人,知识分子17人。会议选举县人大常委会委员14人,主任、副主任5人,选举县人民政府正、副县长7人,选举县人民法院院长和县人民检察院检察长。

人大常委会 1980年9月,依据法律规定,县第九届人民代表大会设立人大常委会,作为人民代表大会的常设机构。县人大常委会由主任1人、副主任3~5人、委员13~15人组成。1981年,县人大常委会根据工作需要设办公室。1984年5月,增设法制、财经、教科文卫3个委员会(后改称工作委员会),有工作人员13人。1990年6月,增设城乡建设工作委员会(后并入财政经济工作委员会)。1993年2月,增设人事代表工作委员会。1997年1月,法制、教科文卫、人事代表工作委员会分别更名为内务司法、社会事业、人事代表联络工作委员会。2002 年 1 月,增设民族宗教侨务工作委员会。至是年 5 月,县人大常委会内设办公室及财政经济工作委员会、内务司法工作委员会、社会事业工作委员会、人事代表联络工作委员会、民族宗教侨务工作委员会 6 个工作机构。县人大常委会成立后,共举行 164 次会议,听取和审议“一府两院”法律法规执行情况和工作汇报 354 项,依法决定全县政治、经济、文化等重大事项和任免“一府两院”国家工作人员,管理地方国家事务。

九至十四届县人大常委会主任更迭如下:张祯邦(1980.9~1984.2)、宋尔荣(1984.2~1993.2)、秦礼义(1993.2~1997.12)、王纯忠(1998.1~2002.5)。

二、原浦口区人民代表大会

各界人民代表会议 区一次会议于 1951 年 4 月 27~29 日召开,实到代表 117 人,其中工人 32 人,农民 15 人,政府 12 人,区委 2 人,共青团 1 人,公安警备部队 4 人,居民 22 人,教职员、学生 6 人,工商界 12 人,特邀 11 人。会议选举产生区各界人民代表会议协商委员会。会议收到代表提案 94 条。区二次会议于 1951 年 10 月 8~9 日召开,实到代表 105 人,其中特邀代表 13 人。议题为畅通城乡物资交流、手工业改造、发展农业生产,以及进一步开展市政建设工作。区三次会议于 1952 年 1 月 15~16 日召开,实到代表 118 人。议题为增产节约,反贪污、反浪费。区四次会议于 1952 年 7 月 30 日召开,会期 1 天,实到代表 99 人,其中工人 21 人,农民 15 人,政府 10 人,区委 2 人,共青团 1 人,公安警备部队 3 人,工商界 7 人,教职员、学生 6 人,居民 20 人,船民 1 人,医务 1 人,军属 1 人,妇女 2 人,特邀 9 人。会议传达南京市各界人民代表会议第四届协商委员会扩大会议精神。

人民代表大会会议 区一届人大一次会议于 1954 年 6 月 26~28 日召开,应到代表 85 人,实到代表 83 人。代表中,工人 21 人,农民 7 人,干部 12 人,文教卫生 4 人,工商界 3 人,少数民族 2 人,其他劳动者 36 人;妇女 32 人;无党派人士 14 人。区一届人大三次会议于 1955 年 5 月 26~28 日召开,实到代表 75 人。会议选举区人民政府正、副区长各 1 人,委员 13 人,选举区人民法院院长。区二届人大一次会议于 1956 年 11 月 26~28 日召开,应到代表 97 人,实到代表 94 人。会议选举区人民委员会正、副区长 3 人。区三届人大一次会议于 1958 年 4 月 17~19 日召开,应到代表 103 人,实到代表 89 人。会议选举区人民委员会正、副区长 3 人,委员 20 人。区三届人大二次会议于 1959 年 8 月 24~25 日召开,实到代表 103 人。会议选举区人民委员会正、副区长 3 人,委员 17 人。区四届人大一次会议于 1961 年 3 月 31 日至 4 月 1 日召开,应到代表 200 人,实到代表 184 人。会议选举区人民委员会正、副区长 6 人,委员 19 人,选举区人民法院院长。区四届人大二次会议于 1962 年 11 月 9~15 日召开,实到代表 165 人。会议接受区长和 2 名副区长辞职;接受大会主席团建议,免去 1 名副区长职务;补选区长和 1 名副区长。区五届人大一次会议于 1963 年 10 月 29 日至 11 月 1 日召开,应到代表 200 人,实到代表 171 人。会议选举区人民委员会正、副区长 3 人,委员 20 人。区六届人大一次会议于 1965 年 11 月 20~23 日召开,应到代表 200 人,实到代表 188

人。会议选举区人民委员会正、副区长4人,委员21人,选举区人民法院院长。区七届人大会议即为1968年3月成立的区革命委员会。区八届人大一次会议于1978年12月25~28日召开,应到代表404人,实到代表389人。会议选举区革委会正、副主任7人,委员36人,选举区人民法院院长和区人民检察院检察长。区九届人大一次会议于1980年10月6~10日召开,应到、实到代表225人。会议完成区人大常委会和人民政府的组建任务,差额选举区人大常委会正、副主任4人,委员13人,差额选举区人民政府正、副区长4人,选举区人民法院院长和区人民检察院检察长。区十届人大一次会议于1984年5月25~28日召开,应到代表181人,实到代表163人。会议选举区人大常委会正、副主任5人,选举区人民政府正、副区长4人,选举区人民法院院长和区人民检察院检察长。区十一届人大一次会议于1987年4月15~18日召开,应到、实到代表183人。会议选举区人大常委会正、副主任4人,委员15人,选举区人民政府正、副区长5人,选举区人民法院院长和区人民检察院检察长。区十二届人大一次会议于1990年4月17~21日召开,应到、实到代表194人。会议选举区人大常委会正、副主任4人,委员15人,选举区人民政府正、副区长5人,选举区人民法院院长和区人民检察院检察长。区十三届人大一次会议于1993年2月10~14日召开,应到代表200人,实到代表197人。会议选举区人大常委会正、副主任5人,委员14人,选举区人民政府正、副区长7人,选举区人民法院院长和区人民检察院检察长。区十三届人大四次会议于1996年2月5~8日召开,实到代表188人。会议选举区人民政府区长。区十四届人大一次会议于1998年1月6~10日召开,应到代表157人,实到代表156人。代表中,工人51人,农民34人,干部38人,知识分子31人,解放军2人,其他劳动者1人;妇女44人;无党派人士39人。会议选举区人大常委会正、副主任5人,委员13人,选举区人民政府正、副区长6人,选举区人民法院院长和区人民检察院检察长。区十四届人大三次会议于2000年1月16~19日召开,实到代表151人。会议补选区人大常委会正、副主任各1人,委员2人,补选区人民政府正、副区长及区人民法院院长、区人民检察院检察长。区十四届人大五次会议于2002年1月16~19日召开,实到代表146人。会议补选区人大常委会主任。

人大常委会 第一届至第八届区人民代表大会未设常务委员会。第九届代表大会起,每一届人民代表大会第一次会议选举产生由正、副主任和委员组成的常委会,作为本届人民代表大会的常设机构。每届人大常委会设正、副主任4~5人,委员15~19人。人大常委会内设机构由办公室及工作委员会组成。1980年10月,设人大常委会办公室。1987年4月,增设法制、财经、教卫城建3个委员会。同年7月,教卫城建委员会改设教科文卫、城乡建设2个工作委员会。1990年4月,增设人事代表工作委员会。1997年1月,法制工作委员会更名为内务司法工作委员会,财经工作委员会更名为财政经济工作委员会,教科文卫和城乡建设2个工作委员会并为社会事业工作委员会,人事代表工作委员会更名为人事代表联络工作委员会。至2002年5月,区人大常委会内设机构未变。人大常委会自成立后,共召开会议152次,审议法律法规执行情况和工作情况汇报310项。

九届至十四届区人大常委会主任更迭如下：赵洪典（1980.10～1983.3）、李玉（女，1983.3～1990.4）、崔观福（1990.4～1993.2）、张祥和（1993.2～1998.1）、朱可云（1998.1～2000.1）、张学义（2000.1～2001.11）、成维亮（2002.1～2002.4）。

三、浦口区人民代表大会

人民代表大会会议 2002年5月23日，中共南京市委决定成立南京市浦口区人大筹备组，成维亮任组长，朱小芹、刘宝柱、吕发华、严良玉、陈家华为成员。28日，江浦县、原浦口区人大常委会分别成立选举委员会，实施新的浦口区第一届人民代表大会代表选举方案。6月28日至7月4日，有35138名选民投票选出区人大代表226人。其中，妇女50人；无党派人士40人；工人5人，农民65人，干部122人，知识分子10人，军人3人，其他劳动者21人；大专以上文化程度134人，中专、高中文化程度68人，初中以下文化程度24人。区一届人大一次会议于是年7月18～19日召开，应到、实到代表226人。会议选举区人大常委会主任、副主任6人，委员17人，选举区人民政府区长、副区长8人，选举区人民法院院长和区人民检察院检察长。本届人大举行6次会议，每年一次。其中，第五次会议于2006年1月4～6日召开，实到代表223人。会议选举区人民政府区长。区二届人大一次会议于2007年12月27～30日召开，应到代表226人，实到代表220人。会议选举区人大常委会主任、副主任5人，委员22人，选举区人民政府区长、副区长7人，选举区人民法院院长、区人民检察院检察长。区二届人大四次会议于2011年1月6～8日召开，实到代表220人。会议选举区人大常委会主任，选举区人民政府区长。区三届人大一次会议于2012年3月24～27日召开，应到代表248人，实到代表244人。代表中，妇女68人；无党派人士40人；工人24人，农民63人，干部125人，知识分子22人，军人3人，其他劳动者11人；大专以上文化程度210人，中专、高中文化程度33人，初中以下文化程度5人。会议选举区人大常委会主任、副主任5人，委员22人，选举区人民政府区长、副区长7人，选举区人民法院院长和区人民检察院检察长。至2015年，本届人大（届未满）召开4次会议，其中第四次会议于2015年1月7～9日召开，实到代表245人。会议选举区人民政府区长。

人大常委会 2002年7月至2015年12月，第一至第三届区人大常委会均由主任1人、副主任4～5人、委员17～22人组成，其内设机构设有办公室及财政经济工作委员会、内务司法工作委员会、社会事业工作委员会、人事代表联络工作委员会、民族宗教侨务工作委员会。区人大常委会坚持至少每2个月召开一次会议，共举行会议97次。先后审定《浦口区城市总体规划》《浦口区生态示范区建设规划》及"十一五""十二五"规划纲要等重大事项，审议"一府两院"执法和工作情况汇报218项，作出决定77个，任免和决定任免国家工作人员（含陪审员）1126人次，督办落实代表建议899件。

区一至三届人大常委会主任更迭如下：成维亮（2002.7～2007.12）、戚鲁（兼，2007.12～2010.12）、成玉祥（兼，2011.1～2015.1）。

第四节　人民政府

一、江浦县人民政府

1949年4月，江浦县全境解放。5月，县政府由石村庙迁至桥林镇。6月，再迁至县城珠江镇。1950年8月，县政府更名县人民政府，领导成员大多由上级任命。政府内设秘书室、民政科、公安局、教育科、粮食局、建设科、财政科、工商税务局、供销合作社等。1955年6月，县人民政府改称县人民委员会（简称县人委），县长、副县长由人民代表大会选举产生。是年起，实行正副县长分工负责制施政方式，凡重大事项均由县长召开县长办公会议或县长现场办公会议作出决定并组织实施。至1956年，县人委先后增设人事科、检察院、文化科、计划科、统计科、农业科、林业科、交通科、水利科、商业局、工业科、税务科、卫生科、体委等机构。此后，经过1957年、1962年精简整编，至1966年社会主义教育运动结束时，县人委工作机构调整合并为15个。1967年2月，县人委被"造反派"非法夺权。同年3月，成立县人武部生产办公室，主持全县工作。1968年4月2日，成立江浦县革命委员会（简称县革委会），由主任、副主任、常委、委员组成，实行"党政一元化"领导，设办事处、政治工作组、生产指挥组、政法组。1973年5月，撤销4个组，恢复成立18个委、办、局、行。1980年9月，县九届人大一次会议撤销县革委会，恢复县人民政府。是年起，县人民政府将有关改善投资环境、发展经济、各部门合作的富民工程项目皆列为政府实事，提请县人大审议通过后组织实施。同时，为适应社会主义现代化建设的需要，至1986年陆续恢复和增设劳动局、农机局、社队企业管理局、科学技术委员会、环境保护局、广播事业局、老干部局、审计局、司法局、档案局、气象局、烟草专卖局、物价委员会、县志办公室、经济协作委员会等机构，撤销或合并知识青年上山下乡办公室等机构。1987年，县政府共设工作机构、直属事业单位38个。随着社会主义市场经济体制的逐步建立，跨行业、跨部门的行政事务骤增，增设地名委员会办公室、农业区划领导小组办公室、安全生产委员会办公室、工业普查办公室等非编制内常设办事机构、临时机构和协调机构10多个。是年起，县政府逐步完善议政、施政工作制度，坚持每半年召开一次政府全体（扩大）组成人员会议，传达上级国家行政机关的重要文件、指示、决定和县人大及其常委会的决议、决定，通报和部署县人民政府的施政工作。1997年，县政府实行机构改革，政府组成机构精简为35个。2001年，实施县级党政机构改革。县政府下设工作机构29个，即办公室、经济计划委员会、教育委员会、科学技术委员会、公安局、民政局、司法局、财政局、人事局、劳动和社会保障局、国土资源管理局、建设委员会、交通局、工业局、水利农机局、农业和农村工作委员会、农业资源开发局、文化局、卫生局、计划生育委员会、审计局、环境保护局、对外经济贸易委员会、统计局、粮食局、商业贸易局、监察局、物价局、广播电视局；直属事业单位5个，即经济开发区管理委员会办公室、档案局、体育运动委员会、旅游局、党校;部门管理机构4个,即经济体制改革委员会、信访局、法制局及国有资源管理局,分别归口政府办公室及财政局。38个委、办、局共设科室204个;行政编制人员602人,实有599人;行政事业编制295人,实有237人。

县人民政府历任县长更迭如下:石永家(1949.7~1950.7)、苏桦(1950.7~1951.7)、杨可夫(1951.7~1953.1)、钟万彬(1953.1~1954.8)、刘宗铨(1954.8~1956.4)、赵克才(1956.4~1958.5)、施锡九(1958.5~1961.3)、顾玉山(1961.3~1963.5)、万载友(1963.5~)、宋建国(县革委会主任,1968.4~1969.8)、刘宗泽(县革委会主任,1969.8~1972.11)、谭仁甫(县革委会主任,1972.11~1975.5)、王培林(县革委会主任,1975.5~1978.4)、谭仁甫(县革委会主任,1978.4~1980.9)、宋尔荣(1980.9~1984.2)、程从武(1984.2~1987.2)、吕从余(1987.2~1992.12)、朱泰山(1992.12~1995.2)、程晓蔚(1995.2~1997.6)、刘捍东(1997.6~2002.5)。

二、原浦口区人民政府

1949年4月24日,中国人民解放军成立浦口军事管制委员会,后改为南京市军事管制委员会浦口分会,首任主任万里。6月18日,建立南京市第八区人民政府,领导成员由市级组织任命。8月,始设民政科、财政科。1950年6月,增设秘书室、生产合作科、文化教育科、商业管理科、公产管理科、卫生事务科、司法科,改财政科为财粮科。8月,南京市重新调整区划,第八区人民政府改为第七区人民政府。1952年,秘书室改设办公室,增设建设科、农林科、税务分局、劳动科、人事科。1954年6月26日,区一届人大一次会议选举产生人民政府。1955年5月,人民政府改称人民委员会。8月起,以地方冠名,第七区人民委员会改称浦口区人民委员会。其内设机构经过1957年、1958年、1962年调整合并,至1966年5月,保留委、办、科、局18个,即办公室、计划委员会、工业科、城建科、交通科、农林科、商务分局、供销社、粮食分局、财政科、税务分局、文教科、卫生科、民政科、劳动科、人事科、监察所、公安分局。1967年1月26日,发生"文化大革命"中的"造反派"夺权事件,人民委员会工作中断。1968年3月27日,成立区革命委员会(简称区革委会),在市军管会区分会的基础上,设立办事组、政治工作组、生产指挥组等4个组。1973年5月,撤销4个组,设立办公室、计划统计科、人事科、民劳科、财税科、工业科、商业科、城交科、文教科、卫生科、农水科、蔬菜科、人防办公室、法院、公安分局15个工作机构。1978年,恢复人民代表大会制度,召开区第八届人代会,选举产生区革委会正副主任和委员。1980年,区九届人大一次会议决定撤销革命委员会,恢复区人民政府。从本届起,每届任期3年;从1993年十三届起,每届任期5年。期间,区政府陆续增设科技局、物价局、审计局、城管局、广播电视局、房产局、土地局、监察局、外经委、法制局、侨务办公室、民族宗教事务办公室、烟草专卖分局、台湾事务办公室、市容管理委员会等,税务分局分为国税局、地税局,工作机构(含直属单位)增至48个。1997年,区级机关实行"三定"工作,定人、定编、定职责,工作机构调整为25个,即办公室、计划经济委员会、教育委员会、科学技术委员会、对外经济贸易委员会、计划生育委员会、监察局、民政局、司法局、人事劳动局、财政局、审计局、工商分局(区物价局与其合署办公)、质量技术监督局、交通局、城建局、环境保护局、房地产管理局、市容管理局、人民防空办公室、农林水利局、蔬菜与多种经营管理局、商业局、文化广播电视局、卫生局;部门管理机构4个,即信访局、法制局、统计局和国有资产管理局。1999年、2000年,工商分局、质量技术监督局分别实行省、市垂直管理,从区政府机构划出;保留物价局等机构。至2002年4月,区政府下设工作机构仍为25个,部门管理机构4个。

区人民政府历任区长更迭如下:万里(军管会主任,1949.4~1949.5)、谭善和(军管会主任,1949.5~1949.6)、张亮(1949.6~1951.3)、袁林(1951.3~1952.12)、王光钧(1952.12~1954.11)、许行之(1954.11~1955.2)、武士魁(1955.2~1961.3)、陈桂五(1961.3~1962.11)、倪浪萍(1962.12~1965.11)、顾兴华(1965.11~)、张启(军管会主任,1967.3~1968.3)、严保扶(革委会主任,1968.3~1969.9)、赵金盛(革委会主任,1969.9~1972.8)、薛斌(革委会主任,1972.8~1975.5)、顾兴华(1975.5~1975.11)、李玉山(革委会副主任,1975.10~1977.4,期间1975年11月起主持工作)、张玉虎(革委会主任,1977.4~1978.3)、郑翼云(革委会副主任,1977.4~1978.12,期间1978年4月起主持工作)、江绘五(革委会主任,1978.12~1979.12)、丛恺珠(革委会主任,1979.12~1980.10)、胡长生(1980.10~1984.5)、刘永宽(1984.4~1987.4)、陈学龄(1987.4~1990.1)、朱可云(1990.1~1996.1)、钱平桃(1996.2~1997.11)、李明才(1997.11~1999.7)、林克勤(1999.7~2002.5)。

三、浦口区人民政府

2002年5月,根据《中华人民共和国地方各级人民代表大会和地方各级人民政府组织法》(以下简称地方组织法)规定,南京市委、市政府决定成立浦口区政府筹备组,林克勤任组长。7月,区一届人大一次会议及其常委会选举产生正副区长,任命政府组成部门主要行政领导。9月17日,区委发文公布区政府28个组成部门和6个事业机构。其组成部门为办公室、发展计划和经济局、教育局、科学技术局、监察局、民政局、司法局、财政局、人事局、劳动和社会保障局、国土资源局、审计局、统计局、环境保护局、物价局、建设局、市容管理局、房产管理局、交通局、水务局、农林局、对外经济贸易合作局、文化局、卫生局、计划生育局、经济体制改革办公室、人民防空办公室、公安局;直属事业机构为商业贸易局、粮食局、旅游局、广播电视局、体育局、档案局。2005年2月,撤销发展计划和经济局、经济体制改革办公室,成立发展和改革局。3月,成立安全生产监督管理局,区公安局更名为市公安局浦口分局。4月,国土资源局改称市国土资源局浦口分局。2010年5月,区政府以转变政府职能为核心,实施大部制机构改革。撤销建设局、人事局、劳动和社会保障局、市容管理局、对外经济贸易合作局、文化局、人民防空办公室,新设城市管理局、人力资源和社会保障局、商务局、文化广电局、旅游局(由事业部门改设),交通局更名为交通运输局,农林局更名为农业局。撤销商业贸易局、粮食局、广播电视局，保留体育局和档案局。是年底，区政府设组成部门24个；列入政府序列不计机构数的部门4个，分别为监察局、民族宗教事务局、市公安局浦口分局、市国土资源局浦口分局；事业部门2个。2012～2013年，增设社会保险管理中心、拆迁管理中心、广播电视台、信息中心、土地储备中心及南京老山景区管理办公室6个政府直属事业单位。2014年12月，组建市场监督管理局，为区政府组成部门。2015年，区政府机构由政府部门、不计机构数部门和事业部门组成。其中，政府组成部门25个，即办公室、发展和改革局、工业和信息化局、住房和城乡建设局、科学技术局、教育局、民政局、司法局、财政局、人力资源和社会保障局、审计局、统计局、物价局、安全生产监督管理局、环境保护局、城市管理局、交通运输局、农业局、水利局、商务局、旅游局、文化广电局、卫生局、市场监督管理局、人口和计划生育局；政府不计机构数部门4个，即监察局、民族宗教事务局、市公安局浦口分局、市国土资源局浦口分局；政府事业部门8个，即体育局、档案局、社会保险管理中心、拆迁管理中心、广播电视台、信息中心、土地储备中心、南京老山景区管理办公室。

区人民政府历任区长更迭如下：林克勤（2002.7～2005.9）、华静（女，2005.9～2008.7）、成玉祥（2008.7～2010.5）、陈勇（2010.5～2011.6）、瞿为民（2011.6～2014.3）、王磊（2014.3～2015.12）。

第五节 人民政协

一、政协江浦县委员会

全体委员会议 中国人民政治协商会议江浦县委员会（简称县政协）于1982年11月成立，委员89人，由12个界别构成，其中中共党员11人，共青团员3人，工人6人，妇女3人，农民5人，教育界9人，文艺体育界4人，医药卫生界10人，科技界12人，港澳台侨胞眷属9人，民族宗教界5人，特邀12人。委员产生分三个步骤：首先由县政协参加单位的中共党组提出推荐名单；再由县委组织部、统战部初步审议，综合平衡，确定建议名单，并提交县委常委会审议通过；最后张榜公布。首届一次会议于11月23～25日在珠江镇举行。会议通过民主协商选举产生县政协第一届常务委员会委员及主席、副主席。1983年3月召开一届二次会议，决定县政协内设学习委员会和侨台、文教、科技3个工作组。从本次会议起，政协全体委员会议由常务委员会召集主持，一般每年举行一次，与县人民代表大会同期举行。政协委员列席县人大历次代表大会，听取并讨论政府工作报告及其他有关报告。二届一次会议于1987年5月4～9日召开，119名委员全部出席。本届委员较首届增加金融财贸、城乡建设2个界别，知识分子仍占较大比例。委员产生方式有所变动，根据章程规定，是届起，县政协委员由县政协党组、县委组织部、统战部分别与各党派、团体和各有关部门（单位）协商推荐人选，经上一届政协常委会协商通过；每届常委会由参加政协的各党派、团体和各界人士协商提名，经全体委员会议选举产生。会议选举产生县政协二届常委会委员及主席、副主席，调整政协内设机构。1990年5月、1993年2月、1998年1月，分别召开县政协第三届、第四届、第五届一次会议。期间，第三届常委会主席翟惟昌于1990年7月离任后，县政协主席空缺5个月。每届会议委员人数及界别构成均略有调整，其中第五届委员130人，由14个界别构成，其中中共党员13人，共青团员7人，工会11人，妇联6人，农业7人，教育界10人，文化体育界5人，医药卫生界6人，科技界8人，民族宗教界6人，侨联台联9人，特邀11人，经济界17人，工商联14人。每届会议均选举产生新一届常委会组成人选。至2002年5月，一至五届政协共举行23次会议。二至五届会议践行“围绕中心　服务大局”工作理念，履行政治协商、民主监督、参政议政主要职能，提出经济、政治、文教、民生方面的各类提案899件，撰写调研报告和建议材料146篇(份)。

常务委员会　县政协一届常委会设主席1人、副主席4人、委员19人，其中驻会办公6人；常委会议每2～3个月举行一次；常委会下设秘书处、学习委员会及侨台、文教、科技、文史、工业、农业、卫生、民族宗教、法制、妇幼10个工作组。第二届常委会由主席、第一副主席、4名副主席、秘书长和22名常委组成；常委会内设机构得到完善和加强，增设提案工作委员会、文史资料研究委员会、科技咨询委员会及政法、城乡建设、财贸金融3个工作组，另设乡镇(场)联络组。1990年5月，常委会增设社会法制委员会、教卫文体委员会、祖国统一联谊会、经济科技委员会、财贸金融委员会、城乡建设委员会。1993年2月，增设外经委员会。1994年起，取消第一副主席称谓。为加强统一战线工作，根据中央指示，县委统战部长兼任政协副主席。1997年6月，四届二十二次常委(扩大)会议决定改秘书处为办公室。1998年1月，五届一次会议以后，根据精减机构要求，设办公室与学习文史委员会、提案委员会、经济科技和对外联络委员会、教卫文体委员会、社会法制和民族宗教委员会，另设8个镇(场)联络组。自1987年二届至五届共召开常委会议90次，传达、学习全国及省、市政协有关文件、会议精神，或听取县委、县政府关于经济和社会事业发展情况及机关有关单位工作情况的通报，或讨论决定新一届政协人选等工作。

县政协历任主席更迭如下：时作雨(1982.11～1984.2)、韩葆云(1984.2～1986.5)、龚明义(第一副主席，1986.5～1987.5)、翟惟昌(兼，1987.5～1990.7)、盛金隆(兼，1990.11～1993.1)、王纯忠(兼，1993.2～1998.1)、马鸿润(1998.1～2002.5)。

二、原政协浦口区委员会

全体委员会议　1983年10月19日，中国人民政治协商会议南京市浦口区筹备委员会成立。筹委会按界别比例，协商产生委员81人，计19个界别，其中中共党员11人，共青团员3人，民主党派4人，总工会3人，妇联3人，文化界1人，科技界10人，农业5人，教育界12人，医药卫生界7人，民族宗教界2人，特邀3人，工交3人，财贸3人，台胞台属3人，归侨侨眷3人，解放军3人，原工商业者1人，起义人员1人。1984年5月24～28日，举行第一届全体委员会议。委员列席区第十届人大一次会议，听取和讨论政府工作报告和其他报告。会议以无记名投票方式,选举产生首届正副主席、常务委员和秘书长。是届起,委员会任期3年,每年召开一次会议。1987年4月14~17日,召开第二届全体委员会议,102名委员全部出席。同首届相比,减少原工商业者和起义人员2个界别,增加政法和工商联界别。是届起,各界政协委员均由中共浦口区委组织部、统战部分别与各民主党派、团体和有关单位协商推荐人选,经上一届政协常委会协商通过,即为正式委员。1990年4月、1993年2月、1998年1月,先后召开第三届至第五届全委会。第四届起,委员中增加科协、经济界别,其中第五届经济界别委员18人,居各界别之首。委员任期由3年改为5年,每年举行一次会议。至2002年1月,一至五届全委会共召开会议19次。

常务委员会 区政协历届常委会由主席1人、副主席4~6人、秘书长1人、常委9~13人组成。第一届常委会内设办公室及工业、农业、财贸、科技、教育、医疗、侨台和民族宗教、文史8个工作组。第二届常委会增设城交、政法、妇女、文化、城镇5个工作组,精简文史工作组,成立学习、提案、祖国统一和文史资料4个委员会。第三届常委会取消工作组建制,设学习工作、提案工作、文史资料工作、祖国统一联谊工作、经济科技、农村建设、城镇建设、文教卫生、民族宗教、社会法制10个委员会。第四届常委会将学习工作委员会、文史资料工作委员会合并为学习和文史委员会,经济科技委员会分解为科技和经济建设2个委员会。第五届常委会内设机构调整为办公室及提案、经济科技、城镇建设、教卫文体、社会法制和民族宗教6个委员会,另设泰山、顶山、沿江、浦口4个委员联系片。一至五届常委会共召开会议112次。

区政协历任主席更迭如下:崔继修(1984.5~1987.4)、吴瑞甲(1987.4~1993.2)、王耀良(1993.2~2000.1)、徐正祥(2000.1~2002.5)。

三、政协浦口区委员会

全体委员会议 2002年5月23日,中共南京市委设立南京市浦口区政协筹备组,吴政强任组长,筹备组建中国人民政治协商会议浦口区委员会(简称区政协),于7月16~17日举行政协一届一次全体委员会议(简称全委会),出席会议委员210人,缺席3人。委员由17个界别构成,其中中共党员22人,民主党派6人,工商联19人,总工会10人,共青团9人,妇联9人,科学技术协会3人,文化体育界6人,科学技术界17人,教育界16人,医药卫生界8人,经济界35人,侨眷台胞13人,民族宗教界9人,农业14人,无党派2人,特邀15人。会议选举首届常委会组成人员。2003年1月,召开政协一届二次会议,与会委员列席区一届人大二次会议,听取政府工作报告,围绕全区经济建设和社会事业发展献计献策,会议征集提案96件。2007年12月26~29日,举行政协二届一次会议,出席委员220人,缺席2人。为适应形势发展,微调界别设置,将科学技术协会并入科学技术,农业改设农业和农村,文化体育改为文艺体育。会议选举区政协二届委员会主席、副主席、秘书长、常委。2012年3月23~26日,举行政协三届一次会议,出席委员228人,缺席2人。本届委员由16个界别组成，其中中共党员26人，民主党派9人，工商联23人，总工会8人，共青团9人，妇联7人，文艺体育界9人，科学技术界23人，教育界17人，医药卫生界8人，经济界34人，农业和农村13人，侨眷台胞12人，民族宗教界8人，无党派5人，特邀17人。会议选举产生第三届常委会组成人员。至2015年，该届委员会历时4年。一至三届全委会共召开会议15次，收到委员提案1611件。

常务委员会 一届常委会由1名主席、8名副主席、1名秘书长和21名常委组成。内设办公室及提案、社会法制和民族宗教、教卫文体、经济科技和对外联络、学习文史5个专门委员会，各委员会下设2～3个工作组，另设13个街道、镇乡联络组，组长由街道、镇乡党(工)委副书记兼任。任期内召开会议25次，通过办公室及专门委员会主任的任命、《常委会工作制度》《各专门委员会工作通则》。听取有关通报23项(次)，如听取政府通报年度国民经济和社会事业发展计划完成情况，听取政府办公室通报提案办理情况等。组织视察城市建设工程、经济适用房建设情况等。二届常委会设主席、6名副主席、秘书长和23名常委。调整内设机构，保留办公室及提案、社会法制和民族宗教2个委员会，撤销学习文史委员会，改教卫文体委员会为教卫文史委员会，改经济科技和对外联络委员会为经济科技委员会，增设人口资源环境和城市委员会。2010年，根据省市要求及工作实际，按委员界别增设8个工作组；撤销原街道、镇乡联络组，设立11个街镇工作委员会，作为区政协派出机构，各委员会设专职正副主任，负责组织所在地政协委员学习和工作，参加区、街镇情况通报会，围绕经济社会建设开展调查研究、视察考察、参政议政、建言献策等活动。届内召开会议12次，听取政府及有关部门情况通报15项(次)。采取参加听证会、召开群众座谈会以及发放调查问卷等方式开展监督工作。如2008年4月，就区环保局贯彻执行环境保护政策和国家法律、完成目标任务和促进国家生态区建设、廉政建设及机关自身建设、解决环保热点难点问题、接受人民政协民主监督5个方面，通过听汇报、查资料、看现场开展评议，收到较好效果。第三届常委会设主席1人、副主席5人、秘书长1人、常委28人。内设机构与第二届相同。街镇工作委员会随行政区划调整，由第二届11个减至9个，领导成员配置及工作职能未变。本届常委会实际任期4年，届内共召开会议18次，听取政府及部门有关情况通报20项(次)。2014年，常委会启动以街道政协工委为组织平台，以委员为协商议事主体，相关专家、政府部门负责人及业务骨干参与，运用交流互动、对话讨论等形式，围绕当地经济、文化、社会、环境生态和百姓普遍关心的问题开展“协商民主在基层”活动，探索新形势下协商议政向基层延伸机制。当年11月首次召开议事会，就永宁街道村庄建筑风格、旅游配套设施、建设融资、土地集约利用以及水墨大埝、西埂莲乡、知青故里等美丽乡村推介等开展探讨、民主协商，并将所有发言汇编成《浦口美丽乡村建设建言集》。

区政协历任主席更迭如下：李传邦(2002.7～2007.12)、祁凤英(女，2007.12～2014.12)、李好平(兼，2015.1～2015.12)。

第六节 民主党派

一、民 革

1979年,中国国民党革命委员会(简称民革)浦口区支部成立,时有成员7人。1989年2月,改称民革浦口区联合支部。2000年,更名为民革浦口区综合支部。2001年,有成员13人,隶属民革南京市委员会。张荣庭、罗惟平、邵善良先后任支部主委。张荣庭先后当选为原浦口区第二届、第三届政协常委会副主席,吴懋峥当选为原浦口区第四届政协常委会副主席,罗惟平任民革省委委员、市委常委。2002年起,邵善良当选为浦口区第一届、第二届政协副主席。2005年1月,支部组织书画家"送春联下乡",为珠江镇巩固村农民书写春联200多幅。2008年4月9日,支部召开选举会议,18名党员参加。会议选举产生民革浦口综合支部(九届)班子,张桂民当选为支部主委。2009年11月,支部到点将台南京市社会福利院看望老人,送去价值5000元的慰问品。是年起,支部与辖区街道、社区中共党组织开展结对共建活动,每年面向社区开展1~2次咨询活动,为社区办一件实事。2010年,开展服务新农村活动。2月3日,向永宁镇张圩村捐赠5000元。2013年,成立民革离退休支部,周保林任支部主委。2014年,成立民革浦口总支部,陈小林任总支部主委,下设浦口综合支部和离退休支部。2015年,民革浦口总支部共有党员35人。

二、民 盟

1993年11月,成立中国民主同盟(简称民盟)济宁市委煤炭部兖州设计院支部,时有成员5人。1996年,设计院搬迁至浦口,组织关系转入民盟南京市委员会,改称民盟煤炭部南京设计院支部。2001年,改名民盟中煤国际工程集团南京设计院支部,有成员12人,王江华任支部主委。2006年10月,盟员秦风广撰写的《云贵煤炭基地规划》获煤炭行业(部级)2006年度优秀工程咨询特等奖。是年,王江华被民盟南京市委评为优秀盟务工作者。2007年9月26日,支部举行换届选举会议。会议选举新一届支部委员会,王江华继任支部主委。2010年9月,王江华撰写的《内蒙古新街矿区总体环评》获中煤建设协会煤炭行业(部级)优秀工程咨询一等奖。是年,盟员罗文被民盟南京市委评为优秀盟务工作者。2011年9月,成立民盟浦口综合支部,郭建伟任主委。2013年6月,撤销民盟浦口综合支部,与民盟浦口小组成立民盟浦口综合一支部和二支部,选举王亚军、周存荣分别任第一、第二支部主委。2013年6月,成立民盟浦口总支部,选举郭建伟任总支部主委。2015年末,民盟浦口总支部共有盟员38人。

三、民 建

2011 年 7 月 29 日，中国民主建国会（简称民建）浦口支部在南京长江隧道公司会议室召开成立大会。会议宣读民建南京市委《关于成立民建南京市浦口区支部的决定》，该支部有会员 9 人，支部班子由 4 人组成，孙宝勤任支部主任。2015 年 10 月，民建浦口支部班子换届选举，李荣春任支部主任。是年底，支部有会员 22 人。

四、民 进

1981 年 11 月，中国民主促进会（简称民进）浦口区中小教联合支部成立，有成员 6 人，范超任支部主委。1988 年 12 月，成立民进南京第十四中学支部，有成员 7 人。1992 年 11 月，成立民进南京浦镇车辆厂支部，有成员 6 人。2001 年，中小教联合支部有成员 21 人，张祖藩任支部主委；第十四中学支部有成员 17 人，叶其亮任支部主委；浦镇车辆厂支部有成员 13 人，王华江任支部主委。2002 年，成立民进江浦小组，有成员 7 人。2004 年 12 月，江浦小组升格为民进浦口综合支部，有成员 8 人，刘俊任主委。2007 年 6 月，浦镇车辆厂支部因成员少并入中小教联合支部，同时改中小教联合支部为浦口教育联合支部，张汉松任支部主委。2009 年 5 月，成立民进浦口总支部，李珉（女）任总支部主委，下辖民进浦口教育联合支部、第十四中学支部、浦口综合支部。2010 年，有成员 62 人。2002～2010 年，民进浦口总支部成员在市区人大、区政协会议上提交建议和提案 184 件。刘俊撰写的《调查区内企业成长性辐射区，培育支柱企业》提案、李静凤撰写的《提升乡镇·街道人民政府管理水平》提案被区政协评为 2010 年优秀提案，李珉提出的《拆除宁芜收费站》《提高全市的征地拆迁补偿费用》建议获市人大优秀建议案。2015 年，民进浦口总支部主委李珉，有会员 79 人。是年，民进浦口教育联合支部向农村贫困学校捐书捐款 9000 元，捐赠学习用具等物品 340 余件。

五、农工党

1989 年 5 月，中国农工民主党（简称农工党）江浦小组成立，时有党员 5 人，李祚良任组长。1990 年起，李祚良当选为第三届、第四届江浦县政协副主席。2000 年 12 月，农工党原浦口区综合支部成立，有党员 8 人，常林任支部主委。2002 年 7 月，高新生、常林当选为浦口区第一届政协委员。2007 年，有 5 名农工党成员当选为区第二届政协委员，王永恒任区政协常委。2008 年 6 月，江浦小组升格为江浦支部，有党员 15 人，蔡宝贵任支部主委。2009 年起，张霞任浦口综合支部主委。2010 年，浦口综合支部、江浦支部分别有党员 17 人、16 人。王永恒撰写的《大力推进我区稻田种植制度模式创新》提案被评为区政协 2010 年优秀提案。2015 年，农工党浦口综合支部、江浦支部有党员 21 人。

六、致公党

1988年,江浦县副县长叶家龙参加中国致公党,同年7月,当选为致公党南京市委员会副主任委员。1998年,致公党江浦县小组成立,副县长陈家华(女)任组长。2007年6月18日,召开致公党南京市浦口区综合支部成立大会,梅浩波任支部主委。2010年,支部有党员10人。陈晓璐撰写的《引进海外高端人才,提升我区综合竞争力》获区政协优秀提案。2012年,孙仁荣当选为支部主委。2013年,致公党高新区综合支部成立,陈晓路任支部主委。2015年,致公党浦口区综合支部、高新区综合支部各有党员12人、11人。

七、九三学社

2011年,九三学社浦口支社有成员12人,孙健任支社主委。2012年1月,组织新社员到中国农村改革发源地小岗村学习,重温小岗村村书记沈浩迎难而上、勇破难题、敢于担当、无私奉献的精神。积极开展调查研究、参政议政活动。2014年12月,浦口支社姜鑫昭主持的九三省委招标课题《强化重大疾病防控,建设健康江苏》获社省委颁发的结题证书。2015年末,九三学社浦口支社有成员22人。

第七节 群众团体

一、农民团体

江浦县农会 民国3年(1914)1月成立,会长田德俊,另设副会长、文牍、书记、会计、庶务各1人。主要任务是致力于农林水利建设,先后创办县公有林场、组织修浚直江河等工程。20年,增建5个区农会、50个乡镇农会,有会员3032人。抗日战争期间,农会停止活动。35年2~5月,相继建立33个乡镇农会,同时恢复县农会,殷合一任会长,有会员1.32万人,主要工作为推广农业生产技术和发放农贷、稻麦良种。37年12月,县农会停止活动。

江浦县农民协会、贫下中农协会 1949年6月,成立江浦县农民协会(简称县农协)筹备处。1951年4月22~25日,召开县第一届农民代表大会,出席代表476人。大会号召农民组织起来,走共同富裕的道路。选举产生县农协第一届委员会,县委副书记虞廷松兼任主席。1954年,县委农业生产合作部成立后,农协随之撤销。1965年5月,成立县贫农、下中农协会(简称县贫协),县委副书记江绘五兼任主席。县贫协成立后配合社教工作团开展"四清"运动。"文化大革命"开始后,贫协停止活动。1973年,恢复整顿贫协组织。1974年2月,召开县第二届贫下中农代表大会,出席代表700人。会议选举石德奎为主任。1982年以后,贫协职能逐步由县委农村工作委员会承担。1984年2月,撤销县贫协机构。

原浦口区农民协会、贫下中农协会 1951年9月,第七区农民协会成立,1952年10月撤销。1965年2月初,浦口区贫下中农协会筹委会成立。18日召开第一次贫下中农代表会议,出席代表139人。1974年4月1日,召开第二次贫下中农代表大会,出席代表524人。大会选举协会主任1人、常委4人、委员8人。1985年,区贫协机构撤销。

二、工人团体

浦镇机厂中华工会　民国10年(1921)3月14日成立,是南京地区第一个现代工会组织,由浦镇机厂工人王荷波任会长。11年春,该会加入中国劳动组合书记部北方分部,成为中国共产党领导下的津浦铁路第一个工会组织。12年2月8~9日,工会领导工人举行卧轨斗争,支援京汉铁路"二七"大罢工。"二九"卧轨斗争后,由共产党员、工人纠察队队长买雨田接任会长。14年,上海"五卅"惨案发生后,工会于6月7日组织700多名工人举行大罢工,并成立抵制英、日货小组。"四一二"反革命政变后,买雨田及20多名工会会员参加国民革命军直属铁道队。此后十多年,工会活动中断。37年7月2日,中共党组织领导浦镇机厂、浦口码头及两浦铁路工人发起大罢工,打乱国民党津浦铁路军运、货运秩序,配合人民解放军豫东战役。同年12月,组织工人开展护厂斗争,保护厂内重要器材和设备。

江浦县总工会理事会　民国35年(1946)6月,经县政府批准,成立搬运、人力车、理发3个职业工会,会员约700人。8月,职业工会扩展到粮食、缝纫、瓦业、浴室、铁匠5个行业。9月,成立江浦县总工会理事会,稽兴才任理事长,有会员1630人。由于工会为官府所操纵,工人合法权益得不到维护和保障,加上会员每人每年缴纳会费600元,有些工人不愿参加工会活动。37年,多数职业工会名存实亡。

江浦县总工会　1951年6月,建立县工会筹备委员会,薛玉成任主任。1954年11月,筹备委员会改名县工会联合委员会。1955年8月,召开首届县工会会员代表大会,成立江浦县总工会,主席赵克才。1958年8月、1962年9月,先后召开县第二次、第三次会员代表大会,主席分别为孙德祥、李传海。"文化大革命"初期,总工会一度由1968年9月成立的江浦县革命职工代表大会(简称县工代会)取代。此次工代会算作县第四次工人代表大会,刘荣富任主任。1973年,县总工会恢复。同年12月9日,召开县总工会第五次工人代表大会,出席代表229人。大会选举产生县总工会第五届委员会。此后,工交、财贸、农水系统相继恢复工会组织。1980年,全县有基层工会131个。1982年、1988年、1994年、1999年,分别召开县第六次、第七次、第八次、第九次工会会员代表大会。期间,各级工会组织以深化改革、振兴江浦经济、率先实现现代化为中心议题开展工作。县总工会先后印发《关于在工矿企业恢复和建立职工代表大会制度的实施意见》《江浦县女职工劳动保护条例实施办法》《江浦县劳模管理工作意见》《关于在我县建立劳动关系协调机制的实施办法》等文件,在保障职工权益的同时,调动和发挥其行使民主管理权利的积极性和在经济建设中的主力军作用。2001年,县总工会内设生产生活部、组织宣传部、财务部;下辖基层工会375个,会员2.61万人。

原浦口区总工会　1951年下半年,成立南京市总工会第七区办事处。1952年,改称南京市总工会第七区工作委员会,有基层工会 12 个,会员 714 人。1955 年、1959 年,分别改称南京市工会联合会浦口区办事处、南京市总工会浦口区办事处。“文化大革命”开始后,办事处解散。1979 年 3 月,恢复市总工会浦口区办事处。1980 年,有基层组织 65 个,会员 8201 人。1989 年 11 月,成立南京市浦口区总工会,同时召开第一次代表大会,出席代表 137 人。大会选举产生区总工会第一届委员会。时有基层工会 136 个,会员 1.48 万人。1993 年 1 月、1998 年 2 月,分别召开区总工会第二次、第三次会员代表大会。1993 ~ 1997 年,各级工会开展“创企业精神,树主人翁形象”主题系列教育活动;职工在劳动竞赛中提建议 1.25 万件,被采纳 2300 多件。2001 年,区总工会下辖基层工会组织 215 个,会员 1.83 万人,私营企业、外商投资企业建会率分别达 93%、92%。

浦口区总工会 2002 年 5 月,江浦县总工会与原浦口区总工会合并成立新浦口区总工会。同年 10 月 16 日,召开区总工会第一次代表大会,出席代表 180 人。大会确定以富民强区、率先实现现代化为今后五年工会工作的总体目标,要求各级工会组织最大限度地把广大职工组织到工会中来,最大限度地维护职工的合法权益,最大限度地保护、调动和发挥职工的积极性和创造性。大会选举产生区总工会第一届委员会,王丽香当选为区总工会主席。是年底,总工会内设办公室(财务部与其合署办公)、组织民管维权部,下辖江浦工人文化宫、浦口工人俱乐部 2 个事业单位和浦口工人文化宫企业单位;全区有基层工会组织 538 个,会员 4.42 万人。2003 年初,成立区总工会再就业指导服务中心,当年安置和介绍 337 名下岗、失业人员再就业。2004 年 3 月,成立困难职工援助中心;职代会及厂务公开制度内容纳入区委首次编制的《浦口区 2004 年社会主义政治文明建设工作目标》。2007 年 11 月 30 日,召开区总工会第二次代表大会,出席代表 179 人。大会以构建“生态、富裕、和谐”新浦口为中心议题,号召全区各级工会组织为深入推进跨江发展、确保实现全面小康区发挥桥梁和纽带作用。会议选举产生区总工会第二届委员会,王丽香继任总工会主席。2008 年,全力推进“职工书屋”建设,江浦街道工业集中区及顶山街道石佛社区分别被确定为全国、省级“职工书屋”示范点。浦口区被省总工会评为 2008 年省工会工作模范区。2010 年,区总工会被省总工会评为江苏省推动厂务公开民主管理工作先进单位,王丽香被全国总工会评为全国优秀工会工作者。是年底,全区有基层工会组织 906 个,会员 8.68 万人。2012 年 9 月,王丽香调出,区人大常委会副主任徐宏晓兼任区总工会主席。同年 11 月 23 日,区总工会召开二届十四次全委会议,会议选举徐宏晓为总工会主席。区总工会注重民主管理,开展工资协商工作,有 1000 多家企业新签集体(工资)合同,实现企业履约协议签订覆盖率 100%。2013 年 4 月,区总工会劳动法律监督委员会成立,全年结案法律援助案 18 件,参与劳动争议仲裁审理案件 92 件。2014 年,开展“六型班组”(学习型、技能型、创新型、精益型、质量型、和谐型)及“工人先锋号”创建活动,激发职工劳动热情和创业活力,职工提出合理化建议 182 条,被采纳实施 47 条。南京天润服饰有限公司车缝一组被全国总工会授予国家级“工人先锋号”称号。开展基层工会组织建设年活动,年内新建工会 103 家,新发展会员 1.05 万人。“城乡产业链上经济组织建工会”新模式创全省先河。2015 年，区总工会内设办公室、组织宣教部、权益保障部；有基层工会组织 1243 家，工会会员 14.65 万人，工会组建率、职工入会率分别达 94%、99.37%。

三、青年团体

共青团浦镇、浦口支部　民国 15 年（1926）1 月中旬成立，隶属中国共产主义青年团南京地方执行委员会（后改称共青团南京市委员会）。16 年 12 月，团市委在浦口、浦镇地区建立儿童组织，共有 3 队 68 人。23 年 8 月，共青团南京市级组织遭到严重破坏，浦镇、浦口团支部停止活动。

三青团江浦分部　民国 29 年（1940）春，中国三民主义青年团（简称“三青团”）江苏省团组织派员筹建三青团江浦区队，发展团员 30 余人。次年冬，三青团活动中止。35 年春，三青团恢复活动，筹建江浦分团部。同年 4 月，召开团员代表大会，成立 7 人干事会，分团部主任、书记各 1 人，内设总务、组训、宣传 3 个股。分团部成立后，先后在江浦中学、育才中学及桥林、汤泉等地区建立 9 个区队。至 36 年 7 月，共建立 18 个区队，发展团员 957 人。37 年 1 月，三青团与国民党合并，三青团团员转为国民党党员，三青团组织不复存在。

共青团江浦县委　1950 年 2 月成立，时称中国新民主主义青年团（简称青年团）江浦县工作委员会，俞远任书记。至 1951 年初，全县 3 个区 54 个乡镇相继建立团工作委员会，发展新团员 405 人。1952 年 9 月，青年团江浦县工作委员会改称青年团江浦县委员会。1953 年 4 月，召开青年团江浦县第一次代表大会，出席代表 151 人。大会号召团员青年积极投入农业、手工业、私营工商业三大改造运动；通过搞好生产、民兵培训工作等 7 项决议；选举产生青年团江浦县第一届委员会。1955 年 2 月、1956 年 10 月，先后召开青年团江浦县第二次、第三次代表大会。团县委围绕党的中心工作，开展学文化活动和生产突击活动。1957 年 6 月，中国新民主主义青年团改名为中国共产主义青年团（简称共青团）。是年，全县有共青团员 4650 人。至 1964 年，先后召开共青团江浦县第四次至第八次代表大会。各级团组织坚持教育团员青年树立社会主义和共产主义伟大理想，开展向雷锋同志学习活动，吸纳新团员 1320 余人。1966 年“文化大革命”开始后，全县团组织瘫痪。1970 年 7 月，执行中共中央《关于整团建团的通知》，团组织恢复工作。至 1973 年，全县复建和新建团委 15 个、总支部 9 个、支部 336 个，有团员 1.16 万人。是年 1 月至 1986 年 11 月，召开共青团江浦县第九次至第十二次代表大会，选举产生共青团江浦县第九届至第十二届委员会。1987 年，全县有基层团委 26 个、总支部 20 个、支部 517 个，团员 1.25 万人。20 世纪 90 年代，开展“青年文明号”创建活动和青年志愿者服务活动。1998 年，全县建立 12 个青年志愿者服务站，确立 650 对“一助一”长期帮扶对象，成立 37 支青年志愿者植绿护绿队伍，长期开展“一对一绿地”活动。2001 年，全县有基层团委 26 个、总支部 23 个、支部 323 个，团员 2.09 万人。

共青团原浦口区委　1950 年 8 月成立青年团组织。至 1953 年，建立团总支部 1 个、支部28个,有团员564人。是年6月、1956年8月,先后召开青年团原浦口区第一次、第二次代表大会。1957年5月,中国新民主主义青年团改称中国共产主义青年团(简称共青团),全区有基层团委4个、总支部28个、支部101个,团员2037人。1964年,有基层团委8个、总支部29个、支部291个,团员3023人。"文化大革命"初期,团组织停止活动。1973年1月16日,召开共青团浦口区第三次代表大会,出席代表256人。1978年后,全区团员青年投身现代化建设,不断开创团建工作新局面。自1979年4月至20世纪末,先后召开共青团浦口区第四次至第十次代表大会。期间,各级团组织广泛开展思想教育、社会公益、生产科技、文体娱乐活动。1983年,全区建立1533个学雷锋小组和青年服务队,坚持为五保户、军烈属、贫困户做好事、送温暖。1990年,在企业和农村开展"奉献在岗位"、科技兴农活动,涌现出一批"青年岗位能手"和科学养殖示范项目、科学致富标兵。1994年起,在共浦草席厂、石林商场、红太阳商业大世界等中外合资、私营和民营企业中建立团组织。1997～1999年,团区委连续三年被评为共青团南京市基层组织建设先进单位,泰山镇团委被团中央授予全国五四红旗团委创建单位称号。2001年,全区设基层团委14个、总支部19个、支部117个,团员6206人。

共青团浦口区委 2002年10月10日,召开共青团浦口区第一次代表大会,出席代表209人。大会选举产生共青团浦口区第一届委员会,王万宏当选为团区委书记。同年12月,团区委内设基层工作部(增挂中国少年先锋队浦口区工作委员会牌子)、组织宣传部;下辖基层团(工)委32个、总支部60个、支部653个,有团员2.59万人。是年,浦口区被团中央授予全国乡村青年文化活动先进区称号。2003年,在团员青年中开展"三个代表"重要思想学习教育活动,全区建立学习组45个。继续开展"青少年维权岗"创建工作,2003～2004年,区检察院、法院先后被团省委授予省级青少年维权岗称号。2006年11月13日,召开共青团浦口区第二次代表大会,出席代表209人。大会选举产生共青团浦口区第二届委员会,蒋冰当选为团区委书记。2007年,继续坚持党建带团建,把团建工作纳入党建考核指标,做到党团建设同步规划、同步实施、同步检查、同步发展。2008年,采取党建带动、行政推动、产业链延伸等方式,在开发区、旅游度假区、工商业企业等新兴领域探索和强化建团工作。2009年12月18日,召开共青团浦口区第三次代表大会,出席代表209人。大会选举产生共青团浦口区第三届委员会,程媛当选为团区委书记。2010年,团区委印发《浦口区关于进一步加强团的基层组织建设和基层工作的实施意见》,规范和健全村、社区、机关、企业、青年自治组织(指青年自发成立、自主发展、自行运作和自我治理,具有一定规模、拥有组织章程和组织框架的青年非政府组织)的工作规范和功能体系。同时,在全区共青团基层组织中深入开展创先争优活动。大学生"村官"辛明伦被团中央评为第七届全国农村青年致富带头人。是年末,全区有基层团(工)委30个、总支部59个、支部702个,团员2.38万人。2012年12月25日,在区政府大会堂召开共青团浦口区第四次代表大会,221名团员代表出席。会议号召团员凝聚活力、汇集智慧,为打造"生态、现代、幸福"新浦口贡献青春和力量。会议选举产生共青团第四届委员会委员27人，郭玉臣当选为团区委书记。2013年起，团区委加强青少年思想道德教育，开展浦口区第二届“十佳青年”评选活动，组织青年志愿者行动，实施青年大学生创业行动计划，创建青年文明号，实施希望工程，共青团浦口区委员会被中共南京市委、南京市人民政府授予2014年度先进集体称号。2015年，团区委下设团（工）委32个、团总支部77个、团支部831个，有团员25235人。

四、妇女团体

江浦县妇女会　民国34年（1945）10月成立，理事长郑逸珠，会部设在国民党县党部。县妇女会下设分会80个，活动情况不详。

江浦县妇女联合会　1949年11月，成立江浦县民主妇女联合会筹备委员会，戴文任主任。1952年5月，召开江浦县民主妇女联合会首届代表大会，成立江浦县民主妇女联合会（后改称县妇女联合会，简称妇联），选举产生第一届执行委员会，侍峰当选为主任。县妇联成立后，发动妇女投入土地改革、抗美援朝等民主改革；宣传《中华人民共和国婚姻法》，至1953年5月，协助民政、司法部门处理各类婚姻纠纷和案件1623件，其中因夫妻关系恶劣不能和解而离婚的1100件，因父母包办取消婚约的169件。1954年8月、1956年10月、1958年11月、1962年1月、1964年4月，江浦县先后召开第二届至第六届妇女代表大会，分别选举产生各界联合会执委会，李明英连任五届执委会主任。“文化大革命”开始后，妇联停止活动。1973年7月，召开县第七届妇女代表大会，重新成立县妇女联合会，李明英、徐梅珍先后任执委会主任。各级妇联开展以生产队为单位的妇女突击队活动，全县成立“铁姑娘战斗队”“红姑娘突击队”“三八红旗队”及科学实验小组等1200多个，有队（组）员8400余人，在农业生产中发挥了半边天作用。1979年4月27日，召开县第八届妇女代表大会，出席代表322人，钱德英、杨志兰先后任主任。大会贯彻第四次全国妇女代表大会精神，开展“三八红旗手”“三八红旗集体”和“五好家庭”（完成任务好、遵守纪律好、劳动致富好、计划生育好、教育子女好）评选活动，至1983年，知识青年孙彩红、村民杜家英、县交通局邵淑贞和村民史文英家庭分别获全国“三八红旗手”、全国“五好家庭”称号。1985年12月，召开县第九届妇女代表大会，出席代表229人，杨志兰当选为执委会主任。1989年，开展“学文化、学技术，比成绩、比贡献”竞赛活动（简称“双学双比”活动）。年内评出1725个女专业户、822个科技示范户。1990年，县农业局、大桥乡妇联等4个单位分别被评为1990年度省、市“双学双比”竞赛活动先进集体，陈有香等8人、狄恒瑞等3人分别被评为市级生产女能手、“双学双比”服务工作先进个人。1991年4月1日，召开县第十次妇女代表大会，出席代表302人，杨志兰连任执委会主任。1992年，贯彻《中华人民共和国妇女权益保障法》，1994～1995年，聘请县妇联法律顾问，成立县妇女权益保护委员会。1996年5月15日，召开县第十一次妇女代表大会，出席代表280人，杨永翠当选为执委会主席。2001年，县妇联内设城乡工作部、妇女儿童工作部，下辖7个镇及机关15个系统（部门）妇委会。

原浦口区妇女联合会 1950年8月,中共南京市第七区委员会设妇女工作委员会。1951年下半年,成立南京市民主妇女联合会(后改称市妇女联合会)第七区(后改浦口区)办事处。是年,动员妇女捐款3.01万元,支援抗美援朝;组织1.4万人次,学习宣传《中华人民共和国婚姻法》;引导妇女积极参加农业合作化运动,吉祢乡村民李玉带头组织南京市郊第一个农业生产互助组,被评为华东地区农业劳动模范。1962年,召开区妇联首届妇女代表大会,出席代表238人。大会选举产生第一届执委会委员23人。"文化大革命"初期,区妇联活动中止。1973年恢复工作。同年7月19日,召开区妇联第二届妇女代表大会,出席代表289人。大会发出倡议书,号召广大妇女树雄心、立壮志,夺取社会主义革命和建设新胜利。在农村组织"铁姑娘班""铁大嫂战斗队",开展"农业学大寨"运动。1979年4月4日,召开区妇联第三届妇女代表大会,出席代表295人。1981年,开展妇女"四自"(自尊、自爱、自重、自强)教育。1983年,盘城张艳美、永丰夏慧英和沿江徐久云家庭分别被评为全国"三八红旗手"和全国"五好家庭"。1984年10月12日,召开区妇联第四届妇女代表大会,出席代表185人。1987年,开展"一教四普及"(思想政治教育,普及科学文化知识、普及法律常识、普及科学育儿知识、普及妇女卫生知识)活动,全区办学习班112期,受教育妇女2.14万人。1988年3月29日,召开区妇联第五届妇女代表大会,出席代表141人。1989年,开展"双学双比"竞赛活动。1992年12月、1998年3月,先后召开区妇联第六届、第七届妇女代表大会,出席代表分别为90人、100人。期间组织妇女学习《中华人民共和国妇女权益保障法》,同时开展"十万农家女,十项新技术"学比活动和"巾帼建功"活动。2000年,区妇联获市妇联工作目标管理二等奖。2001年,区妇联下设基层组织7个、妇委会50个。

浦口区妇女联合会 2002年5月27日,原浦口区、江浦县妇女联合会合署为浦口区妇女联合会(简称区妇联)。同年10月18日,召开浦口区第一次妇女代表大会,出席代表257人。大会选举产生区妇联第一届执行委员会,田枫当选为执委会主席。11月,区政府制定《浦口区关于实施南京市2001~2005年妇女发展规划的办法》。12月,顶山街道妇联被江苏省妇联评为妇联系统维权工作先进集体。是年末,区妇联内设权益部、发展部,基层建有11个镇街妇联、22个机关直属妇委会。2005年,深化"五好文明家庭"创建内涵,在农村和城镇分别开展"美德在农家""妇女·家园·环境"主题活动,顶山街道王承民家庭、泰山街道李玉华家庭被全国妇联分别评为第四届全国"五好文明家庭"和"绿色家庭"。2007年11月29日,召开区第二次妇女代表大会,出席代表220人。会议选举产生区妇联第二届执委会,王青当选为执委会主席。2008年始,试行浦口区第二次妇女代表大会妇女代表常任制和年会制。是年,开展"文明新风进万家"活动,汤泉街道茆光兴家庭获全国"五好文明家庭"称号。2010年,江浦街道火药洲社区、村民童兆琴被全国妇联分别评为全国妇女工作示范社区、全国"双学双比"能手。2012年12月18日,召开区第三次妇女代表大会。会议选举区妇联第三届执委会,王明玉当选为执委会主席。同年,区政府制定《浦口区妇女发展规划(2011~2015)》《浦口区儿童发展规划(2011~2015)》,开展"零家庭暴力社区""无毒社区"

和“平安家庭”创建活动。区妇联印发《浦口区巾帼创业工作实施方案》，在沿江、顶山等6个镇街建立巾帼创业就业实践基地。2013年4月，浦口区妇联维权服务中心成立，并与南京市立行教育咨询有限公司合作，成立浦口区家庭教育指导中心。同时成立浦口区女企业家协会，建立永宁镇张圩社区月嫂培训示范基地，在全区设立11个月嫂服务站。2014年，区妇联表彰10个巾帼文明岗、100个巾帼岗位明星，其中陈庄社区、南京檀青渔港餐饮有限公司、南京格冠苗木种植专业合作社分别被省妇联命名为江苏省电子商务示范村、江苏省巾帼示范农家乐、江苏省巾帼示范合作社。岫岚农副土特产品有限公司总经理韩岫岚被全国女企业家协会评为全国杰出创业女性，大学生村官郭晓辉获第九届全国农村青年致富带头人称号。是年10月，王明玉调离区妇联，左芳接任区妇联执委会主席。2015年，区妇联内设发展部、权益部、区妇儿工委办（单列，非妇联内设机构），有基层组织35个，其中街道、场妇联11个，机关系统妇委会24个。

五、工商业组织

江浦县商会 清光绪三十一年（1905），浦口镇商务分会成立，殷商吴大生为首任会长，会址设在左所街布业公所，内设文牍、庶务各1人。民国4年（1915）9月，改称江浦县商会，会长杨福馀。17年，以委员制选出执行委员25人、常务委员5人，公推吴有龄为主席。抗日战争期间，商会停止活动。34年12月，商会恢复工作，会址迁至县城珠江镇。设常务委员会，理事长林春亭。商会以管理开业牌照、评定市场物价、督交税捐、协调商界有关事宜为主要职能。35年8月，增设桥林镇商会和浦镇商会。37年底，县、镇商会均无活动。

江浦县工商业联合会 1953年，召开首届工商界代表大会，成立江浦县工商业联合委员会（简称县工商联），选举何泛波任主任委员。县工商联团结、教育工商业者拥护和接受社会主义改造，投入社会主义建设。1956年，全县私营工商业社会主义改造完成，工商联成员以原工商业者为主。至1962年，先后举行2次工商联会员代表大会，选举产生第二届、第三届委员会。1965年社会主义教育运动开始后，工商联停止活动，“文化大革命”初期撤销。1993年5月，恢复成立江浦县工商联。同年5月11～12日，召开第四届会员代表大会，选举产生县工商联第四届执行委员会委员21人、常务委员8人，李永森当选为主任委员。工商联以发展江浦经济为中心，与驻宁省商会联系，为招商引资牵线搭桥；为非公经济排忧解难，帮助南京泰华电子制造有限公司、江浦经济贸易公司等民营企业做好资金协调和开拓市场工作；为县委、县政府起草《关于进一步加快发展个体、私营经济的政策意见》提出参考意见。1997年3月21日，召开县工商联第五届会员代表大会，出席会议97人，会议选举张志坚为会长。工商联坚持开展“致富思源、富而思进”教育活动，鼓励会员参政议政，为社会公益事业、为国家和家乡多做好事、善事。2000～2001年，会员单位吸纳下岗职工和农村劳动力305人，向社会捐资捐物价值70万元。会员中的人大代表、政协委员撰写调研报告，在人大、政协“两会”期间提交建议、提案20余份(件),其中《私营个体业主谈发展壮大私营经济的十点建议》调研文章被市委统战部评为2001年度一等奖。

原浦口区工商业联合会 1950年8月,成立南京市工商业联合会两浦分会,设主任委员1人、副主任委员2人、执行委员15人、顾问9人,下辖东门、南门2个办事处,包括粮食、屠宰、百货、茶馆、理发、旅馆、运输、药业等数十个同业公会组织,成员1390人。1952年11月,成立南京市工商业联合会第七区分会筹委会。1954年10月,产生第一届区工商联,选举产生主任委员1人、副主任委员4人、执行委员25人。下设东门、南门2个办事处,同业公会改称同业小组。1957年6月、1958年12月、1961年6月,先后举行3次会员代表大会,选举产生第二届、第三届、第四届委员会。“文化大革命”开始后,工商联停止活动。1994年12月,召开区第五次会员代表大会,选举产生第五届区工商联执委会,设会长1人、副会长4人、秘书长1人、执行委员19人,有会员87人(个)。期间,1名会员当选为市人大代表,7名会员任市、区政协委员,组织会员撰写调研报告6篇,向人大、政协提交建议、提案30余份(件);引进投资项目3个,鼓励、引导非公企业为抗洪救灾捐款90多万元;投入100余万元建立教师奖励基金、解困基金、救助残疾基金。1995年,区工商联被评为省工商联系统先进集体。2001年,区工商联下设泰山、沿江、顶山、浦口4个镇街商会及南京红太阳建材市场、华东眼镜城2个企业商会,有会员120人(个)。

浦口区工商业联合会 2002年10月30日,召开区工商联第一次代表大会,出席代表100人。会议选举区工商联第一届执委会委员35人、常委19人、会长1人、副会长7人、秘书长1人,刘清云当选为会长。2004年,全区有会员1054人(个),其中企业会员418个,外资企业会员34个,团体会员2个,个体会员600人。2006年12月20日,召开区工商联第二次会员代表大会,出席代表100人。会议选举产生区工商联第二届执委会,刘清云再次当选为会长。二届执委会在教育引导、参政议政、服务经济、自身建设、光彩事业等方面践行宗旨,履行职能。五年间,自办、协办培训班10余期,培训人员500余人次;组织220人次参加南京市、中央党校、上海交大等地举办的“民营企业家素质与能力”“现代企业管理”等培训教育活动;会员中32名人大代表和35名政协委员完成私营企业、行业商会、外向型经济、国际贸易等方面的专题调查500多家次;组织100余人次参加市、区相关专题征集活动和听证会议,为区“两会”提交建议、提案60份(件),撰写调研文章6篇;南京澳林集团、盘城街道商会等200多家会员企业资助贫困学生1000人次,帮扶困难家庭200多家,为汶川地震、舟曲泥石流等重大自然灾害捐款捐物价值1000余万元,南京鼎业投资集团、江苏雨发建设集团等单位为新农村建设投入资金2000多万元。2011年12月25日,召开区工商联第三次会员代表大会,选举产生区工商联第三届执委会委员81人,翟广平当选为主席。2015年,区工商联有会员1495人(个),其中企业会员1037个,个体会员430人,团体会员28个。

第八节　法　　制

一、公　安

江浦县警察局　清宣统元年(1909),江浦县建立巡警总局,配区长、巡官、巡记各1员,巡长2名,巡士18名,警察2排。至民国元年(1912),先后在浦镇、桥林、永宁镇设立东区、南区、北区巡警分局。2年,撤销巡警总局、分局,成立县警察事务所。3年,改为警察所,由县知事兼任所长。16年,警察所改设县公安局,内设行政、总务、侦缉3课。23年起,改县公安局为县政府公安股,后改为警务科、警佐室。35年11月,改警佐室为警察局,内设总务科、行政司法科、督察室、侦缉队、刑警队、看守所。在浦镇、桥林、永宁镇设警察分局,在汤泉、西江口设分驻所。

江浦县公安局　1949年4月,江浦县政府设立公安局,内设内勤股、侦察股、审讯股、治安股和看守所,下辖公安队2排80余人。1950年,县人民政府在浦城区增设公安区员,在桥林镇、汤泉乡增设派出所。1958年5月,设珠江派出所。1961年,在石桥、林山、陡岗、星甸、大桥、龙山、兰花、建设8个公社配备公安特派员。1968年2月10日,成立江浦县公检法军事管制领导小组(后改领导小组为委员会),行使公检法职能。1973年5月,撤销公检法军事管制委员会,恢复县公安局。1982年,陆续增设13个派出所。1987年,县公安局内设办公室、政工股、政治股、治安股、内保股、预审股、消防股、通讯股、看守所、治安拘留所、刑警队、交警队,下辖14个派出所。1988年起,公安局先后增设出入境管理股、法制办公室、保安公司、禁毒科等机构。至2001年,科、室、大队、公司增至19个。

原浦口区公安分局　1949年6月,成立南京市公安局第八分局,内设人事秘书科、侦察科、治安科、总务科,下辖南门镇、东门镇2个支局、3个直属派出所。1950年6月,市公安局第八分局改称第七分局。1955年9月,第七分局改称浦口分局。1967年,解放军对公安分局实行军管。1968年,成立区公检法军事管制委员会。1973年,区公安分局恢复并调整内设机构。1986年,增设出入境管理科。1994年,成立巡警防暴大队。1995年,成立户政科。1996年,建立110报警指挥室。1999年11月,成立经侦大队。2000年,撤销巡警防暴大队,设立禁毒科。2001年,区公安分局设秘书科、内保科、政保科、户政科、禁毒科、消防科、法制室、政委办公室、监察室、110指挥室、治安大队、刑警大队、经侦大队、看守所14个职能科室,下辖10个派出所。

南京市公安局浦口分局　2002年11月,江浦县公安局和原南京市公安局浦口分局合并成立浦口区公安局,内设17个科室、大队,19个基层派出所,5个驻区公安办公室,2个企业单位。2005年3月,浦口区公安局更名为南京市公安局浦口分局。2007年,分局根据公安部关于县级公安机关机构设置总体要求,按照职能相近的原则整合机关职能部门,设指挥室、政治工作办公室、警务督察队、行政管理科、户政管理科、法制科及国内安全保卫大队、治安警察大队、内部安全保卫大队、刑事警察大队、经济犯罪警察大队、交通巡逻警察大队、特巡警大队,下设基层派出所14个。2014年,特巡警大队更名为巡特警大队,交通巡逻警察大队更名为交通警察大队。2015年,分局设3个综合管理机构,分别为政治工作办公室、警务保障室、监察室;13个执法勤务机构,分别为指挥室、法制大队、国内安全保卫大队、刑事警察大队、巡特警大队、治安巡逻大队、治安警察大队、人口大队、内保大队、网安大队、交警大队、经济犯罪侦查大队、看守所;下辖14个基层派出所。

社会治安 1949年8月,江浦县公安局配合县武装大队剿灭袭击汤泉区政府的国民党武装匪特苏北特务纵队,至9月中旬,击毙和抓获匪特52人。1950年4月,南京市公安局第八分局破获匪特案13起,逮捕匪特30多人,配合市公安局破获"徐淮区反共游击队"等反革命组织。1951~1953年春,在镇压反革命运动中,江浦县公安局、南京市公安局第七分局严格执行"镇压与宽大相结合"的政策,集中逮捕一批罪行严重的反革命分子,处决罪大恶极的反革命分子,清除境内残余的反革命分子,巩固人民民主政权。同时开展取缔一贯道等反动道会门工作,逮捕反动道首9人。全面禁毒禁赌,清除社会丑恶现象。1973年2月,县公检法军事管制委员会在桥林地区成立治安联防委员会,并在3个渡口和18个交通要道口建立联防点。1980年,加强社会治安治理,江浦县各乡镇成立3~5人的群众性专业联防队;原浦口区建立6个治安联防组,103名联防队员开展日夜巡逻。1983年,开展严厉打击刑事犯罪活动,公安、司法机关实行联合办公。9月4日,开展"严打"搜捕行动,江浦县摧毁刑事犯罪团伙19个,抓捕严重刑事犯罪嫌疑人170多人;浦口区破获流氓、盗窃、伤害、诈骗等犯罪团伙26个,抓捕严重刑事犯罪嫌疑人192人。1985年,实行社会治安综合治理,落实"打防并举、标本兼治、重在治本"的指导思想,浦口区成立治保会91个、护厂队7个。"严打"和"联防"使社会治安有了明显改善,1987年,江浦县刑事发案数较1983年下降35.6%。1988年,贯彻国务院内保条例。同年7月,浦口区公安分局成立保安公司,向有关单位有偿派驻保安人员。1996年、1997年,浦口区、江浦县先后开通110报警台,成立公安报警服务指挥中心。1999年,开展禁娼、禁赌、禁毒和打击黑恶势力专项斗争。江浦县查处涉毒案件18起,抓获涉毒人员18人;查处涉娼案件64起,抓获涉案人员61人。浦口区查获涉赌案件57起258人,缴获赌资3.8万元。2002年,开展"两抢"(抢劫、抢夺)专项斗争,全区刑事案件发案率较上年下降9.3%。2004年起,建立健全"严打"经常性工作机制,始终保持对犯罪分子的高压态势,全区治安形势进一步好转。2014年,构建"全区重点部位巡特警武装巡逻、街道复杂地区派出所着装巡逻、社区志愿者群防群治"的三级巡防网络,全年刑事、盗窃机动车辆、扒窃发案率同比分别下降21%、47%、51%。2015年,在全区建立2个警务工作服务部、4个跨省公安检查站、21个固定岗亭,治安形势持续好转,入室盗窃、盗窃机动车辆、扒窃发案率同比下降11%、26%、0.4%。浦口区连续四年获省、市社会治安安全区称号。

户政管理　民国8年(1919),江浦县知事署令各区警务人员分段挨户编查填写门牌。12年11月,成立县户籍事务所,按邻闾村街建立户口清册。23年始行保甲制,10户为甲,10甲为保,全县有244保、2870甲。37年编并保甲,全县33173户编并为107保1489甲。

1950年7月,原浦口区实行户口簿制度。1956年、1960年,浦口区、江浦县先后建立出生、死亡、迁出、迁入四项变动制度。1984年,江浦县准予已经出生的非计划生育和非婚生婴儿申报出生登记。1986年6月,浦口区向16周岁以上公民颁发居民身份证11.4万人,发证率99.5%。1987~1988年,江浦县颁发居民身份证17.35万人,占应办证人员总数的96%。1988年起,江浦县公安局办理出入境护照、往来中国港澳地区通行证、大陆居民往来中国台湾地区通行证,落实务工、经商等暂住人口申报登记制度。1996年9月,江浦县开始办理"蓝印户口",当年新增非农业人口2833人。2000年,开展小城镇户改工作。浦口区、江浦县分别办理小城镇户口884户1951人、24184户68197人。2002年,农业人口和非农业人口统一使用常住人口登记表和户口簿,实行农村人口城镇化管理模式,建立计算机管理户籍系统。2005年9月,开展集中换发第二代居民身份证工作,至2007年9月,全区累计换发居民第二代身份证39.1万张,占全区总人口的93.6%。2015年,全区户籍人口64.28万人,其中城镇居民人口比重达88.67%;暂住人口15.81万人,发证人数15.68万人;办理出入境26751件(人次),其中护照办理量15395件,中国港澳地区通行证7978件,赴中国台湾地区旅游证3299件,境外人员入境各类申请79人次。

道路交通安全管理　1950年5月,市公安局第八分局治安科设交通股,专管道路交通安全工作。1951年,交由南京市交警六中队管理。1987年12月,江浦县公安局成立交通警察队,以汽车客运站为重点整顿交通秩序。1989年,南京市交警九大队负责原浦口区道路交通管理及车辆、驾驶员安全管理和年检工作。1995年,江浦县成立道路稽查队,检查违章车辆。1998年7月,开展"交通安全宣传周"活动,江浦县公安局在珠江镇设立交通控制区,增设红绿灯指挥岗亭。2000年2月起,落实公安部创建"平安大道"工作部署,浦口区公安分局和市交警九大队分工负责,齐抓共管,完善道路标志线和设施,分别与104国道、312国道沿线乡镇、村、大型企事业单位签订交通安全示范村、示范单位目标责任书。在创建活动中,取缔各类交通违章26105处,吊扣驾驶证1798本,行政拘留42人。2002年,围绕实施"畅通工程"和创建"平安大道"工作,区公安局开展道路治安"春雷行动",查处交通违章56244起,吊销驾驶证33本,刑事拘留交通肇事嫌疑人21人。2005年,落实公安部《预防道路交通事故"五整顿、三加强"的实施意见》,查纠交通违法行为55424起,扣留驾照480本,行政拘留28人。2008年,成立出租车管理办公室、城市管理警察办公室,重点整治江浦街道城区交通秩序。2014~2015年,以"降事故、保安全、保畅通"为总目标,查处交通违法行为41.97万起、酒后驾车618起、醉酒驾车92起。

二、检 察

民国县、区检察机构 民国元年(1912),江浦县设立地方审检厅。2 年 10 月,改厅为所,县知事兼任所长,3 年裁撤。此后,县检察职能先后由县知事、县长兼任。22 年后,南京市第八区(原江浦县浦口商埠区)检察工作由江宁地方法院检察处负责。24 年 10 月,江宁地方法院改组为首都地方法院,仍设民、刑两庭与检察处,直到 1949 年 4 月南京解放。

江浦县人民检察院 1950 年 9 月,成立江浦县人民检察署,检察长由县公安局局长兼任。1955 年 1 月,县人民检察署改称县人民检察院。"文化大革命"期间,检察权由县公检法军事管制委员会统一行使。1978 年 12 月,重建县人民检察院,并作为县级政权部门单列。1980 年 3 月,设刑事、经济、法纪 3 个检察科和办公室。1991 ~ 1995 年,县检察院陆续增设监所检察科、控告申诉民事行政检察科、刑事检察二科,撤销经济检察科,成立反贪污贿赂局。1997 年,增设政工科,撤销控告申诉民事行政检察科,分设控告申诉、民事行政检察科。1999 年,撤销刑事检察一科、二科,设审查批准科、审查起诉科,增设法警队。2001 年,县人民检察院设局、科、室、队 10 个内设机构。

县人民检察院历任检察长更迭如下:任国栋(1984. 5 ~ 1999. 1)、焦玉明(1999. 1 ~ 2001. 3)、郑侃(2001. 3 ~ 2002. 4)。

原浦口区人民检察院 1955 年 12 月,区人民检察院成立,设 1 名检察长、2 名助理检察员。"文化大革命"期间,实行军管,检察职能停止。1978 年 11 月,重建区人民检察院,设内勤组和办案组。1982 年,保留内勤组,撤销办案组,增设刑事检察组、经济法纪检察组、监所检察组。1983 年 9 月,改设刑事检察科、经济检察科、办公室。1984 ~ 1998 年,先后增设监所检察科、法纪检察科、起诉检察科、批捕检察科、控告申诉检察科、民事行政检察科、反贪污贿赂局、政治处,撤销刑事检察科、经济检察科。2001 年,全院仍设有 1 局 6 科 1 处。

区人民检察院历任检察长更迭如下:田洪章(1979. 4 ~ 1984. 4)、谢顺龙(1984. 5 ~ 1990. 5)、冯莆生(1990. 6 ~ 2000. 3)、陈普照(2000. 4 ~ 2002. 4)。

浦口区人民检察院 2002 年 5 月,江浦县检察院与原浦口区检察院合并成立新浦口区检察院,内设反贪污贿赂局(局内设职务犯罪预防科等)及渎职侵权科、控告申诉科、侦察监督科、公诉科、民事行政科、监所检察科、政治处、监察室、办公室、政策研究室、检察委员会办公室、法警大队、高新技术开发区检察室 14 个科室。2005 年,渎职侵权科更名为反渎职侵权局。2012 年,增设案件监督管理科。2014 年,职务犯罪预防科更名为职务犯罪预防局,并调整为院内设科室。2015 年,全院设 16 个科室。

区人民检察院历任检察长更迭如下:郑侃(2002. 5 ~ 2007. 11)、杨建萍(女,2007. 12 ~ 2012. 3)、翟建明(2012. 3 ~ 2015. 12)。

审查批捕与起诉 审查批捕 1950 年,江浦县检察署直接管理违法乱纪、经济犯罪等案件。1955 年 1 月起,原浦口区检察院执行国家规定的审查批捕职能和制度,至 1966 年"文化大革命"开始,浦口区公安机关和自行侦查部门提请批准逮捕 2318 人,其中批准逮捕 2087

人，不批准逮捕225人，退查5人，公安机关撤案1人。江浦县批捕的人犯数占提请批捕人犯数的47.6%。1981年1月1日起，按照《中华人民共和国刑法》和《中华人民共和国刑事诉讼法》审查批捕案件，并对公安机关的侦查活动实行监督，同时对检察机关内部自行侦查的经济犯罪和渎职等犯罪案件的侦查活动进行制约，逐步实行侦、捕、诉分离制度，确保案件质量。1979～2001年，浦口区共受理公安机关和自行侦查部门提请批捕4712人，其中批准逮捕3809人，不批准逮捕779人，退查104人，撤案20人。江浦县1979～1982年、1983～1984年、1985～1987年批准逮捕的人犯分别占公安局提请逮捕的86.7%、67.1%、74.5%，不批准逮捕的分别占9.9%、27.9%、12.9%。1988年起，江浦县检察院坚持"基本犯罪事实清楚，基本证据确凿"的原则，从快审理批捕案件。同时建立健全重大刑事案件提前介入制度，以确保办案质量。至2001年，县检察院受理公安部门提请批捕各类犯罪嫌疑人2568人，经审查批准逮捕2070人。2003年，重点打击杀人、放火、抢劫、强奸等暴力恶性案件以及盗窃、诈骗等多发性侵财案件，浦口区检察院批捕暴力恶性案件34件38人、多发性侵财案件77件123人。2009年，集中力量打击黑恶势力犯罪和破坏市场经济秩序犯罪，受理侦查机关提请批准逮捕的各类刑事案件289件403人，经审查批捕案件235件308人。2011年，加大对经济园区建设领域、金融商贸领域、知识产权领域刑事犯罪的打击力度，其中批捕串通投标、假冒注册商标、合同诈骗类案件25件72人。2002～2015年，审查批捕人犯占受理侦察机关提请批准逮捕犯罪嫌疑人总数的83.93%。

审查起诉　1955～1965年，江浦县检察院向县法院提起公诉的被告人占受理县公安机关移送审查起诉人的93.3%，免予起诉的占2.2%，不起诉的占1.6%，年末积存的占2.9%。原浦口区1956～1966年共受理公安机关和自行侦查部门移送审查起诉1099人，其中提请公诉1010人，免予起诉48人，不起诉29人，退查10人，公安机关撤诉2人。1981年起，坚持"以事实为根据，以法律为准绳"的原则，逐步完善各种法定手续和制度，并依法作为国家公诉机关和公诉人身份出庭支持公诉，同时对法院的审判活动实行监督，浦口区1979～1999年共受理公安机关和自行侦查部门移送审查起诉4167人，其中提起公诉3521人，免予起诉261人，不起诉46人，退查251人，移送他院2人，公安机关撤案86人。1988～2001年，江浦县受理公安机关和自行侦查部门移送审查起诉2281人，决定起诉240人。2005年，针对刑事犯罪发案率高、团伙犯罪现象突出等特点，实行案件分类办理工作模式，发挥主诉检察官的主观能动性，确保案件在法定时效内审结公诉，全年受理审查起诉与提起公诉案件分别为316件511人、305件488人。2015年，受理审查起诉案件726件1034人，提起公诉672件943人，均为2002年以来最高值。

职务犯罪侦查　1980年，江浦县、原浦口区检察院直接受理贪污、受贿、偷税、挪用公款及刑讯逼供、诬告陷害、玩忽职守等经济、法纪案件。是年起至2001年，浦口区共查处经济犯罪案件192件，其中贪污案84件，受贿案43件，挪用公款案29件，审查起诉134人，免予起诉50人，不起诉3人，为国家和集体挽回经济损失2324万元；受理法纪案件176件，立案

39人,其中玩忽职守案7件,重大责任事故案17件,包庇案2件,审查起诉16件,免予起诉20件。同期,江浦县立案侦查贪污贿赂案件164件,挽回经济损失1379万元,其中1988~2001年立案侦查119件194人,挽回经济损失1366万元;受理渎职侵权案件185件,立案侦查67件。2002年新区成立后,区检察院保留反贪污贿赂局,法纪检察步入反渎职侵权的专业化轨道。2003年,在查办职务犯罪案件中,坚持"一要坚决,二要慎重,务必搞准"的原则,从制度上杜绝有案不查、压案不立的现象,规范办案机制。2009年,围绕"理性、平和、文明、规范"的执法要求,建立和运行反贪一体化协作机制,整合办案资源,强化举报线索管理评估,加大案件初查和审讯力度,立案查办5件5人,挽回经济损失411万元。2013年,推行职务犯罪侦查模式转变,在案件查办中采取信息引导侦查,建立侦查信息平台,拓宽线索发现机制,推进科技强侦,提升干警能力,经验和做法被《最高人民检察院简报》转发。2014年,贯彻中央部署,严肃惩治"领导干部、重要岗位、重点领域"的腐败,全年立案查办反贪案17件22人,工作经验被《法制日报》等媒体广泛宣传。至2015年,14年累计受理反贪案件231件,立案查办126件149人,立案查处渎职侵权案件27件47人。

民事检察 民事控告申诉 1955年12月起,区、县人民检察院本着对人民对法律负责的精神,建立公民的控告申诉及来信来访登记、接待和统计制度,并将申诉材料转交有关职能部门查处,检察院负责催办和答复。1988年,江浦县检察院成立经济犯罪案件举报接待室(后改为控申接待室)。1997年,实行院长接待日制度。1998年,成立反贪举报奖励协会。1994~2001年,累计受理来信来访1090件(次),初查96件,其中1998~2001年受理来信来访443件(次),举报262件,初查57件。原浦口区1979~2001年共受理来信来访2662件(次),受理各类举报线索929件。2002年,区检察长接待群众改上访为下访,正副检察长轮流赴镇街巡回接待群众17次,接受群众法律咨询100余人次,受理群众来访12件。2003年,在桥林镇、永宁镇设立检察官办公室,接受群众的申诉、控告和举报。2010年,制定《浦口区检调对接工作实施办法》《浦口区人民检察院刑事被害人救助工作实施办法》,建立涉检信访与司法调解、社会救助的社会矛盾化解机制。2011年,区检察院控申接待室被国家最高检察院评为全国检察机关文明接待室。至2015年,14年累计受理信访613件(次)、控告53件、申诉438件。

民事行政检察 1991年,江浦县民事行政检察业务由刑事检察科、控告申诉检察科兼办。1997年1月,转由民事行政检察科专办,至2001年,共受理婚姻财产、合同纠纷、人身损害赔偿、贷款纠纷等民事行政申诉案65件,立案74件(含积案),提请抗诉30件。期间,原浦口区检察院受理民事行政申诉案80件,决定立案24件,提请抗诉9件。2002年起,区民事行政部门规定所有来信来访事项的受理干警为第一责任人,实行全案流程控制制度。2003年,首次采取再审和执行"和解"方式,妥善处理民事行政案20件,立案5件,建议抗诉3件。2007年,与区法院联合制定《关于民事行政案件检查监督互相配合若干问题的意见》,促进民事行政检察工作有效开展,全年受理民事行政申诉案22件,建议提起抗诉3件。

2012 年,加强对基层派出所执法监督,集中审查近百件取保候审案件,把尊重和保障人权落到实处;参与动迁治乱整破专项行动,制定快速应对妨碍公务案件等多项执行制度,增强工作推进力。全年受理案件 40 件,申诉和解 22 件,提请抗诉 2 件,做出终结审查 1 件。2015 年,拓展民事行政检察工作触角,与区法制办协作,针对朱家山河污染、非法行医、矿渣堆场、违法用地等问题发出履职检察建议 13 件。

三、法 院

民国时期审判机构 民国元年(1912),江浦县知事公署设承审员署。是年 7 月,在县知事公署浦口办事处设委员,承转一切民刑事件。16 年,审判机关定名为法院。22 年,江浦县设承审员 1 人、书记 2 人、法警 6 人,实行"政审合一",民事案件均由县长兼理。36 年起,江浦县司法处隶属江苏省高级法院镇江分院,原浦口区第一审案件由首都地方法院受理。

江浦县人民法院 1949 年 10 月,江浦县政府设司法科。1950 年 9 月,撤销司法科,建立县人民法院,由上级任命法院院长、副院长,法院作为政府工作部门。12 月,县人民法院建立土改法庭,1952 年底撤销。1954 年,县人民法院组建第一、第二巡回法庭及高旺、王村、永宁、东葛 4 个审判站。1955 年 6 月,县一届人大二次会议选举产生县人民法院院长,县人民法院作为政权部门单列。1968 年起,审判职权由县公检法军事管制委员会行使。1973 年,恢复县人民法院,至 1978 年 11 月,为县革委会工作部门。1974 年,成立珠江、桥林、永宁人民法庭。1980 年,增设星甸法庭。1981 年起,县人民法院先后设立刑事庭、民事庭、经济庭、执行庭、行政庭和第二刑事审判庭。1989 年以后,陆续增设告诉申诉庭、法警队(1998 年更名为法警大队)、研究室、政工科、纪检组、监察室、未成年人案件审判庭、立案庭、审判监督庭,撤销第二刑事审判庭、告诉申诉庭,民事审判庭更名为民事审判第一庭,经济审判庭更名为民事审判第二庭,撤销珠江、星甸法庭。2001 年,全院设有 13 个内部机构。

县人民法院历任院长更迭如下:张恺(1955.6 ~ ,1973.5 ~ 1984.5)、颜洪根(1984.5 ~ 1996.4)、金仁义(1996.4 ~ 1999.12)、董业俄(1999.12 ~ 2002.5)。

原浦口区人民法院 1950 年 12 月,建立南京市第七区人民法庭。1951 年 11 月,成立南京市第七区人民法院。1955 年初,更名为浦口区人民法院;5 月,由区一届人大三次会议选举区法院院长。1967 年 3 月,区军管会对人民法院实行军事管制。1973 年 5 月,恢复区人民法院。1979 ~ 1998 年,先后设立刑事审判庭、民事审判庭、办公室、经济审判庭、刑事审判第二庭(1988 年 5 月撤销)、沿江人民法庭、告诉申诉庭、行政审判庭、执行庭、政工科(后改为政治处)、法警大队、调研室、未成年人案件审判庭。至 2002 年 4 月,法院共有在岗人员 61 人。

区人民法院历任院长更迭如下:张希昌(1955.5 ~ 1957.12)、睢有合(1957.12 ~ 1960.3)、程生明(1960.3 ~ 1963.10)、王景和(1963.10 ~ 1967.2,1973.5 ~ 1980.9)、刘福堂(1980.11 ~ 1984.5)、尚玉刚(1984.5 ~ 1990.4)、鲍永贵(1990.4 ~ 1999.12)、金仁义

(2000.1～2001.4)、时金峰(女,2001.4～2002.4,副院长,主持工作)。

浦口区人民法院 2002年5月,江浦县、原浦口区人民法院合并成立新的浦口区人民法院。内设办公室、政治处、监察室、研究室、司法行政科、立案庭、刑事审判庭、少年庭、民事审判第一庭、民事审判第二庭、执行庭、行政审判庭、审判监督庭、法警大队及珠江、桥林、永宁3个人民法庭。2005年增设纪检组。2006年,增设审判管理办公室,珠江法庭更名为江浦法庭。2014年,增设民事审判第三庭。2015年,上述机构未变。

区人民法院历任院长更迭如下:董业俄(2002.5～2002.6)、时金峰(女,2002.7～2005.12)、陈书林(2006.1～2012.3)、孙齐龙(2012.3～2015.12)。

刑事案件审判 江浦县人民法院建立初期,根据公安局侦查结果,结合党和国家的政策、现行法规审判,1950年,就地审理匪首、恶霸、特务、反动会道门骨干等反革命分子。是年冬,县人民法院在桥林镇召开万人公审大会,公开审判处决伪桥林警察分局局长张及霖。至1951年底,江浦县审结反革命案304件。同期,原浦口区逮捕审理反革命分子347人,枪决一批罪大恶极的反革命分子,宣布管制128人。1953年试行律师辩护制度。1954年起,试行人民陪审员制度。政治类案件均由公安局侦查、检察院起诉、法院审判,婚姻类、轻微损害类等普通刑事案件由法院自理。1955年9月至1957年4月,在肃反运动中,江浦县审结反革命罪案107件,浦口区逮捕审理反革命分子103人。1958～1965年,江浦县法院审结刑事案件804件,其中反革命案占8.5%。"文化大革命"期间,浦口区法院审理反革命案87件,绝大多数为冤假错案,并于1979年对冤假错案进行复查甄别,给予纠正。是年起,先后恢复人民陪审员制度和律师辩护制度。完善审判制度,从依照政策办案转变为依法办案,实行公开审判制,严格执行辩护、回避、上诉等制度,同时实行会议制审判(由审判员1人或3人与人民陪审员2人组成)和简易庭审判。1980年后,县、区法院不再审理政治类刑事案件。1983年8月始,人民法院与公安、检察机关密切配合,依照"从重从快,一网打尽"的方针和"宽严相济"的政策,审结一批严重危害社会治安的犯罪案件。至1989年,江浦县、浦口区法院分别审理各类刑事案件1002件、1781件。1996年,法院实施审判组织改革,下放裁判权,赋予合议庭和独任审判员裁判权。2000年,建立"立案、审判、监督、执行"分立制度,探索审判流程管理,即实行案件审限公示制、审限届满警示制、超审限曝光制,力求审判程序公正高效。至2001年,江浦县法院12年累计受理刑事案件1529件,审结1519件;浦口区法院受理刑事案件1903件。2003年1月15日,南京市中级人民法院到浦口区召开宣判大会,依法判处2002年震惊全区的"7·25"抢劫杀人案3名主犯宋某某、周某某和张某某死刑。2012年,区法院受理刑事案件545件,审结530件。其中,王某利用老丈人的职务便利收取好处,被判处"利用影响力受贿罪"。该案系江苏省首例,《人民法院报》作专题报道。是年,区法院被最高人民法院评为全国法院思想理论宣传先进单位,桥林人民法庭被江苏省高级法院评为全省优秀人民法庭。至2015年,14年累计受理刑事案件6372件,审结案件6169件。

民(商)事案件审判 1950～1953年,江浦县、原浦口区法院受案数分别达924件、620

件,涉及婚姻、抚养、赡养、房屋、债务、赔偿、继承、土地、山林、水利纠纷等方面,其中离婚案件分别占68%、42%。此后,民事案件逐年下降。1972年、1973年,江浦县、浦口区受理民事案件各10件。1977年起,民事案件呈上升趋势,侵犯名誉权、侵犯著作权等新类型案件相继出现。有关民事审判的程序法、实体法相继颁布实施,民事审判工作开始走向法制化轨道。浦口区1980年受案数突破200件,1986年突破400件,1987年突破500件。江浦县1978～1986年受理民事案件928件;1984～1987年,县法院经济法庭办结经济纠纷案件340件,诉讼标的223万元。1991年后,执行修改后的民事诉讼法,改变法院包揽调查取证为主的审判方式。1996年,改革开庭程序和模式运作,变"纠问式"为"诉辩式"审判方式,使法官由主导、查问角色转向引导、主持和裁判角色。这一时期,房地产、环境污染、劳动争议、侵犯肖像权等案件开始出现,债权债务案扩至生产流通领域的借用、买卖、承揽加工和合伙内部财产纠纷案。1999～2000年,浦口区法院首次受理作家王某某诉石林商场总经理刘某劳动报酬案、铁道部大桥工程局第四工程处诉徐某某侵权案等,调解天津出租车汽车公司13名驾驶员诉天津汽车工业公司江苏省销售经营部汽车挂靠经营案。江浦县法院先后12次深入南京长江给排水管理有限公司、江浦县水泥厂、江浦标准件厂等企业现场办公,帮助清理呆账,仅标准件厂一次性立案27件,且全部审结。至2001年,江浦县法院12年累计审结民事案件8799件、经济案件4752件,审结案件标的53097万元;浦口区法院同期受理民事案件7682件、经济案件3721件,审结案件标的33312万元。2002年9月,浦口区人民法院经济庭撤销,成立民事审判第二庭,专职审理各类商事纠纷,诸如法人之间、法人与其他经济组织之间的贷款纠纷、农村土地承包合同纠纷、企业内部承包或租赁及产品质量纠纷等。全年依法审结南京江洋化工有限公司等破产程序案13起,审结永丰乡442户农民起诉江苏农垦某某种子集团公司种子质量纠纷等案件2503件。2004年,审理桥林镇124户农户40公顷稻田受污减产案,被南京市新闻媒体评为2004年度十大维权案之一。全年调解民事案件2499件,结案1489件;审结房地产案227件、金融纠纷案37件。2005年,审结民(商)事案件2345件,已调解或经调解撤诉的案件占61%。2006～2010年,审结各类民事案件7942件、商事案件12697件。2011年8月,区法院在区劳动争议仲裁委员会挂牌成立劳动争议巡回法庭。全年审结劳动争议案件1375件,居各民商事案件之首。2012年,推进司法便民利民工作,成立诉讼服务中心,为群众提供案件查询、诉讼指导、判后答疑等"一站式"服务,成功化解13名铁路保安员状告某单位支付相关的经济赔偿、社会保险案。是年,诉讼服务中心被评为全市法院系统优秀服务窗口。2014年2月,区法院设立民事审判第三庭,负责依法审理房屋买卖、租赁、按揭、开发合同纠纷及土地使用权出让、转让合同纠纷、建筑工程承包合同纠纷、邻地利用权纠纷等案件,当年9～12月办案407件,结案91件。至2015年,5年累计审结婚姻家庭、房屋买卖、损害赔偿、民间借贷、劳动争议、医疗纠纷、物业纠纷、消费纠纷、债权债务、交通纠纷10类民(商)事案件33270件,其中民间借贷、损害赔偿、婚姻家庭案件位居前三位,医疗纠纷发案率最低,仅有23件。

四、司法行政

江浦县司法局 1949年冬，县政府设司法科，兼管司法行政工作。1950年9月，撤销司法科，设立县人民法院，实行审判与司法行政合一体制。1981年1月，县司法局成立，下设秘书股、宣传股、调解股、法律顾问处、公证处，编制7人。1985年，增设桥林镇、星甸乡法律服务所，13个乡镇配备专职司法助理员。2001年，县司法局内设办公室、政治工作室、法制宣传科、基层工作科、法律服务管理科、法律援助工作科6个职能科室及公证处、律师事务所、镇街司法所，行政编制61人，行政附属编制4人。

原浦口区司法局 1952年11月，第七区人民政府设立司法科。1953年9月，撤销司法科，设立市人民法院第七分庭，兼行司法行政职能。1981年3月，区人民政府重建司法科，配备乡、镇、街道司法助理员。1984年6月，司法科更名为南京市司法局浦口分局。1987年9月，分局内设调解工作科和法制宣传科。1997年10月，分局更名南京市浦口区司法局，内设综合科、法律宣传科、基层工作科、安置帮教工作科、公证律师管理科。1999年9月，增设法律援助中心。2001年，全局有公务员20人；下设公证处，有公证员3人；2个律师事务所，有专职律师7人。

浦口区司法局 2002年5月，成立新的浦口区司法局，内设办公室、政治工作科、法制宣传科、基层工作科、法律服务科，行政编制33人，行政附属编制4人；镇街司法所行政编制28人。2008年，增设社区矫正工作科。2012年，社区矫正工作科更名为社区矫正管理局。2015年，司法局机关行政编制37人，司法所行政编制30人。

普法宣传 1950～1952年，江浦县先后开展《中华人民共和国土地法》《中华人民共和国婚姻法》宣传活动。1983年春，开展新《中华人民共和国宪法》宣传周活动。1985年起，实施中宣部、司法部《关于向全体公民普及法律常识的五年规划》(简称"一五"普法教育)，重点宣传宪法、刑法、刑事诉讼法、民事诉讼法、婚姻法、经济合同法、森林法、兵役法、民法通则、继承法、治安管理处罚条例"十法一例"。至1987年底，江浦县参加学习并经考核合格的公民达9.19万人，占应普法对象的63.4%；原浦口区参加普法12.3万人，占应普法对象的93.5%。1991年，开展以宪法为核心，刑事、民事、行政、土地、环保、义务教育、计划生育等专业法为重点的"二五"普法教育。1995年，完成"二五"普法，经市级检查验收，江浦县、浦口区普及合格率分别达90%、93%。"三五"普法教育以科局级以上领导干部、司法人员、行政执法人员、企事业经营管理人员和青少年为重点对象，主要学习宪法、刑法、民法通则及未成年人保护法。2000年12月，江浦县村以上各级干部5380人参加学法考试，合格率100%；浦口区学法普及率85%。2001年，江浦县、浦口区分别制定"四五"普法宣传教育规划。2002年起，按年度组织领导干部、公务员、青少年等学习劳动法、行政诉讼法、行政复议法、传染病防治法、道路交通安全法、行政许可法等法律法规。2005年11月8日，区"四五"普法宣传教育通过省、市考核验收。2006年，实施浦口区"五五"普法规划，首次把农民群众列为法制宣传教育重点对象。开展"法律六进"(进机关、进社区、进学校、进单位、进企业、进村组)活动,66 名驻区高校的法学专家、学者和法官、检察官、律师、有关法律服务人员组成普法讲师团,分赴 11 个镇街开展村委会组织法、物权法、消费者权益保护法、义务教育法等宣传活动,举办村、社区干部、群众法制讲座 150 余场次。2009 年,开展送法进社区、村 109 次,发放宣传资料 1.89 万份。2010 年 5 月,全区“五五”普法通过省、市验收。“六五”(2011～2015)普法期间,注重法治文化品牌建设,打造法治宣传亮点,在求雨山文化名人纪念馆成立法治书画创作展示基地,汇集书法名家及民间书画作品 300 余幅,编印民间法治作品画册,新建泰山街道法治体验馆、顶山街道法治文化校园、沿江街道法治文化园、星甸街道法治文化教堂、江浦街道法治文化墙、桥林街道法治文化民间艺术团等。《法制日报》专题报道浦口区将传统文化与法治文化融合的经验。2015 年,组建南京审计学院、南京工业大学、南京信息工程大学等驻区高校师生 209 人参加的法治宣传志愿者服务团,开展“入百村普法、惠万户民生”法治宣传专项行动,举办服务活动 57 场次,专访居民 3475 户,发放法律宣传资料 9400 多份。是年,浦口区获 2011～2015 年全国法治宣传教育先进区称号。

律师服务　1953 年,江浦县人民法院试行律师辩护制度,配备律师 1 人。1958 年,律师工作中止。1979 年,恢复律师工作,由法院代管。1981 年,成立江浦县法律顾问处,向机关、企事业单位、社会团体和人民群众提供法律咨询和帮助,维护公民的合法权益。至 1983 年,解答法律咨询 281 件,代写各类法律文书 137 份,办理民事代理案 17 件、刑事辩护案 33 件。1984 年,首次为林山制药厂等 4 家单位和 1 户个体户担任法律顾问。1987 年 5 月,县法律顾问处更名县律师事务所,时有律师 7 人。至 1990 年,有顾问单位 50 家,10 年累计担任刑事辩护案 289 件、民事代理案 524 件。1993 年,律师机构体制实行多轨制改革,律师事务所实行主任负责制,律师实行浮动工资制。是年,有顾问单位 138 家,代理刑事辩护案 70 件、民事代理案 153 件。1995 年,成立兴浦、天理 2 个律师事务所,有专职律师 8 人。1999 年,兴浦、天理律师事务所合并成立兴天浦律师事务所,执行律师合伙制度。2001 年,担任法律顾问 80 家,代理刑事、民事案 246 件。1991～2001 年(除 1994 年),江浦县律师机构累计办理刑事辩护、民事及经济等代理案件 2172 件。浦口区南京长江律师事务所(2003 年撤销)、南京浦华(后更名致祥)律师事务所 1984～2001 年累计受聘担任法律顾问 292 家,办理刑事辩护案 518 件、民事代理案 1525 件、非诉代理案 181 件,代拟法律文书 393 份,为单位和公民避免和挽回经济损失 6175 万元。2002 年 4 月,三宝律师事务所在珠江镇二条巷挂牌成立。2006 年,开展律师事务所“规范建设年”活动,落实统一接案、公示收费标准等工作制度。全年办理刑事辩护案 182 件,代理民事及经济案 1399 件,非诉代理案 123 件。律师服务机构担任常年顾问单位 238 家。此后,江苏天九、江苏秦理膨、江苏张院生、江苏江北、江苏法契、江苏殊成、江苏宁瑞、江苏禾顺、江苏宾至律师事务所先后成立。2015 年,全区有律师事务所 12 家,专职、实习律师 97 人,常年法律顾问单位 169 家。2011～2015 年,律师事务机构共办理刑事辩护案 437 件、民事代理案 4119 件、行政诉讼代理案 43 件、非诉讼代理案 63 件,代写法律文书 886 份,法律援助 1023 件,业务收入 4107 万元。

公证服务 1981 年、1984 年，先后成立江浦县、原浦口区公证处，分别代表国家行使公证权，以办理公民人身关系、财产关系和企事业单位之间供销合同等公证为主，坚持办证质量第一的原则。1984 年 11 月，江浦柴油机厂与建设乡巩固村签订一份联合经营协议书，申请江浦县公证处公证。公证员在审查协议书时，发现村委会以 20 亩耕地面积按每亩 4000 元折算入股投资，办证人员认为这一协议与国务院 1982 年公布实行的《国家建设征用土地条例》有抵触，拒绝办证。至 1988 年，江浦县 5 年累计出证 1827 件，其中经济合同公证 1479 件。1995 年起，公证业务向农村、企业拓展。1997 年，江浦县公证处、浦口区公证处同时办理涉外、涉中国港澳台地区的民事、经济公证。1998 ~ 2000 年，江浦县公证处共出证 2552 件，其中经济合同公证 2219 件。1984 ~ 2001 年，浦口区公证处共办理民事公证 5494 件、经济公证 2366 件、涉外公证 20 件。2003 年 10 月，江浦县和原浦口区公证处合并为浦口区公证处，在岗人员 8 人，其中公证员 4 人，公证处设有珠江镇文昌路 19 号和泰山街道浦东路（劳务市场后）2 个办公地点。2005 年，区公证处定为全额拨款事业单位，核定事业编制 4 人。2007 年，区公证处更名为南京市浦口公证处。是年，实现与市公证数据中心信息联网，全年办理各类公证 3236 件。2008 年，开展“公证质量建设年”活动，在办理房产买卖、赠与、赡养协议等传统公证的同时，开拓退伍军人自谋职业协议、工商部门行政处罚决定、公证送达和土地挂牌投标等公证业务。全年办理各类公证业务 2678 件。2013 年，浦口公证处原办公地点分别迁至江浦街道珠海路 8 号和原浦口区新马路（浦欣家园内）。2015 年，在编人员 4 人，在岗人员 11 人。全年办理各类公证 2542 件，其中民事类公证 2219 件，经济类 323 件。

人民调解 1950 年，江浦县人民法院成立后兼管人民调解工作，始设基层调解组织。1981 年，调解工作转为县司法局主管，各公社、镇成立 3 ~ 5 人的调解工作领导小组，全县成立 173 个基层调解委员会。1982 年，原浦口区有调解委员会 116 个、民调小组 307 个、调解人员 1261 人。调解工作以预防激化为重点。1987 年，江浦县 155 个村及 224 家工矿企业成立调解组织，调处民事纠纷 980 件。1990 年起，贯彻《人民调解委员会组织条例》，开展村级调委会组织、工作、制度、报酬“四落实”标准化建设。2001 年，江浦县各镇建立重大疑难纠纷调处中心，基层调委会调整为 150 个。浦口区基层调委会调整为 105 个，1984 ~ 2001 年，全区累计调处民事纠纷案 20832 件。1988 ~ 2001 年，全县累计调处民事纠纷案 1.22 万件。2004 年，浦口区构建“大调解”工作机制，建立区调处中心 1 个、镇街调处中心 11 个、村（社区）调委会 169 个。2005 年，区司法局被中华全国人民调解员协会评为人民调解宣传工作先进单位。2009 年，区法院、检察院、公安分局分别成立人民调解工作室。2011 年，贯彻《中华人民共和国人民调解法》，健全完善调解组织，区、街镇两级及 128 个村（社区）全部建立人民调解委员会，有人民调解员 1341 人，其中专职调解员 44 人。2013 年 9 月，汤泉街道泉西社区调委会被司法部授予全国模范调解委员会称号。2015 年，全区有调委会 133 个，调解矛盾纠纷 5439 件，其中婚姻家庭 512 件，邻里关系 677 件，债权债务 120 件，损害赔偿 1212 件，经营承包合同 105 件，宅基地等 2813 件。

第九节　军　事

一、军事机构及地方武装

明初，在浦口城内金汤门大街及西江口设巡检司，各设巡检1员、兵士若干名，掌控驿站及关隘要地。正统十四年(1449)，组织乡兵和民壮，工食支于丁粮。天顺元年(1457)，官府配给鞍马器械。崇祯八年(1635)，知县李维樾设民壮210人，其中火攻手150人。清雍正二年(1724)，知县项维正组织团练，招募民壮50人。

民国3年(1914)，按行政区筹办保卫团。每区设团总1人，团董2人，甲、牌长1～4人，团丁20～60人。20年，县保卫团撤销，成立保安队，约40人；各区成立保安分队，每队10～20人。26年12月，日本侵略军侵占江浦后，保安队解散。27年4月，县政府成立常备队，次年改称保安团，下设3个大队、10个中队、30个分队，人数近千人，分别驻守星甸、汤集、石村、石桥、乌江、周营等地。31年，县保安团下设3个大队、1个突击队，人枪千余。

民国32年(1943)3月，中共皖江区委和含地委在江浦西境与和县北乡地区建立江全县地方武装江全大队，大队部设在石桥大姚村，下辖3个中队，共800余人。次年9月，江全大队并入和含独立团。

民国34年(1945)秋，江浦县政府保安团改编为保安中队，下设3个分队9个班，列兵百余人。该中队隶属江苏省保安司令部统领，由县政府军事科指挥。36年，县保安中队改为县民众总队，县长姚镜涵兼任总队长。37年春，县民众总队更名为县民众自卫总队，县长虞明让兼任总队长，下辖10个地方自卫队，近300人。

1949年2月，中共华东局成立江浦县大队，至当年4月，大队扩编到360余人。1950年10月，建立江浦县人民武装部，属地方领导，各区设立区民兵队部。1952年，县人武部改为部队建制，隶属皖北行署滁县军分区，设部长、政委各1人，军事股4人，政工股2人，公务员1人。区民兵队部编额5人。1954年10月，成立江浦县兵役局(1959年春撤销)，与县人武部合署办公。1958年8月，原南京市浦口区人武部成立，军队建制，隶属南京军分区。1986年6月，江浦县、浦口区人武部由军队编制改为地方编制，实行军队和地方双重领导。1996年4月，县、区人武部由地方编制收归军队建制，隶属南京军分区。2002年8月，根据中央军委指示，撤销江浦县和浦口区人武部，组建新的浦口区人武部，隶属南京警备区。人武部设军事科、政工科、后勤科，下辖25个基层武装部。2015年，区人武部内设机构不变，下辖22个基层武装部。

二、驻 军

隋开皇八年(588),隋军总统帅杨广(后为隋炀帝)率精兵50万南下伐陈,于宣化镇(隋改六合镇,元改浦子口,即明浦口城一带)桃叶山下筑城屯兵,并命大将韩擒虎、贺若弼领兵分别从京口、采石包抄建康。明洪武四年(1371),南京守备厅设浦口守御厅,专督应天、龙虎、武德、横海、和阳5卫官兵。清雍正十年(1732),浦口守御厅改设浦口营,防守江浦及六合、来安、滁州、全椒地方。咸丰三年(1853),太平天国燕王秦日纲在九袱洲建堡垒,设铁索横江,驻守太平军2万余人,配备大炮2000门。八年,在江浦建立以钦差大臣德兴阿为首的第二江北大营,营部设在浦口万峰门外,分兵驻小店、县城、高旺、石碛镇及乌江、西江口等地。同治十一年(1872),淮军提督吴长庆率庆军等6营驻防浦口。光绪七年(1881),浦口营设都司佥书1员、千总1员、把总2员、外委千总1员、外委把总2员、额外委4员、马战兵46名、步战兵73名、守兵244名。三十一年,松江提督张勋率江防营7000人分驻浦口中敌台、桃花坞、宝塔山一带,督办公署设在攀龙门内老营盘。宣统三年(1911),江防营退守南京。

民国元年(1912),国民革命军第一军军长柏文蔚率兵一师进驻浦口,次年8月调往江西。6年7月,江苏陆军第六师步兵第二十三团三营、炮兵一连、江苏宪兵一排、工兵一营驻防县城。11月,陆军第十六师步兵第六十四团第一营驻扎县城,第二、三营及炮兵、工兵各1营,骑兵、辎兵各1连分驻浦镇、花旗营和东葛一带。8年5月,第六师步兵第二十三团领步兵2营、机关枪1连驻守东门攀龙门一带。16年3月,孙传芳五省之师10万人由江西退走沪杭,途中占据浦口、浦镇。26年11月,国民党第八十五师驻守江浦县城及周围交通要隘。12月,日本侵略军第十军十三师团侵占乌江、桥林、江浦县城及浦口镇,六师团十三步兵联队一部侵占浦镇、花旗营、东葛、西葛等地,构筑据地,每据地驻守日本侵略军1个小队或中队。28年3~8月,中共新四军四支队抗日先遣队一连、八团及五支队十团先后驻扎陡岗、星甸、石桥和花旗营等地。37年12月,国民党二十八军五十二师、八十师、一九五师、暂七师分驻江浦县城及浦口、浦镇、高丽、石佛寺地区,军部设在今铁路小学旧址。

1949年2~3月,中国人民解放军华东军区某野战军先后抵达江浦县境,分驻陡岗、石桥、汤泉和永宁地区。1953年9月,人民解放军某部两个师进驻浦镇,1976年3月调防镇江。1967年8月,人民解放军某部从安徽省滁县移防浦口,1998年撤销该建制。1976年3月,86818部队从上海调防浦口,1998年9月撤销该建制。1981年6月,某部从江苏省无锡市移防浦口区。同年7月,人民解放军某部队驻防浦口。1999年4月,江苏陆军预备役某师迁至浦口区。

三、战 事

明末农民军攻打江浦城 明崇祯八年(1635)十二月二十七日,农民起义军张献忠部将张有义(号称“一盏灯”)攻打江浦城。是日黄昏,为联络城内饥民作内应,“一盏灯”在进攻前向城内发出两支带响的箭，相约夜间攻城。不料被知县李维樾和屠夫张东保巡城发现，他们将计就计，设谋以待。晚间，农民军埋伏在城外，“一盏灯”自城下“猿行疾升”，当他翻跨城墙时，张东保伪装为饥民，欺骗他说：“幸我接尔，尔勿遽也。”话音刚落，“急按其手，挥屠刀断之。”“一盏灯”尸体坠地，农民军怒火万丈，悲愤的喊杀声震憾全城。约二更天，一群标兵自城南入城。黎明时，都督陈某率师从庐州回应天府，路过江浦，留守助剿。二十八日，陈某统领全军及标兵出城讨战，农民军迎战反击，标兵奔溃，陈某退避农家引火自焚。此时，守备蒋若来率轻骑百余人入城，朝廷又调进大炮和火药，加强县城防御实力。农民军攻城不克，决定寻机再战。是年除夕夜，城内明军吃得熏熏大醉，农民军先遣队摸黑登城，“潜杀醉卒”，剥其衣自己穿上，“杂队中为内应”。不巧被庠生熊国玺发觉，大声呼喊：“城上有贼！”农民军“追杀之，以其头置于虎皮椅上示众”。蒋若来闻讯立即组织进攻，城外农民军配合先遣队奋起迎战，刹时炮声震地，火光冲天。农民军为保存实力，连夜撤离江浦。

太平军转战江浦 清咸丰三年(1853)三月，太平天国起义军(简称太平军)由皖入境，攻占石碛桥、浦口和县城，分据沿江要隘，于驻马河口、九袱洲构筑营垒，阻隔清军长江南北之师。四年三月、六月，江浦县城、浦口相继失守；十月，九袱洲失而复得，太平军坚筑石垒，又以铁索横江。五年二月，总兵王鹏年伏兵九袱洲，阻击北固、京口、瓜州、金山各路太平军，300多艘船只被焚，江上铁索被断。四月，南军吴全美率红单船(即广东商船)14艘由浦口上行，进泊新江口、西江口，击沉太平军船只700余艘。接着炮击三山矶太平军水营，太平军首领罗大纲中炮身亡。六年三月，太平军由新江口攻取县城，刺死清团首千总薛一相，击毙城守外委千总世袭云、六品军功王长贵，骑尉徐伦庚孤守北门，拒降自刎。太平军龙盘虎踞县城后分股并进，向西攻击陡岗，向东攻至浦口，浦口守军不战而溃。当月，南军总兵张国梁、北军总兵穆克登额联营夺回浦口及盘城等集镇，又密遣侦察兵潜入江浦县城，焚毁太平军火药库，清军都司蓝某、参将萨某率兵3000人趁机进攻，太平军退出县城。五月，太平军检点黄三率军夺回县城，清军溃败。八年二月，提督鞠殿华帮办江北军务。三月，北军总兵安某等光复县城。四月，北军协领乌尔某、都司姜某领马队、兵勇分驻石碛镇、高旺镇，南军副将黄某等率水师驻守西江口，提督鞠某、富某率大队连破蒋山口、大刘庄、绰庙集一带太平军13座营垒，太平军伤亡千余人。六月，北军游击刘某领甘肃兵800人、副将马某领兵勇2000人、佐将杜某领黑龙江马队400人分驻县城，曾被太平军击破的清军江北大营重新建立，天京陷入重围。九月，陈玉成、李秀成合师滁县乌衣镇，准备二破江北大营。江北大营总领、钦差大臣德兴阿从浦口发兵至小店(今永宁街道)，企图阻止太平军进攻。八月，陈玉成、李秀成主动出击，大败清军，并一鼓作气，乘胜追击，从九袱洲直取浦口，斩副将陈升、副都统乌尔恭额，歼灭清军1万人，击溃清军营盘50余座。攻陷浦口后，太平军立即围攻县城，团首石模及民团全部覆灭。

同治二年(1863)五月，天京告急。六月，李秀成应诏由安徽省天长县、来安县南下，突破曾国藩重兵围困，十多万人马伤亡大半。六月二十日，太平军从九袱洲渡江回京，曾国藩连忙召集各水师将官开会，重新部署兵办，命令清军对各镇太平军发起猛攻。提督肖庆衍率陆师袭击浦口，太平军伤亡惨重，只得退至九袱洲。江浦县城太平军孤立无援，失去抵抗能力，一部南撤渡江，一部向九袱洲靠拢，途中遭清军阻击，溺水、战死者数以万计。六月三十日，曾国藩决计攻取九袱洲，令总兵丁泗滨等4营为头队进攻下关，总兵喻俊明等6营为二队进攻草鞋峡，总兵彭楚汉为三队从中策应，彭玉麟率兵占据九袱洲上游，以牵制洲上守军。杨岳斌亲自督战，以枯荻灌油纵火江上，太平军数百船只遭焚，下关、草鞋峡8座营垒相继陷落。各路清军猛扑九袱洲，太平军以石垒为依托，英勇抵抗，消灭湘军大批精锐。清军将领彭玉麟对参战的清军下令："攻占九袱洲才准班师，否则传餐而战"。清军对九袱洲腹地发动全力进攻。七月初，太平军将士终因寡不敌众，2万多守洲将士全部壮烈牺牲。

抗日战争 民国26年(1937)12月11日晚9时许，侵华日军第十军团国崎支队由乌江到达桥林南部百子山，与国民党江宁师管区部队发生枪战，侵华日军以炮还击，打死打伤守军10多人。是夜，日本侵略军沿浦乌公路东进，于12日凌晨抵达五里桥后，以小钢炮和重机枪掩护，抢攻求雨山。国民党守军八十五师五十八团毫无戒备，仓惶应战，300人葬身炮火。城内数百名守军边打边退，从东门和北门撤离，县城沦陷。

民国28年(1939)8月中旬的一天傍晚，两辆满载侵华日军和军需物资的汽车由浦口沿浦乌公路驶向江浦县城。车过七里桥后，进入埋伏在龚家洼和彭家山头的新四军五支队十团两个连队的伏击圈，在团参谋长宋文的指挥下，战士们集中目标猛烈射击，打死打伤日本侵略军50余人，缴获汽车、枪械等所有物资。

民国30年(1941)1月4日夜，侵华日军1000多人兵分三路，即北路沿老山南麓、中路沿浦乌公路、南路沿长江水道，围剿驻守高旺镇的江浦县保安中队。拂晓前，北路侵华日军进入驻守昇中寺的保安中队一分队防区，中队长朱龙一声令下，枪声四起，呼声震天，打死打伤侵华日军10余人。中路、南路侵华日军在薛子桥附近与三分队接火，分队长郭义成坚守阵地，以身殉职。朱龙闻讯，率部支援。此时退往老山的北路侵华日军又乘机反扑，使朱龙部三面受敌，先后三次组织突围，均未成功，被迫退入薛子桥东边百米长的坝沟，与侵华日军白刃格斗。朱龙身先士卒，英勇杀敌，誓死不降，直到全队战士血染阵地，自击身亡。为表彰朱龙、郭义成抗日事迹，县政府改高旺镇为"朱龙镇"，改薛子桥为"义成桥"。

民国33年(1944)2月17日清晨，30多名日伪军从乌江侵扰石村庙。驻守在石村北部大姚、大谢和竹科桥一带的新四军江全大队、和含独立大队得知情报后，利用敌劳师袭远、孤军深入的劣势，立即作出从西、南、东三面围歼的作战方案。此次战斗，击毙侵华日军10人、伪军3人，俘虏伪军19人，缴获机枪1挺、掷弹筒1个、步枪24支。

"三浦"战役 1949年2月，国民党嫡系"王牌"第二十八军固守"三浦"(浦口、浦镇、江浦)。其主要兵力及指挥机关置于浦口；派一个团驻守浦镇及北面的大顶山、永宁地区；五十二师一五四主力团2000余人分驻江浦县城，团部设在城内忠烈祠。在县城外围布设鹿砦、铁丝网，埋设地雷；在凤凰山东麓、求雨山及北面的赵家山筑起碉堡群，碉堡群之间有壕沟相通,每个碉堡配置一个加强连;在县城南部的句容洲、龙王庙、闸口、三步两庵及县城以北的黄山岭、黄栗山、二龙抢珠、鲤鱼叠子等地分别建筑据点;县城以东至浦口一线派重兵把守,保护县城到浦镇、浦口陆上交通线,形成北可守、南可退的所谓“完整防区”。

三浦战役是渡江战役的前奏和重要组成部分。2 月下旬起,中央军委和渡江战役总前委数次拟定三浦战役的作战计划,在国共两党“和平谈判”破裂,第八、第九兵团即将从镇江、芜湖分别渡江对南京实行钳形攻击时,发动三浦战役的命令。三野第八兵团第三十五军(下辖一〇三师、一〇四师、一〇五师)按照“首先从右翼拿下江浦,从正面夺取浦镇,再取浦口,并争取先机过江”的作战方案,以一〇三师 3 个团和一〇五师 1 个团从右翼攻击江浦县城;以一〇五师主力占领江浦、浦镇间公路北侧的村庄和有利地形,伏击打援;再以一〇四师从左翼进攻浦镇东北一线高地,夺取浦镇敌人的前沿阵地,从而使江浦、浦镇、浦口的敌人处于被人民解放军分割包围、孤立无援的境地。

一〇三师经过实地侦察,决定以三〇七团为解放江浦县城的主攻团,和三〇九团从县城北部发起进攻,三〇八团迂回到城南,准备截击敌人的突围部队。4 月 20 日 18 时整,三〇七团、三〇九团开始炮击敌人的军事目标,连克赵家山头、雍家洼、汪家栗子山等县城外围据点。20 时,三〇七团、三〇八团分别占领凤凰山制高点和新河口阵地。21 时开始攻城,三〇七团、三〇九团分别选定城北和西北为主攻方向,多次组织突击、爆破,但连遭敌人暗堡阻击,未能攻破城垣。21 日 3 时许,根据上级加快三浦战役进程的要求,三〇七团调整攻城方案和攻城兵力,由原先一个突破点改为三个突破点,实行主攻、佯攻结合,分散敌人的火力,集中炮火摧毁城东北角防御工事,一营、三营战士架梯登城,突破成功。同时,三〇九团也在城西北边突入城内,全线向南推进,守城残敌节节败退,连同求雨山弃堡南逃的敌人,在新河口、朱家店一带被三〇八团击毙或截俘。上午 8 时,江浦县城宣告解放。

一〇三师攻取江浦县城后,协同一〇四师、一〇五师攻击浦镇。21 日晚 9 时,解放军一〇四师三一一团进攻猪头山,三一二团进攻大顶山、二顶山、三顶山,扫清前进障碍。经过彻夜战斗,攻克浦镇北部、东部的敌人主要据点。22 日拂晓,浦镇解放。国民党浦口守军仓惶渡江南逃。深夜,一〇四师三一二团进驻浦口。经过三天激战,共歼敌 500 多人,俘虏 1000 余人。人民解放军第三十五军共伤亡 700 余人,其中牺牲 250 余人。

第四章 经 济

第一节 农 业

一、农业体制改革

封建半封建土地所有制 土地占有量 清同治八年(1869),江浦县有民赋、卫赋田地4365顷82亩,其中民赋田地2343顷23亩,占田地总面积的53.7%。民国21年(1932),江浦县有农田42.24万亩,农户9万户,其中耕种自有田地及有田而不完全自耕的自耕农,占总农户的33%,既耕种自有田地又租种他人田地的半自耕农占11%,租种他人田地的佃农占45%,帮人耕种的雇农(长工、短工)占11%。1950年6月,土地改革调查资料统计,1949年解放前夕,江浦县(不含浦镇、东门镇)有耕地29431.13公顷,其中公田(寺庙等)1265.95公顷。有农户31698户、134099人,其中,地主(含工商业等成份兼地主)1434户、6448人,人均占有耕地27.47亩;富农1262户、7122人,人均占有耕地7.2亩;小土地出租者1050户、2782人,人均占有耕地5.78亩;中农11072户、57486人,人均占有耕地2.24亩;贫农13636户、51341人,人均占有耕地0.91亩;雇农2256户、5423人,人均占有耕地0.25亩;其他阶层988户、3497人,人均占有耕地0.33亩。原浦口区土地改革前有耕地1744公顷。地主136户、715人(不含非农业人口,下同),人均占有耕地31.88亩;富农49户、249人,人均占有耕地3.48亩;中农725户、3408人,人均占有耕地0.53亩;贫农880户、3461人,人均占有耕地0.07亩;雇农147户、299人,人均占有耕地0.03亩;其他阶层(工商业者、小手工业者、小商贩、工人等)273户、250人,人均占有耕地1.77亩。

土地买卖、典当和租赁 在封建半封建土地私有制时期,卖田、当地者多是为生计所迫的贫苦农民。地价由买卖双方议定,一般分上、中、下三等。民国21年(1932),江浦县水田每亩地价分别为60元(银元,下同)、50元、40元;旱田每亩为40元、30元、20元;山地每亩为30元、20元、10元。当价一般为地价的40%~50%,最高不超过60%。当地分活当和死当两种,活当即当地者在规定期限内有权将当出的土地赎回,死当则不得赎回。土地出租者多为地主及工商业者,土地改革前,江浦县有1343户地主出租土地10880公顷,占其全部耕地的92.46%,户均8.1公顷。土地租赁形式有三种:一是"定租",即佃户租种地主的土地,不管收成丰歉,佃户皆按约定租额向地主缴租,每亩租额为40~50公斤谷物;二是"分租",按作物实收量分成,地主与佃户一般采用四六分成或五五分成;三是劳役地租,即佃户租种地主的一亩地,每年给地主服役30~40个工日,最高的达60个工日。

农民个体土地所有制 江浦县、原浦口区分别于1950年10月、1951年1月成立土地改革工作委员会和土改工作队，开展土改工作试点，至1951年12月，全面完成土地改革。江浦县没收和征收地主、富农和其他阶层耕地14846.87公顷，有16880户无地或少地的农民分到土地。浦口区没收和征收地主、富农及其他阶层的耕地1794.75公顷、柴山6545.87公顷、芦洲239.07公顷、水塘55.67公顷，有贫雇农及其他阶层1300户分到土地，发放南京市国有土地使用证2379张。土改以后，党和政府引导农民走互助合作的道路，帮助部分农户解决生产工具、劳动力不足的困难。1950年冬至1951年春，江浦县白马乡油坊村丁长友等7户农民和浦口区吉祓乡五官村李玉等5户农民先后成立农业生产互助组。互助组仍以私有制为基础，生产资料及各种收获都归自有，仅在生产过程中交换使用劳动力和畜力、农具等生产要素，或以人工换人工，或以人工换畜力、工具，使人力、畜力、工具的短缺得到及时合理的调剂。1952年，江浦县互助组增至2079个、19706户，占总农户的53.95%。当年丁长友、李玉互助组分别成立初级农业生产合作社（简称初级社），入社农民称社员。农户土地、牲畜、大型农具折股归社，统一经营；收益分配，除从总收入中提取1%～5%的公积金、公益金外，按“土四劳六”分红，超产部分按劳分红。分配结果要保障每个农户收入比入社前有所增加，个别户不能增加收入的，通过社员讨论予以适当照顾，如减轻其投资，或从公益金中补助。至1955年底，江浦县成立初级社723个、27356户，占总农户的80%；浦口区成立初级社49个、2112户，占总农户的84.7%。

劳动群众集体土地所有制 1956年1月，原浦口区49个初级社合并成立李玉、红旗2个高级农业生产合作社（简称高级社），划分19个耕作区，128个生产队。同年夏，江浦县成立高级社134个，每社平均211户，规模大的社达700～800户。高级社的耕地（包括分给社员的自留地、宅基地等）归社集体所有，取消土地入股分红；在收益分配上，坚持“少留多分”的原则，在完成规定的农业税后，分为提留和分配两部分，提留部分有生产费用（20%～25%）、公积金（5%～8%）、公益金（2%～3%），提留部分不超过总收入的40%，分配部分包括工分数、口粮、柴草等，一般不低于60%。至年底，县、区入社农户分别占总农户的94.5%、98%。1958年8月31日，浦口区由25个高级社合并成立红旗、沿江（后改红星）2个人民公社；同年9月，江浦县138个高级社、27个初级社合并，成立上游（后改建设）等14个人民公社，旋即由13个乡镇成立12个人民公社。公社下设生产大队、生产队，实行“政社合一”、党、政、经三位一体的管理体制。初期，强调“一大二公”（规模大、公有制），集体土地所有制性质不变，生产资料（农民自留地、山林果园、大中型农具、运输、加工工具等）全部归公社所有，由公社统一经营。为适应“大跃进”需要，全力推行“组织军事化、行动战斗化、生活集体化”。江浦县2.28万名男女劳力分别编入“钢铁兵团”“水利兵团”和“土地深翻队”，组织“大会战”“摆擂台”“放卫星”劳动竞赛；以自然村或生产队为单位办公共食堂753个，92.2%的农村人口吃“大锅饭”。浦口区办公共食堂121个，用膳人数2.45万人，占社员总人数的99.5%。无偿调用生产队的土地、物资和劳力，甚至调用社员的房屋、家具。1959～

1960年,江浦县平调农村劳动力13.6万余人次、土地23公顷。浦口区红旗人民公社为建机关办公用房、食堂、托儿所,拆除生产队和社员私房519间;为大办“千头猪场”“万只鸡场”,集中社员家养生猪923头、鸡1239羽。1959年5月,划小生产大队、生产队规模,江浦县由59个大队划为129个大队,301个生产队划为770个生产队,基本核算单位下放到生产大队。1962年3月,再划为154个生产大队、1474个生产队,基本核算单位下放到生产队。“文化大革命”期间,推行大寨大队“一心为公、自报公议”的评工记分法,评分成为“平分”,同时强调劳力归田。1976年5月,江浦县规定县办、社办、队办企业占用农村劳力不得超过劳力总数的2.2%、4%、3.8%,全县5000多名“五匠”(铁匠、木匠、篾匠、瓦匠、成衣匠)人员限期归队;限制社员发展家庭副业生产,严禁社员饲养群鹅群鸭,收回社员开荒的十边地,禁止在自留地上种植大白菜、土豆、生姜等经济作物。1983年实行政社分设,改人民公社为乡、镇建置。

家庭联产承包责任制 1981年秋,江浦县林山人民公社中心生产队在南京市郊县率先试行“包干到户”责任制,次年夏粮增产36%,油菜增产5.7倍。1981年,总结推广“包干到户”责任制,即生产队将集体土地按人口、劳动力承包到农户自主经营,农户按合同完成国家征购任务和生产队公积金、公益金外,余下的都是自己的。这种责任制形式简单,利益直接,在农民中产生巨大吸引力。至1983年秋,江浦县和原浦口区实行包干到户的生产队分别有1613个、322个,占生产队总数的98.59%、98.4%,土地承包期15年不变。20世纪80年代末期,随着产业结构调整,农村劳动力开始向第二、三产业转移。在农村出现自发流转承包土地经营权的状况。部分外出务工的农户私下将承包田转让给其他农户耕种,转让费除转让户承担的国家、集体税费外,有的还为转出户每年提供一定的口粮。1992年,江浦县为稳定土地承包关系,尝试将农民愿意转让的承包土地连片集中,由村、组集体统一对外发包,转包期一般为3~5年,田亩所承担的粮油合同定任务和税费由村、组统一结算。至1994年,累计转包土地635公顷。1995年,根据中央及南京市委、市政府有关文件精神,决定农村集体土地承包期延长30年,山林承包期延长50年,并适当调整首轮承包土地,以推进向农业适度规模经营发展。1998年完成新一轮土地承包任务。江浦县土地承包面积19667公顷。其中,落实承包“两田”(口粮田、责任田)农户55747户,面积15433.7公顷;发展种田大户103户,面积1433.3公顷;跨地区承包户31户,面积1600公顷;工商业企业4户,面积400公顷;村级集体经营单位60户,面积800公顷。江浦县、浦口区分别颁发土地承包经营权证书5.59万份、1.45万份。是年,按照“明确所有权、稳定承包权、搞活经营权、规范收益权”的要求和“自愿、平等、有偿”原则,允许农民以转包、出租、互换、转让、股份合作等形式流转土地经营权,当年流转土地1940公顷。2000年,江浦县委、县政府重申赋予土地承包者再次发包权,除坚持土地农用外不受其他限制,进一步放宽土地流转政策。至2001年,全县按规范程序累计流转土地5472公顷,占计税土地总面积的28.6%。2003年,贯彻《中华人民共和国农村土地承包法》,当年全区依法流转土地910公顷。2005年,推进土地向规模经营集中，建立农业规模基地152个，面积6267公顷，占流转土地总面积的67%。2007年，创新土地股份化流转模式，即在坚持家庭联产承包责任制的基础上，农民将土地承包经营权入股合作社，并依股份权获得相应的收益。2008年，石桥镇西山村、星甸镇龙井村、汤泉街道瓦殿村、永宁镇花旗村、盘城街道渡桥村5个村级土地股份合作社，入股土地120.14公顷，入社农户474户，年终亩均分红300~2500元。2009年，区政府出台土地流转片区指导价和最低保护价。2010年，全区8个涉农镇街流转土地总面积8933.33公顷；建立土地股份合作社21家，入股土地1279.87公顷，入社农户2922户，亩均分红500~2500元。2015年，土地股份合作社发展到100家，入社农户45363户，入股土地4173公顷，折价股金14903万元，保底金3144万元，二次分红295万元。

二、种植业

清末至民国初年，境内传统的粮食作物以稻、麦为大宗，兼种玉米、黄豆、山芋及少量的高粱、荞麦、小米、绿豆、蚕豆、豇豆、豌豆等小杂粮；经济作物以棉花、芝麻、花生、油菜、苎麻、蔬菜、西瓜、香瓜等为主。20世纪70年代起发展食用菌生产。21世纪起，区统计部门仅统计稻谷、小麦、玉米、薯类、豆类、油菜籽、棉花、蔬菜、瓜类等主要作物生产情况。

水稻 战国时期，江浦地区已普遍种植水稻，考古工作者在大古堆、茶壶店、山头毛等商、周时代的文化遗址火烧土中，发现许多水稻秸秆和种子。南北朝时期，濒江、沿滁始筑圩田，垦植水稻。至明代，濒江围圩50个，濒滁围圩17个。清光绪年间（1875~1908），“浦邑籼米以新殿庙、汤泉二镇为最，无锡米牙谓之‘后河籼’，色白粒长，与金陵‘南乡’相似，而坚润过之。”民国初年，水稻年产量约50万石。14~18年（1925~1929），五年四旱，年产量减25万石左右，品种有大稻子、天生早、江南早、三朝齐、八月白、尖针、湖南绿、胡壳、里壳等。21年，植稻17.2万亩，总产47万石。23年，大旱，总产减至12.75万石，占粮食总产量的64.77%，品种主要有靠山黄、乌嘴子、六十子、三粒寸、三天齐、早白稻、黄谷籼等。1952年，江浦县、原浦口区种植面积2188公顷，总产5257吨，品种有胜利籼、中农4号、南特号等。1956年，推广合式秧田（一田多垄，每垄3~4尺），引进粳稻良种银坊粳、早沙粳、老来青、晚粳853、农垦57、农垦58等，县、区种植面积19930公顷，总产49520吨。1966年推广双季稻，引种矮南早1号、39号、二九青、广介九、原丰早、南高广、梅峰三号等，种植面积20780公顷，总产84714吨。1974年，普遍利用地窖育芽和浅窖弓棚薄膜摧牙。1975年，推广后季稻水直播、二段育秧法。1976年起，种植杂交稻南优1号，引种籼稻BG90-2、BG910、杂交粳稻南粳33、沪选19号、盐粳2号、扬粳201号等。1981年开始推广江浦县农科所选育的籼稻良种B选一号、杂交粳稻六优1-6号、金陵57号等。1987年，两县区种植面积19963公顷，总产15.13万吨。1993年引进旱育秧技术，即以旱地培肥作苗床基地，稻谷播种后实行旱育。1995年推行旱育稀植、稀抛人工栽插技术，实现农民“育秧不下水，栽秧不弯腰”夙愿。1998年，示范机械化水稻乳芽直播栽培技术。品种向优质、高产、高效品种转化，压籼扩粳，以武运粳、武香粳为当家品种,搭配栽种特优 559 号、9707 号。2000 年加大农业结构调整力度,实施粮改菜、粮改特、粮改草、粮改水“四改”工程。2001 年,两县区种植面积减至 9183 公顷,总产降至 77989 吨。2004 ~ 2007 年,粳稻品种以武粳 15 号、武香粳 14 号、南粳 40 号、南粳 41 号为主,籼稻以Ⅱ优 084 号、86 号、98 号及丰两优 1 号为主。2008 年后,粳稻主栽品种为宁粳 1 号,南粳 44 号、5055 号,镇稻 99 号、10 号,武运粳 23 号;籼稻为新两优 6 号、Ⅱ优 118 号、丰两优 6 号、丰两优香 1 号。2010 年,种植面积 9480 公顷,总产 76549 吨。2015 年,全区种植面积 8428 公顷,总产量 72142 吨。

小麦　民国初期,江浦县小麦年产量约 10 万石。民国 21 年(1932),种植面积 20 万亩,总产 18. 53 万石,占全县粮食总产的 24. 88% 。23 年,旱灾,总产减至 3. 51 万石,占粮食总产的 17. 85% ,主要品种有火烧天、大黄皮、金大 2905、紫杆、和尚头等。1949 年,以撒播为主。1953 年试行条播。1955 年,江浦县、原浦口区推广南大 2419、骊英 1 号、中农 28 号,种植面积 8890 公顷,总产 7465 吨。1962 年起,两县区引种华东 6 号、阿夫吉利、矮杆红,产量大幅度提高,至 1965 年,单产突破 100 公斤,总产 15179 吨。1970 年后,品种更新为红皮大黑芒、白皮大黑芒、钟山 2 号。1975 年推广扬麦 3 号、宁麦 3 号,当年播种面积 12107 公顷,总产 31739 吨。1984 年后,推广扬麦 5 号、苏啤 1 号、通麦 5 号,推广以旋代耕、免少耕播种技术。1987 年,播种面积 15183 公顷,总产 51136 吨。1990 年后,推广扬麦 158 号、苏麦 6 号、宁麦 8 号、宁麦 9 号等品种,部分农户应用机条播技术。1993 年,压麦扩经。1998 年起,小麦逐渐退出商品粮范围。2001 年,种植面积减至 2041 公顷,总产降为 7640 吨。2002 年以后,主要品种有扬麦 11 号、12 号、13 号、14 号、16 号,宁麦 16 号,镇麦 168 号。2004 年落实国家粮食直补政策,种植面积开始回升。2009 年,播种面积 4502 公顷,总产 31340 吨,平均亩产 464 公斤,创历史最高水平。2015 年,全区播种面积 5414 公顷,总产量 27394 吨。

玉米　民国 19 年(1930),江浦县种植面积 2. 1 万亩,总产 1 万石,品种有大红袍、二郎早、瘪粒深。23 年,夏旱,总产减至 209 石。1952 年引种白马牙,江浦县种植面积 1813 公顷,总产 2305 吨。1957 年,江浦县、原浦口区播种面积 2038 公顷,总产 4678 吨。1966 年后,实行“旱改水”,播种面积大幅度下降,品种有大金黄、小金黄、美国金皇后、杂交品种烟三 6 号、郑单 1 号、丹玉 6 号、烟单 10 号等。1970 年,江浦县播种面积 1058 公顷,总产 4182 吨。1980 年,引进杂交玉米苏玉 1 号、掖单 2 号,江浦县播种面积降至 80 公顷,总产 330 吨。1985 年,浦口区开始种植鲜食青玉米,主要品种为苏玉糯 1 号、鲁玉 2 号等。1992 年,江浦县试种甜玉米 213. 4 公顷,在乳熟期采摘上市,经济效益比常规玉米高一倍多。此后,该县鲜食玉米种植面积逐年扩大,2000 年种植面积扩至 800 公顷,引种品种有美国超甜玉米 1 号、2 号,苏玉糯 1 号、2 号及紫玉糯、花玉糯、卡尼鲁 585 号、江南花糯、渝糯等 60 多个。2001 年,江浦县鲜食玉米播种面积 1000 公顷,单产 750 公斤,总产 11250 吨,分别占玉米总面积、单产、总产的 50. 32% 、142. 86% 、71. 9% ,产品畅销南京、无锡、苏州等市场。浦口区种植鲜食玉米 70 公顷,平均单产 425 公斤。2002 年,全区鲜食玉米种植面积 2333 公顷(含复种)，总产量超过1万吨，成为省内最大的鲜食玉米种植基地。2015年，普通玉米种植面积1124公顷，总产量7308吨；鲜食玉米种植面积333公顷，亩产量900公斤，亩效益1000元。

豆类 民国19年(1930)，江浦县种植黄豆1.2万亩，产量2万石。23年，夏旱，黄豆产量5855石。1952年，江浦县种植大豆1106公顷，总产1100吨，品种有八月白、灭鼠毛、岔路口1号。1954年以后，种植面积长期稳定在1.6万公顷左右，平均亩产60~90公斤。1965年，亩产突破100公斤，达107公斤，总产2900吨。1970年，原浦口区亩产185公斤，创历史最高水平。1971~1989年，江浦县播种面积降为700~1000公顷，主要品种为穗稻黄、南农18-6号、淮豆2号和苏豆1号。1990年以后引种巨丰大豆、三高大豆、兴农2号黄豆及南农菜豆5号、皖农菜用大豆特早1号。2001年，江浦县种植面积1156公顷，总产2964吨。浦口区种植面积120公顷，总产229吨。2002~2010年，全区种植面积年均1000公顷左右。2010年，种植面积968公顷，总产2667吨。2015年，以黄豆为主的豆类种植面积899公顷，总产量2467吨。

薯类 1949年，江浦县栽种薯类(山芋)1693公顷，总产2460吨(以五比一折成主粮)。1952~1959年，江浦县种植面积稳定在730公顷以上；原浦口区年均种植面积95公顷，品种有红皮、白皮，新品种大红、二红等。1960~1969年，江浦县年均种植面积回升到1330公顷左右，1965年种植面积达1997公顷，创历史最高值，平均亩产126.5公斤；浦口区年均单产达174公斤。主要品种为胜利百号，搭配品种为南瑞苕。1971~1989年，种植面积再次下降，江浦县面积最大年份1973年为880公顷，年产量2075吨，面积最小年份1982年仅有517公顷，年产量1685吨；浦口区面积最大年份1988年为120公顷，最小年份1976年仅有77.4公顷。主要品种为苏薯1号(俗称黄心山芋)、南薯1号。1990~2000年，江浦县年均种植面积1000公顷左右，亩产400公斤左右，主要品种有苏薯8号、9号，福薯6号、7号，徐薯18号。2001年，江浦县栽种面积1624公顷，总产12423吨；浦口区种植面积66.7公顷，总产402吨。2003~2010年，全区薯类种植面积稳定在600公顷以上，年产量4000吨以上。2015年，以苏薯8号为主的薯类种植面积668公顷，总产量4551吨。

油菜 1949~1959年，江浦县油菜面积稳定在350公顷左右，亩产40公斤左右，其中1954年为高产年，种植面积500公顷，单产50公斤。原浦口区总产量最高的1959年为40吨。品种均为大黄籽、宁波籽和甘蓝型品种，采取直播或塘点播。1960~1969年，江浦县多数年份总产在250吨以下，最高年份1966年为665吨。浦口区年平均种植面积682公顷，亩产达41公斤。推广兴化油菜和胜利油菜。1975年后，引种宁油4号、5号、7号及沪油23号等新品种。推广育苗移栽技术，每亩万株。面积略有增加，单产水平有较大提高。1979年，江浦县、浦口区种植面积分别达2253公顷、620公顷，单产分别达58公斤、85公斤。1981~1990年，推广双低宁油8号和浙优油，逐步推广板茬和免少耕移栽。江浦县年均种植面积3237.3公顷，亩产94.4公斤。浦口区年均种植面积400公顷以上，单产水平稳定在75~100公斤。1991~1999年，江浦县种植面积从3493公顷增至6653公顷，单产从105公斤增至

139 公斤。浦口区种植面积年均 667 公顷以上，单产稳定在 100 公斤以上，推广应用杂交品种秦油 2 号、宁杂 1 号、3 号及苏油 1 号。2001 年，江浦县、浦口区种植面积分别为 7073 公顷、1133.34 公顷，单产分别为 150 公斤、127 公斤。2003 年起，全区油菜籽年种植面积减少到 5000 公顷左右。2006 年，播种面积最高达 6880 公顷，总产量 15828 吨。2015 年，播种面积回落到 3420 公顷，总产量减至 9134 吨。

棉花 清光绪年间(1875 ~ 1908)，今桥林、乌江、石桥地区棉花颇盛。乌江卫花驰名他省。吴本锡《乌江花》诗写道："湖州丝棉被天下，温暖不如乌江花。贾舶欲来天气好，家家白雪晒檐牙。"民国 8 年(1919)，上海华商纱厂联合会在永宁乡涧湾李购田地 400 亩，成立华商纱厂联合会江浦棉作试验场，次年改称国立东南大学农事试验厂第四分场棉作部，先后由过探先(无锡人，美国农学棉科硕士)等任技师，该场以脱字美棉为育种主旨。18 年，老山以北地区"农田植棉者已十居其八"。20 年，植棉面积 25 万亩。23 年，收获籽棉 1.19 万石。1949 年，江浦县植棉 2547 公顷，总产皮棉 505 吨，以美棉、鸡脚棉、小白籽为主要品种。1953 年，原浦口区植棉 49.33 公顷，引种岱字棉 14 号。1955 年，江浦县植棉 4340 公顷，总产 1415 吨。1960 ~ 1965 年，年均植棉 2600 公顷左右。1968 年，推广江浦 1 号、8 号和 509 号新品种，植棉 3213 公顷，亩产 46 公斤。浦口区植棉 105.07 公顷，创历史最高水平。1970 ~ 1980 年，江浦县植棉 2000 公顷左右，浦口区年均 6 公顷，主要品种有泗棉 1 号、2 号、通棉 5 号及中棉所 10 号。1981 ~ 1990 年，江浦县植棉最高年份 1982 年为 1687 公顷，最少年份 1988 年为 27 公顷。浦口区停止种植。1991 ~ 2001 年，江浦县年均植棉 250 公顷左右，总产 300 吨左右。2011 年，仅有桥林、星甸、永宁地区植棉 207 公顷，总产皮棉 322 吨。2012 年，棉花种植面积 199.67 公顷，总产皮棉 320 吨。2013 年，棉花种植面积 240 公顷，皮棉总产量 394 吨。2015 年，棉花播种面积 201.6 公顷，皮棉总产量 336 吨。

蔬菜 明清时期，江浦县城东门有史家、张家菜园，南门有赵家菜园，西门有孙家菜园。民国时期，有蔬菜种类 19 个，其中瓢儿菜、白芹、芦笋、蒌蒿、牙竹笋、茭儿菜等皆为城乡名品，优于他处。原浦口区菜地集中在东门的营盘村、黄姚村和南门的保安村，面积约 500 亩，亩产 10 石。1957 年，菜地增至 70 公顷。1959 年，执行南京市"近郊农业生产以菜为主"的方针，菜地增至 160 公顷。1960 年，城乡粮食紧缺，提倡以菜代粮，江浦县首次统计蔬菜种植面积，当年全县有菜地 687 公顷，其中珠江镇成立珠江蔬菜大队，有菜地 7.8 公顷，蔬菜上市量 517 吨。1963 年后，蔬菜生产发展缓慢。1974 年，江浦县、浦口区分别有菜地 80 公顷、206.67 公顷。1984 年分别为 780 公顷、269.74 公顷，有常规品种 40 多种，分为白菜类、瓜类、茄果类、豆类、甘蓝类、根菜类、绿叶菜类、葱蒜类、薯芋类、荠菜类和水生蔬菜类。始行地膜覆盖栽培技术。1990 年起，蔬菜面积逐年增加。至 1998 年，江浦县、浦口区分别有菜地 5207 公顷、733.33 公顷，总产达 18.51 万吨、3.85 万吨。2001 年，菜地增至 10794 公顷、1666.67 公顷，总产增至 38.12 万吨、7.5 万吨。新增优良品种汴椒 1 号、乳黄瓜、宁蔬毛豆、东升南瓜、樱桃番茄、蛇形西瓜、菊花叶、板叶荠菜、昆明伏秋蒌蒿、兴化、宝应飘香藕等。实施大棚栽培技术562公顷,其中钢棚7.4公顷。2002年后,菜地稳定在1.4万公顷左右,总产量40万吨以上。2007年,种植蔬菜14431.8公顷,总产50.41万吨;引种品种主要有苏椒5号、美国摩尔9号番茄、瑞菲番茄、玉女番茄、津春4号黄瓜、大龙茄子、宝塔花菜等18个;建成珠江蔬菜品牌基地666.67公顷、顶山街道防虫网基地13.33公顷。2008年,江苏宁蔬农业发展有限公司投资2000万元,以"公司+合作社+社员"发展模式,在石桥镇建立200公顷蔬菜基地,种植高档有机蔬菜,并经营净菜配送业务。南京林业大学农业科技园改进设施栽培技术,新建8米宽体大棚并将通风口由大棚两侧改建在顶部,提高通风效果;引进山东寿光吊蔓生产技术,使春季番茄亩产由7500公斤增至9000公斤。是年,全区蔬菜种植面积14310公顷,总产量49.83万吨。2015年,蔬菜种植面积13575公顷,总产量48.7万吨。

瓜类　江浦果用瓜主要有西瓜和甜瓜。1949～1979年,多数年份播种面积100公顷左右,最高年份为1949年200公顷,最低年份为1967年27公顷,亩产450公斤左右。1985年以后,西瓜品种不断更新,主要良种有华东24号、台黑、苏蜜1号、新澄1号等。1988年,全县播种面积2900公顷,总产量6.84万吨。1993～2000年,瓜类面积稳定在1100公顷左右,亩产1700公斤左右,品种有苏杂3号、雪峰花皮无籽西瓜、郑杂新红宝、西龙8号等,推广地膜覆盖移栽等设施栽培、嫁接栽培及间套作栽培技术。2001年,种植面积1718公顷,总产量5.1万吨。2003年以后,甜瓜品种半甜1号逐步为宁优1号、金露洋、金美丽、芝麻酥、西薄洛托、伊利沙白等良种所代替。2004年起,西瓜种植注重早、中、晚品种搭配,早熟品种以京欣系列为主,搭配早抗宁蜜;中、晚熟品种以西龙8号为主,搭配无籽西瓜。2005年,瓜类面积2023公顷,其中西瓜、甜瓜面积分别占52%、48%,总产量56342吨。2006年,示范推广长季节西瓜早佳84～24和小型礼品小兰瓜品种,扩种金中天、中甜1号、脆绿等甜瓜品种。2010年,西瓜、甜瓜种植面积1684公顷,总产量53392吨。此后,瓜类种植面积连续5年下降,2014年降至1214公顷,年产量4.17万吨,均为2002年以来的最低值。2015年,瓜类种植面积回升至1655公顷,总产量50015吨。

三、林　业

绿化造林　清宣统元年(1909),邑人彭都成立林垦公司,于今老山椅子山一带植虎松、马尾松、麻栎、香椿、石榴、木瓜、梨、栗、柿、桃等树及紫竹、淡竹、牙竹等。民国元年(1912),邑人叶大荣创办重农公司,于西华山大凹口植马尾松、茶树等。5年1月,江苏省教育团公有林(后改中央大学区教育林)在老山高里店戈家堰、狮子岭老虎洼、西山独峰寺等处建立第一、二、三、四林场。同年3月,江浦县于七佛寺一带开办县有林苗圃及县公有林场,面积约25方里。7年起,津浦铁路总局在江浦、六合两县圈用官、民山地4170多亩,兴建森有林场。23年,江浦县农业推广所清查统计,境内共有宜林地28.9万亩,其中有林地11万余亩。抗日战争期间,兵火叠起,树木遭劫,至1949年江浦县解放前夕,仅存残林2万多亩。1951年土地改革后,实行"封造并举""民造公助""合作造林"政策,开展群众造林,至1956年,营林面积7180公顷。1958～1959年,江浦县完成造林面积1073公顷,四旁植树346万株。1960年后,集体山林失管,江浦县毁林开荒927公顷。1963年,落实中央关于确定林权、保护山林的若干政策,造林形势始有好转。当年冬至1964年春,原浦口区植树造林20多万株,其中除用材林7.5万株、经济林木8万株外,还绿化鸽子山、平山和宝塔山。江浦县林业局与永宁、石桥、龙山等8个人民公社23个生产队实行合作造林,林权属双方公有,主产品三七分成(生产队得七成),至1968年,累计合作造林687公顷。1973～1979年,贯彻全国林业会议精神,江浦县年均造林500公顷。1982年开展全民义务植树运动。1984～1986年,省级机关在浦口区沿江镇柏巷山、石子山栽植国外松、杜仲、板栗等35.13公顷。1991年,浦口区在沿江镇新京村建丰产林业基地45.33公顷,栽植意杨8万株。是年起,绿化任务重点转向消灭宜林"三荒"(荒山、荒坡、荒地)。至1995年,江浦县造林灭荒面积2011公顷,其中杜仲面积993公顷,成为江苏省第一个杜仲万亩县,宜林"三荒"面积剩余率为4.8%,其中0.7公顷以上连片宜林"三荒"面积2公顷,剩余率为0.56%,达到国家规定的灭荒标准。1996年,江浦县农田林网面积1.05万公顷,占宜林农田林网面积的87.7%,被省农林厅确认为平原绿化先进县。1991～2001年,浦口区绿化荒山总面积106.67公顷。2003年,全面实施"绿色浦口"建设工程,至2005年,共完成各类造林面积8018.09公顷,区农林局被市委、市政府授予绿色南京建设先进集体称号。2009年,全区有林地面积3.13万公顷,其中连片造林2公顷以上面积1.11万公顷,森林覆盖率33.9%。2011～2015年,新增造林面积1867公顷,林木覆盖率提升至37.6%。

桑、茶、果 清嘉庆年间(1796～1820),相传在老山椅子山有梨树万株,味甘无渣。汤泉惠济寺白果,实大无芯。同治二年(1863)以后,政府"购桑给领,浦邑饲蚕者几于比户。丝居上等,江宁贡缎与海宁湖郡所产经纬并用,岁得值可数万金。"民国初年,刘家洼所产桂花板栗很有名气。茶叶以女儿红为优,销运苏沪。11年(1922),江浦县知事奚侗于征存实业费项中提拨200元,购买湖桑苗,发给乡民栽植。20年,兜率寺于狮子岭开辟茶园2公顷,培植云雾茶。25年,江浦公有林栽植酥红桃1250株、银杏420株。1950～1952年,江浦棉厂马山分场新辟果园10公顷,栽植桃树364株、苹果树273株、梨树500株。1956～1960年,江浦县拓植桑园100公顷,实存60多公顷。1957～1960年,拓植果园786公顷,栽植果树34.82万株,品种40多个。1961年后,经济林果发展停滞。至1979年,仅存桑园面积66.7公顷,茶园面积18公顷,果园面积不足60公顷。1981年,江浦县规定对新拓桑园每亩补助20元肥料费,当年新拓桑园面积30公顷,产苗70万株。1982年,原浦口区有板栗7.4万株,结果数5.03万株,总产量440吨;同年,梨园面积发展到137.07公顷,产量327.4吨。1983年,江浦县建成10个专业茶场,茶园面积301公顷,产茶叶1.35吨;建成成片果园117个,总面积88.8公顷。1984年,浦口区茶叶发展进入高峰期,顶山镇石佛村、泰山镇桃园村、沿江镇龙山村共有茶园109.2公顷,茶叶产量1.5吨。1991年以后,加速农业结构调整,落实"因地制宜、一乡一品"发展战略,经济林果得到较快发展。1994年,江浦县桑园面积增至385

公顷,蚕茧产量126吨。1995年,龙山乡植桑面积206公顷,桑叶产量1453吨,蚕茧产量80.74吨,分别占全县比重的53.4%、63.92%、63.9%。1996年,浦口区龙山茶场生产的雨花茶在省"陆羽杯"名茶质量评比中获一等奖。1997年,江浦县发展板栗86.7公顷、银杏67.07公顷。1998年,浦口区发展桃园面积141.33公顷。2001年,江浦县有桑园43公顷,蚕茧产量30吨;茶园374公顷,茶叶产量83吨;果园473公顷,水果产量3459吨。浦口区有茶园69.87公顷、果园160.26公顷。2003年起,连片桑园已不存在,蚕茧产量退出统计。区内较大规模的茶场有珠江镇长征茶场、星甸镇云龙茶场、石桥镇赭洛山茶场、顶山街道石佛茶林果园;星甸、石桥、乌江镇新辟无性良种茶园20公顷,品种有龙井43、龙井长叶、乌牛早。2004年,星甸镇开发冬枣种植,面积66.7公顷。全区果园面积发展到665.33公顷,果品产量1.15吨。2005年,南京赭洛山茶叶专业合作社被命名为江苏省首家茶文化园、南京农机化所茶叶设备中试基地,产品"浦桥玉剑"被认定为南京名牌产品、江苏省著名商标。同年,盘城街道新建盘城优质葡萄园33.33公顷。2007年,葡萄园扩展到233公顷,产品被国家商标局注册为"滁河湾"牌商标。2010年,全区有茶园872.4公顷,其中无性良种面积215.47公顷,茶叶产量193吨,名品浦桥玉剑曾获全国"中茶杯"名特优茶评比特等奖,老山狮子岭"云蕊""佛馨""云雾"3种雨花茶通过农业部中国绿色食品认证中心绿色食品认证。果园面积1500.3公顷,果品产量1.81万吨。其中,盘城街道产葡萄5500吨,品种有醉金香、夏黑、魏可等56个,永宁镇产桃4030吨,品种有春雷、雨露、魁蜜等10多个,分别居全区同类果品的首位。2014年,浦桥玉剑被评为省级名牌产品和著名商标。2015年,全区有茶园面积977公顷,其中无公害茶园面积592.6公顷,茶叶产量162吨,老山云蕊春茶在南京市雨花茶质量评比中获地方名茶金奖。果园面积1698.3公顷,果品产量38103吨。

苗木花卉 民国18年(1929),江浦县有苗圃55亩。24年,减至48亩,苗木666.58万株。1950年以后,贯彻林业生产"自采、自育、自造"方针。1958年,江浦县15个社办林场新辟苗圃60多公顷,苗木品种以黑松、侧柏、黄杨、杉木为主。1978年前后,苗木生产趋向商品化,汤泉、永宁、城东、林山等地有少数社员在自留地上栽插雪松、龙柏枝条。1981年实行家庭联产承包责任制后,苗木生产得到迅速发展。1982年,汤泉人民公社栽培苗木75公顷,其中雪松、龙柏等观赏苗木和月季、海棠等名贵花卉约占70%。1983年,苗木专业户徐金生苗木收入10万元,成为江浦县致富状元。1985年,全县苗木花卉面积1017.8公顷,出圃花木12181万株;涌现出苗木花卉专业村31个、专业户546户。1986~1987年,苗木花卉价格猛跌,苗木面积不足30公顷。1988年起,苗木生产形势开始好转。江浦县、原浦口区分别有苗圃地76.56公顷、28.4公顷。1992年,江浦县实施"压粮、扩林"的农业发展战略,重点发展商品苗木花卉产业。1993年,江浦县政府命名汤泉镇为"苗木之乡",命名汤泉镇长岖村、珠江镇白马村、林山乡五一村等5个村为"苗木专业村",命名桂存道、李学明等10户为"苗木专业户"。1996年,青年农民丁跃生在珠江镇城东村租地种植莲花6公顷,培育、引进大型荷花、小型碗莲、睡莲244种。花卉专业户茆光兴、王琦分别从上海、北京、郑州等地引进月季系列157个品种、梅花系列116个品种。1998年，汤泉镇被省农林厅和省花木协会命名为“花木之乡”。1999年，星甸镇结合山区小流域治理发展苗木面积291公顷，发展苗木种植户388户。2000年，乌江镇引进民营资本开发农业资源，沿宁乌公路两侧建成帅旗、海盟、森友、凌云、中马等农庄，形成十里苗木观光带，新增苗木面积66.67公顷。至2001年，江浦县苗木花卉种植面积3905.51公顷，在省外安徽省、山东省、陕西省、北京市及省内镇江市、六合县租赁土地种植苗木花卉面积1433.33公顷。浦口区有苗圃地28.4公顷。2002年，汤泉镇地产雪松成功注册“汤泉”牌雪松商标，同时被南京市及江苏省授予名牌产品称号。2003年，该镇被林业部列为国家级苗木花卉种植标准化示范区。2005年，南京金桂园农庄在桥林镇双庙、勤丰村建桂花园基地，面积66.67公顷，栽植金桂等桂花39万株。桥林镇林业科技有限公司在西山村建成杂交马褂木培育基地，面积33.33公顷，栽培美国改良马褂木100多万株。2007年11月，国家标准管理委员会向浦口区人民政府颁发“国家级苗木标准示范区”铜牌。2009年7月，江苏省林木种苗管理站、省苗木商会认定江浦街道、汤泉街道为全省重点苗木基地。其中，江浦街道有苗木花卉面积1667公顷，占农业用地面积的58.42%，有苗木龙头产业企业4家、市级苗木花卉科技园2个、国家级水生花卉种苗基地1个、花木经纪人210人、从业人员1.73万人。2010年，全区苗木花卉种植面积1.34万公顷，种植农户1.25万户，从业人员3.03万人，实现销售收入12.46亿元，亩产值6199元，从业人员人均产值41186.1元。2013年，全区苗木花卉销售额16.1亿元，其中观赏苗木16.03亿元，盆栽植物150万元，鲜切花100万元，草坪450万元。苗木花卉亩产值8142元，从业人员人均产值50010元。2015年，因榉树和红叶石楠等10余个特色乡土树种和彩叶树种价格下跌，销售总额降至12.92亿元。

四、畜牧业

猪　江浦农户十有六七养猪。民国23年(1934)，大旱，稻麦减产7成以上，全县共养猪1500头。1949年，江浦县养猪3.23万头，1951年增至4.42万头，原浦口区养猪1241头，均为本地山猪，成熟早，产子多，耐粗饲，出肉率70%，肉质细鲜。1955年后采取“社繁私养，私养公助”的办法，建立公猪配种点。1957年，落实饲料地和调高肥猪收购价格，江浦县、浦口区生猪饲养量分别上升到6.08万头、7064头。1958年人民公社化后，农户养猪收归集体。1959年执行“公养为主”的方针，生猪饲养量持续下降。1960年贯彻“公养私养并举”，变公养为主为私养为主。1963年实行派养派购、交售奖励政策。1965年，江浦县生猪饲养量由1961年的5.08万头增加到10.17万头。1970年后，提倡队繁户养，消灭集体养猪空白队，建立生产队百头猪场。1975年，浦口区建立集体猪场7个，1976年养猪3.66万头，1978年增至5.52万头，创历史最高纪录。1979年，江浦县生猪饲养量16.18万头，较1970年增加6.17万头。1980年后，由于集体猪场经营管理不善，饲料政策不落实，生猪饲养量开始下滑，1985年，江浦县、浦口区生猪饲养量分别降至15.46万头、3.96万头。1988年，江浦县采取“抓基地保调市,抓农户保自给”的生猪生产措施,制定生猪交售优惠政策,调动集体和农户养猪积极性。1993 年,全县生猪饲养量 20.33 万头,出栏 12.15 万头。1995 年以后,优化品种,选用大约克夏、长白猪等外来良种公猪与梅山猪等地产良种母猪杂交改良,培育瘦肉型猪。1999 年,浦口区饲养生猪 4.3 万头,其中三元杂交猪占 30% 以上。2001 年,江浦县饲养生猪 26.11 万头,出栏量 17.69 万头,其中三元杂交猪出栏 11 万头,占出栏总量的 62.18%。2003 年 5 月,泰沅农牧发展有限公司在永宁镇白云石矿建成万头猪场,其中种猪 600 头。同年 10 月,南京市畜牧家禽科学研究所在石桥镇高庙村狄坪组建立省级金陵山猪保种基地,存栏种猪 230 头,后备母猪 140 头。2004 年,天环顶山生猪养殖基地年出栏生猪调市量 5 万头,成为南京市菜篮子重点工程、江苏省农业产业化龙头企业、国家活体生猪储备基地。2005 年,全区生猪饲养量 32.17 万头,出栏量 22.98 万头。养猪规模户 123 户,出栏生猪 2.62 万头。南京外洲家畜养殖场新建标准化猪舍 105 间,年饲养量 4550 头,出栏 3000 余头,通过省级无公害生猪养殖基地认证。2008 年,建成天环顶山养殖场、泰沅农牧发展有限公司、星甸张可珍猪场、南京禾嘉吉升农牧发展有限公司、石桥姐弟养殖场等 10 个市级以上标准化生猪规模养殖场。江浦街道大林村小洼组、石村村兰东组在区内率先成立生猪养殖专业合作社。2009 年,江浦街道差田村差田组成立奎奎黑猪养殖专业合作社,股金 2800 万元,年销售额 1598 万元,获利 650 万元,分红 265 万元。2010 年,拥有省级标准生猪养殖场 7 个、市级 18 个、生猪养殖合作社 7 个。饲养生猪 30.03 万头,出栏量 20.97 万头。2015 年,顶山养猪场整体拆迁停养,全区生猪饲养量降至 27.09 万头。

役牛 1950 年,江浦县、原浦口区分别有耕牛 8700 头、268 头。1956 年开始重视保护和繁殖耕畜工作,建立耕牛配种点,同时从苏北、皖北购进千余头黄牛。至 1960 年,县、区耕牛圈存量分别达 10307 头、3092 头。1963 年起,贯彻耕畜繁殖奖励政策,即规定幼牛 8 个月作价,以作价的四分之一作为奖励资金。1964 年,江浦县列为全省 18 个耕畜繁殖基地之一。1970 年,县、区耕牛总量分别达 11926 头、3428 头。此后,由于农业机械化的发展,耕牛渐失用武之地。1979 年,县、区耕牛分别降至 1.05 万头、2807 头。1990 年分别为 9546 头、1163 头。2001 年,减至 6500 头、100 多头。2010 年,全区尚存耕牛 2249 头。2015 年,降至 141 头。

奶牛 1958 年,江浦县老山林场建立大埝奶牛场,从市场和南京卫岗奶牛场购进荷兰、爱尔兰、更珊、短角等杂交青年奶牛 30 头。1959 年,原浦口农场开始饲养乳牛,1963 年,存栏乳牛 102 头。1980 年,江浦县珠江镇创办集体奶牛场,引进黑白花乳牛 10 头。当年,浦口奶牛场存栏奶牛 165 头。1985 年后,市场需求量增大、效益较好,加上政府实行无息贷款,奶牛养殖发展较快。1986 年 8 月,江浦县龙山、兰花乡同时开办集体奶牛场,引进奶牛 45 头。1988 年,县、区存栏奶牛分别达 123 头、776 头。1998 年,南京李氏兄弟在星甸镇兴办卫星奶牛养殖场,饲养奶牛 60 多头。2001 年,江浦县鑫龙服务有限公司在县稻麦良种场建成个体户奶牛养殖小区,10 户饲养户饲养奶牛 120 余头。是年,江浦县饲养奶牛 1020 头,产奶 4400

吨;浦口区饲养奶牛800头。2003年起,珠江镇及珠江奶牛场、盘城镇落桥“奶牛公寓”自主研发高效配合饲料,从意大利等国引进先进的饲料自动化控制设备和挤奶设备,提高奶牛产奶量和牛奶品质,所产鲜奶成为南京卫岗、上海光明等乳制品公司定购奶源。2005年,全区奶牛饲养户25户,饲养量2198头。2006年,珠江奶牛养殖场成立奶牛专业合作社,发展社员119户,饲养奶牛2235头,牛奶销售量8000余吨。2010年,各奶牛场加强生态建设,增建沼气池、沼液贮存池、厌氧塔、储气柜等设施,当年汤泉农场奶牛场等6家达省级标准。年末,全区存栏奶牛4643头。2013年,珠江奶牛场迁出区境。2015年,全区存栏奶牛3772头。

羊 传统养羊以肉用为主。民国24年(1935),江浦县仅有七户养本地山羊,自繁自养,户均二三十只。1949年,江浦县养羊年末圈存量300只,1957年增至1891只。1958年,原浦口区养羊375只。1961年,贯彻“公私并举”的方针,圈存量大幅度上升。1962年,江浦县首次突破万只,达10509只。1963～1985年,因经济效益不高,除1980年圈存量达3084只外,其余年份徘徊在1000只左右。1991年后,市场羊肉价格上扬,加上政府采取扶持措施,即凡一次性购买母本羊20只以上户,每只补助50元,养羊业悄然兴起。1995年,江浦县养羊3.54万只,其中星甸镇养羊100只以上的有220户,出栏量1.1万多只,占全县出栏总量的63.6%,品种多为青山羊、睢宁大白羊、波尔羊、萨能杂交羊。1997年,浦口区养羊4100多只。2000年,江苏宁华农工贸发展有限公司在星甸镇新金村建波尔羊养殖基地,引进良种羊3030只、杂交改良山羊2.8万只。2001年,全县养羊4.6万只,出栏量2.94万只。2004年,全区11个街镇除泰山、沿江街道外,有9个街镇养羊,出栏量3.59万只,2005年增至4.21万只。2007年,新金村宁华波尔羊饲养场迁出区境,加之集体林权制度改革,放牧困难,养羊业发展趋缓。2010年,全区羊出栏量降至2.73万只。2011年以后,饲养量、出栏量持续下降。2015年,全区养羊2.81万只,出栏1.91万只。

鸡、鸭、鹅 民国年间,桥林镇姜氏和高旺镇杜家孵坊年产鸡、鸭、鹅苗禽十数万羽。1950年,姜氏孵坊年孵量约10万羽。原浦口区家禽饲养量6396羽,其中鸡3638羽,鸭2519羽,鹅239羽。之后,家禽养殖作为农村副业,得到较快发展,农业生产合作社普遍饲养群鹅群鸭。1957年,江浦县饲养量91.6万羽。1958年起,家禽饲养量迅速下降。1960年落实禽蛋派购政策后,饲养量稍有回升。1961年,江浦县家禽饲养量降至76.5万羽。1962年,江浦县建立集体孵坊14个,年孵量110万羽,饲养量96.3万羽。“文化大革命”期间,一些社、队限养禁养,1976年,江浦县、浦口区饲养量分别降至61.91万羽、2.26万羽。1977年,实行“集体供苗,农户饲养,公私并举”的方针,落实饲料和奖售政策,家禽饲养量逐年攀升。1979年,江浦县饲养量135.61万羽,年末存栏量42.82万羽。1981年,汤泉农场建成年饲养能力5万羽蛋鸡场。1985年,江浦县孵坊增至20个,年孵苗禽260万～300万羽。浦口区饲养家禽51.9万羽。1988年,江浦县引进朗德鹅、莱茵鹅、大湖杂交鹅。1990年,全县养鹅66.1万羽,出栏49.2万羽,栏存16.9万羽,其中种鹅11万羽。养禽总量304.92万羽,禽蛋产量

3858吨。1995年,大桥、石桥乡建立南京肉禽养殖基地,圈养鸡584.2万羽,占全县饲养总量的51.5%;永宁、林山等乡镇成立经济联合体,规模化养鸭878.01万羽,其中肉鸭592万羽;江浦县全年饲养家禽1135.88万羽,禽蛋产量5298吨。同年,浦口区盘城镇引进世界良种樱桃谷肉鸭,采取鱼、鸭生态养殖,全年饲养家禽151.1万羽,蛋品产量2243吨。2001年,县、区饲养家禽分别为1048.25万羽、381万羽,禽蛋产量分别为1.02万吨、2290吨。2004年,盘城鸡场生产的高硒"康宝"牌系列蛋品被农业部授予中国名优品牌称号,该镇新华村SM3太阳型肉鸭成功注册"滁河湾"牌商标。同年,永宁镇成立养鹅协会,引进新品种"佳丽"400羽,年内上市肉鹅80万羽。2005年,石桥镇在全市率先启动家禽养殖"退户入园"工程,于驷马河畔新建优质草鸡规模化养殖小区,占地面积6.67公顷,建有80个竹木大棚鸡舍和12栋钢结构鸡舍,埋设涵道管线,铺设水泥道路,20多户饲养家禽103万羽。南京岫岚农副土特产品公司在星甸镇龙井村建立"跑山鸡"生态养殖基地,饲养优质草鸡25万羽。2006年9月,盘龙禽业合作社成立,吸纳社员100余户,养鸡10万羽。南京华卤集体绿草香农业发展有限公司在石桥镇石村新建华东地区最大种鹅基地,占地面积12.2公顷,建成种鹅场、孵化厂、饲料厂,存栏太湖鹅、朗德鹅、浙东白鹅等种鹅2300套,年出苗鹅60万羽。是年,全区家禽饲养量1710.24万羽,存栏232.32万羽,出栏1477.92万羽,禽蛋产量38492吨。2009年,南京市畜牧家禽科学研究所在石桥镇建立省级乌嘴鸭原种场,培育国家级品种"金陵乌嘴鸭",饲养种鸭4000余羽。2010年,全区饲养家禽1208.15万羽,存栏243.14万羽,出栏965.01万羽。2015年,饲养家禽1182.6万羽,出栏量993.6万羽。

五、渔 业

捕捞 明代,江浦县渔业生产以捕捞为主。业者多系扬州、镇江等地漂流渔民,"夏令以鲥鱼为大宗,秋以蟹,冬以鲇、鲤,岁产数千担"。清代创办桥林江华公司、高旺惠黎公司、五所合资渔圩组织。1949年解放前夕,江浦西江口和原浦口区老江口一带为渔船集中停泊地。1951年,县、区有75户渔户、66户半渔半农户。在土地改革中,大部分渔民成立互助组、合作社。当年江浦县水产捕捞量256吨。1957年,江浦县渔民合作社转为西江捕捞队。1959年,浦口区成立浦镇人民公社石佛大队渔业专业队和卸甲甸人民公社姜桥大队渔业专业队,共有劳力51人、木船17条。1962年,江浦县捕捞产量401吨,其中西江捕捞队有渔民40户、劳力119人、渔船47艘,捕捞刀鱼9.35吨,鲥鱼1吨,杂花鱼1.77吨,虾、蟹、贝类28吨。1965年,浦口区捕捞量30.25吨,1971年增至227.35吨,为历史之最。之后,因港口、锚地建设,围滩造田,捕捞水面逐渐缩小,渔业生产逐步转为养殖为主。1975年,浦口区捕捞量减至3.93万吨。是年起,捕捞产量退出区统计范围。1979年,江浦县西江捕捞队大部分渔民上岸定居,共建集体住房73间,子女就近入学,改变了游离不定的生活环境。1984年,西江捕捞队更名为江浦县长江渔业社,1986年再更名为江浦县长江水产养殖场。1987年,江浦县水产捕捞总量220吨,其中长江水产养殖场有养殖水面133.33公顷,捕捞作业区面积35平方千米,捕捞产量60吨。1993年,该场捕捞量544吨,其中刀鱼20吨。1996年,长江水位高,持续时间长,年捕捞量达985吨。2001年,执行国家有关长江春季禁渔制度,年捕捞量445吨。2002年,捕捞作业区(长江水面)缩小到8.1平方千米。全区捕捞产量430吨,其中区水产养殖场捕捞队捕捞量26.5吨(刀鱼6吨,鮰鱼1.5吨,杂花鱼、虾子19吨)。2010年,全区捕捞量1490吨,其中区水产养殖场捕捞队捕捞量15.2吨(刀鱼2.5吨,鮰鱼0.2吨,杂花鱼、虾子12.5吨)。2015年,全区捕捞刀鱼、鮰鱼、杂鱼、虾子等55吨。

养殖 民国时期,乌江乡、汉河镇成立养鱼合作社,私人鱼圩很少,面积百余亩或数十亩。1950年,原浦口区养鱼水面11.4公顷,多系私养。1957年,于西江口建立国营江浦县水产养殖场,建鱼池45个,面积7.33公顷,经营成鱼养殖和鱼苗生产、培育。1958年开展首次水产资源勘察调研,1~8月,江浦县沿江6个人民公社有弶网1278条,弶捕鱼苗6042.6万尾,培育3287.49万尾,全县共有水面3443.5公顷,放养水面1129公顷,鱼苗429.17万尾,鱼池286个,面积22.2公顷,成鱼养殖产量2040吨。浦口区养殖产量174.3吨。1959年9月,南京市最大的国营南京胜利圩水产养殖场在浦口区顶山镇九袱洲建成。1961~1970年,江浦县养殖面积年均1600公顷左右,养殖产量最低年份1962年为275吨,最高年份1964年为790吨。浦口区养殖面积年均330公顷左右,养殖产量最低年份1962年为85.2吨,最高年份1963年为223.3吨。1974年10月,全国城郊养鱼会议在江浦县召开。1975年始,推广人工孵化鱼苗。1976年、1977年,江浦县、浦口区先后在大桥人民公社琥珀泉和顶山人民公社珍珠泉建立非洲鲫鱼保种站,放养非洲鲫鱼亲鱼3220公斤。1978年,江浦县在星甸、龙山、永宁等人民公社推行稻田养鱼技术。1979年,江浦县成立水产技术指导站;全县淡水养殖面积2179.53公顷,养殖产量897吨。浦口区养殖面积255公顷,养殖产量176.8吨。1982年以后,进一步放宽渔业政策,发展水产重点户、专业户。1987年,浦口区一龄鱼种池面积16.13公顷,培育子口鱼种1230万尾、斤两鱼种325万尾。1988年,江浦县鱼种池面积89.6公顷,繁殖白鲢、鳙鱼、鳊鱼7300万尾,全县水产养殖重点户、专业户增至1093户,承包水面656公顷,全县养殖水面2580公顷,养殖产量3334吨。1991年,改良成鱼养殖品种,开发淡水白鲳养殖面积54公顷,于5月上旬每公顷放养1500~3000尾。1994年,推行鱼鸭、鱼猪、鱼蚌混合养殖和精养成鱼技术。浦口区精养面积240公顷,出水成鱼1001吨,占全区成鱼总产量的67.2%。1997年,改革水面承包方式,实行招标承包,江浦县桥林镇、乌江乡调整214公顷水面经营权,增加承包费300多万元。1998年,开展池塘"双千"(每亩水产品产量达千斤、经济效益达千元)和河沟高产高效竞赛活动。江浦县池塘"双千"实施面积751公顷,亩产529公斤,亩效益1379元;河沟高产高效竞赛面积205公顷,亩产126.5公斤,亩效益628元。当年,全县水产品养殖面积3653公顷,总产量12048吨。浦口区水产品养殖面积586公顷,总产量2400吨,其中精养成鱼水面286.67公顷,成鱼产量1892吨。2001年,鱼苗培育品种由常规转向特种,江浦县培育异育银鲫500万尾、奥尼鱼30万尾、日本锦鲤5万尾以及蟹苗虾苗等。是年,县、区水产养殖面积分别达5147公顷、

726.67 公顷,水产总产量分别达 17936 吨、3280 吨。2002 年,全区养殖面积 6100 公顷,水产品总产量 2.35 万吨。2006 年,推进渔业产业化经营,组织农民渔业合作社。汤泉镇昌盛渔业合作社 100 多户社员放养淡水白鲳水面 733.3 公顷。2008 年,浦口区被省海洋与渔业局列为渔业科技入户示范试点区,全区确立 420 户渔业科技示范户。全区养殖面积 8076 公顷,水产品产量 3.83 吨。2010 年,全区有鱼苗场 7 个,育苗面积 441 公顷,繁育鱼苗 13971 万尾,培育鱼种 4960 吨,繁育青虾苗 4234 万尾,河蟹苗 2.37 吨,培育稚鳖 2 万只。成鱼养殖户 2372 户,养殖面积 8076 公顷,养殖产量 3.77 万吨。其中,池塘水面 6762 公顷,产量 3.22 万吨;水库水面 545 公顷,产量 1954 吨;河沟水面 769 公顷,产量 3567 吨。稻田养殖面积 2033 公顷,产量 600 吨。2015 年,水产品养殖产量 4.26 万吨,实现渔业产值 12.5 亿元。

特种养殖 境内特种水产养殖历史短,起步晚。1975 年,江浦县从常熟县调进蟹苗 1500 公斤、2000 万只,投放圩区水域,促进河蟹资源增值。1976 年,原浦口区顶山人民公社北圩大队竹园生产队引进育珠能手周波,利用 0.7 公顷水面挂蚌育珠,一年后收获珍珠 9 公斤,产值 900 元。1978 年,江浦县星甸渔场建池养鳖(甲鱼),两年收获 3000 公斤,销往中国香港等地,产值 2.4 万元。1982 年,顶山人民公社北圩大队成立珍珠养殖场和珍珠研究所,1983 年,该大队河蚌育珠水面 12 公顷,产珍珠 315 公斤,优质率达 34.16%,产值 42 万元。1985 年,浦口区育珠水面 58 公顷,产珍珠 1118 公斤。周波先后获南京市、江苏省和全国劳动模范称号。1991 年,江浦县水产养殖场试养淡水白鲳获得成功,1995 年,全县放养面积 214 公顷,亩产毛利 1000 元以上。1996 年 6 月,江浦县在星甸渔场建立青虾繁殖基地,面积 2.91 公顷,亩产青虾 65 公斤,亩产毛收入近 3000 元。2001 年,江浦县淡水白鲳养殖面积 547 公顷,产量 789.3 吨;省级无公害青虾养殖基地 134 公顷,亩效益突破 1000 元;河蟹养殖面积 1000 公顷;河蚌育珠面积 1600 多公顷,其中汤泉镇张庆明、永宁镇顾玉明等 5 户育珠面积 886 公顷,年销售收入 1.17 亿元。浦口区收获淡水白鲳 86 吨,罗氏沼虾、青虾 13.5 吨,螃蟹 90.8 吨,成鳖 22.3 吨,稚鳖 15 吨。2002 年,盘城镇在板桥村建成观赏鱼科技园,占地 2 公顷,养殖金鱼、锦鲤等品种,产量 100 万尾,销往中国台湾、香港等地及英国、日本、马来西亚等国家,年销售额 100 多万元。2003 年,永宁镇生产的青虾注册"绿一"牌商标;汤泉镇探索建立"公司 + 农户"的成鱼养殖模式,建立淡水白鲳养殖基地 200 公顷,年产成鱼 3000 吨,成功注册"九龙"牌商标。2006 年,汤泉街道建成 280 公顷省级淡水白鲳标准化养殖示范区。江浦、顶山、盘城街道和永宁镇引进"熊猫蝶尾""黑白水泡""鹤顶红""鹅头红"等观赏鱼种,繁殖鱼苗 1238 万尾,生产种鱼 874 万条。"赏怡"牌观赏鱼在广州·中国观赏鱼国际大赛中获一等奖、二等奖各 1 个。2007 年,永宁镇北城村养殖青虾面积 533.33 公顷,年产值 1710 万元,占全村农业总产值的 76%、村集体经济的 52%,全村人均增收 730 元,青虾产品经省农林厅认定为江苏省名牌农产品。2010 年,全区养殖淡水白鲳面积 1333 公顷,出水成鱼产量 2 万吨;青虾养殖面积 1993 公顷,亩产青虾 110 多公斤;养蟹面积 1334 公顷,年产量 1067 吨;河蚌育珠面积 739 公顷,产珍珠 21 吨;观赏鱼养殖量 1521 万尾。2015 年,特种养殖总产量21359吨，占全区水产养殖总产量的50.14%。

第二节　工　　业

明清时期，江浦县城镇有酿酒、榨油、酱品、染布、制革等手工工场和作坊。清光绪三十四年(1908)，津浦铁路局在浦镇创办浦镇机厂，为江浦现代工业之始。民国11年(1922)，江浦县政府创办以织布为主业的县立第一贫民工场。抗日战争前后，相继兴办浦镇明星电灯厂、浦镇振大、大益及桥林镇大同、同福等私营独资的机米厂、面粉厂。35年，江浦县登记给照的制造或加工业、印刷或出版业个体企业131户，总资本(法币)83030万元。

1949年中华人民共和国成立后，江浦县仅有4家私营企业和813家手工业户，年产值395万元(90年不变价，下同)，相当于农业总产值的8.1%。此后，由于国家经济政策的不稳定性和过分强调"以粮为纲"的农业生产，加上"大跃进"，特别是"文化大革命"的影响，工业生产屡遭挫折，发展速度缓慢。1978年，江浦县工业总产值仅有8650万元，年均增长速度11.28%；原浦口区工业总产值2350万元，企业43家。1979年后，江浦县实施"兴工强农"经济发展战略，乡镇工业异军突起，1986年，实现工业(含村办工业)总产值11495万元，占全县工业总产值的51.11%。1992年后，江浦经济开发区、南京海峡两岸科技工业园、乡镇工业集中区相继建立，构筑工业经济腾飞平台；随着深化企业产权制度改革，逐步形成多种经济成份共同发展的工业体制。至2001年，江浦县、浦口区工业总产值分别达46.7亿元、31.46亿元(当年价)。2002年新浦口区成立后，依托自然资源和地域产业优势，重点发展以现代高新技术和环保节能为主的制造业，实现工业经济新的腾飞。2010年，全区规模以上企业410家，实现工业总产值443.3亿元、增加值95.25亿元、利税41.09亿元。2015年，浦口行政区规模企业(主营业务收入2000万元以上)有216家(2012年起不包含盘城、沿江、泰山3个高新区托管街道)，实现总产值791.27亿元、利税103.04亿元，分别比2002年增长14.22倍、21.95倍。

一、经济类型

1950年，江浦县第一家地方国营荣浦米厂建成投产，有职工25人，年产值30万元(80年不变价)；手工业合作企业4家，产值286万元；个体手工业805家，产值267万元；各类产值分别占工业总产值的5.14%、49.06%、45.8%。1956年，工商业和手工业社会主义改造完成后，逐步确立公有制及公私合营企业在工业经济中的主导地位。是年，江浦县有矽砂矿、印刷厂等全民企业8家，产值206万元，供销社五金厂、冷饮食品厂、服装厂、木器厂、星甸农具厂等县属集体企业38家，产值282万元，个体企业128家，产值26万元，分别占工业总产值的40.08%、54.86%、5.06%。原浦口区建有东门酱品厂、煤厂、南京毛纺厂3家区属全民企业，有玻璃纤维四厂、服装六厂、民生食品厂等7家区属集体企业。1958年"大办工业”，江浦县将部分集体企业和公私合营企业转为地方全民制企业，同时兴建农机修造厂、造纸厂、食品厂、农业药械厂等全民企业，公社、镇自办砂石矿、粮油加工厂、砖瓦厂、玻钢厂等集体企业。当年，全民企业增至 19 家，公私合营企业减至 19 家，新增社镇企业 98 家，城乡个体手工业者如木匠、瓦匠、裁缝等全部退出统计。全年实现工业总产值 802 万元，全民、集体企业产值分别占工业总产值的 71.2%、28.8%。浦口区全民企业发展到 10 家，集体企业 20 余家，兴办一批社队企业，如红旗砖瓦厂、顶山农机厂、沿江农机厂等。1969 年以后，江浦县全民所有制工业企业产值在工业总产值中仍占主导地位。1970 年起，城市工矿企业与农村社队挂钩，江浦县社队工业企业由 21 家增至 41 家，1971 年再增至 90 家。1976 年，社队企业产值达 1158 万元，占全县集体企业产值的 55.94%。1978 年，全县工业企业 330 家，其中全民企业 36 家，县属集体企业 28 家，社(镇)队企业 266 家；工业总产值 6839 万元，全民企业、集体企业、社队企业产值分别占 40.15%、13.22%、46.63%。浦口区社队工业产值 2057 万元，利税 309 万元，分别占全区工业产值、利税的 83.7%、82.2%。1984 年，社队工业改名乡镇企业，乡办企业、镇办企业、村办企业、个体私营企业、联营企业同时发展。1988 年，江浦县工业企业 856 家，其中国有企业 24 家，县属集体企业 71 家，乡(镇)村企业 283 家，联营企业 2 家，个体私营企业 476 家；工业总产值 2.97 亿元，其中乡镇企业产值占工业总产值的 50.23%，成为工业经济的半壁江山。

1992 年中共十四大召开后，实行以公有制为主体、其他经济成分为补充的社会主义市场经济体制，促进非公有制经济较快发展。1993～1994 年，中共江浦县委、县政府相继印发《关于加快个体私营经济发展的若干意见》《关于鼓励外商投资的优惠政策》。1995 年，石桥乡南京金陵特殊无缝钢管厂改制为金桥钢管有限责任公司，为江浦县首家工业股份制企业。1996 年，原浦口区建立金飞成集团，成为该区首家工业企业集团。是年底，江浦县工业企业 846 家，其中国有企业 30 家，集体企业 337 家(其中村办 139 家)，联营企业 17 家，股份制企业 4 家，中国港澳台企业 20 家，外资企业 10 家，个体私营企业 428 家；全县工业总产值 26.57 亿元(90 年不变价)，其中国有、集体和其他类型企业产值分别占 11.36%、58.19%、30.45%。1997 年，中共十五大确立以公有制为主体、多种所有制经济共同发展的基本经济制度，深化以产权制度改革为重点的工业企业制度改革，推动集体所有制企业向股份制企业和个体私营企业转制。2001 年，江浦县产品销售收入 500 万元以上的工业企业有 111 家，其中国有企业 17 家，集体企业 15 家，其他企业(联营企业、股份制企业、中国港澳台企业、外资企业、个体私营企业)79 家；全县工业总产值 32.07 亿元(当年价)，其中国有、集体和其他企业产值分别占总产值的 9.48%、10.33%、80.19%。浦口区有乡镇集体企业 60 家、联营企业 30 家、三资企业 75 家、个体私营企业 194 家，工业总产值 31.46 亿元。2002 年起，进一步深化国有企业产权制度改革，公有资本最大限度退出。2003 年，继续优化工业企业所有制结构，以发展私营企业经济为突破口，重点支持规模型、科技型、外向型私营企业，全区国有企业减少到 8 家。2005 年，全区私营规模工业企业增至 89 家，实现工业产值 39.51 亿元，浦口区被市政府授予南京市发展民营经济先进单位称号，中脉科技、大吉铁塔、金飞城集团等5家企业被授予市优秀民营企业称号。此后，加大招商引资力度，先后组团赴中国港澳台地区及新加坡、日本、韩国开展招商活动，中国港澳台企业及外商企业稳定健康发展。至2007年，中国港澳台企业、外商企业分别达33家、16家，工业产值69.97亿元、20.56亿元，分别占全区工业总产值的27.5%、8.08%。2008年，全区产品销售收入1000万元以上的工业企业有199家，职工64123人，工业总产值305.47亿元。其中，国有企业6家，职工7556人，产值33.79亿元，占全区工业总产值的11.06%；集体企业20家，职工3168人，产值10.41亿元，占工业总产值的3.41%；股份有限公司和股份合作企业29家，职工25841人，产值38.96亿元，占工业总产值的12.75%；中国港澳台企业和外商投资企业49家，职工12889人，产值109.41亿元，占工业总产值的35.82%；私营企业77家，职工12547人，产值97.46亿元，占工业总产值的31.91%；联营企业及其他经济成分企业18家，职工2122人，产值15.44亿元，占工业总产值的5.05%。2009年起，工业企业不再统计经济类型的职工、产值、利润等主要经济指标，而按工业门类统计实收资本、国家资本、集体资本、法人资本、个人资本、中国港澳台资本和外商资本。2011年，全区（剔除南京高新技术产业开发区）主营业务收入2000万元以上的规模企业244家，实收资本43.8亿元，其中国家资本1.37亿元、集体资本7512.1万元、法人资本16.21亿元、个人资本11.14亿元、中国港澳台资本7.63亿元、外商资本6.69亿元。2015年，全区（剔除南京高新技术产业开发区及其托管的盘城、泰山、沿江3个街道）规模工业企业216家，实收资本67.65亿元，其中国家资本3.97亿元、集体资本10.36亿元、法人资本23.23亿元、个人资本20.44亿元、中国港澳台资本6.3亿元、外商资本3.35亿元。

二、工业门类

1949年，江浦县工业总产值314万元（80年不变价），其中建材工业、纺织工业、食品工业及其他工业（如机械工业等）分别占8.15%、14.93%、19.62%、57.3%。主要产品有：石灰120吨，砖、瓦315万块（片），粮油3373吨，土布3.78万米，水车143部。1957年，食品工业产值254.81万元，占全县工业总产值的47.51%，主要企业有荣浦米厂和江浦县发电榨油厂等。1958年大办工业，江浦县兴建县农机修造厂、县轴承厂、县农业药械厂，加上各乡镇农具修配站，机械工业发展到34家，产值110万元，占全县工业总产值的13.72%。原浦口区新建南京大丰农机厂，主要生产农用双铧犁、旋耕机等新式农机具。化学工业初露端倪，江浦县城东等人民公社兴办土化肥、农药等社队企业，年产值2万元。此后，各工业门类产值下降，1963年，江浦县机械、建材工业产值由1959年的202万元、155万元分别降至79万元、41万元。1968年起，工业经济发展趋于稳定。江浦县先后创办县变压器厂、县医疗机械厂、县汽车修配厂、江浦阀门厂、永宁机械厂、城东五金厂、向阳电子设备厂、建设拖拉机配件厂、江浦电器修造厂等机械工业企业。1973年，全县机械工业产值653万元，跃居各工业行业首位。主要产品有:柴油机1220台,电动机1.53万千瓦,变压器1.05万千伏安,脱粒机、车床、空压机、真空泵等650台。1975年起,建材工业进入发展时期,县水泥厂、大桥水泥制品厂、林山水泥制品厂、向阳刚玉制品厂等相继建成投产。1976年,江浦县有建材企业29家,产值731万元,位居各行业产值第二位。1978年,江浦县主要工业门类产值占工业总产值5909万元的比重分别为:机械工业52家,占30.51%;建材工业40家,占18.49%;化学工业19家,占16.87%;食品工业、纺织工业、其他工业(冶金、造纸及文教用品)比重依次为15.48%、11.89%、6.76%。主要产品有:柴油机3600台、电动机2.06万千瓦、变压器2.18千伏安、电冰箱737台、石灰8000吨、砖瓦8571万块(片)、水泥1.41万吨、合成氨4129吨、氮肥1.46万吨、过磷酸钙(折合量)1.43万吨、粮油1.94万吨、白酒540吨、棉白布109.62万米、雨伞6万把、玻纤布127.11万米、各种灯具1015套、出口服装10.23万件。这一时期,浦口区先后建立红旗砖瓦厂、浦口制冷设备厂、光学仪器原件四厂、浦口电器仪表厂、沿江磷肥厂、顶山造漆厂、永丰工程塑料厂、南京无线电木壳厂、南京东南造纸厂、永丰羊毛衫厂、三河毛纺厂、浦口木器厂等企业,初步形成建材、机械、电子、仪表、化工、纺织等工业门类,主要生产空调机外壳和冷冻机配件、BS-330型交流孤焊机、ZX9-300型整流直流孤焊机、对焊机、180千伏安以上的大型整流变压器、农用化肥、铵明钒、硫酸锌及羊毛衫等产品。

1980年后,区(县)属工业如机械行业突破单一为农业服务的范畴,企业生产逐步转向以盈利为主要目的,与城市大中型企业及大专院校建立协作挂钩关系,提高企业整体素质和生产能力;社队工业坚持因地制宜就地取材的发展方针,端正为农服务、为民生活服务、为城市大工业服务、为外贸出口服务的发展思路。1983年,南京市江浦消防器材厂建成投产,江浦县通用机械厂与南京农机研究所合作成立南京第二轻工机械厂,江浦制药厂与江浦县水泥制品厂合资建成江浦县化学合成厂。1985年,江浦县第一服装厂更名南京服装十四厂,成为生产出口服装的主要企业。1990年,由中国香港新力有限公司、中信天津工业发展公司、江浦县化肥厂、江信化工技术开发公司合资兴建的南京四力化工有限公司投产。1991年,江浦县机械电子工业产值1.14亿元(90年不变价),占全县工业总产值的24.08%,居首位;化学工业产值1.07亿元,占22.5%,居第二位;冶金工业、食品工业产值分别为5405万元、5050万元,占11.39%、10.65%,居第三、第四位。主要产品有内燃机4.99万千瓦、变压器16万千伏安、民用钢质船舶2260吨、电风扇20.89万台、灯具1.05万台、氮肥5300吨、磷肥6132吨、化学农药1158吨、水泥4.55万吨、大米1.99万吨、面粉1.02万吨、食用植物油1953吨、畜肉制品1021吨、布匹160.37万米、服装56.37万件。同期,浦口区兴办南京减震器厂、南京浦口线切割专用材料厂、南京新兴无线电材料厂、南京浦口石油化工厂等工业企业,主要产品有减震器、橡胶件、阻尼材光亮镀锡铜包钢线、EED导针用铜包钢线、镀镍高碳钢线、钼丝、钼棒、化工溶剂油、工业萘、均四甲苯等,其中电子元器件引出线系列产品填补国内空白。1992年,浦口工业总公司与中国香港里盈实业有限公司成立百力电子有限公司和凤钢制品有限公司,生产防盗器与塑钢制品。1993年,中国台商独资创办南京全屋电器开关有限公司，专业生产小型断路交直流接触器、热过载保护继电器、马自达启动器、漏电开关等低电压器产品。1995年，江苏省纺织原料物资有限公司与英国考贝尔兹纺织集团公司合资兴建的江苏贝宁面料有限公司投产，主要设备采用从德国引进的全套国际最先进的经编织机和印染整机。同年，南京麦芽厂与美国希如阿也制麦公司、加拿大平原麦芽有限公司合资兴建南京中美加麦芽有限公司，该公司是江浦县工业产品打入北美洲市场的首家中外合资企业。1996年，东爵精细化工(南京)有限公司建成投产。2000年，南京中脉科技发展有限公司投产。2001年，江浦县工业企业529家，工业总产值46.7亿元(当年价)，产品年销售收入500万元以上独立核算企业111家，工业产值32.07亿元。其中，纺织工业15家，产值7.22亿元，占全部独立核算企业产值的22.51%，跃居首位；机械工业26家，产值6.95亿元，占21.67%，退居第二位；冶金工业(17家)、化学工业(16家)、电子工业(4家)，产值分别为6.26亿元、3.66亿元、2.36亿元，依次为第三位、第四位、第五位；其他工业如食品、医药、造纸、文教用品等工业企业33家，产值5.62亿元。主要产品有成品钢材3107吨、铝1583吨、铸铁管4755吨、钢钉5055吨、标准紧固件6826吨、铸件7804吨、民用钢质船舶2.69万吨、变压器315.64万千伏安、洗衣机27074台、布匹293.1万米、机制纸4100吨、合成氨5422吨、化学农药2391吨、塑料制品1530吨、小麦粉1.98万吨、食用植物油1383吨。浦口区工业企业551家，工业总产值31.46亿元。其中，建材行业水泥制品企业7家，实现产值1108万元；机械行业正常经营的南京减震器厂、浦口制冷设备厂分别实现产值500万元、965万元；电子、仪表行业中的南京新兴无线电材料厂、南京全屋电器开关有限公司和南京浦口切线割专用材料厂，工业产值分别达5565万元、9486万元、1929万元。

2002年，新浦口区成立后，注重高新技术企业的引进及工业行业结构的优化。至2015年，逐步形成交通运输装备、食品医药、纺织服装、机电设备、电子信息、新型材料等优势产业。

交通运输设备制造业 2002年，全区产品销售收入500万元以上的交通运输设备制造规模企业18家，其中铁路运输设备制造企业6家，船舶制造企业3家，汽车制造、修理业9家，在岗职工1363人，年产值3.51亿元。2004年，工业管理体制改革，中国南车集团南京浦镇车辆厂等部办企业划入地方，加之造船业的崛起，至2005年末，规模以上企业29家，产值31.48亿元，其中南京浦镇车辆厂、南京东嘉船舶制造有限公司、南京永华船业有限公司、南京天印专用汽车有限公司等5家产值过亿元。2006年4月，南京高新区与南京浦镇车辆厂、新加坡麦达斯控股公司、南京地铁公司、南京机电产业集团、南京浦口国资公司联合建立南京浦镇车辆轨道交通有限责任公司，注册资本16.81亿元，主营轨道交通车辆的研发、制造和修理。同年6月，江苏奕淳集团与南京武家嘴集团成立江苏奕淳武家嘴船舶重工有限公司并落户浦口，注册资本2亿元。2007年，南京海天轨道车辆装备有限公司从南车南京浦镇车辆有限公司剥离，成为独立核算的股份制企业，注册资本1000万元；乌江镇船舶业提档升级，南京东嘉船舶制造有限公司投资5000万元实施技改项目，该公司2万吨级重装甲板运输船上海港机三号试航成功,乌江镇船舶业产值突破13亿元。2008年,全区交通运输装备制造企业28家,在岗职工1.11万人,实现工业产值56.91亿元、增加值19.35亿元。2009年,交通运输设备制造业快速发展。南车浦镇公司研制的时速200千米客车填补国内中长途铁路客车的一项空白,时速250千米动车组高速转向架及应用获国家科技进步一等奖,京八线和谐号内燃动车组获中国铁道学会科技一等奖。2010年,江苏奕淳武家嘴船舶重工有限公司投资2.3亿元,新建涂装车间,提升生产能力,全年实现工业产值12.97亿元、增加值2.49亿元。南车浦镇公司、南京天印专用汽车有限公司晋升为国家级高新技术企业。2015年,交通运输设备制造业有南京浦镇车辆有限公司、马勒发动机零部件(南京)有限公司、江苏正屿船舶重工有限公司、南京中车浦镇海泰制动设备有限公司、爱威机电(南京)有限公司等规模企业41家,实现工业产值137.18亿元、利税15.39亿元,分别比2011年增长83.35%、135%。

生物医药食品制造业 2002年,销售收入500万元以上的生物医药食品规模企业9家,职工964人,实现工业产值2.52亿元(当年价,下同),占全区工业总产值的4.85%,工业增加值5474万元,占4.97%。其中,产值超1000万元的重点企业主要有南京先声东元制药有限公司、南京立业制药股份有限公司、江浦县谷盛粮食贸易有限公司、南京联侨生物科技有限公司、南京美宁制粉公司,主要从事化学药品原药制造及药品制剂、粮食及饲料加工、屠宰与肉类蛋类加工、食品制造。南京立业制药股份有限公司以生产中西药制剂为主,产品有片剂、颗粒剂、胶囊、滴眼液、灌肠剂和原料药,茶新那敏片(曾用名定喘止咳片)、新乐康片分别为主打产品和专利产品,全年实现产值5170万元、利税1553万元。2004年,新增重点企业有南京英特布鲁斯金陵啤酒有限公司、南京老山药业股份有限公司、南京苏浦油脂有限公司、南京龙源天然多酚合成厂(生产特有中药五味子单宁产品)、南京华卤食品有限公司,全区规模企业13家,工业产值5.86亿元,增加值1.6亿元。是年,南京先声东元制药有限公司、南京老山药业股份有限公司跻身国家级高新技术企业。南京英特布鲁斯金陵啤酒有限公司通过ISO14001环境管理体系论证,年生产干啤7.12万吨,实现工业产值1.29亿元。2005年,新增重点企业南京东捷药业有限公司、南京同凯兆业生物技术有限责任公司,全区规模企业13家,职工2376人,年产值9.87亿元,增加值2.85亿元,分别比上年增长68%、78%。南京中脉科技发展有限公司投入8000万元,新建厂房1万平方米,从事中药研发及蛋白粉、蜂胶生产,公司成为商业部、工商行政管理总局批准的产品合法直销企业。2006年,南京老山药业股份有限公司被列为全国蜂产品安全与标准化生产基地。南京先声东元制药有限公司投入6.9亿元,开发生产中药口服液体制剂、小容量注射剂等产品,拥有年销售额亿元以上的必存、安奇等省、市名牌产品。2007年,南京同凯兆业生物技术有限责任公司通过ISO9000质量管理体系论证、HAIAI、Kosher论证,欧洲SGS(HACCP和GMP)论证,产品核甘酸及其衍生物、1.6-二磷酸果糖系列金属盐逐渐主导国内主流市场,并销往欧美发达国家,产品生物磷酰化新技术制备高能磷酸化合物获国务院技术发明二等奖。2008年,南京先声东元制药有限公司被世界华商协会评为当年全球华商高科技500强企业。南京老山药业股份有限公司被 WG13 蜂王浆国际标准工作组列为全国蜂产品标准化工作组(SAC/SWGZ)秘书处单位,公司全年生产胃乐宁 1.16 亿片、蜂蜜 1390 吨、蜂王浆 28 吨,年产值 2.01 亿元,增加值 6362 万元,利税 3036 万元。是年,全区医药食品制造业年销售收入 1000 万元以上的规模企业 11 家,职工 3200 人,实现工业产值 19.36 亿元、增加值 5.63 亿元。2011 年,年销售收入 2000 万元以上的规模企业 18 家,年产值 56.23 亿元。年产值过亿元的企业有南京先声东元制药有限公司、南京老山药业股份有限公司、永顺泰(南京)麦芽有限公司、南京英博金陵啤酒有限公司(原名南京英特布鲁斯金陵啤酒有限公司)、南京中脉科技发展有限公司、南京龙源天然多酚合成厂、南京立业制药股份有限公司、南京华脉健康保健制品厂、希杰(南京)饲料有限公司、南京老山保健品有限公司、南京谷盛米业有限公司等 12 家。其中,南京先声东元制药有限公司年产值 32.44 亿元,居全区工业重点企业产值第二位;增加值 9.12 亿元,居全区重点企业增加值第一位。2015 年,该行业拥有南京中脉科技发展有限公司、南京立业制药股份有限公司、南京老山药业股份有限公司、南京华脉医疗器械股份有限公司、南京先声东元制药有限公司、南京同凯兆业生物技术有限责任公司等规模企业 21 家。"必存"牌依达拉奉注射液,"老山"牌蜂王浆冻干粉,"天外"牌外科仪器、麻醉仪器,"易博"牌人用药、医药制剂产品分获江苏省名牌商标。实现工业产值 111.78 亿元、利税 17.07 亿元,比 2011 年分别增长 98.79%、138.74%。

纺织、服装、羽绒制造业　2002 年,全区纺织、服装、羽绒制造业销售收入 500 万元以上的规模企业 21 家,职工 3256 人,产值 11.05 亿元。年产值 1000 万元以上的重点企业有:江苏广丰羽毛有限公司、南京华脉纳诺纺织品厂、江苏贝宁面料有限公司、南京天鹅绒服装有限公司、南京舒逸弹性纺织有限责任公司、南京美尔姿制衣厂、南京辛格莱工艺服饰有限公司、南京飓风公司浦口制衣厂、南京佰德工贸有限公司、南京倩倩服饰有限公司、南京谈氏服饰有限公司、南京特尔丽服装厂。2003 年,新增产值 1000 万元以上的重点企业 5 家,分别为南京中脉科技发展有限公司、江苏道吉面料有限公司、南京梦丹妮时装有限公司、南京兴孚羽绒制品实业有限公司、南京派森工艺服饰有限公司。2004 年,纺织服装业加速技术创新和优化产品结构,拥有高新技术企业 1 家、高新技术产品 2 个。规模企业增至 26 家,新增产值 1000 万元以上的企业 7 家,即南京天嘉服饰有限公司、南京五三零二服饰装具厂、南京中天龙马服饰有限责任公司、南京新顺制衣有限公司、南京瑞腾服装有限公司、江苏博天纺织有限公司、南京安瑞服饰有限公司。职工 6516 人,较上年增加 2964 人;年产值 26.25 亿元,较上年增加 7.85 亿元。2006 年,新增南京胜兰制衣有限公司、南京芙伦达制衣有限公司 2 家重点企业。2007 年,部分规模企业(年产值 1000 万元以上)和重点企业(年产值亿元以上)在提高产品质量的同时,扩大外贸产品生产,年产值大幅度提高,年产值过亿元企业 8 家。其中,江苏广丰羽毛有限公司产品(床上用品和服装)行销美国、英国、德国、西班牙、意大利、俄罗斯、日本、韩国等国家,年产值 9.8 亿元;南京天嘉服饰有限公司生产外贸服装 20.95 万件,年产值 6.64 亿元;南京中脉科技发展有限公司生产的"中脉"牌保健内衣、床上用品被评为江苏省名牌产品，公司获批国家免检企业，年产值3.1亿元。全区纺织工业年产值37.29亿元，较上年增加3.73亿元。2009年，规模企业34家，较2007年增加13家，产值过亿元的重点企业9家，全区年产值达46.28亿元。2010年，虽然受到产品出口及国内市场需求锐减等宏观经济环境的影响，工业总产值仍持续增长，全年产值达54.85亿元，增长18.52%。2015年，全行业实现工业产值91.13亿元、利税13.11亿元，分别比2011年增长44.33%、134.11%，其中2家羽绒规模企业增效明显，当年实现产值44.87亿元、利税5.88亿元，分别增长100.85%、174.77%。

机电装备制造业 2002年，全区销售收入500万元以上的规模企业18家，职工2549人，年产值6.3亿元，增加值1.17亿元，分别占全区工业总产值、增加值的6.77%、10.62%。年产值1000万元以上的重点企业有南京大吉铁塔制造有限公司、南京江浦电力变压器厂、南京长江给排水管道有限责任公司、南京江标集团有限公司、南京东南铜业有限公司等。南京江浦电力变压器厂主要生产10千伏、110千伏、220千伏级各种容量及电压组合的油浸式电力变压器和静电除尘变压器、H式干电变压器等特种变压器，其中王牌电力变压器被省质监局评为2002年度省级名牌产品，年产值1.25亿元。2004年，规模企业增至27家，年产值、增加值分别为9.34亿元、2.09亿元。增加南京金鼎金属材料有限公司、南京浦永物资回收加工有限公司、江苏省南京第四机床厂等重点企业。南京大吉铁塔制造有限公司生产的500千伏新型优化塔桅钢结构列入江苏省高新技术产品系列，全年生产输电铁塔、钢管、支架92万吨，实现产值5.31亿元，领行业之首。2006年，南京东南铜业有限公司制定铜米粒、废旧电线电缆分类行业标准，在国内、国际尚属首次，全年生产铜类产品1.04万吨，其中光亮铜5113吨，实现产值5.98亿元。南京长江给排水管道有限责任公司承揽上海崇明越江通道、舟山连岛金塘大桥、湖北荆岳大桥、青岛海湾大桥等工程的钢护筒、钢管桩等钢结构制作，参建北京、西安、武汉、杭州、深圳地铁等相关工程，全年生产钢管、铜结构部件9万吨，实现产值5.62亿元。2009年，区政府实施经济开发园区和镇街工业集中区产业转型升级工作，加速发展先进制造业，南京众泰集团、南京威武仕电器有限公司分别在桥林、石桥工业集中区建成投产。南京立业电力变压器有限公司升格为国家级高新技术企业，名牌产品王牌电力变压器获江苏省优秀新产品“金牛奖”。2010年，年产值过亿元的重点企业24家，过10亿元的有南京大吉铁塔制造有限公司、南京立业电力变压器有限公司、南京长江给排水管道有限责任公司。其中，南京大吉铁塔制造有限公司有员工1421人，固定资产4.62亿元，生产输电线路铁塔、钢管塔、钢管杆、钢结构支架等产品145万吨，年产值27.33亿元，增加值5.39亿元，出口交货值8.49亿元，利税2.91亿元，规模、产能、效益均居全国同行业首位。至2015年，全行业有规模企业50家，南京威孚金宁有限公司“金宁”牌分配泵、南京钛能电气有限公司SKXC－4000/35数控成形铣齿机、南京特瑞电气有限公司“图形”牌非电器金属电缆接头、南京大吉铁塔制造有限公司“大吉”牌铁塔、南京立业电力变压器有限公司“立业”牌变压器等产品先后获江苏省名牌产品或江苏省著名商标称号。全行业实现年产值

113.8亿元、利税15.4亿元,分别比2011年增长36.55%、80.33%。

电子信息产业 2002年,电子信息业销售收入500万元以上的规模企业13家,职工1360人,工业产值1.64亿元,增加值3943万元。年产值1000万元以上的重点企业有南京全屋电器开关有限公司、南京新兴电子材料有限公司、南京泰华电子制造有限公司、南京特瑞线路器材有限公司、南京五里电子仪表厂、南京市江浦县高旺电子仪表厂等8家。其中,南京全屋电器开关有限公司有员工1100人,年产值1.89亿元,主要产品智能型电子微处理式断路器、保护断路器以及电子接触器、继电器、启动器等先后通过德国DQS、ISO9002质量保证体系论证,达到美国UI、加拿大CSA、英国ASTA安全论证标准;南京新兴电子材料有限公司产品镀锡铜线获国家星火计划博览会银奖,镀镍高碳钢线、方型镀锡铜包钢线填补国内市场空白。2004年12月,南京三乐电子信息产业集团有限公司(三乐集团)入驻浦口开发区,投资6亿元,打造微波电子真空器件、绿色照明、激光微波能应用整机等主导产业的科研和制造基地。2005年,南京特瑞线路器材有限公司主产品压接型耐张线夹、Q250管田线金具及南京三能电力仪表有限公司生产的SANNENG单相/三相电子式电能表被评为南京市名牌产品。是年,全区电子信息产业规模企业增至32家,职工4452人,年产值11.75亿元,增加值2.04亿元。2008年,年产值1000万元以上的规模企业25家,职工5113人,工业产值24.08亿元,增加值9.57亿元。2010年,南京三乐电子信息产业集团有限公司拥有五轴加工中心、慢走丝线切割机床、高温浸渍氢气路等精细机加工和先进的制管工艺设备以及热丝探热仪、X射线衍射测量仪等实验设备,全年生产电子管及高压钠灯3.2亿只,实现工业产值2.9亿元、增加值1.14亿元。南京新兴电子材料有限公司生产电子元器件引线材料1350吨,实现工业产值2.36亿元、增加值5003万元。2015年,规模企业由2011年的6家增至9家,产值由10.77亿元增至15.07亿元,利税由1.15亿元增至1.41亿元。

新型材料产业 2002年,东爵有机硅(南京)有限公司与中钢天源南京磁性材料厂生产硅橡胶及四氧化三锰等新型材料,年产值2.4亿元。2006年,新型材料列入高新技术产业,全区新型材料规模企业新增高尔特硅橡胶制品(南京)有限公司和南京永金给排水有限公司,有职工359人,实现工业产值1.35亿元、增加值2751万元。至2009年,新增江苏三鑫特殊金属材料股份有限公司、南京润邦金属复合材料有限公司、南京维克精密金属材料厂和南京蔚然精密金属材料厂,年内新型材料产业实现工业产值17.68亿元。2011年,新型材料产业主营业收入2000万元以上的规模企业增至19家,其中化学原料和化学制品企业、橡胶和塑料品企业分别有10家及9家,实现工业产值35.38亿元、利税3.43亿元。2015年,新型材料产业规模以上企业13家,实现产值50.74亿元、利税6.26亿元。其中,东爵有机硅(南京)有限公司形成从生胶、混炼胶、绝缘胶、气相胶、液体胶到硅橡胶制品等比较完整的产业链,生产硅橡胶8.32万吨,该公司生产的"枫叶牌"甲基乙烯基硅橡胶混合胶获2012年江苏省名牌产品称号;江苏三鑫特殊金属材料股份有限公司生产的高精度研磨棒获2008年江苏省高新技术产品称号,填补国内空白;南京九思高科技有限公司生产的渗透激化脱水膜及成套设备获2011年科技部、环保部等单位授予的国家重点产品证书。

其他工业产业 2002年,其他工业产业主要包括建材、化工、体育用品、工艺品以及家具等行业,销售收入500万元以上的规模企业78家,有职工11274人,实现工业总产值26.95亿元、增加值5.83亿元、利税2.77亿元。2004年,全区规模企业111家,职工14010人,实现工业产值54.19亿元、增加值11.6亿元、利税2.95亿元。年产值5000万元以上的规模企业9家,其中南京海螺水泥有限公司、南京江星水泥有限公司、南京华浦高科建材有限公司、南京宁新浦迪混凝土有限公司等一批建材骨干企业经济支撑作用进一步凸显,产业集群规模逐年扩大,对全区国民经济的贡献份额不断增加。2006年,销售收入1000万元以上的规模企业80家,实现工业产值89.05亿元、增加值18.61亿元、利税7.95亿元。南京海螺水泥有限公司生产水泥201万吨,实现工业产值3.91亿元;南京胜利体育用品实业有限公司生产羽毛球266万打、羽毛球拍45万只,实现工业产值2.43亿元。2008年,规模企业77家,实现工业产值131.01亿元、增加值13.69亿元、利税10.53亿元。2010年,南京金榜麒麟床具有限公司被评为中国明星企业,生产的"麒麟"牌弹簧床软床垫被评为南京名牌产品,"麒麟"牌商标为全国驰名商标,企业有职工220人,生产床垫5.5万床、床蕊7.2万床,实现工业产值4.03亿元、增加值8823万元、利税2481万元;南京胜利体育用品实业有限公司生产的"胜利"牌羽毛球被评为中国名牌产品,年产值3.71亿元;南京海螺水泥有限公司年产水泥151万吨,实现工业产值4.02亿元、增加值7688亿元、利税5119万元。2015年,其他工业产业有规模企业71家,其中非金属矿物制品业(水泥、砖瓦等建材)28家,金属制品业24家,文化工艺美术品和体育用品制造业2家,家具制造、造纸、有色金属和废弃资源综合利用等其他工业企业17家。年实现工业产值271.57亿元、利税34.4亿元。

第三节 建筑业 房地产业

一、建筑企业与队伍

民国35年(1946),江浦县成立瓦木业理事会。1950年,江浦县、原浦口区分别成立同业协会和建筑工会。1953年,成立珠江镇瓦业社和木业社。1956年3月,浦口区成立红旗建筑合作社,有职工300余人,为集体所有制性质。1958年,红旗建筑合作社与南京市建筑公司下放浦口区的102队合并,成立浦口区建筑公司,为区属大集体企业。1959年2月,江浦县成立珠江建筑站,县交通局成立交通建筑队。1965年1月,县交通局建筑队与珠江建筑站合并成立江浦县建筑工程公司,有职工120余人。是年起,各公社纷纷成立瓦业队(后改称建筑工程队或建筑公司)。1969年、1984年,浦口区先后成立顶山建筑工程队和区第三建筑工程公司。至1987年,江浦县有乡镇建筑企业13家,职工3300人。1994年12月,江浦县珠江、桥林、星甸、汤泉、龙山、永宁、石桥7个乡镇建筑公司合并组建南京市第十建筑工程公司,职工2534人,企业资质二级;浦口区成立永丰建筑工程公司。2001年,南京市第十建筑工程公司与南通市双楼建安公司联合投资6018万元，组建江苏双楼建筑安装工程有限公司，企业资质为一级。是年，江浦县有建筑企业17家，其中资质一级企业1家，二级企业5家，三、四级企业11家；职工总人数8868人，其中工程技术人员772人；完成建安产值5.9亿元、增加值1.28亿元。浦口区有建筑企业5家，其中二级企业1家，三、四级企业各2家；有职工677人，其中技术人员74人。2002年起，建筑企业发展较快，先后增加江苏陆建华建设工程有限公司、南京东森工贸实业有限公司、南京友安建筑工程有限公司、江苏农凯建设有限公司、南京润海建筑工程有限公司等房建总承包企业22家，江苏苏地建设工程有限公司、南京中铁桥机工程有限公司、南京润厦新型材料有限公司、江苏聚力工程建设有限公司等基础、环保、化工等专业承包企业25家，南京宁浦装饰工程有限公司、南京四新门窗有限公司等装饰装修、门窗安装等承包企业25家，南京浦盛建设有限公司、南京市浦口区大桥建筑服务站等砌筑、木工等劳务分包作业企业24家。2003年6月，江苏双楼建筑安装工程有限公司注册成立江苏双楼建设集团。至2010年底，全区有建筑企业120家，从业人员4.47万人，实现产值98.67亿元、增加值21.93亿元。2011年，区政府出台《浦口区加快建筑业发展的实施意见》，加大政策扶持力度，强化行业职业服务功能，鼓励人才引进，培育建筑业龙头企业和骨干企业。2012年，浦口企业南京王者之风建筑装饰工程有限公司经省建委审批，由专业承包二级晋升为一级，江苏双楼建设集团有限公司被中国施工企业管理协会评为2012年度全国优秀施工企业。2015年，全区有建筑企业266家，其中总承包企业121家，专业承包企业100家，劳务分包企业45家；共有工程技术人员7420人；全年新受监工程建筑面积694万平方米，实现总产值167亿元。

二、建筑设计

1979年，原浦口区城建科设建筑设计院，大集体性质。同年，江浦县建筑管理站设工程设计组。1980年11月，工程设计组升格为县基本建设局建筑设计室。1987年，县设计室被江苏省建设委员会定为国家丁级设计单位，在职员工32人，其中技术人员18人。1993年11月，县设计室更名为南京环都建筑设计研究院四分院，具备岩土勘察乙级资质和建筑工程设计丙级资质。1996年，浦口建筑设计院更名为南京市城镇建筑设计院七所，隶属浦口区城乡建设开发总公司，具备乙级资质，内设办公室、设计室、勘探队，编制28人。2001年，南京环都建筑设计研究院四分院隶属县建设委员会，在职员工41人，其中中高级技术人员15人，国家二级注册建筑师1人，国家二级注册结构师2人；9年累计设计建筑面积116.2万平方米，代表工程有中国银行江浦支行办公营业楼、农业银行江浦县支行办公营业楼、金玉宾馆、江浦县人民医院住院楼、江浦县中医院综合楼等；地质勘察代表性工程有江浦县政府办公大楼、凤凰阁等；完成勘察、设计产值514万元。2003年，浦口区设计院七所和江浦县四分院合并组建南京江浦建筑设计院，隶属新浦口区建设局。2008年7月，划归区规划局领导。11月，设计院勘察队改组重建，成立南京江北新城岩土工程有限公司，具备乙级勘察资质。

2009年6月,南京江浦建筑设计院取得乙级设计资质,在职员工中,有国家一级注册建筑师2人、一级注册结构师2人、本科以上学历技术员6人;设计人员陶俊峰设计的村级综合服务中心设计方案,获江苏省勘察设计协会组织的新农村建设建筑设计方案竞赛三等奖。2010年,南京江浦建筑设计院承接并完成设计项目建筑面积82万平方米,业务总额1000万元。2011~2015年,设计院先后承接雨润集团、福中集团、沿江街道安置房、星甸街道娄子安置房、永宁街道友联安置房、浦口开发区标准化厂房、苏宁天润城十六街区住宅小区等设计业务,项目合同产值7037.9万元,所有设计项目经市图审中心审查,均符合国有规范和规程要求。

三、建筑施工

明清时期,境内建筑工艺已达到较高水平,保存至今的临街店铺,如泰山街道左所大街的东门染坊、魏宝源粮行、同仁烟店以及城隍庙、泰山寺、江浦文庙等古建筑,其结构设计、施工技术仍令人赞叹。民国中后期,桥林、珠江地区涌现出张三、范仁贵、顾连山、吴家成等技艺较高的匠人。瓦匠吴家成堆、雕、刻、画技艺超群,所砌的浴室灶、老虎灶、作坊灶,既节省燃料,又能调节火力,被誉为一绝;承建和修建的桥林镇首栋张氏楼房及侯氏宗祠、东岳庙大殿等建筑受到同行赞誉。中华人民共和国成立初期,建筑施工仍以传统的人工操作方式,以石块、碎砖和粘土为屋基。1954年起,推广标准砖(长24厘米、宽11.5厘米、厚5.3厘米),墙体宽度多为18厘米、24厘米和37厘米,用石灰砂浆砌筑勾缝。1965年,始用潜水泵、圆盘锯等机械,部分建筑实行工厂化生产。1970年以后,建筑基础逐步采用水泥砂浆和砖石砌筑;地面采用炉渣、砖石垫层,以水泥砂浆抹面,屋面由木屋架、挂平瓦向钢筋混凝土预制空心板过渡;圆孔楼板、水泥桁条及钢筋砼三角屋架先后应用于民房和厂房建设。1983年,江浦县建筑工程公司施工的工人影剧院(已拆除)采用钢架式结构,观众厅檐高9米,清水砖墙,跨距24米,轻钢桁架,石棉瓦屋盖,通风屋脊;内部以木龙骨穿孔软质纤维板吊顶,清水木条封沿;两侧墙喷以米色可赛银,后墙贴以棕黄色吸音板;彩色水磨地面,以铜条分格,成为江浦县城文化活动最佳场所。至1987年,建筑企业均拥有水平仪、经纬仪、电动及气动打夯机、混凝土及灰浆搅拌机、振动器、卷扬机、电焊机、圆盘锯、刨木机、打眼机等设备。江浦县建筑工程公司有各类机械92台,总功率739千瓦,先后建成怡园旅社、县卫生局办公楼、县汽车站候车室、县文化局办公楼、青海省南京干休所等18项全优工程。原浦口区建筑公司建成南京港务机械厂办公楼、浦口实验小学教学楼、南京钟表材料厂宝石大楼等5项全优工程。1994年起,为适应高层建筑施工需要,建筑企业加大投入,添置塔式起重机等机械,普遍采用新技术、新工艺、新材料、新设计,提升建筑施工技术的整体水平。1998年11月竣工的中国建设银行江浦县支行综合楼由南京市第十建筑工程公司施工,面积5000平方米,高10层、34米,监控、防洪、金库防范设备、电梯、语音数据、传导系统等功能齐全,采用夯扩桩形桩基,压力焊粉对碰钢筋焊接,梁、柱、板全框架现浇,立面外墙以粗细毛石装式等工艺,均属江浦建筑史上首次采用。2002年后，随着建筑市场的拓展，一批高、大、难、新的建筑工程项目不断出现，建筑企业进一步更新设备，加强自身技术装备，提高投资等级。至2010年，全区建筑企业拥有各类大型机械设备687台套，其中塔式起重机457台套，施工升降机21台套，物料提升机209台套，机械总价值1.11亿元，机械总功率18280千牛/米；在地基与基础工程、主体结构工程、屋面工程及装饰工程方面施工技术均有新的改进和提高。9年累计竣工建筑面积4246.75万平方米，建造一批优质工程，在省内外赢得声誉。其中，江苏双楼建设集团有限公司先后获省名优工程扬子杯奖18项、鲁班奖1项、国优2项，代表性工程主要有安徽圣大国际中心、南京银城西堤国际、虎踞山庄、合肥工业大学新校区图书馆等。2013年5月，区建工局质监站等单位在中建八局项目部现场举办推广应用外墙保温施工技术现场观摩会。各建筑企业坚持施工技术创新，有效提高施工工程经济效益和社会效益；加大投入力度，购置机械设备；深化工程质量监督改革，区建工局重点检查各方责任主体质量行为、质量控制资料及技术资料、工程主体结构实体质量等。2015年，全区建筑企业拥有大型机械设备2200台套。报监工程732个，有39个工程获得南京市优质结构工程奖，6个工程获得金陵杯奖，1个工程获得国家优质工程奖。

四、房地产业

中华人民共和国成立后，国家对私营工商业实行社会主义改造，官僚资本家的部分房地产收归国有，城镇职工、居民住房条件逐步改善。但房地产租赁、买卖长期由国家控制，限制私有房产的发展，直管公房推行低租金福利制，房地产发展也受到自我限制。20世纪90年代后，推行城镇住房制度改革，旧城改造和新区开发相结合，国家、集体、私人一起参与，大批商品房进入市场，同时直管公房和单位自管居住房优惠上市，房地产市场十分活跃，城镇居民大得实惠。

直管公房经营 1949年，江浦县人民政府接收公房297.5间（不含学校用房、仓库用房和庙宇祠堂）、公有土地12667.3平方米。其中，无偿拨给机关单位公房194间、土地3934平方米；代管房屋71间，土地756平方米。1952年经过土地改革和镇压反革命，依法没收地主、反革命分子在集镇多余的房地产，县有直管公房714.5间，代管房屋85间，出租房屋606间。1954年，居住用房每月每间租金1.5～2元，非居住用房每月每间4元。1965年，居住用房租金调整为每平方米0.08元，非居住用房每平方米0.15元。这一时期，出现公房租金收入抵不上公房维修费用等支出困境。1983年以后，旧公房仍维持租赁关系，房产管理所新建房屋以商品房形式出售，价格每平方米480～523元。1984～1985年，县房管所出售商品房2栋2322平方米。1996～2001年，原浦口区房产管理局出售直管公房889套，建筑面积51691.3平方米，归集售房款1081.7万元。2000～2001年，江浦县出售直管公房86户，面积3829平方米。2002年5月，成立新浦口区房产管理局。全年出售直管公房70户，面积3575平方米，修缮金汤街等处危房2535平方米，投入修缮经费110万元。至2010年，9年累计办理直管公房有偿转让和过户手续684户，消险、排险和修缮房屋面积14730平方米，办理直管房出售面积28058平方米，累计收缴租金1237.9万元。2011～2015年，出售直管公房43套、2408平方米；办理直管公房有偿转让和过户手续319户，过户面积9571平方米；完成公房修缮面积17565平方米，修缮费用480万元；完成公房租金收入910万元。2015年，全区尚存直管公房92438平方米。

住房制度改革 1992年、1993年，原浦口区、江浦县先后执行南京市住房制度改革实施方案，建立住房公积金制度。凡有法人资格、独立核算的区(县)乡镇单位，由在职职工个人和所在单位按月工资各提取5%的住房公积金，存入个人银行账户。实行个人储存、单位资助、统一管理、专项使用(用于职工个人购、建、大修住房的支取)，职工退休时，本息余额一次结清退还给本人。至1996年6月，江浦县归集公积金总额1012万元，到位率87.7%。是年9月起，三资企业中的中方职工和所在企业按职工个人月工资分别提取10%缴存公积金。1997年，公积金基数调整，单位和职工各缴存6%。是年，江浦县有328个单位和22315名职工参加公积金存缴，归集率达91.2%，至2001年，累计归集总额7317.15万元。2004年，江浦县和原浦口区公积金合并统计，全年4968个单位、36.69万名职工缴存公积金1.22亿元，归集率达103.71%。2015年，全区22106个单位、83.23万名职工缴存公积金8.41亿元，归集率达103.49%；一般支取4.84亿元，销户支取1.03亿元。

1995年，深化住房制度改革，开始出售公有住房。同年3月，江浦县房改办出台《优惠出售公有住房试点意见》，规定出售公有住房折旧率为2%，今后每年递减一个百分点，2000年全部取消。工龄折旧每年给予成本价1.2%的折扣。成新折扣按住房折旧年限50年计算，每使用一年成新折扣为2%，使用年限超过30年的按30年计算。一次性付清全部房款的，由原产权单位和购房职工分别按房款的10%和2%的比例提取。至年底，中国人民银行江浦支行、县人民医院、县人武部、县通用机械厂、县邮电局试点单位可售公房全部售出，县通用机械厂有247户购买公房，占出售公房的95%。1996年，原浦口区公布出售公房成本价：钢混、混合一等、砖木一等房屋每平方米建筑面积为750元，混合二等房屋为675元。工龄折扣、房屋使用年限折扣为1.2%和2%，一次性付款优惠14%。当年全区直管公房出售251套，建筑面积1.48万平方米，回收房款228万元；单位自管公房出售1058套，建筑面积6.67万平方米，回收房款1000万元。1998年12月，停止住房实物分配，实行住房分配货币化。至2001年底，浦口区共出售直管公房700套，建筑面积4.5万平方米，上缴房款1100万元。江浦县出台已购公有住房上市出售试行办法，全年经申请、批准上市325套全部成交，总面积2.2万平方米，成交金额1231.15万元；重新购房103套，总面积1.01万平方米，总金额1054.92万元。2005年，区政府对区属单位公有住房出售价格做出统一调整：钢混、砖混一等成套公有住房成本价为每平方米792元，取消现住房折扣和一次性付款折扣，其他折扣政策按市统一规定执行。全区地段分为三个等级：泰山、顶山地区为一级地段；沿江、盘城、珠江地区为二级地段，减5%；其他地区为三级地段，减10%。全年出售直管公房66套，建筑面积3325.68平方米，归集售房款132.47万元。2006～2010年，出售公有住房143套，建筑面积6833平方米，归集售房款282万元。2011～2015年，办理直管公房“房改房”出售审批43套，建筑面积2420.3平方米；办理直管公房有偿转让和过户手续319户，过户面积9571.3平方米；公房修缮费用482.26万元，公房租金收入904万元。

2000年2月，江浦县制发住房分配货币化实施细则。购房资金来源有职工工资、住房公积金、个人购房贷款和一次性购房补贴等。购房对象为县内国家机关、社会团体、企事业单位中的无房职工、住房面积未达到规定标准的职工。住房补贴由购房补贴和工龄补贴两部分组成，购房补贴分为控制标准、享受面积，工龄补贴分为工龄补贴标准、工龄(自参加工作至1993年止的工龄)。对1998年12月1日以后参加工作的新职工实行逐月补贴的办法，逐步建立起货币化分房制度。2001年，全县各单位陆续开始发放住房补贴，老职工补贴人数257人，补贴住房面积1.55万平方米，补贴金额400.33万元；新职工补贴人数118人，人均月补贴额41元。2005年，区房产管理局调整住房补贴标准，老职工住房每平方米建筑面积购房补贴额为720元，职工家庭负担价每平方米建筑面积1360元，每年每平方米建筑面积工龄补贴8.16元。新职工家庭补贴缴存比例调整为18%。购房补贴面积标准为：一般干部、职工为75平方米，科级干部为90平方米，处级干部为110平方米，厅局级干部为135平方米。至2015年，全区整理录入电子档案的住房补贴申请材料累计6068份，审批房改补贴资金约3.7亿元。

商品房经营与开发 1984年，原浦口区房地产管理局在区住宅建设办公室的基础上组建区城镇建设综合开发公司。1986年，成立区飞浦房地产开发有限公司。1992年，成立区房地产开发总公司。是年6～10月，美国的泰友、阿根廷的鸿泰、丹麦的斯亚以及中国香港地区的远大、佳宁、集成、浦发菁阳，中国台湾地区的中星等10多家房地产开发“三资”企业进驻浦口，由于这些企业资质不够，或资金不到位，或开发的商品房质次价高无销路，1994年已全部撤离。至2001年，区属3家房地产开发企业及沿江、泰山、顶山、盘城镇属房地产开发企业共开发商品房65万平方米。

江浦县自1987年4月成立江浦城镇综合开发公司后，于1988年成立宁浦房地产开发有限责任公司，1993年成立环都房地产开发有限责任公司，至1995年，共开发同心住宅小区及县城北门棚户区改造工程，建筑面积7.6万平方米。1996年起，江浦县从发展经济的高度，加快改造旧城区步伐，振兴房地产开发公司、物资投资开发公司、珠江房地产开发公司、县经济房开发中心、金桥房地产开发公司、金盛田房地产开发公司、广宇房地产开发公司、珠江房地产开发公司相继成立以及30多个机关、企事业单位自行开发。至2001年，先后拓宽珠江镇文德西路、南门大街、中圣街、北门大街、东门大街，新辟凤凰大道，沿街新建各类6～8层商住楼、住宅楼70多栋。在改造旧城的同时，开发新城区，建成海都别墅山庄、环岛公寓和康华新村等住宅区，新老城区住宅开发面积近100万平方米。

2002年，随着江北行政区划调整和浦口城市的发展定位，区内商品房价格持续上涨，房地产开发商纷纷进区投资。至2006年末，区内房地产开发企业总数达139家。2015年，注册资本超亿元的企业18家，其中南京浦东房地产开发有限公司、江苏省南京浦口房地产开发总公司、南京德润置业有限公司、南京江北新城投资发展有限公司、南京市世纪城房地产有限公司、天茂置业（南京）有限公司等注册资本均在5亿元（含5亿元）以上。开发的重点项目有江苏国信的自然天城、江苏开元国际集团南京鸿信房地产开发有限公司的汤泉（鸿信）·山河水、南京天浦置业有限公司的珍珠泉·高尔夫、明发集团南京房地产开发有限公司的明发·城市广场、红太阳房地产的旭日·爱上城、大华投资发展有限公司的大华·锦绣华城、泉城房产的群盛·北江豪庭、弘阳房地产的旭日学府、南京恒业房地产的阳光帝景，以及融侨·观邸、雅居乐·滨江花园、中海·万锦熙岸、万科·金色半山、东方·熙龙山院、东方·万汇城、华府国际、恒辉·假日广场、正荣·润江城、艾菲国际、金盛田·阳光青城、华润·国际社区、正源·尚峰尚水、万科·璞悦山、通宇·林景熙园、金地·浅山艺境等。2011~2015年，浦口区实现房地产开发投资663.69亿元，其中商品房、商品住宅建设投资分别为635.7亿元、534.09亿元，商品房竣工面积1196.32平方米。

2002~2003年，区房产管理局共发放商品房（预）销售许可证41件，总面积84.23万平方米。2005年，南京长江三桥建成通车，过江隧道开工建设，跨江轨道交通纳入南京城市总体规划，交通环境进一步密切了浦口与主城区的联系。2010年，浦口区商品住宅（不含政策性住房）累计上市153.65万平方米，实现商品房合同销售146.86万平方米，销售金额102.98亿元。2015年7月，江北新区获国务院批准后，商品房销量呈现爆发式增长。全年商品住宅销售351.54万平方米，创2012年以来新高。在售楼盘涨幅明显，正荣·润江城、大华·锦绣华城12月均价分别达2万元、1.45万元，分别比年初增长25%、42.16%，每平方米单价分别增加4000元、4300元。

第四节 贸　易

一、国内贸易

商业体制改革 浦口商贸业发展较早，唐朝前期，宣化镇即为商贸集市。宋元时期，宣化镇为浦子市，作坊、商店面街而设，主要街道“列肆如栉”。明初，筑浦口城，置江浦县，办商号，设行栈，商贸繁荣，商贾云集，享誉大江南北。近1000米长的左所大街有商号店面三四百家，其中粮行、油坊六七十家，布店二三十家，染坊八九家，百货店、日用品杂货店、竹器店、油漆店、烟酒茶店、药店百余家，旅馆、饭馆、茶馆、浴室等行业十分兴旺。粮商杨广生等少数巨商生意做到日本东京、大坂和国内广州、武汉等各大商埠。清末民初，津浦铁路通车后，境内商贸更趋活跃。民国24年（1935），浦口镇商贸业有15个行业，40多个行栈，商店300余家，饮食服务业108家。桥林镇从商者250多户，有店面的98户。汤泉、星甸、永宁、石村等集镇也有杂货店、布店、粮行等商号。26年，侵华日军侵占浦口后，在浦镇成立株式会社，建商店,开洋行,日货充斥和垄断市场,民族商业倍受摧残。抗日战争胜利后,商业有所恢复,但规模远不及战前,36 年统计,浦镇、浦口、桥林、珠江有商户 662 家,全部独资经营。

中华人民共和国成立后,人民政府在建立国营商业、发展供销合作商业的同时,扶助私营商业,倡导私营商业实行同行业股份制联营。1951 年,江浦县有私营商业户 1109 家,从业人员 1851 人,资本额 16. 57 万元,营业额 343. 31 万元。原浦口区有私营商业 183 家,另有沿街摊贩 773 家。1956 年,完成对私营商业的社会主义改造,江浦县私营个体商业 896 户、1200 人,经改造组成供销社门市部 1 个、公私合营商店(厂)20 个、合作商店 27 个、合作小组 268 个、经销代销点 297 个、交易所 21 个、服务社(组)7 个。是年,全县社会商品零售总额由 1949 年 369 万元增加到 987 万元;国营合作商业零售额占社会商品零售总额的比重由 1949 年的 9. 5% 上升为 65. 5% ,个体私营商业比重由 1949 年的 90. 5% 降至 34. 5% 。浦口区有 47 户(68 人)私营商业直接过渡到供销门市部,114 家个体商贩组成 27 家合作商店,201 家小商贩组成 122 个合作小组。1958 ~ 1977 年,私营个体商业几近绝迹。经济发展滞缓,商品资源匮乏,生活必需品基本凭票证定量供应。江浦县社会商品零售总额由 1258 万元增至 5478 万元,20 年间年递增率为 6. 5% 。

1978 年后,商贸服务系统逐步形成多种经营方式、多种经济成份、多种流通渠道并存的格局,商品供应日益丰富,各种票证逐步取消。1997 年,流通领域全面推行产权制度改革,股份制商业和个体私营商业快速增长,国营商业和集体商业逐渐萎缩。2001 年,江浦县国有、集体、私营企业分别为 10 家、25 家和 5591 家,从业人员为 1498 人、787 人、9150 人;商业零售总额 10. 68 亿元,国有、集体、私营及其他商业零售额占商品零售总额的比重分别为 25. 46% 、24. 09% 、33. 25% 、17. 2% 。原浦口区社会商品零售总额达 28. 37 亿元。2002 年后,国有、集体经济从竞争性行业基本退出,商贸系统完成所有制改革,商贸业在流通规模、经营业态、增长速度等方面得到提升,逐步成为全区支柱产业之一。2010 年,全区有私营公司 516 家、2830 人,个体企业 2018 家(独资 15 家)、4113 人(独资 61 人),完成社会消费品零售总额 108. 67 亿元。2015 年,全区社会消费品零售总额 269. 16 亿元,其中贸易批发业 31. 51 亿元,零售业 210. 32 亿元,住宿业 1. 43 亿元,餐饮业 25. 9 亿元。

商贸市场　浦口区内传统市场有集市贸易和庙会两种形式。明万历年间(1573 ~ 1619),除浦子口、旷口山先后为江浦县治外,还有乌江镇、香泉镇、高旺镇、东葛城镇、西葛城镇、盘城集、高丽店、小店、石碛桥市、惠政市等集市,其中浦子口“为南北孔道,水陆交冲,街市喧阒,商贾幅凑”,旷口山城(又称江浦新城)内外设有米市、柴市、猪羊市、鱼市、菜市、网巾市等。清雍正年间(1723 ~ 1735),增设浦口镇、石碛镇、新殿镇、汉河镇及茅塘市。清末民初,津浦铁路通车后,浦口港埠地区商贸店铺及服务行业相继开张,原浦口镇政商机构相继迁入,商务活动随之活跃,形成大马路等商业街。民国 18 年(1929),江浦县增设龙山街道、漫家庙、陡岗、周家营 4 个农村集市。

中华人民共和国成立初期,商业供销部门为活跃城乡经济,利用集市和庙会形式,举办物资交流会。1952年,农历三月二十八日至三十日,在泰山庙会期间,浦口区供销社组织首届物资交流会,与会者万余人,购销总额4万多元。同年11月3~6日,江浦县在珠江镇举办首次物资交流会,商品成交额5.95万元。1958~1966年,集市贸易市场几起几落。1978年后,国家放宽农村自留地、家庭副业、长途贩运的限制,商品经济日益繁荣,江浦县珠江、高旺、桥林、星甸、汤泉、龙山、乌江、石村、永宁、西葛及浦口区盘城等传统集贸市场按期逢集,并逐步向专业化方向发展,一批专业市场和综合市场应运而生。1979年,位于浦珠路与浦六路交汇处的石林商场建成营业,占地面积10万平方米,建筑面积7万平方米,是浦口区第一个经营建材的专业市场。1982年,浦口区在浦口镇大坝头建成第一座钢筋结构棚顶式农贸市场。1992年,江浦县在县城南门桥北建成县内规模最大的农贸市场,占地面积1万平方米,内设水磨石台体摊位1256个。同年10月1日,浦口服装商城在浦珠中路236号建成开业,是1992~1993年度江苏工业品十大市场之一。该商场占地面积20万平方米,营业大厅面积3万多平方米,内设商品销售摊位4500个;服装生产加工厂房面积10万平方米,设生产厂家200多家;生活配套设施面积7万平方米。1993年9月28日,商城举办首届服装节活动,日成交额500多万元。1997年12月,江浦县城东供销社投资700万元,在县城中圣街建成上海华联超市231号分店,营业面积600多平方米,经营商品8000多种,1998年销售额6063万元。从此,以苏果、中央等超市为主的新型业态和以连锁店经营为主的新型流通方式快速发展,日用品和副食品交易市场规模不断扩大。至2001年,江浦县建成桥林、乌江、林蒲、石村、西葛、大桥、康华、珠江、城西、凡星等20个农副产品交易市场,建筑面积9.8万平方米,其中室内面积1.3万平方米,顶棚面积8.5万平方米。建有华联商厦、中盛商场、江浦商场等商场和华联、苏果、中央等9家超市。浦口区建成浦东路、泰山庙、荷花塘、盘城、沿江等14个农副产品交易市场及石林商场、浦口服装商城、南京装饰城、红太阳建材城、金盛国际家居、金大桥装饰城等专业市场。

2004年起,商贸部门在泰山街道桥北路规划与建设市级江北商贸集聚区,着力营造大市场格局,增强区域市场辐射力和竞争力。2005年,江北商业集聚区占地面积6平方千米,拥有大众、现代、东南、丰田、别克等知名汽车销售公司加盟的4S店,形成粗具规模的汽车市场群。华润苏果、金盛百货、国美电器等一批零售业巨头生意红火,红太阳、金宝等家居建材市场提档升级,驻区各类商场、超市超过4000家,节假日客流量逾百万人次。2006年,华侨广场及商业街、明发商业中心项目竣工运营,建筑面积5.2万平方米,总投资3.5亿元。2007年,华东销品茂20万平方米的红太阳家居城与红太阳建材城共同组成100万平方米的华东地区最大的建材"航母",苏宁电器、百安居、肯德基、大洋百货、金陵综合商务酒楼、江北钢材城等20余家区域品牌代理商家纷纷入驻。2010年,沃尔玛、家乐福两大超市巨头相继开业,新型城市商业业态粗具规模,构成南京江北第一商圈。是年,集聚区社会商品销售额105.5亿元,消费品零售总额62.75亿元。期间,区政府在顶山、江浦、桥林、汤泉启动建设4个区级商业中心,形成并发挥区域市场的整体优势。在全区试行"万村千乡市场工程",推动农村商品流通体系建设,累计投入资金9638万元,共建农家店199家,其中苏果、华联超市加盟店136家。2015年,全区有农贸市场32个、市级商贸集聚区1个(桥北商业集聚区)、区级商业中心4个(顶山街道、江浦街道、汤泉街道、桥林街道)、农家店178家、居民消费合作社29个。

粮油经营 民国及其以前,粮食除政府征收田赋外均由私人经营。民国8年(1919),江浦县浦镇黄振中、金臻泰开设粮行、油坊,自建粮仓和运粮船队,生意红火,曾有"日进百万、月进斗银"之说。26年,全县有私营粮行104家。35年,原浦口区有粮行18家,粮店26家,油坊、油店14家。江浦县有粮行米店近百家,其中桥林镇的徐成记、源成、义大、振兴、义兴、姚春和等各自拥有资本50~60担米。

中华人民共和国成立初期,南京市粮油贸易公司设立浦口办事处,经营粮油购销业务。同时对粮油市场加强管制,规定私营粮行(店)挂牌经营,明码标价。1951年5月,江浦县在桥林镇、东葛乡分设中粮滁县分公司营业所及营业组,至1952年底,收购粮食155.35吨,销售42.2吨。1953年11月,国家实行粮食计划收购和计划供应,简称统购统销,粮食购销由国家粮食部门独家经营。1955年,江浦县农村采用定产、定购、定销(简称"三定")确定统购任务,即以农户为单位,核定当年产量,除去口粮、种子、饲料和公粮后,划分为余粮户、自足户、缺粮户;对余粮户分别核定粮食交售任务予以统购,对缺粮户分别核定粮食供应量实行统销;规定余粮部分的90%为统购任务;口粮标准"以人定量",全县人均年口粮245公斤。浦口区3周岁以下儿童年口粮标准60公斤,3~6周岁儿童120公斤,6~10周岁儿童180公斤,男女全劳力平均口粮标准360公斤,男女半劳力290公斤,五保户及10周岁以上未成年儿童210公斤;种子每亩按7.5公斤提留;饲料粮标准为:每头耕牛30公斤,骡马50公斤,母猪100公斤。当年江浦县粮食定产6.13万吨,定购1.73万吨,交售公粮6250吨,定销3945吨。实际征、超购29460吨,定销17710吨。1958年起,"三定"工作由以户为单位签订转为以生产队为单位签订。当年农业欠收,江浦县粮食征购任务由3.79万吨调减为2.68万吨,实际征购2.75万吨。1960年以后,为促进粮食收购,对出售余粮的社队奖励工业品。1961年,为增加农民收入,提高粮油统购价格,其中粮食平均每百斤由8.16元提高到9.89元。1962年,采取以高于统购价格协商议购和用棉布、桐油等工业品换购的办法,鼓励社队多售余粮,至1963年,江浦县换购粮食7560吨。1966年,粮油统购价格再次提高,平均提高17%。对粮油超购部分给予加价,加价幅度为统购价的20%。同时,统销价格作相应调整,实行购销同价。为保证农民人均口粮标准达到210公斤,对粮食征购任务进行增减调剂。江浦县粮食定产6.94万吨,定购2.42万吨,油料定购119吨。是年,全县粮食征、超、议购27850吨,销售9130吨,其中城镇定量销售5570吨。浦口区完成粮油统购10680吨、统销23885吨。1971年,粮食"三定"由一定三年不变调整为一定五年不变。是年,江浦县粮食定购任务调整为17250吨,完成粮食征、超、议购24905吨,销售11430吨,其中城镇定量销售6640吨。浦口区粮油定购任务分别调整为7848吨、69吨,完成粮油征、超、议购8450吨,销售23882吨。1979年,第三次调整粮油收购价格,平均提高20%,超购部分按新的统购价格提高50%,统销价格不变。江浦县粮食征购3.71万吨,销售1.49万吨;油料(折油)收购325吨,销售252吨。浦口区粮油征购1.93万吨,销售5.31万吨。1984年,江浦县征购粮食8.64万吨,出现农民卖粮难的问题。1985年7月起,国家取消粮油统购办法,改为合同定购,实行粮食"倒三七"、油料"倒四六"比例议价收购,即农民交售合同定购粮、油的30%、40%按统购价付款,70%、60%按超购价结算,对定购以外的粮食可以自由购销。当年江浦县合同定购任务7万吨,实际入库3.91万吨,其中合同定购3.85万吨。浦口区合同定购任务1万吨,实际入库1.1万吨,其中定购8627吨。1993年4月,放开粮油市场,取消粮油定购任务,不再供应平价食油。1997年,对粮食实行管购放销,促进粮食工农贸一体化。提高粮食收购价格,实行议购粮食保护价,油料收购价格改为指导价格。江浦县按新粮收购价格收购粮食3.98万吨,议购粮食4.6万吨,收购油菜籽2000吨。浦口区收购粮油7584吨。2001年,实行粮食购销市场化,江浦县国有粮食收购公司收购粮食18930吨,经销稻谷20985吨、小麦6600吨。

2002年起,区粮食局发挥主渠道作用,拓展粮油购销市场。区粮食购销公司及星甸、石桥、陡岗、余家湾4个中心粮站开展订单收购业务,全年收购粮食2万吨。2004年,全区有粮食经营户25家,其中区粮食购销公司开辟吉林粮食收购市场,收购粳稻1500吨,全年收购粮食3.77万吨,创历史新高,营销粮食5万多吨。2005年,与灌云、楚州、盱眙、涟水等区县粮食主产区协作,以代收代储、联合经营等形式,收购粮食2.49万吨,销售粮食5.63万吨。2010年,全区有34家粮食收购企业,其中国有企业2家,全年收购粮食3.45万吨,外购外销小麦2.2万吨;军粮供应1300吨,经营利润15万元。2011年,粮食收购市场秩序一度出现无证收购、压价收购,坑农现象时有发生。区粮食局发挥行业优势,开展上门收购,让利农民,方便农民,服务农民,促进粮农增收增效。2012年,国家调控粮食政策,区粮食局改变传统粮食交易方式,主动与广东、福建等地的粮食加工企业合作,实行仓库交货,直接销售,减少中间差价和市场销售风险。2013年,粮食安全保障迈出新步伐,储备计划刚性增长,新增储备计划1.3万吨。面对军民融合和军粮市场化改革的要求,创新建设集军粮采购、放心粮油供应、社区居民消费和服务管理于一体的经营平台,实现军粮、食品平民化转型。至2015年,区粮食购销公司5年累计收购粮食18.34万吨,其中小麦88319吨;销售粮食8.14万吨,销售利润934万元;粮食储备计划由2.5万吨提升为3.6万吨;区军粮供应站和区放心粮油配送中心供应军粮14708吨,市场化销售粮食5165吨。区军粮供应站先后被国家粮食局授予全国粮食系统百强军粮供应站称号,被江苏省粮食厅评为省"十佳"军粮供应站,被中国粮食行业协会授予全国放心粮油进农村进社区示范工程示范销售店称号。

副食品经营 *蔬菜* 民国时期,珠江镇、浦镇、东门镇及桥林镇均有菜农和农民自由经营蔬菜,各镇的街道、巷口设有菜市或摊点。1956年,江浦县成立蔬菜市场管理委员会,取消私营批发和摊贩自由收购,控制蔬菜市场缺货抬价、货涌杀价等混乱现象。1957年,原浦口区成立南京市蔬菜公司浦口分公司,后更名蔬菜中心店,下设8个菜场和1个蔬菜批发站,放开供应各种蔬菜,平抑蔬菜价格。1962年起,专业蔬菜队生产的蔬菜一律卖给商业经营部门。1970年,江浦县建立蔬菜商店,1973年成立蔬菜公司。1979年,浦口区蔬菜中心店改名浦口区副食品公司,下设公园、南山等6个菜场及酱品厂、豆制品厂等企业,当年销售蔬菜2.65万吨。1980年后,蔬菜市场出现统购包销、自产自销、定购定销等购销形式,江浦县蔬菜公司坚持以产促销,发展地产蔬菜,同时赴山东、安徽等邻近地区组织货源,调剂余缺。1982年,江浦蔬菜队种植面积43公顷,蔬菜上市量2362.59吨,调进蔬菜1299.04吨,销售3556.15吨。浦口区专业菜场销售蔬菜7710吨。1984年起,建立"统分结合、管放结合"为主的蔬菜生产经营和购销体制,蔬菜公司仍然发挥主渠道作用。1986年,江浦县蔬菜上市量、销售量分别为2798.73吨、2453.67吨。浦口区蔬菜销售量为6630吨。此后,随着乡镇农贸市场的陆续兴办,政府取消经营蔬菜财政补贴,集体菜场蔬菜经营逐步为个体商贩所替代。1991年,浦口区的公园、东门菜场相继停业,蔬菜购销从此退出统计范围。

荤食品　民国36年(1947)3月统计,浦镇、桥林镇有商号的猪行5户、鱼行4户、卤咸肉铺1户、鸭铺1户。各集镇每逢集期均有鲜肉、活鱼上市。1950年,基层供销社开展猪、家禽、蛋品、水产收购业务,鲜肉类副食品由私营屠宰商经营。至1955年,江浦县年均收购生猪6800头,销售猪肉73吨。1956年8月,商业部门食品公司取代供销社猪、禽、蛋、鱼购销业务。1961年起,实行生猪、家禽派购政策。农户养猪、养禽以数量计算,生猪头数购留各半;家禽3~5羽的派购1羽,6羽以上派购2羽。1962年,江浦县收购生猪14874头、家禽36.14万羽、蛋品240.3吨,分别完成派购任务的130%、306%、219%。全年凭票证供应猪肉51.6吨、家禽2.06万羽、蛋品29.7吨、水产品6.7吨。1965年,江浦县收购生猪31101头,销售猪肉403吨,为生猪收购、猪肉销售量最高年份。"文化大革命"期间,生猪收购量连续下降,1970年,江浦县生猪收购量降至20756头。1978年起,政府采取措施促进猪、禽、蛋生产,即上调生猪每头补助化肥5.5公斤,奖励工业品"三大件"(手表、自行车、缝纫机)。为适应群众购买力,江浦县食品站在农村增设猪肉供应点近100个。1979年,江浦县收购生猪3.68万头、家禽46.95万羽、鲜蛋638吨、水产品210吨,销售猪肉1104吨、家禽3.22万羽、鲜蛋353吨、水产品56吨。1985年4月,江苏省取消生猪统购派购任务,试行合同定购,同时放开生猪收购价格,猪肉销售实行指导性价格,肉食品市场亦由国家经营改为多渠道经营。1986年,江浦县收购生猪4.28万头、家禽29.81万羽、鲜蛋672吨、水产品697吨,销售猪肉1975吨、家禽10.77万羽、鲜蛋712吨、水产品697吨。原浦口区销售猪肉662.71吨、牛肉14.03吨、羊肉8.03吨、家禽11.76吨、鲜蛋220.59吨、鱼321.87吨。1992年,取消猪肉凭证供应和家禽、鲜蛋、水产品定购任务,肉食品市场全部开放。浦口区全年销售猪、牛、羊肉868.78吨、禽肉155.93吨、蛋品659.75吨、鱼815.41吨。1994年,取消生猪上调任务。1998年,取消家禽上调任务,肉食品市场出现供大于求的繁荣局面。2002年起,新浦口区施行放心肉工程。2004年,实行肉类产品质量安全准入制度。2005年,建立江北、桥林2

个猪肉配送服务中心,全区定点屠宰生猪12.1万头。2007年9月起,为平压猪肉价格,控制猪源,生猪定点屠宰场与生猪养殖场(大户)签订产销协议书,每调入1头生猪给予10元补贴,当年发放补贴10.6万元。2010年,设南门、汤泉、桥林、永丰、服装商城、临江6家屠宰场,屠宰生猪13万头。2013年,肉、禽、蛋、奶及水产品批发营业收入23.2亿元,零售收入4.03亿元。2015年,肉、禽、蛋、奶及水产品批发、零售营业收入分别为23.11亿元、5.67亿元。

盐糖烟酒 民国初年,食盐列为专卖物资,实行官督商办。民国18年(1929),江浦县定额销盐量960担,由县城、浦镇、桥林及汉河镇商户批发给各集镇南北货店、杂货店、酱园店分销。白糖、红糖及卷烟多从外埠购入。酒类商品有当地酿造的大麦白酒和糯米甜酒,基本自给,其中浦镇产的"封缸酒",香味浓郁,甜而不腻,为江浦传统名特产。民国36年,桥林、浦镇有酒类专营店21户。中华人民共和国成立后,食盐列为确保商品,放开供应。1950年6月起,烟酒由商业部门专卖批发部调入,批发给基层销售点。当年,江浦县销售食盐701吨、食糖39吨、卷烟1024箱、酒450吨。1958年,食糖货源紧张,列为控制商品。1959年,卷烟凭证供应,销量逐年下降。1962年,江浦县销售卷烟714箱,仅为1958年销量的26.37%。"文化大革命"期间,卷烟货源再度紧张,中高档卷烟实行计划分配。1978年后,酒类市场逐步放开,酒类品种增加到40余种,江浦县、原浦口区年销量分别达500多吨、30余吨。1983年,取消食糖凭票供应方法,实行市场化供应。1984年,江浦县成立县烟草专卖局。1991年,浦口区成立烟草专卖分局。1993年,江浦县与南京卷烟厂建立代理商关系,包销"南京"牌卷烟。1996年8月,江浦县烟草公司与南京卷烟厂合作开发"南京"牌系列卷烟,成立南京烟销售有限公司,全年销售卷烟4.55万箱,实现利税1.24亿元。2001年,江浦县销售食盐8吨、食糖23吨、酒157吨、卷烟28.19万箱,浦口区销售食盐2吨、食糖5吨、酒20吨、卷烟700箱。2002年新浦口区成立后,原浦口区、江浦县烟草专卖机构合并,成立南京市烟草专卖局浦口区分局、江苏省烟草公司南京市浦口区公司。全年销售"南京"牌系列卷烟28万箱,占年销售卷烟总量的78.74%。随着企业产权制度改革的深入,糖类、酒类、食盐自营业务逐步退出统计。2005年,销售卷烟51.77万箱,销售额86.92亿元,实现利税17.77亿元,其中由浦口区公司控股运作的南京烟销售有限公司销售"南京"牌系列卷烟38.56万箱,实现销售收入65.05亿元、利税15.97亿元。2006年,烟草经营体制改革,南京烟销售有限公司停止卷烟批发销售业务,卷烟销售利税由南京市烟草专卖局统计。至2010年,浦口区5年年均销售卷烟2.57万箱,年均销售额4.98亿元。2011~2015年,累计销售各类卷烟15.09万箱,销售重点品牌卷烟12.64万箱,其中2015年卷烟销售总额11.18亿元。

日用工业品经营 清代至民国初年,江浦经营的日用工业品主要有来自外埠的京都、天津等地,俗称"京货",如朝珠、顶戴、香粉、服饰等;有来自广州、上海、无锡一带的,俗称"广货",如广锁、纽扣、玻璃器皿等;外国进口的俗称"洋货",如洋烟、洋火、洋油、洋糖、洋肥皂等。地产工业品主要有皮革、纺织类商品,其中布类商品有哔叽、条贡呢、细纺布、家机布、乌江大布等20多个品种,质优价廉,不少行商坐地收购,销往苏北、皖北各地。抗日战争胜利后,铁路部门在浦口镇开设二八供应站,设有五金、交电、化工等专柜,经营商品800多种,批零兼营,代办托运。民国36年(1947)1～6月商业登记表显示,浦镇、桥林、城厢镇有广货店、南货店14户,京货店、北货店32户,“五洋”店20户,杂货店75户,布店、成衣店、鞋店61户,书店、文具店5户。

中华人民共和国成立后,上市日用工业品不能满足居民生活水平提高的需求。为平衡市场供需,1953年起,逐步加强国营商业对市场的统一领导和调节作用,对棉纱、棉布等生产原料和产品采取统购统销政策,实行计划管理。1957年,化工类、五金类、交电器材、玻璃制品、钢筋制品、各种纸张均凭证采购运销。当年江浦县销售棉布122.45万米、毛线529公斤、肥皂4001箱、自行车112辆。1963年以后,市场供求关系趋向缓和,牙膏、水瓶、面盆、钢精锅等商品敞开供应。1964年,胶鞋、毛线、丝棉、肥皂等退出票证范围。“文化大革命”期间,部分工厂停产,货源枯竭,商品购销量下降。群众必需的日用商品如面盆、水瓶、肥皂、布胶鞋、镜子、剪刀、火柴等长期缺货。商业、供销部门除对棉布、肥皂、火柴等凭票供应外,元钉、铁丝等五金商品实行计划分配、核定供应,名牌自行车、手表、缝纫机等实行计划分配、凭票供应。1978年后,控制的日用工业品品种范围逐步缩小。至1985年,除名牌自行车、缝纫机、彩色电视等商品凭票供应外,其余商品全部敞开供应。随着商业体制改革的深入,商业、供销部门实行开放式、多渠道、少环节的多种经营方式。1986年,江浦县商业局建立以沪宁线大中城市为依托的购货基地和以鲁皖为主的销售基地,成立苏皖商业经济协作区,当年调进自行车5935辆、洗衣机2.24万台、电冰箱211台、电视机3715台、电风扇6153台。一批大型企业实施多元化、多业态、跨行业、跨区域的发展战略,江浦县五交化商店与南京无线电厂成立熊猫电子产品联合销售部,全年销售电视机7662台、电风扇7605台。原浦口区五交化商店、大众百货商店五交化专柜与浦口商场五交化专柜合并成立浦口商场五交化营业部,经营冰箱、彩电、空调、音响、摩托车、自行车、乐器、运动器材八大系列4600多种商品。1996年起,百货商品退出统计。1997年,江浦县商业、供销自营销售布49.78万米、服装504.73万件、针织内衣12.57万件、自行车2541辆(占上年的35.75%)、摩托车5123台(占上年的31.39%)、电视机95782台(其中彩电66885台)、洗衣机1959台、电冰箱2629台、空调862台。此后,日用品货源日益充裕,自营功能逐步减弱。至2001年,江浦县除服装销量增至658.23万件、电冰箱增至4332台外,其余日用品销量全部下降。其中,布品、针织内衣销售量分别降至8.25万米、6.45万件,自行车、摩托车降至1720辆、1370辆,电视机、洗衣机降至8587台、2110台。2007年,商业、供销部门自营业务停止。

生产资料经营 民国时期,农用耕作、收割等生产工具皆由农户自制自用,或由工匠制作销售,浦镇、桥林镇有木行、木作、竹作20余户,铁作10余户;工业生产资料多由五金商店或行栈经营,主要品种有铁器、燃料等,市场供求甚微。中华人民共和国成立后,生产资料经营逐步实行分工,化肥、农药及中小农具由供销社生产资料门市部组织与供应,工业设备、原料、交通器材、燃料由国营商业公司经营。1956 年,江浦县供应化肥 99 吨、农药 85 吨、药械(主要有手扶喷雾器、喷粉器)1302 架、中小农具 760 件。1958 年起,木材、水泥、金属机电产品及煤炭、石油等均按国家计划分配、调拨和供应,中小农具、砖瓦按就地取材、就地生产(加工)、就地供应的方针分别由县手工业生产联社组织生产(加工)、供应。当年原浦口区供销社供应化肥 4667 吨、农药 189 吨、药械 602 架、木材 99 立方米、中小农具 9.16 万件、桐油 3550 公斤。1965 年,江浦县销售中小农具 11.04 万件、木材 2681 立方米、水泥 1029 吨、煤炭 6223 吨、汽油 109 吨、煤油 177 吨、柴油 719 吨。浦口区销售木材 186 立方米、柴油 1.32 吨、化肥 4840 吨、药械 426 台、中小农具 6.73 万件。1966 年江浦县磷肥厂、1972 年化肥厂先后建成投产。产品大部分由供销社按计划调拨、供应,年均供应量 6270 吨。

1972 ~ 1979 年,江浦县革委会通过务工和地产工业品协作串换等方式,从贵州、吉林等省协进木材 2900 立方米,从南京西善桥上海铁路局炼铁厂协进生铁 1969 吨,从泰兴等地协进加工钢材 458 吨、电焊条 30 吨、轴承 5 万套。1982 年后,砖瓦、水泥退出计划分配,由企业自产自销,当年江浦县销售砖 2.15 亿块(片)、水泥 8720 吨。1984 年,煤炭、石油执行"双轨"制,开始供应议价油和议价生活煤,江浦县煤炭、汽油、柴油销售量分别为 5757 吨、3226 吨、3514 吨。1986 年,取消工业生产用煤计划,敞开供应。金属类钢材分配计划减少,加之城乡基本建设和企业技改规模不断扩大,需求量日增,为平衡市场供需,江浦县商业、物资部门先后从青海、武汉、昆明、马鞍山、南京、镇江等省、市组织计划外钢材 711 吨、电解钢 130 余吨、矽钢片 100 多吨。浦口区销售木材 388 立方米、毛竹 1.2 万根、农用薄膜 3.12 万公斤、桐油 766 公斤、柴油 2.46 吨、化肥 5855 吨。1987 年,全县销售生铁 3286 吨、钢材 5851 吨、铜材 161 吨。1989 年,化肥、农药、农膜由供销部门农资公司专营,江浦县供应化肥 4.68 万吨、农药 96 吨。1993 年,取消生活用煤计划分配,取消石油平价供应,江浦县销售煤炭 9.15 万吨、汽油 8870 吨、柴油 4656 吨。

1994 年,改革化肥等农资生产资料流通体制,整顿市场,减少环节,降低费用,保护农民利益,江浦县销售化肥 6.08 万吨、农药 601 吨、农膜 190 吨。金属材料改计划供应为市场销售,打破国有、集体经销部门的垄断局面,当年物资部门销售生铁 34 吨、钢材 3286 吨、线材 4230 吨、铜材 323 吨,同比分别下降 97%、45.6%、66.4%、60.3%。1997 年起,社会石油销售量退出统计,沼气、煤气、液化气广泛应用,煤炭销售逐年下降。2001 年,江浦县煤炭销售由 6.06 万吨降至 1.58 万吨。2002 年,浦口区商贸局农资公司公转民营,成立惠农农业生产资料股份有限公司,主营化肥,兼营农药、农膜业务,当年销售化肥 1.98 万吨、农药 621 吨、农膜 680 吨。民用煤销售从市场退出,当年销售工业用煤 7.38 万吨。江苏江浦经济贸易有限公司等 3 家石油销售企业批零销售石油 5985 吨。2010 年,惠农公司及 41 家农资连锁农家店销售化肥 4433 吨、农膜 430 吨,17 家农资连锁农家店销售农药 73 种 63 吨。限额以上煤炭经营网点 7 个,销售原煤 5.23 万吨。限额以上石油批零销售网点 9 个,销售石油 2.11 万吨。2011 ~ 2015 年,全区有农资连锁农家店、为农服务中心 120 家,年均销售化肥(折纯量)4035.8吨、农药34.8吨、农用薄膜457.2吨、农用柴油190吨、原煤17吨、焦炭3.55吨、石油(汽油、柴油、煤油)72.21万吨。

二、对外经济贸易

民国时期,境内销往外洋的土特产品均由外商委托私商代购,转销东南亚等国家和地区。中华人民共和国成立初期,外贸业务先后由供销社农副产品采购经理部及副业股外贸小组经营。1978年,江浦县成立对外贸易公司,1987年更名为县对外经济贸易公司。1988年4月,原浦口区成立对外经济贸易办公室。6月,江浦县增设对外经济贸易委员会。1989年8月,组建浦口区对外经济贸易委员会。2002年,新浦口区成立后,原浦口区、江浦县对外经济贸易机构合并成立浦口区对外贸易经济合作局。2008年8月,成立区招商局,与发展改革局合署办公,负责统筹全区招商引资和经济协作工作。2010年5月,撤销区对外贸易经济合作局、区招商局,增设区投资促进局,与区商务局合署办公,由区商务局对外贸易经济合作科、区投资促进局外国投资管理科负责全区外经外贸工作。

出口贸易 民国时期,出口商品主要为牛革及牛革制品、蚕丝和药材。1949~1977年,江浦县出口商品主要有干蚕茧、叶粉、薄荷油、猪鬃、貂皮等土畜产品。1978年起,县对外贸易公司从技术、资金等方面扶持星甸渔场水貂养殖、双垄大队白蒜种植等外贸产品基地建设,陆续开发一批外销新产品。至1982年,全县出口商品增加到28种,外贸收购额651.05万元,较1978年增长3.24倍。此后,外贸商品结构由原料性商品逐渐转向半成品、制成品,由土畜产品、粮油食品发展到工业品、工艺品。1987年,江浦县出口商品有粮油食品、土产品、畜产品、轻工纺织、五金矿产、医药保健六大类60多个品种。其中,猪肠衣、羊肠衣分别达到国颁标准,列为免检商品;县服装厂列为江苏省出口服装定点厂,产品远销日本、阿根廷、美国、英国、德国、法国、荷兰等21个国家。全县出口物资收购值1186.56万元。1988年,原浦口区主要出口甜叶菊、大蒜粉、河蚌珠、兔毛等土特产品,出口商品供货总额330万元,出口创汇76万美元。1990年后,中国港澳台企业及外资企业逐步建成投产,出口额、创汇额逐年上升。1994年,江浦县、浦口区出口额分别为1.07亿元、8190万元,创汇额分别为1253.17万美元、784万美元。1995年,江浦县对外经济贸易公司获得自营进出口贸易权,全县对外贸易经营主体开始多元化。1997年,江浦县有13家外资企业、中国港澳台企业及县属国有、集体企业获得自营进出口权,全县出口供货额、创汇额分别为2.33亿元、2816.18万元,其中“三资”企业出口供货额、创汇额分别占全县供货额、外汇额的77.28%、77.27%。2001年,江浦县、浦口区出口供货额分别增加到2.78亿元、1.52亿元,创汇额增加到3364.32万美元、1635万美元。

2002年以后,整合外贸资源,继续增强传统品牌带动作用,大力发展新兴外贸企业,增加出口货源;继续扩大自营出口,扶持中小型出口企业;调整出口市场结构,继续巩固东南亚有关国家的周边市场,开拓欧美和非洲市场。2003年,全区拥有自营外贸出口权企业150家,实现出口创汇额5215万美元。2007～2008年,马勒发动机零部件(南京)有限公司生产的柴油活塞产品,南京能效水泥新技术工程公司研制的水泥预热器、燃烧器和冷却器,南车浦镇公司生产的城轨车辆,南京东嘉船舶制造有限公司制造的7000吨级油轮等产品,出口印度、泰国、也门等国家。2010年,全区有自营外贸出口企业354家,其中限额以上企业外贸出口总额31.88亿元,创汇总额15.2亿美元。出口商品结构及出口额大小依次为:机械设备、五金交电及电子产品、纺织品、针织品及原料。2011年,江苏金广羽绒制品有限公司生产的水洗鸭毛、鸭绒及水洗鹅毛、鹅绒出口德国、英国、美国、韩国,年出口量2016吨。2012年,南京大博金货架制造有限公司生产的各类货架出口美国、加拿大、澳大利亚、日本、韩国、新加坡、墨西哥等国,出口量16万套。2013年,全区有出口企业91家,出口额超1000万美元的企业16家,其中盛瑞服装、广丰羽毛出口额超4500万美元,南京汉和进出口贸易有限公司出口健身器及零件、胶合板总量6万套。2014年,南京大吉铁塔制造有限公司生产的输电线路铁塔、钢构架、钢管杆、钢管塔,出口玻利维亚、秘鲁、危地马拉、澳大利亚、智利、巴基斯坦、厄瓜多尔、菲律宾等国家,出口额3136万美元。2015年,全区外贸企业110家,其中出口硅橡胶及其制品8161吨,出口额2140万美元。至年底,全区4年累计出口创汇14.39亿美元。

进口贸易 1988年,江浦县对外经济贸易委员会负责组织进口贸易资料论证及其报批工作,经南京海关核准后实施。当年南京第五棉织厂织绒分厂进口2台英国肯伯公司S·D·P20N型毛圈机。1993年,南京中富容器有限公司从德国、法国引进B40吹瓶机与压缩机、B4冷水机、A40底托机等系列生产流水线。1995年6月,南京东方红电器有限公司从韩国进口8条涤纶膜系统电容器自动生产线。11月,南京天鹅绒针织厂从西班牙进口整套针织、印染设备,投资202万美元。1997年,江苏贝宁面料有限公司从德国卡尔迈耶公司进口全套经编织造和印染设备。2000年5月,南京正大畜牧有限公司进口加拿大孵化器27台套。2001年3月,江标集团有限责任公司进口德国螺旋式空压机1台套。2004年,浦口区外贸进口额0.12亿美元,2006年0.64亿美元,2008年增至1.2亿美元。2011年,从美国、韩国、日本、比利时进口八甲基环四硅氧烷、白炭黑、硅油等6540吨,从美国进口机床8台、活塞环等发动机配件1714万片,从德国进口机床配件8196件,进口总额13.06亿美元。2012～2015年,从法国进口机床4台,从德国进口机床设备件13697件,从韩国等国家购进羽毛等产品,进口总额9.46亿美元。

招商引资 1988年3月,国务院批准南京市及所辖江宁、江浦、六合三县为沿海经济开放区。同年6月,江浦县组团参加深圳对外经济贸易洽谈会。10月,在上海举行江浦经济恳谈会。1989年,原浦口区首次组团参加首届南京金秋经济贸易洽谈会(简称"金洽会"),签订合资、合作项目10个,外资总额300万美元。1990年8月,浦口区在北京举行新闻发布会,公布该区私营、个体工贸区10项招商引资优惠政策。1992年,江浦县接待海外客商41人次,引进"三资"项目19个。1993年,江浦县在北京举办招商引资和乡友联谊活动。是年,浦口区获市批准书和领营业执照项目70个,合同利用外资2.93亿美元,列全市县、区首位。1994年起,通过委托招商形式,在中国香港、澳门、台湾地区和日本、马来西亚、德国、意大利开展招商活动。1996年,江浦县经济开发区成立招商一部、招商二部,实施“外向带动,内外并举,以内引外,以外引外”战略。走访南京地区的省市涉外部门、经济厅局、驻宁商社、科研院所、厂矿企业700余家;参加北京中韩经济合作交流会、北京中韩经贸洽谈会、中国—俄罗斯经济技术洽谈会、中国厦门招商会等;邀请接待美国纽约华侨商务考察团、韩国企业家代表团、在宁外贸企业代表团等9支团队近千名中外客商进区考察、洽谈投资项目。全年引进“三资”企业19家。1997年,浦口区签约引资项目68个,其中中外贸易项目30个,合同利用外资1.03亿美元。1998年8月,江浦县经济开发区实现智能网络招商,引进企业22家,总投资600万美元。

2003年,浦口区政府整合资源,打造旅游业、房地产业、特色农业、规模工业、高效服务业和滨江开发6个招商引资平台,出台引进企业、引进资金的奖励政策,实行招商引资目标责任制,加大招商引资力度。2004年“金洽会”期间,引进500万美元以上的外资企业52家,总投资4.3亿美元,其中德意志银行和苏宁集团合作的乾阳商业街项目注册资本3000万美元;1000万元以上的内联项目72个,总投资46.7亿元,其中5000万元以上项目11个。2005年起,拓宽招商引资渠道,组团赴境外招商。至2009年,区政府先后12次组团赴日本、韩国、新加坡、巴西、阿根廷等国家开展招商引资活动。2010年,在紫金山峰会暨南京重大项目投资洽谈会(简称“重洽会”)、“金洽会”期间,重点推介乌江游艇及船舶零配件制造、龙井湖开发等11个高端服务业项目,共签约项目88个,总投资591亿元,其中外贸项目14个,投资15.84亿美元。2011年4月“重洽会”期间,签约项目7个,总投资106亿元,其中艾科恩太阳能项目、耀华光伏项目分别投资1亿美元、40亿元。列入市“金洽会”成果统计项目21个,总投资217亿元。2012年4月,在中国南京科技创新与重大项目洽谈会(简称“创洽会”)期间,浦口区先后组织物联网与光纤传感产业发展前沿技术研讨暨合作洽谈会、膜科技产业紫金论坛、汽车零部件企业专场推介会等系列活动,列入市“创洽会”统计成果18项,总投资138.5亿元。2013~2014年,列入市“创洽会”“金洽会”统计成果项目分别为21个、20个,投资总额分别达362.67亿元、421.4亿元。2015年“创洽会”期间,签约重点产业项目37个,投资总额236.2亿元,汤泉农场汤泉国际农业科技示范园、浦口开发区福克斯集团总部等7个项目总投资额152亿元。老山生态旅游体验园等10个项目在“金洽会”上签约,投资总额182亿元。

经济合作 外商投资 1989年,浦口区对外经济贸易公司、顶山镇、南京气象学院、日本共立、日本产道株式会社共同投资195万美元开办南京共浦草席有限公司。1990年,浦口区利用外资210万美元,创建“三资”企业3家。1993年,江浦县新批“三资”企业37家,合同利用外资2438万美元,实际利用外资1695万美元。至1995年,江浦县累计合同利用外资1亿美元,实际利用外资6137万美元。1996~2001年,江浦县新批“三资”企业75家,合同利用外资4736万美元,实际利用外资8200美元。引进项目109个,其中工业制造项目主要有机械、电子、冶金、精细化工、文体用品、纺织、服装、羽绒、建筑材料、包装材料等，农业项目涉及农业开发、种植、养殖、肥料、农药、食品、保健品等，服务业项目主要为房地产、旅游等。2002年，全区新批“三资”企业53家，全年合同利用外资1.33亿美元，实际利用外资5076万美元。2004年，新批“三资”企业57家，合同利用外资3.65亿美元，实际利用外资1.91亿美元。新批制造业“三资”企业37家，合同利用外资1.99亿美元，占全区总量的54.52%。2001～2005年，全区实际利用外资4.6亿美元。2006年起，利用外资突破传统的独资、合资、合作方式，开始向并购、股权转让等方式转变，外商独资逐步成为直接利用外资的主导方式，开放型经济由规模扩张主导型向规模扩张和质量提升并重转变。南京先声东元制药有限公司、南京协安纸业有限公司等10多家企业实现增资扩股，投资20亿元以上的东方商贸城、乔波滑雪馆等项目进区落户。2006～2010年，全区注册合同外资15.3亿美元，实际利用外资7.7亿美元。2011年，实现合同利用外资5.08亿美元，实际利用外资4.6亿美元。2012～2015年，实际利用外资6.22亿美元。

劳务输出与经济技术合作 1994年，江浦县首次派出40人赴贝劳共和国从事服装加工、承包建筑工程，至1998年，共派出201人，劳务收入280.84万美元。1995年，原浦口区开始对外承包工作，至2001年，年均营业额45.86万美元。1999～2000年，江浦县选派人员赴哥伦比亚执行援外任务，举办竹编（竹制家具用品、竹楼构造）和林业生产等培训班12期，培训人员300余人次。2001年，江浦县输出96人，分别赴新加坡、哥伦比亚、约旦、科威特、加蓬等国从事缝纫、木工等劳务活动，营业额341万美元。2002年，南京大吉集团成为新浦口区第一个获取对外承包工程的单位，全区完成对外承包工程和劳务经营额462万美元。2005年，全区有22家企业获得对外经营权，年营业额1379万美元，列全市各区、县之首。是年，南京天润服装有限公司在约旦投资120万美元创办亚星纺织有限公司，成为全区第一个对外投资的企业。2009年，南京东嘉工贸实业公司在泰国投资337.79万元，成立泰国东海矿业有限公司。2006～2010年，全区新批37家企业（单位）对外经营权，完成外经营业额2.17亿美元。2011年起，外经营业额逐年增长，至2015年，全区外经营业额由7670万美元增至4.5亿美元。

第五节 旅游业

浦口融自然、人文景观于一体，自古就是旅游胜地。20世纪80年代末至90年代初，原浦口区、老山林场、江浦县各自启动珍珠泉旅游度假区、老山森林公园、汤泉温泉山庄等旅游资源开发项目。进入21世纪后，由于江北行政区划调整，旅游业快速发展，旅游资源开发项目由“一山三泉”（老山、珍珠泉、汤泉、琥珀泉）逐步向全域拓展。至2007年，初步形成珍珠泉片区、老山森林公园片区、汤泉温泉度假区、农业旅游示范区、西江口滨江、滁河湿地片区、求雨山文化旅游区、泰山街道历史文化片区，有重点、分层次地打造精品项目，提升浦口区旅游业的知名度和影响力。至2015年,全区建成珍珠泉国家AAAA级旅游度假区,老山国家森林公园和求雨山文化园2个国家AAA级旅游景区,丽铭农庄、雨发生态园2个省四星级农业旅游景点。

一、旅游资源开发

珍珠泉旅游度假区　位于顶山(古名六合山、定山)西南麓,规划面积14.8平方千米。南朝宋大明七年(463),孝武帝登六合山,如尉氏观温泉。梁天监元年(502),武帝于六合山为高僧法定建精舍,敕名"定山寺"。普通七年(526),禅宗始祖菩提达摩驻锡定山寺,留有宴坐石、达摩洞、卓锡泉等遗迹。明代乡贤及地方官员庄昶、彭绍贤等解囊捐资,在珍珠泉畔建造春风亭、鱼乐轩、龙王阁、画舫斋、集翠台、净业堂等30余处园林建筑,珍珠泉景区遂享誉"江北第一游观之所"。自清咸丰以来,景区旅游设施或因战火而遭毁,或因失修而自废,或因建设而拆除。1982年文物普查使这颗蒙尘已久的明珠重放异彩。1984年,景区以"泉涌珍珠"被列为金陵新四十景之一。原浦口区人民政府编制并实施珍珠泉风景区建设规划。1992年,成立南京珍珠泉旅游度假区。1994年,珍珠泉度假区成为首批省级旅游度假区之一。1996年,投资496万元,以北京八达岭段长城为蓝图,按1:1比例仿造"万米长城"。位于定山芙蓉峰与妙高峰之间,全长3000米,高9米,面宽4.3米,建有大风关、望月台、望江楼3座城堡以及824级石阶,墙体所用条石的颜色、规模和坡比与北京长城一模一样。1998年5月,由新加坡天立索道公司投资1307.8万元建成索道,上站位于妙高峰,下站设在无想峰,全长1040米,上下高差184米,共有108个缆车吊箱,单程运行时间18分钟,每小时运行500人次。至2001年,区政府及进区企业10年累计投入8.5亿元,复建和新建龙舟画舫、鱼乐轩及植物迷宫、梅海凝云、苗寨竹楼、农夫山庄、境山湖放排、高尔夫球场、万米长城、索道和滑道等旅游景点。2002年,投资2.7亿元兴建野生动物生态园,占地40公顷,由虎园、狮园、熊园、猴园、梦幻剧场和室外驯兽表演场组成,有动物数十种300多只。其中,梦幻剧场可容纳3000人,为国内首例"无栏网"室内舞台动物表演场,上演节目有狮虎迎宾、老虎骑马、狮王踩球、老虎走梅花桩、老虎钻火圈、金猴扑砖、羊蹬花瓶等20多个。2003年,投资1784万元,开发佛手湖。2005年,投资6亿元,启动佛手湖国际建筑艺术实践展区建设。展区占地面积20公顷,建筑面积7.4万平方米,由20栋特色别墅和展览中心、会议中心、休闲中心、接待中心等配套设施构成,其中智利、克罗地亚、澳大利亚、法国、匈牙利、墨西哥、西班牙、芬兰等外国建筑师吸收中国元素,设计的《睡莲》《千手之作》《竹影》《马踏飞燕》《中国链》《水榭》《佛手》《舟泊》等作品展示出独特的个性风格和深厚的文化内涵。2010年,度假区投入400万元,建造名石艺术馆,展馆面积2500平方米,陈列雨花石、灵璧石展品3200余件。2013年8月,陶瓷艺术中心开始营业,设有炼泥、拉坯、捏雕、盘筑、画瓷等功能区,可同时容纳400人开展体验活动。同年9月,珍珠泉旅游度假区被国家旅游局评定为国家AAAA级旅游景区。2014年6月,欢乐水世界试营业,推出彩虹滑梯、海啸池、冲天回旋等游乐项目。2015 年,度假区接待游客 426 万人次,旅游直接收入 2.4 亿元。

老山国家森林公园　位于老山中部,旅游资源得天独厚,被誉为南京江北绿肺、天然氧吧。1991 年 8 月,经林业部批准,老山林场建立老山国家森林公园。规划面积 2000 公顷,分设七佛寺、狮子岭 2 个景区。至 2001 年,相继建成老鹰山瞭望台、鹭鸟园、蛇园、狩猎场、状元坟、七佛寺小旅园等景区、景点。蛇园展出金环蛇、银环蛇、眉锦蛇、眼镜蛇等 40 余种近千条,以及 60 种蛇类标本和图片。其中,在老山捕捉的老山巨蟒,重 36 公斤,长 4.18 米,寿命达 150 年以上。2002 ~ 2003 年,投资 1100 万元,重点建设观光大道,全长 6.7 千米,沿途两侧建有香味园、石林及诗画院等设施。2006 年,建成西华山农业科技园等沿山大道十里生态园特色项目。2007 ~ 2009 年,开发香山湖风景区,重点工程有 2.4 千米的景观大道和建筑面积 7 万平方米的山地别墅区。每栋别墅楼体空间划分为左、右、前、后 4 个庭院,并将室内空间融入室外,室外空间导入室内,成为集中国院落特征与欧韵建筑风格于一体的现代美宅。2011 ~ 2013 年,投入 3000 多万元,深度挖掘旅游资源潜力,提升景点品质内涵,实施改造黄山岭主入口、停车场、登山步道、景观长廊、旅客服务中心、景区标识系统等工程项目,增建状元广场、真人 CS 基地、生态科普馆、谜语林、生态谷、老山云榜、定向运动场、空中自行车、魔兽世界、海豚戏水等景点。状元广场坐落在老鹰山南麓,由南宋状元张孝祥坟墓及“清风林”、清风长廊、观景台、状元塑像、牌坊等设施组成,展示一代廉吏张孝祥的生平经历、执政理念、文学作品和高洁胸襟,并以文学内容为引导,激发人们“表里俱澄澈、胆肝皆冰雪”的人生情怀。2013 年 12 月,老山国家森林公园被国家旅游局批准为国家 AAA 级旅游景区。2015 年 5 月,“感动森林”儿童乐园建成开放,建有欢乐锤、碰碰车、喷球战车、丛林穿梭、跟踪追击、挖掘机等游乐项目。

求雨山文化园　位于江浦街道求雨山上,由求雨山文化名人纪念馆和求雨山文化广场组成,占地面积 5.5 公顷,建筑面积 5200 平方米。1988 年起,历时 18 年,相继建成林散之纪念馆、萧娴纪念馆、高二适纪念馆和胡小石纪念馆。主要建筑设施有散木山房、书法碑廊、蜕阁、萧娴故居、江达萧娴墓、高亭、瞭望台、高二适墓、蜩庐、胡小石墓等。其中,书法碑廊全长 100 米,廊壁上镶嵌着 47 块黑色花岗岩,镌刻着林散之不同时期的书法佳作,真、行、草、隶、篆诸体皆备,蔚为壮观。江达萧娴墓造型别致,墓体由三块黑色条石堆砌而成,根据萧娴艺术成就所设计。人称萧娴“三石老人”,所谓“三石”是指《石鼓文》《石门颂》《石门铭》,是萧娴书法艺术渊源之所在。高亭即高二适纪念馆主展厅,建筑面积 1250 平方米,展览面积 700 平方米,展线长 130 米,为跃层式建筑,呈风车状,错落有致,外形为单坡斜顶,独具风姿。求雨山文化广场占地面积 1.6 万平方米,于 2005 年 7 月建成并对外开放。广场依山就势,是一个集绿竹修林、亭台假山、小桥流水、滴水砚池、雾森水景等传统布局为一体的综合性园林景观工程。2006 年,新建游客中心、现代名人名品主体沙龙“好雨斋”。2007 ~ 2015 年,求雨山文化园先后被中国书法家协会命名为中国书协浦口创作培训基地,被国家文物局评为国家三级博物馆,被国家旅游局评为国家 AAA 级旅游景区。

汤泉温泉旅游度假区　位于区境西北部，紧邻老山国家森林公园。该度假区因其十里温泉带、古刹惠济寺、千年古银杏、老街等历史文化底蕴而成为南京市旅游度假区、全国首批公布的“中国温泉之乡”。清宣统元年(1909)，合肥太史、津浦铁路顾问龚心铭到汤泉购泉置地，兴建别墅、游泳池、健身房、狩猎场等旅游设施，招引文人墨客、政府官员、外国宾客前往沐浴温泉、旅游观光。20 世纪 90 年代初，汤泉镇被省、市列为温泉旅游重点开发区。1990 年 10 月，建立惠济寺遗址文化公园，占地面积 3.3 公顷。园内三株植于南朝时期的银杏树是最大看点，其平均胸围 7 米，高 24 米，冠径南北向 25.5 米，东西向 27.2 米，果实无芯，食之甘美，堪称华夏一绝。新立《古银杏行》诗碑，新建惠济寺佛殿、念佛堂，营造银杏林面积 2 公顷，植树苗 2600 株。1994 年，江浦县农贸公司投资 3500 万元，建成温泉山庄，占地面积 2.5 万平方米，建筑面积 1.7 万平方米，拥有喷泉广场、网球场、会务中心、别墅楼、游泳馆、温泉池、气疗室等设施。2000～2002 年，大吉集团投资 1.7 亿元，开发鹞子山大吉温泉度假村。2009 年，大吉集团投资 3000 万元，改造度假村露天温泉池面积 1.5 万平方米，建成 42 个风格各异的小泡池，一次可容纳 900～1000 人沐浴。当年度假村被第二届中国(国际)休闲发展论坛评为中国十大温泉休闲养生基地。2012 年，启动惠济寺公园复建、扩建工程，至 2015 年，建成足步生莲、慧可断臂、济公运木、溧水出家、磨砖成镜、一苇渡江、鉴真东渡、赵州石桥、四大名山等 18 处园林景点，安养院、斋堂、大雄宝殿、普贤殿等 16 座唐代风格的主体建筑按期有序推进。

农业旅游示范区　20 世纪后期，旅游资源开发向农业观光旅游拓展，推动农业从生产向生态生活、从物质向精神文化功能转变。1998 年 7 月，青年农民丁跃生投资 500 万元，在珠江镇(今江浦街道)五里村(今老虎桥社区)兴建艺莲苑，占地面积 33 公顷，培植彩色莲花 1000 余种，建有荷花长廊、圣莲亭、藕香榭、艺莲轩、逸香亭等园艺小品，其中荷花长廊全长 200 米，高 4 米，不定期地展出咏荷诗画精品，提升苑区的文化品位。进入 21 世纪后，农业旅游产业为农业和农村经济开辟新的发展空间，涌现出农业生态园、特色农庄和农家乐专业村等农业旅游产业的新兴业态。2000 年 4 月，江浦县第一家私营农业生态园帅旗农庄在乌江镇(今桥林街道)挂牌。农庄占地 20 公顷，投资 347 万元，相继建成花卉园、苗木园、盆景园、特色水果园、野生野味园、水产生态园、垂钓中心等景区景点。2005 年，帅旗农庄实现旅游收入 210 万元，被国家旅游局评定为全国农业旅游示范点。至 2010 年，全区建成市级以上生态农庄(园)31 个，其中万成生态园、金水湾农业生态园、鹿林生态园、丽铭生态园、龙泉山庄、强蕾农庄、华山休闲中心、中马农庄、望月农庄、雨发生态园、赭洛山庄生态园等 20 个生态农庄(园)是市级以上星级生态农业旅游景区(点)。此后，实施赭洛山茶园、雨发生态园、万成生态园、望月农庄等提档升级，以农业高新技术为手段，展示新品种、新项目、新产业、新成果，形成集农业观光、科普展示、休闲娱乐为一体的新型旅游场所。2013 年 12 月，雨发生态园被农业部、国家旅游局评定为全国休闲农业与乡村旅游示范点。至 2015 年，全区建成开放农家乐专业村 5 个、主题农业生态园 12 个、特色农庄 30 个，全年接待游客 208.15 万人次，综合收入7.3亿元。

二、旅游服务设施

旅游饭店 20世纪90年代初，随着旅游景区景点的开发，饭店宾馆、旅游服务机构等配套设施逐步完善，并形成一定的产业规模。1994年，在汤泉镇建成的温泉山庄，是江浦县第一个旅游涉外饭店，占地面积2.5万平方米，建有富丽豪华的中西餐厅、雍容华贵的别墅楼、热带风情的游泳馆以及中空攒顶式温泉池。1996年、1997年相继新建金苑、金玉2个二星级旅游饭店。21世纪后，打造一批设备先进、服务配套的星级饭店宾馆。2004年9月，国家旅游局批准汤泉大吉会馆为四星级饭店，该馆建有不同风格的别墅客房260间、可容纳300人同时进餐的中餐厅，配有生态餐厅、鱼府餐厅等餐饮包间16个。2005年，建成全区第一家五星级饭店南京明发珍珠泉大酒店，占地面积11.4万平方米，拥有豪华客房、风味餐厅、酒吧、舞厅、美容厅、健身房、桌球室、棋牌室、保龄球馆、迷你高尔夫球场等配套服务设施。2008年，鼎业国际金陵酒店(后改南京鼎业开元大酒店)开门迎客。该酒店由金陵饭店管理有限公司与南京鼎业投资集团共同兴建，总投资2亿元。酒店位于江浦街道文德东路，占地面积6600平方米，建筑面积3.5万平方米，主楼高27层、100米，有客房264间(套)、500人同时就餐的宴会厅以及多功能会议厅。2010年，酒店被国家旅游局评定为五星级酒店。2015年，全区星级旅游涉外饭店增至7家，其中五星级2家，四星级1家，三星级3家，二星级1家。

旅游公司(旅行社) 1997年10月，江浦旅游实业总公司成立江北旅行社。1998年1月，旅行社配备经理、副经理各1人，专职导游5人，兼职导游10余人，分设国内旅游部、出境旅游代办部、江浦一日游部、票务部、计调部。2000年8月，旅行社以个人入股方式实行改制，成立江北龙旅游有限公司。至2010年，南京金润旅游客运公司、南京有源旅行社有限公司、南京龙华旅行社有限公司、南京金马旅行社有限公司、南京市中国旅行社浦口门市部等7家旅游公司相继挂牌营运，其中江北龙旅游有限公司下设1个AA级旅行社和专业票务分公司，有员工20人，年营业收入2000万元。2011~2014年，新成立同道国际旅行社有限公司、夜荷花开国际旅行社有限公司、南京天涯旅行社有限公司、亚南假日旅行社有限公司等9个旅行社有限公司。至2015年，全区有18个旅行社、有限公司。主要经营区内、国内旅游接待、旅游客运、代办旅游签证、票务及旅游咨询服务等。各旅行社全部开通区内一日游业务，开通生态观光、休闲养生、旅游度假、宗教朝拜、文化旅游、乡村旅游等8条线路。同时开展横向联系，建立业务网络，开拓国内旅游线路，先后与南京、镇江、常州、无锡、苏州、上海、北京、杭州、厦门、桂林、海南、成都、昆明、西安、黄山、青岛等30多个城市建立业务联系，开拓旅游线路78条，为中北友好、顺天海外、德高、省国旅、省中旅等旅行社(公司)代办(组团)国际旅游线路25条。

三、旅游市场

1995年9月，原浦口区成立南京市珍珠泉旅游度假区管理委员会办公室，为区政府派出机构。1999年3月，江浦县成立旅游局，标志着旅游业发展步入制度化、规范化管理轨道。随着旅游景区景点的开发，国内外游客呈逐年上升的趋势，旅游业收入逐年增加。江浦县年接待游客由1999年的14.5万人次，增加到2001年的42.2万人次，旅游业总收入由1210万元增加到2612万元。客源市场主要为南京地区及滁州市、全椒县、含山县等周边地区，客源量以南京城区为最多。2002年起，区旅游部门立足开拓市场，加强旅游宣传促销工作。制作《浦口旅游》《绿色浦口、文化浦口、生态浦口》影视广告片和宣传画册，通过全国旅交会及江苏卫视、中央电视台、中国台湾中天电视台等会议和媒体宣传浦口的自然人文景观。在丰富旅游内容、吸引游客方面，旅游部门及有关景区、服务单位根据自身条件，组织开展旅游资源推介会、老山森林艺术节、国际顶尖杂技艺术节、浦口莲花艺术节、森林啤酒节、汤泉温泉文化节、大吉温泉桂花节以及春节、“五一”“十一”旅游黄金周等活动。2004年4月28日至5月6日，经文化部批准，珍珠泉旅游度假区举办国际顶尖杂技节，来自俄罗斯、哈萨克斯坦、吉尔吉斯坦和中国吴桥等地的50名演员登台献技，共接待游客7万人次，门票收入140万元。当年，全区旅游总收入1.6亿元，相当于2002年的2倍。2007年8月5～25日，首届莲花旅游艺术节暨浦口区廉政文化教育基地揭幕仪式在江浦街道艺莲苑举行，艺术节以“莲”说“廉”，寓教于游，300米长廊展示莲花名品图片300多幅、咏莲诗词500多首(句)、名人廉政故事180则。全区年接待游客153万人次，实现旅游总收入3.18亿元。2013年7月27日至8月11日，南京市旅游委员会在盘城街道葡萄园举办葡萄采摘节，接待游客近10万人次，销售葡萄450万公斤，实现旅游综合收入1.08亿元。全区年接待游客671万人次，实现旅游收入13.5亿元。2014年7～8月青奥会期间，老山森林公园举办趣味寻宝之旅活动，先后接待捷克、摩尔多瓦、卡塔尔、阿根廷、比利时、格鲁吉亚、罗马尼亚、阿尔及利亚、斐济、巴西、墨西哥、蒙古、瑞典等20个国家和国内运动员130余人；行知基地举行采茶、赏荷生态环保体验活动，接待来自新加坡、新西兰、哈萨克斯坦、巴布亚新几内亚等国50多名运动员和国内奥运冠军吴敏霞等体育名将；鼎业开元大酒店接待国内外体育界技术官员328人，其中外籍人士99人。同年9月29日至10月12日，雨发生态园承办第十届中国·农业嘉年华活动，为展示“都市农业，多彩生活”的活动主题，以一馆(农业展馆)、三区(舞台区、美食区、采摘区)、四园(儿童植物迪士尼乐园、垂钓乐园、烧烤乐园、青奥乐园)、八景(时和年丰、玫瑰之约、松涛花海、迩延长堤、金色田野、海天一色、天女散花、杉林芬芳)为模式，让游客走进自然，体验生态，活动期间共接待游客近20万人次。2015年，全区各景区接待游客959万人次，实现旅游直接收入20.6亿元。

第六节　金　　融

一、银　行

机构　当铺　清光绪年间(1875～1908),江浦县城下河街设有当铺1家,民国初年被焚。20世纪20年代中期,浦镇左所大街开设当铺1家,典当首饰、珠宝、古玩、字画、器皿、大型木制家具等。当件折扣率五成左右,俗称"当半"。质押期通常为6～18个月,月息2～3分。期满不赎而又不办延期者视为"死当",当物由当铺自行作价发卖。民国26年(1937)冬侵华日军入境后停业。

钱庄　民国初年,江浦境内有浦镇魏宝源、桥林慎余及德余3家钱庄。其中,慎余钱庄于民国元年(1912)开业,业主李氏,南京市人,聘用职员10余人,经营存款、放款、汇兑业务,并为客户办理代收代付,且不取厘头(手续费)。给予守信誉的客户一定的透支额度,多为春放秋收。后因资本匮乏,于民国20年停业。魏宝源、德余2家均于民国26年歇业。

银行　民国2年(1913)1月8日,国民政府在原浦口区设有交通银行浦口分行,行址设在南京下关龙江关,简称浦行,吸收津浦铁路资金和个人储蓄。6年2月,浦行由分行规格降为支行,同时改称宁行。24年7月,宁行改称京行。抗日战争胜利后,京行改称陵行,并在浦口火车站售票房右侧设立临时办事处。25年6月,江苏银行于江浦县城北门大街30号开设江浦储蓄部,开办甲种零存整付和活期两种储蓄业务。至26年7月该部撤销时,有26户参储,储蓄余额667.91元。同时向工商业者发放活期质押、信用透支两种贷款,其中工商户以小麦343包(667担)时值3517元,抵押2150元。向工商户贷款9400元,月息1分2厘,每月结息一次。36年5月,在星甸街道南关子成立江浦县银行,共筹资5000万元,同年7月28日停办。1949年6月23日,中国人民银行浦口办事处(后改为浦口储蓄管理处)在交通银行浦口临时办事处基础上成立;同日,人民银行浦镇南门收付组在金汤街成立。同年8月,人民银行江浦县支金库成立。1950年3月16日,江浦县支金库更名为江浦县办事处,处址设在桥林镇西河沿街;5月迁址珠江镇北门大街35号;7月1日,江浦县办事处升格为中国人民银行江浦县支行。1956年冬,建立中国农业银行江浦县支行。1977年,建立中国建设银行南京支行江浦办事处(后升格为建设银行江浦县支行)。1979年10月,建立中国农业银行浦口办事处。1984年1月,建立中国工商银行江浦县支行。当月,人行江浦县支行人员及业务、资产移交县工商行。同年11月,于兴浦路建立工商银行浦口储蓄管理处。同时接管人行浦口储蓄管理处人员及业务。1988年9月,建立交通银行浦口办事处。同年10月,建立中国人民建设银行下关办事处浦口大马路储蓄所(后升格为浦口分理处,迁址泰西路)。1989年11月,恢复建立人行江浦县支行。1992年3月,成立中信实业银行浦口分理处,处址设在泰山新村。同年12月建立中国银行江浦县支行,行址位于江浦街道文德路。1993年

8 月,建立中国银行浦口分理处,处址设在浦园路 11 号,隶属中国银行南京市高新区支行。1996 年,原农行浦口办事处、工商银行浦口储蓄管理处、交行浦口办事处、建行浦口分理处分别升格为浦口支行。1998 年 5 月,浦口城市信用合作社改组成为南京市商业银行浦口支行。2002 年起,江浦县、原浦口区金融机构整合为人行浦口支行、工行浦口支行、农行浦口支行、中行浦口支行、建行大厂支行、交行浦口支行、南京银行浦口支行、农发行浦口支行。2008 年后,相继建立中国邮政储蓄银行南京市浦口支行、江苏银行南京浦口支行、民生银行浦口支行、紫金农村商业银行浦口支行、南京浦口靖发村镇银行、中信银行南京新浦支行、上海浦东发展银行南京江北支行、招商银行南京弘阳支行、平安银行滨江支行、浙商银行南京浦口支行、徽商银行南京浦口支行等机构。至 2015 年,全区拥有作为传导货币政策、维护金融稳定、做好金融服务牵头单位的人民银行浦口支行以及工商银行、江苏银行、南京银行浦口支行等 24 家商业性、政策性金融机构。

农村信用合作联社　民国 22 年(1933),江浦县建立信用、消费、生产、运销等 6 类合作社 11 所,社员 348 户、1930 股,股金 4083 元。1953 年,江浦县在浦城区龙坝乡创办第一个农村信用合作社,200 股,股金 1000 元,为集体所有制金融组织。1954～1955 年,全县建立 55 个信用合作社(组),实现按乡建社(组)的要求。原浦口区成立路西及沿江乡信用合作社。1958 年人民公社成立后,江浦县按行政区划成立 11 个公社信用部。1962 年撤销信用部,按公社恢复信用合作社。浦口区设顶山、三河、沿江、盘城、葛塘 5 个信用社。信用社在经济上实行独立核算,负责生产队存贷业务,接受公社和人民银行双重领导。1964 年,浦口区成立信用联社。1980 年后,信用社划归农业银行领导,并与农业银行实行“行社联营”。1984 年 12 月,成立江浦县信用合作联社,成为独立从事货币经营的经济实体,社址设在珠江镇北门大街。同年,浦口区信用联社更名为浦口区信用合作联社。1998 年 4 月再更名为浦口区农村信用合作社联合社。2003 年 11 月,江浦县信用合作联社与原浦口区农村信用合作社联合社合并,成立浦口区农村信用合作联社,社址设在江浦街道文德东路,下设 30 个营业网点。2011 年 3 月 28 日,区农村信用合作联社撤社建行,成立江苏省紫金农村商业银行股份有限公司浦口支行。

存储　中华人民共和国成立后,中国人民银行存款分工商企业、机关、学校等集体存款和城乡居民储蓄存款两类。1950 年,人行江浦县支行存款 0.42 万元,其中财政性存款 0.3 万元。同时开办整存整取保本保值储蓄和整存整取折实储蓄,吸引居民参储。1951 年,全县储蓄存款余额 3.7 万元。1953 年起,银行按照存款自愿、取款自由、为储户保密等原则,开办定期储蓄、活期储蓄、定额储蓄和零存整取,推出农民特种储蓄、优待储蓄,专储农民向国家多售粮、棉现金,利息略高于其他储种。1957 年,江浦县单位存款、个人储蓄存款余额分别达 173.3 万元、75.34 万元,比 1953 年分别增长 8.2 倍、26.9 倍。1958 年“大跃进”和三年经济困难时期,开办通兑定额储蓄和地方建设储蓄,储蓄余额出现不正常的升降态势。“文化大革命”初期,储蓄利率下调,企业存款不稳定,城乡储蓄一度下降,银行业务发展缓慢。1969

年,江浦县单位存款总额、储蓄余额仅有 527.4 万元、49.9 万元。1978 年后,金融体制趋于完善,专业银行相继建立,行际间开展讲信誉、比服务、赛质量、重环境的揽储竞争,增加网点和储蓄种类,提高利率,促进存储总额大幅度增长。1985 年,原浦口区工商银行、农业银行及信用联社存款 3138 万元、储蓄余额 4277 万元;江浦县存款、储蓄余额分别为 4426 万元、2842.9 万元。1988 年 9 月,通胀压力增大,银行开办保值储蓄,对 3 年以上的定期存款,按物价指数上涨水平给予储户利息补贴。至 1989 年 2 月,中国人民银行先后 7 次上调利率,稳定储蓄业务;同时,各银行实行"筹资兴行"战略,推行存款承包责任制,扶持企业发展,稳定存款大户,单位存款持续发展。1990 年,江浦县、浦口区年末存储余额分别达 2.4 亿元、2.76 亿元。1995 年,国家实行"适度从紧"的货币政策后,为缓解信贷资金供求矛盾,相关银行相继推出"中国券""住宅储蓄""高收益结合储蓄""教育储蓄"等新储种,发展中间业务和代理业务,推出多种服务承诺,储蓄存款继续保持增长势头。2000 年,江浦县、浦口区存储余额分别达 25.87 亿元、29.92 亿元。2002 年后,农行江浦县支行和浦口支行分别开办区烟草公司经销商户的 IC 卡圈存业务和金穗借记卡业务;中行浦口支行参与南京地区储蓄存款业务百日竞赛活动,储蓄余额日均新增 1.84 亿元;交行浦口支行突出抓好行业性龙头客户、集团性客户和重点客户,发展新开账户。至 2010 年末,全区金融机构多项存储余额增至 409.55 亿元。2011 年起,各银行机构继续采取不同营销策略,发展负债业务。工商银行浦口支行对单位存款采取"ABCD"分层维护办法,对 100 万元以上客户及潜在客户通过电话预约、拜访等形式揽存增存。2014 年,建设银行南京大厂支行发挥整体优势、狠抓公私联动,推动公私产品交叉销售,个人存款日均余额 96.24 亿元,日均新增 2.17 亿元,分别排名省分行营业部第一和第三。2015 年,全区金融机构存款(资金来源)余额 1163.31 亿元,其中存款余额 1105.12 亿元,其他资金来源 58.19 亿元。

信贷 中华人民共和国成立后,银行机构组织资金支持贫困农民发展生产,支持国营商业、供销合作商业和私营工商业,至 1952 年,中国人民银行江浦县支行累计发放贷款 42.55 万元,其中农业贷款 16.05 万元。1953 年起,为促进农业生产合作化和私营工商业的社会主义改造,对组织起来的农民实行优先贷款和利息优惠等政策,放宽公私合营企业贷款。至 1957 年,江浦县累计发放农业贷款 239.4 万元、工商业贷款 1132.7 万元。1958 年"大跃进",增办肥料、副业和生活农业贷款,对国营工业企业实行"全额信贷",国营、供销商业企业实行"存贷合一、活存活支"的做法,造成信贷投放量增长过快,1959 年末,江浦县工商贷款余额 621 万元,1960 年末增至 850 万元,较 1957 年增长 2.36 倍。1962 年后,农业贷款采取"控制投放,加强调剂,开源节流,争取平衡"的办法,解决生产周转资金设备添置及生活资金的困难。工商信贷坚持"当年平衡,略有回笼"的政策要求。1964 年末,江浦县工商贷款余额回落到 688.5 万元。"文化大革命"期间,农贷主要为巩固集体经济服务,农贷资金基本平衡。工商企业资金周转滞缓,使用效益低微。1979 年起,改革信贷管理制度,农贷重点由支持集体为主转为支持承包户、专业户、重点户为主,由偏重支持粮食生产转为支持农、林、牧、渔各业全面发展；工业贷款由国营、县属集体企业扩展到乡镇企业，贷款领域由流动资金扩展到固定资产；商业贷款采取择优扶持、以销定贷、逾期加息等管理办法，提高经济效益。1985 年，江浦县贷款总额 9997.7 万元，其中农业、工业、商业及基本建设等其他贷款分别占 13.7%、27.3%、47.1%、11.9%。原浦口区工商贷款和农业贷款分别为 3594 万元、828 万元。1986 年起，信贷资金分配体制发生根本性变化，改变过去的财政供给为银行贷款。其中，江浦县基本建设贷款余额连续数年占总贷款余额的 11% 以上，1988 年 2623.4 万元，占全年贷款总额的 13.3%。1990～1992 年，增加“三农”（农业、农村、农民）贷款，江浦县贷款额由 3020 万元增加到 5334 万元，农业贷款比重占全部贷款的 10% 以上。浦口区农业贷款由 10093 万元增加到 16839 万元，增长 67%。1995 年，贯彻全国金融工作会议精神，江浦县落实工业“双扶一扭”（扶优扶强、扭亏为盈）贷款 5500 万元，工业贷款增至 5.1 亿元，比上年增长 39%，占全部贷款总额的 46.1%。1996 年后，金融机构存款总量扩大，信贷实力增强，基本建设年末贷款余额持续增长。江浦县当年贷款余额 1.7 亿元，1999 年达 2.89 亿元，占全县贷款总额的 18.2%，创历史新高。2000 年，江浦县、浦口区金融机构各项贷款余额分别达 14.46 亿元、9.77 亿元。进入 21 世纪，银行贷款不再按投向统计，改为按对应的负债期限长短统计，即短期贷款、中长期贷款及票据融资、各项垫款。各金融机构在执行稳健的货币政策的同时，突出重点，综合运用再贷款、票据置换等手段，支持区域经济持续健康发展。2007 年，浦口区贷款余额由 2004 年的 4.86 亿元增至 12.23 亿元，增长 1.52 倍。2009 年，应对全球经济危机，执行适度宽松货币政策，各银行对工业、商业、农业、乡镇企业、三资企业、私营个体企业等短期贷款支持力度加大。2010 年，全区金融机构各项贷款余额 268.39 亿元，较 2008 年增长 93.02%，其中短期贷款、长期贷款、票据融资信贷分别为 84.99 亿元、182.34 亿元、1.06 亿元，分别增长 23.68%、162.98%、7.09%。2011 年，境内金融机构开展“直接融资推进年”活动，对地域经济社会加大信贷投入和金融支持。农行南京浦口支行向浦镇车辆有限公司等 3 家企业授信 10.1 亿元、融资 3362 万美元，实现重点客户营销的突破。全区金融机构年末贷款余额 390.51 亿元。2013 年，全区金融机构实现贷款余额 565.79 亿元。2014 年，建设银行南京大厂支行建立部门与网点联动责任合力机制，结合省分行开展“春耕秋获”储蓄营销活动，推动信贷业务向纵深发展。年末，单位贷款余额 81.1 亿元，新增 15.7 亿元，个人贷款余额 22.5 亿元，新增 6.05 亿元，分别列江北同业四大行第一、第二。2015 年，全区金融机构年末贷款余额 1163.31 亿元，其中境内贷款 702.08 亿元。

二、保　险

中国人民财产保险股份有限公司南京市浦口分公司　1981 年 4 月，建立中国人民保险公司江浦县公司（简称县中保公司），编制 5 人，与人行江浦县支行合署办公。当年办理企业、家庭财产保险 111 家，保险额 4987 万元，保险费收入 13.44 万元。1984 年 11 月，升格为县支行级机构，编制 13 人，公司设在珠江镇北门大街。至 1987 年，县中保公司累计开办 14

个保险种类,主要有企业财产保险、家庭财产保险、人身保险、车辆保险、船舶保险、养殖保险、森林火灾保险等,保险金额11.41亿元,保险费收入396.79万元。赔付金额186.11万元,赔付率39.86%。1988年,县中保公司始设基层业务代理处。至1993年,共设35个代理处。其中,农行江浦县支行21个代理处代理乡镇企业财产保险、运输工具保险和人身保险;11个乡镇经营管理站代理农村家庭财产保险,种植、养殖保险,手扶拖拉机保险及人身保险;在永宁、桥林、星甸3个镇设立保险中心服务所,办理分散性保险业务。公司全年承担风险保障13亿元,保险费收入751万元,赔付691万元。同年6月,原浦口区成立中国人民保险公司南京市浦口支公司。2001年,浦口区人保浦口支公司承担各种社会和经济风险额47亿元,保险费收入1870万元。人保江浦支公司承保额15亿元,保险费收入1169.5万元,赔付金额661.2万元。2003年,中国人民保险公司转制为中国人民财产保险股份有限公司。原人保浦口支公司、人保江浦支公司分别转制为人保财险浦口支公司、人保财险江浦支公司。2004年3月,以人保财险江浦支公司为基础成立新的人保财险浦口支公司,原人保财险浦口支公司人员全部调到南京市公司营销部。人保财险浦口支公司全年承保财产险、机动车辆险、货物运输险、人身意外伤害险金额23.58亿元,保费收入2143.3万元。2005年,增加健康险种类,赔付金额1196.1万元。2007年8月,试办政策性农业保险业务,具体办理水稻、小麦、油菜和能繁母猪保险,采取"政策主导、保险公司市场化运作"的联办联保机制。当年承保水稻0.93万公顷,每亩保险金额500元,保费15元(参保户与政府分别交纳2元、13元),全年收取参保户保费41万元。因自然灾害造成水稻大面积减产,该公司与政府农业保险工作领导小组共同查实定损,赔付118万元。全年公司收取5类险种保险费2489.1万元,支付理赔款1625.9万元。此后,随着浦口区经济不断发展,保费收入逐年增长。2010年实现保费收入5069万元,赔款支出2114万元。2011年起,创新车险营销模式,在发挥4S店代理、银行代理、营销员代理等传统渠道作用的同时,发挥电话销售和网络营销作用。在农村设立街镇中心门店、营销部和三农保险服务站点,加快推进农业保险工作。为适应居民日常生活的新常态,推出"幸福满屋""家庭安康""和谐家园"等组合系列新险种。至2015年,实现保险金额448.77亿元,保险缴费2.04亿元,累计理赔82428件,赔付金额2.98亿元。

中国人寿保险股份有限公司南京市浦口支公司 该公司原为中国人民保险公司江浦县支公司的内设机构。1996年3月,实行财险、寿险分业经营,成立中保人寿保险有限公司江浦县支公司,有职工11人,下设乡镇代理处11个。开办养老金及寿险、意外短期险、中小学生平安险,全年承保5.56万人,保费收入350万元,受理赔付案件1762件,赔付金额93.4万元。1999年1月,公司更名为中国人寿保险公司江浦县支公司,有员工53人、代理人员250人。同年8月,公司迁至珠江镇珠江路新建办公楼。2001年,推出国寿千禧理财(分红型)保险,涵盖养老、少儿教育、婚嫁、人身意外保障等险种,保险收入2832.7万元,办理理赔案件3031件,赔款金额227.8万元。2002年12月,江浦县公司与南京市分公司营销七部合并成立南京市浦口支公司,有管理人员60人、员工408人。全年实现保费收入6360万元,支付理赔款247万元。2003年,为客户提供普通寿险、养老年金、分红型寿险、意外险、健康险五类及康宁终生保险、生命绿荫保险、养老金保险、鸿运少儿保险、千禧理财保险、学生平安保险、团体人身保险、全家福、医疗保险等20个主要险种,承保全区15万人次风险额77亿元,实现保费收入1.28亿元,赔付5401人次,赔付金额416.57万元。2004~2010年,公司保费收入12.7亿元,理赔金额4131.37万元。2011~2015年,保费总收入13.83亿元,办理理赔案件48830件,赔付金额5778.74万元。

中国太平洋财产保险股份有限公司南京市浦口支公司 2002年3月,成立中国太平洋保险公司江浦营销服务部,办公地址设在珠江镇文德东路1号,有员工6人,经营企业财产、机动车、货运、家财、责任险、工程险及短期人身意外伤害保险等险种,为客户提供出单、收款、定损、赔付一条龙服务。当年实现保费收入250万元,支付各种赔款57.25万元。2005年7月,中国太平洋保险公司江浦营销服务部更名为中国太平洋财产保险股份有限公司江苏分公司浦口营销服务部。增设建筑工人人身意外伤害保险,共签单79笔,承保金额2.77亿元,实收保费11.37万元。全年实收保费350万元,支付各种赔款111.5万元,其中建筑工险1件,赔付3.5万元。2007年,浦口营销服务部升格为浦口支公司后,推出机动车险全国通赔服务项目,即凡在该公司投保机动车险的客户异地出险,均可由出险地机构理赔部门查勘定损、支付赔款。全年实收保费630余万元,赔付53.65万元。2008年,江苏分公司将大厂支公司、浦口支公司、六合支公司整合为江北分部,浦口支公司经营主体仍独立存在,有从业人员9人。全年公司实现保费收入700万元,支付赔款873.26万元,其中通赔款300多万元。2010年,公司保费收入1543万元,支付赔款448万元。2011年,第三次易为现名。2015年,保费收入3500万元,其中车险保费3000万元,处理车险物损案2197件。

第七节 财政 税务

一、财政体制

清代,财政收支由县署直接司理,地方财赋存留支给皆按定例征解粮银。乾隆四十年(1775),江浦县上解江宁布政司、江安粮道、巡道银9676两,驿站、俸工、祭祀及其他杂款开支留存银8791两。

民国时期,县财务收支由省控制。民国17年(1928)10月,设立县财务局,始有地方经费岁入、岁出概算。地方性开支如官员俸禄、驻军差役、慈善救济、集会祭祀等项主要来源于田赋、杂捐和摊派。34年8月以后,县财政收入除留营业牌照税、筵席娱乐税等自治税捐外,田赋和其他税捐均按规定留存、上解。留成比例为:田赋15%、营业税50%、契税100%。财政超支部分多以摊派等方法解决。

1949年中华人民共和国成立后，按国家规定，江浦县财政收入全部上交，支出由中央下拨，年末结余尽解。1953年实行中央、省、县三级财政体制，江浦建立县级财政。1955年，原浦口区建立区一级预算单位，统一管理各项预算收支，区财政收支归属南京市财政局。1958年，中央下放财权，浦口区建立区一级财政。自此，至1981年，县区财政先后历经收入分类分成、收入总额分成、固定比例分成和超收、增收分成的以支定收等多次变革。1982年，改革财政统收统支的管理模式，执行“收支挂钩、全额比例包干”的财政体制。1988～1993年，实行“收入递增包干”办法，提高地方财力分成比例。1994年，财政体制实行分税制，即按上年实绩划定中央、地方各自固定收入及中央与地方共享收入。当年江浦县上划中央财政收入3442万元，占县财政预算内总收入的53.06%；浦口区上解2243万元，占区财政预算内总收入的44.37%。2001年1月，省政府首次调整分税部分内容。是年江浦县财政收入70381万元，上解29622万元，占财政总收入的42.09%；浦口区财政收入20283万元，上解7368万元，占财政总收入的36.33%。2008年，省政府第二次调整分税制管理体制。2010年，全区上解中央和地方留用收入分别为15.59亿元、32.23亿元，分别占财政总收入的32.61%、67.39%。2011年，南京市政府调整市区财政管理体制，即1月1日起，以2010年为基期年，增值税25%市集中10%，营业税、企业所得税、个人所得税各40%及房产税、土地使用税、土地增值税和契税市集中25%，市给予区补助市统筹部分的60%，土地出让金总价款市集中8%。是年，全区财政收入总额（上划中央增值税、消费税、企业所得税、个人所得税收入及地方税收和非税收入，下同）59.09亿元，中央和区公共财政资金分别占财政总收入的31.74%、68.26%。2014年，执行省政府调整完善省以下财政管理体制，即1月1日起按房产税、土地使用税、土地增值税和契税省集中20%的规定。至2015年，5年区财政总收入293.43亿元，上划中央财政资金88.87亿元，区公共财政资金204.56亿元，分别占财政总额的30.29%、69.71%。

二、财政收入

明清时期，江浦财政收入主要来自田赋、芦课、役法（里甲、均徭、杂役）和杂税。明万历三年（1575），征田赋银254.56两、芦课银834.59两。清雍正三年（1725），征民赋银13440两、卫赋银3550两、课饷银2653两、当差人丁银1708两、当差军丁银1334两、学田租银80两、草场租银194两、商税（牙税、典税、牛驴猪口税）银185两。

民国时期，财政收入以忙、糟、芦为大宗。民国18年（1929），江浦县财政预算收入15.64万元（银元），其中忙、糟、芦正税收入50578元，附税收入12732元，带征地方税捐93107元。24年，国民政府执行中央、省、县三级财政体制。抗日战争期间，县财源枯竭，财政收入依赖省款补助或借债度日。29年1～6月，县预算收入19.87万元（法币），执行结果，中央、省拨款及地方补助占收入之大半。抗日战争胜利后，因通货膨胀、物价上涨、纸币贬值等原因，37年1～6月，县预算收入高达1亿元（金圆券），实际支出4.77亿元，可见财政困窘之一斑。

中华人民共和国成立后，财政分预算内和预算外收入。预算内收入包括企业收入、工商各税收入、农业税收入和规费、罚没、公产、契税、公用事业、国家资源管理收入等项，预算外收入主要包括工商税、农业税附加收入、城市公用事业附加收入和粮食补偿金等项。1949～1957年，江浦县征收预算内收入1443.5万元、预算外收入69.5万元，其中税收收入及附加收入占96%以上。1955～1957年，原浦口区预算内收入72万元，主要来源于农业税。1961年，江浦县预算内财政收入308.3万元，其中县内征收、省市补助、上年积余分别占64.48%、30.13%、5.39%；浦口区财政总收入2487万元，预算内收入2361万元，其中企业收入占40.87%，工商各税收入占56.29%，农业税收入占1.57%，其他收入占1.27%。1962年，区属企业及工商各税划归市级财政后，浦口区财政总收入降至51万元，其中预算内收入30万元。1963～1965年，江浦县财政预算内总收入671.8万元，其中企业收入、工商税收、农业税、其他收入分别占3.15%、53.99%、41.22%、1.64%。1971年起，南京市将区属企业收入、工商税收划归区级财政管理，浦口区财政收入逐年增长，至1973年，全区预算收入563万元，其中企业收入和工商各税收入占91.12%。1984年，实施"分灶吃饭"财政管理体制后，浦口区注重开源节流，积极组织财政收入，至1992年，预算内收入达2475万元，年均递增11.99%。1994年，县、区着力发展税源经济，不断增强综合财力。2001年，江浦县预算内收入70381万元，除上划中央财政收入外，县一般预算收入40759万元，其中企业收入及工商税、农业税、其他收入分别占39.9%、51.3%、4.41%、4.39%；浦口区预算内收入20283万元，除共享收入外，区固定收入10187万元，其中工商税、农业税和其他收入分别占87.31%、3.41%、9.28%。新浦口区成立后继续实行分灶吃饭的财政体制。2007年实施政府财政收支分类改革，区财政收入分一般预算收入和上划中央收入，其中一般预算内收入又分为税收收入和非税收入，非税收入包括专项收入、罚没收入等。基金收入不再列入财政总收入。2010年，全区财政总收入47.82亿元，其中上划中央财政收入与地方预算收入分别为15.59亿元、32.23亿元。在地方预算收入中，税收收入与非税收入分别占90.38%、9.62%。2011年，区财政收入主要来源仍为税收收入。预算外收入即非税收入（除教育收费）纳入公共预算收入管理，仍按非税组织征收。2012年起，交通运输业和部分现代服务业实施营业税改征增值税（简称"营改增"），并逐步将广播影视作品的制作、播映、发行以及铁路运输、邮政业和电信业纳入"营改增"范围。2015年，区公共财政收入44.23亿元，其中税种收入36.49亿元，非税种收入7.74亿元，分别占收入的83%、17%。

三、财政支出

民国18年（1929），江浦县财政预算岁出银元15.1万元，其中县政府23424元，县党部1.08万元，财政局10074元，公安局4380元，建设局4800元，教育局6.48万元，监所司法7200元，五区区公所6000元，县林场2208元，警察队5232元，救济院11388元，县款产处

720 元。

1949 年,江浦县财政总支出 4.4 万元,其中行政管理费、抚恤及社会福利救济费各占 50%。三年经济恢复时期,江浦县总支出 81.1 万元,此间增加农林水、城市维护、文教和民兵装备等支出项目。"一五"时期,江浦县总支出 421.1 万元,新增基本建设拨款、企业挖潜改造资金、支援农业生产资金等支出项目,其中行政管理费和科教文卫事业费支出比重分别为 38.87%、35.66%。1955～1957 年,原浦口区支出行政管理费、优抚和社会救济费 134 万元。1958～1962 年,江浦县财政支出增长较快,年均支出 232.3 万元,其中科教文卫事业费、支援农业生产费、基本建设拨款呈上升趋势,支出比重分别为 30.69%、16.77%、11.33%,行政事业管理费开始下降,占总支出的 19.51%,较"一五"时期下降 19.36 个百分点。三年调整时期,财政支出下降,压缩基本建设拨款,减少工业投资。1966 年起,江浦县财政支出增长缓慢,新增干部下放劳动锻炼费、"五七"干校经费、城镇居民下放安置费等支出项目。至 1976 年,江浦县累计支出 4635.5 万元,年均支出 421.41 万元;浦口区累计支出 2483 万元,年均支出 225.73 万元。1981～1985 年,由于财政收入增长速度较快,财政支出数相应增大。江浦县总支出 5790.7 万元,年均 1158.14 万元,新增城镇青年就业费 34 万元,财政价格补贴和弥补计划亏损 41.5 万元;浦口区注重增加对科技、教育、农业和公检法司投入,财政总支出 2483 万元,年均支出 496.6 万元。1986 年以后,财政支出预算本着"量入为出"的平衡原则,县、区级财政以保证工资发放和行政机关正常运转为前提,努力筹措资金,支持经济建设和社会事业快速发展。1991 年,江浦县科教文卫事业费支出首次突破 1000 万元,占全县总支出的 36.2%。1994 年,浦口区行政管理费支出首次超 1000 万元,占全区总支出的 27.94%。1996 年,江浦县支持山区打井抗旱及长江林山圩堤防维护、滁河三合圩底涵改造等重点工程,全年农林水及气象经费支出达 1036 万元,比上年增长 65.76%。1997 年起,江浦县逐年增加城市维护费支出,1999 年,全县支出 1442 万元,比上年增长 78.47%。2001 年,江浦县预算内支出 44221 万元,较 1986 年增长 24.55 倍,其中基本建设和企业更新改造经费、城市维护经费、科教文卫事业经费分别占总支出的 33.67%、14.45%、20.27%;浦口区预算内支出 16818 万元,其中体制内支出、市专项及市补助支出分别占 76.81%、23.19%,在体制内支出中,城市维护费、科教文卫事业费分别占 14.49%、42.07%。2002 年后,新浦口区经济建设步伐加快,财政支出坚持从预算入手,调整优化支出结构,确保重点工程和重点项目的资金供给,以发挥财力的应有效益。2007 年,财政收支分类改革后,不再单设"城市维护""基本建设"科目,分别将其归入"环境保护、城乡社区事务"及"其他"科目。年财政预算内支出逐年增加,由 2002 年的 6.48 亿元增加到 2010 年的 33.19 亿元,9 年累计总支出 162.52 亿元,其中教育等四个方面民生经费支出 87.8 亿元,占总支出的 54.02%。2011～2015 年,财政预算内累计总支出 236.24 亿元,其中一般公共服务、教育、社会保障和就业、节能环保和城乡社区事务、农林水事务 5 个方面共支出 167.15 亿元,占总支出的 70.75%,其中教育经费支出最高,占总支出的 20.91%。

四、农业税

农业税在民国及其以前称田赋。江浦县田赋科目、赋率、赋额历代不一，明代田赋科目设夏粮、秋粮、农桑丝、棉、劝米、马草等，按田亩计征，官地夏税麦每亩起科1斗，秋粮每亩起科3斗，民地夏麦、秋粮每亩各5升。弘治三年(1490)，江浦县有官民田地山塘杂户27.27万亩，实征夏税麦1674石、秋粮米6575石、农桑丝40斤、豆5石、劝米2435石，马草15812包。清初田赋分为民赋、卫赋、芦课3种。雍正元年(1723)实行“摊丁入亩”，赋役合一。地丁银粮皆以田地为额，分上、下两忙征收。同治八年(1869)，江浦县有民赋、卫赋田地43.66万亩，其中民赋田地占53%；征米16161石，其中民赋米占42%；征银18141两，其中民赋银占72%。民国初期，沿用清代赋额，将银两改折银元征收，地丁银1两折征银元2.05元。民国18年(1929)，江浦县有成熟田地30.39万亩、芦课田地洲滩15.69万亩，实征正税银元50578元，省附税12731元，带征地方费税捐93106元。23年，全县实征田赋总额银元61906元，其中省、县赋额分别为18993元、42913元。在县级赋额中正、附税分别为3402元、39511元，附税为正税的11.61倍。附税科目达16项之多，主要科目及其税额分别为：党务费1140元、教育费1773元、普教亩捐6056元、筑路亩捐3784元、水利亩捐和改良亩捐各1513元、公安费1893元、警备费4470元、救济费1310元、清丈费3994元、保卫费6709元等。35年，江浦县实征田赋法币84379.76元，带征谷7594石。

中华人民共和国成立后，田赋改称农业税(习惯称公粮)。1950年，江浦县执行中央颁发的40级累进税率，以户为单位，全年人均产粮75.5公斤为起征点，最低税率为3%，最高税率为42%。公田税率征10%，并附正税征收15%的地方税。当年江浦县实征稻谷8144吨，平均税率17.62%，其中正税7081吨，占全部税额的86.95%。1956年，累进税率与比例税率并行。以初级和高级农业生产合作社为纳税单位。农业税分别从土地报酬和合作社总收入中统一提缴，并以上年农业正税税额占计税产量的百分比为各税税率。1958年6月起，废止累进税制，全部实行比例税制。是年江浦县农业税平均税率由上年的18.75%调整为16.87%。1962年，以生产队为基本纳税单位，江浦县平均税率为10.94%，实征税额4355吨。1972～1978年，执行中央关于农业税一定五年、增产不增收的规定，江浦县平均税率10.92%，实征额在5541吨至6706吨之间徘徊。1979年，执行农业税起征点制度，以生产队为单位，人均经济分配水平50元为起征点，低于50元的免征。江浦县平均税率与上年相同，实征额5584吨。1983年，依照南京市规定的“基数在队、征收到户”的纳税办法，取消起征点制度。1985年，农业税由征粮为主逐步改为折征代金办法，原浦口区实征农业税35万元。1987年8月，开征农林特产税和耕地占用税，契税仍由房管所代征。1988年，江浦县实征农业税186.4万元，其中农业税170.2万元、农林特产税5.5万元、耕地占用税10.3万元、契税0.4万元；浦口区实征农业税95万元，其中耕地占用税54万元。1992年，契税改由财政部门征收，按实价6%计征。1996年，开展农林特产税税源普查，是年实征116万元，近于前4年税额的总和。1998年，深化企业产权制度改革，产权整体出售，房产交易量增加，实征契税 342 万元,相当于上一年的 9 倍。1999 年实行纳税登记制度。江浦县农业税实征 820 万元,其中农林特产税、耕地占用税、契税分别占 16.95%、2.2%、13.54%;浦口区实征 553 万元,其中农林特产税、耕地占用税、契税分别占 4.52%、72.69%、5.97%。2002 年、2003 年,浦口区分别征收农业税 1332 万元、1345 万元。2003 年起免征农林特产税。2005 年免征农业税。2010 年,耕地占用税和契税由区财政部门转为区地税局征收。当年征收额分别为 2613 万元、1.98 亿元。2011 ~ 2015 年,区地税局征收耕地占用税 3.55 亿元、契税 13.31 亿元。

五、工商税

境内明代开征房屋税、门摊、牙税、酒醋税、盐税等工商杂税。万历中江浦县年征房屋税折钞银 1.79 两,商税门摊税 21.58 两,迁润年加 1.76 两,酒醋钞银 0.87 两,牙税 9.54 两,草场租 16.91 两,学田租 80.18 两,班匠 4.05 两。清初开征房田税、典税、牛驴猪汤税、烟税等杂税。雍正三年(1725),征典税银 30 两、牛驴猪口税银 89.46 两。嘉庆年间(1796 ~ 1820)增收柴船过关钞即芦课。乾隆五十六年(1791),征收芦课银 29.52 两。咸丰三年(1853)开征厘金。光绪四年(1878)征田房税、牙税及牛猪税正银 473.67 两、耗银 47.37 两。西新关在县城、浦口、石碛三地设税口局,征收客商过境货物税,尽收尽解,征额不详。

民国元年(1912),江浦县开征的国税有厘金、铁路货捐,省、县地方税有田房买典税、田房买契税、牙税、牛猪税。2 年开征印花税。3 年改牙税为牙行登录税,开征牙行营业税。4 年开征国税烟酒捐、烟酒牌照捐及地方税洋车正捐,改牛猪税为屠宰税。7 ~ 18 年,相继开征地方牲畜捐、鸡鸭捐、洋车副捐、渔捐、经忏捐、茶馆捐、狩猎枪照捐、车捐、妓捐等,并随地方税附征田房附税、田房特捐、田房契纸捐、牙行营业税附税、洋车附捐、屠宰带征以及半厘盐捐、箔类特捐、灯油杂捐、商捐等。主要税种年征额分别为:田房买契税 4800 元,田房典契税 3000 元,牙行登录税 3400 元,牙行营业税 865 元,屠宰税 4448 元,印花税 900 元,渔税 200 元,登录带征 250 元,契税带征 1240 元,屠宰带征 674.4 元,契税附征 240 元。20 年改革税制,裁撤厘金,改征货物统税和营业税。21 年起,开征货物统税(国税)、粮食营业税(省税)、使用牌照税、营业牌照税、房捐、土地税、遗产税、筵席及娱乐税、自卫特捐及随意摊派的壮丁费。37 年,江浦县工商税捐实征金圆券 10.56 万元。

1950 年起,按照全国统一税制,江浦县征收货物税、营业税、工商所得税、印花税、屠宰税、牲畜交易税、房地产税及滞纳罚金,总税额 13.3 万元。1953 年修正税制,试行商品流通税。1958 年简化税制,减少税种,将商品流通税、货物税、营业税、印花税合并为工商统一税。1959 年,江浦县实征税额 85.4 万元,其中工商统一税 72.3 万元,工商所得税 6.7 万元,屠宰税 5.1 万元,文化娱乐税、车船使用税、牲畜交易税分别为 0.1 万元、0.6 万元、0.6 万元。1960 年开征盐税。1963 ~ 1965 年开征集市交易税,对投机分子补罚款,税率高达 60% ~ 80%。1966 年,试点征收国营企业工商税(又称积累税),停征文化娱乐税。当年,江浦县实征税额 106.2 万元。1973 年，再次简化合并税种，将工商统一税及其附加、房地产税、车船使用牌照税、屠宰税及盐税简并为工商税，由原来 108 个税目简化为 44 个，税率由 141 个减为 82 个，江浦县全年实征税额 277.8 万元。1979 年，不定期及定期减免社队“五小”企业、知识青年集体企业税，基层供销社工商所得税税率由 39% 改为 20%。1981 年，取消烟酒等高税率产品减免税，取消与大工业争原料新办社队企业减免税，取消知青集体商业服务业减免税；个体户按八级累进税率计征所得税；开征机关、团体、部队宾馆和招待所工商税。是年，江浦县实征税额 736.7 万元。1984 年，完成两步“利改税”，把工商税分解为产品税、增值税、营业税和盐税，同时划细税目，调整税率，恢复和开征城市房产税、车船使用牌照税、土地使用税和特种消费行为税，停征工商税，形成以流转税为主体的多税种、多层次、多环节的复合税制。是年江浦县实征税额 1264.7 万元，原浦口区实征额 964 万元。1994 年实行分税制改革。江浦县国税局负责征收中央税、中央与地方共享税及国家规定的其他税种，主要税种有增值税、消费税、营业税、企业所得税、涉外企业所得税、个人所得税。营业税、企业所得税及个人所得税、固定资产投资方向调节税、城市建设维护税、房地产税、印花税、车船使用税、屠宰税与地税局交叉征收管理。同年，江浦县计征国税收入 6185.2 万元、地方税收 1362.5 万元。1995 年，浦口区按规定征收国税 7641 万元、地方税收 1894 万元。1996 ~ 1997 年调整国税征管范围，资产投资方向调节税、城市建设维护税、房产税、印花税、屠宰税、个人所得税、车船使用税全部移出。1999 年，地税局开征土地增值税、资源税，国税局首次按 20% 税率开征居民储蓄存款利息税。2001 年，江浦县国税局、浦口区国税分局分别完成税收 73587 万元、13794 万元，县地税局、区地税分局分别完成税收 27547 万元、11316 万元。2002 年 7 月 1 日起，提高增值税起征点，将销售货物收入的起征点从月销售额 1000 元提高到 2000 元。提高应税劳务的起征点，从月销售额 400 元提高到 800 元，按次纳税的起征点每次（日）销售额从 50 元提高到 80 元。是年停征固定资产投资方向调节税和屠宰税。2004 年停止征收金融保险增值税。2005 年，国税“其他各税”科目纳入行政性收费科目，开征车辆购置税。2008 年 1 月 1 日起，实施新企业所得税法，小型微利企业和高新技术企业分别按 20%、15% 的税率纳税，国税所征外商投资企业和外国企业所得税并入企业所得税。2010 年 4 月 1 日起，耕地占用税和契税征管职能由区财政局划归区地税局。是年末，区国税局实征税额 18.2 亿元，其中增值税 10.25 亿元、消费税 0.49 亿元、企业所得税 6.61 亿元、个人所得税 0.01 亿元、车辆购置税 0.84 亿元；区地税局实征税额 28.24 亿元，其中营业税额 13.35 亿元，位居首位，个人所得税、土地增值税位居第二、第三位，税额分别为 3.49 亿元、3.2 亿元。2011 年 11 月，区国税局对增值税中的销售货物和应税劳务每月销售额 2 万元、按次纳税每次（日）销售额为 500 万元起征点计征。2012 年，区国税局将广告营业税改为增值税，计征税率由 5% 调为 6%。2013 年 8 月 1 日起，区地税局将营业税起征点从 5000 元提高到 2 万元。2014 年 6 月始，区国税局对汽油、溶剂油、润滑油的消费单位额由 1.12 元/升提高到 1.4 元/升，柴油、航空煤油和燃料油的消费单位税额由 0.94 元/升提高到 1.1 元/升。7 月 1 日起，区地税局执行江苏省车船税税目税额年征。10 月 1 日起,营业税起征点再提高到 3 万元。2015 年 2 月,区国税局对移动通信集团分支机构的增值税预征率由 1.8% 下调为 1.5%,联合网络通信有限公司分支机构的增值税预征率由 1.5% 下调为 1%;按 4% 税率开征电池、涂料生产、委托加工和进口环节消费税;免征氢镍蓄电池、锂原电池、太阳能电池、燃料电池等消费税。5 月 1 日起,区国税局、地税局同时执行小型微利企业减半征收企业所得税政策。是月起,建筑业、房地产业、金融业、生活服务业全部纳入"营改增"后,营业税退出历史舞台。是年,区国税局、地税局分别累计征收税款 29.36 亿元、34.99 亿元。

第五章　文　化

第一节　教　育

一、县学 书院 私塾

县学　为县级地方官学,因庙学合一,故又称庙学。江浦县学由知县刘进建于明洪武十年(1377),位于浦口城清江门内。二十四年,知县仇存仁迁建旷口山(今江浦街道老城区)县治东隅。建筑结构精致、壮观,中为大成殿(后改称先师庙),两翼为东西庑,殿前为戟门,后为明伦堂。至宣德年间(1426~1435),其"材腐而圮,殆弗可居",教谕孙鼎、训导孙珙首倡重修。自景泰元年(1450)至清道光十八年(1838)的388年间,重修重建大成殿、东西庑、明伦堂、戟门、名宦祠、崇圣祠等设施29次。咸丰八年(1858),县学毁于战火。光绪六年(1880),候补知县朱之干于县署旧基督造大成殿、戟门各五楹。十四年,知县程鑫续建东西两庑。清末废科举,县学亦废。

县学生员初无定额,明洪武十三年(1380),规定入学禀生20名,地方政府每月发给禀膳一石,并免除一切差役。二十年,令增广生员,增额生员称之"增生",不给禀膳,且无定额。正统十年(1445),令取附学生员,每年入学生员亦无常额。清康熙二十八年(1689),禀生、增生定额各12名,雍正元年(1723)增至16名。

县学以礼、乐、射、御、书、数为主科,朝廷颁行的经、史、律、诏等书籍亦需熟读精通,以备科考。明洪武十六年(1383)起,江浦县学始选拔生员到国子监深造,称为"贡生",明代有岁贡、选贡、恩贡之分,清代有副贡、优贡之别,统称岁贡。岁贡定例:明为二年一贡,清为三年贡二人。明洪武元年(1368)至崇祯十七年(1644),共拔贡165人,清顺治元年(1644)至光绪十五年(1889),共拔贡187人。

县学由教谕、训导主持。江浦县自明永乐元年(1403)至崇祯十七年(1644),教谕历54任,训导53任。清顺治至光绪十七年(1891),教谕历47任,训导51任。

书院　明弘治年间(1488~1505),县人严纮建石洞书院,位于县城北石洞山;嘉靖间(1522~1566),知县刘缙建新江书院;隆庆五年(1571)九月,知县王之纲以三贤祠(三贤即象山、白沙、阳明)建白马书院;万历四十年(1612),国子监监生、县人沈自明创建江干书院。此外,知县王之纲在江浦县城、浦口城、石碛镇、东葛城、青山寺等处建文会10所,专门购置学田1200余亩为会资。入清后,书院又有发展。康熙年间(1662~1722)建东山书院、大新书院;乾隆年间(1736~1795)、道光年间(1821~1850),先后以东华、西清、玉虚及青云、文昌、三茅、聚奎文会改建同文书院、珠江书院，县人毛麟、苏兆奎于惠济寺内创立英华书院。

明清书院、文会，初为校书、藏书之所，至明中叶多为讲学处，成为王阳明学说的传播中心。白马书院、明德会馆曾为知县李维樾、县人郑朝聘讲学处，邑人刘岩、赵密等人分别为东华文会、玉虚文会主会事。清代珠江书院、同文书院等置有房田产，不乏膏火；无恒产者，教育经费多由学官、地方绅富、热心教育者等集资捐款解决。

私塾 县内私塾俗称“蒙馆”，兴于明初盛于清。清代末期，尽管朝廷明令废科举，办学堂，但由于相沿成习，直至民国初年，私塾仍遍设城乡，与学堂并存，仅桥林镇南街、北街、西火巷即设有私塾5所。其中，有官宦乡绅、殷商富户延师教授子弟的家塾，有一村或数村联办的村塾，也有塾师自办的蒙馆，招收学童数人或十数人。塾师多为知识渊博、品行端正的文人学者。清末秀才叶斌(1876~1951)在桥林设馆，一生授徒千余人。私塾授课内容均为《三字经》《百家姓》《千字文》《千家诗》《幼学琼林》等启蒙读物及“四书”“五经”之类，无学年所限，因人施教，注入式教学，学生唯命是听，唯师是信。抗日战争期间，国民学校多半停办，国民政府利用私塾推行战时教育，多数私塾改授学校课本，由个别面授改为分班教学。中华人民共和国成立后，政府对私塾采取团结、改造、逐步向小学方向发展的方针。1950年10月，江浦县尚有私塾19所，塾师19人，学生342人。1951年起，大部分私塾转为民办小学或并入公办小学，多数塾师编入人民教师队伍。1952年9月，私塾全部闭馆。

二、幼儿教育

民国22年(1933)，江浦县政府第三科于县城天后宫创办幼稚园，年支费用504元。次年秋旱成灾，幼稚园停办。抗日战争胜利后，恢复幼稚园。37年12月，再次停办。

1951年，幼稚园改称幼儿园(班)，江浦县小学附设幼儿班102个，入学幼儿1657人。1953年整顿幼儿教育，对超龄幼儿动员离校或转入小学一年级，江浦县保留幼儿园(班)12所(个)，入园幼儿596人。原浦口区有小学附设幼儿班4个，入园幼儿189人。1955年，教育部规定幼儿教育教学工作内容主要为游戏和户外活动。1958年，江浦县居委会、社队自办幼儿园(班)181所(个)，入园幼儿9300多人；公办幼儿园(班)13所(个)，入园幼儿444人。浦口区公办幼儿园增至6所。1960年后，幼儿园课堂教学内容包括自然常识(认识动植物)、儿歌、绘画、唱歌、表演、舞蹈、口头简单计算以及讲故事等。1966年，江浦县有幼儿园(班)18所(个)，入园幼儿555人，教师19人。浦口区有幼儿园(班)8所(个)。1976年，江浦县入园幼儿737人。1979年起，为解决幼儿入园难问题，部分小学自发开办学前班，招收5~6岁幼儿入学。1980年，江浦县开办学前班73个，入学幼儿1570人，开设语言、常识、计算、音乐、图画、体育等课程。1982年，始行教育部颁发的“幼儿教育纲要”，贯彻“教养并重、寓教于乐”的教学方针。江浦县县直机关幼儿园结合实际学习纲要，设计多种形式的主题活动，如认识自然现象、以周围生活为基础的节日活动、培养幼儿行为习惯等。1988年，执行《南京市幼托园所办园标准》，开展实验园、优质园、标准园、示范园创建活动，江浦县凤凰幼儿园、浦口区钟材厂幼儿园、浦厂幼儿园、陆军指挥学院幼儿园、浦园路幼儿园先后被市教育局评为优质园、示范园。1999 年,江浦县有幼儿园 20 所,在园幼儿 2036 人,学前班 130 个,幼儿 2729 人,教职员工 324 人。浦口区有幼儿园 25 所,在园幼儿 2672 人。2000 年,星甸镇中心幼儿园试行“国有民营”改制。从 2001 年开始,城区小学停止开办学前班。是年,江浦县、浦口区学前班幼儿分别为 1337 人、645 人。2002 年,贯彻《幼儿园管理条例》《幼儿园教育指导纲要(试行)》,课程设置分为语言、科学、艺术、健康、社会 5 个方面,包括识字、识数、音乐、美术、体育和生活卫生习惯等科目内容。2003 年,浦园路幼儿园开设英语教学。2008 年,区政府制发《关于加快浦口区幼儿教育改革和发展的意见》。2010 年,全区有幼儿园、办园点 53 所(个),在园幼儿 12653 人,适龄儿童入园率 95%,教职工 1465 人。2011 年起,实施幼儿园准入和督导制度,幼儿教育坚持高位发展,形成政府主导、多元并举、优质普惠、健康和谐的学前教育公共服务体系。2015 年,全区有幼儿园、办园点 84 所(个),其中省、市优质园 66 所,普惠性幼儿园 29 所。在园幼儿 21093 人,毛入园率 98%,教职工 2583 人,其中专任教师 1548 人。浦口区先后获江苏省学前教育改革发展示范区、南京市区县托幼工作先进集体、南京市集体幼儿园提升工程先进区等称号。霞光幼儿园园长蒋宇霞 2013 年当选为第二届全国人民代表大会代表,2015 年获全国劳动模范称号。

三、小学教育

清光绪二十九年(1903)九月,江浦县令邝兆雷依据《钦定学堂章程》始办新学,改珠江书院为公立高等小学堂,招生 30 人。三十一年,高等小学堂改为高、初两等小学堂,初等小学 7 岁入学,学制 5 年;高等小学 12 岁入学,学制 4 年。开设修身、经学、国文、算术、历史、体操等科目,高等小学增设地理、格致科目。是年,于县城吕帝祠、南门大街续设 2 所蒙养小学堂,于浦镇东门吴公祠、陡岗窦家洼创办 2 所私立小学堂。

民国元年(1912),学堂易名学校。初等小学学制 4 年,高等小学学制 3 年。初小设修身、国文、算术、手工、图画、唱歌、体育等科,高小另增中国历史、地理、理科。2 年,县人许文敏(女)于县城文德街昭忠祠创办爱群女子初等小学校,4 年增设高小部,改名县立爱群女子高等小学校。是年起,初等小学一律改称国民学校。8 年,为适应浦镇商务发达的时代需要,改县立第二(浦口)高等小学校为县立乙种商业学校。12 年,初小学制 4 年,高小改为 2 年。全县有国民学校 34 所,其中县立 3 所,区立 26 所,私立 5 所,在校学生 1849 人。18 年,教育部规定小学设党义、国语、社会、自然、算术、劳作、美术、音乐 8 科。20 年,江苏省民政厅、教育厅联合调查,江浦县有学校 26 所,学生 2568 人,普及率 9.65%。为加快推行义务教育,除发展普通小学外,政府还采取鼓励私人开办私立小学、简易小学和按标准设立私塾等办法,提高小学普及率。22 年,小学增至 32 所,学生 2641 人。抗日战争期间,县政府控制区内的永宁、汤泉、星甸、石桥等地设立流动学校。日伪政权控制的县城等地区强制推行奴化教育。抗日战争胜利后,小学教育有所发展,至 37 年,江浦县、原浦口区共有学校 46 所,在校学生 9312 人,教职员工 196 人。

中华人民共和国成立后,人民政府执行“维持、恢复、巩固”的教育方针,大力发展民办小学,满足工农子弟入学的需要。1951 年,江浦县有小学 138 所,学生 6395 人,其中民办学校 131 所,学生 4447 人。学制沿用“四·二制”,分低年级(一二年级)、中年级(三四年级)、高年级(五六年级)3 段;低年级设国语、算术、常识、劳作、唱歌,中年级增设音乐、体育,高年级增设历史、地理、自然,减常识。1953 年,贯彻中共中央“调整巩固、重点发展、提高质量、稳步前进”十六字方针,调整学校布局,民办、私立小学由政府接办。1956 年,江浦县、原浦口区小学分别调整为 191 所、22 所,在校学生分别为 14604 人、10842 人。1958 年,教育“大跃进”,县、区城乡民办小学猛增至 229 所,学生 12022 人,学校增设劳动课和“社会主义”课。1961 年,裁并部分学校,江浦县劝退 16 周岁以上超龄生 1174 人。至 1962 年,全县学校减至 191 所,学生 15169 人。为提高农村小学普及率,大力发展耕读小学,即以生产大队或生产小队为单位,自办半日制、隔日制和巡回制简易小学,学制 3 ~4 年,课程以语文、算术为主。至 1965 年,江浦县有耕读小学 307 所(班),学生 6170 人,占学龄儿童总数的 17%。1966 年“文化大革命”开始后,教学秩序极不正常,小学实行“五年一贯制”,开设语文、算术、革命文艺、军事体育和劳动课。1968 年,农村公办小学下放给生产大队办,工宣队、贫宣队分别管理城乡学校,“读书无用论”泛滥。1971 年,江浦县学龄儿童入学率低至 60%。此后,教育部门提出“右手抓普及,左手抓提高”的口号,提高小学普及率。1977 年,江浦县小学增至 212 所,学生 39429 人,学龄儿童入学率提高到 98.7%。1981 年,执行教育部颁发的“五年制小学教学计划”,一、二年级开设思想品德、语文、数学、体育、音乐、美术课,三年级增设自然课,四年级增设地理、劳动课,五年级增设历史课。是年起,加快普及小学教育工作。1984 年,江浦县、浦口区被认定为江苏省首批实现普及初等教育的县、区。当年,江浦县学龄儿童入学率、在校学生巩固率、毕业率、普及率分别达 98.15%、99.03%、97.34%、97.94%。1986 年,江浦县获全国基础教育先进县称号。是年,实施普及九年制义务教育。1991 年秋,按照小学“高年级集中、低年级分散”的原则,调整农村小学规模,开设复式班,增设教学点。1995 年,江浦县、浦口区同时达到九年义务教育标准。其中,江浦农村完全小学由 117 所减少到 92 所,初小由 30 所增加到 55 所,在校学生由 25229 人增至 27240 人。是年,小学学制由五年制向六年制过渡。1997 年起,为巩固普及义务教育成果,优化教育资源配置,提高教学质量和办学效益,加大小学布局调整力度。至 2001 年,江浦县新建小学 2 所,撤并小学 86 所,小学减至 64 所,在校学生 31941 人,教职工 1432 人。浦口区有小学 31 所,在校学生 12833 人,教职工 983 人。执行江苏省“六·三”学制(指小学六年、初中三年)课程计划,一、二年级学科性课程为语文、数学、自然、体育、音乐、美术、自习、劳动课,三年级起不设自习课,四年级起增设社会、写字课,五、六年级增设外语课。2002 年,实施“农村小学提升工程”,将农村人口每 3000 人设 1 所小学调整为每 8000 人设 1 所小学。2005 年,全区农村小学计算机室、语音室、网络教室、实验室等现代化办学设施基本普及。浦口区实验小学、泰山小学、铁路小学分别被命名为全国重点课题实验学校、江苏省培养足球后备人才重点学校、中国书法(写字)特色学校。2010年,全区有小学35所、办学点3个,在校学生26722人,教职工2065人。根据《基础教育课程改革纲要(试行)》设置课程:一、二年级开设语文、数学、品德与生活、音乐、体育、美术课;三至六年级增设英语、综合实践活动、科学课。2013年,浦口区通过全国义务教育发展基本均衡区评估验收。2015年,全区有小学39所(不含6所九年一贯制、十二年一贯制学校小学部),在校学生3.62万人,教职工2131人,其中专任教师1938人。

四、普通中学教育

民国28年(1939)9月,王明学、顾克懋于星甸十里大赵村赵氏宗祠创办教育部战区巡回教学团江浦补习学社,王明学任主任,顾克懋任教务主任,延聘教职工9人。招收学生30余人,分初一、初二、高三3班,开设国文、英文、数学、动植物学等课程。29年8月,学社更名江浦县立中学。30年11月,陈子文、刘先培在浦镇借用浦益仓库旧址创办私立育才学校(含小学部),时有初中1个班。32年春,江浦县立中学迁址安徽肥东油坊集,招收补习班及初一、初二、初三、高一各1个班,学生200余人,教职工20人。34年,学校再迁至浦镇南门龙虎巷,设初一2个班,初二、初三、高一、高二、高三各1个班,有学生276人,教职员工24人。35年春停办高中部,更名为江浦县立初级中学。同年,徐朗如在龙山乡创办私立渡桥中学;36年,在浦镇河北同乡会旧址创办私立河北中学。37年2月,创办私立六艺中学,校址在老江口轮渡桥,王汇东任董事长,徐康民任校长,黄福五任教导主任。时有初中2个班,学生135人;高中1个班,学生60人;有教职员工14人。

1949年5月,江浦县立初级中学迁回县城东岳庙,县长石永家兼任校长,有学生130余人,教职员工17人。1950年,教育部规定初中开设政治、语文、数学、自然、化学、物理、历史、地理、外语、体育、音乐、美术诸科,高中增设生物、制图。1951年,原浦口区河北中学更名为津浦铁路职工子弟中学。是年起,政务院规定:中学修业年限为6年,分初、高两段,各为三年。1952年,浦口区六艺中学、育才中学分别更名为南京市第三、第四中学。1956年,两校同时增设高中部,再更名为第十四中学、第十七中学。同年9月,江浦县增办桥林初级中学,招收初一新生112人。1958年,江浦县初级中学增设高中部,更名为江浦县中学,新建汤泉初级中学及珠江、桥林2所民办初中。是年,浦口区民办中学、农业中学增至23所,26个班,学生1098人。1960年,江浦县增办永宁初级中学,招收新生40人,教职员工8人。1961年,浦口区新建六一中学。是年起,开始压缩和控制全日制中学规模,停办民办中学。浦口区停办14所民办中学和农业中学,江浦县先后动员356名在校超龄生(初一16周岁、初二17周岁、初三18周岁)充实农业第一线。1962年,执行教育部新教学计划,初中较1950年教学计划增设生物、农业基础知识、劳动3门课程,减少自然课程;高中较初中减少图画、音乐和农业基础知识3门课程。是年,江浦县创办石桥初级中学。浦口区创建民办南门中学。1964年,新建民办新炭中学。1965年,桥林中学招收高一新生1个班52人。是年,江浦县有初中

4 所,在校学生 1510 人;高中 2 所,在校学生 344 人。1968 年起,中学修业年限为 4 年,其中高中 2 年,初中 2 年。1969 年,南京市宁海中学下放浦口区,师生分流至盘城、沿江、永丰、葛塘 4 所公社农业中学,4 所农中分别改为普通中学。1972 年,农村实行“初中不出大队,高中不出公社”办学机制,公社农中一律改为完全中学,大队小学增设初中班(称“戴帽子初中”)。至 1977 年,江浦县普通中学增至 32 所,其中完全中学 27 所,94 个班,学生 5617 人,导致中小学教育结构严重失调。1978 年开始整顿提高初中,调整改革高中。1980 年,中学学制向六年制过渡。至 1982 年,江浦县普通中学调减至 30 所,其中高中减为 7 所。是年起,初高中并开的课程有政治、语文、外语、代数、几何、物理、化学、生物、历史、地理、体育 11 门,初中增开生理卫生、音乐、美术、书法 4 门。1988 ~ 1999 年,根据南京市义务教育办学条件标准,江浦县先后撤并星甸镇解放中学、兰花乡双垄中学、龙山乡大黄中学、陡岗乡西山中学、星甸镇石窑中学、陡岗乡陡岗集中学、林山乡红星中学、建设乡高旺中学、永宁镇车站中学,六一中学与板桥小学合并改称六一学校,实行九年一贯制。2000 年秋,江浦县中学迁入新校址,更名为江苏省江浦高级中学,原校区作为江浦高级中学分校,定名南京江浦中学,改制为民办性质。是年,江浦县汤泉中学、永宁中学由完全中学过渡为初级中学。2001 年,江浦县有普通中学 21 所,在校学生 16189 人,教职员工 1377 人,其中高中 4 所,在校学生 3059 人,教职员工 232 人。浦口区有普通中学 12 所,在校学生 7107 人,教职员工 809 人。2002 年,江浦二中、浦厂中学由完全中学过渡为初级中学。2003 年,撤销余冲中学、王村中学。2004 年,裁并五十六中、老山中学、汤农学校、浦口铁路学校、高里中学、星甸第二中学、兰花中学、盘城中学。江浦高级中学通过省四星级验收,成为国家级重点高中。第十七中学、石桥中学通过省级示范初中验收。2006 年,新建民办金陵国际语言中学,撤销大桥铁路中学初中部。2007 年,民办南京江浦中学并入江浦高级中学。2008 年,新建南京一中明发滨江分校,龙山分校、兰花分校改为独立建制学校。2009 年,南门中学、龙山中学分别并入浦厂中学、星甸中学,第十四中学通过省普通高中三星级重点中学评估验收。2010 年,桥林中学由完全中学过渡为初级中学。年末,全区有普通中学 24 所,其中高级中学 2 所,完全中学 1 所,初级中学 20 所,九年一贯制学校 1 所;在校学生 19969 人,其中高中学生 6016 人;教职工 2365 人,其中高中教职工 552 人。2011 年,兰花中学并入桥林中学,龙山小学升格为九年一贯制学校,南京国际实验学校升格为十二年一贯制学校。2012 年,浦口外国语学校升格为九年一贯制学校。至 2015 年底,全区有普通中学 26 所,开设教学班 456 个,在校学生 17814 人,其中高级中学 2 所,教学班 101 个,在校学生 4719 人。教职工总数 2628 人,专任教师 1904 人,其中高中教职工 763 人,专任教师 457 人。

五、中等专业(职业)教育

师范学校 民国 2 年(1913)5 月 15 日,江浦县借用县第一高等小学空房开办县立乙种师范讲习所,招收学生 30 名。次年 7 月 15 日,举行毕业考试,全部结业。同年 8 月,讲习所停办。17 年 9 月，江浦县教育局于县立实验小学东侧创办县立师范学校，录取高小毕业生 34 人，学制 3 年，年经费龙洋 3841 元。因经济困难，于首届学生毕业后停办。1951 年秋，江浦县在江浦初中附设师范班，招生 46 人，学制三年，一年后，因教师短缺改办两年制速成班。1957 年 3 月，江浦县成立教师进修学校，校址设在江浦县初级中学内，并在全县设立 10 个教学点，进修学员 349 名，以授课和专题讨论相结合的方法，每周按点讲授语文、数学、自然各 1 次。1959 年 5 月，江浦县农林大学改办中级师范速成班，开设教育学及小学语文、算术教学法。8 月，毕业 66 人，全部分配到小学任社办教师。同年夏，江浦县利用江浦县中学校舍开办中级师范班，招收初中毕业生 46 人，次年夏招收 94 人，学制三年。1961 年 7 月，贯彻教育调整方针，师范班并入六合师范。1979 年 8 月，在珠江小学开办晓庄师范江浦师范班，招生 50 人，学制两年。次年招生 50 人，1982 年 7 月毕业。是年至 1983 年，江浦县在县职业学校举办两期幼儿师范班，共招收初中毕业女生 93 人，学制三年，其中两年学文化课，一年实习。1986 ~ 1987 年，原浦口区与南京师范学院、晓庄师范学校联合开办两届普师班，从统招生中择优录取初中毕业生 76 人，学制三年，采用省编中师教材，开设全日制师范学校全部课程，学生全部住校，享受师范生待遇。

卫生学校　1958 年 3 月，江浦县筹建卫生学校，校址在县城文德路县委党校，招收学员 70 人，学制两年，半工半读性质，专业课、文化课分别由南京医学院、工人医院、江浦县医院医师和江浦县中学教师兼任。1959 年 6 月，易名江浦县医士学校，由南京市统一招收学员 55 人。1960 年，招收新生 46 人，学制改为三年。1961 年 7 月，六合县卫生学校并入该校，由市卫生局主管，当年在校学生 201 人，分医药、医士 2 个专业。1962 年 6 月停办。1974 年 4 月，江浦县人民医院创办医院卫生学校，当年培训社镇卫生院护士、化验员和农村赤脚医生 30 人。1978 年 2 月始，由南京市统一招收护士专业学员 30 人，学制两年。1979 年招收 40 人，学制三年。1983 年停办。1985 年 1 月，江浦县创办县卫生进修学校，由县卫生局主管，校址在县医院北侧。是年夏，招收护士专业学员 60 人，学制三年。1986 ~ 1987 年，招收护士、助产士和化验专业学员 124 人。1998 年，招收护理专业三年制中专班 30 人。1999 年，招收三年制中等专业学历乡村医生 40 人。2003 年，开办临床医学大专班，招收学员 28 人；与南京市医药中等专科学校联办三年制药学班，入学 32 人。2005 年，与扬州大学医学院联办三年制临床医学专升本科班，招录学员 41 人。2010 ~ 2011 年，与山东煤炭卫生学校联办全日制护理专业中专班，招收学生 64 人。2013 ~ 2015 年，与扬州大学医学院联合开设专升本护理班，录取学员 114 人，外聘教师 14 人。

职业学校　民国 8 年（1919），浦镇江浦县立第二高等小学校改为江浦县立乙种商业学校，校址在原浦口吴公祠。12 年，在校学生 70 人，年支经费 1200 银洋。17 年，改为县立浦镇小学。1958 年 3 月，以大桥乡刘康农业中学为开端，各乡相继开办农业中学，招收高小毕业生，半耕半读，学制三年。至是年 10 月，江浦县开办农业中学 11 所，在校学生 1157 人，专兼职教师 39 人；农林大学 1 所，招收初中毕业生 84 人（次年 5 月，该校转办师范速成班）。

原浦口区开办农业中学13所,学生502人,教职员工23人。1965年,县、区共有农业中学23所,在校学生1543人,教职工81人。开设政治、语文、数学(代数、几何、珠算、会计、统计)、农业知识(动物、植物、作物栽培、畜牧疾病防治、农业机具、农村用电)等课程。“文化大革命”期间,农业中学逐步转为普通中学。1982年,江浦县开始改革中等教育结构,实行普通教育与职业技术教育并举。江浦县城东中学和浦口区沿江中学、南京钟材厂职工学校分别创办幼师职业班和职业高中班。浦口区宁港中学转轨为职业高中,开设10个专业班。此后,各社镇普通中学根据工农业生产需要设置专业班,招收初中毕业生,学制1~3年。至1984年,江浦县有12所中学附设22个职业高中班,开设水产养殖、食用菌培植、机械电子、缝纫、酿造、烹饪等10个专业,在校学生1005人,占在校高中学生的53%。1986年,城东中学改制为江浦县职业学校。1991年,浦口中学易名南京市浦口职业学校,开设电子仪表、财务会计、汽车驾乘、工艺美术、服装剪裁、计算机应用、市场营销等10个专业班。1994年,浦口区教育局与南京大学浦口校区联合创建南浦职业学校,开设办公自动化专业;江浦县民政局与83582部队联办双拥职业学校,开设汽车驾乘与修理、烹饪2个班,招收学生117人,此为全国首例。是年,江浦县职业班增至46个,在校学生2047人,县职业学校被国家教委批准为第三批省重点职业中学。1996年,投入2916万元,实施省委、省政府提出的“1122”工程,即建成职校100所,每所职校占地面积100亩、校舍面积2万平方米,在校生规模2000人。1998年,江浦县职业学校与县电大分校合并成立江浦职教中心校。1999年起,受工商企业改制和“普高热”影响,各中学附设的职业技术教育班相继停办。2001年,江浦县仅存职教中心校,12个职业班,在校学生426人;浦口区的浦口职业学校、南浦职业学校和宁港职高计有职高班11个,在校学生405人。2002年后,调整职业教育布局,拓展发展空间,提升教育质量。是年,江浦职教中心校与南京工业大学联合开设高等职业班32个,招收学生1190人;江浦职教中心校、浦口职业学校、南浦职业学校共开设教学班67个,在校学生2519人。2008年,南浦职业学校停办。2008年,浦口职业学校并入江浦职教中心校。江浦职教中心校通过省四星级中等职业学校评估,被认定为省示范性浦口中等专业学校,开设计算机、机电、经贸等七大类20个专业。在校学生4646人,教职员工315人,其中专任教师261人,专业教师119人,“双师型”教师(专业教师、技师)78人。2012年起,浦口区实施现代职业教育体系试点项目,浦口中等专业学校开展国家改革发展示范学校各项建设,办学格局趋向多元化,先后与南京旅游职业学院、南京铁道职业技术学院、南京科技职业学院开展“3+3”中高职分段培养试点项目,与南京晓庄师范学院开展“3+4”中职与普通本科分段培养试点项目,迈出创建浦口高等职业学校第一步。2015年,浦口中专校全日制在籍学生3679人,在编教职工313人,其中专任教师274人。开设加工制造、信息技术、旅游服务、财经贸易等八大类16个专业,计算机实训基地被评为江苏省计算机紧缺人才培养基地,机电实训基地立项为江苏省中等专业教育实训基地。

六、成人教育

民众教育 民国5年(1916)6月,江浦县城开办通俗教育馆。17年8月,于县城文庙成立民众教育馆,内分图书、健身、推广、科学、艺术、宣传、出版、园林、事务9部;附设民众夜校1所,分高初两级,入学人数约120人,授以粗浅文字及常识。18年,增设浦镇夜校1所。20年,增设浦镇、桥林、星甸、永宁4所民众教育馆。24年,增设汤泉民众教育馆,至此,江浦县共建民众教育馆6所、识字班214个。抗日战争爆发后,民众教育馆设施悉遭破坏。

农民教育 1950年秋,江浦县开办冬学近200所,学员5000余人。1952年,江浦县成立扫盲工作委员会,开办常年民校56所、81班,学员2130人,教师106人;冬学增至286所,学员1.13万人,教师417人。1955年,原浦口区成立扫盲协会,开办扫盲班,有4692人参加学习,占农村文盲总数的64.2%。1958年,大放"扫盲卫星",江浦县成立农民业余文化技术学校(简称民校)154所,学员3.85万人。1959年,浦口区扫除文盲1855人。1965~1966年春,江浦县参加扫盲农民1.35万人。"文化大革命"开始后,扫盲工作受到干扰。1978年起,县、区正常开展扫盲工作。1983年,浦口区办扫盲班83个,3234人参加学习,农村青壮年非文盲率达86.74%。1984年,江浦县办扫盲班316个,学员6589人,14~40岁农业人口非文盲率达87.5%,达到国务院规定的标准。1986年,县、区、乡镇分别成立成人教育中心,农民教育从单一扫盲逐步向多渠道、多层次、多形式的文化教育转化。至1987年10月,江浦县共举办养蚌育珠、种植蘑菇、点播西瓜、栽桑养蚕等培训班142期,参训者1.34万人次,为发展农村经济提供技术服务。1993年,浦口区围绕"科教兴区、科教兴农"战略,组织农村7375人次参加实用技术培训。1999~2001年,江浦县参加各级各类教育和培训年均4.98万人次。2002年起,成人教育由区职业中心校和镇街成人教育中心分管,每年开展各类文化和实用技术培训7万人次以上,农村劳动力人均受教育年限9.41年。2006~2007年,配合新农村建设,全区培训农村各类成人16.6万人次,桥林街道开办服装制作、家政服务、物业管理、保安等技能培训班12期,有610人领到初、中级任职资格证书,为农村劳动力转移发挥了作用。2009年,区政府投资近2000万元,新建或改扩建社区教育中心,建立健全区、镇街、社区三级管理、培训网络,浦口区通过省级社区教育实验区评估验收。2011~2015年,各街道社区教育中心开展各类专场培训80余场,有5690余人参加实用技术培训。全区农村妇女参加"网上行"培训751人,282人获得技能培训合格证书。1.5万人次参加计算机操作、中式烹饪、水电维修、电工电焊、动漫设计等职业技能培训。

职工教育 民国12年(1923)11月,津浦铁路工人俱乐部开办职工夜校。15年,中共党员赵文秀在浦口工务段开办浦口职工夜校,教工人识字,宣讲革命常识。17年初,中共南京市委在原浦口区创办浦业夜校。1949年冬,江浦县文教科在珠江、桥林、汤泉等集镇创办职工业余学校,以识字为主,兼政治宣传。1950年6月,浦口区店员工会附设业余职工补习学校。1953年,江浦县职工业余学校增至7所,学员614人,其中产业工人104人。1955年,浦口区创办市民业余学校7所,班级42个,学员1507人。1959年9月,江浦县入学职工增至

1886人,占全县职工总数的43%以上。1962年,浦口区有2437名职工参加各类学习,其中大专班1个,高中班7个,初级技术班3个,俄语、新闻、制图班各1个。1964年,江浦县仅有珠江镇1所职工业余学校,分高小、初中2个班,学员181人;浦口区工矿企业有1300余人坚持业余学习。"文化大革命"开始后,业余学校停办。1982年起,开办职工文化、技术理论补习班(简称"双补")。1983年,浦口区共办班87个,参加学习的职工2838人,青壮年完成"双补"的人数分别达到应补人数的80%和75%以上。1985年,江浦县全民和集体企业职工中有3861人获得文化补习合格证书,占应补职工的91%;有5600人获得技术理论补习合格证书,占应补职工的90.9%。是年起,江浦县"双补"工作重点转向乡镇企业职工,至1987年,全县有2142人达到初中文化课补习要求,占应补职工的80%。1990年后,职工教育开始向高层次发展,文化学习以高中为主,部分职工参加成人高等教育学习;技术教育开始向中级技术培训转化;由文化教育为主逐步转向职工岗位培训为主。1991~1992年,浦口区年均1330余人参加高中文化学习。1993~1997年,全区有74081人次参加各类培训,其中职工岗位技术培训7209人次。2000~2001年,全区6597人次参加职工岗位技术培训,297人参加成人高中学习。2003年,江浦职教中心校举办下岗职工再就业培训班4期,参训职工500人次。2010年,浦口中等专业学校以服务地方经济建设为主旨,培训以职工为主的各类成人1万余人次,被评为省职业教育与社会教育先进集体。2011年起,街道社区教育中心先后创建为省级标准镇(街)社区教育中心。2015年,浦口区通过江苏省首批社区教育示范县(区)评估验收。5年累计开设计算机操作、中式烹饪、水电维修、电工电焊、动漫设计等技术培训及农业实用技术培训,城乡居民参培人数达43.5万人次。

成人高等教育自学考试 江浦县、原浦口区成人高等教育自学考试始于1983年,由县、区高校招生办公室兼管。1984年、1998年,县、区先后成立高等教育自学考试办公室。1999年,江浦县在全国率先开展农村高等教育自学考试实验区试点工作。2000年,改革自学考试专业设置和考试内容,试行毕业证书、专业证书、职业资格证书等多种证书制度,开设农业经济管理、畜牧兽医、水产养殖、园艺等专业。至2001年,江浦县有38044人报考语言文学、英语、法律、经济管理等专业30个,实考56977门次,毕业525人;浦口区自考报名人数61053人,报考14.26万门次,毕业126人。2002~2010年,全区有83509人次参加自学考试,报考科目达20个门次,毕业2773人,其中本科1633人,部分本科毕业生被授予学士学位。2011~2015年,全区有76280人次参加自学高考,其中本科考试人数占总人数的51.3%,考试科目累计达18.7万余个。毕业人数1054人,其中本科468人,专科586人,有86名本科毕业生获得学士学位。

七、特殊教育

1989年7月,江浦县于珠江镇西门团结村(今江浦街道团结社区)沿庄组创建聋哑学校。学校占地面积867平方米,校舍建筑面积330平方米,招收学生12名,学制九年,隔年招生，开设思想品德、语文、数学、自然常识、律动、体育与健康、美工、劳动等学科。1991～1993年，该校增建平房16间。1995年，新建二层楼房一栋，面积240平方米。2002年，学校占地面积增至3735平方米，校舍面积1162平方米。开设5个教学班，在校学生53人，教职工14人，其中专任教师13人。2006年，学校增强办学功能，增招智障儿童，校名因此更名为浦口区特殊教育学校。在校学生86人，开设听障班7个、培智班1个，教职工19人，其中专任教师16人。培智班开设生活语文、生活数学、生活适应、劳动技能、畅流与律动、运动与保健、康复训练等课程与活动。2008年，区政府投资近2000万元用于校园扩建出新工程，学校占地面积扩至17820平方米，校舍面积4500平方米，建有听障、智障语音训练室、感统训练室、音乐教室、脑瘫康复训练室、劳动室、美工教室、蒙特梭利训练室、心理咨询室、校园网控室、师生阅览室、团队活动室等18个功能室，每个班级配有计算机、电视机、视频展示台和屏幕，基本达到省特殊教育现代化示范学校标准。同时，引用现代化教育技术和教学手段，根据听障学生听不到声音但观察力敏锐的特点，创设情境，借助现代化教学手段，通过表演、演示等方法，帮助学生理解、学习知识。培智班教学内容、形式生动活泼、循序渐进，让学生在动手、动脑、动口、动眼中学习。2010年11月，学校通过省示范特殊教育学校验收。是年底，学校开设班级13个，在校学生98人，教职工31人。此后，以建优质随班就读资源中心及现代化多元化示范特殊教育学校为目标，逐步建成集听障、智障教育和全区残疾人康复咨询、培训于一体的特殊教育基地。2015年，学校开设听障部教学班2个、智障部教学班11个，在校学生92人，教职工43人，其中专任教师31人。

八、高等教育

江浦县农林大学　1958年7月，在江浦县城南门农场创建江浦县农林大学，隶属江浦县人委第四办公室领导，半耕半读性质，学制三年。当年招收学员84人，分农、林两科，教学工作主要由南京农学院农业机械分院江浦实习农场教师兼任。1959年5月，根据省委指示，该校转为江浦县中级师范速成班。

江浦高等师范专科班　1978年12月，在江浦县教研室创办江浦高等师范专科班，招收高中毕业生，学制两年，由南京师范学院和南京教师进修学院负责教学业务指导。至1980年，招收三届化学班学生103人，全部按期毕业，就地分配到初级中学任教。当年专科班停办。

南京广播电视大学浦口分校　1979年5月，江浦县文教局主办第一期电视大学数学、英语、化学班，学员130人。1980年8月，南京广播电视大学原浦口区管理站成立，由区教师进修学校代管。1982年，成立江浦县电大管理站，配备教职工8人，站址设在珠江镇珠江小学。1987年8月，成立南京广播电视大学江浦分校（简称江浦电大），校址在江浦县城西门成人教育中心，在职教职工增至24人，聘任兼职教师20人，在校学生556人。1990年12月，浦口区电大管理站与区职工学校合并为浦口区成人教育中心，迁入区教师进修学校。1998年，江浦电大有教职工44人,开设全日制大、中专班12个,在校学生465人。至2001年,该校先后开设中文、工商企业管理、机械工程、电器工程、法律、图书档案、审计、有机化工、文秘、国际贸易、英语等专业大专班。2004年,江浦电大与浦口电大管理站合并,定名南京广播电视大学浦口分校,占地面积3.29万平方米,建筑面积1.49万平方米。是年起,停办中专学历班,成为浦口区唯一一所集五年制全日制高职教育、成人业余学历教育、网络远程教育、社区教育、村级教育为一体的区属高等院校。2010年,开设大专班(五年制)28个,在校学生968人,毕业145人;专本学历班(业余开放)9个,在籍学员1287人,毕业198人;教职工25人,其中专任教师22人。2015年,开设大专班6个,在校学生185人;业余开放专业5个,在籍学员1595人;教职工45人,其中专任教师36人。

驻区高等院校 1952年5月,南京陆军指挥学院落户永丰乡(今盘城街道)。1958年,南京农学院农业机械化系与南京农业机械化学校合并,在原浦口区南门镇(今顶山街道)成立南京农学院农业机械化分院,后更名为南京农业大学农业工程学院和南京农业大学乡镇企业学院,两块牌子,一套机构。1961年,南京大学气象学院迁址浦口区盘城镇;1963年,更名为南京气象学院,设气象系、农气系、大气物理系;1978年,被教育部列为全国重点高校,后经教育部批准,更名为南京信息工程大学,成为国家气象局和江苏省共建的全国重点高校。1979年8月,南京银行学校由南京城区迁址江浦县珠江镇(今江浦街道)北门炮台山;1985年,更名为南京金融专科学校。1987年,南京大学在浦口区沿江镇(今沿江街道)创建浦口校区,占地200公顷,校舍建筑面积7万余平方米,后改制为公有民办(二级)金陵学院,再改制为本科层次的独立学院。1988年,东南大学在浦口区建浦口校区,占地61.47公顷。1989年10月,海军电子工程学院由山西省太原市迁至江浦县城珠海路5号。1997年,南京化工大学在江浦县城东门建江浦校区。2000年6月,江苏省高等公安政法专科学校建浦口校区。2001年,南京化工大学与南京建筑工程学院在江浦校区组建南京工业大学,为省属重点高校;2002年9月,该校占地面积200余公顷,建筑面积约20万平方米,在校学生1.1万人。同年,省公安政法专科学校开始招收全日制本科生。海军电子工程学院迁往湖北省武汉市,校舍空置。2004年,海军指挥学院在海军电子工程学院原址新建海军指挥学院浦口分院,占地面积35公顷,建筑面积9.78万平方米。2005年8月,南京师范大学与江苏教育学院在沿江街道联合创建江苏教育学院浦口校区,当年招收入学新生1007人。2008年,南京铁道职业技术学院由南京市下关区(今鼓楼区)迁至顶山街道珍珠南路。2010年,江苏健康职业学院由南京城区迁至浦口区江浦街道,占地面积33公顷,建筑面积17万平方米,建有药学和医学护理等7个实训中心,康复等7个实验中心,开设护理、药学、医学、文秘、放射技术、公共卫生管理等20个专业,在校学生3000余人,教职工300余人。同年,东南大学浦口校区改制为普通全日制本科独立的成贤学院,在校学生8600人,教职工2567人,开设土木、电气、机电、计算机、化工、艺术与建筑、经济管理等21个专业。是年底,境内有驻区高等院校12所,除江苏省警官学院浦口校区、海军指挥学院浦口分院、南京陆军指挥学院外,其余9所高等院校占地面积 861.8 公顷，校舍建筑面积 1269.6 万平方米，在校学生 12.05 万人，教职工 7616 人。至 2015 年，9 所高校在校学生增至 12.58 万人，教职工增至 8092 人。

第二节　科　　技

一、科技机构与队伍

农业科研（推广）机构　民国 8 年（1919）4 月，江浦县于凤凰山麓开办农事试验场，培植稻、麦、豆类作物及槐、桑、柞、梧桐等树木。同年冬，上海华纱厂联合会与中央大学在永宁乡（今永宁街道）涧湾李合办江浦棉作试验场，占地 400 余亩，是南京市最早、全国规模最大的植棉场，主要从事美棉栽培及斯字棉、德字棉、中棉江阴白籽棉、孝感长绒棉等良种培育和推广，形成永宁、汤泉、星甸等地万亩棉花试验区。抗日战争爆发后，棉作试验场场舍、设备遭焚无存。1949 年解放后，该场由华东军政委员会农林部与南京大学农学院管理。1952 年 8 月，划归江浦县，定名县棉花良种繁育场，培育德字棉 531 号、岱字棉 14 号、江浦 8 号等良种。1959 年 9 月，江浦县在县棉花良种场成立县农科所，配技术员 3 人，以农业科技试验为主。1961 年，所址迁至县城北门园艺场，从事农作物栽培和保护技术研究。1962 年 11 月，江浦县于县城南门农场成立农业技术推广站，编制 15 人，系全民事业单位。1971 年 12 月，江浦县于县城南门木材公司成立县农业机械研究所，编制 5 人，为全民事业单位，从事农业机械的引进、示范、推广，培训农机操作人员。1985 年，江浦县成立农业技术推广中心，行政上隶属县农业局领导。1986 年，江浦县农科所并入农业技术推广站，为县农业技术推广中心下辖单位。1987 年，江浦县农业机械研究所更名为农机技术推广站，编制 8 人。1997 年，该站更名为县农业机械化服务中心，隶属县农机局，在岗职工 18 人。2003 年 6 月，原浦口区农业技术推广站与江浦县农业技术推广中心合并组建南京市浦口区农业技术推广中心，为全额拨款事业单位，核编人员 22 人，实际在岗 41 人，隶属区农林局领导。同年，浦口区及江浦县农业机械化服务中心合并组建南京市浦口区农业机械化服务中心，隶属区水务局领导，核定编制 11 人。2007 年 12 月，区农业机械化服务中心更名为区农业机械安全监理所（增挂区农业机械化技术推广服务站牌子），系全额拨款事业单位，编制 15 人。2010 年 4 月，区农业机械安全监理所划归区农业局管理，人员编制、经费渠道不变。2011 年，区农机监理所划入区农业技术推广中心管理，更名为农业机械化技术推广服务站，编制人员不变。2015 年，区农业技术推广中心内设植物保护站、耕地质量保护站、农业技术推广站、农村能源办公室、农业机械化技术推广服务站等机构，编制人员 54 人。

工业科研机构　1958 年，浦镇车辆厂在技术科成立设计组，开始仿制和自行设计制造客车。1983 年，改设计组为设计科。同年，国家电力公司电力环境保护研究所入驻今泰山街道浦东路 10 号，主要从事火电厂大气、烟气、工业废水、废渣、噪音污染规律及综合治理研究。1984 年以后，境内企业与复旦大学、南京农业大学、江苏省农机研究所、南京药物研究所、南京纱织研究所等单位建立“校(所)企合作”研发机制,成立新产品开发部、技术室、科研组等机构。1996 年,南京全屋电器开关有限公司新产品开发部在全省招聘 10 多名电器工程师和大专毕业生,特聘南京开关厂总工程师和科技副厂长加盟,共同研发空气开关、漏电保护器、马达启动器、交流接触器和开关箱等产品,并取得美国产品保险机构及欧洲共同体的质量论证标志。

2004 年起,南京立业电力变压器有限公司、南京九思高科技有限公司、南京江标集团有限责任公司、南京华舜轮毂有限公司等高新技术企业、民营科技企业,经科技部、省科技厅、市科技局批准,先后成立工程技术研究中心。2009 年 6 月,南京九思高科技有限公司与华东师范大学、南京工业大学合作,成立南京九思高科技有限公司院士工作站,该站由中国科学院院士何鸣允领衔,有博士生导师 2 人、海外学者 2 人、教授 1 人及 6 名硕士生组成,主要从事多相催化剂研究。2010 年 4 月,南京同凯兆业生物技术有限责任公司成立以中国工程院院士欧阳平凯为核心的企业院士工作站,有博士生导师 5 人及博士生、硕士生 8 人,主要运用现代生物技术方法研究生产食品、饲料添加剂、医药中间体及营养品原料等产品。2012 年 9 月,江苏鼎泰药物研究有限公司联合高校和科研生产型事业单位,经省人力资源和社会保障厅批准成立博士后工作站,是从事药物安全性评价及临床前节约人力物力安全评价试验项目的机构。2013 年,南京同凯兆业生物技术有限责任公司与南京九思高科技有限公司、南京工业大学科技产业园股份有限公司组建先进生物与化学制造协同创新中心,并通过首批国家级协同创新中心认定。2015 年,全区有 22 家省市级工程技术研究中心、3 个企业院士工作站、4 个企业博士后工作站。

科技人员 1949 年中华人民共和国成立前,江浦棉作试验场、浦镇机厂等农业、工业企业仅有少数科技人员。1956 年,江浦县有工程、农业、林业、畜牧兽医专业人员 42 人。1971 年,江浦县科技人员增至 536 人,占全县干部总数的 24.22%,其中工程技术人员 44 人,农业技术人员 62 人,科研人员 2 人,中级以上卫生技术人员 177 人,教学人员 251 人(不包括小学教员)。1979 年起,科技队伍得到较快发展,科技人员分布面逐步扩大,全民、集体企事业单位和乡镇企业、私营企业科技人员迅速增加,且素质不断提高。1980 年,江浦县评定晋升技术职称的科技人员 318 人,其中工程师 28 人,农艺师 14 人,畜牧兽医师 1 人,助理工程师 106 人,助理农艺师 36 人,助理畜牧兽医师 16 人,工程技术员 69 人,农业技术员 36 人,其他职称 12 人。1986 年,原浦口区有专业技术人员 475 人,获得职称者 349 人,主要分布在工业、农业部门。1987 年,科技体制改革,技术职称评定扩大至中小学教师。1988 年,江浦县有 1852 人获评专业技术职务,其中工程类 83 人,农业类 32 人,卫生类 166 人,教育类 1279 人,其他专业 292 人。1991 年,全县有科技人员 3498 人。1992 年,江浦县建立科技人才培养奖励机制,建立中青年拔尖人才业绩档案,重视高级技术人才评聘工作,对有突出贡献者给予重奖。“八五”期间,全县新增专业技术人员 5623 人,其中工程类 934 人,农业类 150 人,卫生类 538 人,教育类 2502 人,其他类别 1499 人。1996 年,江浦县确定县委党校、县教师进修学校、卫生学校、财会函授学校、电视大学江浦分校为专业技术人员继续教育基地。1997 年,县委、县政府命名首批中青年专业技术拔尖人才 34 人,开展十佳农村科技带头人评选和技术职称评聘工作。“九五”期间,全县新增科技人员 2816 人。2001 年,江浦县在岗各类科技人员 12392 人,其中工业类 3730 人,农业类 1300 人,卫生类 942 人,教育科技类 3263 人,会计统计类 2958 人,其他类别 199 人;工业、农业、卫生、教育类科技人员中,有高级职称 349 人、中级职称 3332 人、初级职称 2227 人。浦口区有专业技术人员 2644 人,其中高级职称 217 人,中级职称 1134 人,初级职称 1293 人。2002 年,新浦口区首次举办毕业研究生人才招聘专场会,引进研究生及本科大学毕业生 89 人。2003 年,开展职称申报社会化,破格认定泰华电子有限公司余庭虎、南京赛尔金有限责任公司黄宁为高级经济师、高级工程师。2005 年,成立浦口区首届农民技术员职称评审委员会,启动农民职称评审工作,55 名农民人才被评为农民技术员。2006 年,职称服务工作目标由事业单位专业技术人员转向企业生产一线的技术人员,帮助有一定规模、具备相应条件的建筑、民营企业申报认定 6 名高级工程师、3 名高级经济师、2 名工程师、297 名助理工程师、658 名技术员。2007 年,建立重点企业、重点项目特别是民营企业、高新技术企业人才需求信息库,开展针对性的人才招聘和职称申报工作,全年引进各类专业技术人才 790 余人。1 人获评南京市第四届突出贡献中青年专家,1 人获评研究员级专业技术职称,填补该区在高层次人才门类和层次上的空白。2010 年末,全区有高级职称 1111 人、中级职称 5718 人、初级职称 8017 人。2011 ~ 2015 年,全区增评高级专业技术人员 554 人,其中经济界 38 人,教育界 313 人,医疗卫生界 199 人,文化艺术界 4 人。

二、农业科技引进与推广

1949 年解放后,农业科技重点围绕新品种引进与新技术推广,提高农业生产水平。1951 年起,主要引进胜利籼、中农 4 号及银坊粳、早沙粳、老来青、晚粳农垦 58 水稻、南大 2419、骊英 1 号、中农 28 小麦、大红袍玉米、八月白黄豆、大黄籽、宁波籽油菜、岱字棉 14 号、江浦 8 号棉、宜兴茶、上海水蜜桃、陈园蟠桃、酥梨、红玉苹果、玫瑰香葡萄等农业新品种。1962 ~ 1965 年,推广应用的新技术主要有:水稻塑料薄膜育秧和试行双季稻栽培,三麦改撒播为条播,山芋温床育苗改直插、斜插为水平插,棉花育苗移栽等。1970 ~ 1979 年,水稻栽培单季改双季、常规品种改杂交品种,先后引种矮南早、广介九、原丰早、南高广及 B · G90 - 2、桂朝二号、南粳 33 号、沪选 19 号、武农早、桂花黄、双丰 4 号等 39 个品种。先后引种大黑芒、钟山二号、早熟 3 号、扬麦 3 号、宁麦 3 号等 26 个三麦品种。推广温室无土育苗、旱田育秧、水稻直播、棉花营养钵移栽等技术,以及三麦化肥点施、深施、根外追肥等田间管理技术。1980 年以后,调整种植业作物结构,缩小冬绿肥、棉花种植面积,扩大油菜、西瓜面积,推广小麦—西瓜—水稻、小麦—西瓜—油菜、小麦—西瓜—玉米等多熟制粮食、经济作物立体种植方式,引种水稻皖引 3 号、沪麦 8 号、大麦 8510、宁油 7 号、南农—186 大豆、烟薯 1 号、苏滩引 1 号、3

号、郑州3号西瓜等国内领先品种，推广水稻两段育秧、水稻一次性化肥底施及根外喷施、油菜喷硼、作物病虫测报、恶性杂草化学防治等技术。1993年，引进水稻肥床旱育稀植、稀抛和机抛技术。1996年，江浦县旱育抛秧面积突破8000公顷，占水稻总面积的54%，水稻单产达556.6公斤，创历史上第二个高产年，成为全省水稻旱育抛秧示范县。多种经营品种从资源型、数量型向科技型、质量型、高效型转变，进而向名优珍稀品种转变。林业重点栽培雪松、龙柏、广玉兰、马褂木、龙爪柳、金边黄杨、罗汉松、银杏、杜仲、板栗、泗洪大枣等苗木果树，畜牧业引进三元杂交生猪、波尔羊、梅花鹿、肉蛋鸡、樱桃谷鸭、太昌鹅、火鸡等品种，水产养殖业放养四大家鱼原种一代苗、异育银鲫、彭泽鲫、淡水白鲳、鳜鱼、青虾、蟹蟹、珍珠蚌等。1998年，围绕"两高一优"（高产、高效、优质）农业，完成国家"863"高新技术计划（即"两系亚种间杂交稻65002、65396"示范试种课题），实现亩产814.9公斤，比一般杂交水稻每亩增产75公斤。2000年，实施农业新品种、新技术、新知识"三新"工程和农业科技示范平台建设，培育和扶持农业科技重点示范户，建设农业综合开发试验示范基地，加速农业科技成果转化，提高农业科技整体水平，促进农业经济发展。

2002年，全区有科技重点户110户，引进示范粳稻49号、"双低"油菜、甘蔗宁125号、岩薯5号等新品种，推广运用穴盘育苗、电热线育苗、大棚设施栽培、苗木花卉组培技术及茶树防虫网、双行低槽条栽技术，建立特种家禽隆昌鹅种鹅基地，施行农药残留降解菌剂、生长抑素基因工程，促进农业产品向无公害、绿色食品生产转化。当年，区政府命名汤泉镇大吉苗木花卉、永宁镇千禧森林、珠江镇大渊蔬菜、桥林镇鲜食玉米、乌江镇帅旗农庄、珠江镇南京艺莲苑、石桥镇赭洛山有机茶场7个区级科技示范园（基地）。其中，大吉苗木花卉科技示范园于2000年启动建设，以安排食宿、花卉引种试验为主，集科技开发、生产示范、推广辐射、观光旅游、科普教育为一体，累计投入1500万元，培育苗木100多万株，品种100多个，实现产值1000多万元，被市政府命名为市级科技园。2003年5月，汤泉大吉苗木花卉科技示范基地被农业部、中国农学会命名为全国农业科普示范基地。2005年，培育20户科技示范重点户，围绕农业支柱产业，引进优质水稻武香粳9号、苏优22号、香粳49号以及苗木花卉、林果、水产、蔬菜等40个农业新品种，推广植物组培技术、全光照喷雾繁殖技术、无性繁殖技术、微滴灌技术和非试管快繁技术。2010年，全区认定渔业和苗木花卉业科技示范户1250户。推广"水稻+N"（水稻+甜瓜、水稻+马铃薯、水稻+青菜、水稻+龙虾等）高效种植模式，引进农业实验新品种19个，推进转化农业科技成果13项，推广薄膜太阳能发电、葡萄"H"型控根避雨栽培、特种果树无土栽培等技术16项。引进以色列及中国台湾地区无限生长蔬菜新品种示范种植，每平方米产西红柿40公斤或黄瓜25公斤或水果甜椒30公斤。2011～2015年，区科技局、农业局及各类农业科技示范园（基地）引进农、林、牧、渔优良品种100多个，主要有南粳49号、镇稻14号、通稻981号等系列粳稻和C两优、Y两优系列籼稻，扬麦14号、镇麦18号、宁麦3号及苏科麦、苏麦等稻麦品种41个，晶甜5号、苏科糯3号、振杰1号、泰玉5号、东单98号、浚单20号、宁玉525号等玉米品种16个，沈鲜3号、白毛旱尖等大豆及浙双6号、沣油737号、泰油、宁杂、南农油等油菜品种12个,礼品西瓜小兰、京欣、早佳、苹果酥、脆绿、黄皮哈密、雪里红、台湾玉姑等西瓜、甜瓜,紫金红、霞晖系列油桃,秋月梨、阳平柿、金太阳杏,奥古斯特、维多利亚等10余种葡萄,龙珠碧桃、红叶石楠、红花七叶、八棱海棠、香港日照花、美国枫香、加拿大紫荆、紫叶合欢、美女樱、紫醉蝶、逸仙莲、非洲菊等苗木花卉,黑山猪、金陵黑鸡、全雄黄颖鱼等家禽、水产品。推广水稻精准定量栽培模式,在星甸、永宁、桥林、盘城4个街道建立6个商品化机插秧育秧点,统一为机插秧供苗,改小麦耕翻散播为免少耕、机条播,推广扩行(行距大于25厘米)、精量(每亩基本苗6万~12万株)、半精量(每亩基本苗12万~18万株)、晚播独杆(每亩基本苗24万~32万株)栽培技术,推广玉米双膜保护、乳苗移栽、西瓜嫁接换根、甜瓜大棚吊蔓、蔬菜智能快速育苗和无土栽培,建立畜禽标准示范场饲养,实施工厂化生态养殖等先进实用技术。区水产技术指导站的青虾优质种苗及高效养殖示范推广项目被江苏省政府评为农业技术推广二等奖。

三、工业技术改造与创新

1953年起,江浦县工业企业普遍开展以提高产品质量为中心的社会主义劳动竞赛,举办技术观摩、技术讲座活动。1958年,开展以技术革新、技术革命为中心的增产节约运动,至1959年,全县技术革新242件。1978年,江浦县科技局、原浦口区科委办公室成立后,以推动科技进步、促进科技与经济结合为宗旨,鼓励工业企业实施新技术、新产品开发。1980年,浦口仪表厂与核工业部原子能研究所协作研制的气化锆获国家科学委员会发明三等奖。1986年,浦口水垢控制器厂研制的ESC-100型静电水垢控制器获国家教育委员会成果奖。1988年始,工业技术改造和引进逐步启动并积极推进,至1990年,江浦县实施机械、化学、建筑、医药等企业技改项目45个,其中江浦化工总厂改变单一生产化肥结构,投资1350万元,新建置氢装备,完成年产7000吨合成氨技改项目。1991~1996年,江浦县技改投入7.77亿元,实施技改项目301个。南京电力变压器厂投入5970万元,引进硅钢片自动横剪机,添置大型煤油气相干罐等设备,年产电力变压器由150万千伏安扩至400万千伏安,该厂研发的D-15/34.5柱上式单相变压器通过省级鉴定,并属国内首创,填补县内出口产品空白;南京市天鹅绒针织厂投入2469万元,从英国、西班牙购置圆织机、剪毛机、拉幅定型机、高温染色机等设备,开发弹力彩色天鹅绒等产品,直销欧美市场;江浦消防器材厂改造磷酸铵盐干粉灭火剂生产线,年产灭火器由10万具增至30万具;南京汇浦电器厂研制的CB系列炒冰机、南京第二轻工机械厂研发的CFP型不含气液体灌装机填补省内空白;110千伏大容量变压器系列产品、盐酸环丙沙星滴眼液、维生素注射液、轻水泡沫灭火器、红外发射管等被机械工业部及省科委鉴定为新产品。1997年以后,企业改造的重点逐步转向以产业政策引导、项目可行性论证、扶持高新技术企业和中小型民营科技企业为主要方向,通过实施星火、火炬计划、科技攻关财政扶持、社会投资等项目,鼓励指导企业加大技改投入,提高装备水平,创新品牌,提升市场竞争能力。至2001年,江浦县高新技术企业有南京塞尔金生物医学有限公司、南京泰华电子制造有限公司、南京先声东元制药有限公司等7家；民营科技企业有南京汇浦电器厂、南京汇源电子公司、南京第五棉织厂、南京瑞江电器有限公司、南京瑞控电子设备公司等9家。全县实施技改项目119个，完成技改投资6.15亿元，开发新产品146项，填补省内空白23项。南京三联企业有限公司投入77万美元，建成甜素生产线；南京润达化工有限公司投入250万元，扩改抗氧剂生产线；江标集团螺帽分厂改进自锁式螺帽生产模具，改造镀锌炉灶，生产每只螺帽节约原材料38%，节约资金70%；南京理工大学华浦特种水处理有限责任公司研制的化学法二氧化氯发生器，应用于自来水厂、医院、游泳池及工业循环冷却水、生活污水、工业污水的消毒、杀菌、脱色、脱臭处理，其杀菌能力是氯的5～10倍，产品技术性能达到国际水平，被国家环保局推荐为最佳实用产品；110千伏有载调压变压器、微机控制灌装生产线、DBS－300A炒冰机、安奇片颗粒剂、甲基乙烯硅胶及混炼胶为江浦县五大高新技术产品。2002年起，高新技术企业每年申报认定1～2批次，3年复审一次。2004年，全区新增高新技术企业11家，其中老山制药股份有限公司、南京先声东元制药有限公司、南京中脉科技发展有限公司被科技部认定为国家火炬计划重点高新技术企业，实现全区国家级高新技术企业零的突破。2006年，江苏大唐电子产品有限公司开发的DTSK2000－A金融税控收款机被认定为区内第一个国家级高新技术产品。2008年，执行科技部关于高新技术企业认定管理办法，高新技术企业、高新技术产品实行五年申报、认定制度，同时取消省、市级高新技术认定。同年，复审和新增认定江苏久吾高科技股份有限公司、南京新宁光电自动化有限公司等8个国家级高新技术企业，新增甲基乙烯基硅橡胶、高精度研磨棒SUM23、DC600VRW19T型高级软卧车、金陵—01B型麻醉机、数字式光电流电压互感器OFT700等市级以上高新技术产品32个。2009年，南京江标集团1.5兆瓦风力发动机叶片研制成功，其整体成型技术属国内首创，达到国际先进水平。2011年，全区有效期内国家级高新技术企业增至23家，初步形成交通装备、电力装备、生物医药、陶瓷膜制备等高新技术特色产业集群。2013年，建立区高新技术培育后备创新数据库，入库培育企业110家；发挥高新技术产业集群引领性作用，入群企业60家；加强企业与高新、科研院所合作，促进科技成果转化。2014年，江苏久吾高科技有限公司开发的移动紧急供水车，南工大数控科技有限公司的SKMC－3000、SKMC－1200数码成型磨齿机，南京思能电气有限公司的SN5280变频谐振试验装置，南京奥德思电气有限公司的THS温湿度控制器装置，南京先声东元制药有限公司的“捷佰舒”等15项科技转化成果入选江苏省高新技术产品。2015年，全区有效期内国家级高新技术企业53家，省级以上高新技术产品151个，高新技术产业实现产值394亿元，占全区规模以上工业企业总产值的49.1%。

四、科技项目与科技成果

科技计划项目 1956年起，江浦县科普小组以农业良种引进和耕作制度改革为主要内容确立普及推广项目。1960年后，县科普协会宣传和推动工业技术革命和技术革新劳动竞赛活动,确定的科技项目较少。1979年5月,县革委会首次下达科技计划项目20项。1980年始,科技项目以引进推广、近期应用技术为重点,为促进科研课题项目按期完成,始行以签订合同方法强化项目管理。1988年,首次将南京内燃机厂SO-21型水力挖塘机、建设乡万亩杂交稻丰产片等部分科研计划项目纳入"星火计划""丰收计划",实行部、省级及县级双重管理。1991年,科技计划项目纳入"八五"国民经济和社会发展计划,年终考核鉴定。1996年,全面实施科技兴县战略,江浦县全年实施新产品开发计划项目10项、技术难点攻关项目6项、科技成果吸纳应用项目6项。1999年,江浦县被科技部命名为全国科技工作先进县,全年实施各类科技发展项目33项。截至当年,江浦县实施"星火计划"51项。其中,获国家级奖项17项:南京第五棉织厂1988年开发的纯棉系列产品纬编针织鹅绒、南京农业大学大桥生物农药厂1989年研制的生物农药菜丰宁、江浦化工厂1990年实施的山芋制取工业草酸中间试验、江浦城东电器厂生产的电子点火煤油气化炉、南京第二轻工机械厂1995年开发的洗瓶灌装封口成套设备等9项产品获国家金奖,南京玻璃钢三厂1991年生产的铝—玻璃保温外护生物复合薄板、县农药厂1997年生产的新型除草剂敌草强、南京华通照明电器厂1999年生产的紧凑型高效节能荧光灯等7项产品获国家银奖,桥林镇农科站1996年地膜玉米开发项目获国家优秀奖。2000年起,"星火计划"项目向高新技术企业转移,逐步退出县科技计划管理实施范畴。1979~2001年,江浦县共组织实施各级各类科技计划项目427项,其中农业类193项,工业类204项,社会事业类30项。原浦口区1983~2001年实施科技发展计划项目450项,其中"星火计划"14项。2002年,新浦口区加大技术创新力度,加快高新技术产业化步伐,按照国家火炬计划项目,打造浦口生物医药特色产业基地。至2015年,全区实施各类科技计划项目476项,其中工业技术类182项,农业技术类161项,社会事业类133项;国家火炬计划南京市浦口生物医药产业基地通过科技部认定并授牌。

科技成果管理 1978年,江浦县启动科技成果奖资料建档工作并对获奖者给予表彰。至1989年,全县在农业、水利、工业、卫生等方面获市级以上科技成果奖91项。其中,部级奖11项,省级奖33项,市级奖47项;农业奖64项,工业奖22项,水利、卫生及其他奖5项。期间,原浦口区获各类科技成果奖18项。其中,国家级奖2项,市级奖16项;农业奖、工业奖各9项。1990年8月,江浦县制定《江浦县科学技术进步奖励试行办法》,改科学技术成果奖为科学技术进步奖,并按新的科学技术水平、经济效益和社会效益设四个奖励等级,分别奖励400元、300元、200元和100元。1991年,南京第三分析仪器厂生产的ZO-102型氧化锆氧分析仪、浦口新兴无线电材料厂生产的TRX镀锡铜线分获全国"七五"星火计划成果博览会金奖、银奖。1995年,南京第二轻工机械厂生产的自动洗瓶灌装设备及江浦特种耐火材料厂生产的辊道窑用陶瓷传动棒、南京第五制药厂生产的诺氟沙星滴眼液分获'95中国高新技术新产品博览会金奖、银奖。1997年,江浦高旺仪表厂生产的数字式毫秒器井下剪波锤获国家科委、教委科技成果二等奖。1990~2000年,江浦县获市级以上科技进步奖68项。其中,部级奖16项,省级奖4项,市级奖48项;农业类32项,工业类31项,医疗卫生类5项。

浦口区 1990 ~ 1996 年获市级以上工业类科技进步奖 21 项,其中部级奖 11 项,省级奖 1 项,市级奖 9 项。2002 年以后,科技成果管理转向以奖励的形式支持企业科技创新、产学研合作、科技成果转化和研发机构、科技创新平台建设。2006 年、2008 年,区科技局、区政府相继制定《浦口区民营企业高新科技术产品奖励实施细则(暂行)》《浦口区科技创新成果奖励实施办法》,办法规定科技创新奖励标准为:国家科学技术奖的技术或项目转化为产品的一次性奖励 50 万元,江苏省科学技术奖的技术或项目转化为产品的一次性奖励 20 万元;独占许可的授权发明专利技术或项目转化为产品的一次性奖励 10 万元;获国家重点新产品一次性奖励 20 万元,获江苏省高新技术产品一次性奖励 10 万元;通过认定的国家企业工程技术研究中心一次性奖励 50 万元,省级企业工程技术研究中心一次性奖励 20 万元。2012 年,奖励区属 12 家企业的 28 个高新产品,其中南京工业大学、南京九思高科技有限公司、江苏久吾高科技有限公司共同申报的低能耗陶瓷膜生产新工艺及应用项目获国家级科技进步二等奖,南京工业大学与南京九思高科技有限公司共同申报的连续陶瓷膜反应器的研究与工程应用项目获国家重点新产品二等奖,南京钛能电器有限公司研发的 TAS9000/EMS 能源管理系统、南京工大数控科技有限公司研发的 SKXC - 4000/35 数控成形铣齿机获江苏省优秀新产品奖。2015 年,区政府奖励 2014 年度 45 项科技创新成果,奖励经费 450 万元。

第三节 文学 书法 绘画

一、文 学

诗歌 诗歌创作在浦口文学创作史上占有首要位置。早在中唐时代,邑人张籍(字文昌,号司业)以乐府诗闻名于世。存有南唐末年结集的《木铎集》12 卷,录其诗 400 多首;明万历间刻本《唐张司业诗集》8 卷,录其诗 450 多首,《四部丛刊》曾据此影印;1958 年,中华书局上海编辑所参照所存各版本逐一校勘删补,编成《张籍诗集》8 卷,录其诗 480 多首。张籍出生寒门,加上两次外游、难求自展的遭遇,他倍尝人间冷暖,饱经世态炎凉,而成为为人民立言的杰出的现实主义诗人。他所作的乐府歌行,揭露当时的社会弊端,反映劳动人民的灾难和痛苦。诸如"水淹手足尽为疮,山虻绕衣飞扑扑"(《江村行》);"苗疏税多不得食,输入官仓化为土"(《野老歌》);"贫儿多租输不足,夫死未葬儿在狱"(《山头鹿》);"家家养男当门户,今日作君城下土"(《筑城词》);"妇人出门随乱兵,夫死眼前不敢哭"(《永嘉行》)。张籍诗的主要成就是乐府和五律。他的乐府诗与王建齐名,并称"张王乐府"。韩愈曾说:"张籍学古淡,轩鹤避鸡群"。白居易赞许他"尤工乐府诗,举代少其伦"。王安石认为他的诗"看似寻常最奇崛,成如容易却艰辛"。南宋周紫芝认为"唐人作乐府者甚多,当以张文昌为第一"。他的《湘江曲》《秋思》《节妇吟》等最能体现乐府诗的风格,清新淡雅,古朴无华,平中见奇,别具一格。其中,《秋思》叙情最切,堪与岑参《逢入京使》一诗颉颃,被收入现代人教版小学语文五年级上册;《节妇吟》情真意切,为世人所称道,1983 年,该诗被法国作曲家罗塞尔谱成曲子演奏，轰动巴黎乐坛。张祁（字晋彦，号总得翁）系张籍六世孙，平生负气尚文，喜吟诗，著有《张晋彦文集》《总得翁集》，诗风清丽和雅，有刘禹锡、白居易风格。

唐代著名诗人李白、刘长卿、孟郊、戴叔伦都曾涉足浦口，并留有诗篇。天宝十二年（753）秋，李白从河南曹州南下宣城，至和州乌江县西江口横江渡口（今属江浦街道西江口社区），写下脍炙人口的《横江词》六首。

宋代张孝祥（字安国，号于湖居士），系南宋著名的豪放派词家，其词踔厉风发，上承苏轼，下开辛弃疾爱国词派先河，他同张元干的词被称为南宋词坛上的“双壁”，在词史上占有一定地位。今存《于湖居士文集》40 卷、《于湖先生长短句》5 卷、《拾遗》1 卷。《全宋词》录其词 220 余首。他的词作，既有对国家命运的关心，也有对个人身世的悲慨；既有收复失地的喜悦豪情，也有感怀山水的超越洒脱。绍兴三十一年（1161），虞允文抗击金主完颜亮取得采石大捷后，张孝祥挥毫泼墨，作《水调歌头 · 闻采石战胜》，表达“我欲乘风去，击楫誓中流”的强烈愿望。他的代表词篇《六洲歌头 · 长淮望断》作于隆兴二年（1164）建康留守席上，主战派著名将领张浚听后热泪盈眶，“罢席而去”。陈廷焯《白雨斋词话》赞此词“痛快淋漓，笔饱墨酣，读之令人起舞”。

宋代名士孙觉、秦观、贺铸、王安石等为浦口的山水之美、人文之胜所吸引，分别留有《游龙洞》《还自汤泉七韵》《题汤泉寄老庵》《题汤泉壁》等诗文名篇。

明代有张瑄、王徽、弓元、严纮、王韬、朱贤、顾昊、庄昶、王韦、丁玺、丁遂、丁明登、吴承茂、顾其养、张中行等一批文人学者，他们虽不以诗名，但却是诗人，多有诗作传世。张瑄一生诗作颇丰，主要有《观庵集》15 卷、《凝清集》《香泉集》《张氏至宝集》及《五禽言诗》。庄昶著《定山集》10 卷，其中诗集 1 卷，录其五言、七言古诗、绝句、律诗 1003 首，以七言绝句、律诗为多、为佳。庄昶诗作风格仿宋邵子《击壤集》之体，意所欲言，直抒胸臆，为寄意于诗，而非刻意于诗；有些律诗领联或颈联常出佳句，如“残书楚汉灯前垒，草阁江山雾里诗”“山随病起青逾峻，菊道秋深瘦亦香”“土屋背墙烘野日，午鸡随步领和风”“碧树可惊游子梦，黄花偏爱老人头”“酒盏漫倾刚月上，钓绿才飏恰风和”诸句，颇受世人称之。王韦，字钦佩，号南原，著《南原集》7 卷，其中诗集 3 卷，所作诗篇婉丽多致，与顾璘、陈沂号称“金陵三俊”。

明代沈愚，昆山人，景泰十才子之一，他笔下的《过桃叶渡》运笔轻灵，传唱至今。大学士李东阳的《寄庄木斋清江归隐》赞扬庄昶“达则兼济天下，穷则独善其身”的人生境界。反对文学复古运动主将袁宏道的五律《平山》，随物赋形，直抒性灵，写出自然清新的平山胜境。南海陈献章、永丰罗伦、饶州祝世禄、江南才子文徵明、吏部尚书杨巍、南京状元焦竑等在汤泉、定山、平山等地放歌山水，抒发情怀，留下传世佳作。

清代诗词创作日盛。俞如谐在《珠浦诗存 · 序》中指出，自清初至道光年间，浦子口城居民“无虑数十百家，其中可存之诗无虑数千百首”。光绪《江浦埤乘》在相关卷、目下，收录主客籍诗词作品 230 多首；同时在《艺文》卷收录诗集书目 120 余部，作者 60 余人。崔植平生爱游山水，著《竺槩集》5 卷，晚年隐逸婆罗国，感慨悲歌，著《娱老吟》1 卷。丁雄飞著《酣半吟》。陈所学著《鸥沙诗集》《鸥沙弓甫唱和集》。夏钺著《浔阳游草》《越中吟》。刘岩晚年肆力于诗,58岁起,日赋一诗,得八百首,著《拙修斋诗文稿》《石樵诗集》《大山诗集》《匪莪堂诗集》《大山真稿》《燕台唱和集》。成沄工诗词,与桐城宋潜虚、上元戴瀚、江浦刘岩酬唱最多,以诗知名于世,著《月来堂词稿》《草堂诗余》《去思诗集》。崔希轼博闻强识,著作30多部,其中诗集有《先世诗草合集》3卷、《青溪草》3卷、《淮南草》1卷、《玉茗轩草》1卷、《甲癸集》2卷、《栖霞游草》1卷、《通江渡客草》4卷、《永济山房诗草》3卷、《江上更生翁存稿》1卷、《余年近草》16卷、《萃英集》1卷。俞汝谐诗宗香山,文工骈体,与于凌斗、金学浚诗词酬和终日不倦,著《看云楼诗集》16卷、《留有余春草堂词稿》1卷、《友樵遗稿》1卷、《珠浦诗存》2卷、《樵山叠和集》。蒋賁著《碧萝村唱和诗》《翠羽山樵外集》《潇湘馆词》。金学浚著《余庆堂集》10卷。蓝新丰著《竹枝吟》4卷。韩印著《尚简堂集》10卷。马尧年博览群书,题咏寄托深远,与其妻蒋璲唱和成帙,分别著《藤花馆遗集》4卷、《豆花馆遗诗》2卷。高景芳著《红雪轩稿》6卷,世人称其为"巾帼中巨擘"。

进入近代乃至当代,诗词历经背弃、复苏和复兴几个历史阶段。民初以来,境内诗词作者不多,作品甚少,唯林散之、许敬庐、赵吾今、杜志柏等乡儒,仍以传统诗词文化资源为滋养,坚持诗词创作,且多有成效。其中,林散之是有才华有抱负的诗人,民国3年(1914),17岁自编诗集《古棠三痴生拙稿》,收其诗词117首。前清廪生范柳堂评赞拙稿"词旨清婉,用典浑切,凤鸣高冈,自非凡响。"28岁时,林散之将书房"散木山庄"易名"江上草堂",曾作《草阁》等十数首诗词以及"草屋心安稳,布衣身贵尊"等楹联予以歌咏,表明其甘心淡泊和崇尚质朴的秉性。他自始至终以杜甫、李白为楷模,一生十多次到马鞍山采石矶太白楼放歌。他又是有性情有道义的诗人,所有作品反映的家国情、亲情、友情以及山水情,都是情动于衷,真切感人。37岁时,只身远游,历时8个月,行程一万八千里,饱览名山大川,得诗200余首。抗日战争时期,作《江居暑闷》《今诗19首》等诗词,揭露日本侵略者的罪行和对汉奸卖国的愤慨。中华人民共和国成立后,他为党、为人民讴歌吟唱:"既感党恩深,更感国恩厚""恩义祝国家,永与山同寿""一片丹心犹似血,愿将点滴献人民"。担任圩董和江浦县农田水利建设委员会副主任期间,写出多篇有关抗洪救灾的诗作,反映了他热爱家乡、热爱人民、乐于助人的真挚情怀。他对朋友坦诚相交,对老师一往情深,酬赠好友邵子退写的诗就有50多首,晚年80多岁时还作诗怀念恩师黄宾虹:"秋风不尽师门感,时向锥沙看墨痕。"对爱人儿女怀有怜香惜玉之情,1966年,妻子去世后,连作《忏悔诗九首》以怀之,有"百合香遗旧洞房"的喜悦,有"千秋为伴永追陪"的意愿,亦有"转眼死生隔"的悲苦,及"身残只为劳儿女,力竭皆累柴米盐"的伤痛,对甘苦与共的往事,反复回忆,一唱三叹。他的诗风平易灵动,幽默风趣,许多诙谐诗作,读来令人解颐。诗稿《江上诗存》增补本共收入诗词2202首,所作诗词是他人生轨迹、心路历程、艺术思想、精神感悟和生命智慧的具体体现。启功在《江上诗存》稿《序》中写道:"伏读老人之诗,胸罗子史,眼寓山川,是曾读万卷书,而行万里路者;发于笔下,浩浩然,随意所之,无雕章琢句之心,有得心应手之乐。"这个评赞可谓深中肯綮。

民国14年(1925),合肥龚心铭编纂的《浦口汤泉小志》辑录了唐宋以来古代客籍诗人词家在汤泉留下的诗词墨迹,又汇集了当时至此游览山水、沐浴温泉的官员、名士数十首(篇)诗文作品。其中,有被誉为中国最后一位传统诗人陈三立的《景张我兄所纂汤泉小志及图》,有江浦县知事奚侗的五律一首并序,还有陆文麓七律4首,陈宗彝小游仙诗15首等等。

中华人民共和国成立后,贯彻"百花齐放、百家争鸣"的文艺方针,群众性的诗歌创作比较活跃。1974年,原浦口区学习小靳庄,举办"千人赛诗会",参赛作品以民歌体裁的墙头诗居多,但有质量的作品较少。1977年起,兰花乡青年农民路辉(笔名一村、冠生子)在省级以上报刊发表诗歌和文艺评论上百篇(首),《在希望的田野上》(7首)及《向日葵》先后获"青春文学奖",部分诗作入选《诗选》《探索诗选》《朦胧诗选》等诗集,成为省内较有影响的朦胧诗作者。1988年7月,南京电大江浦分校教师勒中煜发起成立江城诗社,创办社刊《江城吟稿》,有社员30多人。1993年,江浦二中教师陈良清组织成立江浦县求雨山诗社,社刊《求雨声》,有社员17人。从此,旧体诗词从复苏走向复兴,出现新旧体裁诗歌同步发展的局面。至2015年,全区有新老诗词作者60多人,如单人耘、史兆伸、勒中煜、侯庆生、王知非、王泽庶、李静凤、杜振峰、刘兰兴、王长才、赵传法、王美云、顾小鸣、马维富、吴瑕等,出版诗著16部。1997年6月,中华书局出版单人耘古典诗著《一勺吟》,收录诗词999首。2010年,作家出版社出版《单人耘诗词选读》,收入其1998年以后的诗词新作。单诗重五古与绝句,词兼豪放与婉约,内容丰实,题材广泛。其中,《晴野》《青溪》《咏别刘桥》《学锄》等诗作,充盈着泥土的芬芳和农耕之乐;《黄山行》《游狮子岭兜率寺》《金陵新咏》40首,体现作者对山水之趣的领悟和对新时代的讴歌;还有多首诗作咏及作者自身坎坷而旷达的经历,犹如瓣瓣心香,给读者一种来自生命与生活的愉悦。曹仲陵于1955年在报刊发表诗作,自1994年起,陆续出版新体诗集《哑鸟》《生命的高度》(1997年)、《求雨山》(1999年)、《玻璃后面的微笑》(2005年)、《日月昙》(2011年)、《桃花潭》(2015年)。1994年、1995年,勒中煜诗作《庐山瀑歌》《瘦西湖歌》先后获"李杜杯""振万杯"全国诗词大赛佳作奖和二等奖,部分作品收入《海岳风华录》,成为国内新生代诗词作者之一。其作品大气磅礴,笔力矫健雄浑,个性鲜明。诸如"夫子兴起挥长翰,势如怒雷挟惊电。腕疾天风乌云翻,墨泼海雨洒素练。"(《林散老书大草歌》),"浓荫广覆百余亩,巨干直上百云陲。雄视人间百代变,傲立几经霹雳摧。"(《汤泉惠济寺古银杏行》)。1998年,江城诗社整理出版《勒中煜诗集》,选入其生前诗词123首。2000年,江城诗社出版史兆伸自选诗集《自娱草》,收入诗词170余首。同年,张震诗歌集《永远星辰》由中国文联出版社出版。2001年,王泽庶自选集《野夫吟稿》编印成册,收入旧体诗词百余首。王知非,笔名舜耕,自编《舜耕吟稿》《江城诗话》各1册。2002年,王长才诗词集《冰清斋韵稿》由人民日报出版社出版。2003年,成幼珠诗集《幸存的一粟》由山东画报出版社出版。同年,李静凤诗文合集《散花集》由中国文联出版社出版;2006年,李静凤获首届江苏省十佳青年诗人称号;2010年,《鸡鸣寺三首》获全国第三届华夏诗词比赛优秀奖;2011 年后,在省级以上刊物发表诗词 210 余首,其中《菩萨蛮·七夕》《蝶恋花·十二风帘》《镇江杂诗》3 首发表于《中华诗词》,《珍珠令·立春有雪水仙作花》《清平乐·灯影石》等 7 首发表于《中华诗教》,《宿灵岩》《石州慢·采石矶怀古》等 6 首发表于《中华军旅诗词》,《腾格里沙漠骑骆驼》等 2 首发表于《上海诗词》,《如梦令·乙未元霄山茶吐蕊》《醉太平·情深怨深》《浣溪沙·端午》《木兰花令·西溪至秋雪庵赏芦》《水调歌头·金湖荷荡》《夜半乐·戊子中秋夜至虎丘》等 30 首发表于《诗书画》,《冬日杂诗》等诗词 32 首发表于《中华诗人》第 37 期;编辑校订《金陵四家诗词选》,由黄山出版社出版。2006 年,张峰诗文合集《穿过屏蔽的光环》由南京出版社出版。纽维新诗文合集《中国之美》由中国戏剧出版社出版,诗歌《圣贤赞》载入《中华传统文化标杆人物》,《自然母亲礼赞》获 2015 年第二届中外诗歌散文邀请赛一等奖,收入《中外诗歌散文精品集》。2009 年,刘兰兴《谷野南风》诗词卷由安徽大学出版社出版,收入诗词 680 余首,其中《虞美人·千岛湖览胜》获全国诗词大赛"黄鹤楼杯"优秀奖,七律《山海关抒怀》获当代建安文学奖一等奖,《夜半乐·中秋拜月》等被中国当代作家代表作陈列馆收藏。2012 年,卞忠泉自行编印诗集《自然·人生》,收入新体诗 135 首。同年,杜振峰著有诗词集《耕余漫吟》,收入诗词 150 首,其诗词作品散见于《当代诗词》《中华诗词》《北京诗苑》《江海诗词》等报刊。

诗人、作家池澄、俞律于 20 世纪 60 ~ 70 年代曾在江浦生活、工作,与江浦人民结下深厚的情谊,并留下多篇诗词。离开江浦后,仍保持着友情的交流,多次应邀参加浦口的文化活动。俞律被江城诗社聘任为《江城吟稿》顾问和名誉社长。其诗近体师法江西,高古苍健,拗峭雄伟;词为苏辛一派,高隽旷达,语境韶秀。诗词内容真实深切,如《居老山十年有感》:"老山今久寄,心事付苍茫。诗酒老于此,男儿无故乡。"又如《余蒙右派奇冤二十二年,兹得平反》:"男儿老死心犹热,宝剑长埋铁已空。鸡鸣今霄秋月白,花留明日夕阳红。凭谁重问头颅价,报答神州列祖宗。"

散文 随笔 南宋张孝祥《论涵养人才札子》倡导"国势之强弱,不系于土地之广狭,甲兵之利钝,而系夫人才"的国力论。明清时期的散文内容丰实,成为地方优秀文献的组成部分,有助于后人了解浦口史实,体察相关文化遗产的深厚内涵。诸如明丁遂的《珠泉记》,清刘岩的《定山泉水记》《重修对江河记》《重修乌江惠政桥碑记》《平山双碧楼记》《定山寺记》《旸谷寺记》,丁峻飞的《重修北城圩碑记》,吴之枢的《重修浦口敌台各门城楼碑记》等,对今天开发利用历史文化遗产有重要价值。又如明庄昶的《送掌教归养序》《宜春张处士小传》,清丁雄飞的《九喜榻记》《行医八事图记》,吴楫的《刘大山先生传》《记大山轶事》,刘岩的《陈鸥沙颜弓甫先生传》等篇,记述历史名人在此或理政抚民,或守土御敌,或著书立说,或教书育人,或行医救难,反映了浦口令人赞叹的传统文化特质。

清代晚期至民国初年,散文写作面临着新的变革,"五四"时期,散文创作已不再用古文。民国 24 年(1935),林散之撰成白话散文《漫游小记》1 部,记述他孤身旅游苏、皖、鲁、晋、豫、陕、川、湘、鄂、赣 10 省,饱赏名山大川及途中 7 次遇险情况。此文连续两年在上海《旅行杂记志》上连载，随文插图46幅，附录诗词80首。

20世纪60~70年代，刘青、刘德清在《解放军报》《雨花》等报刊发表《三件宝》《西乡红枫》等散文。80年代后，王惠萍、吕娅南、刘兰兴、周志龙、纽维新、吴瑕、马维富等在报刊上发表散文作品。1980年起，王惠萍先后在报刊、电台发表、播出散文、随笔等文章百余篇，其中有的在征文中获奖。1990年，王惠萍历史类散文集《沧海桑田话浦口》由南京大学出版社出版，收录散文40篇。同年，唐安国散文集《艺苑奇葩录》由南京出版社出版。吕娅南从1981年起，在《散文百家》《青海湖》《雪莲》《西藏文学》《青春》《延河》《辽河》《安徽文学》《青海日报》等报刊发表散文作品，其中《黄昏，在飞雪里》被收入《散文百家·十年精选》，《被放在记忆里的虎台》被收入青海《西区故事》，曾获首届真情人生全国记实散文征文二等奖、中国百篇散文奖，2010年获中国当代散文奖。2011~2015年，吕娅南发表散文作品24篇，约6.2万字，其中《朝拜》《在海的一隅》《车水人流里那抹橙黄》发表在《散文百家》，《阅读一只狗》《乌苏里掠影》《故乡那些明明暗暗的碎影》《想起父亲，那些流年》《彼岸迢遥》《这样一个人》《太行，绝壁边缘的眺望》发表在《华夏散文》，《端午蒿香》发表于《辽河》，《阿什贡暗语》发表于《雪莲》，《时间之场里，那次与珠穆朗玛的相遇》发表于《西藏文学》，《霍尔，阿里的霍尔》《三十年，朝花夕拾》发表于《日月》，《想起有关一座寺的那些场景》《沧波门内觅旧影》发表于《青海湖》，《秦观文记龙洞山》收入《浦口文韵》，《千年古刹定山寺》《秋风里的惠济寺》收入《浦口文华》。周志龙自1986年以来，长期坚持业余文学创作，2005年出版自选诗文集《情义轩随笔》。先后发表诗文300多篇（首），如《别去碰它》《找人谈心有多难》《游古林公园》《保证幸福》《林语堂的锋芒》发表于《扬子晚报》，《真心做人，真情为诗》等发表于《江苏作家》，其中《无处不在情义轩》获2005年《书香南京》征文二等奖，《请多关照我的母亲》获2007年《金陵晚报·母爱如山》征文一等奖，《市花与家花》获2010年南京《梅之韵》征文三等奖，《美丽的外秦淮河》获2014年江苏省文联《中国梦》征文优秀奖，《爱国》获2015年第七届《祖国好》华语大赛银奖。纽维新散文《世界最优秀的文化人——中国知识分子》获2011年中国作家协会金笔奖，入编《中国作家论坛》，《人类文明瑰宝》《中华文化》等11篇散文入选2012年《中国作家十佳作品精选》，《自然母亲和我们》刊于2013年《百年散文名家》第五卷，《哦，伟大的中国妇女》刊于2014年中国文化和平奖诗书画集《和平颂》，纪实散文《饥荒岁月中南海上书前后》刊于2015年《中国当代散文家力作选》第五卷，同年，散文集《自然母亲之爱》由作家出版社出版，《哦，美丽伟大的汉字》获首届《中华情》全国诗歌散文大赛特等奖，入编《中国情全国诗歌散文选集》。刘兰兴于2009年8月、2010年8月，先后由安徽大学出版社出版《谷野南风·散文卷》、散文集《村头地角》，收入散文189篇，约43万字。在2015年12月由江苏省文联、江苏省文艺评论家协会承办的《刘兰兴作品集》（包括1部诗词集、2部散文集和2部长编小说）研讨会上，专家们认为：刘兰兴长期扎根于人民，植根于传统，书写故土家园，反映历史沧桑，彰显时代进步，是省内近年来一份沉甸甸的文学创作成果。江苏省作协主席范小青称赞说："刘兰兴的作品是从地里生长出来的,迸发泥土芬芳。他不受拘束,写得很放松,完全倾听内心的感召,同时也有生活的沉重。”卞忠泉自20世纪60年代初开始在报刊上发表诗文100余万字,2008~2012年,自行编印散文、随笔集《萤光片羽集》《微言絮语集》《浮生悟语集》。曹春荣爱作诗文,曾出版散文集《走进春雨》、诗词集《行余集》。吴瑕多年来坚持散文、随笔写作,2014年,江苏凤凰文艺出版社免费为其出版散文集《散落的珍珠》。马维富的散文《聪明绝顶的繁忙》《我的铁杆粉丝》《山里红茶》《家住山洼》《爷爷的乡村生活》等11篇,先后发表于2008~2015年的《北京青年报》《北海晚报》《扬子晚报》副刊。2012年4月,许百平主编的《江北第一游观之所——珍珠泉》长编散文由方志出版社出版,全篇共分5章,约23万字。

小说 浦口小说创作起步较晚。1979年,李昌祥短篇小说《把家》在《雨花》杂志上发表,并获当年雨花文学奖。1984年,张子海短篇小说《山青青,树青青》获《人民教育》征文优秀奖。1996年,张子海短篇小说《卖官》和《心乱》分别由《春风》《芒种》刊发。2000年,李昌祥中篇小说集《开春》由中国文联出版社出版,该书获南京市第四届文学艺术奖。2001年,《人民文学》刊发李昌祥短篇小说《鞭影》,在江浦县产生一定反响。这一时期,原浦口区作家李敬宇先后在《青春》《长城》《飞天》《芒种》《小说月刊》《安徽文学》等杂志发表中、短篇小说20余万字。

2002年,新浦口区成立后,小说创作渐入活跃期,李敬宇、李昌祥和刘兰兴分别成为中短篇小说和长篇小说创作的领军人物。至2015年,李敬宇长篇小说《沉沙》由《钟山》刊发,先后在《中国作家》《花城》《清明》《上海小说》《芒种》《天津文学》《特区文学》《星火》《青春》《芳草》《雨花》等省级以上刊物发表中篇小说(3万字以上)《危房》《寄生何处》《郊区法官》《我的罪恶在于我没有罪恶》《昔日重来》《君子协定》《镜头里的女法官》《妻子之谜》《爱情是白色的》《最冷的冬天》《颤抖的灵魂》《洪荒岁月的爱情》《绯闻》《世俗生活》《骚动不安》《父辈的传奇》《黎林的正月》《三袁记》《民间世家》《鸽子》等30篇,在《北京文学》《鸭绿江》《黄河文学》《广州文艺》等18种文学杂志上发表短篇小说(7000字以上)、小小说(1000字以上)70多篇,发表散文、随笔、评论文章18篇,总字数约180多万字。其中,长篇《沉沙》、中篇《郊区法官》《爱情是白色的》先后获南京市第六届金陵文学奖二等奖、第七届金陵文学奖优秀作品奖、第九届金陵文学奖优秀奖;短篇小说《纯美的夜晚》被《小说选刊》编辑部收入《2009年度短篇小说选》,《浴堂街34号》获2013年“天元杯”全国文学征文赛一等奖、2014年江苏省《中国梦·我心中的梦》征文赛小说类优秀奖;小小说《执行》《值班》被《短小说》收入《2012年中国微型小说选》。李昌祥出版长篇小说7部共213万字,其中《惊雷作鼓》2004年由作家出版社出版,获中国作家杂志社年度奖一等奖;《茫海一峰》2008年4月由作家出版社出版,邓朴芳作序,并由中国盲文出版社译成盲文出版;《天不绝人》2010年由作家出版社出版;《天降大任》2012年由青年出版社出版;《习古奋今》《音容散草》《雨表云情》2015年由江苏凤凰文艺出版社出版。中篇小说集《山青山蓝》2002年由作家出版社出版。中短篇小说《开春天气长》《挖一勺子》《水西门风情》《坝沿的五代十国》《分明是天使》

《钱景》《震痛》《天真》《天各一方》《新娘子真风光》《藏人阿汉》《清鄰》《一门孟》《民间怒火》《锁钥》等约50多万字,先后由《雨花》《世界文艺》《红岩》《佛山文艺》《热风》《延河》《山花》《广西文艺》《中国作家》等杂志刊发。电视剧本《开春》、电影剧本《日子变戏法》《圆梦之花》《消霾之恋》分别由上海《电影·电视文学》和《世界文艺》发表。刘兰兴创作长篇小说3部计83万字,其中《烟痕》2015年由安徽大学出版社出版,《横江浦》2015年由江苏凤凰文艺出版社出版,《天地世情》2015年完稿,2016年由江苏凤凰文艺出版社出版。三部小说的内容有延续关系,写的都是横江浦地域上的人和事,概称"横江浦三部曲"。评论家认为:三部小说以小见大,通过写普通百姓的命运来体现社会和时代的变化,实现个人命运浮沉与社会、国家变迁之间的无缝对接;作品乡土气息、生活气息浓郁,语言生动丰富,人物形象真实有趣,有着重要的文学意义、美学意义和社会学意义。许百平的长篇小说《心锁》2006年由作家出版社出版,该书集侦破、反贪和言情于一体,阐明人与法、法与情、人与社会、事业与爱情、爱情与家庭等人情哲理。应世新的《月亮河边的少女》由深圳人民出版社出版,后被搬上银幕。张则铭长篇小说《开窍》于2006年出版。吴永生中短篇小说《桃花雪》《柳晴花明》《与风花雪月无关》先后发表于《青春》2002年第5期、2005年第7期、2010年第7期。

驻区作家雪静,本名高晶。1996年撰写报告文学(与人合写)《大撞击——江苏江浦县改革风云录》(载于1996年第8期《青春》),1998年撰写报告文学《大笔纵横绘新城——江苏江浦"小县创大业"纪实》(载于1998年第9期《青春》)。2006年移居浦口区江浦街道后,除创作《半杯红酒》《旗袍》《夫人们》《粉领儿》《匿名信》《不可逃脱》《从白天到夜晚》《红肚兜》等长篇小说外,还创作发表与浦口地域人文相关的长篇小说《天墨》、长篇报告文学《一个女作家眼中的当代村庄》、短篇散文《草圣传人林筱之》《"金陵十二钗"新韵》等作品。

二、书　法

浦口书源流长,遗墨飘香。唐代张籍诗书皆优,其书用笔尤佳。宋代张孝祥词翰俱美,擅长草书,朱熹称其"作字多得古用笔意",曹勋赞其"字尤为清劲,如枯松折竹,架雪凌霜,超然自放于笔墨之外。"张即之,工书法,初学欧阳询、褚遂良,后转师米芾,参以汉隶及晋唐经书,并能"独传家学",以张孝祥书为主调,而形成一家体系。《宋史·本传》称其"以能书闻天下"。张即之擅长楷书和榜书,尤喜作擘窠大字,是南宋后期力挽狂澜、振兴书法艺术的革新家,称雄一时,具有"宋书殿军"之誉。传世作品有楷书《佛遗教经》《金刚般若波罗蜜经》《太上洞玄灵宝无量度人上品秒经》,行书《双松阁歌》《待漏院记》《书杜诗卷》《汪氏报本庵记》《书严华经》等。明代书画家董其昌研习张即之书迹颇有心得,认为运笔结字,无沿袭前人,一一独创。清代书法家何绍基研习《书严华经》后认为:"有宋一代书艺可接力唐人者,唯张即之一人。"

明代王韦、王逢元父子皆善书,世人以王韦为右军,王逢元为大令。庄必寿楷书直逼王右军。吴鉴善草书。清代崔光棨书法出入欧、柳文笔,介昌黎、眉山之间。叶铠工书法,晚年仿李北海一派，率用淡墨，娟娟楚楚，瘦硬通神。高岩，平民，善书，乾隆初，仿朱文公笔法，书学宫明伦堂匾额，苍劲异常，令人叹服，其弟高嵋及程长清、侯硐、吴山、庄子纬均以善书而闻名乡里。葛邦喜用鸡毫笔，楷书逼真颜鲁公，行草出入二王，钟鼎篆隶俱臻高古。蒋贲行草、篆刻各极其妙，晚年每日晨起，必作草书一幅。

明清客籍书家陈献章书写的白马寺草书碑至今尚存于林散之纪念馆白马亭内。碑文为明成化十九年(1483)正月陈献章与娄谦、庄昶、石淮于白马寺两首五言联句，全篇6行，80字，章法紧密得体，布局合宜，以狂草笔法，一气呵成，气势磅礴，遒道劲拔，堪称中华书法艺术宝库中的一件珍品。清光绪年间江浦知县万青选(周恩来外祖父)为《江浦埤乘》题写书名："江浦埤乘四十卷，万青选署"。书名字体为隶书，静穆而劲拔，墨富而苍润，体现魏碑隶书的精髓；署名字为楷体，清朗绵和，率意灵动，略显行楷的秀媚遒逸风貌。

清末民初，拔贡詹其桂、秀才叶斌均有较高的书艺造诣。詹德厚擅行书，张谨善楷书，民国《江浦县新志稿》抄本均出自詹、张之手。民国2年(1913)，林散之从乌江范培开学习书法，懂得悬腕执笔之法，书艺大进。12年8月，林散之在上海《神州青光集》第五期发表书法对联："随遇而安，因树为屋；会心不远，开门见山。"字体初具汉魏面目。民国后期，丁学珠、马袖山、赵营华、李润泉、张繁昌、何传富、蔡登甫等书法爱好者，所作或楷书、或隶书、或行书，均享誉一方。

中华人民共和国成立后，林散之书艺渐臻极至，声誉日高。1952年书写楹联："罗浮括苍神仙所宅，图书金石作述之林"。章祖安评此联为"四体(真、草、隶、篆)融通之作，可称自然完美"。1962年，高二适初次见到林散之为江苏省政协大会堂所书的毛泽东七律《长征》巨幅草书时惊呼："这才叫字，字字精神，耐人寻味"。1972年秋，《人民中国》记者韩翰访得林散之书写的毛泽东词《清平乐·会昌》狂草立轴，请启功、顿立夫、赵朴初、郭沫若过目后，于《人民中国》1973年1月号首页刊出，震动海内外书坛。1978年春，《人民日报》刊发新华社记者古平文章《奇境纵横又一家》，此为国内首次报道有关林散之的文章。1984年5月16日，日本书法家青山杉雨率日中书法友好访华团在南京莫愁湖郁金堂拜见林散之。青山杉雨自谦"后学"，双手递上自己的即席书作："草圣遗法在此翁"。同年11月19日，北京《瞭望》周刊47期发表张欣文章《草圣遗风在此翁——记老书法家林散之》。自此以后，林散之被誉为"当代草圣"，在国内及日本等国书法界出现宣传"林散之热"。1985年4月，林散之当选为中国书法家协会名誉理事；同年8月，黄山书社出版《林散之诗书画选集》；12月，江苏美术出版社出版《林散之书法选集》。1988年1月3日，林散之向江浦县捐献书法作品170件、画40幅、古砚2方，江浦县政府在求雨山举行林散之书画陈列馆(后改为林散之纪念馆)奠基仪式。1989年12月6日，林散之因病在南京逝世。当月8日，《人民日报》报道："被誉为当代草圣的林散之……淡泊自甘，潜心研究诗、书、画艺术……《林散之书法选集》《江上诗存》以及难以计数的墨宝，是散之老人对社会主义祖国文化宝库的奉献。"1990年4月16日，经中共中央办公厅、国务院办公厅批准，在安徽省马鞍山市采石矶公园建立林散之艺术馆。1991年11月20日,中共中央总书记、国家主席、中央军委主席江泽民参观林散之艺术馆,称赞其书画艺术"炉火纯青,登峰造极"。1999年、2001年,林散之相继入选"中国二十世纪十大杰出书家"和"千年中国十大杰出书家"。据初步统计,1990~2010年,作家出版社、文物出版社、上海书画出版社、海天出版社、江苏美术出版社、古吴轩出版社、黄山出版社、安徽美术出版社、百花出版社等出版有关林散之书画著作30余种。2015年,林散之入选20世纪画坛巨匠(全国共6人),中国艺术研究院、中央电视台、中央新影集团等单位联合摄制《百年巨匠——林散之》传记纪录片。

师从林散之习书者林荪若、林筱之、单人耘、齐昆、陈艾中等皆学有所成,成为书坛名家。林荪若系中国书画家协会会员,幼承家学,6岁起即从其父林散之学习诗文书画,其书用笔浑融,墨色生动,格调清古,作品曾入选1984年全国第二届书法篆刻作品展、全国妇女书法展、中日妇女书法联展等。林筱之系中国书法家协会会员,数十年寒灯夜雨,默守砚田,写字作画,书风颇似其父林散之,悬腕中锋气势平稳,字体秀逸,内容灵气,擅长隶书和行书,作品曾获国家艺术家金奖及中日书法展一等奖。2006年,中国抱石轩艺术馆编印《林筱之书画集》。2014年10月25~31日,林筱之在南京晨光1865创意园凡得艺术展览馆举办林筱之学艺八十载书画回报展,展出作品130件。单人耘16岁师从林散之学习诗词书画,其书法工隶、行、楷,韵致萧散,且多书自己创作,并能即席赋诗作画,诗书画于一体。齐昆系林散之高足,中国书法家协会会员,江苏省美术特级教师,行书峻宕超逸,别具风貌,20世纪后期浦口文化教育机构牌名及著作封面题字常出其手。陈艾中20世纪70年代起师从林散之,得其亲自指授,书法以隶、草见长,隶书作品获1987年首届"黄山杯"书法大赛二等奖,隶书中堂获1990年"孔中杯"国际书画大赛三等奖。1997年起,其书法作品先后入选新加坡国际书法交流大展、中国当代名家百人书法精品邀请展、中国书法家协会会员优秀作品展暨当代名家书法邀请展、纪念邓小平诞展100周年全国大型书法大展、中国著名书法家咏黄山书画精品展。2008年12月19日,陈艾中书法艺术展在江苏省美术馆举行。2014年11月21日,陈艾中书法馆开展暨书法作品(93幅)捐赠仪式在马鞍山采石矶公园举行。至2015年,陈艾中先后出版《林散之研究》《当代名家书李白》《林散之书法集》《陈艾中书法集》。

20世纪80年代起,随着林散之、高二适、萧娴、胡小石纪念馆相继建立,江苏省书法家协会、中国书法家协会创作培训基地同时落户求雨山文化名人纪念馆,浦口区被文化部命名为艺术(书法)之乡,以及《草圣乡风》《雨山问道》等系列书法展览活动的开展,传统书法文化得到进一步挖掘和传承,并涌现出一批新人。其中,沈板桥、李华锦、张志耀、毛祖斌、黄绍俊、吴昌根、高同智、刘玉明、郑必宽、冷兴奇、辛文山、黄之金、张发祥、刘新灵、谭志文、赵新浦等30多人先后成为中国书法家协会和江苏省书法家协会会员,出版或自行编印书法作品集、书法著作20余部。中书协会员黄绍俊自幼学书,数十年不辍,天命之年重点临习孙过庭、二王草书,研习旭素、黄庭坚大草和古今章草,草书日渐成熟,字法、笔法、墨法、章法、气韵、格调均入佳境,形成骨力雄厚、笔势凝重、疾涩兼施、形定气足的书法体貌。2007年,其作品《人才赋》入选安徽籍全国书法家作品展，篆书条幅入选江苏省书法新人展。2008 年，册页 3 件入选中国书协首届册页展，《孝经选抄》入选中国书法第二届草书展，《邮》入选中国书法千人邮展。2012 年，《千字文节抄》入选第二届全国老年千字文书法大赛展。2013 年，《心经》入选追梦林散之全国书法邀请展。2014 年，章草《古散文》入选中国书协首届刘禹锡书法展。2015 年，《以利相交……》习近平讲话节选入选中国书画艺术研究院举办的北京双联展，并获三等奖，隶草《兰亭集序》获“贝杉杯”全国书法大赛优秀奖，丈二《赤壁赋节抄》被中国人民大会堂收藏，《道德经选抄》入选美国洛杉矶“爱与和平”书画展，《草根谭名家》获华亚协会优秀奖。郑必宽书法作品自 1990 年后多次参加国内、国际书法大赛，并在北京荣宝斋、中鸿兴、嘉德拍卖行，及上海老城隍庙拍卖行、广州京桂拍卖行、深圳艺品拍卖行、南京金陵拍卖行参拍。2003 年，在南京注册成立郑必宽书法艺术研究院。中国书法家协会会员黄之金 20 岁开始入书门，习书由碑而入贴，碑帖交替交融，从碑中得骨气，从帖中得韵致。书法创作以行书和大字见长，行书运笔有枯湿浓淡变化之美，气韵生动，大字体格浑厚苍劲，沉雄豪放。2008 年 10 月，作品《素抱》入展中国书法节第七届书法刻字艺术展。2010 年 7 月，《颠张醉素》入展中国书协第八届书法刻字艺术展。2012 年 6 月，《飞龙在天，游鱼自乐》入选在中国台湾地区举办的国际书法艺术台湾展。2013 年 4 月，《唐诗一首》入选在日本东京举办的国际书法艺术日本展。2015 年 12 月，对联《飞龙游鱼》入选江苏省书画精品展，并被江苏省文联现代美术馆收藏；编印《黄之金书法作品集》和《醉心翰墨——黄之金书法作品集》。张发祥自 2000 年起，潜心书法学习和实践，先后参加安徽省书协备战全国书法兰亭奖和行草书大展培训班、中国书法家协会高级研修班学习，2014 年加入中国书法家协会。书法主攻行草，取法“二王”《十七帖》《兰亭序》，取魏碑《张猛龙碑》《元苌墓志》工稳俊秀、遒丽华美的姿态，唐楷《黄庭坚》秀美开朗的笔意，在碑帖结合上兼收兼蓄。2013 年，作品《唐诗一首》入选中国书法家协会“三苏杯”全国书法展。2014 年，《对联》入选中国书法家协会第三届“四堂杯”全国书法大展，《唐诗》入选“中国梦两岸情”大型书画巡展；出版《草圣乡风五人书法作品精选》《苏轼书法研究》(与人合著)，发表论文《邓石如书法风格探析》等。刘新灵师从张炳文，经过近 30 年的临摹悟道，逐步形成高古奇拙、拙中见秀的隶书艺术风格。其作品先后三次入选中国书法家协会举办的展览，其中 2013 年 11 月，隶书《李清照诗一首》入选第七届全国书法新人新作展。2015 年，书法作品入选中国南京——韩国大田书画交流展。作品曾获“新神采杯”全国书法家作品大赛优秀奖、“纪念黄庭坚逝世九百周年暨首届山谷杯”全国书画大赛铜奖，作品《博爱》被孙中山纪念馆收藏，作品《道德为原本，知识极诚明》《门心皆水，物我同心》分别编入《中国书法艺术》《今日中国书法》。郑必厚，国家二级美术师，中国书法家协会会员，书法作品多次获得军内外书法展大奖，并出访韩国、日本进行书法交流。吴昌根书法作品多次被选送至韩国、日本展览，并被收藏。江苏省书法家协会会员张厚全擅长篆刻，作品朴拙苍茫，率真自然，多以儒、释、道三家古语入印，诸如“修己以安人”“花开见佛”“得自在禅”“物外神游”“会贤乐于天”“志于道”“守拙”等。作品曾入选全国第四届篆刻艺术展、首届全国青年印章美术书法展、江苏一至四届青年篆刻展、第七届全国书法新人新作展，并发表于《中国书画报》《书法导报》《中国篆刻》等报刊杂志，曾获第九届江苏省“五星工程奖”银奖、文化部第十二届“群星奖”优秀奖。钮俊信从 2000 年开始学习篆刻艺术，到 2013 年 82 岁时，治印 400 余方，出版《钮俊信篆刻选集》。

三、绘　画

明代陈瑞工画山水，庄昶《题陈瑞山水画》：“万里江山陈瑞画，白头开眼定山村。谁人得与青天润，犹有孤帆岛树痕。”清代以善绘名者众多，其中薛芳工画墨梅，兼善书。翁炎工画动物，尤善画牛，饮食眠动，不一其态，人称“翁牛”。叶应登笔致工秀，仿仇十洲一派。赵九成山水取法大米。金际昌善画兰竹。马芙善画梅。周之纪工山水。成林写生的花木草虫，栩栩如生，其画作被世人珍为拱璧，民间画师往往以称其弟子为炫耀。吴文治工画山水花鸟，世人戏称为吴道子。王之翰攻诗画，雍正初为《江浦县志》作《名胜图十六》。薛畹善工画墨梅。郭天育好饮酒，善画古松，愈醉画愈奇，索画者多以酒酬之。

民国元年（1912），林散之从南京张青甫学画人像、工笔画，代表作有《潇湘馆图》《薛宝琴折梅图》等，画风有明唐寅、仇十洲遗韵。12 年，上海《神州吉光集》第 5 期发表林散之山水人物画。18 年，师从黄宾虹学山水画，领悟用笔用墨、知白守黑之道，得黄宾虹真传。23 年 3～11 月，孤身远游，觉胸中有万山蓬勃之气，落笔有吞吐百川之势，得画稿 800 余幅。画中有黄山云海，有峨嵋蜀道，有江岸涛声，有太湖波涛，有板桥竹影，有李白仙骨，以此印证祖国的山川磅礴和人文历史的厚重。1953 年，国画《峨嵋纪游》入选北京全国美术展。1955 年 4 月，创作《江浦春修图》，再现 1954 年靖江、泰兴、江浦 3 县数万人协作修筑长江堤防的劳动场景。画长 237 厘米，宽 33 厘米，以横贯江浦江堤全景式构图和半工半写的技法，画人物 635 个，其中民工打夯的 9 组 72 人、挑柴的 11 人、牧牛的 13 人、行船的 12 人、赶驴的 10 人、挑货郎担的 21 人、看田的 1 人、干部 9 人、画家 2 人、炊事员 7 人，另有毛驴 40 头、水牛 16 头、黄牛 1 头、自行车 2 辆、木船 27 艘、轮船 2 艘、木筏 1 个、房舍 53 座、电线杆 11 根、工厂 1 座。此画是中华人民共和国成立后国画界最早反映现实生活的名作之一，既有传统特色，又有时代气息；既表现劳动者艰苦奋斗精神，又歌颂社会主义协作风尚。1963 年，林散之调入江苏省国画院任专聘画师。1980 年，上海书画出版社编辑出版《林散之书画集》。1985 年，安徽黄山书社出版《林散之诗书画选集》。2003 年，文物出版社出版《林散之书画集》。

受林散之影响，江浦县和原浦口区美术人才队伍不断壮大，有从高等院校毕业的，也有自学成才的；有专业的，也有业余的；有的擅长国画或油画，有的专攻山水花鸟画或人物画。造诣较深的山水画家及爱好者，主要有林筱之、单人耘、鞠慧、徐士扬、陶福林、梁立志、严良玉、李华等。林筱之 5 岁开始师从其父林散之学临山水画，20 岁考入杭州国立艺术专科学校，师从黄宾虹，专攻山水，仿古之作得到校长潘天寿、教授郑午昌赞扬。离校工作期间，苦力营生，不废学业。1980 年后，寻机游览名山大川，用传统笔墨绘山河新貌，抒时代之情。运笔老辣深厚,用墨苍润,黑白得体,布局空灵,自成一家,绘画作品为世人推崇。1983年,一台商以重金订购他的字画。80岁以后所作的《江乡情趣》《溪山静如许》《新安江上看飞舟》《匆匆岁月又今秋》及为庆祝中共十八大创作的10幅《山水》条屏等作品,既有黄宾虹遗法,也有林散之意趣。1998年后,林筱之安居乡野,潜心书画艺术,打造林散之故居,所投入的2000多万元,全部为其字画置换的资金,足见市场对其字画的认可程度。单人耘专学林散之山水画。2000年,画作《张家界》获世界华人艺术展铜奖。2004年,中国文联出版社出版《单人耘书画集》。鞠慧作品个性强烈,形式多样,反映他对中国画的本体思考和审美风格,先后出版《鞠慧画集》《鞠慧水墨画集》。梁立志以创作江南水乡画为母体,把水乡风光作为主要表现对象。1990年,其作品《大江东去》入选天津、南京、上海、北京4市书画联展。2000年,《江南晨韵》入选中国第六届国际和平艺术现代美术展。2002年,《能不忆江南》发表于《中国艺术博览》杂志。2003年,《春到江南》发表于《中国书画报》。2009~2013年,先后在江西庐山国际会议中心、江苏省美术馆、江苏宜兴徐悲鸿美术馆以及洛阳、深圳、九江等地举办梁立志水乡中国画展。天津出版社、江苏凤凰美术出版社先后出版《梁立志水乡画集》《大美江南·秀润天成》书画集。李华,一级美术师,作品先后入选1998年"庆香港回归,雪百年国耻"国际书画艺术展、1999年中华当代书画艺术展、2001年中华翰墨名家作品博览,画作《江南城韵》在2004年全国第二届民俗中国画家艺术交流会(深圳、中国香港地区)上以高价竞拍。

花鸟画家当数吴国亭。1959年,吴国亭毕业于浙江美术学院(现中国美术学院),因成绩优异,留校任教20多年。1980年,调到江苏省美术馆任专职画家。30多年来,作画数千幅,在省级以上报刊发表画作逾百幅。其花鸟画以写实见长,内容多样,取材新颖,独树一帜,别开生面,从实践到理论完美地体现了徐悲鸿关于中国画需要"融冶中西、体貌写实"的构想,被誉为中国当代新派国画开拓者。作品先后在美国、日本、印度、锡兰、南斯拉夫、墨西哥等国展出,多次入选国内重大画展并获奖,在南京、杭州、北京、广州、深圳、青岛等地举办个人画展。作品《春光》《诺日朗瀑布》分别被中国香港地区企业家李嘉诚、建筑大师贝聿铭收藏,《花间小憩》《夏荷》分别被英国前首相撒切尔夫人、西德前总统魏茨泽克收藏,《定山霜叶图》等作品被中国军事博物馆、哈佛大学等机构收藏。著作有《中国名贵花卉》(以英、法、西班牙三国文字出版)、《中国写意花鸟画技法》(前后再版8次)、《当代写意花鸟画佳作赏析》《当代山水画佳作赏析》《吴国亭画集》《吴国亭作品选》《吴国亭绘画精品选》《李才旺画作理趣》等。顾培九受吴国亭影响和指导,在绘画艺术上有所造诣,作品《梅香十里》获全国铁路系统美展二等奖,《相依》获中国铁路工会第二届美展三等奖,出版《顾培九牡丹画集》。侯世藻擅长写意牡丹,曾在深圳、广州、洛阳、荷泽等市举办个人画展,部分作品被日本、美国、新加坡等国博物馆收藏。陈百园擅长写意花鸟画,作品线条流畅,墨色淋漓,赋色丰富典丽,风格秀丽清雅,既有传统功力,又有创新意境,出版《艺苑新禾》《陈百园画集》《陈百园水墨花鸟画选》及《少儿学国画》系列教材。高久凯画作工写皆擅,以工笔见长,专攻花鸟，尤爱画牡丹。作品《竹鹤图》获全国画展铜奖，《舞春风》《沉醉东风》《春韵》《丰年》《春晖》先后入选中央电视台书画频道展播并获奖，《和谐》《清廉》《秋意》《荷花》《富贵牡丹图》分别发表于《新华日报》《江苏工人报》《幽默天地》《金陵瞭望》等报刊。

人物画家及爱好者屈指可数，主要有顾斌礼、刘普红。刘普红擅长仕女画，如古代四大美女、秦淮八艳等，而最喜爱最常画的是《红楼梦》中的相关人物，20多年来共创作数百幅红楼人物画像。2011年，她被评为江苏省最具收藏和投资价值的十大中青年艺术家，作品入选中华人民共和国成立60周年和上海世博会名家书画展并获奖。作品《金陵十二钗仕女图》被江苏烟草公司定为南京烟草商标，《金陵十二钗仕女图》纯银典藏全球发行1万套，绘画《观音佛像》被北京曹雪芹纪念馆、张大千纪念馆收藏。2014年4月，赴日本举办个人画展。出版《红楼雅集》《金陵十二钗》等画册。

西画创作有杨飙、王桂林、凌世贵、郑天游等。杨飙自1966年由南京师范学院美术系毕业后坚持业余油画创作。年画《选种》（与他人合作）入选江苏省农民画展。1984年，油画《水乡》入选江苏省群文干部美展。1994年，油画《安上电灯的厨房》入选中华人民共和国成立45周年江苏省美术展，并由南京师范大学美术学院展出、收藏。2005年，油画《纳西的阳光》入选江苏省美展，同时由南京市文联《文艺界》刊出。2008年、2015年，先后在求雨山林散之纪念馆举办杨飙油画作品展，展出作品110余幅。在首次展览期间，义卖《三清叠障》《狮岭红枫》两幅油画所得20万元，全部捐献给汶川地震灾区。出版《杨飙油画集》，著名画家陈丹青、教授丁观加为其作序。王桂林油画作品曾获铁道部美展二等奖。凌世贵作品曾获江苏省教师画展一等奖。

第四节　文化遗产

一、物质文化遗产

1958年5月，原浦口区、江浦县开展首次文物考古工作，陆续发现古文化遗址20处。1982年第二次文物普查工作结束后，浦口区确定报省级待批文物保护单位1处，即两浦铁路工人“二七”大罢工指挥所旧址，报市级待批文物保持单位4处、区级文物保护单位26处；江浦县确定县级文物保护单位45处，其中古文化遗址类20处，古墓葬类1处，古建筑类4处，碑碣石刻类3处，现代重要史迹1处，其他类16处。2010年开展第三次文物普查，全区累计发现历代文化遗存365处，确定不可移动文物264处。2012年，公布各级文物保护单位58处，其中国家级1处，即浦口火车站旧址，省级3处，市级30处，区级24处。

牛头岗古文化遗址　位于汤泉农场境内，为滁河南岸的一个土墩，高出周围地面3～5米，面积约5万平方米，因其形似牛头而得名。此地又名月亮岗，夏季每月望日夜晚，一轮硕大的月亮挂在岗地西端，仿佛伸手可及。1991年起，南京市博物馆与江浦县文化局联合对此地开展田野调查和试掘，经对出土遗物鉴定，认定此处为新石器时代的古文化遗址，距今约五六千年，是滁河流域原始居民最古老的家园之一。1992 年 3 月，该遗址被公布为市级文物保护单位。2001～2003 年，经国家文物局批准，对该遗址进行再次发掘，发掘面积 500 平方米，发现灰坑 45 处、房基 12 处。出土器物有新石器晚期的夹砂灰陶和泥质黑皮陶鼎、甗、盘、高足杯，夏代的泥质灰黑陶折腹盆、尊形器、器盖，商代的夹砂红陶素面浅裆鬲、绳纹高裆夹竹鬲、假腹豆，西周的陶鬲、甗、豆、盘及铜斧、镞等。其中，泥质磨光黑陶器物可与举世闻名的山东龙山文化黑陶相媲美。夏代遗物具有中原二里头、二里岗以及山东岳石器物的形态特征，为滁河地区原始先民创造的远古文明提供了实物资料。2002 年，遗址升格为省级文物保护单位。

营盘山古墓葬群遗址 营盘山位于顶山（定山）与馒头山两山北坡，高不足 20 米，面积 4000 余平方米，清咸丰年间（1851～1861），清军江北大营某部于此驻防而得名。1982 年 11 月至 1983 年 1 月，南京市博物馆根据当地青年农民王永顺提供的线索和 17 件出土遗物，对该遗址进行发掘，发掘面积 265 平方米，发现墓葬 31 座，有 31 具男女尸骨，排列整齐，均为南北向，即头朝山顶，脚对山脚，仰身直肢，显示出氏族社会牢固的血缘关系。出土随葬品有石器、陶器、玉器等 600 余件，经文物鉴定，该遗址断代为新石器时代古文化遗址。其中，石器如斧、锛、凿等生产工具，形制工整规范，表面处理细微，光洁度较高；陶器有夹砂红陶和泥质灰陶，主要器型有带翘角状把手的盉形鼎、敞口球腹小罐及盆、壶、豆、钵、杯等；玉器占随葬品的一半，种类有环、璜、镯以及模拟动物形象的玉件和其他饰件。在饰品类别中有一种陶塑人像面具，高 9.8 厘米，面部轮廓近似长方形，前额宽平，眼睛深凹，鼻翼肥大，耳轮宽厚，嘴巴微张，下颏向外延伸，略呈梯形，头冠角两面穿孔，顶部镂空。1992 年，该遗址被公布为市级文物保护单位。1994 年，以陶塑人面像为原形制作成“金陵旅游月”吉祥物，陶塑人面像被命名为“金陵始祖”，后由南京市宣传文化部门正式命名为“南京先祖”。

定山寺 位于大顶山狮子峰下，四周环山，南辟如门。顶山原名六合山，山巅有狮子、双鸡、寒山、石人、芙蓉、妙高六峰环合而得名。南朝梁天监二年（503），梁武帝为高僧法定建精舍，敕名“定山寺”，六合山亦随之更名为定山。普通七年（526），佛教禅宗始祖、天竺国（今印度）菩提达摩由建康（今南京）折荻渡江至此驻锡，面壁修行，留下达摩岩、宴坐石、卓锡泉等遗迹。从此，定山寺法脉传承禅宗派。北宋时，寺院改名为定山真如寺。著名词人贺铸于元祐四年（1089）作诗《游六合定山真如寺达磨（摩）第一道场（己巳十二月赋）》，他在肯定定山寺是达摩驻锡之地的同时，称颂定山寺为“达磨（摩）第一道场”。明弘治四年（1491），定山释子八十翁为达摩立画像碑，达摩络腮圆眼，拱手立于渡江苇叶之上，栩栩如生，此碑也从侧面证实了达摩曾在定山寺驻锡之说。清光绪《江浦埤乘》载：“定山寺凡屋三层，门外古银杏三，古桧二，皆数百年物。”邑人刘岩在《定山寺记》中描述：“寺依山岩为石阁，阁前有楼，楼前石池广且方……阁后崖石最奇，峭壁色烂，斑如碎锦，自下睨之，陡绝有千仞之势……吾邑前辈庄定山谪官后居寺中二十年，其冢在寺旁高坡上。”民国年间，定山和定山寺仍为江北名山古刹，还有印度和日本的僧侣慕名至此拜佛。1954 年特大洪水后，定山寺逐渐塌毁。

1982年文物普查时，遗址上仅存达摩画像碑、“临济正宗第三十三世定微真明公禅师塔”残件，以及昼夜淙鸣的卓锡泉。1983年，定山寺遗址被公布为区级文物保护单位。1992年被公布为市级文物保护单位。2007年，发掘出土该寺宋代建筑大殿遗址及塔基、灶台、水井等遗物。2008年4月，中国社会科学研究院佛教研究中心达摩研究基地在定山寺成立。同年10月11日，达摩文化暨定山寺恢复重建学术研讨会在南京明发珍珠泉大酒店举行，来自中国社会科学院及北京师范大学、南京大学、东南大学、武汉大学、厦门大学、中国佛教协会等单位17名研究员、教授、学者参加研讨活动。2010年，启动定山寺复建工程。至2015年，建成大雄宝殿、禅宗讲堂、庄昶草堂等建筑。

惠济寺和古银杏树　位于汤泉街道北惠济寺公园。惠济寺始建于东晋，相传为南朝梁昭明太子读书处。南唐为汤泉禅院，宋改为惠济院，元祐年间（1086～1094），高僧忠境改院为寺。现存的韩熙载当年撰写的《汤泉禅院之碑》及北宋秦少游《游汤泉记》，印证了惠济寺的悠久历史和曾有过的辉煌。明初曾一度易名香泉寺。清道光十四年（1834），邑人毛麟、苏兆奎于寺内创办英华书院，惠济寺成为礼佛、读书圣地。咸丰年间（1851～1861），寺院毁于战火。光绪初年，复建大殿及僧房。民国年间，大殿、僧房完好。1959～1965年，汤泉人民公社先后在此开办敬老院和农业中学、农科所。1966年“文化大革命”初期，寺庙荡然无存。遗址上仅留有七八个大型素面覆盆式石柱础、三株古银杏树和一口明代古井。最具神奇色彩的莫过于三株古银杏。1988年，经南京市林业部门鉴定，树龄已有1470年以上。其中，长者名曰“千年垂乳”，高20.2米，围7.45米，生出7支下垂的乳瘿（学名气生根），最长的有2.18米，根部直径30厘米，周长约90厘米。当地人称之为“仙树”，为之挂红披彩，燃烛焚香，祈福平安，该树成为公园内最抢眼的景点。仲者称为“撑天覆地”，高14.7米，围7.4米，主干高耸半空，枝长叶茂，宛如一把撑开的巨伞，夏天可容千百人至此纳凉。叔者唤作“雷击复苏”，最为称奇，曾于清咸丰年间遭雷击而死，数年后复苏且愈发挺拔，并留下“一线天”的景观，从裂开的树干中可仰见天空。更称绝的是三株银杏所结的无芯白果，甘甜可口，美名“惠济白果”，堪称旅游珍品。1983年，惠济寺古银杏树被公布为市级文物保护单位。汤泉镇人民政府将林散之于1951年创作、1978年重新书写的长诗《古银杏行》勒石成碑，供游人观赏。21世纪初，惠济寺迎来新生。2002年回归佛教界。2009年新建延寿宝殿。2014年，启动惠济寺复建规划，占地面积在故址上扩至24公顷，计划五年内分期建成灵山宝殿、五观堂、云水寮、普门殿、伽蓝殿、方丈院、安养院、念佛堂、藏经楼以及禅修中心、慈善中心、素食馆等修护设施。

泰山寺　位于泰山街道泰西路宣化山巅，建于明初。原名东岳庙，因“东岳”就是“泰山”之故，称之为泰山庙。庙内原先供奉道教山神东岳大帝，后又供奉东岳大帝的女儿碧霞元君，尊号“泰山老母”。再后受佛教影响，泰山庙由道而佛，实行释道合一，并逐步转向佛教寺院。清咸丰年间（1851～1861）毁于战火。同治五年（1866），僧人德缘化募，在原址重建中殿和后殿。后殿面阔五间21.2米，进深七檩8.9米，檐高5.6米，庙内供奉神像数十尊。

光绪五年(1879),防军提督黄仕林新建石阶,从山脚至庙门132级。从此,泰山庙香火又渐旺盛。1952年,当地农民破除迷信,烧毁神像,百年古刹落为空空的庙堂。1983年,泰山庙被列为区级文物保护单位。1986年,南京市佛教协会改泰山庙为泰山寺,并派南京鸡鸣寺释隆月主持寺务,恢复教务活动。1999年开始,寺院翻建出新,先后建成山门、山门殿、大雄宝殿、藏经楼、东西廊房等,供奉泰山老母等菩萨神像27尊;一口古井和石阶至今完好无缺。2006年,泰山寺被公布为市级文物保护单位。

泰山寺存在的价值还在于泰山庙会。自明清以来,每年农历三月二十八日为泰山庙会的"正日",会期为二十七日至二十九日。正日天亮,出会人们抬着"东岳大帝"和"泰山老母"神像"巡街",届时万人空巷,人们涌上街头,一睹神道风采。龙舞、花船、高跷等民间文艺表演紧随其后,粉墨登场,时出高招,观众欢呼雀跃而欲罢不能。宣化山巅又是另一番景象,木鱼声声,香烟缭绕,前来许愿的、还愿的、祈福求子的、消灾灭病的,人来人往,终日不断。中华人民共和国成立后,泰山庙会逐渐演变为物资交流会,且规模越办越大,交流物资越来越丰富,成为南京江北地区最有影响的庙会。1980年后,为满足人民群众要求,将庙会会期延长1~2天,每天人流量最高达10万人次以上。2008年,泰山庙会被列为市级"非遗"项目。

兜率寺 位于老山中段狮子岭腹地,前身为狮子林道场。清顺治二年(1645),僧人白庵建。白庵俗名郑继藩,为江浦诸生郑朝聘季子,受家庭熏陶,潜心理学,精研释典,削发为僧。咸丰兵乱,道场遭毁。此后,由住持常海修建大殿5间、上客堂6间两厢,供奉弥勒佛尊像,香火渐旺。光绪三十二年(1906)四月,南京毗卢寺持律法师至道场传授《楞严经》。常海之后,住持由寿松、宏海、照安、净尔、法一、真空接任。真空接任后,改住持"传法制度"为"选贤制度"(即住持人选由寺众及诸山长老共同协商产生),奉行自力而为,开荒辟地,种植谷物茶果;学习镇江金山寺治寺精神,规范教务,传承道风,遂使各方僧侣慕名而来,最多时达百余人。这期间,寺院增建文殊殿、关圣殿、神堂、客房、客堂等建筑。成稿于20世纪30年代初的《江浦县新志稿》,在其"礼俗志·宗教"目改"狮子林道场"为"兜率寺",是迄今见到的有关兜率寺的最早文字记载。从超尘脱俗的地理环境和敷演经典的建院宗旨看,改狮子林道场为兜率寺可谓实至名归。抗日战争至江浦解放,该寺先后由觉澄、世空、常春、圣贤任住持。中华人民共和国成立后,住持慧友执行党的宗教政策,把爱国立于爱教之上,先后任江浦县人民代表大会代表、南京市佛教协会常任理事。"文化大革命"时期,兜率寺划归老山林场管理,名存实亡,寺房损毁过半,钟鼓法器一空如洗,僧侣杳然无踪,香火顿熄。1982年,圆霖继任住持,佛门再兴,复修、新建罗汉堂、藏经楼、弥勒殿、三圣殿、普贤殿、文殊殿、玉佛殿、天王殿、大雄宝殿等60多间及七层佛塔。圆霖佛学精深,书画技艺超群,曾任江浦县首任佛教协会会长、南京市佛教协会名誉会长、江苏省佛教协会理事。2008年5月,住持圆霖圆寂。2015年,该寺常住僧职3人,其中如如为区第二届佛教协会理事会理事。该寺住持未定。

张孝祥墓 位于老山中段黄山岭南坡。张孝祥系乌江镇燕窝张(今桥林街道周营社区石山组)人,南宋状元,官至显谟阁直学士,著名爱国词人。死后归葬何地,史籍志载不一。宋《景定建康志》载"墓在上元清果寺",明《应天府志》称"墓在江浦七岙山"。1971年,在黄山岭象山之阳出土的张同之(张孝祥之子)夫妇墓之墓志,印证了七岙山为其祖茔之说。1982年,江浦发现张孝祥墓碑及墓冢(当地人称状元坟),碑高0.9米,宽0.44米,正中刻"宋故显谟阁直学士状元张公讳孝祥字于湖公之墓",上款"嘉庆二十五年三月初一日立",下款"裔孙□儒奉祀"。碑后土冢高1.2米,径4米。1984年,张孝祥墓被公布为江浦县文物保护单位。1990年,老山林场整修张孝祥墓,重新垒土加高。1992年,张孝祥墓被公布为南京市文物保护单位。1999年,该墓作为老山国家森林公园风景区旅游景点之一对外开放。2012年3月,以原墓地扩建状元广场。广场面积3000平方米,由状元坊、状元廊、状元坟、观景台、张孝祥塑像等建筑构成,成为老山森林公园最能展示人文情怀的景观之一。张孝祥塑像矗立在广场中央,头戴官帽,身着官服,手执笏板,昂首挺胸,目光坚定,慷慨诵词,抒发收复大好河山的豪情壮志。塑像基座上镂刻张孝祥代表词作《六洲歌头》。状元坟位于广场北侧,圆形穹顶,周围竹木繁茂,四季翠绿葱茏。

浦口明城墙遗址 明洪武四年(1371)八月,朱元璋出于军事和政治上的需要,命指挥丁德筑浦口城。该城以隋晋王城为基础,城围扩至16华里,设城门5座:东为沧波、西为万峰、南为清江、北为旸谷,另有南便门望京。南城墙因频临长江,城基长期受江潮浸渍、冲击,百年后造成部分城墙塌毁。弘治十六年(1503),江水骤涨,涌进望京门,南城墙完全坍入江中。从此,浦口城缺其一面。万历四十四年(1616),南都(南京)兵部大司马黄克缵提出修城计划,并得到朝廷批准。从四十五年十月至四十六年元月,按照计划施工,"主事人昼夜督工,十日而完成根脚;挖阔七尺,深约六尺,以见老土为止,打实坚筑荒石四层;上用条石六层,每层厚一尺;中用丁钩条石而以荒石填之,灌以灰浆,条石之上砌砖三十七层,再上垛口,其高二丈,其厚三丈;外砖石五尺,内土二丈五尺至顶,则厚止一丈六尺。"此次共补建南面城垣899丈2尺,新建城门券4个、瓮城1座、便门3个、敌台7座、水洞9个。新旧7座城门分别命名:改东门沧波为朝宗,南门清江为金汤,北门旸谷为拱极,西门仍为万峰,3个便门(由东而西)为攀龙、广储、附凤。至此,浦口城由圆形改成弓形。为防御江潮冲击,在金汤、广储门近江一带补筑一道长754丈8尺的石堤。崇祯八年至清嘉庆二十三年(1635~1818),在城墙上增建女墙3尺,3次维修敌台。咸丰年间(1851~1861),浦口城屡经兵燹而渐渐倾圮。光绪二年(1876),总督沈文肃檄浦口防军重修。重修后的浦口城至今仍留有几处断壁颓垣。朝宗门城楼虽毁,门洞两旁的巨石巍然屹立,两侧石基、门券、门杠洞依旧,门洞高2.5米,宽5.4米,进深25米,城门两侧各保留数十米长条石垒起的城墙;附凤门完整无缺,门已用砖砌塞,门西约有150米长的城墙,现为浦镇车辆厂和原两浦中学的围墙;拱极门两侧各残存一段城墙和基石,其中南京社会福利院后山上一段长16米、宽5.55米、高4.1米。1983年,朝宗门、附凤门及中敌台被公布为区级文物保护单位。2012年,以上三处文保单位合并称为浦口明城墙遗址,被公布为市级文物保护单位。

江浦文庙 位于江浦街道凤凰山下的凤凰小区内。明洪武十年(1377),知县刘进建于浦口城清江门内。二十四年,知县仇存仁重建于江浦县城东边。建有大成殿、东庑、西庑、祭器库、斋福房、戟门、乡贤祠、棂星门、屏门、泮池等设施。宣德五年至清道光十八年(1430~1838),先后15次重修重建戟门、大成殿、棂星门、东西庑。咸丰三年至十一年(1853~1861),文庙大部分建筑毁于战火。光绪六年(1880),金陵善后局檄委候补知县朱之干于县署旧址西侧(即现址)督造文庙大成殿、戟门五楹,环以墙垣。十四年,知县程鑫续建东、西两庑。至20世纪50年代中期,因年久失修,戟门、东西两庑相继残毁,仅存大成殿。1983年被列为县级文物保护单位并登记造册。大成殿为七檩重檐歇山式砖木结构,面阔5间,明间宽5.12米,次间宽2.48米,通面宽20.1米。四间七檩,前后间深2.48米,二三间深3.2米,总高16米。顶为九脊,一道正脊、四道垂脊、四道戗脊。屋面盖以筒瓦,底瓦为板瓦。梁架结构为:明间和次间剖面分别为抬梁式结构和穿斗式结构,戗角形式由老戗、嫩戗和撒网椽构成。1992年3月被公布为南京市第二批文物保护单位。1999年1~6月,江浦县政府修缮大成殿,将木结构脱榫部位全部归位铆定,替换部分椽子及博风板、垂鱼等部件,以灰色筒瓦重盖屋面,正脊、垂脊、博脊、戗脊及围脊均按原样重新砌筑,八座翼角、隔扇门窗、地面墁砖以及周阶沿石、侧塘石、踏步石、垂带石等全部恢复原貌,再现昔日庙学建筑的风采。

浦口火车站旧址 位于泰山街道码头社区,为津浦铁路南端终点站。津浦铁路于清宣统元年(1909)开工建设,民国元年(1912)全线通车。浦口火车站始建于清宣统三年(1911),至民国3年交付使用。车站大楼坐北朝南,面对长江,为三层英式洋房,东西长80米,宽20米,高20米,总面积500平方米,站内设2条站台及候车大厅、检票房、行李房、问讯处等大小62个房间,站外设售票厅、电报房等设施。最能显现建筑风格的当为站外雨廊和站内月台上的雨廊。站外雨廊由候车大厅西首通往轮渡码头,为双柱拱形式,站内月台上的雨廊为单柱伞形式,不仅造型美观,而且极其实用。津浦铁路通车后,浦口火车站成为南北交通的中转站,经由该站的客流和物流源源不断,日夜不息,车站周边煤港、轮渡、汽车、黄包车、邮局、医院、学校、商铺、饭店等设施一应俱全,南北干果、鲜货、药品、茶叶和器物五光十色,给浦口文明带来了新的发展机遇和新的繁荣。抗日战争期间,车站大楼先后两次遭侵华日军飞机轰炸,内部木制楼梯全部焚毁,事后按原样更换楼梯。1968年南京长江大桥建成后,津沪铁路、津浦铁路连成一线,浦口火车站暂时停止客运。1970年11月27日,大楼发生火灾(至今不明原因),烧毁二、三楼木质地板和楼顶。修缮后,车站主楼顶部换成水泥平板结构。1985年恢复部分客运。2003年,楼顶重新覆盖尖顶红铁瓦,内部结构和装饰保留部分原貌。2004年,客运再次停运,但该站作为货运枢纽的作用依然存在,尤其是全国各地到达华东地区的煤炭都在这里中转。今日的浦口火车站虽已今非昔比,但它的文化价值远胜于经济价值。在长达百年风云变幻的岁月里,曾留下孙中山、毛泽东等一代伟人和朱自清等名人的历史足迹,昭示了浦口历史文化的厚重。作为全国唯一保留民国风貌的百年老站,在繁华黯褪的同时,却在另一个舞台上华丽亮相,由电影《少爷的磨难》开始,这里便成为拍摄民国时代影视的外景拍摄地,《开天辟地》《孙中山》《国歌》《情深深,雨濛濛》等电影都有浦口火车站的身影。2006 年 6 月 5 日,该站被公布为省级文物保护单位。2013 年 3 月被公布为全国重点文物保护单位。

两浦铁路工人“二七”大罢工指挥所旧址 位于顶山街道南门浴堂街 34 号。建于清末,为普通民宅,坐北朝南,砖木结构,分正房和厢房。正房面宽 11. 5 米,进深 15 米,建筑面积 243. 2 平方米,占地面积 278. 15 平方米。清宣统三年(1911)改建为浴室,民国 10 年(1921)初,由浦镇机厂中华工会包租,成为工会活动场所。11 年秋,以王荷波为首的三名中共党员在此成立南京地区第一个党小组,从此这里便成为中共浦口地方组织领导工人运动、传播马克思列宁主义的地下活动联络点。12 年 2 月 9 日上午,从蚌埠开来一辆煤车,机务长逼令该车挂上客车,并派出军警随车押送。王荷波闻讯后,立即率领数百名罢工工人奔向浦镇火车站,扬起红旗,命令停车。在列车越开越近时,工人们冲进铁道,趴在铁轨上,逼迫其停车。车务处只好派员与王荷波等人谈判并答应工人们提出的部分要求。中华人民共和国成立后,浦镇车辆厂(原浦镇机厂)搜集当年中共党组织和中华工会领导铁路工人卧轨斗争的史迹,以及王荷波等人的遗物、资料、图片等,在浴堂街 34 号建立“二七”大罢工纪念馆。1989 年,在纪念馆入口处加设铁栏杆维护。1996 年、2004 年,先后两次对原址建筑进行维修。2012 年,南京市总工会出资进行室内装饰,陈列王荷波生平及“二七”大罢工等事迹资料,同时市、区建设部门对该处环境进行改造。1982 年被公布为江苏省文物保护单位。

浦口革命烈士纪念碑 位于江浦街道求雨山顶,原名江浦县革命烈士纪念碑,1957 年由江浦县人民委员会建于珠江镇凤凰山上,以纪念 1949 年 4 月在解放江浦县城中牺牲的人民解放军。纪念碑正面题写“革命烈士永垂不朽”,背面为中共江浦县委员会、江浦县人民委员会谨立的“碑记”,追述先烈们的英雄事迹。1983 年,以“江浦县革命烈士纪念碑”名称公布为县级文物保护单位。1999 年,江浦县委、县政府决定将革命烈士纪念碑移建求雨山,并于当年 4 月 21 日江浦县解放 50 周年纪念日举行奠基仪式。2000 年 4 月落成。碑高 19. 99 米,象征重建年份;周长 42. 1 米,象征江浦解放的月、日;碑体造型如风帆,似利剑,又似火炬,寓意世世代代不忘革命先烈,秉存遗志,奋发进取,勇往直前。碑前广场面积 1880 平方米,由广场至山顶设 6 级平台、73 级台阶。2002 年,以今名公布为区级文物保护单位,成为对全区人民特别是青少年开展爱国主义教育和革命传统教育的基地。

求雨山“金陵四老”纪念园 求雨山位于江浦街道西门外,原名陆家山,因“岁旱祷雨其上,故又名求雨山”。1988 年起,江浦县、浦口区人民政府在此相继建成林散之、萧娴、高二适、胡小石“金陵四老”纪念馆,又称求雨山文化名人纪念馆。2007 年 7 月 11 日,中国书法家协会首家创作培训基地在求雨山纪念园挂牌成立。2012 年,以求雨山“金陵四老”纪念园公布为南京市文物保护单位。

林散之纪念馆原名林散之书画陈列馆,1988 年 1 月 3 日奠基,1997 年 11 月 20 日建成,并更名为现名。纪念馆占地面积 1.4 公顷，建筑面积 2100 平方米，为明清园林建筑风格，主要建筑有散木山房、爱雨轩、墨池、束�亭、双套亭、惠沃亭、碑廊、景香阁、宝砚斋、大门坊等。其中，散木山房为主展楼，分上下两层，楼高 10.36 米，东西宽 17.85 米，进深 17.1 米，由门楼和正厅两部分组成。正厅又分前厅和后厅，两厅相联形成凸字形展厅，展厅面积 462.69 平方米。碑廊长 100 米，在黑色花岗岩上镌刻林散之不同时期、不同体例的书法佳作 39 幅。

萧娴纪念馆于 1998 年初始建，同年 11 月 15 日落成开馆。纪念馆占地面积 0.8 公顷，建筑面积 600 平方米。主展厅蜕阁坐西朝东，呈汉府贵州民族风格，展线长 100 米，展厅面积 400 平方米。萧娴与丈夫江达合葬墓位于主展厅西侧，由三块大理石堆砌而成，寓意萧娴终身迷恋“三石一盘”（《石鼓文》《石门颂》《石门铭》《散氏盘》）以及对博大沉雄的追求。墓靠上铭刻康有为七言绝句：“笄女萧娴写散盘，雄深苍浑此才难。应惊长老咸避舍，卫管重来主乩坛。”

高二适纪念馆于 1998 年 11 月奠基，1999 年 12 月竣工。占地面积 0.6 公顷，建筑面积 1250 平方米，主要建筑有高亭、碑廊、墓地、瞭望台等。主展厅高亭呈风车状造型，单坡斜顶，独具风姿，有如其挺直傲岸之性格。高二适书艺取法高古，骨力遒劲，融会贯通，纵横变化，时出新意，尤以今草骨脉、章节意态、狂草风神之草书令人回味无穷。

胡小石纪念馆位于林馆北面，2003 年 8 月 16 日奠基，2005 年 5 月对外开放。占地面积 1.2 公顷，馆舍建筑仿民国形制，青砖灰墙，拱圈门楼。主展馆以胡小石书斋号“蜩庐”命名，面积 1300 平方米，上下两层，一楼精品厅饰以反映胡小石人生历程的花岗岩浮雕，二楼主展厅有吴为山制作的胡小石塑像。胡小石在文字、音韵、楚辞、考古、杜诗等领域造诣颇深，书法四体皆擅，尤精汉隶、魏碑。墓地位于主展厅西侧，碑文由曾国藩后裔曾昭燏撰写。

江上草堂（林散之故居） 位于桥林街道周营社区林园组猴山之阳，原名林家“庄房”，共两进八间，加上厢房，共十间。前场后园，较为宽敞。清宣统二年（1910），林散之随父母由老宅江家坂迁此。民国 9 年（1920），林散之以“庄房”为基础，购置周围荒冈 0.8 公顷，并在山上建草房三间，含山进士张粟庵为之命名“散木山房”，14 年易名“江上草堂”，体现林散之甘于澹泊、崇尚质朴的品质。他曾作诗《草阁》歌咏草堂，“门外垂垂柳，江寒草阁阴。帆从天际远，水向岸边深。悱恻青山梦，蹉跎黄卷心。繁声久不异，好鸟有同音。”自此至 1955 年，林散之一直于此生活、读书、吟诗、习字、作画。1956 年起，林散之迁居江浦、南京后，每年至少回草堂住上一段时间。“文化大革命”初期，草堂被毁。此后，林散之家人在草堂南边新建一排坐西朝东五间平瓦房，林散之随子孙居住。1998 年，政府将原草堂所在地 5 公顷山地交给林散之后人使用，林氏家族在此重建林散之故居。当年复建 3 间“江上草堂”及 14 间正房，面积 460 平方米。此后，相继扩建门廊、石亭、石碑、书画陈列馆、祭奠馆、衣冠冢等设施，所有一切无不传递着林散之仙风道骨的儒风。高大的门廊上，横额“林散之故居”及楹联“雄笔映千古，巨川非一源”为赵朴初题写。古典式牌坊横额和柱联均为林散之的遗联和墨迹：“名花未落，佳客能来”“山花春世界，云水小神仙”，还有林散之于 1988 年自作的长联：

"补读未完书一寸光阴一寸学业加些课盖点丑今日始知前日错;勤修过来路半天工作半天酬报犹记得忘不了百年已负万年恩"。30座石碑构成的碑廊,镌刻着林散之和林昌午两代书家的诗、词、书法,精彩绝伦,成为故居夺人眼球的景观。2005年,林散之故居被公布为区级文物保护单位。2006年,被公布为南京市文物保护单位。

二、非物质文化遗产

浦口境内的非物质文化遗产(简称"非遗")多姿多彩,大多数与群众生活密切相关。2200多年前,西楚霸王项羽兵败垓下,退走浦口,自刎乌江,留下多少地名故事。江浦街道西江口乡民以荡花船的民间文艺形式,纪念南宋农民起义领袖杨幺。明初,邑人黄颛创作的民歌《前江圩踏车行》流传至今,泰山庙会香火不断。清代有星甸回民卤菜、桥林茶干、石桥门笺的制作技艺、张氏接骨术及永宁手狮舞。民国以来,有桥林的油布伞和徐氏毛笔制作技艺,有传统的种子画、铁皮画,还有北方传入的"老汉推车""跑驴"等民间舞蹈。2005年起,浦口区启动非物质文化遗产普查和保护工作。全区非遗项目涵盖十大门类、23个种类,登记在册231项,其中民间文学197项。2008年、2011年、2015年,区政府分三批公布非物质文化遗产保护名录63项,其中民间文学30项,传统音乐2项,传统舞蹈12项,传统美术3项,传统手工技术6项,传统体育1项,传统医药2项,传统习俗7项。成功申报省级非遗项目2项,即江浦手狮舞、项羽与浦口的历史传说。省级非遗项目传承人2名,即朱协丰、邵金贵;市级非遗项目10项,传承人7名。

项羽与浦口的历史传说　2200多年前,楚汉相争。汉高祖五年(前202),项羽兵败垓下。据传,当年项羽带着爱妾虞姬向江东溃逃,路过江浦(今浦口),沿途留下许多神奇而动人的地名传说,也成为后人在浦口乌江地带凭吊项羽的重要历史源点。

高望　垓下之战后,项羽感到大势已去,便在半夜时分,带着虞姬和亲信从垓下突围,沿着一条古驿道向江东逃生,打算从浦子口(今泰山街道)渡江。待项羽一行逃到今浦口点将台时,天色刚亮,只见刘邦大将韩信已在江边布兵把守。项羽没法过江,便当机立断,向西而逃,逃到今江浦街道高旺时,天色大亮,项羽拨马登上高旺镇一座小山顶瞭望。只见东边驿道上尘土飞扬,刺绣着"刘"字的米黄色大旗迎风招展;西边路上,韩信的兵马已超前布阵,准备堵截;北边是横亘的老山,没有出路;唯有南边有西江口,可渡江东去,可是韩信会不会在那里设兵埋伏呢?就在这时,项羽的坐骑"乌龙骓"长啸一声,腾起前蹄,好似敦促主人快寻出路,项羽心领神会,立刻抖动缰绳,毅然夺路西逃。其实,项羽过于自信,错估了形势,韩信并没有在西江口布防。当年项羽若从西江口渡江,有可能返回江东。据说,当年有三位江东仙翁在西江口对岸接应项羽过江,等啊,等啊,始终不见项羽身影,时间久了便化为三座小山,这就是西江口对岸的江宁县"三山矶"。项羽当年登高瞭望的地方,被后人取名高望。待这里建成集市后,人们便谐音取吉为"高旺"。

兰花塘　项羽率众从高望西逃后,遭韩信兵马阻击,两军混战在古道上,兵器的撞击声、战马的嘶鸣声和兵卒的喊叫声混在一起，惊天动地。交战中，虞姬挥舞双剑不离项羽马前，项羽直挺长枪紧护虞姬身后。在与韩信的交战中，虞姬头上的碧玉兰花簪失落在一口水塘埂上。据传，虞姬最喜爱兰花，衣上绣着兰花，头上戴着兰花，连碧玉簪上也是兰花图案。说来神奇，第二年春天，在虞姬失落兰花簪的塘埂上、驿道旁、山坡上，长出了朵朵兰花，漫山遍野，幽香四溢，仿佛诉说着虞姬的往事。不知过了多少年，人们把虞姬失落兰花玉簪的水塘称作“兰花塘”，历代相传，至今未变。

失姬桥 项羽冲破韩信的堵截后，天近黄昏，沿常山古道西行，经过几个村落，在石碛桥边扯起帐篷，就地宿营。虞姬守在项羽身旁，项羽对虞姬说：“爱妻，胜败乃兵家常事，不必忧虑，明天，你我同骑乌龙骓，一道回江东！”话音刚落，乌龙骓突然嘶鸣，左右探马立刻大声禀报：“大王，不好了，韩信追兵把我们包围啦！”虞姬知道明天再无生还的可能，为使项羽不再为保护自己而分心，她借指敌情，乘项羽他顾之时，横剑自刎。后来，为纪念虞姬，石碛桥改称“失姬桥”，在掩埋虞姬的地方垒起虞姬坟，将藏匿虞姬血衣或宝剑的水井命名“胭脂古井”。2200 多年过去了，石碛桥几经重建，“失姬桥”的名字伴随其至今。那口胭脂古井的井水，有时仍呈现淡红色，水质甘甜爽口，饮用至今，从不枯竭。

魂落铺 九头王 项羽自失虞姬后，与汉兵大战多时，单骑一人冲出重围，南行数里，在一个小村庄前踟蹰不前，徘徊者再，已六神无主，魂落魄散。后人将小村庄改为“魂落铺”，即今桥林街道石碛社区的自然村横路铺。项羽离开魂落铺，乌龙骓扬起四蹄，飞奔至三里外的小山村时，被尾随而来的汉兵包围，项羽环顾四野，眦裂发指，挥剑杀敌，连斩汉军九骑之首，当年人称此山村为“九头亡”，后改名“九头王”，沿用至今。

勒马想 项羽从九头亡杀出重围，横跨古道，在一座小山梁上，勒马四顾，突然仰天大叫：“吾要升天也！”原来韩信料想此地是项羽西逃必经之处，便命令士兵用糖稀在地上书写七个大字：“霸王归天乌江死”。很快字上爬满了蚂蚁。此刻，项羽看着蚂蚁组成的字，大惊失色，想必是“天之亡我！”后来，人们在项羽勒马停站的小山梁建村，为纪念项羽，便以“勒马想”为村名。

驻马河 滚马滩 项羽离开勒马想，快马加鞭，向乌江边飞奔。一条连接江苏和安徽两省的天然通江河道即后人所称的驻马河挡住了项羽的去路，河道入江处便是乌江渡口。在此危难时刻，乌江亭长舣船而待，并对项羽说：“江东虽小，地方千里，众数十万人，亦足王也，愿大王急渡。”项羽对亭长说：“项羽与江东子弟八千人渡江而西，今无一人还，纵江东父老怜而王我，我何面目见之？”这段对话被司马迁写得如此精彩，如此令人动容，成为浦口人怀念项羽的千古绝唱！项羽将乌骓重托于亭长，便拔剑自刎。再说乌骓随亭长渡江后，不见了主人，便扬蹄长嘶，凄厉悲惨，在江滩上不停地翻滚，憋息而死，于是有了“滚马滩”这个地名。

江浦手狮舞 手狮舞起源于明清时期的永宁地区，由当地农民和驻军在劳动和习武中共同创作，至清太平天国时期，已经成为地方特色鲜明的民间舞蹈，在永宁地区常演不衰，常演常新。20 世纪 80 年代末，经江浦县文化馆朱协丰、朱家营村邵金贵、朱宗炎等人反复打磨，从内容到表演形式加以挖掘整理，重新编排，手狮舞焕发出新的青春光彩，成为中华舞蹈大家族中的一枝独秀。手狮舞道具是手狮，每只手狮长约 1.5 米，重约 2.5 公斤，先用竹片扎制狮头骨架，以麻布和彩丝装饰成狮子模样。表演者统一着装，头戴黄巾，身穿马夹，腰系红带，下身穿黄色灯笼裤，脚登黄布靴，俨然一太平军战士。表演动作主要有马步、抖狮、举狮和甩狮，程式化套路有狮子点头、就地翻滚、二狮抢球、八狮串井、蛟狮盘柱等，其中蛟狮盘柱最为精彩：舞者首尾相接，呈圆形跑动，随着圆圈越跑越紧，圆心处的表演者快速叠起罗汉，直至三层，而手狮首尾相连，宛如盘龙，令人叫绝。改编后的手狮舞在省内外、国内外舞台上频频亮相，频频获奖。1994 年，手狮舞参加沈阳国际民间舞蹈艺术节演出，获金玫瑰奖。2003 年，新世纪小学《狮娃》参加央视“和谐春晚”演出，获年度大奖。2010 年 6 月，永宁侯冲手狮队获首届全国农民艺术节精粹奖。这期间，江浦手狮舞蹈队先后获中国·江苏“三民”大赛金奖、江苏音乐舞蹈类非物质文化遗产保护成果展演金奖、第十届江苏省“五星工程奖”广场舞蹈类演出金奖；四次走出国门，远赴匈牙利、德国、法国、荷兰等欧美国家演出。2008 年，江浦手狮舞被列入江苏省非物质文化遗产名录。

山茶会　又名采茶舞，流行于清末民初的汤泉地区。采茶舞表演队由 12 名采茶女和 1 名茶郎组成。茶郎头扎白毛巾，身着白色短褂，系红腰带，下身穿红色裤，脚穿黑色布鞋，肩挑一对元宝形茶篮，手执芭蕉扇；茶女身着绿裤红褂，一律齐腰的乌黑长辫从脑后搭至胸前，左手托花篮，右手甩绣帕。开场后，姑娘们在音乐声中以上山、采茶、倒茶、赏茶、试担、运茶、下山等固有的套路，一会儿疾步串花，一会儿轻盈荡步，边舞边歌，在舞、唱、说、逗的过程中又掺杂着灵活诙谐的即兴表演，给观众展现出茶郎、茶女们愉悦的劳动场面，生动有趣，纯朴清新。经过多年的演练和加工，山茶会已成为一支绚丽多姿的民间舞蹈。1956 年，汤泉乡山茶花歌舞队代表江浦县参加镇江专区农村文艺会演，得到同行一致好评。事后，上海红旗歌舞团专门到汤泉采风，对山茶会进一步加工后，亮相上海舞台。1959 年后，山茶会多次参加市、县演出。1986 年，山茶会被收入《中国民间舞蹈集成》。2008 年，山茶会被列入南京市非物质文化遗产名录。

民歌八老鸽子、吓老鹰　江浦县新老民歌曲调中，较有影响力的为八老鸽子调《太阳出来红半边》和吓老鹰调《绣手绢》。八老鸽子由陡岗、石桥一带劳动号子演变而来，唱起来旋律悠扬、绵长，圆润而细腻，质朴又欢快，让听众难以忘怀；吓老鹰流传于汤泉地区，采用男女对唱的形式，表达人们对美好爱情的追求。1958 年，这两首歌曲由陡岗乡农民歌手段万秀、林其秀从江浦唱到北京，两名歌手受到周恩来总理的接见。20 世纪 70～80 年代，两首歌曲多次在省市文艺会演和调演中获奖。2008 年 7 月，两首歌曲由浦口区民歌选手余夕莲、黄长照、侯秀琴、方仪等演唱，并被选派参加中央电视台组织的“中国民歌”录制活动，于当年 7 月 17 日、19 日在中央电视台音乐频道播出。2008 年、2015 年，吓老鹰、八老鸽子民歌曲调先后被列入浦口区非物质文化遗产名录。

植物种子画 植物种子画由古代五谷粮食画衍生而来。该画将不同形态、不同色彩的天然植物种子按构图粘贴而成,集水墨画的韵味、水粉画的色调、油画的凹凸感于一体,生动自然,质朴灵动。浦口植物种子画传人利霞出生于西安,中学时酷爱工艺美术,由家乡用五谷粮食制作春联和年画而萌生出创作植物种子画的想法,从此从一草一木、一山一石开始探索和创作植物种子画。创作首先要收集种子,建立种子库,再经过选粒、浸药、蒸熏、风干、晾晒、阴窖、磨板、仿形、定色、粘接、封面、装框等工艺流程,方能达到预期的效果。在制作过程中,尤其要注意种子自身的特性,就算同一种种子,不同产地、不同生长期也会产生不同的效果;种子粘贴的方向对与不对,也会出现顺光与逆光的差别。20 世纪 90 年代后,利霞先后创作《水仙图》《南无观音菩萨》《红楼梦大观园》《中国四大美女图》《秋艳图》《大展宏图》《骏马图》等作品,出版中英文对照的《利霞植物种子艺术画册》,其中部分作品获得多个国家和省市级奖项。2006 年,以 40 万粒植物种子历时 6 个月创作《红楼梦大观园》,画长 1.9 米,宽 1.1 米,画中人物金陵十二钗或看书下棋,或游玩嬉戏,神态各异,形象逼真。该画先后参展首届中国绿色博览会、首届“东方工艺艺术之都”博览会。2007 年,利霞种子画被录入上海吉尼斯世界纪录。

第五节 戏曲 广电 电影

一、戏 曲

浦口区扬剧团 1961 年 2 月,南京市红旗扬剧团划归江浦县,成立江浦县扬剧团,时有演职人员 72 人,拥有全套古式服装和文武场乐器,古今剧目并演,以传统古装剧为主,年演出 400 余场。1962 年,接纳江苏省戏剧学校学员 13 人。剧团演出的《雁门关》《拜月记》《秦香莲》《孟姜女》《白蛇传》《双玉婵》等剧目在县内外颇有影响。名角阮惠芳扮相俊美,表演传神,唱腔圆润,所塑造的秦香莲、孟姜女、白娘子等鲜明生动的艺术形象,赢得观众由衷的赞赏,被誉为“江浦的严凤英”。1966 年 6 月,剧团改称江浦县工农兵剧团,停业闹革命,无营业性演出。1970 年,江浦县工农兵剧团改称江浦县京剧团,主要排演《红灯记》《沙家浜》《杜鹃山》《海港》《江姐》等样板戏。1974 年秋,江浦县京剧团改名江浦县文工团,常年深入农村、工厂和部队慰问演出。1977 年 8 月,扬剧《雪地春风》《最听话的丫头》在江苏省专业剧团戏剧创作汇演中分获演出奖和创作、唱腔、伴奏等 5 个单项奖。1978 年,剧团复称县扬剧团,排演古装传统剧《雏凤凌空》《生死牌》《薛刚反唐》等。1980 年春,在六合县人民剧场演出《秦香莲》,一天 4 场,连演 89 场,场场满座,盛况空前。1983 ~ 1984 年,剧团分两个演出队,在苏北里下河地区(包括今淮安市、盐城市部分地区)巡回演出《狸猫换太子》《赵五娘》《孟姜女》《白蛇传》《双玉婵》等古装剧 507 场,收入 6.84 万元。1985 年,两个演出队合并,实行目标责任制管理,优化组合,抽调部分人员发展二、三产业。1988 年以后,随着文化市场的多元化,尤其受影视文化的冲击,剧团陷入困境。1991 年起,剧团停止演出,保留建制,退休人员生活待遇由县财政拨款,在岗人员继续从事二、三产业,实行自收自支。1994年,大部分人员分流,演职人员减至10余人。2002年,江浦县扬剧团易名浦口区扬剧团,有职员13人。2003年,在省扬剧团等单位支持下,以李元龙为原型创排六幕现代纪实扬剧《大泉魂》,并在全省巡回演出。2005年,剧团以"张思德式的好职工"刘宏林(桥林镇自来水厂副厂长,2004年12月26日冒雪抢修自来水管道,以身殉职)先进事迹创作排演六幕现代扬剧《心泉》。2007年,以新农村建设为主题,创作排演七幕现代扬剧《七彩树》。2015年,剧团隶属区文化局,事业编制,有职员10人。

南京浦口曲艺团　1979年7月成立,由南京市滑稽戏团和南京曲艺团下放回宁人员组成,大集体性质,以文化馆剧场为基地。剧团成立后,在南京山西路军人俱乐部以"南北相声会"公演,连续演出10多场,2000人的场地座无虚席。同年10月,赴合肥、当涂、马鞍山、芜湖等地巡回演出大型滑稽剧《性命攸关》,独角戏《学剃头》《五千斤》《看电影》,相声《昨天》《关公战秦琼》《普通话与方言》《戏剧杂谈》《恋爱漫谈》《孤儿不孤》,琴书《猪八戒拱地》等。1981年春节前,该团解散。

二、广　播

江浦县广播电台(站)　1952年,建立江浦县收音站。1955年,收音站扩建为有线广播站,站址设在珠江镇百子庵(今公安分局宿舍楼大院处),配备编辑、播音员、机务员等6人。1957年,通过邮电局电话线路向乡镇发展播音喇叭3500只,开办"江浦新闻""江浦生活"两档节目。1959年,站址迁至珠江镇北门(今广播电视宿舍区)。1967年,广播站改称毛泽东思想宣传站(1969年恢复原名),停办自办节目。是年,架设广播专线,至1970年,累计架设专线1037杆千米,安装喇叭43190只,喇叭入户率84%。1979年,初步形成以县广播站为中心、公社(镇)放大站为基础、完全独立传播的农村广播网络体系。恢复开播"江浦新闻""江浦生活"节目,新增"理论学习""一周时事"和文艺节目。1987年,实现广播网路规格化,实行广播节目栏目化。新闻节目新增评论"新城快语"、社会新闻"老山南北",科技节目分为"科技顾问""企业之窗""专业户谈经验""农家之友""致富信息"等。

1992年10月30日,江浦县人民广播电台成立。1996年12月,在老鹰山建成调频广播发射台,频率为93.9兆赫,功率为300瓦,信号覆盖江浦全境及周边区县。是年,县广播电台开通调频广播,乡镇广播站改有线接收为无线接收。1998年2月9日,首次实施现场直播,并获得圆满成功。2001年3月,电台建成音频工作站,实现新闻节目录制、文艺节目录制、自动播出等系统全程数字化、自动化。自办新闻、专题、文艺节目,每天播出3小时。全年播出来稿4850件、自采稿2050件。县广播电台被市广电局评为新闻节目质量达标先进单位。

原浦口区广播站　1958年8月成立。使用功率300瓦扩大机,有广播线路390千米,装喇叭180只。1962年,广播站改用载波发射机,线路总长540千米(其中利用电话线路100

千米),新装喇叭104只,自办新闻和文艺(播放唱片)节目。"文化大革命"初期,区广播站与文化馆合并,称"毛泽东思想宣传站"。1973年,广播站恢复建制。1975~1976年,区站至公社站节目线路全部更换为5.5米水泥杆。1979年,用户喇叭达"五有化"(有喇叭箱、开关、电阻、避雷器、良好地线)标准。1986~1988年,新建播音室和机房,更新扩大机、播控台、配电柜、输出柜和录音机。实现村村、组组通广播,入户喇叭1.2万只,入户率89%。自办节目有"浦口新闻""科技与生活""报刊文摘""文艺欣赏""银线连万家"等。年播自编稿件3000篇左右。1996年起,广播站工作重点转向有线电视。至2001年,有线广播入户率、通响率分别降至69%、70%。自办节目有"浦口新闻""新闻快车""科技天地""宝塔观湖"等,部分广播节目稿与电视节目稿实现通稿播出,年播自编稿件4000余篇。

三、电 视

江浦县广播电视台 1984年10月,建成江浦县电视差转台,使用6频道发射。1992年7月20日,江浦县有线电视台建成并正式开播。1993年,县电视差转台更名为县电视台。1994年,架设有线电视主杆电缆6000米,安装、改装有线电视4100户。1995年,江浦县与南京市广播电台合办18频道自办台,电视节目终审权由县广电局负责。1996年,县电视台6频道(后改4频道)搬迁至黄山岭老鹰山,扩大电视半径覆盖面,实现播出与发射分离。1997年10月,江浦县人民广播电台、电视台、有线电视台合并为一个播出实体,统称江浦县广播电视台。1999年,实施县、乡(镇)有线电视光纤联网工程。至2001年,有线电视终端用户达1.24万户。电视台机房有监视器36个、调节器40个、解调器10个、光发射机10个、卫星接收机20个等主要设备。电视台4频道、18频道配有节目编辑、图文字幕制作系统、摄像机、放像机等设备。自办节目有"江浦新闻",每周三档(逢单首播),每档10分钟左右;专题节目有"改革追踪""田园聚焦""社会扫描""江浦人""星火科技""校园风景线""江浦警方"等;文艺节目有"信息传递""点歌台""电视剧场"等。

原浦口区有线电视网络 1989年,区财政拨款及有关部门和单位集资22万元,购置有线电视前端设备及架设闭路电视网络,有600多户居民首次收看8频道电视节目。1994年,建设550兆有线电视前端,增设卫星电视接收设备,节目增至15套。1995年9月,实现市、区有线电视联网,节目增至22套,有线电视用户达4000户。1996~1998年,先后建成5个乡(镇)有线电视网络,并实现与浦镇车辆厂有线电视联网,有线电视频道增至29个。1999~2001年,完成与南京高新区、大桥四处、南京大学浦口校区、珍珠泉喜客山庄联网工程,同时实现与浦口地税分局、高新区地税分局宽带数字传输联网,频道33个,用户近2万户。2001年,制作"浦口新闻"150档,播出稿件4180篇,《乡村教师杨瑞清》获上年度中国广播电视新闻奖(广播社教节目)二等奖、江苏省优秀广播电视节目一等奖。制作专题节目38档、文艺节目82档,播出影视作品300集。

浦口区广播电视台 2002年5月,江浦广电局和原浦口区文化广播电视局(部分广播电视人员)合并成立浦口区广播电视局(简称区广电局),下设广播电台、电视台、有线电视台三个事业单位。当年,全区有线电视用户3.5万户。2003年,区有线电视台与联邦专业公司、中国网通南京分公司合作,建成覆盖全区的光缆网络,光缆总长近300千米,广播电视频率由93.9兆赫调整为101.7兆赫。完成机房信号源调试工作,有线电视节目统一为36套。全年发展用户6100户。2005年7月,区政府与南京广播电视集团共同出资3200万元,建设运营浦口广播电视综合信息网络。新架设光缆110千米,埋设地下管线45千米,新增光节点96个,发展有线电视用户1.4万户。2007年9月,全面启动数字电视转换工程,购置广播直播车。全区居民小区、农村居民组光缆联网率达100%,开通光节点643个,有线电视用户11.71万户,获江苏省有线电视先进区称号。2009年,启动农村有线电视、调频广播"双入户"工程,发展用户4000户,节目频道由4套增至48套。2010年,加速有线电视网络改造,全年发展有线电视用户2.76万户,广电网络公司机房传输普通数字电视频道78套节目(不含付费点播频道)。全区有线电视入户率达95%。2011年1月,浦口区通过省级有线电视"户户通"区检查验收。是年起至2012年,投入1609万元,架设光缆153千米,埋设地下管道18千米,整体转化数字用户5.09万户;江浦街道、汤泉街道实现有线电视数字化。2013年8月,建立浦口广播电视台网站,实现在网上收看浦口新闻和专题节目。启动云媒体置换工程,置换用户5800户,整体置换农村基本型数字电视用户7000户。全区有线电视用户增至19.7万户,数字电视用户增至17万户。2014年3月,区广播电视台与上海北丞科技公司联合组建通用型蓝光媒资系统。8月,区广播电视台与龙虎网成立南京龙虎网浦广传媒有限公司,打造和运营全新子网站"江北新闻网"。2015年,区广播电视台加速双向网改,重点发展云媒体宽带业务。新建和网改双向小区63个,新增双向网覆盖用户4.3万户。拥有松下高清外拍摄像机5台、索尼EX系列摄像机10台、标清磁带摄像机2台。全年投入工程建设资金1230万元,完成工程项目185个、宽带工程13个,新架光缆445千米、地下管道64千米;有线电视用户21.71万户,数字电视用户19.52万户,互动电视用户5.63万户,宽带用户8561户。

2002年起,区广播电台开办新闻、专题、服务、文艺四类24个节目;电视台开办"浦口新闻""视点""计生专题""精彩一刻""点歌台""天气预报"等栏目。2003年,电视台"浦口新闻"由每周隔日一档,改为周一至周五每日一档,周末为一周要闻;辟出专门频道,购买并播出新华社每周一期的"国际电讯"节目。电台新闻由每天5次改为7次滚动播出。《我的父亲李元龙》(广播社教对象节目)获江苏省政府一等奖;《普通公民打官司不用登记了》(长消息)获南京市优秀广播节目、优秀电视节目一等奖。2004年,新闻节目新增"外向型经济前沿""政协之窗""平安浦口""品牌浦口"等系列报道。2005年,电台、电视台分别开办"激情岁月,继往开来""腾飞2005"栏目,邀请区经济部门和街镇主要领导走进演播室,回顾2004年,展望2005年。电台与市经济广播电台合作,调频FM101.7面向全市转播经济频道节目。《别了,桥北收费站》(系列报道)获市优秀广播节目一等奖。2007年,电台、电视台开办"喜迎十七大”“贯彻落实十七大精神”专栏，“浦口新闻”推出《四放心（放心早点、放心菜、放心肉、放心食品）工程》系列报道。《政府与企业联系建“扶贫孵化器”助农脱贫》（长消息）、《浦口肉价下来了》（新闻专题）获市广播优秀节目一等奖，《农民协会串起侯冲村民生活幸福链》（系列报道）获市电视优秀节目一等奖。2008 年，新闻节目“浦口天地”升级改版为大型新闻综合类节目“看江北”，下设“新闻氧吧”“江北印象”“家在江北”3 个版块，综合展示江北的发展神韵。2009 年，电视台与区商业部门、上海大众汽车有限公司、区中心医院、区残联等合作，推出生活类栏目“生活 360”，下设“欢乐消费”“大众车市”“名医话健康”“好房好家”“爱心故事”等子栏目。2010 年，“看江北”获市电视新闻类十大名牌专栏，2012 年获南京市广播电视创新创优栏目奖。该栏目累计播出 212 期，深受观众好评。2011 年，创办“三农时空”栏目，新设民生类栏目“有事说事”。2013 年 4 月，电视新闻《大标签大作用，现场帮你追溯水产品质量》及电视专栏“三农时空”分获第四届中国（寿光）农业电视论坛暨节目评估年会二、三等奖。9 月，电视专题片《森林守护者》获全国第五届“关注森林——梁希新闻奖”三等奖，“三农时空”“有事说事”分获第七届南京市广播电视十大名牌专栏、十大优秀专栏。2014 年 7 月 7 日，与区残联开办“浦口新闻”手语版节目，为江苏省日播手语节目唯一制作单位。推出新版“浦口新闻”节目，该节目开设“今日头条”栏目，策划全区经济运行、深化改革专题，围绕区委、区政府阶段性重点工作开展宣传。2015 年，探索节目的多种表现形式，增强节目可看性。试制《浦口集中营寻迹》纪录片，摄制美丽乡村“八颗珍珠”系列专题片 8 期。年内，《新环保法开始实施，区环保局首次查封排污企业》获南京市区级台广播新闻一等奖，《啤酒厂中水外送，一年节水 10 万吨》获南京市区级电视新闻一等奖，《市民多一点文明，社会多一点和谐》获 2015 年度南京市区级电视公益广告一等奖。同时加大对外宣传力度，1～10 月，省、市级电视台播出浦口新闻、消息 160 余条，《南京日报》《金陵晚报》录用浦口区广播电视台广播稿 360 篇。

四、电 影

江浦县影剧公司 1955 年，江浦县成立电影队，编为江苏省电影放映队第 63 队，放映员 3 人，使用 16 毫米放映机，在人民文化馆（即珠江镇西门旧城隍庙，今江浦街道大润发玛特超市停车场处）陆续上映《上甘岭》《董存瑞》《万水千山》等革命战争影片。至 1958 年，相继成立县第二、城镇、第四电影队，其中城镇电影队固定在县政府大会堂售票放映。1960 年，成立县电影管理站。1963 年，在土城殿前建人民剧场。1964 年，在县城西门建简易电影院。同年，成立县影剧（场）管理站。1965 年，电影院迁至文德路，新建县电影院（后改为县影剧院）。1971 年，龙山人民公社率先成立公社电影放映队，使用 8.75 毫米Ⅱ型放映机，年放映电影 178 场，观众 11.65 万人次。1973 年，县电影院首次放映宽银幕朝鲜故事片《劳动家庭》。1983 年 8 月，星甸人民公社民主大队农民赵业忠成立县内第一个个体电影队，在附近苏皖农村放映电影。1984 年，县影剧（场）管理站改称影剧公司。是年，全县放映单位发展到45个,放映电影1.3万场次,观众952万人次。县影剧院首次放映立体电影《欢欢笑笑》《快乐的动物园》,观众达7.62万人次,收入1.87万元。县内规模最大的工人影剧院落成,设装饰板翻板椅1215张。石桥乡王村建成全县第一座村级电影院,设木质座椅700张。全县有电影院8座,座位8070个。1992年起,受电视、录像等多元文化市场的冲击,影剧院放映场次减少,上座率下滑。1997年,县影剧公司放映电影346场,观众6.1万人次,放映收入16.39万元。围绕香港回归,组织历史巨片《鸦片战争》首映式,票房收入1.1万元,创江浦县电影放映史上日收入最高纪录。2001年,公司业务收入16.4万元,观众1.8万人次。

原浦口电影院 1953年3月,南京市文化事业管理处投资5万元,在浦园路1号建成两浦电影院。1956年,电影院划归南京市影剧公司。1959年,下放给浦口区管理。1961年9月再次被市收回。“文化大革命”初期,改名红光电影院。1981年10月,电影院停业维修,翻建房屋1500平方米,更换软席座椅901张,安装冷暖气设备1套。1983年元旦竣工开业,同时更名为浦口电影院。1995年以后,电影业不景气,电影院先后开办桌球室、游戏机室、录像室及餐馆等服务业。2001年,有职工6人。

原浦口区影剧场 位于新马路9号,原名浦口剧场,面积1200平方米,座位805个。1960年,由南京市影剧公司接管,更名为洪流剧场。1979年移交浦口区,改名为浦口区文化馆剧场,新建二层楼门厅,添置电影放映设备。1980年1月,经营电影放映业务。1983年12月,更名为影剧场。1988年底,影剧场停止放映业务。购置大屏幕投影机,放映录像片。1990年,因属险房关闭,职工待岗,领取基本生活费。2001年,有待岗职工6人。

浦口区影剧公司(影剧场) 2002年,江浦县影剧公司与原浦口区影剧场合并成立浦口区影剧公司(影剧场)。2004年,浦口区影剧场土地由区土地储备中心收购,6名在岗职工办理内退和买断工龄手续。次年,影剧场在区工商局注销。区影剧公司实施农村“2131”工程(21世纪农村一村一月放映一场电影),开展爱国主义教育电影放映活动。全年放映电影1060场(其中农村放映972场),观众23.38万人次(其中农民15万人次)。2006年,区政府批准区影剧公司改制方案。2010年改制工作结束,退休26人,退养11人,分流13人。

民营电影放映单位 2011年5月24日,卢米埃南京弘阳影城在浦口区大桥北路48号弘阳广场开业。影城拥有激光放映厅6个、激光ID厅1个、激光VIP厅1个,共有座位1256个,配置顶级放映设施和设备。开业后,票房收入和观众人次不断攀升。2012年,票房收入1181万元,观众37万人次。2013年10月,南京浦口中广国际影城在江浦街道文德路3号金浦购物中心5楼开业。影城拥有放映厅5个,座位461个,配以国际一流的放映设备和音响设备,是一座现代化的数字放映影院。2015年,卢米埃南京弘阳影城票房收入2470万元,观众69万人次。同年全区有民营电影放映单位9个。

第六节 图书 档案 史志

一、图 书

藏书 境内私人藏书始自明清丁氏家族。丁氏祖籍石碛桥曹城，明初迁至孝义乡（今泰山街道沧波门社区），世代以医济世，读书藏书自娱。自丁毅起，丁广、丁遂、丁明登、丁明诏、丁峻飞等都曾考取进士在朝为官，史称“两朝甲第，五代科名”。其中，丁明登官至户部主事，颇有政绩，后归居南京乌龙潭，从事刻书经营。刻书所得，全部用于买书，一生藏书上万卷。其子雄飞，亦储书成癖。19岁，积黄金数锭，一次在苏州虎丘书肆，倾其所蓄，购书而返。妻子与其同好，结婚不到10天，即将陪嫁之银物典当换钱用于购书。到丁雄飞父亲去世时，已藏书2万卷，分12部40橱藏于自家书屋“心太平庵”。丁雄飞既爱书又著书，平生著述98种，传存至今的有《春波谱》1卷、《霜舲日札》1卷、《江上数峰》1卷，以上三卷为无锡市图书馆所藏国家重点古籍。除此还有《小星志》1卷、《九喜榻记》1卷、《行医八事图》1卷以及《舆史》《琴鹤分剩史》《江湄旧话》。

公共藏书始于民国5年（1916）的江浦县通俗教育馆，该馆专设图书陈列室。17年8月，江浦县民众教育馆成立，设图书部，收藏经、史类图书，供人借阅。

1950年，江浦县文化馆建立图书室，购置政治、文化类图书数百册。1951年，原浦口区（时称南京市第七区）人民文化馆成立图书代借站，后改代借处，1955年再改为图书室。1958年，江浦县图书室升格为图书馆，藏书8500册。1965年，县图书馆藏书增至2万册，借阅图书1.5万人次。1978年，新建县图书馆大楼，面积790平方米。1981年，馆藏图书3万余册，外借图书2.31万册次。1984年，浦口区图书馆成立，为全民事业单位，编制3人。1986年起，开展“争创文明图书馆”活动，试行图书开架借阅，改传统的封闭型管理为开放型管理。1989年，江浦县文化馆被江苏省文化厅评为先进集体，馆长陈济民被文化部评为图书馆先进工作者。1994年，江浦县美籍华人叶德明捐款100余万元，新建德明图书馆，总面积760平方米。同年，在文化部首批图书馆定级评比中，江浦县图书馆被评定为国家二级图书馆。1996年，浦口区图书馆新楼落成，总面积805平方米。1999年，浦口区图书馆被文化部命名为三级图书馆。2000年，江浦县图书馆迁入县艺术中心，用房面积2770平方米。2001年，浦口区图书馆馆藏图书3.8万册，驻区单位18个图书馆藏书170万册；江浦县图书馆藏书11.6万册，基层单位113个图书馆藏书84.9万册。

2002年，新浦口区成立后，原浦口区图书馆、江浦县图书馆、德明图书馆于2003年3月合并组成新的浦口区图书馆，下设浦口图书馆、浦口分馆、德明少儿图书馆3个开放点。2005年，区图书馆通过国家一级馆验收。2012年，浦口区市民中心开工建设，规划内设5400平方米的区图书馆。2015年，区图书馆藏书23万册。

售书　民国时期,江浦县珠江镇有顾家小店销售文具,兼卖《三字经》《百家姓》《增广贤文》等私塾启蒙书籍。学校课本由教育行政部门直接到南京订购。

1951年,新华书店滁县支店在珠江镇西门大街建立书店门市部,销售《共产党宣言》《新民主主义论》和《中华人民共和国土地法》等政治理论书籍和扫盲识字课本。1952年,南京市新华书店在原浦口区(时称南京市第七区)供销社设图书代销点。1956年,新华书店江浦支店成立,全年发行图书19.17万册、中小学课本16.43万册,销售总额5.27万元。1958年,江浦支店改称江浦新华书店,同年10月,成立浦口新华书店。1961年,浦口新华书店收归南京市新华书店统一管理,改称浦口门市部。“文化大革命”初期,书店主要发行《毛泽东选集》(1~4卷)、《毛泽东著作选读》(甲、乙种本)、《毛主席语录》《毛主席诗词》等。1968年,江浦县新华书店、文化馆、影剧院合并成立毛泽东思想宣传站,当年发行图书24.92万册、课本8.8万册。1971年,宣传站撤销,恢复新华书店,在文德路21号(今文德路南侧与凤凰大街西侧交汇处)新建书店大楼,面积518平方米。1978年起,一度被封存的《红楼梦》《西游记》《三国演义》《水浒传》及《茶花女》《巴黎圣母院》《红与黑》等古今中外名著开禁发行,且供不应求,数学、物理、化学、英语等自学书籍空前畅销。1985年,浦口书店门市部划归南京市下关新华书店管理。1992年,门市部迁址新马路5号,新建门面房,面积538平方米。2001年,江浦县拥有图书销售网点46个。新华书店系统发行图书207.5万册,其中哲学、社会科学类16万册,自然科学、技术类3.5万册,少儿读物类20万册,大中专教材类1.2万册,课本类91.5万册,文化教育类35万册,文学艺术类29万册,图片0.7万张,其他出版物10.6万册,年销售收入1113万元。浦口门市部年营业额300多万元。

2002年,新浦口区拥有图书报刊销售网点75个。新华书店系统发行图书354万册,年销售收入1544万元。2008年,南京浦口新华书店有限责任公司成立。2011年4月,公司大楼因南京地铁十号线建设搬迁。2014年2月,在江浦街道天凤国际三楼重新开业,建筑面积1100平方米,营业面积600余平方米。当年实现图书净销售1962万元,实现利润218万元。2015年,公司营业收入2021.05万元,实现利润163.25万元。

二、档　案

档案征集与接收　明清时,县署设架阁库,贮藏文牍案卷,由主簿管辖。民国时期,文书档案由秘书室管理。中华人民共和国成立后,文书档案由县政府秘书室统管,设专人负责。1959年3月,成立江浦县档案馆,负责档案征集和接收工作,当年接收县委政法部、文教部等10个撤销单位档案207卷。1964年6月,成立原浦口区档案馆。1965年,接收江浦县委组织部、统战部等35个单位档案3981卷。1966年,江浦县接收社教工作团档案256卷。1982年3月,成立江浦县档案局,局馆合署办公,接收知青办等3个撤销单位档案17卷。1984年,浦口区成立区档案局,实行局馆合署办公。1986年,江浦县接收民国时期档案88卷;1987~1988年,接收乡、镇档案5767卷;1988年,接收江苏省档案馆移交的民国时期司法档案资料308卷。1990年，浦口区档案馆被省档案馆评为省四级档案馆。1991年，江浦县接收“户粮”档案及“文化大革命”中查抄物资清退情况档案2046卷、资料176册。是年起，接收中共中央、国务院、省委、省政府、市委、市政府、县委、县政府二套制文件，专业门类的档案增加死亡干部、婚姻登记、科技成果、农业科研、审计和统计等门类。1992年10月，县档案馆被江苏省档案局评定为国家综合档案馆。1999年2月，江浦县档案馆升格为三级馆。同年，浦口区档案馆馆藏档案全宗65个，计9172卷(册)。2000年，区档案馆接收18个单位文书、婚姻档案2014卷。2001年3月，区档案馆通过省三级档案馆认定。是年底，全馆共有档案全宗58个、11396卷。江浦县馆藏档案全宗82个、案卷29577卷，其中民国档案409卷。

2002年新浦口区成立后至2005年，接收公证专业档案、《江浦县志》档案及婚姻、建房、劳动人事、死亡干部等专业档案7132卷，各类照片3887张，其中征集新区成立典礼及新区第一次党代会、人代会、团代会、妇代会等照片档案1000余张。接收区委、区政府二套制现行文件2509份。2006～2010年，接收区委、区政府及各类专业档案56684卷(件)，其中2007年开展国家档案资源试点工作，当年接收国家档案资源整合试点单位房地产、婚姻、水利工程、道路交通、公证、招标等专业档案8809卷、4803件，较资源整合前馆藏专业档案增长77.7%，专业档案数量占馆藏档案的29.5%。结合南京百位名人档案展暨珍贵档案复制品交流会，征集林散之、韩修国、杨瑞清等14名区内各界优秀代表人物的照片、光盘、实物、宣传册、信件、图书等资料近800件。2009年，接收区人武部中华人民共和国成立后退伍军人档案5468卷。2011年起，档案馆建设步伐加快。2013年10月，区档案馆通过国家三级综合馆测评验收。2014年10月，区档案馆成为全市首批省AAAA数字档案馆。至2015年，5年累计征集和接收专业档案67529卷(件)、地情图书资料218册。同年，启动档案新馆建设，规划总面积1.2万平方米。

档案编研和利用 1949年中华人民共和国成立后，档案利用以机关工作、中心工作和政治运动为主。1965年在社会主义教育运动中，根据需要提供土地证存根、人口、房产呈报书。1972年在“清队”和调资工作中，江浦县档案馆接待查档800多人次。1979年以后，档案主要服务于实行改革、工资调整、解决山林及房产纠纷、机关整顿工作，至1987年，江浦县档案馆共接待查档3287人次，查阅档案8308卷。1988年，接待编史修志人员727人次，调阅档案5952卷次，完成《江浦县档案事业志》初稿编纂工作。1990年，整理编目照片975张，建立4个全宗照片档案16册；编写《江浦县1949～1990年县级党政领导人员情况简介》《明清时期江浦县自然灾害大事记及1949～1988年自然灾害简况汇编》。1994年起，按月编写《江浦县大事记》。1996～1997年，接待县公安人员1500人次，查档2200卷次，获取案例线索近300条；完成《解放后江浦县获奖科技成果简介汇编》。1998～2000年，编写《江浦县委1983～1997年反腐倡廉文件汇编》《县委、县政府关于表彰全县两个文明建设先进单位和先进个人文件汇编》《县委、县政府表彰全县优秀教育工作者文件汇编》《政协江浦县第一届至第四届委员会会议文件汇编》，接待查档千余人次，其中2000年310人次，利用档案1240卷次,复印原件430份,出具证明材料143份。同年,原浦口区对满30年档案开展划控,开放38个全宗、1229卷;全年接待查档460人次,提供档案2000卷次。2001年,江浦县档案馆首次开展到期档案鉴定工作;完成江浦县乡(镇)、村行政区划调整、城镇医疗保险制度改革等文件汇编;年内接待查档286人次,查阅档案资料879卷(册)次,取证346份。浦口区档案馆接待查档1600人次,提供档案5000卷次;多年累计编制《浦口区党委、人大、政府、政协正副职领导人通讯录》《浦口区劳动模范(市级以上)、先进个人名录汇集》《浦口区征用土地专题文件目录》以及《浦口区大事记》等资料。

2002年起,区档案馆按月编写浦口区大事记,按年度剪辑新闻报道文章、编写档案利用典型事例等。2005年,区档案馆增设现行文件利用中心,收集整理文件资料2000余份。2006年12月,区档案局开通南京·浦口档案信息网站。2007年,启动数字档案工作,完成4万个画面的数字化加工、5000张馆藏照片档案扫描工作。2009年,建立浦口区政府信息查阅中心,负责接收区政府机关部门、镇街及相关单位的公开信息,并向社会提供咨询服务。2012年1月,浦口区档案局(馆)被江苏省人事厅和省档案局联合授予全省档案系统先进集体称号,区档案馆被南京市档案局命名为查档利用优质服务示范岗。2013年,开展"三零一展示"(服务零距离、查档零收费、工作零投诉、展示兰台人风采)服务活动,进一步优化查档环境,提升服务水平。至2015年,14年间共接待查档36955人次,查阅档案77289卷次,提供原始凭证28654份。

三、党史资料征编

机构　1982年4月,中共江浦县委成立党史资料征集领导小组办公室(后改为中共江浦县委党史资料征集委员会办公室,简称县党史办),编制5人。1985年,原浦口区成立党史办公室。1997年4月,江浦县党史办公室改名党史工作办公室,与县委组织部合署。同年,浦口区党史办公室与区委组织部合署办公。2001年4月,江浦县党史办公室并入县档案局。2002年,江浦县党史办与浦口区党史办合并,成立新浦口区党史办,与区档案局合署。2015年,编制5人。

江浦县党史编辑　1982~1987年,江浦县党史办征集文字、口碑资料311万字,汇编《江浦县大事记(1921~1949)》《江和全革命星火》《红旗插上驷马山》《从这里进军》《江浦抗日烽火》《激战江浦》《江浦革命烈士传记选》等,计68万字。1989年,编印《中共江苏省江浦县组织史资料(1937.7~1987.10)》,19.7万字。1993年3月,与安徽省和县、含山县联合编写《和含抗日根据地党史资料选编》并出版发行,25万字。1996年5月,编印第二卷《中共江苏省江浦县组织史资料(1987.10~1994.12)》,8.4万字。12月,出版《江浦县革命斗争史》,14万字。1999年9月,编印《山水魂——江浦人物(1949.10~1999.9)》,21.5万字,该书获1996~2000年度南京党史优秀成果奖。2001年,出版《中共江浦县地方史大事记(1949.4~1999.3)》,28.8万字;5月,出版《江苏人民革命斗争群英谱·江浦分卷》,13万字。

原浦口区党史编辑 1955～1990年，原浦口区查阅文书档案115卷，摘抄资料25万字，制作卡片1000余张，1991年编写出版《中共南京市浦口区历史大事记(1949～1987)》，10万字。是年起，全面收集中华人民共和国成立前，中国共产党在浦口地区革命活动的资料。1992年，贯彻"开门办史"方针，广泛开展各种史料征集活动。1997年，完成《南京市浦口区历届人民代表大会(会议)重要文献汇编(1949～1997)》和《中共南京市浦口区历届代表大会(会议)重要文献汇编(1949～1997)》，分别为25.7万字、18.9万字。1998年，出版《浦口新貌——浦口区改革开放纪事(1978～1998)》，收录文章35篇，21万字。2000年10月，出版《中共南京市浦口区历史大事记(1988～1999)》，10万字。期间，由区党史办组织撰写的《抓住机遇，深化改革，促进经济高速发展》《农村精神文明建设的新举措》《浅议党政领导干部廉洁自律的难度和监督力度》《本质论——从生产关系变革到生产力标准的重大飞跃》《扬子江上浮忠魂》《试论我国政治体制改革的探索进程》等十余篇史记、论文分别入编南京党史办编印的《大潮——南京区县改革开放纪事》《精神文明建设新探》《光辉的历程(庆祝共和国五十华诞论文集)》以及《热血丰碑(江苏革命烈士传选编)》。

浦口区党史编辑 2002年，区党史办公室出版专题资料集《历史的足迹》(原名《浦口十三年》)，16.7万字。2007年12月，《中共南京市浦口区地方史(1949.4～1978.12)》由中共党史出版社出版。该书按党史正本体例设置编、章、节、目，分为浦口篇、江浦篇，39万字。2008年，全面完成省、市委党史办部署的抗战课题调研工作，形成调研报告、大事记、专题资料和人员伤亡、财产损失(表格数据)以及档案、文献、口述材料等11册，市委党史办将该成果作为全市区、县党史系统抗战课题调研的样板予以推广和展阅。其中，《抗战时期中国人口伤亡和财产损失课题调研成果南京市浦口区分卷》《全国革命遗址普查成果南京市浦口区分卷》《中共南京市浦口区地方史(1949～1978)》获特别奖；《新时期的探索与实践——江浦改革开放党史专题集(1979～2002)》，《中共南京市浦口区地方史大事记》分获著作类二、三等奖；《构建和谐社会要以人为本》《珍珠泉旅游资源的开发和利用》分获文章类一、三等奖。2013年10月，内部出版《中共浦口区委执政纪事——行政区划调整实录(2002～2012)》，12万字。2015年11月，《中共浦口区委执政纪事(2014)》出版发行，12.5万字。同时启动《中共浦口区委执政纪事(2015)》征编工作。是年，《中国共产党南京市浦口区历史第三卷(1978～2002)》报中共党史出版社终审，全书40万字。

四、地方志编修

江浦县志 明代，江浦5次纂修县志，成书3部。成化年间(1465～1487)，江浦县知县张凤聘请县人庄昶、郁珍、石淮等创修江浦县志，稿成未刊。弘治十七年(1504)，知县章文韬设局重修县志，辑而未刊。万历三年(1575)，县令沈孟化主持修志，亲任总裁，至七年成书，题《万历江浦县志》(沈孟化本)。全志12卷，卷次为县纪、秩官表、选举表、舆地、建置、赋役、水利、学校、秩祀、兵防、宦迹列传、人物列传。该志今仅宁波天一阁有收藏，但缺卷六、卷

七、卷八，经查，日本尊经阁有该志之全帙。四十三年，知县余枢续修县志，即《万历江浦县志》（余枢本）。该志依据《万历江浦县志》（沈孟化本）卷目增订，如卷一县纪增补编年纪事50款，卷二秩官表增加万历七年后15任县令姓名等。崇祯十四年(1641)，知县李维樾重修县志，题《崇祯江浦县志》。该志体例仿《万历江浦县志》（余枢本），保留前志的所有卷目及记述内容，续记前志断限后的内容，并对前志有关卷目出现的疏漏和讹误予以补缺和纠正。

清代，江浦三次纂修县志。康熙二十三年(1684)，知县郎廷泰纂修县志，题《康熙重修江浦新县志》。该志通过对明代三部县志卷目的保留、合并和新增，共设八卷：卷一图纪，卷二疆域，卷三山川、建置，卷四赋役，卷五历官、学校，卷六人物，卷七古迹、寺观、祠祀，卷八灾祥、艺文、营兵。该卷目较前志拓展了人文内容的记述领域，但缺失“县纪”卷，背离了传统志书的特定成式。该志记述正确得体，对前志的内容没有照录，仅作适当附记；对一般卷目直接从前志下限记起；对艺文等新设卷目，不囿于时，从立县时记起。这些续修记述方法均为后人所借鉴。雍正四年(1726)，知县项维正重修县志，题《雍正江浦县志》，朱廷策、王香奇任总纂。该志卷目设置在酌取前志的基础上归并划一，列为八卷，即封域、建置、武备、秩祀、田赋、职官、人物、艺文。内容和记述方面与前志相比，可谓事增于前，文简于旧。如卷五田赋志于户口、田粮以及赋役等项皆详载其具体数字，在蠲赈目下附载禁条碑记七则，为研究地方社会史、经济史提供了珍贵的史料和文献；卷八艺文不仅增加了艺文作品的数量，而且将所辑作品按诗、赋、记、序、辞、铭、志、传文体次序排列，眉目清楚，方便阅读。但该志少数条目如卷六职官之名宦传有失考证，不够准确。如沈孟化传谓其为万历辛未进士，其实万历并无辛未年，沈氏实为隆庆辛未(1571)进士；同卷余乾贞传称其为万历戊辰进士，其实万历亦无戊辰年，余氏实为隆庆戊辰(1568)进士。光绪十七年(1891)，县人夏锡宝将所著《浦纂》与侯宗海所著《江浦备征录》裒合辑成《江浦埤乘》，设有疆域、山水、建置、赋役、学校、武备、祠祀、职官、选举、人物、艺文、古迹、杂记13门40卷。该志体例多有创新，卷下列目亦不沿袭旧志，改疆域首目分野为沿革表，厘清县境历代沿革；资料丰富，言之有据，赋役、武备等卷记述详尽，职官卷增记江淮巡检、浦口营都司等驻县机构，在相关条目附录疏略、铭文、序跋等文章150余篇，诗、词、歌、赋230余首，人物卷所录名宦人物传皆注出处；但人物卷收录乌江、历阳籍昌义之、徐林等，难免攀附之嫌。

民国年间，县人詹其桂等编修《江浦县新志稿》，成稿时间约在20世纪30年代初，稿成未刊。其中，有10志被早期移居上海的县人许少甫、许敬復父子收藏，并于1982年主动捐献给江浦县政府。十志篇目分别为舆地志、水利志、建置志、教育志、实业志、财赋志、礼俗志、交通志、边防志、警备志。该志稿内容较明清旧志有所突破。为体现时代特色，在篇目上专设实业志，详述农业、林业、工业、商务等经营状况，一改旧志轻经济重人文的弊端；交通、邮政、自治、警务、消防、卫生等内容皆为前志所无，体现出社会的变化和发展。但在志中出现蔑称太平天国起义为“红中乱世”，称太平军为“寇”，以及增补孝节坊等内容，在民国志中较为少见，是为不足。1984年，该志稿由中共江浦县委党史资料征集办公室按原格式刻印，装成四册，改名《江浦县续志稿》。2015年，由《金陵全书》编辑出版委员会影印出版。

中华人民共和国成立后，江浦县志编纂臻于兴盛。1984年6月，成立江浦县县志编纂委员会（后改为江浦县地方志编纂委员会）及其办公室。1987年8月7日，县长主持召开全县地方志工作会议，为江浦县第一部社会主义新县志的编纂工作拉开帷幕。至1994年7月，经过征集资料、编写初稿、总纂送审稿、召开评审会等阶段，完成县志验收稿。同年9月，报请省、市地方志办公室审定。1995年12月由河海大学出版社出版。全县有51个承编单位、200余人参与编修。该志采用章、节、目结构，全志共28章、132节、431目，119万字，各类图、照近百幅。1996年，《江浦县志》编纂出版被县委、县政府评为1995年江浦县精神文明建设10件新事之一。1997年，《江浦县志》在江苏省地方志成果评比中获优秀奖。

2006年3月31日，区政府召开《江浦县志（1988～2001）》续修工作动员会议，在南京市率先启动二轮修志工作。2010年12月，二轮《江浦县志》通过南京市地方志办公室终审验收、江苏省地方志办公室审核、浦口区人民政府批准，由方志出版社出版。全志设31章、172节、605个目、1052个子目，计185.8万字，彩色、黑白图照220余幅。该志为1995年版《江浦县志》续志，采取传统的接续记述方法，上限一般为1988年（前志下限的次年），下限2001年（撤县建区的前一年）。为彰显地方特色和时代特点，该志增设土地管理、环境保护、苗木花卉、建筑业·房产业、求雨山文化园、精神文明建设章；在土地管理、农林牧渔业、工业、商业服务旅游业、金融保险、科学技术、教育、卫生等章首设体制改革节。2009年，该志《农林牧渔业》及《卫生》两篇志稿入选江苏省“县（市、区）优秀志稿”，并在《江苏省二轮修志参考资料》第五辑全文刊发。志书出版后，先后获南京市第十一届哲学社会科学优秀奖、南京市“十二五”时期地方志优秀成果奖。

浦口区志 1998年12月4日，原浦口区成立地方志编纂委员会，下设办公室，落实3名修志人员。1999年6月召开全区修志工作会议，全面启动《浦口区志》编修工作。经过初拟篇目、征集资料和部门（专业）志编写等步骤，至2000年11月，开始步入分志编写阶段。为加速初稿编写进度，区志办人员增至8人。2001年底，基本完成初稿编写任务。至2002年7月，除概述、大事记及部分专志章、节外，完成总纂稿。全志共24编、102章、358节、1149个目，约90万字。此后，因南京市江北地区行政区划调整，编志工作暂停。2004年3月，重新启动区志编纂工作，调整区地方志编纂委员会组成人员，区长任主任。鉴于区、县合并的实际情况，志书下限由1999年延至2001年，适当调整编目结构，补写《概述》及《改革开放》编的南京高新技术产业开发区、《中共地方组织》编的工作纪略、《人大 政府 政协》编的施政纪略、《社会》编的方言等章节；扩写《名胜古迹》编、《商贸》编相关节、目。当年11月，完成区志送审稿，计24编、108章、373节、1202个目，约140万字。2005年3月29日、7月4日，区志稿先后通过南京市地方志办公室终审、验收，由方志出版社出版。

镇街志 2003年12月，浦口区首部镇街志《汤泉镇志》出版（内部）面世，并产生良好的社会效应。该志由汤泉镇志编纂委员会编。全志设建置 区划、人口、自然地理、泉水资源、苗木花卉、名胜古迹、村镇建设、交通 邮电 供电、农业、多种经营、工业、商业、财税 金融、政党 群团、政权 政法、军事、科学技术、教育、文化 体育、医疗卫生、民俗 宗教、人物等24章、120节、344个目、353个子目,计60万字。2004年3月,区政府顺势而为,在汤泉镇召开镇街志编修工作会议,介绍汤泉镇的修志经验。会后,各镇街成立修志机构,落实4~5名编纂人员;区志办公室成立镇街志编纂指导小组,举办修志业务培训班,并在此后的篇目设置、资料征集、初稿编写、送审稿总纂等阶段,坚持上门辅导,点评志稿,力求每部志书都有其可供辨识的独特面貌。2008年8月始,《顶山街道志》《石桥镇志》《泰山街道志》《盘城镇志》《乌江镇志》《永宁镇志》《桥林镇志》《星甸镇志》《珠江镇志》《沿江街道志》由中国文史出版社以丛书形式统一出版,连同《汤泉镇志》计952万字,在全省率先实现镇街志编修出版全覆盖。2015年3月,在首届江苏省优秀乡镇(街道)志、村志评选中,乌江、顶山、泰山、盘城、石桥、珠江6部镇街志获16个奖项。其中,《乌江镇志》获综合类二等奖、篇目设计三等奖、创新突出三等奖、记述正确三等奖,《顶山街道志》获综合类三等奖、篇目设计二等奖、记述正确二等奖、装帧精美三等奖。

专业(部门)志　明万历年间(1573~1620),江西临川人陈钟盛编辑《珠泉小志》,主要汇集文人墨客歌咏珍珠泉的名篇佳作,分舆考、文集、赋三部分,今藏南京图书馆古籍部,《江浦埤乘》36卷艺文载有《珠泉小志·序》。天启年间(1621~1627),六合人孙国枚撰写《定山志》,主要记述定山、卓锡泉、珍珠泉等历史名胜,已佚。

民国16年(1927)10月,龚景张编纂的《浦口汤泉小志》问世。因汤泉在明代江浦立县前隶属浦子口(后沿革为浦口)巡检司管辖,故题此志名。该志依据旧《江浦县志》《江宁府志》《陈府志》等有关历史资料汇编,并收入辛亥革命后到汤泉旅游的中外人士及其留言、诗文等,为后人了解和研究汤泉历史提供了参考资料。

1985年12月,《江浦县土壤志》成书出版,内部发行,是中华人民共和国成立后江浦县首部专业志,由江浦县土壤普查办公室编。全志设自然概况、成土条件及因素、土壤分类及分布、土壤类型、土壤肥力等10章,19万字。1986~2015年,依次出版发行(内部和公开)的专业志、部门志有《江浦县人民医院志》《江浦县城东乡卫生志》《江浦县交通志》《江浦乡镇工业志》《江浦县军事志》《江浦县农业志》《南京内燃机厂志》《江浦县供销合作社志》《江浦县人民法院志》《江浦县卫生志》《南京江浦制药厂志》《江浦县邮电志》《江浦县司法志》《江浦县工业局志》《江浦县民政志》《江浦县电力工业志》《江浦县粮食志》《江浦县水利志》《江浦县多种经营志》《江浦县教育志》《江浦县医药商业志》《江浦县人民代表大会志》《江浦县商业志》《江浦县群众文化志》《江浦县公路志》《江浦县体育志》《江浦县工商税务志》《江浦县金融志》《江浦县土地管理志》《浦口区土地管理志》《江浦县水利志》(重修)、《南京市汤泉农场志》《南京市老山林场志》《江浦县电力工业志(1988~2002)》(重修)、《南京市浦口区军事志》(2010年重修)。

旧志整理 2011年3月,浦口区地方志办公室组织在职和聘用人员整理清光绪《江浦埤乘》,至2012年12月,完成繁体字简化、断句标点、注释和版式等工作,并由方志出版社出版,题名《江浦埤乘点校》。点校本是区志办旧志整理的开山之作。该书面世后,为研究、开发和利用区内历史文化资源发挥了积极作用。2015年12月,点校本获江苏档案文化精品二等奖。

五、年鉴编辑

江浦年鉴 1996年创刊,由江浦县政府主办,县地方志办公室编辑。首版《江浦年鉴》框架分类目、分目、条目3个层次,全书设特载、人物、江浦概况、领导论坛及专业类目、大事记、重要文献等20个类目,40万字。此后陆续增加专文、乡镇简介、生活便览、统计资料等类目。1999年版年鉴在第一届南京(地区)年鉴评比中获综合二等奖,条目编写、装帧设计2个单项一等奖。2001年,县地方志办公室并入县档案局(馆),《江浦年鉴》由江浦县档案局(馆)编辑,该版年鉴获第二届南京地区年鉴评比综合二等奖。因南京市江北地区行政区划调整,2002年《江浦年鉴》出版后停刊。

浦口年鉴 2003年1月,浦口区政府成立区地方志编纂委员会,区长任编委会主任,编委会下设办公室,与区档案局合署办公。《浦口年鉴》应运而生,且一年一鉴。至2015年,均由区政府主办,区志办公室编辑。

首部《浦口年鉴》设特载、人物、浦口概况、专业篇、专文、大事记、生活便览、统计资料等23个类目,40万字,收录黑白、彩色图照376幅,于11月出版,内部发行。次年起,根据区情实绩,反映年度特色,优化年鉴框架结构,改进装帧设计和出版发行工作,提升年鉴整体质量,扩大其使用范围和影响力。2004年版首次由方志出版社公开出版发行。2005年版首次增加英文目录并配套制作电子光盘。2006～2007年版先后增加房地产业、烟草专营、苗木花卉业、社会生活等特色类目。2008年版首次采用大16开本,铜版纸全彩印刷,对内采用赠阅方式发行。2010年版对外免费发行,印量由700册增至1000册。2014～2015年,进一步整合、细化篇目,如单列交通类目,下设综述、地铁建设、公路建设、公共交通、航道桥梁5个分目;农业类目下设种植业、林业、养殖业、农机、农业园区、农业资源开发6个分目;军事类目下设概述、国防战备动员、民兵预备役、消防、人防5个分目;拆分原经济管理类目的国有资产经营管理分目,将五大集团内容分别并入经济管理、城建环保、交通等类目;整合工商、质监、食药监等分目,新设市场监督管理分目。《浦口年鉴》自公开出版发行以来,获省级以上年鉴质量评比奖项10个,其中2004年获首届中国地方志年鉴奖一等奖,2007年获第三届全国年鉴编校质量检查评比一等奖,2010年获第四届全国年鉴编辑出版质量评比综合一等奖、装帧设计一等奖,2013年获江苏省年鉴奖一等奖。

第七节　医疗卫生

一、医疗机构

浦口境内自古有民间中医，或住家(店)开诊，或巡回行医。明清两代，知名医户有丁氏、薛氏、赵氏、蒋氏、庄氏、张氏等数十家。清光绪二十七年(1901)，美国传教士慕向荣到桥林镇布道行医，开设仁慈医院。

民国16年(1927)，江浦红十字分会先后于江浦县城北门土地祠、浦镇东门吴武壮公祠附设医院，医药等费用由红十字会员及商家捐助。17年10月，江浦救济院于浦镇东门增设贫民医院，聘西医2人、医务勤杂9人，由南通医学院本科毕业生王伯华主持业务。21年秋，南京鼓楼医院派王万禄到桥林镇筹办桥林农民医院，王兼院长，聘西医1人，设床位10张。34年10月，江浦县政府在县城北门大街42号创设县立医院，院长魏泽沛，编制医技勤杂共7人，有病床2张，显微镜1台。37年，境内有公办医院和私人诊所36家，其中注册的18家，卫技人员118人。

中华人民共和国成立后，医疗卫生设施经过不断建设和完善，逐步形成以区、县人民医院及防疫、保健所为中心的区县、乡镇(街道)、村(社区)三级医疗保健网络。2015年，全区有区直属、街道、社区及企事业单位、个体、私营医院、诊所197个(不含共公卫生机构)，床位2304张，万元以上设备916台套，卫技人员3269人，其中高级医师技术职务者164人，主治医师技术职务者865人。

区中心医院　1949年6月20日成立，原名江浦县人民政府门诊室，旋即改称门诊所，所址设在县城西门外徐家旧宅。1952年2月迁址南门大街50号，改名江浦县卫生院。1956年5月，定名江浦县人民医院，编制30人，设床位30张。1960年，迁址求雨山北麓，并由卫生部拨款筹建中国南方农村医院(简称南方医院，同时在河北省保定县建北方医院)，后因未能如期按原设计要求完成施工任务，复称原名，编制增至80人，床位80张。1984年，新建3960平方米的五层门诊楼，职工编制273人，其中卫技人员188人。1995～1996年，5400平方米的住院部大楼及1300平方米的武英医技楼(以捐款建设者美籍华人叶德明夫人名字命名)先后落成并投入使用，开放床位230张。2001年，全院有职工340人，其中卫技人员285人。2002年11月，该院更名为南京市浦口区中心医院，并被省市卫生机关定为二级乙等综合医院。2005年11月，与上海第二军医大学附属长海医院成立以技术、管理、人员为纽带的医学协作中心，重点打造骨科、内分秘科、泌尿外科等技术品牌。2007年8月，呼应南京市跨江发展战略，实现南北卫生对接，该院成为南京市第一医院集团江北中心分院。2010年9月，医院整体迁入江浦街道上河街166号新址，占地面积11.23万平方米，医疗用房面积5.82万平方米，有床位540张，总投资5.1亿元。2011年，该院经省市卫生机关评审，晋升为二级甲等综合医院，并被省卫生厅确定为省住院医师规范化培训基地，同时成为南京医科大学教学医院、江苏健康职业技术学院附属中心医院。经区编委核定，事业编制人员由336人增为702人。2012年，与南京市第一医院合作成立浦口肿瘤分中心、江北心血管介入分中心。2015年11月，在医疗质量、医疗服务、患者安全、医院管理等方面接受市卫生局专家组考评，以优良成绩通过三级综合医院评估。是年底，全院在岗人员830人，其中高级、中级、初级医（药、护、技）师技术职务人员分别为83人、223人、435人；设病区15个，核定床位540张；内设党政科室20个、临床医治科室36个，其中消化内科、妇产科、麻醉科、超声诊断科、骨科5个科室被确定为全市综合性重点专科；万元以上设备328台套；先后开展200多项新业务、新技术，其中《锁定型交锁髓内钉》《治疗鼻炎的内置式鼻罩》《改进的肱动脉止血压迫仪》等5项技术获国家专利。

浦口医院 位于泰山街道浦园路18号。前身为南京市第七区卫生所，建于民国18年（1929），时有1名医生、2名护士。1955年8月改称浦口区卫生所。1958年8月改名浦口区人民医院，有职工58人，其中卫技人员43人，医师9人，医士27人。1960年，有医疗用房679平方米。1976年新建病房楼，全院建筑面积增至2963平方米。1985年4月，易名南京市浦口医院，有职工196人，其中卫技人员164人。1986年建成门诊楼，面积3996平方米。1996年建成病房大楼，面积6400平方米。1997～1998年，先后挂牌江北手外科医院、江北地区创伤急救中心。1999年，全院有职工272人，其中卫技人员212人；内设职能科室11个、医技科室4个、临床科室20个，其中手术外科被市卫生局定为南京市重点专科。2002年，被市卫生机关定为二级乙等综合医院。2004年12月，增设重症监护病房，配置呼吸机、心电监护仪、血气分析仪、中心供氧等诊疗设备，延聘专家驻诊。2005年4月，与南京市第一医院签订协议，成为第一医院集团成员单位。2008年1月，成立浦口区120急救站分站。2009年1月，启动9000平方米的住院综合楼建设工程。7月，增挂南京市妇幼保健院江北分院和南京市儿童医院江北分院牌子。2010年2月，与南京市脑科医院联办脑外科和神经内科。2011年4月，住院综合楼投入使用，实际投入1亿元，建筑面积1.88万平方米，设床位315张，5月批准人员编制增至604人。2012年7月，妇产科、儿科、手外科、重症监护室（ICU）、神经内科通过市医学重点专科评审。11月，该院被市卫生局确定为二甲医院创建单位。2013年，与江苏健康职业技术学院建立实践教学基地，与东南大学附属中大医院联合共建泌尿外科。2014年4月，南京医科大学康达学院教学医院和省科协科技服务站分别在该院挂牌。11月，与南京医科大学第二附属医院签订协议，成为其医疗联合体成员单位。12月，该院通过二级甲等综合医院专家现场评审，并于次年5月由省卫计委批复予以确认。2015年，全院在岗人员672人，其中高级、中级、初级医（药、护、技）师技术职务人员分别为56人、153人、360人；核定床位480张，万元以上设备291台套；设18个党政科室、29个临床科室。

区中医院 原为江浦县中医门诊部，于1984年11月由珠江镇卫生院改建（保留珠江镇卫生院牌子)，位于珠江镇三条巷。1985年5月开诊，设中医内科、骨伤科、推拿科、针灸理疗科及中西医结合的儿科、妇科、西医内外科、放射科等，有医师12人、医士15人、护士4人、其他职员11人。1988年7月，经南京市卫生局批准，撤销门诊部，建立县中医院，为全民事业单位。同年，在城北路109号(今江浦街道公园北路18号)新建病房楼1栋，面积1500平方米，设床位60张。1989年10月，以县中医院为龙头，与珠江镇、城东乡卫生院成立医疗联合体，并在城东卫生院设第一门诊部，改原三条巷门诊部为第二门诊部。全院有职工149人，其中卫技人员124人。1995年1月，被南京市卫生局定为二级乙等中医院。6月，获市卫生局颁发的中西医结合医疗机构执业许可证，中医内科、妇科、儿科等科临床中药使用率达68.2%，中医药参与急诊急救率达90%。新建1278平方米的医技楼投入使用，爱婴医院通过省级评估验收。1998年，新建门诊大楼，建筑面积3900平方米。1999年，中医儿科被列为市重点专科，成为全市4家规范化建设儿科之一。2002年11月，江浦县中医院更名为南京市浦口区中医院。2003年6月，城东乡卫生院、珠江镇卫生院并入中医院。11月，与南京市中医院联合成立中医肛肠医疗中心浦口专家会诊中心，开展直肠造影、结肠传输试验等检查，诊治痔疮、肛瘘、肛裂、大肠肿瘤等疾病。2006年5月，挂牌南京中医药大学实习医院。2008年5月，设立南京市中医院脑病中风专科专家会诊中心，实施脑出血微创手术、脑脊液置换术。2009年4月，肛肠科入选国家中医药管理局农村医疗机构中医特色专科建设项目单位。2010年5月，与市肿瘤医院建立合作关系，挂牌南京市肿瘤医院江北分院。2011年5月，区编委会同意该院人员编制增至520人。10月，挂牌成为江苏省中医院协作医院。2012年5月，启动医院改扩建工程，规划项目总投资8亿元，总建筑面积7万多平方米，主要工程项目包括门(急)诊楼、医技病房楼和儿童中心。2013年5月，市卫生局核定该院病人床位增至206张。9月，被省中医药管理局确定为第一批二级甲等中医院。2014年12月，儿科主任刘玉玲、肛肠科主任赵宝林入选南京市名中医。2015年，全院有员工474人，其中高级职称24人，中级职称114人，初级职称256人；开设专病门诊(点)20个，其中儿科为省级重点专科，肛肠科为国家级农村中医重点专科，脑血管病科、骨伤科、脾胃科、呼吸内科、内分泌科、急诊科为市重点专科；拥有64排CT、MRI、DSA、钼靶等万元以上先进医疗设备126台套。

浦厂医院 位于顶山街道礼义巷38号。该院建于清光绪三十四年(1908)，原名津浦铁路总局浦镇医院，时有职工18人，其中卫技人员10人，病床24张。民国20~36年(1931~1947)，该院曾5次易名。1949~1992年，先后隶属济南铁路局、上海铁路局和铁道部。1993年，定名南京浦镇车辆工厂职工医院。1995年，挂牌省、市爱婴医院。1996年，被南京市卫生机关评为二级乙等医院。2001年，有职工243人，其中卫技人员200人；内设9个行政科室、21个临床科室。2004~2007年，投资196万元，购置血球计数仪、血透机、麻醉机、C型臂X射线机等大型设备。2011年，经市卫生局批准，增设浦厂南苑执业点，医院占地面积、建筑面积、医疗用房面积分别扩至1.09万平方米、9082平方米、6312平方米；核定床位152张；

添置腹腔镜、口腔科数字化牙片机、血液透析机、T5 监护仪等医疗设备;血液净化技术、口腔种植技术分别通过省卫生厅准入验收,并增设血液透析室;在职员工 186 人,其中企业人员编制 135 人。2012 年 8 月,通过省卫生厅二级乙等医院复评。2013 年,添置东丽血透机、喉镜、高温灭菌仪、除颤仪、胎心监护仪等设备。2014 年 11 月 18 日,浦口区政府与中国南车集团南京浦镇车辆厂签订协议,该院划归浦口区管理。2015 年 1 月,更名为南京市浦口区浦厂医院。是年底,全院占地面积 11774 平方米,建筑面积 10830 平方米,医疗用地面积 8060 平方米;在岗人员 126 人,其中高级、中级、初级职称者分别为 10 人、38 人、53 人;内设党政科室 7 个、临床医技科室 16 个,拥有万元以上设备 63 台套。

街道社区卫生服务中心 前身先后为乡镇联合诊所、乡镇卫生(医)院。1950 年,原浦口区东门镇臧正华等 5 名医生在左所大街 120 号创办东门联合诊所。1951 年,江浦县桥林镇赵仁言、江一鸣、王世杰等西医医生成立桥林南街联合诊所。1955 年 10 月,区、县增建浦口、南门、珠江、永宁、星甸、汤泉、高旺、王村等 11 个联合诊所,共有中医 41 人、西医 48 人、护士 11 人、助产士 3 人、药剂员 2 人。1958 年,两区县以人民公社为单位成立 18 个公社医院,由人民公社管委会管理。1962 年,部分公社医院改称公社卫生院。1966 年,增设兰花公社卫生院。1978 年,公社医(卫生)院转属区、县卫生科(局)统一管理。1984 年起,乡镇医(卫生)院由区、县卫生局和乡镇政府双重领导。1984 年,珠江镇卫生院并入江浦县中医门诊部,保留牌子。1986 年,汤泉、桥林镇卫生院及三河乡卫生院先后升格为地区中心卫生院,并享有二级医院收费标准。1988 年,推行乡镇医(卫生)院院长负责制。1992 年,三河中心卫生院更名为浦口区泰山医院。1994 年,乡镇医(卫生)院经南京市卫生局批准,相继定为一级乙等医院。1995 年 2 月,顶山镇卫生院与浦口区中医门诊部合并成立浦口区中西医结合医院。2000 年,由于行政区划调整,建设乡卫生院更名为珠江镇卫生院,大桥、龙山、陡岗乡 3 个卫生院分别降为永宁、星甸、桥林卫生院分院。2001 年,区、县有中心卫生院 2 所、乡镇医(卫生)院 10 所,医职人员 454 人,床位 243 张,内设科室有内科、外科、妇产科、中医科、放射科、化验科,中心卫生院增设五官科、骨伤科、痔科、口腔科等。2002 年 9 月,浦口区中西医结合医院增挂顶山镇卫生院牌子,划归镇政府管理。2003 年 8 月,原浦口区镇街医院一律改称卫生院;盘城镇卫生院与永丰乡卫生院合并,更名为盘城中心卫生院;星甸镇卫生院的龙山分院改为第二门诊部。是年起,实行镇街卫生院由区与镇街共管改为以镇街管理为主的体制。2004 年,星甸镇卫生院试行产权与经营权分离的运作模式,并入珠江镇卫生院的建设乡卫生院交由区中医院托管。2013 年 3 月,规范各街镇卫生机构名称和工作职责,原桥林、汤泉、泰山、盘城中心卫生院分别更名为桥林、汤泉、泰山、盘城街道社区卫生服务中心;沿江、江浦街道卫生院分别更名为沿江、江浦街道社区卫生服务中心;顶山街道卫生院更名为顶山街道社区卫生服务中心,不再挂浦口区中西医结合医院牌子,原浦口区南门卫生院整建制划入顶山街道社区卫生服务中心;乌江、石桥、星甸镇卫生院分别更名为桥林街道乌江社区卫生服务中心、星甸街道石桥社区卫生服务中心、星甸街道社区卫生服务中心;永宁镇卫生院增挂永宁镇社区卫生服务中心牌子。同年9月,永宁镇卫生院更名为永宁街道社区卫生服务中心。社区卫生服务中心主要负责疾病预防、保健、医疗、康复、健康教育和计划生育等工作,同时承担对社区卫生服务站的业务管理和技术指导工作。2015年,全区11个街道社区卫生服务中心拥有医疗用房面积34862平方米;职工635人,其中卫技人员544人;病床236张,万元以上设备108台套;年门诊量99.4万人次,出院2250人次。

村级社区卫生服务站 1958年10月,原浦口区浦镇人民公社医院建立临江大队保健站。是年底,江浦县相继建立60个大队保健室,占全县大队总数的96.8%。1962年,大队保健室实行分片联办,至1966年,两区县建立联办保健室56个。1969年始,农村实行合作医疗,恢复大队保健室,实现一队一室,每室有1~3名医生,其中1名女医生。保健室医生称"赤脚医生",实行半农半医,每年参加集体生产劳动不少于60天,参加生产队集体收益分配。1977年,江浦县有赤脚医生394人。1984年起,大队保健室改称村卫生室,赤脚医生改称乡村医生或保健员。村卫生室组织形式有村集体办的,有村医生个人承包的,有村医生和保健员联合办的,还有乡镇卫生院设点代办的。1987年,江浦县有村卫生室150个,持证上岗的村医生121人,保健员80人。1994年、1998年,泰山镇林场村章焕良、顶山镇北圩村李桂兰分别被评为全国先进乡村医生。2000年调整合并村卫生室,至2001年末,区、县村卫生室分别减至20个、89个,乡村医生减至23人、195人。2003年,继续调整村卫生室布局,以1.5千米服务半径、4000人服务量为认定标准,在相邻2~3个村联片设立中心卫生室20个。2005年,开展村卫生室功能转换工作,建立医疗、预防、保健、康复、健康教育、计划生育指导"六位一体"的社区卫生服务站,至2007年,全区建立84个社区卫生服务站,并通过市级达标验收。2009年,实行农村社区卫生服务机构街(镇)村一体化管理,明确村、社区卫生服务站为街镇社区卫生服务中心的分支机构,人员由其统一管理,工资由其统一发放。每个社区卫生服务站医生不少于2人,且至少有1名女医生。2015年,全区有社区卫生服务站83个,房屋总面积14621平方米,其中医疗用房面积12768平方米,村医生197人。

企事业单位(军警)医疗机构 20世纪50年代,境内工矿及文教等部门所属的较大单位开始自设医疗机构。1954年,南京市福利院在点将台56号自办南京安宁医院。1956年,江浦县花旗红砂矿自办医务室,配有卫技人员2名。至1978年,原浦口区有企事业单位医院6家、卫生站(所)11个、医务室33个。1988年,江浦县厂(场)、矿、学校自办医务室、卫生所35个,卫技人员88人,床位30张。2001年,区、县企事业单位自办医疗机构81个,其中医院7家,门诊部2个,卫生站(所)23个,医务室49个,有医师、医士321人,护士222人,床位640张。2015年,全区有工商、学校、军警医疗单位49个,其中医院7个,门诊部5个,医务室17个,卫生站(所)13个,保健站7个;卫生技术人员624人,病床410张。

个人、民营医疗院所 民国37年(1948),境内有私人诊所36个,知名的有珠江镇的汤义方、徐步斋中医诊所,浦镇的李嵩涛、王伯华诊所,桥林镇的邵宜清、毛大生诊所,星甸镇的朱乾一、许汉卿中医诊所及杨子恒、陈甫生西医诊所,汤泉镇的金悟真、李和勤西医诊所,王村庙的胡彰秀诊所,西葛街的邢仁骥、邢仁鹤合开的“兄弟诊所”等。1949 年,区、县个体开业医生增至 43 人。1956 年,80% 以上的个体医生加入乡镇联合诊所。“文化大革命”期间,禁止个体行医。1984 年起,为充分利用社会资源,方便群众就医,适度开放个人行医。1987 年,区、县有个体开业医生 22 人。至 2001 年,两区县个体、民营医院、诊所发展到 33 个,医护人员 61 人。2015 年,全区有个体、民营医院 6 家、门诊部 10 个、诊所 35 个,职工 703 人(含卫技人员 537 人),病床 280 张。南京高新医院、南京张文新骨伤科医院分别有职工 117 人、125 人,卫技人员 87 人、104 人,各有病床 100 张。

二、医疗技术

中医 明代孝义乡丁毅儒医相济,县人赞其“德俭而清,医良而仁”;其子丁胜,亦精医术,药不拘方;丁胜曾孙丁凤,幼承学家,著有《医方集宜》《兰阁秘方》《痘科玉函》行世;丁凤曾孙丁雄飞创《行医八事图》(八事即一地、二时、三望、四闻、五问、六切、七论、八订),且流传至今。清代庄南枝喜读《素问》《难经》,立法用药,持论颇精,认为“阴阳五行,南北燥湿,质判强弱,医之原也;博览群书,究极理蕴,医之实也;临证细心,辨别是非,然后执定,见参活法,经权互用,医之取经也。”张剑南擅长外科针砭之术,凡痈疽怪证,经其疗治,无不获痊。清末民初,毛书云、毛桐云父子擅治跌打损伤与疮疡外科,著有《跌打指南》《医门衣钵》《疡科集要》等。徐锦銮温湿重症造诣颇深,对王孟英的《温湿经纬》、吴鞠通的《温病条辨》等经典多有研究,并于临床中屡收效验。民国 27 年(1938),有一男性湿温患者,谵语神错九昼夜,给服“鸡子黄汤”,七日后易险为安。张祖荫父子在汤泉挂牌“天元老店”,以中草药为贫民百姓治病。范汝廉以中药鹿角霜煨水秘方,专治踝关节炎症。王道生用单方春根、石榴枝同煎,治疗大便带血症有奇效。

中华人民共和国成立后,中医人员或个体开业,或参加乡镇联合诊所,或应聘到区、县公办医院,发挥各自的专长。同时,恢复并改革中医带徒制度,接收中医院校毕业生和军队转业退休的医务人员,不断优化中医人才结构,提高整体医疗技术水平。梁长泰师从名医毛桐云,熟读《汤头歌》《药性赋》,融通《伤寒》《温病》《内经》《金匮》,长于医治伤寒诸症,且有《伤寒点睛录》等医著存世。毛小云自幼随父毛桐云学医,又拜上海名中医恽铁樵门下函授,学验俱精,内外兼治,尤精疮疡外科,对红痈、白痈治疗,以消为贵,以托为畏,用方投药,独具匠心。李润泉擅用中医扶正、止血、化瘀、理气等法,医治心绞痛、心肌梗塞尤为显著;用西药加甘遂黄硝散治疗胰腺炎、肠梗阻、阑尾炎,治愈率均达 90% 以上。1989 年,李润泉被南京市卫生局命名为境内首位名中医。杨泽瑾医理研究上与灵素,下至百家,旁及西欧,专著《伤寒论浅说》为医界称道;对传染病诊治颇有见长,运用治疗温病、伤寒两法,合参西药治疗湿温,疗效显著。永宁地区张氏骨科祖传医术源于清嘉庆宫廷正骨秘方,经过近 200 年的临床实践,形成独特的治疗方法。第六代传人张家芳及其子文龙、文虎、文洋、文象,皆传承家学,深谙祖传骨术,对人体各部位的骨折治疗,全部采用手法复位,外敷自制接骨活血散,夹板固定，不打石膏，尤其对四肢骨、肘关节、肱骨、髌骨、股骨、颈等骨折治愈率达98%以上。

20世纪80年代后，江浦县中医院、浦口区中西医结合医院相继成立，加之个体、民营医疗机构的发展，涌现出一批特色专科和中医人才。梁亚东、梁德进继承父（梁长泰）业，均擅长中医外科，如以"核桃承气汤"和"三金"结合，治疗泌尿系统结石有效率达95%以上；应用挂线传统疗法配合自制提毒散、润肤膏、清凉搽剂等外用中药，治愈千例以上外科感染和窦道、漏管；善用中药治疗各种癌症，亦具有独特疗效。南京市名中医成芝友对中医脾胃论造诣很深，浅表性胃炎、胃窦炎、萎缩性胃炎、HP阳性伴肠上皮化生、淋巴细胞增生等症经其辩证论治，对症下药，均能解除病痛，直至痊愈；用独特的中药配方，治愈多例眩晕症、泌尿系统结石症、肺部咯血症。邹伟俊师从其祖父邹云翔教授学习孟河医派传统中医，发表《内风病的三焦证治》等学术研究论文数十篇，出版《张简斋医案》《和浦医案》《唯象中医学概论》等专著。梁明达师承名医阚服彬、陈丹华、马光亚的中医学术和诊疗经验，擅长妇科诊治，对不孕症及月经病、带下病、胎前病、产后病诊疗常收奇效；点注《沈氏妇科辑要》《女科经纶》古典医籍，整理《陈丹华妇科经验选》《中国百年百名中医临床家丛书·马光亚》等医著，编著出版《中医内科学歌诀》一册，撰写《治崩刍议》《僭正治则》等论文近百篇。南京市名中医毛善武师承家学，是浦口区《毛氏中医术》非遗第四代传人，擅长不孕不育、消化道疾病、肝肾病及疑难杂症的治疗。1999年，江浦县中医院儿科被南京市确定为重点专科，该科以中西医结合、内外治并举为特色，结合运用推拿、中药外敷、中药灌肠、雾化吸入等疗法治疗儿科常见病、多发病，并创有"肃肺化痰剂""理气和胃剂""退热合剂""清热利湿剂""防感冒香囊"等特色制剂。2001年，该科主任程玉芳由副主任中医师晋升为江浦县首位主任中医师。2009年，区中医院肛肠科入选国家级农村医疗机构中医特色专科项目建设单位。该科南京市名中医赵宝林运用中西医结合方法，治愈数以千计的环状混合痔、复杂性肛瘘患者，自拟益气活血通便汤治疗便秘，以固本清肠汤、芪茶灌肠汤治疗慢性溃疡性肠炎，均获良效。南京市名中医刘玉玲擅长儿科疾病诊治，对小儿厌食、腹泻病及哮喘病治疗有独特见解。主任中医师章真，擅长内科疾病，尤其是对中风、胸痹、心率失常、慢性咳嗽的诊治。2015年，境内有中医院及注册中医类诊所18家，中医师148人，其中主任中医师3人，副主任中医师15人。

西医　民国时期，医院、诊所医疗设备简陋，除治疗一般常见病、多发病外，仅能施行体表开刀排脓的小手术。

中华人民共和国成立后，医疗技术进展较快。20世纪50年代后期，区、县医院开始门诊、病房分设，内科、外科分治。至70年代末，增设儿科、五官科、口腔科、骨科等，新建手术室、X光室，添置万能手术床、产床、牙科X光机、500倍双目显微镜、麻醉喉镜、电动洗胃机、超短波诊断机、净化锅炉等设备。除部分疑难重症外，一般疾病均可治愈。内科施行肝穿刺、肺结核直视注射等新疗法，治愈首例先天性心脏病合并肺炎，首次为一例心肌炎患儿安装临时起搏器，以口服链霉素治疗慢性胃炎、胃溃疡，获得显效。外科施行胃穿孔、肝、胰腺破裂修补术，胃癌、肝癌、阴茎癌切除术，胆囊、甲状腺摘除术，脾肾静脉吻合术，首例肺叶切除术。妇产科施行卵巢囊肿摘除、子宫切除术、阴道修补、剖腹产手术。五官科施行扁桃腺摘除术、首例白内障囊外摘除术。检验科开展血沉、肝功能、血脂分析、甲胎蛋白、乙型肝炎表面抗原等生化测定。放射科开展胸部、腹部和四肢透视诊断业务,以及胆囊、肾盂、子宫和输卵管造影术。

20 世纪 80 ~ 90 年代,区、县属医疗单位相继引进先进医疗器械设备,不断提高临床诊断技术和医疗服务能力。内科开展洗胃机洗胃和腹水回收术;实施纤维直肠镜和纤维气管镜检查技术,利用胃镜微波治疗技术摘除胃息肉、肠息肉,治疗胃癌和幽门狭窄等症。外科实施颅脑血肿清除术、肾脏摘除术、胆囊切除术、膀胱切除输尿管移植术、坏死性胰腺炎引流术、前列腺摘除术、股骨置换术等症。浦口医院手外科主任赵家宜潜心于断指再植、外周神经损伤等手术及金箔防止肌腱粘连的研究。1992 ~ 1996 年,该科完成手外伤手术万余例,再植断指(趾)成功近百例。妇产科实施子宫切除、子宫内翻矫治等疑难手术。1996 年 6 月,江浦县医院救治一名宫外孕致失血性休克的西班牙籍女士,患者转危为安。五官科实施白内障复明人工晶体移植手术,为喉癌患者实施垂直半喉切除术。检验科购置瑞士全自动血液分析仪、美国酶标仪、国产电解质分析仪、血液流变仪等设备。1996 年,江浦县中医院单小京创新使用 GIu - cana 测定 GGT 的中止比色法获得成功。1997 年,江浦县中心医院开展 CT 检查项目,填补县内空白,引进颈颅彩色多谱勒仪(TCD),新建 TCD 检查室。

21 世纪初,区直属医院与省、市级医院、医药院校建立业务合作关系,加速更新医疗设备。至 2015 年,拥有单价万元以上医疗设备 800 多台套,其中 SPECT、128 层螺旋 CT、数字化平板血管造影机(DSA)、直线加速器、超导型 1. 5T 磁共振(MRI)、全数字化乳腺机摄影系统、全自动生化分析仪、各门类齐全的腔镜等一批涵盖生化检查、影像、治疗、手术、急救等国内外高精尖设备广泛应用于临床。区中心医院消化内科、肾脏内科、肿瘤内科、泌尿外科、产科、超声诊断科、放射影像科等 19 个专科优势突出,为市医药重点专科;先后开展 200 多项新业务,施行新技术,其中心血管内科每年施行 200 余例冠脉介入术,外科、妇产科开展的系列微创手术达三级综合医院水准,超声波胎儿筛查技术达市级先进水平,启用内镜逆行胰胆管造影术(ERCP)、急性脑梗死溶栓治疗和脑出血微创治疗、床边血液过滤术,提高危重病人抢救成功率,填补区内医疗系统空白。浦口医院外科运用微创技术治疗各种结石以及体外冲击波碎石等,均收到良好成效,成为江北地区泌尿结石病治疗中心,施行超声引导下肾囊肿、肝囊肿及甲状腺介入穿刺治疗。区中医院不断改进麻醉方法和技术,相继开展全静脉麻醉、吸入麻醉、硬腰联合阻滞麻醉、深静脉穿刺术、静吸复合麻醉以及镇痛泵术后镇痛、无痛人流、无痛胃镜等麻醉技术。2012 年,该院全身麻醉技术通过省医院协会综合评审,取得准入资格。2015 年,区中心医院率先启用内镜逆行性胰胆管造影术(ERCP)、急性脑梗死溶栓治疗和脑出血微创治疗、床边血液滤过术,提高危重病人抢救成功率,填补区内医疗系统空白。浦口医院启用磁共振胰胆管成像(MRCP)、磁共振颅脑动脉血管成像(MRA)等新技术、新项目。

三、防疫保健

传染病防治　境内霍乱、天花、血吸虫病等疫病流行记载始见于明代。嘉靖三年(1524)夏,“大疫,死者相枕于道”。万历三十一年(1603)秋,“大疫,死者无算,治西五里,臭味熏人”。民国21年(1932),公子乡疟疾流行,发病1200多人,占全乡总人口的40%。25年,天花流行,九袱、珠江、桥林一线疫情尤重,高旺吴家庄吴洪如一家5人,有4人死于天花。27年8月,桥林地庵一带有41人死于霍乱。

中华人民共和国成立后,原浦口区、江浦县人民政府分别成立血防委员会,建立区、县及乡镇、村三级疫情报告制度,组织各级医疗单位制定防治措施。1951年,江浦县给2万人接种霍乱疫苗,疫情很快得到控制,1952年全县仅发病2例。同年3~5月,江浦县92%以上人口接种痘苗,年内天花仅发病3例。1955年起,根据《江苏省传染病管理办法》所规定的25种传染病种开展防治。1961年,成立区、县卫生防疫站,专司防疫接种工作,传染病流行势头逐步得到控制,发病率明显下降。1966年起,霍乱、天花、斑疹、伤寒绝迹。至1977年,白喉、狂犬病无病例报告,流行性出血热、钩端螺旋体病仅有一两个年份发生,麻疹发病率由20世纪60年代的200/10万左右下降至100/10万左右。1978年起,全面实行计划免疫和预防接种,逐步增加预防接种的冷链设备,重点抓好疫情报告网建设,对传染病种做到早发现、早报告、早隔离、早治疗。1981年起,推行预防接种一人一针一管制度,每年3~9月,对乡镇卫生院的计划免疫工作进行考核。1986年,性病、艾滋病列入传染病防治范围。1989年9月1日,施行《中华人民共和国传染病防治法》,规定管理的传染病分甲、乙、丙三类35种,区、县按规定时限统计疫情,报告病种主要有12种。2001年4月,区、县撤销卫生防疫站,分别成立疾病预防控制中心(简称疾控中心),内设传染病防治科、非传染病防治科、性病艾滋病防治科等。是年,江浦县传染病发病366人次,发病率122/10万,其中百日咳、麻疹、疟疾无病例报告;浦口区流行性脑脊髓膜炎、疟疾、狂犬病发病率为零,流脑、伤寒、副伤寒、乙脑、出血热发病率控制在1/10万以下,发病率较高的依次为肺结核、痢疾、肝炎,发病率分别达27.06/10万、44.88/10万、50.16/10万。2003年2月,原浦口区疾控中心与江浦县疾控中心合并组建新的浦口区疾控中心,职能不变。2004年12月,浦口区法定传染病统计和上报分别为26种和14种。至2015年,全区传染病总发病率由2004年的每10万人中246例,增至497例,其中流脑、百日咳、猩红热、麻疹、痢疾、淋病、肝炎、乙脑、梅毒、肺结核10种主要传染病的总发病率由每10万人中227例下降至121例。

血吸虫病防治　血吸虫病为境内主要地方流行病。明代邑人石金以蛊正方专治此病,救活者甚众。民国37年(1948),石佛、九袱两乡查出血吸虫病患者1639人,占两乡总人口的84.97%。

中华人民共和国成立后,原浦口区、江浦县重视血吸虫病防治工作,分别成立血防委员会。1953~1957年,浦口区采取开新沟填老沟、铲草加药物土埋、开水浇烫、火焰器喷杀方法,灭螺3万平方米。1958年,江浦县成立灭螺指挥部,采取机耕深翻、开沟引流、改道水系等综合措施,治理疫区面积2893万平方米;查病11万人次,治疗369人。1962年,沿江人民公社下坝大队社员进江滩采粽叶,急性感染患者507人,死亡3人。1970年冬,江浦县组织4.6万名青壮劳力,土埋覆盖万亩有螺江滩,完成土方338.8万立方米。1971年,浦口区组织25万人次,在螺源江滩建起600多条全长9930米、宽5~10米、高0.5~0.8米的灭螺埂。是年起至1978年,江浦县共查出感染病人6815人次,使用“血防7505”和硝硫氰胺、吡喹酮等药物治疗6670人次。1981~1999年,浦口区检查34.01万人,感染血吸虫病患者1.06万人次,治愈率100%。1988~1992年,江浦县按照“综合治理,科学防治,讲究实效”的要求,实施江滩综合开发灭螺工程,在江滩开挖鱼池35万平方米,低圩高网养鱼水面80万平方米,营造意杨林240万平方米,治理江堤5000米,水泥护坡3000米;在易感染地带喷药(五氯酚钠),灭螺面积16.09万平方米。1993年11月,全国第五次血防会议代表到江浦县江滩综合开发灭螺现场参观,国务委员彭佩云称赞该县的做法是“送瘟神,迎财神”。1994年,江浦县获全国血防工作先进县称号。1997年,江浦县综合检查汤泉镇及汤泉农场等内陆乡镇7095人次,环沉率≥3%,粪检未见阳性,螺情、病情均达到国家规定的消灭标准。2001年,浦口区综合检查2679人,查出血吸虫病患者46人;江浦沿江地区综合检查6917人,有血吸虫病患者68人。2002年起,全区血防工作进入常规药物防治阶段,至2010年,用4%氯硝柳胺灭螺面积5848万平方米,查病81383人次,治疗798人次。浦口区创成全国血吸虫病传播控制示范区。2011~2015年,全区累计灭螺面积4314万平方米;查病60445人次,其中血清学查病45671人次,发现阳性940人次,粪检14774人次,均为阴性;连续5年未出现急性感染病例。

妇女保健 境内妇女保健工作始于20世纪20年代。民国18年(1929)4月,江浦县政府投资500银元,在珠江镇开设助产讲习所,为各区培训新法接生人员,时间2个月。26年,珠江镇丁月樵从镇江助产学校毕业后,在汤泉、星甸地区施行新法接生。中华人民共和国成立后,妇女保健由以妇女分娩为主要内容的围产期保健,逐步扩展到妇科病查治和婚前医学检查。1952年起,江浦县、原浦口区先后举办训练班,培训接生员,普及和推广新法接生。至1956年,江浦县成立接生站7个,培训接生员328人,改造旧产婆233人,新法接生2588人,接生率42.98%;浦口区新法接生率高达99.1%。1966年起,生产大队卫生室赤脚医生兼管接生员工作。1982年推行科学接生,实行产程观察、使用无菌用具等制度,推广使用围产期保健卡,对高危孕妇实行专案管理。1988年,江浦县孕产妇保健2741人,孕产妇管理率59%,早孕建卡1455人,建卡率31.3%,产前检查(5次以上)1011人,产前检查率36.9%。1995年创建爱婴医院后,孕产妇一律到爱婴医院或设有产科的医院分娩。2006年,按照爱婴医院“三个十条”标准,检查整顿全区10家爱婴医院,开展全体卫技人员技术培训。孕产妇住院分娩率100%,孕产妇死亡率为零,围产儿死亡22人,死亡率6.36‰。2010年,推行妇女保健服务均等化,落实南京市关于农村孕妇住院分娩补助政策,即凡在区、街道两级医疗机构分娩的农村户籍产妇,每人可享受400元的财政补贴。2011年,实行母婴保健工作专项服务许可，经区卫生局评估、市级督导，取消 3 个社区卫生服务中心的爱婴医院资格，整合综合医院产科资源，建立孕产妇抢救转诊绿色通道。岗前培训卫技人员 259 人，经考核有 209 人取得执业证书。全年孕产妇 6396 人，管理率 99.99%，建卡率 97.1%，产前检查率 97.93%，孕产妇死亡率为零（此后连续 4 年均为零）；围产儿死亡 15 人，死亡率 4.57‰。2015 年，全区孕产妇 9805 人，建卡覆盖率 99.98%，其中早孕建卡率 98.56%，高危妊娠管理 3209 人，占建卡人数的 33.21%，产前检查（5 次以上）率 99.02%，住院分娩率 100%；围产儿死亡 9 人，死亡率 2.17‰。

境内常见的妇科病有宫颈炎、阴道炎、子宫脱垂、尿瘘、月经不调等。1958～1961 年，原浦口区、江浦县共查出闭经 4287 人，治疗 3393 人；子宫脱垂 4107 人，治疗 2749 人。20 世纪 70 年代起，建立两年一轮的妇女病普查普治制度，普查以防癌为主，并宣传有关防治知识。1971～2001 年，浦口区普查宫颈糜烂、阴道炎、子宫肌瘤、宫颈癌等妇科病 18.71 万人次，查出患者 63982 人次，患病率 34.19%，其中宫颈癌患者 52 人，患病率 4.8%。期间，1975～1979 年，江浦县普查 2.9 万人次，患病 1.8 万人次，治疗 1.3 万人次；1982～1985 年，查出病人 6759 人次，患病率 89.94%，其中滴虫性阴道炎 32.74%，宫颈糜烂 33.81%，宫颈息肉 2.79%，盆腔炎、乳腺癌等疾病 7.22%，免费治疗 5540 人次，治疗率 81.96%。2003 年，在泰山、顶山 2 个街道查出患者 1819 人，其中各类妇科肿瘤 631 例。2004～2008 年，全区查出患者 37762 人次，患病率 44.94%。2009 年，启动农村妇女病免费普查，至 2010 年，在沿江、盘城、桥林等街镇查出各类妇科病患者 4925 人次，患病率 18.23%。2011～2012 年，普查妇女病 35253 人次，其中宫颈炎患者 3022 人次，阴道炎患者 3699 人次。2013 年，区卫生局首次启动宫颈癌、乳腺癌（简称“两癌”）筛查工作。至 2015 年，普查妇女病 48590 人次，癌检 2.9 万余人次，查出宫颈癌患者 11 人、乳腺癌患者 19 人。

境内婚前医学检查（简称婚检）工作起步较晚。1986 年 4 月 1 日，原浦口区妇幼保健所开设婚检门诊，至 10 月底，婚检 1956 人，查出患病者 176 人。1988 年，江浦县首次婚检 320 人，占登记结婚人员的 9.9%，由于婚检强调主观自愿，加上青年男女思想守旧，不愿婚检，至 1999 年，全县婚检率一直低于 10%。2000 年 3 月，江浦县政府行文规定，在办理结婚登记前必须进行婚检，凡无婚检证明或查出患有法定暂缓结婚疾病的不予登记。当年婚检 4278 人，婚检率首次实现 100%，查出病患 24 人，建议暂缓结婚 4 人。2004 年，贯彻民政部新的婚姻登记条例规定，婚检实行自愿，全区婚检率骤降。2006～2007 年，分别婚检 146 人、138 人，婚检率降至 1.53%、1.55%。2008 年 3 月，启动免费婚检工作，调整婚检服务点布局，优化婚检人员配置，整合服务流程，推动婚检率逐步回升。2015 年，全区免费婚检 9333 人，婚检率 82.11%，查出患病者 211 人。

婴幼儿保健 1953 年起，江浦县每年“六一”国际儿童节前夕，为 7 周岁（下同）以下幼儿进行体格健康检查一次，至 1965 年，体检幼儿 2240 人次，查出患沙眼、寄生虫、皮肤病、淋巴腺肿大等疾病、缺陷 1054 人，矫治 1347 例。1953～1978 年，原浦口区儿童健康检查 20044

人次，驱除蛔虫 5188 人次。1977～1985 年，江浦县儿童健康体检 25654 人次，驱蛔治疗 20199 人次。1990 年起，实施儿童保健系统管理，为 0～3 岁儿童建立健康手册，对 7 岁以下儿童实施健康监测。1996 年，江浦县体检儿童 3597 人，发现疾病患儿 2018 例，其中患贫血、龋齿、沙眼、上呼吸道疾病的分别占患儿总人数的 67.39%、19.67%、7.98%、3.17%，乙肝表面抗原阳性、先天性心脏病、视力 4.8 以下的分别有 28 例、4 例、4 例。是年起，统一使用新生儿《出生医学证明》，巩固和拓展儿童保健系统管理工作。1999 年，浦口区婴幼儿健康体检 5463 人，体检率 82.6%；0～3 岁幼儿系统管理 1969 人，管理率 86.6%。2000～2001 年，该区对 1525 名 3 岁幼儿进行疾病筛查及缺陷监测，共查出低体重幼儿 25 人，中度营养不良幼儿 26 人。2006 年，全区 19130 名 7 岁以下儿童 100% 接受健康系统管理。婴儿死亡 17 人，5 岁以下儿童死亡 25 人，分别占儿童管理人数的 4.95‰、7.28‰。2009 年，实行“4·2·1”（1 岁内婴儿年体检 4 次，1～3 岁儿童年体检 2 次，3 岁以上儿童年体检 1 次）体检制度，同时开展 0～3 岁儿童“四病”（腹泻、佝偻病、肺炎、营养性贫血）防治工作。年内 0～6 岁儿童保健管理 23242 人，管理率 98.72%；婴儿死亡 34 人，死亡率 7.15‰；0～4 岁儿童死亡 44 人，死亡率 9.26‰。2011 年起，7 岁以下儿童增加视力、听力和口腔保健项目，当年眼保健 21784 人，听力和口腔保健 31784 人。2015 年，体检入托入园新生 8800 人；纳入保健系统管理的儿童有 0 岁 6275 人、1 岁 5801 人、2 岁 5271 人，3 岁以下儿童系统管理率 95.6%；3～6 岁保健覆盖 21516 人；7 岁以下眼保健 37579 人，保健率 92.14%，听力、口腔保健 40287 人，保健率 98.99%。新生儿死亡 13 人，死亡率 10.96‰；婴儿死亡 28 人，死亡率 2.82‰；0～4 岁儿童死亡 35 人，死亡率 3.53‰。

四、卫生监督

环境卫生 1952～1953 年，江浦县、原浦口区发动群众开展除“四害”（苍蝇、蚊子、臭虫、老鼠）运动。1963 年，推行爱国卫生制度，各集镇配备固定清洁工，打扫街（路）面，清运垃圾；每年四个节日（劳动节、国庆节、元旦、春节）期间突击打扫卫生，年终考核评比。城镇 50% 以上居民饮用井水，农村少数村庄分段分塘饮用水。提倡露天粪缸加盖加顶，减少粪便污染。1983 年起，爱国卫生运动与“五讲四美”活动、创建文明单位相结合。1984 年 3～4 月，江浦县组织 6 万多人次开展治理环境“脏、乱、差”活动，清理积存垃圾 3700 吨，清除卫生死角 3400 多处，填平污水洼塘 4700 多平方米，疏通下水道 300 多米，灭鼠 3.77 万只。1983～1985 年，江浦县连续开展影剧院、游泳池、浴室、理发室、旅社、招待所等公共场所、服务行业卫生监测，测得县影剧院场内通风通气、温度、湿度等卫生状况不良，浴室水质、理发室用具均符合国家规定的卫生标准，旅社、招待所部分设施如餐具等菌落总数、大肠菌群严重超标，对发现的问题及时予以改善。1985 年，落实“门前三包”（包卫生、包绿化、包秩序）环境卫生责任制，珠江镇获南京市五县城关镇首个年度“市容环卫杯”冠军。1987 年起，实行公共场所、服务行业“卫生许可证”制度，从业人员一律持“健康合格证”上岗。1996 年后，大力推进农村改水改厕工作，开展创建卫生城、卫生镇、卫生村活动，浦口区90%的居民饮用自来水，被全国爱委会授予改水先进达标区称号。至1999年，江浦县新建三格式、水冲式、沼气池式卫生厕所908个，珠江镇同心村被命名为江苏省卫生村，汤泉镇、建设乡巩固村通过南京市卫生镇、卫生村验收。2001年，江浦县建自来水厂14座，有17.45万人饮用自来水，普及率59.3%；12.17万人饮用井水，占总人口的40.7%。浦口区无害化厕所增至24091个，占全部农户的46.6%。2005年，区政府投入1.5亿元，新建三岔自来水厂，新增农村改水人口5.04万人，全区自来水普及率升至98.34%。2006年起，区政府把农村改水改厕列为为农民办实事之一。至2010年，新建、改造无害化户厕19587个，普及率达82%以上。是年起，实施公共场所卫生监督量化分级管理。2015年，在7类28种686个经营单位(户)中，有A级6个，B级10个，C级670个；监督检查公共场所1417户，正常经营的1169户，合格率82.5%。

食品卫生　1950年起，原浦口区卫生所始行食品卫生监管工作。1952年9～10月，江浦县在珠江、桥林2个镇及星甸、汤泉、永宁3个乡举办7期饮食行业从业人员及机关、学校、炊事人员轮训班，普及食品卫生知识，每期7天，计有130人参训。1961年，江浦县首次组织饮食行业人员体格检查，凡肝炎、肺结核、手癣等传染病患者全部调离岗位。1982年12月，实行饮食行业食品“卫生许可证”“健康合格证”制度，至1983年6月，江浦县累计发放食品卫生许可证334份。是年7月至1984年6月，江浦县在179个食品行业中检出患病者78人；抽检粮食类、肉制品、乳制品、豆制品、调味品、糕点、酒类、冷饮食品、餐具消毒等样品417个，合格206个，合格率49.4%。1986年，浦口区南京第四机床厂食堂使用变质牛肉，酿成329人食物中毒，受到依法查处。1996年起，随着《中华人民共和国食品卫生法》的贯彻实施，食品卫生实行法制化长效管理。2000～2001年，浦口区体检从业人员6843人次，查出并调离患病者111人；抽检食品样品246份、餐具采样1345份，合格率分别为73.5%、60.89%。2002～2010年，全区抽检食品样品3632份，合格率88.35%。2012年，对14个经营餐具集中消毒单位实施专项整治，重点检查消毒产品、消毒工艺流程、检验报告、包装与标签等。至2015年，共检测餐具1476份，合格率88.96%。

劳动(职业)卫生　厂矿劳动卫生监测起于20世纪70年代。1971年，原浦口区划为浦口、东门、南门、南京化肥厂与南京钢铁厂4个医疗协作片，培训6期“红工医”163人。1979年11月，江浦县在县属医疗机械厂等10个工厂对138名接触铅、苯、汞的人员进行体格检测，检出超标患者39人。1982年，浦口区在41个接尘厂矿开展尘肺流行病调查，查出尘肺病患者7人、可疑患者30人。1984年，江浦县为738名从事粉尘作业(5年以上)的人员体检，查出矽肺2人，疑似尘肺41人，肺纹理增粗、增生139人，肺结核10人，其他疾患者11人。1988年，贯彻《中华人民共和国尘肺病防治条例》，至2001年，江浦县14年累计监测厂矿1042家次，体检3015人次，发现疾患者39人，其中矽肺4人，尘肺5人，肺纹理增粗30人。2002年，《中华人民共和国职业病防治法》颁布实施后，区卫生部门主要负责对职业危害人群进行健康监护。2004～2010年(除2005年、2007年),督察粉尘危害企业245家次,所有接触粉尘的职工均坚持使用防护用品。2012年起,依据新修订的《中华人民共和国职业病防治法》,职业病防治工作重点转向放射卫生督察和防护。2015年,全覆盖监督检查放射诊疗机构23家、放射卫生技术服务机构2家,为其建立工作档案。

江浦县、原浦口区放射卫生监督工作始于20世纪70年代中期。1975年,浦口区监测沿江人民公社卫生院放射科,测出工作人员所受的放射剂量超标153～157倍。是年底,该区以三河、顶山2个卫生院为试点,开展X线放射卫生监测工作。至1978年,该区37台医用X线诊断机安装防护设施,均达到防护标准。1989年后,使用X线机单位普遍采用隔室透视和闭路电视遥控装置,防护工作更加有效。2000～2001年,江浦县、浦口区监测医疗单位24台X线机,体检22名从事放射工作人员,均未发现异常。2002～2015年,区卫生部门对全区使用X线机及放射装置的单位逐一登记造册,并协助申领"放射卫生许可证";举办放射卫生知识培训班,培训放射工作人员191人次;测试235家次放射工作室辐射情况,发现问题及时提出意见,并限期整改。

第八节 体 育

一、群众体育

学校体育 清末,西方近代体育项目传入境内,学校始设体操科。民国元年(1912),江浦县立第一高等小学校(今江浦实小前身)教员陈壮吾为境内最早的专职体操教师。12年,体操科改为体育课,每周两节,以传授田径、球类运动知识和技能为主要内容。16年,增设童子军训练。22年10月30～31日,永宁小学童子军代表江浦县参加江苏省女子及小学童子军大检阅,现场表演列队和耍军棍项目,获检阅总分79分。

1956年起,原浦口区、江浦县中小学施行"准备劳动与卫国"体育制度(简称劳卫制)。1969年,体育课改为军体课,以列队、刺杀、武术等军事训练活动为主要教学内容。1973年,施行国家颁布的《青少年体育锻炼标准》。1977年,施行国务院颁布的《国家体育锻炼标准条例》,深入开展体育达标活动。1987年,江浦县182所中小学有29496名学生达标,达标率96.17%,成为南京市体育达标先进县。1999年,浦口区中小学体育达标施行面100%,学生达标率91.73%。2002年,中小学体育课改为体育与健康。2004年,浦口实小女子足球队获南京市"达能标"冠军、市十八届运动会同龄组团体第三名、全国比赛同龄组第五名。是年,该校荣列南京市足球重点学校,并举行挂牌仪式。2005年,沿江中学被市教育局命名为南京市中学生定向运动活动基地。2008年始,实施阳光体育活动制度,即学校每天必须有半小时的体育大课间活动,没有体育课的班必须有一节体育活动课。2012年12月,浦口区首届阳光体育节在行知基地举行,全区57支中小学代表队、535名运动员参加14个项目比赛。至2015年,全区有45所学校成为田径、举重、足球、篮球、排球、射击、艺术操、航模、无线电测向、武术、跆拳道、乒乓球等传统体育项目学校。

职工体育　民国时期,境内珠江镇、浦镇及浦镇机厂、港务局等单位的职工篮球队、足球队活跃城乡。中华人民共和国成立初期,职工体育活动广泛开展,球类活动最为普遍。1956年4月29日至5月1日,江浦县举办首届工人体育运动会,330名运动员参加田径、篮球、自行车、举重、拔河等项目比赛。1957年,江浦县职工篮球队参加镇江专区五县篮球联赛,获男篮亚军。1972年,江浦县体委成立工人武术队。1977年,在南京市武术比赛中,县武术运动员获拳术第一名、器械第三名。1984年,原浦口区信鸽协会成立后,先后参加浦珠路通车典礼、区首届运动会开幕式、石林商场国际商品节信鸽放飞活动。1992年,江浦县举办职工消防"保险杯"篮球赛,14支球队参赛,历时6天,观众2.4万人次。1997年2月27日至3月1日,江浦县体委与县地税局、国税局联办"地税杯"围棋、"国税杯"中国象棋大奖赛,100余名棋手参加角逐,县水利局代表队获中国象棋赛团体冠军,珠江镇许能权获围棋赛个人冠军。1999年,浦口区成立老年门球队,当年参加南京市老年门球比赛。2000年3月8日,江浦县体委、县妇联联办江浦县首届女子乒乓球比赛,31名选手参赛。2001年9月26~27日,江浦县体委、县邮局联办"和酒王杯"保龄球大赛,16支代表队参加。2004年4~10月、2008年4~10月,先后举办第一届、第二届区级机关运动会,参赛人员1500多人。2006年5~10月、2010年5~10月,先后举办首届、第二届区职工运动会,2000余人次参加拔河、中国象棋、三对三篮球、登山、公路自行车、羽毛球、乒乓球7个项目比赛。2015年,全区有钓鱼、信鸽、武术、登山、风筝、空竹、跆拳道等16个运动协会自行开展活动。

农民体育　民国初年,桥林、珠江、汤泉地区的硬气功、少林拳、查拳、刀术和异型器械等活动项目自成流派,各树一帜,至抗日战争前夕,兴盛一时。1949年中华人民共和国成立后,武术作为民间传统体育项目在农村普遍开展。1952年,江浦县举行首届体育运动会,各乡武术运动队纷纷登场亮相,武术名流各献技艺。石担、石锁表演中的顶花、过梁、穿花、蟒蛇出洞、仙人背纤、风摆荷叶,以及托塔、摩云、对月等动作套路,让观众大饱眼福。1958年,江浦县举行首届农民运动会。至年底,全县有235个生产队建有篮球场,占生产队总数的76%以上。1959年,江浦县大桥人民公社农民篮球队在南京市首次农民篮球比赛中获冠军。1970年后,原浦口区沿江镇连续举办六届农民体育运动会,并组队参加南京市农民象棋赛和篮球赛。1977年,江浦县向阳人民公社向阳生产大队在南京市农村体育工作会议上作《人增体质粮增产》的经验介绍;次年,该队被评为江苏省群众体育先进单位。1982年,浦口区举行首届农民体育运动会。是年起,江浦县每年春节期间举行农民"迎春杯"篮球比赛。1988年起,浦口区盘城、永丰、顶山、泰山、沿江5个乡镇农民联合组建自行车队,代表南京市参加第一届至第四届江苏省农民体育运动会。2005年,浦口区举办第一届农民体育运动会。同年,珠江镇被评为全国群众体育先进单位。2008年,泰山、江浦2个街道参加南京市第十九届运动会乡镇部比赛,分获趣味篮球项目冠军和原地抛秧、自行车慢骑、男女混合拔河3个项目冠军。2009年、2013年,举行第二届、第三届运动会。2012年6月,区代表队获南京市第二十届运动会镇街部团体总分第一名。2015 年,沿江街道京新社区天润城文体队获南京市社区联盟乒乓球赛第三名。

全民健身运动 1996 年 9 月,江浦县成立全民健身运动指导委员会,县长、分管体育工作的副县长分别担任指导委员会名誉主任、主任,下设县体育总会。2000 年 10 月,县体委投资 5 万多元,在珠江镇康华小区创建县内首家全民健身工程,新建室内健身房,配置跑步机、哑铃等健身组合器材,新辟 400 平方米健身场地,配套双杠、单杠、翘板锻炼器具,一次可容纳 40 人活动。2001 年,该小区全民健身工程升格为国家级健身工程点,活动场地扩至 1800 平方米。2002 年,完善区三级社会体育组织网络,区、镇街、社区分别成立全民健身指导委员会、全民健身领导小组、全民健身指导站,配备三级社会体育指导员 431 人。2009 年起,各级体育组织在每年 8 月 8 日全民健身日开展健身知识咨询和体育活动。2011 年,浦口区被国家体育局评为全民健身活动先进单位。2012 ~ 2015 年,区体育总会和街道健身领导小组先后举办武术展示、广场舞展演、健身操大赛等 10 多场大型健身活动,其中 2012 年 5 月 20 日,区武术协会在江浦街道凤凰台广场举办庆祝浦口新区成立 10 周年暨全民健身展示活动,全区 12 支代表队 700 余人登台表演,《龙腾虎跃》《三十二式太极剑》《四十二式太极拳》《武之劲》《柔力球飞龙二套》《凤凰金翅刀》等节目赢得观众热捧。

二、竞技体育

区(县)级运动会 民国 18 年(1929),江浦县举办首次运动会,选拔成绩优秀者参加当年 5 月中央大学区第一届民众业余运动会。20 年春,举办县第二次运动会,比赛项目有男女 100 米、200 米、400 米、800 米赛跑和跳高、跳远、篮球、足球等,刘克明任总裁判。22 年,举行县第三次运动会,选拔篮球、足球优秀运动员组建县篮球队、足球队,参加江苏省第三届运动会。36 年,在珠江镇举办江浦县"县长杯"篮球赛,珠江南屏队获冠军。

中华人民共和国成立后,江浦县于 1952 年春、1988 年 4 月、1998 年 5 月举行第一届至第三届运动会。其中,第三届运动会历时 10 个月,各乡镇、主管局及驻县单位 26 个代表团、近 2.5 万人次分别参加田径、球类、棋类、武术、健身操、拔河、自行车慢骑及趣味体育等 20 多个项目比赛。原浦口区于 1999 年 10 ~ 11 月举办首届运动会,99 个运动队、1387 人次运动员参加田径、乒乓球、篮球、中国象棋 4 个项目比赛。

新浦口区成立后共举办四届运动会。第一届运动会于 2003 年 4 ~ 11 月举办,比赛内容分田径、篮球、乒乓球、中国象棋、游泳、保龄球、韵律操、健美操、趣味体育 9 个大项,参赛运动员近 4000 人。有 10 人次达田径二级运动员标准,70 人次达田径三级运动员标准。第二届运动会于 2007 年 4 ~ 11 月举办,比赛项目设田径、乒乓球、中国象棋、自行车慢骑、羽毛球、篮球、登山、趣味体育等 9 个大项,近 6000 人参赛,产生名次奖 124 个。第三届运动会于 2011 年 4 ~ 11 月举办,镇街场及区级机关各部门近 3000 人参加拔河、乒乓球、羽毛球、游泳、登山、田径 6 个项目比赛,中小学近 2700 人参加田径及冬锻三项(踢毽子、跳绳、长跑)比赛,产生名次奖253个。第四届运动会于2015年4~10月举办,5000余人参加拔河、中国象棋、羽毛球、篮球、乒乓球、登山、田径7个大项比赛,产生名次奖456个。

参加市级以上运动会 1957~2001年,江浦县参加历届南京市运动会、中学生田径运动会、儿童田径分项赛和单项比赛91次,获团体金牌(冠军)20枚(项),获个人金奖(第一名、冠军)87人次。其中,林山小学江起英在1974年南京市小学生田径运动会上破女子手榴弹投掷纪录,成绩37米。江浦中学高中部李仙凤在1982年南京市第十七届中学生田径运动会上获女子五项全能第一名,成绩2218分。江浦中学储志东在1985年南京市第十三届运动会上获男子七项全能冠军,成绩3938分。江浦县少年体校学员杨阳在1999年4月南京市少儿田径比赛中破女子铅球纪录,成绩10.39米。原浦口区1978~2001年参加市级体育竞赛37次,获团体金牌(冠军、第一名)18枚(项),获个人金牌(第一名、冠军)5人次。2002~2013年,获团体金牌(第一名、冠军)2枚,获个人金牌(第一名、冠军)181人次。

民国24年(1935),江浦县运动员陈天雷参加在镇江举行的第四届江苏省运动会,获男子200米第一名。1980~2001年,江浦县、原浦口区在江苏省县级田径比赛中有14人次获得不同奖项17个。原浦口区第一中心小学孟强于1980年连续打破5项省儿童游泳纪录。1984年,江浦中学林斌获男子铅球第一名,成绩11.24米;余秀慧获女子全能第一名,成绩2117分,女子跳远第二名,成绩4.56米。江浦第二中学王保珍获女子铅球第二名,成绩9.40米。江浦县城东中学肖贤英参加江苏省军区无线电收发报比赛,获全能第一名。1985年,余秀慧在江苏省县级田径比赛中获女子跳远第三名,成绩4.95米;江浦中学陈兵获男子铅球第三名,成绩12.63米,铁饼第三名,成绩36.52米;储志东获男子110米栏第一名,成绩16秒7。浦口区第一小学刘静获江苏省少年女子800米赛第二名。1987年,江浦第二中学王平在江苏省县级田径比赛中获少年乙组男子标枪第一名,成绩50.96米,铅球第一名,成绩13.16米。1988年,浦口区永丰乡李爱兰、顶山镇王素琴获江苏省首届农民运动会自行车女子组第二、第三名,何永前获男子组第三名。1991年,南京市第十四中学余传红获江苏省业余体校自行车1200米比赛冠军。2002~2015年,在历次省县级田径锦标赛、青少年跆拳道比赛、中小学生航模比赛、中学生定向比赛、儿童基本体操比赛中,共获金牌(冠军、第一名)58枚、银牌31枚、铜牌39枚。其中,2009年7月14日,泰山小学女子足球队代表南京市参加第十三届江苏省“省长杯”足球赛获冠军,此为新浦口区成立后集体项目的最好成绩,也是南京市参加“省长杯”小学女子足球比赛首个冠军。

1985~1996年,江浦县、原浦口区参加全国体育比赛7次。其中,1985年江浦中学陈兵在全国业余体校田径比赛中获男子铅球第一名,成绩12.63米。1990年,浦口中学体育代表队获全国“希望杯”风筝比赛团体总分第二名,南京市第十四中学林峰获全国“南方杯”围棋赛冠军。1992年,江浦县少年体校何艳丽在全国田径3000米竞走项目中获第三名。1996年10月15日在上海举行的第三届全国农民运动会上,大桥乡农民余荣东获风筝中型软翅串类比赛冠军,此为江苏省该项目历史上的第一块金牌,也是江浦县在国家级比赛中首次获此殊荣。同年,南京市第十四中学林峰获全国“晚报杯”围棋赛第三名,1998 年获全国围棋赛第八名。2002～2015 年,浦口区参加国家级体育比赛 10 次。其中,2004 年,沿江中学定向运动代表队获全国定向拉练赛初中组短距离、标准距、接力赛 3 项团体冠军。运动员邵欢获 2009 年第十一届全运会古典式摔跤成年组 80 公斤级项目第二名,2010 年获全国古典式摔跤成年组 96 公斤级项目第一名。2012 年 11 月 16～18 日,顶山小学在南京举行的全国模拟遥控飞行锦标赛、全国青少年模拟运动网络锦标赛总决赛中,获 4 金、1 银、3 铜及团体冠军奖杯,指导教师王素云被体育总局评为优秀辅导员。2013 年 8 月 7～13 日,泰山小学女子足球队在沈阳体育学院举行的全国青少年足球夏令营活动中,获小学组一等奖、中学组二等奖,7 名运动员分获小学组、中学组“希望之星”称号,教练戴瑞成获优秀指导员称号,球队被评为初中组精神文明队。2014 年,新城实验小学“亲乐航模队”在三亚举行的第十六届“飞向北京——飞向太空”全国青少年航空航天模型教育竞赛总决赛中,获小学综合组模拟赛金牌、银牌、铜牌各 1 枚;在北京举行的全国模拟飞行锦标赛中获两项三等奖和数名优秀奖,该校被评为全国优秀组织一等奖;在南师附中江宁分校举行的“飞向北京——飞向太空”全国青少年航空航天模型教育竞赛江苏总决赛中,获男、女团体冠军,获单项奖金牌 3 枚、银牌 4 枚、铜牌 2 枚。2015 年,新城实验小学在全国青少年模拟飞行锦标赛中获 7 金、3 银、10 铜。永丰小学跳绳队 9 名队员在 2015～2016 年全国跳绳联赛青岛分站赛中获 8 个项目冠军,共收获 17 枚金牌、5 枚银牌、7 枚铜牌。

参加国际性体育赛事并力拔头筹的有:1974 年,浦厂小学学生潘辰飞参加第七届亚运会,夺得男子个人体操全能金牌。1989 年,原浦口区代表队获得北京国际风筝会(板子类型)一等奖。2011 年,浦厂小学学生许安琪获卡塔尔击剑大奖赛女子重剑团体第一名,2012 年 8 月 5 日获第三十届伦敦奥运会女子重剑团体决赛冠军。2013 年 11 月 2 日,琅琊路小学明发分校橄榄球队参加第十届上海国际触式橄榄球比赛,获 U－12 组别冠军。2014 年 11 月 2 日,行知小学橄榄球队参加上海国际触式橄榄球邀请赛,获 U－12 组别冠军。

承办赛事 1995 年 10 月 21～29 日,江浦县承办全国三城会足球分区赛。2002～2013 年,浦口区承办省、国家及国际体育赛事 13 起。2002 年 10 月 19～20 日承办首届“测绘杯”江苏省定向锦标赛暨全国城市定向系列赛(南京站)。2003 年 10 月 12～20 日,承办第七届世界青年女垒锦标赛。2005 年 10 月 13～20 日,承办全国第十届运动会女子垒球比赛。2008 年 5 月 18～19 日,承办 2008 年全国山地自行车冠军赛;12 月 10～22 日,承办中国(南京)国际象棋特级大师邀请赛。2009 年 3 月 1～2 日,承办“南京老山杯”2009 年全国山地自行车冠军赛(第三站);4 月 18～30 日,承办 2009 年阿迪达斯全国 U－17 足球联赛;6 月 20 日,承办“群盛北江豪庭杯”2009 年 361°乒乓球俱乐部超级联赛女队比赛。2010 年 7 月 21 日,承办“楠溪江杯”全国象棋甲级联赛江苏主场比赛;10 月 18～31 日,承办中国(南京)国际象棋超级大赛。2012 年 8 月 15 日,承办“伊泰杯”全国象棋甲级联赛(第 16 轮)。2013 年 3 月 3 日,承办第三届“钓鱼郎杯”全国巡回赛(南京分站);5 月 15 日,承办全国象棋第六轮浦口专场甲级联赛。

三、体育设施

民国5年(1916)9月1日,江浦县建成公共体育场,位于县城积谷仓门前(今江浦高级中学文昌路校区)。体育场长75米,宽46米,缭以竹篱,杂植杨柳冬青等树,置有秋千、平台、杠子、木马、天桥、跳箱等器械,设体操、球类、器械、田径4部,开办费用银洋390余元。设指导2人、场役1人,每月连杂费共支洋元12元。13年,场基地面扩至5000平方米,抗日战争中废弃。在浦镇机厂及桥林、永宁、星甸等集镇建有简易篮球场地。

中华人民共和国成立后,随着群众体育活动的开展,机关、学校、工厂陆续兴建一批体育场地。1950年,原浦口区南京市第十四中学新建田径场1个,跑道长330米,成为区内体育活动和竞赛的主场地。1960年后,在浦口公园相继建成1个25米×5米的游泳池和1个篮球场(后改为旱冰场)。1962年,在县文化馆东侧(今凤凰大街南端东侧)建成县灯光球场,可容纳观众1200人。1973年秋,建成江浦县田径场,位于县城南门东侧(今天凤国际商住楼地段)。总面积约1万平方米,建有300米、100米跑道及足球场、跳远、铅球等训练区,配备计时台等设施。1985年,浦口区政府与浦镇车辆厂合建点将台体育场,场内建有400米跑道的标准田径场及看台。1990年,在珍珠泉风景区兴建1个符合国际标准的18洞72杆高尔夫球场。1992年,江浦县田径场移至城运路3号现址重建,易名县体育场,占地面积近3万平方米,建有周长400米的半圆式标准田径场及跳远、铅球、标枪活动场地。1995年,县体育场建成标准足球场;同年10月,成为全国第三届城运会足球赛场之一。1998年,因县城旧城改造,灯光球场拆除。2001年,县体委为实现体育先进县"四个一"(一个县体育场、一个训练房、一个灯光球场、一个游泳池)工程目标,投资27万元买断县城建局于1993年新建的凤凰山公园游泳池,经改造后更名为江浦县游泳池。该池占地面积5000平方米,池长50米,宽25米,8条泳道,水深1.2~1.8米,每年夏季约有4万人次到此游泳健身,2000人次青少年在此接受游泳培训。是年底,全县基层建有小型运动场(跑道周长不足400米)31个、足球场6个、篮球场98个、排球场9个、溜冰场2个。浦口区有250米跑道以上的田径场15个、足球场11个、排球场16个、篮球场135个、溜冰场3个、游泳池7个。

2002年以后,区内体育设施建设呈现规模大、规格高的特点。2004年8月,江苏省残疾人体育训练基地一期工程在永宁镇护国村开工建设,于2005年底竣工。建有标准田径场、训练馆、网球场,总面积2万平方米。2007年,区体育场(原江浦县体育场)煤炭渣跑道改建为透气型标准塑胶跑道。2011年,政府投资280万元,实施区体育场消险工程,在东侧山体下砌筑2.5~3米的挡土墙,铺植山坡草皮2500平方米。同时对体育设施进行提档升级,改水泥台阶式坐凳为塑料座椅,计5000座,并以绿、蓝、桔黄三色分片间隔排列。同年12月,在江浦街道新河口地段开工建设青奥体育公园综合型体育设施群,主要包括青奥赛场综合体、市级体育中心和配套商务设施。其中,青奥赛场综合体承担亚青会、青奥会橄榄球、曲棍球、小轮车和沙滩排球四大比赛项目，市级体育中心由2万座的体育馆和1.8万座的体育场组成，工程历时3年竣工。2012年10月，桥北文体中心开工建设。该工程位于南京高新区泰山园区，分为桥北文化中心和桥北体育中心2个单体建筑，其中体育中心建筑面积37322平方米，主体建筑有标准游泳池、篮球馆、网球馆、体育健身中心及餐饮用房、体育商业用房、地下停车场等配套设施，主体工程历时3年完成。同年10月18日，区政府举行区市民中心工程开工典礼。该项目位于江浦街道象山南路东侧，总建筑面积7.2万平方米，是集文化、体育、行政服务和社区商业配套等功能于一体的城市综合体。其中，体育健身中心面积9450.7平方米，包括3215平方米的游泳馆、2910平方米的综合健身馆、1片标准篮球场和2片网球场，2014年，主体工程封顶。同年3月，省残疾人训练基地二期工程开工，工程包括综合楼、宿舍楼、游泳馆，建筑面积1.1万平方米，至2015年4月，主体工程封顶。是年，浦口区高标准完成新“四个一”工程（浦口区体育场的塑料跑道标准田径场、青奥公园2万座体育馆、桥北体育中心标准游泳池和体育健身中心），实现体育强区目标。同时形成区、街道、社区（村）、居民小区四级公共体育场地设施网络，建成公益性室外健身路径器材近280套。全区中小学各类主要体育设施（场地）560片，其中篮球场167片，排球场52片，足球场55片，羽毛球场66片，网球场4片，乒乓球场216片，场地面积28.26万平方米。体育馆20个，场地面积19645平方米。社会服务机构、旅游景区及部分大专院校等建有室内外游泳池14个、网球场2片、高尔夫球场2片以及体育场、体育馆等体育活动设施。

第六章　社　　会

第一节　人　　口

一、人口数量

明洪武二十四年(1391),江浦县有5354户,28304人。永乐十年(1412),3840户,22986人。弘治二年(1489),2343户,18160人。嘉靖元年(1522),2556户,20568人;三十一年,2567户,22573人;四十一年,2570户,24198人。隆庆六年(1572),2560户,25136人。万历四十一年(1613),2650户,14988人。清顺治十三年(1656),2100户,21□□□人。康熙二十五年(1686),2660户,25136人。宣统三年(1911),143597人。

民国8年(1919),江浦县有26164户,125234人。17年,28183户,139581人。37年,江浦县有33173户,164417人;原浦口区(南京市第八区)有34717人。

1949年解放以后,由于人民基本生活条件和医疗卫生条件逐步改善,加上境域变动,人口增长较快。1950年,江浦县、原浦口区分别为32594户、134353人,17926户、71073人;1960年,分别为47099户、167966人,35456户、198116人;1970年,分别为54204户、225482人,42031户、190924人。20世纪80年代,人口增长速度趋缓。90年代,人口增长速度得到进一步控制。2000年第五次全国人口普查时,全境常住人口516753人。至2010年11月第六次人口普查时增至710298人,10年间增加193545人,增长37.45%,年均增长3.75%。统计部门统计全境户籍人口2000年、2010年分别为459030人、564508人,增加105478人,增长22.98%,年均增长2.3%。2015年,全区居民总户数217813户,户籍总人口642787人。常住人口749421人。户籍总人口中,城镇人口569960人,乡村人口72827人,分别占总人口的88.67%、11.33%。户籍人口密度为每平方千米703人。区域人口分布疏密不均,存在较大的不平衡性,人口主要密集于泰山、沿江、顶山和江浦地区,泰山街道人口密度高达每平方千米3000人,约为全区平均人口密度的4.27倍,桥林、星甸、汤泉、永宁4个街道每平方千米人口密度不足400人,低于全区平均人口密度的43%~52%。

二、人口变动

自然变动　1949年以后,全境人口自然变动总的趋势是由高出生、高死亡、高增长逐步向低出生、低死亡、低增长转变。50年代,江浦县、原浦口区分别出生49426人、32617人,死亡22980人、9324人，实增26446人、23293人，年均自然增长率为17.72‰、31.6‰。期间1954年，浦口区出生3793人，出生率57.1‰，死亡855人，死亡率12.9‰，净增2938人，自然增长率44.2‰；1957年，江浦县出生6632人，出生率41.8‰，死亡1623人，死亡率10.2%，净增5009人，自然增长率31.6‰。60年代为人口出生最多、增长最快的时期。1962~1964年，江浦县平均每年出生7854人，净增6145人，年出生率分别达45.4‰、44‰、41.8‰，自然增长率达37.5‰、34.8‰、30.6‰；1963年，浦口区出生8826人，出生率46.4‰，死亡1467人，死亡率7.7‰，净增7359人，自然增长率38.7‰。70年代，由于计划生育工作不断加强，江浦县、浦口区人口自然增长率得到有效控制，1976年分别降至11.4‰、7.9‰。80年代，人口自然增长率继续下降，年平均自然增长率分别为9.82‰、7.33‰。2000年11月1日统计，1999年11月1日至2000年10月31日，两县区出生人口3391人，出生率6.58‰，死亡人口2797人，死亡率5.43‰，人口自然增长率1.15‰。与1990年第四次人口普查相比，人口出生率下降13.7个千分点，人口自然增长率下降13.9个千分点。2010年11月1日统计，2009年11月1日至2010年10月31日，全区出生人口5463人，出生率7.69‰，死亡人口3273人，死亡率4.61‰，人口自然增长率3.08‰，与2000年第五次人口普查相比，人口死亡率下降0.82个千分点，人口自然增长率上升1.93个千分点，表明十年来人均寿命延长，出生人口步入高峰期。2011年起，尤其在2012年落实党和国家有关批准“双独”（即夫妻双方同为独生子女户）、“单独”（即夫妻一方为独生子女户）生育二孩的人口和计划生育新政后，全区人口出生出现持续增长态势。至2015年，5年内全区出生人口34179人，年平均出生人口6836人，人口出生率11.19‰；死亡人口15194人，年均死亡人口3039人，人口死亡率5.69‰；人口自然增长总数为18985人，年均3797人，人口自然增长率为5.5‰。

迁移变动 明洪武二十四年（1391），迁入江宁县沙洲乡民2000户，增建崇德乡。明、清之际，因设卫所、建立军屯，迁入近万名军户人口，至清康熙年间（1662~1722），在沿江圩乡建有刘所、俞所、薛所、张所、李所、欧所等村庄，军卫田地达1898顷，约占全境民赋、卫赋田地的44%。光绪三十四年（1908），浦镇机厂建立，迁入天津地区员工数百名。1951年、1952年因土地改革，疏散部分人口回乡务农，加上青年学生参军、参干和升学等原因，原浦口区两年净减35561人。1955年、1957年，江浦县接收南京市居民608户、2400人，安置泰兴县农村移民225户、820人。1959年，江浦县迁出102名男女青年赴新疆支边建设。1960~1970年，浦口区在国民经济调整中，精减职工和居民、下乡知识青年53787人。江浦县接收南京市下放职工、居民、知识青年8960人。1973年、1979年，浦口区分别迁入11580人、16066人，迁出934人、3105人，人口机械增长率达53.4‰、54‰。1988~2001年，江浦县迁入69838人（期间1996~1997年，南京大吉铁塔制造有限公司落户汤泉镇，随迁职工400余人），迁出71276人。2002~2010年，全区迁入183370人，迁出104812人，迁入人口多于迁出人口，其中迁入迁出人口最多年份为2010年，迁入迁出人口分别为24250人、13165人。

2011～2015年，共迁入人口95372人，年均19074人；迁出人口50419人，年均10084人；迁入人口多于迁出人口44953人，年均人口机械增长率14.71‰。

人口流动　明景泰、成化年间（1450～1487），江浦县农民每户领养朝廷官马八九匹，大批农户举家外逃，至弘治元年（1488），减少农户1490余户、4800多人。清光绪四年（1878），粤人梁进（又名梁济猛）在境内西江口一带建江华、惠黎垦殖公司，招入安徽省无为、桐城、合肥等地流民400余人垦殖洲地约1.95万亩，这批农民后来绝大多数成为梁氏佃户。民国37年（1948）统计，来自扬州、镇江地区的漂流渔民在西江口地区定居，其中渔户36户、半渔半农户66户。1949年解放前夕，江浦县约有1000名国民党军政人员及地主、富绅到中国台湾、香港、澳门地区定居。1950～1953年，山东、苏北、皖北等地流入江浦县人口达6034人次，除遣回原籍外，有2050人在桥林、汤泉等乡村落户。1956年，原浦口区有外来人口21854人，以河北、天津、鲁南、苏北、皖北人口居多。1959年，浦口区收容遣送盲流人员3.5万余人次。1963年，江浦县收容遣送安徽、河南、山东及江苏徐、淮地区等40多个县流民7000余人。1978年以后，公安部门加强对流动人口的统计与管理，浦口区1988年底有暂住人口9232人，其中从事建筑、运输业4305人。1995年，江浦县、浦口区暂住人口分别为6387人、6140人，其中务工3881人，经商、服务业2035人。2000年11月1日江浦县、浦口区抽样调查统计，自1995年11月1日以来流入全境人口9267人，其中外省市迁入3505人，安徽省最多，达1540人。2010年11月1日统计，全区外来人口225759人，其中务工经商79386人，工作调动7367人，寄挂户口1361人，学习培训61372人，拆迁搬家29330人，婚姻嫁娶7481人，随迁家属21137人，投亲靠友11014人，其他7311人。2011年以后，外地流入人口逐年递增，根据统计局参照相关资料推定，离开户籍登记地半年以上的外来人口常年保持在20万人以上，其中有相当一部分人在区境购房定居，成为常住人口，且逐年增多，2011年为6.21万人，占全区常住人口的9.6%以上，至2015年末增加到10.66万人，占全区常住人口的14.2%以上。户籍人口流出量增大，不少居民在南京主城区购房，长期离开户籍地；农村中青年外出打工，以致“留守儿童”“空巢老人”现象渐多。

三、人口构成

民族构成　境内居民历来以汉族为主，回族次之。1953年人口普查统计，江浦县汉族145684人，回族等少数民族942人。1964年，原浦口区共有10个民族，其中汉族198096人，回族、蒙古族、苗族、朝鲜族、满族、纳西族、壮族、白族、彝族9个少数民族2416人，分别占总人口的98.8%、1.2%。1982年人口普查统计，境内增加布依族、高山族、土家族、黎族、京族、维吾尔族、撒拉族、藏族、乌孜别克族，少数民族共有3351人，占全境总人口的0.8%。1990年第四次人口普查统计，少数民族增加侗族、畲族、俄罗斯族等12个，少数民族总人口3724人。2000年第五次人口普查统计，有少数民族34个，人口4689人，占常住人口的0.91%。2010年，少数民族41个，新增佤族、毛南族、锡伯族、怒族、保安族、鄂伦春族、赫哲族，少数民族总人口增至7772人，占常住人口的1.09%。其中，回族4305人，占少数民族总人口的55.39%。2015年，境内少数民族40个，人口8055人，占全区人口总数的1.25%。

年龄构成 据历次人口普查资料统计，1953年、1964年，江浦县0～14岁儿童人口占总人口比重分别为35.46%、40.61%，65岁及其以上人口比重为2.62%、2.59%，老少人口比例为7.39%、6.38%，人口年龄中位数为21.91岁、19.09岁，人口年龄构成属“年轻型”；1953年，50岁以上人口比重为13.09%、15～49岁比重为51.44%，人口再生产属“增加型”。1982年，全境15岁以下人口比重为31.39%，65岁以上人口比重为4.35%，老少人口比例为22.98%，人口年龄中位数为23.88岁，人口年龄构成属“成年型”；50岁以上人口比重为15.76%，15～49岁人口比重高达52.85%，人口再生产仍属“增加型”。1990年第四次人口普查资料表明，各年龄组人口发生较大变化，学龄前、学龄儿童人口、青年组人口比重下降，育龄妇女、劳动力、老年组人口比重开始上升，人口再生产逐渐向“稳定型”发展。2000年第五次人口普查结果表明：全区学龄儿童占总人口比重下降5.47个百分点，减少21583人，人口再生产类型由“稳定型”向“减少型”转变；育龄妇女中20～29岁人口下降11.33个百分点，减少8853人，表明妇女生育高峰开始回落；劳动力人口增长22.03%，给劳动就业增加了压力；人口年龄由“成年型”向“老年型”过渡，其中老年人口系数上升2.19个百分点，人口年龄中位数增加2.23岁。2010年全区人口普查统计，青少年（15～25岁）人数近成倍增长，绝对数增加95462人，这与外来人口中绝大多数是青壮年有很大关系；劳动力人口增长速度快于总人口的增长速度，比“五普”增加182289人；按照国际通用人口年龄类型标准，人口年龄已由“成年型”过渡到“老年型”，与“五普”相比，少年人口系数下降7.73个百分点，老年人口系数上升0.55个百分点，人口年龄中位数增加4.36岁；有百岁以上人口20人，其中男性3人，女性17人。2015年11月1日零时为标准时点的全国1%人口抽样调查，全区有常住人口749421人，其中户籍人口642787人，占85.77%。户籍人口中，60岁以下人口537591人，占83.63%；60岁和65岁以上人口分别有103721人、66048人，分别占户籍人口的16.14%、10.28%；剔除驻区高校近10万名在校学生这一因素，全区60岁和65岁以上人口所占户籍人口比重，分别上升到19%和12%以上。

性别构成 明洪武二十四年（1391），江浦县人口性别比例（以女性为100，男性对女性的比例）为102.53。嘉靖元年（1522），男女性别比例为149.06。万历四十一年（1613），男女性别比例为112.57。民国8年（1919），男女性别比例为123.4；36年为116.04。1949年解放后，随着人民群众生育观念的改变，人口性别结构趋向均衡，至2001年，江浦县多数年份男女性别比例在110以下，最低年份2001年为101.06；原浦口区男女性别比例多数年份在110以上，其中最高年份1960年达136.5。2002～2013年，全区男女性别比最高年份2002年为108.45，最低年份2011年为99.89。2010年第六次人口普查资料表明，0～64岁各年龄组男多女少，其中35～39岁年龄组性别比例最高为118.41，60～64岁年龄组最低为

104.49;65~69岁以上各年龄组均为女多男少,且年龄组越高,性别比例越低,其中95~99岁年龄组为45.05,100岁及其以上年龄组为17.65。2015年,男、女人口分别为32.12万人、32.16万人,男、女性别比为99.86,比2010年下降10.28个百分点,低于南京市6.41个百分点。

文化程度 民国20年(1931),江苏省民政厅及教育厅调查,江浦县总人口141796人,学龄儿童24392人,其中26610人为普及义务教育对象,而初级小学仅有26所60个班级,在校学生2568人,普及率仅为9.65%。1949年解放后,先后实行小学、初中普及教育,扩大中学招生,举办文化技术学校,广泛开展成人扫盲活动,居民文化素质逐步提高。当年原浦口区有大学、中学、小学文化程度的人口分别为123人、1080人、10686人,分别占总人口的0.18%、1.62%、16.07%;少识字或不识字人口54619人,占总人口的82.13%。1953年第一次人口普查,江浦县具有初中、小学文化程度的人口分别占全县总人口的0.29%、7.9%。1982年7月1日统计,江浦县有大学(指大专以上)、中学(含中专)、小学文化程度的人口分别为977人、66626人、76926人,分别占总人口的0.37%、25.34%、29.28%,6岁或6岁以上不识字或识字很少的人口88631人,占总人口的33.74%;浦口区有大学、中学、小学文化程度的人口分别为3126人、67626人、38499人,分别占总人口的2.26%、48.87%、27.82%,不识字或识字很少的人口29134人,占总人口的21.05%。2010年11月1日统计,全区具有大学(含大专、研究生)、中学(初中、高中)、小学文化程度的人口分别为170350人、365085人、120491人,分别占总人口的23.98%、51.4%、16.96%,15岁及其以上不识字人口19282人,占总人口的2.71%;全区男性平均文化程度高于女性,初中及其以上文化程度人口中,男性占55.78%,女性占44.22%;大专以上文化程度的人口中,男性占55.12%,女性占44.88%。2015年,全区有小学、中学、大学文化程度的人口分别为14.1万人、36.82万人、17.92万人,分别占常住人口的18.82%、49.13%、23.91%;15岁及其以上文盲人口1.05万人,占常住人口的1.4%。

行业职业构成 1949年,原浦口区在业人口26199人,占总人口的39%,其中农业人口1535人、工业14499人、商业8837人,分别占在业人口的5.9%、55.3%、33.7%。1953年第一次人口普查统计,浦口区在业人口30440人,占总人口的46.06%,其中农业劳动者占在业人口的12.15%,工业、商业人口分别占在业人口的36.62%、12.01%。1982年7月1日统计,江浦县、浦口区在业人口分别为76926人、84432人,分别占总人口的55.74%、55.45%。1990年7月1日统计,江浦县在业人口173911人,其中从事农林水生产人口121277人,占在业人口的69.74%;浦口区在业人口98794人,其中生产工人、运输工人49861人,占在业人口的50.47%。2010年11月1日统计,全区在业人口占15岁及其以上人口的63.67%,其中男性在业率67.31%,女性在业率59.81%;在20个行业中,第一产业人口比重为18.36%,第二产业为35.95%,批发和零售业、餐饮住宿和商务服务业为21.3%;在七大职业类别中,从事农、林、牧、渔、水利生产人员比重为17.96%,生产工人和运输工人为

33.89%，商业、服务人员为28.06%，专业技术人员为10.95%，办事人员和有关人员为4.9%，国家机关、党群组织、企业、事业单位负责人为4.1%，其他劳动者为0.14%。全区失业人口的失业率为0.66%。2015年，全区在业人口41.2万人，占全区户籍人口的64.1%，15岁以上人口在业率达69.21%，较2010年上升5.54个百分点。在三大产业中，在业人数分别为20600人、180600人、210800人，分别占在业人口的5%、43.83%、51.17%。在七大行业职业类别中，制造业在业人口18.6万人，占在业总人口的43.83%，位居各行业之首；商业批发和零售业、建筑业在业人口分别为4.96万人、4.95万人，分别占在业总人口的12.05%、12.01%，分居第二、第三位。

四、人口控制

晚婚晚育 1950年，《中华人民共和国婚姻法》颁布后，男女婚龄有所推迟。1973年，江浦县成立计划生育领导小组，开始提倡晚婚，规定男25周岁、女23周岁结婚为晚婚。1975年，根据南京市革委会137号文件，城镇晚婚年龄为男26周岁、女25周岁，农村各低1岁。1976年，江浦县、原浦口区初婚男女人数分别为2410人、1567人，晚婚率分别为80.9%、92.01%。1982年，响应中共中央、国务院号召，城镇、农村男女晚婚年龄一律按法定年龄推迟3年；女性24周岁以上生育为晚育；凡男女双方均为晚婚者，婚假可以增加到10天，晚婚生育者由女方单位增加产假10天。1983～2001年间，晚婚率最高年份为1983年，江浦县、浦口区晚婚人数分别为3014人、1158人，晚婚率为82%、95%；晚婚率最低年份为1999年，两县区晚婚人数分别为1091人、639人，晚婚率为51.66%、55.32%。2004年6月，贯彻《江苏省人口和计划生育条例》，凡晚婚的，延长婚假10天，夫妻双方晚婚的双方享受，一方晚婚，一方享受。凡晚育的，延长女方产假30天，给予男方护理假10天。规定的婚假、产假假期视为出勤，不影响工资、奖金及福利待遇。农村居民及城镇无业人员晚婚晚育的，由户籍所在地人民政府给予表扬和奖励。2004～2010年，全区年均女性初婚人数3602人，年均晚婚率67.46%。2011～2015年，全区年均女性初婚人数20379人，其中23周岁及其以上年均16208人，晚婚率年均79.53%。

计划生育 1956年，江浦县有20人接受避孕手术。1973年，提倡节制生育，要求一对夫妇只生两个孩子，每胎间隔4～5年。1979年，响应全国五届人大二次会议发出的"一对夫妇只生一个孩子"的号召，对只生一个孩子并采取有效节育措施不再生育者，发给计划生育光荣证和独生子女证；独生子女凭证优先入托、入园、入学，免交小学到高中学费，从满周岁起到14周岁止，每年享受儿童保健费40元；符合条件的优先入伍、分配住房和优先就业。1990年，原浦口区严格履行生育二胎的审批手续，实行"四公开、一监督"审批制度，即将生育政策、生育指标、审批手续、审批结果公布上墙，接受群众监督。至2001年，办理762个二孩准生手续。2010年，全区已婚育龄妇女117200人，家庭只有一个孩子的妇女有88033人，领取独生子女证的有46914人，当年出生人口4261人，其中一孩4037人，二孩220人，三孩

4 人。此后,国家调整和放宽人口生育政策,二孩出生人数逐年渐增。2015 年,出生人口 6583 人,其中一孩 5416 人,二孩 1161 人,占出生人口总数的 17.64%。

五、婚姻 家庭

婚姻状况 1950 年,随着《中华人民共和国婚姻法》的颁布,婚姻自主、自由恋爱逐渐形成风气。1982 年第三次人口普查统计,江浦县 15 岁及 15 岁以上人口 180241 人,其中已婚男女 128882 人,已婚率为 71.51%;男女婚龄分别集中在 23~27 岁、22~25 岁之间,男性 27 岁的占 77.44%,女性 25 岁的占 92.78%;男女离婚人口分别为 712 人、136 人,离婚率分别为 1.18%、0.2%;男女丧偶率分别为 5.84%、13.53%。2000 年 11 月 1 日全国人口抽样调查统计,15 岁及 15 岁以上人口中,有配偶人口占 76.19%,离婚人口占 0.8%,丧偶人口占 5.65%,未婚人口占 17.36%。2010 年 11 月 1 日全国人口抽样调查统计,有配偶人口占 64.48%,离婚人口占 1.25%,丧偶人口占 4.34%,未婚人口占 29.93%。全区婚姻状况总体稳定,离婚率仍处于较低水平。2015 年末,在全区适婚人口 64.55 万人中,有配偶人口占 80.08%,离婚人口占 1.44%,丧偶人口占 3.13%,未婚人口占 15.35%。

家庭规模 明洪武二十四年(1391),户均 5.29 人。弘治二年(1489),户均 7.75 人。此后,因征派徭役以户为计征,户均人口渐增,至隆庆六年(1572),户均 9.82 人。清康熙二十五年(1686),户均 9.45 人。民国时期,家庭人口多少和征调摊派兵源、力役的关系极大,瞒报人口情况普遍存在,家庭规模渐小。民国 9 年(1920),户均 4.88 人;17 年,户均 4.95 人;35 年,户均 4.91 人。1949 年以后,家庭规模向中、小型转化。1953 年 7 月 1 日统计,江浦县、原浦口区户均 4.1 人、4.3 人。1982 年,户均 4.02 人、3.96 人。2000 年 11 月 1 日统计,全区户均 3 人。在家庭户中,3 人户、2 人户所占比重分别为 36.35%、23.34%,6 人以上家庭户仅占 3.15%。家庭结构以二代户、一代户家庭为主体,分别为 81297 户、47144 户,分别占全部家庭户的 53.38%、30.95%。全区没有五代户及五代户以上的家庭。2010 年 11 月 1 日统计,全区有家庭户 200623 户,户均人口 2.88 人,3 人户、2 人户分别占全部家庭户的 35.66%、26%,6 人以上家庭仅占 3.41%。一代户至四代户的家庭结构分别为 36%、48.13%、15.31%、0.55%,五代户及五代户以上的家庭户只有 1 户。2011 年以来,家庭户户数及人口呈持续稳定增长趋势。至 2015 年末,全区增加家庭户 1.12 万户,家庭户总人口增加 5.22 万人。户均人口 2.95 人,呈减少趋势。在家庭人口结构中,仍以两代户和一代户为主,两代户和一代户分别占家庭户总数的 50% 和 33% 以上。

第二节 精神文明建设

一、公民思想道德教育

1978年中共十一届三中全会以后,中共江浦县委、原浦口区委大力推进社会主义精神文明建设。1981年3月,在工交财贸系统开展"五讲四美三热爱"(讲文明、讲礼貌、讲卫生、讲秩序、讲道德,心灵美、语言美、行为美、环境美,热爱祖国、热爱共产党、热爱社会主义)活动。1982年起,将每年3月定为文明礼貌月,活动内容突出"优良服务、优良秩序、优良环境"及"爱护公物、乐于助人"。1986年,组织党员干部学习贯彻中共中央《关于社会主义精神文明建设指导方针的决议》,继续推进"五讲四美三热爱"活动,并将"不随地吐痰、不乱扔废物"及"文明乘车、文明开车、文明骑车、文明走路"列为活动内容。1987年,浦口区制定《关于浦口区"七五"期间社会主义精神文明建设规划(征求意见稿)》,对干部群众开展移风易俗教育活动。1988年10月,浦口区工会在10个试点企业中开展"四职"(职业理想、职业道德、职业纪律、职业技能)教育。

1990~1992年,中共江浦县委在全县农村开展社会主义思想教育。加强村级党组织建设,重温入党誓词、重温党的宗旨、重温党的优良传统,提高党员干部思想水平;引导农民结合村史、家史,以现在的粮食产量、人均收入、吃穿住行与解放前、三中全会前进行三对比,加深农民对社会主义制度优越性的认识,坚定走社会主义道路的信念。通过教育活动,农村出现"三多三少"的新变化:讲团结、讲风格的多了,打架斗殴的少了;爱国家、爱集体的多了,损公肥私、小偷小摸的少了;按章办事、遵纪守法的多了,以权谋私、违法乱纪的少了。团县委在团员和青年中开展"三旗"(党旗、国旗、团旗)知识竞赛活动,帮助团员青年更加了解党、热爱党,更加了解社会主义、热爱社会主义。1994年,江浦县委制定《关于贯彻〈爱国主义教育实施纲要〉的意见》,并在全县开展以歌颂社会主义祖国、歌颂改革开放为主旋律的歌咏晚会、书画展和摄影展,举办工会、共青团、妇联干部培训班,组织青少年观看百部爱国主义教育影片,开展爱我中华读书活动。1995年,以纪念中国人民抗日战争和世界反法西斯战争胜利50周年为契机,在干部群众中开展多种形式的近现代史教育活动。1997年,江浦县、浦口区组织老党员、老干部、老教师"迎香港回归"演讲团,举办报告会251场,4.85万名中小学生、干部群众接受教育。

2001年起,江浦县委有计划、有组织、有步骤地开展学习贯彻中共中央颁布的《公民道德建设实施纲要》,组织开展社会公德、家庭美德、职业道德和世界观、人生观、价值观"三德三观"教育。同时,作出《关于开展向杨瑞清同志学习的决定》,召开"向杨瑞清同志学习,加强思想道德建设研讨会",深入学习全国教育系统劳动模范、全国十杰中小学教师、全国师德标兵杨瑞清的先进模范事迹。原浦口区委宣传部编撰《文明民谣》集,在区内外发行5000

册;组织工会、共青团、妇联、计生、司法、卫生等部门在群众中开展“改陋习,树新风,从我做起”活动;在窗口行业开展“为人民服务,树行业新风”活动,在私营业主中开展“文明业主”活动,以社会主义荣辱观引领社会风尚。2002年,区委宣传部用“爱国、守法、明礼、诚信、团结、友善、勤俭、自强、敬业、奉献”20字,开展公民道德规范教育,通过印发宣传册、设立公益广告牌、开展公民道德知识竞赛和公民道德教育读书等活动,教育和规范公民行为。2004年,区委宣传部组织编写1.6万字的未成年人思想道德建设宣传教材,组建14个报告团、82名报告员,在全区11个镇街开展巡回宣讲,有7.6万余名团员、青年和在校学生受到爱国主义教育、传统美德教育和民族文化教育。

2010年,区文明办制定《浦口区全民文明素质提升工程实施意见》,发起“做文明浦口人”大讨论,印发《文明浦口人生活手册》。2012年,区文明办制发《浦口区市民文明素质提升三年行动纲要》,围绕“文明—生态”“文明—现代”“文明—幸福”主题开展文明素质提升活动。2015年,发挥区未成年人成长指导中心和街道少年宫平台作用,组织“八礼四仪”(仪表之礼、餐饮之礼、言谈之礼、待人之礼、行走之礼、观赏之礼、游览之礼、仪式之礼和入学仪式、成长仪式、青春仪式、成人仪式)等实践活动,进一步弘扬社会主义核心价值观。

二、精神文明创建

创建文明城区 1988年,江浦县委宣传部与珠江镇政府在县城文德街联合开展文明一条街创建活动。1990年7月,原浦口区成立创建文明城市领导小组,开展全民性创建卫生城市活动,创建项目包括环境保护、市容卫生管理、健康教育、窗口地区管理等10个方面。1995年,经全国创建卫生城市检查团随机抽查,认定浦口区达到全国卫生城市标准。同年12月,珠江镇文德街创建工作通过南京市双拥共建工作领导小组办公室验收。1998年,江浦县委宣传部制定《关于在中圣街开展文明一条街创建活动的实施意见》,以创“优美环境、优良秩序、优质服务”为主要内容,县文明办、城管部门在继续抓好环境卫生的同时,加强对占道经营、违章搭建、违章施工以及车辆乱停的管理;参与中宣部在全国开展的“百城万店无假货”活动。1999年,江浦商场、珠江商场、城东商场、华联商厦、商业大厦、农机公司6家工商企业单位被评为南京市“三信三优”(物价、质量、计量信得过和优良管理、优质服务、优美环境)单位。同年5月,浦口区成立以区委书记为组长的创建文明城市领导小组,建立乡镇、街道党(工)委主要负责人目标责任制。2000年3月,江浦县珠江镇中圣街被命名为南京市首批“百城万店无假货”活动示范街。浦口区南京装饰城百名客商向南京市建材营销商发出“情系万家,打假杜劣”的倡议,在区内开展创建“百城万店无假货”示范活动,3家单位被评为省级文明单位,5家单位被评为市级文明单位。2001年,江浦县文明办以“讲道德、讲信用、无假货”为内容,开展“凤凰大街文明一条街”活动,县电视台推出“文明榜”栏目,宣传在创建文明城区活动中做出显著成绩的先进单位和个人。2004年,根据中央文明委和南京市文明委关于创建文明城市(区)工作的通知和意见,6月21日,浦口区召开创建文明城区工作会议,成立区督查小组,把创建文明城区工作任务分解成国内生产总值、市场环境、居民生活质量、社会保障、市政设施等具体内容落实到责任单位,向社会公布创建文明城区热线电话,在全区形成齐抓共管、条块结合、广泛参与的良好局面。2008 年,设立由区领导负责的总指挥部及专项小组,将文明城区创建纳入全区一体化考核体系,明确各级党政"一把手"为第一责任人。专项小组对市创建文明城市办公室批转的 83 条督查意见、180 多起群众举报督查问题,均按规定时间协调落实整改;区人大、政协督查问题 179 起;区纪委、监察局牵头组建 7 个专项督查组,赴有关行业、单位听取汇报,调阅台账,实地查看,就地解决各类问题 300 起。2009 年,编制《浦口区深化文明城市创建行动计划(2009 ~ 2001)》。2014 年,为落实新一轮城市文明创建 22 类 39 个示范点的建设工作,浦口区成立城市文明市民督导团,年内发布督导快报 72 期。2015 年,区文明办制定《浦口区街道志愿服务总站建设方案》,培育市级志愿服务示范站点。江浦街道组建由街道机关、基层社区、企事业单位、驻街院校学生及普通市民群体组成的文明城市志愿者队伍,在指定地段开展环境保洁、文明劝导和政策宣传,建立精神文明创建和志愿者服务长效机制。

创建文明村镇(街道、社区) 1988 年以来,江浦县 80% 以上村镇建立移风易俗促进会、红白喜事理事会、禁赌协会等群众自治组织,修订移风易俗公约。1990 年,在农村普遍开展"一教四普及"(思想政治教育和普及文化科学知识、法律知识、科学育儿知识、妇女卫生常识)活动。1992 年 1 月,珠江镇等 5 个乡镇、同心村等 11 个村被江浦县委、县政府评为 1991 年度物质文明、精神文明建设先进单位。1998 年,全县有 45 个村被评为县级文明村,占全县总村数的 29%;原浦口区有 20 个村被评为区级文明村,占全区总村数的 30. 1%;江浦县珠江镇团结村、建设乡五里村及浦口区沿江镇冯墙村被评为省级文明村;珠江镇、汤泉镇被评为省级文明乡镇。1999 年初,县委宣传部制定《江浦县文明小区创建实施意见》,提出文明小区 6 条标准,即组织健全、制度完善,环境整洁优美,治安秩序安定安全,居民生活方便,文化活动健康丰富,社会风气良好。珠江镇康华小区被县文明委命名为全县第一个文明小区。2000 年,浦口区沿江镇被评为市级文明乡镇,泰山镇桥北村、珠江镇火药洲村被评为市级文明村。2001 年 11 月,江浦县文明委制定《关于在全县开展文明村镇创建工作的意见》,坚持以镇带村、以村促镇,建立健全文明村镇的良性运行机制,并提出文明村镇考核评比 6 条标准:村镇经济不断壮大,思想教育成效显著,村容镇貌整洁优美,社会治安秩序良好,科教文化稳步发展,领导班子坚强有力。是年 12 月,汤泉镇、珠江镇被评为省级文明乡镇,珠江镇火药洲村被评为省级文明村。2003 年,浦口区出台《南京市浦口区文明村镇创建管理办法》,并在全区评选出 16 个文明村镇和单位;泰山街道桥北小区、顶山街道浦服小区在创建市级文明小区的基础上,被列为省级文明小区示范点。2004 年 2 月,珠江镇、石桥镇被区文明委分别评为"文明社区创建""公民道德教育"红旗乡镇。2004 ~ 2005 年,全区有 11 个镇(街)、39 个村、34 个社区申报并通过区级文明镇(街)、文明村、文明社区验收。2010 ~ 2011 年,全区有 42 个村镇、社区被评为市级、区级文明村镇和社区。2013 年,江浦街道老虎桥社区、顶山街道珍珠路社区、泰山街道天景社区及浦东苑社区、沿江街道冯墙社区、盘城街道老幼岗社区被江苏省民政厅评为和谐社区建设示范社区。2014～2015 年，区内有 4 个村、16 个社区申报参评省、市文明村、文明社区，泰山街道、锦城社区分别被民政部评为全国和谐乡镇建设示范乡镇、全国和谐社区建设示范社区，江浦街道人民桥社区、桥林街道双庙村及五一村、沿江街道路西社区被江苏省依法治省领导小组授予省级民主法治示范社区称号。

创建文明行业(窗口)、文明单位 1989 年 12 月，江浦县文明委提出文明单位考核 8 条标准：班子风正行端，党风建设好；积极推进改革，经济效益好；加强思想工作，精神面貌好；遵守职业道德，优质服务好；搞好卫生绿化，优美环境好；开展文体活动，精神生活好；执行基本国策，计划生育好；自觉遵纪守法，安定团结好。江浦县气象站、江浦县标准件厂、江浦石桥小学先后被评为省级文明单位；江浦县南京卫生用品厂等 18 家单位被评为 1988～1989 年度南京市文明单位。1992 年，江浦县文明委首次评定 57 个县级文明单位；县糖烟酒公司门市部、县人民医院门诊部等 10 个单位被团县委命名为 1991 年度“优秀青年文明岗”。1994 年，汤泉镇昭明电线电缆厂等企事业单位设立文明单位创建办公室，确保文明单位创建工作正常化、制度化。1996 年，江浦县中学等 19 个单位被评为市级文明单位，林山乡砖瓦一厂被评为省级文明单位。1998 年 1 月，原浦口区大桥商场、浦口商场被评为 1997 年度省级文明单位；南京新光无线电材料厂、大桥商场、浦口地税征收管理所被评为市级文明单位；评出区级文明学校 11 所、文明医院 4 个、文明站所 36 个、文明市场 2 个、文明饭店 4 家、文明商店 11 个。是年起，江浦县窗口行业单位广泛开展“文明示范岗”“岗位明星”活动。卫生系统组织 300 名医务人员开展文明接诊、临床操作比赛，商业财贸系统开展讲文明、树新风、创优质服务活动，教育系统开展奉献在岗位活动，税务系统开展“文明办税、达标创优”活动，粮食系统开展“心系全社会，服务千万家”文明创建活动。1999 年，浦口职业学校、南京新兴无线电材料有限公司、浦口地税分局税务征收管理所被评为 1997～1998 年度江苏省文明单位。2000 年，江浦电信局、南京江标集团、江浦县中学被评为 1998～1999 年度省级文明单位，珠江粮管所等 8 个单位被评为市级文明单位，县开发区等 74 个单位被评为县级文明单位。2001 年，浦口区文明办与交警九大队等 4 个单位联合举行“争当文明走路好市民”签名大会，市国税局浦口分局开展“税务与服务同行”百日竞赛和助残服务活动。江浦县 11 个行业 40 多个窗口单位开展“讲道德、讲信誉、无假货”“争当文明职工、争创文明班组、争做技术创新能手”创建活动。8 月 14 日，首次召开全县文明服务示范窗口表彰大会，汤泉电信营业班等 21 个单位被县文明委评为文明服务示范窗口，县公路管理站、县国税分局等 8 个单位被评为市级文明单位。2003 年，区文明委出台浦口区“文明单位创建管理办法”“文明创业创建管理办法”，组织区内媒体进行“走进文明单位”系列专题宣传报道。2006 年，对申报 2004～2005 年度区级文明荣誉称号的 7 个行业和 124 个单位进行检查验收，并给予表彰和授牌。2010 年，全区有 11 个单位获得 2007～2009 年度省级文明单位称号。2010～2015 年，浦口开发区管委会办公室等 48 个单位获评省、市级文明单位。

创建文明家庭 1988年,江浦县广泛开展创建文明家庭活动。1989年,县妇联在全县评选出25户五好家庭标兵,林山乡红星村傅家祥家庭、永宁镇车站小学教师卢雪仪家庭被评为南京市文明家庭标兵。1990年,原浦口区在京新、庆丰等6个村开展"五爱好职工"(爱党、爱国、爱区、爱单位、爱岗位)"五爱好家庭"评比(简称"五爱双评")试点,以不赌博、不搞封建迷信活动、不违反计划生育政策、不违章建房、不贪污盗窃、不寻衅斗殴、不拖欠公粮公款、不虐待老人、不抛荒土地、不违反义务兵役法和教育法为"五爱"细化标准,对照评比。9月24日,在全区"五爱"现场会上为"五爱好家庭"农户授牌。1992年,江浦县委宣传部制定以"爱党、爱国、爱集体、爱家、爱业、爱自己"为县、乡(镇)、村三级文明户评比标准,首次评出县级文明户64家,并颁发铜牌。1993年起,浦口区逐步完善"五爱双评"分级管理、按层次评比激励机制。至2000年,全区评出"文明户"116户、"五爱好家庭"2072户。期间,江浦县委宣传部修订村"新风户"、镇"五好户"、县"文明户"的"三户"评比标准,主要内容为:家庭收入达到和超过当地(全村、全乡镇、全县)农户平均水平;45岁以下的家庭成员无文盲;家庭成员无违反法律法规行为;积极完成(乡镇级)、带头完成(县级)各项任务。县总工会、县妇联先后在全县开展评选"十佳文明新风户""十佳文化中心户"等活动。2001年,石桥镇刘远翠家庭被南京市妇联评为"十佳文化中心户",珠江镇童兆琴家庭被全国妇联、文化部评为"科技读书示范户"。2004~2005年,在农村、城镇开展"美德在农家""妇女·家园·环境"主题活动,沿江街道冯墙社区被评为2004年度全国"美德在农家"活动示范点,泰山街道李玉华家庭被全国妇联授予"绿色家庭"称号。2006年,区妇联制发《平安家庭创建实施意见》。2007~2008年,区妇联会同区纪委开展"廉政文化进家庭"活动,成立干部家属助廉协会。董冠珠家庭、茆光兴家庭分别被评为南京市"十佳和谐家庭"、全国"五好文明家庭"。2011年,开展"幸福家庭"创建活动,全区有11626户参评,其中1364户家庭获区级"幸福家庭"称号。2014~2015年,以建设"美德家庭"为工作重心。组织"寻找最美家庭"活动,编写《讲述浦口家庭故事,弘扬传统家庭美德》故事读本,召开"家庭美德之星"表彰会议。2015年,有1户家庭获"南京市十佳最美家庭"称号,6户家庭获"南京市最美家庭"称号。

三、道德楷模选介

浦口淳朴勤俭的民风代代相传。中华人民共和国成立后,尊老爱幼、乐于施舍、扶危济贫、见义勇为等传统风尚仍为世人所推崇,同时在社会主义精神文明建设中注入新的观念、新的内容、新的表现形式,涌现出一批移风易俗、文明待人、勤劳致富、乐于奉献的道德楷模。

孝老爱亲 马维华,1952年生,汤泉街道瓦殿村人。2004年,马维华的妻子王福兰在一次重病之后变成"植物人"。从此,马维华每天早上为妻子刷牙、洗脸、梳头,清洗妻子尿布和被褥;上午背着妻子到户外晒晒太阳,"听听"收音机放的音乐;一日三餐流质食物变换着花样,自己吃的却是常年不变的泡饭和咸菜;不分白天黑夜,定时为妻子翻身和按摩,从不间断。他对妻子的真情守护,感动和影响着周围的每一个人。马维华先后被评为区和谐家庭代表，被国家文明办评为全国孝老爱亲模范，被市文明委评为第二届南京市道德模范。

李茂英，女 1932 年生，汤泉农场职工。18 岁与农场职工赵子彬结婚，婚后第五年，公公病逝。李茂英夫妇赡养婆婆，抚养小叔子、小姑子以及自己的 6 个孩子。她尽心尽力照顾婆婆，省吃俭用供孩子们和小叔子吃穿、上学。小叔子患上精神分裂症后，李茂英继续照顾他，为他治病、娶妻并帮他照顾孩子。1998 年，长侄女患上精神分裂症，66 岁的她又承担起照顾其生活的重任。李茂英人生路途坎坷，但她始终无怨无悔，凭着一颗慈爱的心，默默地为婆家三代人奉献着爱的真情。她被评为 2009 年度"南京好市民"。2012 年，被评为"浦口新区成立 10 周年十佳人物"之一。

宣翠华，女，1951 年生，盘城街道江北社区人。她用善良、勤劳谱写了一曲孝老爱亲的颂歌。宣翠华婚后没几年，丈夫因大脑炎后遗症患上精神三级残疾。2010 年，公公患直肠癌，婆婆又患中风，卧床不起。从此，她要照料三个病人，却从没喊一声苦，叹一声累。对患直肠癌的公公，她十分注意饮食，不厌其烦地实验多种菜谱，让老人吃上既可口又营养的饭菜；对卧床不起的婆婆，坚持接尿、接屎、翻身、擦洗；坚持和老人、丈夫聊天。由于她的精心护理和照料，公公婆婆的病情有了好转，身体有了明显的康复，婆婆能杵着拐杖走路了。2013 年 6 月，宣翠华的丈夫离家后失联，她和亲属朋友一起寻找，结果渺无音讯。但她没有倒下，她知道 90 多岁的公婆还需靠她照料。几十年来，宣翠华用自己的脊背撑起整个家庭的天空，用自己的坚守彰显中国传统孝道。她被评为浦口区首届 10 名"美善浦口人"之一。

热心公益　高庆珍，女，1950 年生，泰山街道东门大街人。近 20 年来，她一直热心社区公益事业，不计较个人得失，无私无偿地奉献。她家楼上楼下有 8 间住房，其中有 6 间房子为免费开办的老年活动室。每天下午是她最忙的时候，为打牌下棋的老人端茶送水，不仅如此，逢年过节，还会给老人买些零食，从来不收一分钱。邻居姬澄雪，40 年前患小儿麻痹症，没有任何劳动能力，她把小姬当成自己的孩子照顾，吃用基本由她供给。前几年，姬澄雪的丈夫去世，姬澄雪和两个逐渐长大的孩子住在破旧矮小的棚子里，拥挤不堪，高庆珍一面向社区反映，一面协调邻里关系，自己出资 7000 多元，为姬澄雪盖了两间 20 多平方米的新房。社区成立腰鼓队、扶贫帮困、修桥铺路、疏通小区下水道等，凡是社区里的事、居民们的事，高庆珍都会伸出援助之手，连小区的公共厕所也是她出钱修建的。厕所修好了，为了让厕所有人打扫，保持卫生环境，她动员 3 个居民轮流当清洁工，每月付给他们辛苦费。2013 年，高庆珍被市文明办评为"南京市优秀志愿者"。2016 年，被区政府评为首届"美善浦口人"。

陈小云，女，住江浦街道烈士塔社区。年轻时曾任江浦县扬剧团团长，主演演员，在江苏省戏剧界及票友中有很高声誉。退休以来，被聘任为江浦街道艺术团团长，带领团员排练大大小小近 70 个节目，深入农村、学校、部队、社区、敬老院等地演出 80 多场，其中绝大部分演出都是没有报酬的公益演出。她本人更是无数次深入部队、企业、学校，无偿地帮助排练文艺节目和参加演出，江苏省希望工程为失学贫困儿童捐助演出、南京市成功申办青奥会和迎青奥专场演出、南京市老年科技协会成立 30 周年文艺演出等舞台都有她活跃的身影。陈小云有时忙得连饭都顾不上吃,就吃随身带的干粮。有家单位过意不去,主动给她1000元补贴,结果被她分文不动地退还了。她还自己出资600元购买音响供排练用,每年自费数千元到南京向专业老师学习舞蹈,回来再教给大家。正如她所说:"我只是想当好文艺志愿者,有一点热就发一点光,哪里有群众需要,哪里要做公益事情,我就服务到哪里。"2016年,她被评选为"美善浦口人"。

张继微,女,1985年生。她热心公益,在泰山街道旭日上城和沿江街道海润枫景小区承接服务站,建有儿童乐园、老年人活动室、书画室、阅览室等,投入3万多元,购置儿童乐园玩具、老年血压测量仪、按摩椅等器材物品,服务站为6000多户居民提供无偿服务。最初,她和丈夫开办一家文化补习班,开始只有十几平方米的房子和5名学生,后来学生增加到80多名,其中许多学生来自流动困难家庭,张继微跟丈夫商量后,免除这些学生的学费。在得知更多流动儿童的困难后,张继微决定成立爱心缘社会服务中心,去帮助流动家庭的孩子。服务中心成立后,夫妻俩携手相扶,既要照看儿童乐园玩耍的孩子,又要引导前来按摩、量血压的老人,还要接待前来阅读书报和写字绘画的居民。稍有空闲,她便走家串户,了解小区住户的困难和需求,能解决的就解决,不能解决的就向社区反映。有时还会带上血压仪器,到附近小区为老人们量血压,关注居民的身体健康。就这样,服务中心成了张继微的家,也成了小区居民的家。贴心周到的服务逐渐得到领导和居民的交口称赞。张继微的服务中心还先后承接市级、区级公益项目,为240多名流动儿童和11名半失能老人提供力所能及的帮助。在首届"美善浦口人"评选中,她的爱心服务事迹感动了浦口人。

毛烽,1943年生,江浦街道人。1962年参加工作,历任江浦县扬剧团业务团长、党支部副书记、县工人影剧院经理、县总工会经审会主任、浦口区总工会组宣部副部长等职。1996年,担任县全民健身指导中心副主任,积极宣传国务院《全民健身计划纲要》。为了创新发展职工文体活动,他利用双休日到南京各大公园观摩中老年健身项目。为了掌握木兰拳、木兰扇等健身项目,他参加上海木兰拳艺术院培训班,自费600元购回木兰拳全套录像带、音乐带和相关书籍。晚上放录像带一招一式地跟着学,早晨到广场带领中老年人一道练,先后从上海、南京及大厂镇等地学会木兰拳、木兰扇、敦煌舞、连环剑等健身项目。1996~2000年,他花去培训费、资料费、器材费6500多元,没向单位报销1分钱。2000年10月,毛烽通过国家一级社会体育指导员培训和考核,成为全县第一个一级社会体育指导员。退休后,他积极参与区体育局开展的"体育六进社区"、全民健身日、全民健身月等大型体育活动。2005年3月,组织200人参加南京市"与十运同行——十运会倒计时200天太极拳表演广场展示"活动。同年,组织16名健身俱乐部成员参加全国十运会开幕式全民健身表演活动。他先后被评为南京市首批优秀社会体育指导员,被江苏省体育局评为优秀教练员、优秀社会体育指导员,2008年12月被国家体育总局授予"群众喜爱的社会体育指导员"称号。

见义勇为 顾长富,江浦街道七里桥社区人。1994年4月1日晚,顾长富为保护集体财产,奋不顾身与偷窃生产队抽水机电缆的两名犯罪嫌疑人英勇搏斗,头部面颊8处被歹徒用匕首划破戳伤，因流血过多当场昏迷倒地，后经医院抢救，得以脱离生命危险。4 月 29 日，珠江镇党委、政府授予顾长富“奋不顾身勇斗歹徒好村民”称号，颁发荣誉证书和 1000 元奖金。5 月 17 日，江浦县委、县政府召开顾长富事迹表彰会，授予他“见义勇为先进分子”称号，颁发荣誉证书并奖励 4000 元。1995 年，顾长富获江浦县社会治安综合治理先进个人称号。

邢有才，津浦铁路永宁农民义务护路队队员。1996 年国庆节前夕，邢有才夜间沿路巡逻时，突然发现一头耕牛奔上铁路，他全然不顾个人安危，迎着轰鸣而来的火车，使尽全身力气将耕牛拉出铁道，避免了一起铁路交通事故发生。事后，南京铁路分局特地送来一块奖牌，上书“人民铁路人民保”，以表彰邢有才英勇事迹。

许克华，江浦街道人，南京麦芽厂工人。1997 年 5 月 24 日上午，许克华不顾个人安危，挺身而出，与企图抢劫一辆马自达并用木棍猛击车主头部的歹徒英勇搏斗，最终制服行凶歹徒。南京市见义勇为协会为他颁发奖金 1000 元。

王永辉，1976 年生，浦口区浦诚环卫有限公司驾驶员。2015 年 12 月 21 日下午，王永辉下班后到佛手湖冬泳，听到湖边有人大喊“救命，救命”，他快步向呼救者跑去，看到离湖岸四五米远的水里，有人挥舞着双手，挣扎着叫喊。他知道佛手湖是锅底塘，离岸越远水越深，贸然下水施救，落水人若抓住不放，结果会适得其反，两人都会滑入湖底。于是他找来一根长树枝，自己来不及脱掉棉衣，赶忙下水。当水漫过腰时，他把树枝伸向落水者，落水者抓了几次没有抓住，他只好又向前走了一步，用力将落水者一点一点地往身边拉。等拉到近前，把落水者抱上岸时，才看清楚是一位年近六旬的老太太，他连忙拨通 110 电话。民警赶到现场时，王永辉向民警说明情况，并把老人背上警车，送住医院。事后南京电视台采访报道王永辉的救人事迹，南京市见义勇为基金会授予他见义勇为奖。

爱岗敬业　杨瑞清，1963 年 6 月生，星甸街道人。1981 年 7 月毕业于南京晓庄师范学校，分配到江浦县五里小学任教。1983 年 5 月调任团县委副书记，4 个月后，他郑重地向县委辞去职务，重返五里小学任教。1985 年，五里小学易名行知小学，杨瑞清被任命为校长。在教育和教学工作中，他践行陶行知教育思想，让农村的孩子也受到最好的教育，用“真爱”奉献，用“会爱”创造，热爱孩子，赏识孩子；他与时俱进，走出学校，服务农民，走出农村，服务社会，探索适合当代社会的“乡村大教育”。他和他的团队情系校园，创业创新创优，把一所农村小学创建成为南京市小班化示范小学、省实验小学、全国青少年校外活动示范基地、国家汉语国际推广基地，发展成为浦口区对外交流的窗口，近 10 年来接待约 15 万人次的全国各地师生开展社会实践活动，接待 5000 多名来自全球五大洲的师生开展中华文化浸濡活动。杨瑞清还兼任中国教育学会理事，江苏省陶研会小学教育专业委员会理事长，国家基础教育资源中心《农村中小学班主任》30 集电视讲座片首席专家、主持人，曾获全国五一劳动奖章、第二届全国师德标兵、全国教育系统劳动模范等荣誉，入选 20 位“新中国 60 年江苏教育最有影响力人物”、30 位“新中国成立以来感动南京人物”。著作《走在行知路上》列入中国当代教育家丛书。

张春远,1954 年生,老山林场职工。20 世纪 80 年代,老山林场林木遭受严重的松毛虫危害,张春远受命负责寻找生物防治虫害的有效方法。经过深入林区实地观察、查阅资料、走访林区附近居民,他发现松毛虫的天敌是灰喜鹊,还发现野生状态下的灰喜鹊数量有限,不能达到大面积治虫目的。在林场领导和专家支持下,张春远投身驯养繁殖灰喜鹊工作。几十年来,不论驯养条件多么艰苦,驯养过程多么艰难,他从未放弃驯养工作。通过驯养和放养,林区灰喜鹊数量不断增加,到 21 世纪初,已从几千只发展到数万只,老山森林虫口密度从 75% 下降到 12.1% ,松毛虫害得到基本控制。张春远先后获选南京十大环保人物、第十届南京好市民。

贾春华,女,1950 年生,顶山街道人。1973 年毕业于扬州师范学校,先后任教于六合县新集小学、六合县建设中学、原浦口区浦厂小学。在教学实践中,贾春华悉心探索符合学生年龄和心理发展、符合学生学习认识过程、符合教材特点的"十字教学法":激兴(激发学生的学习兴趣)——导学(指导学生学习,培养学生学习能力)——融育(把道德教育融于教学过程之中)——质疑(提出问题,解决疑难)——检验(检验教与学的效果)。10 多年来,她为市、省、全国级教学活动上汇报课、示范课、观摩课、开讲座近百次。她的课堂教学多次被南京市评为最佳课、优质课,并由市电教馆制成录像片。其中,《宝岛台湾》《林则徐虎门销烟》课堂教学实况录像由中国教育电视台通过卫星播放;《我的家庭》《居家安全》课堂教学实况录像片被中国电视师范学院编入"每周一课"教材;《黄河》《西安事变》获全国课堂教学实况录像片评选一等奖,《泰山和山东半岛》获二等奖。在省、市级刊物发表论文 20 多篇,在全国性学术研讨会上交流论文 6 篇;编写发行与国编小学地理(上下册)教材配套使用的《小学地理学习与检验》练习册及小学《地理》(上册)教案;参与编写江苏省小学《社会》(1 ~6 册)教材。她曾获江苏省优秀教育工作者、全国优秀教师等称号;1994 年被评为江苏省特级教师,成为浦口区获此殊荣第一人;2000 年被评为南京市名教师;2007 年经国务院批准,享受政府特殊津贴。

自主创业 韩岫岚,女,1963 年生,星甸街道人。曾任龙山乡、桥林镇幼儿园教师,2000 年 9 月,主动辞职,走上自主创业之路,开始建炕坊,孵化"活珠子"。2003 年,延伸产业链,扩大经营品种,注册成立南京岫岚农副土特产品有限公司,围绕"力健"牌跑山鸡产品做大做强,使之成为江苏省无公害名牌农产品。2007 年 7 月,公司改制为南京跑山鸡家禽养殖专业合作社,养殖基地面积 100 公顷,带动周边 102 户农民养殖跑山鸡。同年 12 月,在南京开设第一家跑山鸡专卖店,销售草鸡、草鸡蛋、"活珠子"、麻油、茶干、蔬菜等七大类 27 个品种,当年营销额达 1080 万元。2008 年,改善养殖环境和设施,建立草鸡养殖全程质量安全控制体系,"力健"牌产品成为江苏省名牌农产品,当年实现销售额 1840 万元。她的合作社被评为全国农民专业合作社示范社。2014 年,调整产业结构,由第一产业逐步转型升级为第三产业,建设金鸡文化园。园区内栽植老山独有的棠梨花 33 公顷、彩叶树种 3000 余株、樱花近万株,种植油菜 3.3 公顷。同时结合美丽乡村建设,把园区划分为野外宿营区、烧烤区、亲子活动游乐区、垂钓区、户外拓展区，形成集生态种植、养殖、人文休闲观光于一体的产业文化园，被南京市农委和市旅游园林局评为市星级休闲旅游景点。2015 年，合作社有员工 250 人，接待游客 5 万人次，带动周边农户 110 户，农户年人均增收 3000 元以上。韩岫岚先后获评全国“双学双比”女能手、江苏省十佳创业女明星、全国杰出创业女性、江苏省劳动模范等称号。

蒋宇霞，女，1967 年生，桥林街道人。1985 年从幼儿师范毕业后到兰花乡幼儿园任教。1998 年，她在幼儿园改制中下岗。当时县城珠江镇幼儿园不多，大量农民工的孩子上不了幼儿园。为了这些孩子，也为了继续从事她所钟爱的幼儿教育工作，在家人和朋友支持下，蒋宇霞对停办多年的南门农场幼儿园进行维修改造，于 1999 年 3 月创办霞光幼儿园。最初，只有连她在内的 3 名教师，招收 26 名幼儿，几乎都是低收入和外来打工家庭的孩子。因为收费标准低，教师们又富有爱心和责任心，霞光幼儿园很快得到当地群众的认可。至 2002 年，入园幼儿增加到 250 人，其中城镇低收入家庭和留守儿童、进城务工农民子女占 80%。2000～2002 年，蒋宇霞主动减免保育费、教育费 3.6 万元，教职工由 3 人增加到 22 人，园舍面积扩大 4 倍。2011 年，园址迁至江浦街道西水湾居民小区，园区面积 6300 平方米，建筑面积 3700 平方米。2015 年，在园幼儿 455 人，教职工 49 人。幼儿园先后被评为南京市示范实验幼儿园、江苏省优质幼儿园；蒋宇霞先后获南京市创业明星、全国五一劳动奖章、江苏省劳动模范、全国劳动模范等称号，当选为第十二届全国人大代表、浦口区女企业家协会副主席。

张宴志，1970 年生，星甸街道人。1996 年，承包石桥镇林场（老场）9.3 公顷荒坡地，创办江浦县赭洛山茶场。1998 年，利用龙井茶和雨花茶融合的制作方法，创制“赭洛山”牌浦桥玉剑茶，并在南京市名茶评比中屡获金奖、银奖等殊荣。至 2002 年，先后扩植龙井 43、平阳特早、安吉白茶等无性系良种茶苗近 300 万株，茶园面积扩大到 33 公顷，其中开采面积 5.3 公顷，年创产值 48 万元，上缴税费 5 万余元，年付务工劳力工资 20 万元。他在精心打造茶园的同时，还为农户提供代购种苗和有机专用肥料、代加工炒制、代包装营销等服务，周边农户发展茶叶 6.7 公顷，投产面积 5.3 公顷，创产值 200 多万元。2001 年，张宴志被评为第三届江浦县“十佳青年”，2002 年被评为南京市首届“自主自强、艰苦创业”好市民，2003 年获 2000～2002 年度南京市劳动模范称号。

第三节　居民生活

一、农村居民生活

收入水平　民国年间，农民赖以生存的土地大部分被地主、富农占有，民国 21 年（1932）统计，江浦县完全租种他人田地的佃户占总农户的 45%，租金占其全年收成的 50%～60%；若业主在出租土地的同时，兼供牲畜、种子，租金则高达 70%～80%。1950 年土改时调查，江浦县占全县人口 42.4% 的贫雇农仅占有全部耕地的 10.9%，人均占地 0.85 亩；原浦口区占全区人口83.5%的贫雇农仅占有全部耕地的6.89%,人均占地0.05亩。广大佃户、贫雇农在经济上入不敷出,过着糠菜半年粮的日子。

中华人民共和国成立后,农民经济收入缓慢增长。1952年,江浦县、原浦口区农民纯收入分别为98元、80元。此后20年间,农民人均纯收入70%来自集体经营农副业分配。浦口区农民年人均纯收入100元左右;江浦县农民年人均纯收入为:1958~1962年,跌至41元;1963~1965年三年经济调整时期,回升至68元;1966~1977年,增至77元。1979年起,推行多种形式农业生产责任制,随着家庭联产承包责任制的推行和完善,充分调动了农民种田积极性,农民家庭经营成为农民家庭收入的主要来源。1985年农村住户调查资料(下同)显示:江浦县农民人均纯收入627元,人均总收入801元,其中家庭经营收入占总收入的88.76%。1986年起,随着农村经济体制改革,农业生产结构调整,规模化、专业化经营有所发展;乡镇企业迅速崛起,第三产业迅速普及,转移大量农村劳动力,促进非农业收入急剧上升。1995年,农民人均纯收入2217元,总收入3028元,其中工资性收入、家庭经营收入、财产性收入、转移收入分别占总收入的20.31%、77.01%、1.47%、1.21%。1996年,加速农村小康建设进程。1998年,江浦县被南京市委、市政府命名为小康县。2001年,江浦县、浦口区农民人均纯收入分别增至4221元、4440元。2002~2004年,由于农产品价格持续回落,农业生产资料价格回落幅度不大,以致农业经济效益下降,增产不增收,年人均家庭经营收入仅占总收入的54.74%。2004年以后,党和国家实行惠农政策,农产品价格开始政策性上涨。2005年,家庭经营收入增至4576元,较2003年增长40.28%。随着新农村建设和全面小康社会建设工作的不断推进,加上农民就业渠道畅通,农民工资性收入和家庭经营收入、财产性收入、转移性收入呈全面增长态势。2010年,全区农民人均纯收入11188元,总收入13083元。2011年,根据农村《百村万户农民收入情况抽样调查》统计,农民人均总收入15302元,人均纯收入13204元。2014年,统计部门停止使用"农民人均纯收入"指标,改用"农村居民人均可支配收入"。是年,农村居民人均总收入24707元,人均可支配收入17874元。2015年,农村居民人均可支配收入19733元,总收入29801元,其中工资性收入、经营净收入、财产净收入、转移净收入分别占总收入的56%、30%、6%、8%。但由于自然环境、经济结构等因素不同,各街道年人均可支配收入存在明显差异。高出人均收入水平的有泰山、江浦、顶山、沿江4个街道,人均收入水平最高的泰山街道达22395元;低于人均收入水平的有汤泉、星甸、桥林、盘城、永宁5个街道,人均收入水平最低的永宁街道仅为17601元。

消费水平 民国30年(1941),南京特别市社会局调查统计,江浦县高旺镇以东地区总人口7.2万人,年消费米粮8812.8吨,人均约122.4公斤。36年,《江苏省统计提要》载:江浦县总人口16.69万人,全年人均消费稻320公斤、麦8公斤。

1953年,江浦县人均生活消费水平94元,1957年增至98元。1958~1962年,年人均消费水平降至60.2元。1965~1977年,年人均消费水平维持在110元左右。1978年起,随着农民收入的不断提高,人均生活消费额逐步增长,至1987年,人均总支出610.62元,人均生活消费支出429.83元,其中人均食品消费258.27元、衣着消费15.79元、住房消费68.07元,分别占生活消费的60.09%、3.67%、15.84%。此后,随着农民收入的增长及消费观念的更新,消费结构出现新的格局,生活消费品序列由吃、用、住、烧、穿变换为吃、穿、住、用、烧。1997年,人均总支出3483元,人均生活消费支出2576元,其中食品消费、衣着消费、住房消费分别占生活消费的53.84%、9.14%、18.17%,这表明农民生活水平由温饱型向小康型迈进。进入21世纪,随着经济和社会发展,农民消费水平明显提高。2003年起,在八大类生活消费支出中除其他商品和服务支出一项外,其余各项均有不同程度的增长,其中增长较快的为居住类、医疗保健类、交通通讯类和文教娱乐用品类,2006年消费支出额分别达1344元、292元、493元、1153元,较2002年分别增长175.98%、189%、187%、444%。随着农村居民生活方式逐步城市化,食品消费由增加数量向提高质量过渡,粮食等植物性食物消费量比重下降,动物性食物消费量比重逐年增加,消费结构由主食型向副食品型转变。2010年,人均生活消费支出8849元,其中人均食品消费支出3413元,占生活消费(恩格尔系数)的38.6%,较2002年下降8.1个百分点。各类食品人均消费量同2002年相比:粮食、油脂类消费量分别为192.8公斤、6.7公斤,分别下降39.9%、33%;肉禽及其制品、蛋类及其制品消费量分别为39公斤、10.3公斤,分别增长18.1%、28.8%;水产品消费量13公斤,增长100%;蔬果类食品消费量150.4公斤,增长10.8%。2011年以后,农民生活水平和生活质量得到进一步提高和改善,人均生活消费总支出及八类消费品支出全面增长。2015年,全区农村居民人均生活消费支出14821元,比2011年增长45.62%。其中,食品消费支出4520元,占生活消费的30.5%;衣着消费支出1922元,占12.97%;居住消费支出1526元,占10.29%;家庭用品支出1052元,占7.1%;医疗保健支出621元,占4.19%;交通通讯支出2103元,占14.19%;文教娱乐支出2786元,占18.8%;其他消费支出291元,占1.96%。八类生活消费支出中,消费支出增速最快的为衣着消费、家庭设备及用品支出,较2011年分别增长138.76%、169.07%。是年,全区平均每百户农村家庭拥有家用汽车36辆、摩托车48辆、洗衣机93台、电冰箱101台、空调器160台、沐浴热水器101台、彩色电视机152台、移动电话242部、家用计算机76台。

二、城镇居民生活

收入水平　20世纪20年代末,浦口商埠地区(时称南京第八区)码头煤炭搬运工人一天只挣300~400文铜元,约够买米1.5~2公斤,勉强维持家庭生活。城镇居民多半过着“当日苦钱当日了”的日子。民国23年(1934),江浦县公职人员薪俸月标准为:县长225元(法币)、科长90元、科员50元、事务员22~38元,公安股股长40元,司法处承审员90元;教育行政人员经省厅核准,实发月薪为:科长63元、督学40.5元、科员31.5元;小学校长和教员按等级定薪:完小校长(一至三等)为34~26元,初小校长为26~18元,完小教员(一至二等)为22~16元,初小教员为20~14元。抗日战争时期,公教人员薪俸不能按月足额支付，且时有中断。此后由于国民党发动内战，货币贬价，物价一日数涨，店员、小商小贩、手工业者收入低微，生活苦不堪言。

中华人民共和国成立后，国家妥善安置城镇人员就业。1950 年，原浦口区城镇就业人员占总人口的 30%，居民收入主要来自货币工资收入。1954 年，江浦县全民所有制单位职工年人均工资 315.5 元，1966 年增加到 461.42 元。“文化大革命”时期，由于经济发展缓慢，职工人数逐年增加，年人均工资有所下降。1975 年，江浦县全民、集体所有制职工增至 15487 人，年人均工资降至 423.29 元。1979 年后，实行城镇经济体制改革，经济总量扩大，尽管职工人数不断增加，但年人均工资仍以较大幅度增加。1985 年，江浦县全民、集体职工年人均工资 896.13 元。1986 年起，党委、政府拓宽就业渠道，发展壮大个体劳动者队伍，构建经济发展与居民收入增长相适应的机制。1990 年，江浦县全民、集体单位职工年人均工资分别为 1797 元、1520 元。此后，国家多次调整机关、文教卫生、企事业单位职工工资，提高工资类别，建立津贴制度，大幅度提高职工工资水平，加之居民就业意识、投资意识增强，促进家庭收入来源呈现多元化态势。1999 年，浦口区城镇居民生活抽样调查显示：户均人口 3.2 人，户均工作人员 2.03 人，人均年收入 5000 元，人均住房面积 15.5 平方米。2001 年，江浦县全民、集体单位职工年均工资分别为 13387 元、7127 元。2004 年起，继续落实富民举措，加速富民进程。完善企业分配制度，提高企业最低工资标准，增加企业离退休人员待遇；落实促进就业和再就业政策，健全就业和再就业服务体系，形成劳动者自主就业、市场调节就业、政府促进就业新机制；扶持个体私营经济发展，减免个体经济税费，鼓励居民增加财产性收入和非工资性收入。2005 年，全区城镇居民人均可支配收入 12983 元，其中工资性收入、经营性收入、财产性收入、转移性收入分别占可支配收入的 70%、12.8%、0.5%、16.7%。2010 年，人均可支配收入 24249 元，其中工资性收入、经营性收入、财产性收入、转移性收入分别占可支配收入的 57.98%、14.33%、2.34%、25.35%。2015 年，人均可支配收入 43687 元，其中工资性收入、经营性收入、财产性收入、转移性收入分别占可支配收入的 60.55%、21.24%、2.36%、15.85%。

消费水平 民国 37 年(1948)1 ~3 月，《江浦县公务员生活指数报告表》统计，月人均物品消费量为：中熟米 2 斗、猪肉 2.5 公斤、豆油 0.75 公斤、鸡蛋 9 枚、豆腐 5 公斤、蔬菜 10 公斤；4 ~6 月各月消费值(法币)分别为 1631152 元、2418417 元、4517918 元。

1952 年，江浦县城镇居民人均消费支出 122 元(1952 ~1987 年为 1980 年不变价)，1966 年为 148 元。这一时期，居民生活处于贫困型阶段，食品支出约占全部生产消费额的 70% 左右。1978 年起，居民生活由贫困型向温饱型过渡，至 1987 年，人均消费水平达 669 元。20 世纪 90 年代中后期，城镇居民在吃、穿、住、用、行等方面的消费观念发生较大变化，消费结构由温饱型向小康型转变。1999 年，原浦口区百户居民生活抽样资料调查统计，年人均消费支出 3600 元；私房户、公房户人均住房面积分别为 17.28 平方米、13.23 平方米；每百户居民拥有自行车 162 辆、彩色电视机 119 台、洗衣机 84 台、电话 80 部、手机 36 部、电扇 177 台、电冰箱78台。2005年,城镇百户调查统计,全区家庭人均总支出8669元,其中生活消费支出7251元,占总支出的83.64%。消费支出中,食品消费、交通通讯、教育文化娱乐服务支出分别为2815元、1079元、1091元,分别占生活消费支出的38.82%、14.88%、15.05%,洗衣机、电风扇、电冰箱、空调、固定电话、移动电话、彩色电视机等耐用消费品实现普及,少数家庭拥有家用汽车,部分家庭安装电脑。此后,城镇居民生活消费支出快速上升,且消费结构呈现生存类、物质类消费占比逐渐下降,享受类、精神类消费占比不断上升的趋势。2010年与2005年相比:居民人均生活消费支出17761元,增长145%。其中,食品支出6278元,增长123%;衣着支出2048元,增长287%;居住支出1119元,增长62%;家庭设备用品及服务支出1514元,增长309%;医疗保健支出987元,增长99%;交通和通讯支出1953元,增长81%;文教娱乐用品和服务支出3215元,增长195%;其他商品和服务支出647元,增长254%。2015年,城镇居民消费能力进一步增强,生活消费水平持续提升。居民人均总支出44433元,较2010年24160元增长83.91%;人均生活消费支出29112元,增长63.91%。在生活消费支出中,八类消费品支出占比分别为:食品30.79%、衣着9.18%、居住9.45%、生活用品及生活服务8.67%、旅游和交通通讯15.43%、教育和文化娱乐18.51%、医疗保健4.48%、其他用品和服务3.49%。是年,全区城镇每百户家庭拥有家用汽车45辆、洗衣机96台、空调器202台、沐浴热水器108台、移动电话225部、彩色电视179台、家用计算机89台、摄像机10架、照相机51架、健身器材12套;人均住房建筑面积37平方米,家庭自来水普及率100%。

第四节　社会保障

一、社会救助

灾害救济　清代以前,每逢灾年,官府一般通过“开廪赈济”等途径救灾。清康熙五十三年(1714),豁免地丁银米,赈济灾民3.5万余人。嘉庆十九年(1814),旱灾,免征钱粮四成。民国初年,慈善机构渐居救灾主要地位。民国4年(1915),大水,决圩堤10余处,次年由中央和上海义赈会各发银元400元赈济灾民。20年,洪涝,江浦县义赈分会募集大米、面粉870包,大洋200余元,募得省民政厅、省水灾义赈会、南京世界红卍字会2.47万元,药品等赈品约值2.04万元,麦种50吨。

中华人民共和国成立后,每遇旱涝灾害年份,党和政府除领导干部群众防灾、抗灾外,还组织群众开展生产自救,及时发放救灾粮款,减免征购,从多方面做好救灾工作。1949年,水、旱、风、虫多灾并发,江浦县政府拨发以工代赈粮食15.33万吨、水利贷粮470.9万吨,社会募捐大米1.88吨;原浦口区发放粮食212.15吨。1954年,发生特大洪涝灾害,政府贯彻中央“生产自救,节约度荒,群众互助,并辅之以国家必要的救济”方针。江浦县发放救灾款5.75万元,修盖住房1261间,发放棉衣1082件、棉被112条、棉布2033米、棉花475公斤;

浦口区发放救灾款1067.6元,贷款1026元。1959~1962年,自然灾害严重,江浦县发放救灾款51.25万元,发放棉衣5194件、棉被1720条、棉布53937米、棉花5485公斤,修缮住房10309间。1961~1962年,浦口区发放救灾款3.55万元,发放棉衣1066件、棉胎193条、棉布8510米、棉花788公斤。1963~1964年,发生水灾,浦口区发放救灾款7.12万元。1974年,水灾,江浦县、浦口区分别发放救灾款22万元、7.12万元。1978年,旱灾,江浦县发放救灾款12.8万元、棉布1万米、棉花2.25吨。1984年,遭遇罕见的雪灾,浦口区发放救灾款2.6万元。1980~1987年,江浦县累计发放自然灾害救济款103.25万元。1991年遭受特大洪涝灾害,江浦县下拨救灾款887.95万元、救灾粮189.48万公斤、救灾衣被19.51万件(床),救助灾民19.51万人次;浦口区发放救灾款60多万元、救灾粮10.9万公斤,投入30万元,为灾民建房1318间。1996年起,政府实行救灾工作分级管理、救灾经费分级分担,开始建立救灾预备金制度。1988~2001年,江浦县累计发放救灾款1585.73万元、救灾粮422.79万公斤、衣被32.51万件(床),救助灾民41.83万人次;浦口区1998年、1999年、2001年三年共投入205万元,改造农村危房791间、10920平方米。2003年,浦口区遭遇大水,次年春,拨发1.3万多人口粮19.5万余公斤,发放危房维修金7.6万元。2008年遭春季雪灾及夏季水灾,区政府共投入帮扶资金1420万元,帮助213户修建房屋3369间。2009~2010年,区政府投入、街镇配套、市政府补助及筹集善款共218.5万元,用于322户危房改造。2011~2015年,区、街镇投入及市补助共304万元,改造危房401户,安置灾民7人。

困难救助 中华人民共和国成立初期,国家对城乡贫困户给予必要的救济。1950~1957年,原浦口区临时救济城镇居民1197人,发放救济金4.8万元。1952年,江浦县发放农村社会救济款1387元、大米3840公斤。1956年实行农业合作化后,农村一般贫困户由集体给予适当照顾,特殊贫困户或因天灾人祸造成困难的,由国家给予贫困救济或临时救济,当年江浦县发放救济款5.67万元。是年起,对老弱病残城镇居民实行定期定量救济,江浦县每月对城镇18户定补家庭发放救济款78元。1957~1977年,浦口区累计发放农村社会救济款124.3万元,救济对象达8万人次。1965~1980年,江浦县发放农村救济款204.5万元。1981年,浦口区城镇享受定期救济的达246户、378人,发放救济款4260元。1990~1999年,城镇救济对象人均每月享受救济款36.2元。1988~2001年,江浦县共发放城乡社会救济款1077万元,浦口区发放城镇社会救济款24.23万元。2002年,浦口区组织"奉献爱心一日捐,扶贫济困送温暖"(简称"献爱心、送温暖")活动,为困难群众、优抚对象送去慰问金145万元。2006年,发放助困金267万元,救助大重病患者50万元,救助因灾因病临时困难者30万元,救助贫困学生39.75万元。至2010年,全区9年来累计发放贫困救助金4638.85万元。2013年,实施八大救助项目(关爱失独困难家庭、资助考取本科的困难学子、慈善助残、慈善助孤、慈善助贫、慈善助老、资助因病致贫或返贫家庭、应急救援),当年向4990户家庭发放临时救助金219.6万元、医疗救助款346万元。2011~2015年,全区共发放临时救济金1614.89万元,节日慰问、医疗等救助金3057.89万元。

居民最低生活保障 1997年10月起,江浦县、原浦口区实施城乡“三无”(无固定收入、无劳动能力、无法定赡养人或抚养人)居民最低生活保障制度(简称低保),发放标准为:城镇居民每月人均130元,农村居民每月人均90元,当年江浦县发放低保金15万元,浦口区发放低保金4.45万元。1999年,凡城镇在职下岗、失业等低于当地低保标准的家庭及人员均纳入低保范围。10月起,低保金补助标准提高30%。2001年,对低保对象实行动态管理。当年江浦县退出低保51人,新增低保176人,城乡低保对象1599人,支付保障金72.2万元,其中城镇687人、48.5万元,农村912人、23.7万元。浦口区退出低保75户、179人,新增低保155户、298人,实有低保对象742户、1589人,其中农村44户、69人,城镇698户、1520人,每月发放保障金10.85万元。2006年5月1日起,县、区城市居民低保金标准并轨,每人每月260元,农村居民低保金标准提高到每人每月180元。2010年7月1日起,城乡居民低保金标准同步调至每人每月400元、300元。当年城乡低保人员分别为3302户、6412人和4853户、10055人,支付低保金3524.32万元。2014年7月,低保标准实现城乡统一,每人每月600元。2015年7月,居民低保金再调至每人每月700元,全年支付城乡居民低保金4569.23万元。

农村扶贫 1981年,江浦县在陡岗、石桥、星甸3个公社、16个生产队开展农村扶贫试点,县政府提供扶贫资金1.02万元,为403户购买仔猪262头、鹅苗3631只、饲料8.5吨。1982年,扶贫工作全面推开,实行普遍扶贫。原浦口区安排无息贷款5万元,扶持永丰乡、顶山镇217户贫困户发展养殖业生产。江浦县无偿发放扶贫资金15万元,扶持4320户发展种植业和副业生产,至1983年,扶贫对象收益31.5万元,脱贫(即达到全县人均收入水平)1344户。1984年,改革扶贫工作,县、区、乡镇成立扶贫领导小组。改单一部门管理为多部门共管,改扶贫资金无偿为有偿发放,改单一户扶持为发展经济实体、联合体和进厂务工扶持。至1986年,江浦县创办实体7个、经济联合体12个,扶助困难户813户,脱贫572户。浦口区投入扶贫资金6.5万元,扶持贫困户1997户,脱贫323户。1992年以后,扶贫工作重点转向最贫困村和贫困户。江浦县级机关67个部门(单位)结对挂钩22个贫困村,实行三年责任制,即按照“一年打基础,二年有起色,三年大发展,被扶村面貌不变不脱钩”的目标要求,切实推进扶贫工作。至2001年,分4批落实帮扶85个贫困村,通过思想扶贫(扶志)、项目扶贫、资助(贴息贷款)扶贫、企业扶贫、劳务扶贫、科技扶贫等路径,帮扶3836户贫困户脱贫。浦口区1992~1995年,共注入扶贫款20万元,扶持贫困户797户,脱贫287户,脱贫率36%。2004年起,区政府对经济薄弱村开展新一轮帮扶工作,采取以革命老区、经济发展薄弱村为重点,以资助为主的扶持方式。至2009年,全区投入贴息贷款、政府部门支持、社会资助等扶贫资金9749万元,重点投放桥林、石桥、星甸3个革命老区街镇和永宁镇等部分经济薄弱地区,开发和建设交通、水利、农副业生产基地、厂房等基础设施,引进扶贫项目180个。其中,资助桥林镇河南村238万元,帮助引进9家造船厂,2007年,该村集体经济由2003年负债变为收入120万元,村民人均收入由3020元上升为7904元。2011年,区委、区政府按照《中国农村扶贫开发纲要》提出今后五年(2011～2015)扶贫开发工作计划。重点抓好高旺、高华、林东、十里、福音、渡桥、友联等8个经济薄弱村转化工作和贫困户扶持工作。永宁镇友联村累计投入帮扶资金12810余万元,重点用于高标准农田改造343.8公顷,建成水产养殖示范核心区93.33公顷、小麦丰产方233公顷,扩展特种水产(螃蟹、泥鳅等)养殖基地90公顷,引进苏州通威饲料公司投资新建的333公顷现代渔业精品园。至2015年,该村年均集体经营性收入500万元以上。全区5年来累计向643家(个)次的专业大户、专业合作社、中小型企业发放贴息贷款13690万元,帮带12721户脱贫致富。

二、社会福利

鳏寡孤独的供养和弃婴孤儿的收养,历来受到民间团体和慈善人士的关心和资助。清光绪二十二年(1896),邑人田用和捐银2158两,募银334两,于江浦县城东门外创办敬节堂,济养孀妇60人。民国12年(1923)春,江浦县署拨款5384元、公产助金400元、捐款1670元,于浦镇广储门内创办贫儿教养院,收养贫苦儿童70人,雇人传授文化知识和织布、纺纱技艺,实行半耕半读。17年10月,江浦县政府接收贫儿教养院,易名救济院,内设苦儿教养所、贫民习艺所、施材掩埋所、贫民贷款所、养老残废所,增设贫民医院和救火队。26年冬,救济院停办。中华人民共和国成立后,政府重视发展福利事业。在收养孤老残幼、供养农村"五保户"及城镇"三无"人员、安排"四残"人员就业、募集福利基金等方面做了大量工作。

农村"五保户"供养 1956年起,农业生产合作社对无依无靠的老、弱、孤、残实行"五保"(保吃、保穿、保住、保医、保葬)分散供养制度。江浦县、原浦口区符合"五保"条件的分别有908户1360人、268户319人,供养标准以低于社员平均劳动报酬一成计算,有一定劳动能力者适当安排力所能及的劳动,多劳多得,不足部分由集体给予补助。1958年人民公社化后,江浦县相继开办13所农村敬老院,收养五保老人476人。从此,"五保户"供养形成集中供养和分散供养两种形式。1963年起,公社敬老院陆续停办。1980年以后,农村普遍推行家庭联产承包责任制,江浦县部分生产大队自办敬老院,保障五保老人供养质量。浦口区在村委会、居委会成立包护小组,对城乡孤老实行"定包"服务,责任到人。对生活行动不便者,帮助买米、买菜、拆洗衣被、打扫卫生等;对生活尚能自理的,实行项目服务。1983年,江浦县有"五保户"1037户1393人,其中集中供养26人,供养标准为:年人均原粮300～400公斤,菜油2.5～3.5公斤,柴草500～900公斤,零用钱60～80元,医药费、丧葬费实行实报实销。浦口区集中供养16人,年人均供养经费843.75元。1986年起,以乡镇为单位统筹五保老人供养经费。1992年始,推进敬老院规范化建设和服务优质化建设,创建文明敬老院。1994年,贯彻国家《农村五保供养工作条例》,倡导以实物兑现的办法,提高五保人员生活水平。1995年,江浦县集中供养五保老人373人,年人均供养金额1000元;分散供养571人,年人均供养金额700元。浦口区集中供养五保人员116人,年人均供养金额1517.5元。

2001年,江浦县珠江、桥林、汤泉、星甸敬老院被评为市级文明敬老院,其中珠江、汤泉敬老院跨入省级文明敬老院行列;全县有五保人员781人,集中和分散年人均供养标准分别为1200元、800元。浦口区沿江、泰山、永丰敬老院通过市民政局文明敬老院验收;全区有五保人员218人,集中与分散年人均供养标准分别为1538元、1225元。2003年以后,浦口区以实现集中供养为目标,逐渐扩大敬老院规模,并在院内设置光荣间,安排孤老、优抚对象入住,集中与分散供养的五保人员生活标准不低于当地农村低保标准的150%、110%。2010年,全区集中与分散五保人员年生活标准分别达5400元、3960元。2012年后,因街镇行政区划调整,乌江、石桥、星甸龙山敬老院分别并入桥林、星甸街道敬老院。2015年,全区尚存江浦、桥林、星甸、汤泉、永宁、顶山、泰山、沿江、盘城9所敬老院,占地总面积77783平方米,建筑面积28156平方米,拥有床位1360张;入住人员299人(含少数寄养人员);全区有五保人员784人,集中与分散供养人员年人均生活标准分别为1.26万元、10920元。

城市"三无"人员供养 1951年,江浦县在珠江镇建立残老孤儿生产教养院,收养城镇残老58人,1954年该院撤销。1958年,原浦口区给予城镇孤老定期生活补助。1962年,江浦县建立社会福利院,收养城镇"三无"人员,1965年该院停办。1981年,恢复江浦县社会福利院,院址设在珠江镇求雨山,建平房12间,收养城镇孤寡老人12人。1984年增建两层楼房12间、平房4间,入住老人每月生活费18元。1987年,该院入住孤老19人,每人每月生活费31.7元。1988年,浦口区在东门镇建立敬老院,1992年迁址浦东路,新建房屋27间、746平方米,床位50张,后改名浦口区社会福利院。2001年,江浦县社会福利院供养"三无"人员22人,每人每年供养金额3160元。2010年,江浦县社会福利院迁址江浦街道八里社区,新建浦口区社会福利院,占地面积4.67公顷,建筑面积2.4万平方米,设床位215张,供养"三无"人员9人,年人均供养金额5040元。原浦口区社会福利院撤销。2015年,全区"三无"人员分散供养31人,区福利院集中供养26人,供养标准分别为每人每年11880元、1.26万元。

残疾人员就业安置 中华人民共和国成立初期,盲、聋、哑、肢残(简称"四残")人员主要由家庭供养,集体帮助,辅之以国家救济。1958年,江浦县创办淀粉厂、伞厂、草包厂、棉花加工厂等7个福利企业,安置优抚对象、社会救济对象及有劳动能力的"四残"人员115人。1978年后,残疾人就业安置受到政府重视,金融、财政、税务等部门采取无息贷款、减免税额、财政补贴等举措,帮扶乡镇开办民政福利企业。至2001年,江浦县民政福利企业增至36家,安置"四残"人员1265人,占职工总数的58.38%,占全县残疾人总数的34.64%。原浦口区1985~2001年安置残疾人1993人就业,占全区就业年龄段残疾人总数的52.4%,其中有1093人在民政福利企业就业,900人从事个体经营。2002年起,区残疾人就业管理所不断拓宽残疾人就业新途径。2005年,区残联启动按比例就业和按比例征缴残疾人就业保障金工作,征收保障金近250万元。2007年,举办区残疾人专场就业招聘会,邀请12家企业参会招聘。是年起,区残联利用当地资源,培植永宁傲霜花卉合作社、桥林街道多伦特机械厂、汤泉街道南京宝尊有色金属材料厂、桥林街道轩润园林工程有限公司等残疾人就业扶贫示范基地，吸纳368名残疾人就业。2012年，区残联承租区中心医院外围21间门面房，打造残疾人就业"一条街"，帮助80余名残疾人实现自主创业。2015年，开展和推进残疾人居家就业创新项目建设，即通过技术培训，让不便出门的残疾人在家加工手工缝制品、手工纸制品等产品。2002～2015年，全区共安置残疾人就业1819人，其中自主创业455人。

福利基金募集 原浦口区、江浦县先后于1987年、1990年开展社会福利有奖募捐活动，销售福利彩票，筹集以"扶老、助残、救孤、济困"为宗旨的福利基金。至1996年，浦口区销售福利彩票272万元，募集福利基金53.87万元；江浦县销售福利彩票302.5万元，募集福利基金55.33万元。1997年始，推行即开型彩票发行的市场化运作。是年，江浦县在珠江镇开展"迎新春、献爱心"200万元大型奖组福利彩票销售活动，筹得福利资金30万元。1999年1月，浦口区组织发行赈灾福利票2000万元大奖组销售，5天销售1500万元，筹集福利基金120万元，为财政创收税款81万元。2000年，福利彩票发行方式改成投注站电脑出票，江浦县6个站委托邮政部门代办，年销售彩票120万元，募筹福利基金15.8万元。2001年，江浦县、浦口区分别销售电脑彩票127万元、300万元，筹集福利基金15.2万元、27万元。2002年，全区设有彩票投注站23个，销售额逐年攀升，至2006年达1103万元。2007年，增加"刮刮乐"票种。2008年1月，发售"中福在线"票种。2009年，全区福利彩票销售投注站增至102个，销售额7670万元。2011年6月，新增"快3"票种；11月，改革福利彩票运行机制，成立福利彩票发行服务中心。2015年，深化彩票运行模式改革，区福利彩票发行服务中心设立开票管理配送站，即一个销售网点配备一把扫描枪。全区实有彩票点124个，其中"快3"票种站点77个。全年销售总额13715万元，其中电脑票、刮刮乐、中福在线、"快3"销售额分别为3802万元、537万元、3668万元、5708万元。

三、社会保险

养老保险 企业养老保险 1957年，江浦县按照《中华人民共和国劳动保险条例》办理首例企业职工退职手续。至1961年，有退职职工47人。1961～1977年，江浦县年均办理职工退休手续49人；期间，1965年、1975年、1977年，原浦口区办理退休、退职人员14人、6人、82人。1978年起，依照国务院《关于工人、职员退休、退职暂行办法》办理企业职工退休、退职手续。1979年，浦口区劳动保险金按企业职工工资总额的3%提留。1986年，根据南京市政府有关文件精神，江浦县、浦口区同时开始推行企业养老保险制度。1988年，江浦县按企业职工工资总额发放实绩统筹职工退休费，统筹对象为合同制干部、招聘干部及经劳动部门批准的合同制工人，对县以上单位使用的临时工、乡镇企业职工、个体就业人员在自愿的基础上吸收参保。全年有144家企业15079名职工按比例（全民和集体企业分别为工资总额的19%、24%）征缴基金484万元，支付269万元。1989年，浦口区依据南京市区街企业社会劳动保险统筹办法，为31家企业1300名职工办理养老保险。1998年7月起，所有企业及个体工商户实行统一养老金缴纳比例,即单位为工资总额的20%,职工个人为5%。2000年10月起,县、区实现企业退职、退休人员养老金社会化发放。江浦县281家企业18286名职工参保,征收保险金2277万元。此后企业参保职工逐年增加,2003年突破2万人,2008年突破4万人。2010年,全区参保企业1416家50603人,基金收入29774万元,基金积累59225万元。2015年,全区参保企业增至2614家76742人,基金收入65689万元,支出41235万元,滚存结余247326万元。

机关事业单位养老保险　1952～1956年,江浦县按照国家有关文件规定,分别办理21名干部退职、6名干部退休手续。1980年,办理1949年10月1日以前参加革命工作的56名老干部离休手续。至1995年,江浦县有退休干部1702人、离休干部255人。1987～1995年,原浦口区有退休干部705人。1996年6月,江浦县制定机关事业单位工作人员社会养老保险暂行办法,成立县机关事业单位社会保险所。参保对象为县内机关事业单位国家干部、聘用制干部、固定工人、劳动合同制工人及计划内临时工。缴费基数与比例为:单位按在职工作人员工资总额和人员离退休费之和的23%、个人按本人工资总额的2%缴纳。全县有250个单位8000多人参保,征缴基金960万元。2011年,启动教育系统养老保险费用征缴和发放工作,全年征缴基金2207万元。2013年1月起,施行《浦口区事业单位养老保险实施办法》,全面推进事业单位养老保险制度改革,重点强化基金征缴工作,确保在职人员应保尽保、退休人员实行全员社会化发放。全区有227个单位、7781名在职职工参保,基金收入27112.23万元,支出25969.71万元。2015年,全区有231个机关事业单位的7864名在职职工和4439名离退休人员参加社会养老保险,基金收入33105.77万元,支出28984.81万元,滚存结余10152.76万元。

城乡居民基本养老保险　1989年5月,江浦县民政局为全县五保户统一办理家庭财产保险。1990年,江浦县成立农村社会养老保险所,在县人保公司为村级干部(党支部书记、主任、会计)465人办理养老保险。保险费为每人每年240元,其中县补付20%,乡、村各付30%,个人付20%。同时,为应征入伍的青年投保,每人每年300元,保险费从优待金中支付。1992年4月,江浦县被民政部定为全国农村社会养老保险试点县。1993年,农村养老保险对象逐步扩大到村计划生育干部、乡镇机关招聘干部、乡村民办幼儿教师、乡镇企业职工、外出经商、务工人员等,投保年龄为20～60周岁。1997年,贯彻《江苏省农村社会养老保险办法》,全县有1.1万人投保,收缴保费300万元。2000年,提高村干部保险费标准,每人每年投保费增至700元,其中县补50%,镇补30%,个人承担20%。2002年,全区农村参保人员累计达4.4万人,基金收入384万元,领取养老金人员300余人,支付基金27万元。2004年7月,浦口区出台被征地农民基本生活保障试行办法,全区累计被征地农民3361人,参加基本生活保障和养老保险的分别有2052人、1309人。2006年4月,对1983年8月至1984年7月因征地造成失地人员中,男性满60周岁、女性满55周岁且未享受行政、企事业退休养老保险待遇的人员,按月、按档次享受养老生活补助待遇,2007年,补助0.29万人,发

放生活补助费862.14万元。2008年8月,为进一步完善社会养老保险制度,建立覆盖城乡居民社会保险体系,区政府分别制定《浦口区新型农村社会养老保险办法》《浦口区城镇居民养老补贴办法》,自当年7月1日起,对在2008年底前,男年满60周岁、女年满55周岁的农村居民,按每人每月40.8元标准发给养老补贴;具有区内户籍5年以上,现男年满60周岁、女年满55周岁的城镇居民,按每人每月100元标准发给养老补贴。当年全区享受养老补贴的农村、城镇居民分别有4.02万人、0.64万人。2010年,农村男女每人每月养老补贴分别调整为60元、55元,城镇居民每人每月养老补贴调整为160元。2015年5月起,执行《南京市城乡居民基本养老保险办法》,对参保居民在缴费标准、领取标准作出双向提高的调整。是年底,全区城乡居民养老保险参保人数4.41万人,基金收入28622.71万元,基金支出19633.94万元。

失业保险 1994年,原浦口区29家镇街属企业的1289名职工纳入南京市失业保险范围。1995年,江浦县建立待业保险制度,参保范围为县属企事业单位及其职工。缴费比例:单位为职工工资总额的2%,职工个人为本人工资的1%,全年为24人发放失业金1.47万元。1999年起,扩大失业保险金缴纳范围,当年征收失业保险金162.5万元,其中国有企业68.3万元,集体企业6.6万元,外资企业20.6万元,事业单位67万元。2001年,江浦县征收基金449.2万元,为2246名失业人员发放保险金486.3万元。浦口区为3473名失业人员每月人均发放保险金242元。2003年,发挥失业保险"保生活、促就业"的双重功能,加大基金征管力度。全区参保单位448家,参保职工14246人,全年基金收入(包括财政补贴、异地转入资金)660.45万元,支出550.89万元。2006年,浦口区失业保险纳入市级统筹,参保范围与缴费标准实现全市统一。2009年,施行并完善大龄失业人员延长失业保险金领取政策,对女性48~55周岁、男性58~60周岁,且参加失业保险满15年、实际缴纳失业保险金满5年的浦口籍大龄失业人员,在领取失业保险金期满后,可申请延长(最长不超过24个月)领取失业保险金时间。2013年8月起,降低失业保险缴费比例:单位缴费比例由2%降为1.5%,个人缴费比例由1%降为0.5%。当年全区参保人员5.5万人,基金收入8443万元,失业人员领取失业保险月最低及最高标准分别为702元、1320元。2014年,随着南京市CPI指数上涨,为全区17308名失业人员发放246万元物价补贴。2015年,全区参保职工59486人,基金征集总额5033.52万元,失业人员领取失业保险金月最低、最高标准分别达910元、1770元。

医疗保险 1952年9月起,江浦县、原浦口区相继实施公费医疗、统筹医疗和劳保医疗。江浦县公费医疗费由县与医疗单位统一结算。浦口区公费医疗费由南京市统管,实报实销。统筹医疗对象初为国家机关原享受供给制干部的子女,1955年扩大到国家机关、文教卫生等单位的人员子女。劳保医疗费由单位负担,职工直系亲属患病,诊疗费由所在单位负担50%。1966年,农村实行合作医疗,医疗资金以生产大队为单位筹集。江浦县农民每人每年缴费1元,生产队公益金补贴1.5~2元,农民看病只交挂号费,不交医疗费。浦口区规定每人每年交费 3 元，超支部分从生产队公益金中支付。1978 年 10 月，江浦县调整公费医疗定额，机关事业单位在职人员每人每年 30 元。1986 年，江浦县在职人员提高到 110 元，退休人员 180 元，特约人员 280 元。浦口区公费医疗实行市、区、乡镇三级管理，单位实行定额包干、结余留用、超支分担的办法，当年支出医疗费 32.37 万元，人均 162.6 元。1991 年、1993 年，浦口区、江浦县先后出台公费医疗管理暂行办法。1997 年，启动行政事业单位医疗保险制度改革。2000 年 12 月，江浦县制定城镇职工医疗保险暂行办法及城镇职工大病医疗救助暂行办法，单位和职工个人缴费比例分别为工资总额的 7% 和 2%，个人使用统筹基金一次或累计支付医疗费用最高限额为 3 万元；大病救助基金缴纳比例为：单位每人每月 3 元，参保人员每人每月 2 元，大病医疗救助基金最高支付限额为 3 万元以上、10 万元以下。2001 年，江浦县公费医疗纳入城镇职工基本医疗保险范围。是年，全县企业、机关事业单位参加医疗保险 8387 人，缴纳基金 907 万元，支付医疗费用 246 万元；村民参加合作医疗 9.19 万人，参合率 53.58%，筹集医疗基金 130.6 万元，支付医疗费 92.8 万元。浦口区公费医疗 3452 人，基金支出 652.82 元；村民参加合作医疗 1.66 万人，参合率 74.87%。2003 年，浦口区全面推进城镇职工基本医疗保险制度，医疗基金由用人单位和职工共同负担，单位缴费率为工资总额的 8%，个人缴费率为本人工资的 2%；统筹基金年度内一次或累计支付的医疗费用最高限额为 4 万元。2005 年 4 月 1 日起，终止原浦口区相关人员享受公费和劳保医疗制度，统一执行城镇职工基本医疗保险制度。是年底，全区有参保单位 623 家，参保人员 3.5 万人，征收医保基金 3167 万元，支付 2154 万元，结余 1013 万元。2007 年 7 月 1 日起，实施《浦口区城镇居民基本医疗保险暂行管理办法》，该办法对有浦口区城镇户籍，且在城镇职工基本医疗保险制度、新型农村合作医疗制度和政府其他医疗制度之外的全体城镇居民实行全覆盖。至年底，城镇居民基本医疗保险参保 2 万人。2011 年，全区新型农村合作医疗参保村民达 20.26 万人，筹资标准为每人每年 350 元。2012 年，推进新农合支付方式改革，提高参合农民补偿比、受益率，全年住院患者政策补偿比达 75.74%，最高补偿 22 万元。2014 年，城镇职工基本医疗保险与新型农村合作医疗并轨，全区居民合作医疗参保人数增至 22.44 万人，筹资标准为每人每年 650 元。2015 年，城镇职工基本医疗保险参保 10.69 万人，基金收入 42661.58 万元，支出 41323.61 万元；居民合作医疗参保 22.93 万人，筹集各类资金 18456.14 万元，支出 18170.23 万元；五保户、低保户、重点优抚对象、孤儿及城镇“三无”人员 107780 人，符合条件的失业人员 11724 人，全部无障碍进入合作医疗行列。

工伤保险　1993 年 7 月，原浦口区在企业中实行工伤保险费社会统筹。1995 年 7 月，江浦县制定企业工伤保险暂行办法，对工伤保险率作出规定：一类企业为工资总额的 0.9%，二类企业为 0.7%，三类企业为 0.5%。全年实收工伤保险基金 13.2 万元，收缴率 64.4%。1996 年，浦口区有 29 家单位 7200 多名职工参加工伤保险，收缴基金 38 万元，理赔工伤事故 9 起，支付工伤保险费 13 万元。1997 年 1 月起，该区工伤统筹基金列入南京市统一管理。2001 年，江浦县实收工伤保险基金 25.5 万元，支出 22.2 万元。2004 年，执行《浦口区企业职工工伤保险暂行办法》,全年参保单位288家,参保人数9461人。2005年,参照执行《江苏省工伤保险条例》,全年基金收入74万元,支付48万元。2011年1月起,执行国务院修改后的《工伤保险条例》,提高一次性工伤待遇支付水平,调整工伤保险支出结构。全区参保单位1914家,参保人员43140人,基金收入1484.83万元(其中财政补贴531万元),全年享受待遇535人次,支付804.45万元。2015年,工伤保险参保单位2710家,参保职工4.69万人,基金收入3198.16万元,享受待遇988人次,支付2316.38万元,结余881.78万元,累计结余2745.11万元。

生育保险 1995年5月,江浦县颁布企业女职工生育保险暂行办法,规定生育保险费按企业上年末全部职工工资总额的1%征收;女职工生育、流产、实施节育手术假期间的工资,按当地上一年社会月平均工资的100%给付。全年实收生育保险费18.8万元,收缴率67.9%,支付基金2.8万元。1997年起,原浦口区城镇企业职工生活保险纳入南京市社会统筹范围。江浦县女职工生育保险对象扩大到合同制工人以及计划内的临时工、轮换工。2001年,全县实征生育保险费32.2万元,支付27.9万元。2004年1月起,执行《浦口区企业职工生育保险暂行办法》,全区参加生育保险人数、收缴基金大幅度增加。2005年,参保人数1.18万人,征缴基金113万元。至2008年、2012年,全区参保人数、征缴基金分别增至3.34万人、457万元,4.31万人、1005万元。2013年,根据南京市有关生育保险文件精神,提高参保人员生育保险待遇,凡在三级医疗机构就医的,个人负担由原来的10%降为5%;在三级以下医疗机构就医的,个人负担由原来的5%降为0。全年参保人数4.5万人,享受待遇1004人次,基金征缴1158万元,支付784万元。2015年,生育保险纳入市级统筹,全区参加人数5.74万人,享受待遇1253人次,基金征缴1409万元,支付1258万元,当年结余151万元,滚存结余2733万元。

第五节 民风民俗

一、人生礼仪

婚嫁 浦口的婚嫁,大体有合婚、定婚、结婚三道礼仪。合婚即一般由男方家请出媒人到女方家提亲,如果女方家同意,则将写有女孩生辰八字的庚帖带回给男方。男方以竹筛接过庚帖,压在香炉底下,三天之内无不祥之事发生,便请算命先生“合婚”。若男女属相相宜,如“马配猴,不用愁”“猪狗同盆而食”等,则合婚;如属相相克,则退回庚帖。中华人民共和国成立后,提倡自由恋爱,男女自主择偶。20世纪50年代至70年代末,在相对保守的社会环境里,男女相识多半是亲朋、同事介绍;择偶重职业,看家庭成份,重视政治条件,工人、干部、军人等成为女青年首选目标;非劳动人民家庭出身的青年,尤其是男性,普遍存在择偶难的问题。80年代,男女自由恋爱大行其道,天经地义;择偶视角转向职业、户口类别,重视物质条件。90年代,婚姻介绍所出现,相亲开始走向社会化;择偶标准发生新变化,男女双方注重对方的自身素质和潜能、文化和职业、气质和人品。随着经济收入的多元化和职业分化，女性对男性的学历、职业要求呈下降趋势，经济实力逐渐成为择偶的重要标准。进入新世纪后，报刊刊登征婚广告和启事、电台开办交友节目、网络征婚渐成主流，成为单身青年们的心灵家园；交友择偶不仅看人品、经济条件，更多地看缘分和感觉。

定婚。“合婚”后即行定婚。如果男方尚未成年，先行“小定”：一般由男方备好糕点、茶叶等礼品，介绍人陪同男孩到女方家，交换男女生辰八字帖，即算定婚。待男方成年后再行“大定”：男方邀请男女双方至亲吃定亲酒，俗称“无钱酒”，送女方定亲礼品，议定结婚条件。农村需给女方衣料4套、6套、8套不等；聘金只争有无，不在多少，一般有10元（意为十全十美）、40元（意为事事如意）、100元（意为百事兴旺），富有人家当有2～4件金银首饰。20世纪70年代起，时兴“三转一响带咔嚓”，即自行车、缝纫机、手表、收音机、照相机。此后，聘礼逐渐成为女方炫耀“身价”的资本，或为相互攀比的舞台。80年代，增加“18条腿”“36条腿”“48条腿”的成套家具。90年代后，添置彩电、冰箱、洗衣机“三大件”及金戒指、金耳环、金项链“三金”。21世纪初，新住宅、小轿车成为城市富有家庭的聘礼。但聘礼退出了部分自主创业、服务社会、实现梦想的年轻人的视野，折射出移风易俗、婚恋变奏的时代主题。

结婚。20世纪50～70年代，机关事业单位工作人员婚礼大多从简，召开茶话会、散发喜糖，即告成婚。农村迎娶新娘多为以步代轿，或以车代步，自行车成为主要迎亲工具；晚上在家摆设酒席，招待至亲好友及街坊邻居。90年代，旧的婚俗开始恢复，程序、礼节趋向复杂。婚期依旧三天。第一天为暖房。当日下午，女方家发送嫁妆。当晚男方家置办暖房酒，舅父必为首席。宴罢，舅父为新郎“贺号”，挂号樽，取号名，带头赠送喜钱。第二天为迎娶正期，男方用轿车迎娶新娘，国产的老红旗、进口的桑塔纳以及奥迪等豪华轿车各领风骚，少则数辆，多则十几辆，以见证生活的富足。进入21世纪后，少数男方用花轿迎娶，新娘坐轿子，头戴凤冠帽，新郎坐人力车（俗称黄包车），身着状元服，一路风光，以示郎才女貌。旧时，新娘下轿，脚不沾地，由全福太太搀扶，踏着麻布袋进房，铺袋者边铺边颂词：“口袋传捎袋，一代传九代；捎袋传麻袋，一代强一代”。90年代后，此俗不存。新娘下车、下轿后由新郎背着进门，或新郎新娘牵手并肩步入家门。晚上，城镇时兴在酒楼举办婚礼仪式，多为男女双方在一起举办，费用由男方支付，婚礼在喜庆而温馨的乐曲中开始，新郎新娘在伴郎伴娘的陪伴下，缓缓地踏着红地毯走上礼仪舞台。婚庆公司司仪根据新人爱好策划婚礼主题，依次进行新人交换戒指，一拜父母、再拜亲友、夫妻对拜，证婚人讲话，新人家长讲话等程序。喜筵开始后，新人和父母挨桌向宾客敬酒。婚礼次日，新人双双去女方家，俗称“回门”。

生育　旧时，出嫁女儿临产前几天，娘家送两件毛衫和两条包被，名曰“催生”。产妇分娩后，婴儿父亲向婴儿外婆家“报喜”，送红鸡蛋，生男送单数，生女送双数。婴儿出生第三天，办“三朝礼”，亲友携带贺礼探望产妇和婴儿，外婆家赠送婴儿衣帽鞋袜，俗称“送粥米”，同时给婴儿起名字。婴儿出生后，产妇一个月不出门，名为“坐月子”。婴儿出生100天，称之“百岁”，亲友上门祝贺，赠送百岁锁、手镯等礼物。孩子一周岁时，为孩子“抓周”，即在桌子上摆放毛笔、算盘、剪刀、糕点、钱币，让孩子抓取，抓什么表示孩子长大喜欢什么。20世纪50年代起，孕妇一般到医院分娩。70年代后，孩子起名多用单字，如王青、应平、任和等。90年代，在城市一度流行剖腹生产、用牛奶喂养婴儿的做法。进入21世纪后，鉴别胎儿性别行为被政府明令禁止；新生儿取名逐渐恢复3个字的名字，但不同于旧时所用姓氏加班辈，而是采用谐音或时尚创意用词，如张睿翰、王镓懿、陈鼎晟等，给儿童学写姓名和人们读写带来难度；母乳喂养婴儿重新为人们所接受，经济条件好的家庭不惜高薪聘用月嫂、育儿嫂护理产妇和婴儿；婴儿"百岁"或"抓周"庆生活动越发隆重，主家置办酒宴招待来宾，回赠精美礼品，同时为婴儿摄像制成专题片，再刻成光盘留作永久纪念。至2015年，"无痛分娩术"已被多数产妇和家庭采纳。

寿庆 寿辰一般以农历出生日虚岁为准，逢十的生日称大生日。旧时有"男不做三（30岁生日）、女不做四（40岁生日）"习俗。人自50岁大生日起，便称寿辰，花甲以上老人提前一年过寿，谓之"庆九"。庆寿礼仪历来隆重，寿辰前一日下午，亲友赠送衣料、鞋帽、寿联、寿匾等贺礼，称为"献寿"。当晚，给做寿者"暖寿"，亲友按辈份排行依次叩拜，称"拜寿"。寿辰日早晨吃"寿面"。80岁以上高龄，邻里小孩喜欢上门要面吃，谓之"讨寿"。中、晚摆寿宴，宴后向亲友散发寿碗、寿面。中华人民共和国成立后，寿俗从简，"暖寿"仪式一度停止。20世纪80年代开始，寿辰仪式又渐隆重。寿礼多为"红包"，普遍较过去丰厚。21世纪起，城镇省去"暖寿"等仪式，寿辰中午改吃"寿面"，晚上举办寿宴。

丧葬 20世纪60年代前，亲人临终，家人伺候其旁，请人（指抬棺材的人）穿寿衣，焚化纸钱引路。咽气后，子孙或请人到亲友家报丧，母死先报娘家舅父，父死先报家族伯叔。等亲友到齐后，将死者入殓，设灵堂，子、媳披麻戴孝，晚辈披白偕红，亲友轮坐守灵。三天后出殡。届时，一老者手提灯笼，撒纸钱，在前引路，孝子手捧灵位行于棺前，家属亲友行于棺后。棺柩入墓穴后，子孙兜土，再由抬众者填土做坟。三日后，子女上坟培土，俗称"圆坟"，又称"复山"。三年内，春节忌贴红纸对联，不放鞭炮，春节、清明、农历七月十五日（鬼节）举行家祭，谓之"守孝"。20世纪80年代，推行火葬，从俭治丧。死者火化后，将骨灰盒葬于公墓；农村普遍建"安息堂"，集中存放骨灰盒，或埋入集体墓地。进入21世纪，在丧葬、祭奠仪式中，农村又出现僧道念经、做佛事，扎制纸人、纸马、阴宅、电视机、电冰箱、摩托车、小轿车等至墓地焚烧活动，俗称"烧陵"。

二、生活习俗

饮食 城乡居民以食稻米为主，兼食麦面、玉米、山芋及豆类。民国时期，农村一日三餐，早晚稀饭，吃自制咸菜、萝卜干；中午吃干饭，伴以自产蔬菜。农忙季节，一日四顿，下午增加一顿"晚茶"；冬闲及"春荒"期间，一日两餐，甚至糠菜半年粮。城镇居民早上吃烫饭或泡饭，富裕户或年老者以干子、烧饼、油条、糕点代替早餐，俗称"早茶"，中午吃干饭，晚上吃炒饭。每逢节日或家有来客，城乡多数家庭中午有荤菜。中华人民共和国成立后，除20世纪60年代初粮食紧张以“瓜菜代”外,饮食变化不大。80年代改革开放后,各类饮食品种逐渐丰富,吃干吃稀、吃饭吃面各取所需,偏咸、偏淡、偏辣、偏甜等口味任凭喜好。饮食习惯变为一(早)稀(饭)两(中、晚)干(饭)。90年代后,饮食结构发生显著变化,时令蒜苗、花菜、青椒、豆角、蘑菇、木耳等成为常食品种,猪肉、蛋品亦为日常必备副食。人们讲究口感,一般家庭备有味精、鸡精、辣酱、料酒、五香粉、火锅料等调味品。21世纪初,居民生活由餐饱型向营养型转变,城镇居民买粮要当年产的,蔬菜要无污染的,鱼虾要鲜活的,鸡蛋要草鸡生的。薯类、玉米等杂粮再度走红,牛奶、豆浆、蜂蜜等成为儿童、老人首选营养品。学生、上班族大多到快餐店、小吃店吃早餐。城乡食制差别逐渐缩小,烧、炒讲究科学,注重营养均衡。

每逢节日、喜庆及亲友相逢,城乡居民习惯在家中或到酒楼摆酒席。常规筵席菜肴为四碗四碟、六碗六碟、八碗八碟,婚宴、寿宴为十大碗、十二碗,多则十六碗、十八碗,时兴整鸡整鸭上桌。俗话说:“无酒不成席”。80~90年代,以饮中低档白酒为主。21世纪,饮酒之风渐盛,酒类品种增多,档次提升。筵席以饮中高档白酒为主,如江苏产的普苏、今世缘、海之蓝、天之蓝,四川产的五粮春、郎牌特曲、泸州老窖,安徽产的迎驾贡酒、口子酒等;张裕、王朝、长城等葡萄酒及可口可乐、雪碧、橙汁等饮料亦亮相酒席,任凭赴宴者各取所需。宴席丰俭悬殊,档次拉大,每桌价格数百元至数千元不等。

服饰　民国后期及中华人民共和国成立初期,城乡居民衣着以遮体防寒为主,服装面料多为家织布和花洋布,成年男性大多着对襟短褂和大腰裤,女性穿左边开襟的短衫和长裤。20世纪50年代,青年时兴列宁装、中山装、解放装、学生装。60~70年代,居民着装讲究实用耐穿,人造棉、的确凉、涤卡逐渐普及,款式、色彩单调,非灰即蓝,妇女服装多为标准蓝。“文化大革命”期间,年轻人不论男女都喜欢绿色“军装”。80年代,伴随着改革开放大潮,衣着向色彩艳丽、式样新颖方向演进,连衣裙、喇叭裤、蝙蝠衫、牛仔服风靡一时,颇受青年人青睐;在中青年男性中一度兴起“西服热”,西服成为公众场合礼仪服装;女性爱穿紧身衣、踩脚裤,以显示女性的曲线美。90年代,衣着成为人们美化生活、追求时尚的标志。服装面料有毛涤、涤绸、涤麻、涤棉等混纺织品以及全毛、真丝、亚麻等天然纺织品。春秋时节,男性流行服装有T恤衫、衬衣、汗衫等,以穿着方便、美观大方、舒适爽身为优点;冬季保暖服装由粗重的大棉袄演变为轻便的羽绒短袄、羽绒大衣和皮衣、皮裤等。女性服装款式令人眼花缭乱,有幸子服、慧芳服、束腰服、露脐服、铅笔裤、低腰裤等,女裙式样更是迭出,时尚达人一年四季穿裙子。进入21世纪,男性着装讲究品牌和档次,女性着装营造含蓄的朦胧美。唐装渐在老年男性中盛行。冬装中的羽绒服款式趋向休闲式,白领阶层以穿羊绒大衣为时尚。

居住　中华人民共和国成立前后,农村房舍多依山傍水,坐北朝南,土坯墙,茅草顶。集镇、临街多为砖墙小瓦房,富商加砌封火山墙,与邻居隔断。20世纪70年代,部分农户开始翻建、新建瓦房,多为砖木结构。80年代,机关企事业单位普遍建造职工宿舍楼,一般二至三层，室内设简易厨房和卫生间。90年代，农民开始建造二层楼房，城镇普遍建造七层以下单元式楼房。农村经济条件较好的家庭，墙面贴瓷砖，门窗用塑钢、铝合金；城镇家庭地面用大理石、地板砖、木地板，四壁刷涂料。住房制度改革后，购买商品房的家庭越来越多，户型结构越来越合理，住房面积也越来越大。进入21世纪后，商品房设计追求人性化，新建住宅出现跃层式、错层式套型，沿老山周边出现多处独体和连体花园式别墅。伴随着城镇化、农村产业化进程，农村居住逐步向集镇、城市转移。城市拆迁安置房多为10～30层楼房。

出行 民国时期，境内交通闭塞，出行都靠步行，富豪大商进城下乡，多数骑驴，少数坐人力车或二人抬轿。20世纪50～60年代，居民外出仍以步当车。70年代，各公社驻地始通公共汽车，三轮车、拖拉机成为农村运输兼出行的工具。80年代，自行车逐步普及，轻骑、摩托车渐成代步主角，江浦县城开通公交车。90年代，出租车、马自达同时亮相城镇，供人们出行选用。进入21世纪后，公交线路、站点、车辆不断增多，方便居民出行，出租车及家庭自备摩托车、小轿车亦成为出行主要工具。2014～2015年，地铁10号线、3号线相继建成开通，因其具有准时、便捷的利好，成为城乡居民往返南京主城的首选出行工具。

三、节令习俗

春节 俗称“过年”，节期从农历初一至初三。旧时，一般人家腊月下旬做过年准备，杀年猪、买年货、做糕点、裁新衣。二十三日（二十四日）送灶起，掸尘、洗晒被褥、理发洗澡。腊月最后一天为除夕，俗称“三十晚”，除旧布新，贴春联，挂年画，剪窗花。傍晚明烛焚香，燃放鞭炮，置美酒佳肴，先行祭祖，再合家欢宴，吃团圆饭。饭后，长辈给晚辈压岁钱，达旦不寝，称为守岁；子时交岁，燃放爆竹辞年。正月初一凌晨，点烛焚香，开门接年。早饭后，先给长辈（伯父母、叔父母）拜年，再邻里结伴相互贺年。初二至初三，亲友之间送往迎来，相互拜年，先拜舅父母，次拜姑父母、姨父母，再拜岳父母。

中华人民共和国成立后，为欢庆新春佳节，各行各业放假三天，机关单位组织团拜，开展拥军优属活动。1983年起，年夜饭后，合家收看中央电视台举办的“春节联欢晚会”，直到午夜钟声响起。90年代后，流行电话拜年。进入21世纪后，流行发短信、发电子邮件拜年。城里部分家庭年夜饭移至酒店、宾馆。一些时尚小家庭时兴外出旅游度假，或随旅行社赴风景名胜区游玩，或举家驾车赴外地拜年、探亲、巡游。2015年1月1日起，执行南京市政府规定，区内江浦、顶山、泰山、沿江4个街道居民不再沿袭燃放烟花爆竹的传统年俗。

元宵节 正月十五日为元宵节。凌晨放鞭炮，早餐吃汤圆，中餐、晚餐菜肴丰盛，俗称过小年。青年男女邀朋约友，到狮子岭兜率寺拜佛进香、逛庙会。元宵节又称灯节，各家的龙灯、虎灯、兔灯、蛤蟆灯、荷花灯、走马灯、飞机灯等，式样繁多，齐出亮相。中华人民共和国成立后，城乡张灯者不多；普通百姓家早餐仍吃元宵，以应时节。进入21世纪后，许多年轻人带着老人和孩子去南京夫子庙看灯会。

清明节　4月5日(润年为4月4日)前后,农村家家在门檐插柳,妇女头戴柳球,小孩戴柳帽,祭扫祖坟,悼念祖先,俗称"上坟"。同宗者集中聚餐,挂上宗谱,拜谒祖宗,共议族事,谓之"当宗"。中华人民共和国成立后,每至此节,党政机关、人民团体、学校师生祭扫烈士墓,开展革命传统教育。插柳习俗不禁自止,上坟习俗沿袭至今,当宗习俗一度绝迹,但20世纪80年代后时有发生,90年代后趋于盛行。2008年起,国家把清明节列为公休假日。

端午节　农历五月初五为端午节,又称端阳节。早上吃粽子、绿豆糕;门前悬挂菖蒲、艾条,驱虫避邪。中午饮雄黄酒,吃"五红菜"(黄鳝、咸鸭蛋、咸火脚、虾子、苋菜)。桥林地区这一天有"龙舟竞渡"习俗,每只船上锣鼓喧天,演唱《白蛇传》《打渔杀家》,民国35年(1946)观众达万人。中华人民共和国成立后,划龙舟、饮雄黄酒习俗不复存在,其他习俗一直传承。20世纪90年代后,粽子进入超市,品种繁多,包粽子的家庭渐少,买粽子的家庭越来越多。

中秋节　农历八月十五日是秋季第三个月中间的一天,称为中秋节,又称八月节、团圆节。是日晚,有供月、拜月、赏月、吃月饼的习俗。节前,城乡素有晚辈给长辈赠送月饼的习俗。20世纪90年代后,厂商生产、销售的月饼品种多、质量高,盛行精美礼盒包装。进入21世纪,月饼成为中秋佳节的现代符号,时尚的新品种,如香辣牛肉、葱油肉松、南枣核桃、豆沙蛋黄、摩卡咖啡等馅心月饼颇受年轻消费群体的青睐。而今供月者少、赏月者多。政府侨务等部门召开港澳台同胞和海外侨胞代表或家属中秋赏月座谈会,共叙亲情、友情,寄托人间团圆、世事圆满的美好意愿。民间诗社组织成员或登山赏月、或水上观月、或亭中品月、或林中仰月,寻找诗意月色,别有一番情趣。

重阳节　农历九月九日为重阳节。旧时,有吃糕的习俗,文人雅士登高赏菊赋诗,以求一乐。"九九"与"久久"同音,寓言健康长寿,故重阳节又为敬老的节日,民间以买酒、螃蟹孝敬老人,谚传"清明螺蛳端午虾,九月重阳吃爬爬(螃蟹)"。1988年,国家将九月九日定为"中国老年节",机关、单位、街道、社区和家庭开展敬老助老活动,使传统节日增添新意。

第六节　宗　　教

一、佛　教

寺庙　三国孙吴赤乌年间(238~251),佛教传入境内,在今星甸街道王村建王村庙(今王总庙),庙碑上刻有"赤乌年号属吴王,始建王村大庙堂"文字。清雍正《江浦县志》在"王村庙"目下注:"吴赤乌年建东岳行宫,乡人祈祷殆无虚日",可见王村庙是当时释道合一的宗教场所。梁天监二年(503),梁武帝萧衍于六合山(今顶山)狮子峰下,为僧人法定建佛寺,敕名定山寺。梁普通七年(526),天竺(今印度)高僧、佛教禅宗创始人菩提达摩至定山寺面壁修行,并留下"达摩岩""宴坐石""卓锡泉"和"一苇渡江碑"等遗迹,定山寺声名大振，被后世称为“达摩第一道场”。受达摩影响，最具中国特色的禅宗成为浦口佛教的主流文化。位于今永宁街道的真相寺，为达摩于梁普通年间（520～527）所建，亦为开启佛教在浦口传播的寺院之一。唐、宋时期，佛教有新的发展，佛寺建筑、佛学研究、佛事活动等方面呈现出鲜明的特点。兴建于北宋太平兴国年间（976～984）的罗汉寺被誉为“小九华”，名声远扬，香客不绝。建于晋代的汤泉院于宋元祐年间（1086～1094）扩建而易名惠济寺。该寺人文丰厚，前有梁昭明太子在此读书养性，后有海会、惠济、忠境等高僧于此潜心修为，更有韩熙载、秦少游等名人文士留有《汤泉禅院碑》《游汤泉记》等墨宝、佳篇。定山寺也在这一时期得以扩建翻新，更名为“定山真如寺”，且参禅之风浓郁，完全确立了南宋禅宗之风，《五灯会元》《禅宗正脉》等佛学典籍皆录有该寺诸大师语录。明代尊崇佛法，县署设僧会司。洪武三十一年（1398）于江浦县城建接待寺。该寺崇楼杰阁，气象庄严。此后，营造梵宇者踵趾相接，新建千佛庵、石洞庵、圆通庵、直指庵、北极庵、惠济庵、地藏庵、普惠庵、旌善庵、普成庵、活水庵、平山寺、台山寺、庄严寺等十数座佛寺。至明末，境内有寺院30多座，佛寺群体粗具规模。清代比之明代，佛寺有了较快发展。雍正三年（1725）《江浦县志》记载，境内有佛寺68座，至光绪十七年（1891），佛寺增至114座。其中，罗汉寺寺院建筑居首，前有八面九层万佛塔，后有藏经楼，中为大雄宝殿，供奉释迦牟尼佛和数百尊罗汉塑像。建于顺治二年（1645）的狮子林道场（后称兜率寺）是一座经院式寺院，代有高僧卓锡于此，上至文殊宝光，下至金山高旻，诸大名刹高僧硕德，到此养道者不胜枚举。光绪三十二年（1906）四月，南京第一大刹毗卢寺持律法师亲至寺院传授《愣伽经》。高僧虚云老和尚也曾于此度岁。

民国初期，浦口佛教承历代遗风，佛事不停，仍行禅宗为主。12年（1923），境内有僧侣94人、尼21人。18年，僧侣增至171人，尼减至16人。抗日战争期间，多数庙宇遭日本侵略军焚毁。唯兜率寺宗风不衰，严守禅规，并积极开荒生产，种粮种菜，兴建茶田、竹园，终成一方净土。浙江、云南、四川、湖北、陕西、河南、吉林、安徽等省僧人慕名而至。30年春，僧人多达百余人。1949年春，境内仅存佛寺35座，僧侣150人，尼30人。

1952年，原浦口区（时称南京市第七区）寺庙僧、尼多数还俗，成家立业，少数靠社会救济养老。1957年，江浦县有僧侣73人、尼13人。1958年人民公社化后，少数僧尼还俗入社，或挂单他地；大部分庙宇或易作学校、工厂、商业用房，或拆除，或失修自毁。至1966年初，尚存兜率寺、广圣寺、罗汉寺、惠济寺、独峰寺、极乐庵、百子庵、接待寺、柏子庵、宴官庵、长寿庵，有僧侣66人、尼9人。“文化大革命”期间，佛堂、僧舍破坏大半，佛像、佛器一空如洗，僧尼星散，活动被禁。1979年起，重新落实宗教政策，归还佛寺房产，修建寺庙，恢复教事活动。1982年，圆霖法师出任兜率寺住持后，修复新建罗汉堂、藏经楼、弥佛殿、三圣殿、普贤殿、地藏殿、天王殿、大雄宝殿等寺房60多间。1986年，泰山庙改称泰山寺，由南京鸡鸣寺释隆月任住持，新建山门殿、大雄宝殿、藏经楼等设施。1993年，极乐庵更名极乐寺，迁至珠江镇北门（今江浦街道象山北路），新建大雄宝殿5间、天王殿5间、念佛堂11间、寮房、斋房26

间以及老年居士念佛安养院、白马书院等建筑，总建筑面积2万平方米。1995年，明因寺移址桥林镇蒋城子山下，新建大雄宝殿、侧殿、鼓楼、钟楼等设施。2010年4月，启动定山寺复建工程。至2015年，建成全木大雄宝殿等建筑，面积4800平方米。是年底，全区注册登记的合法佛寺13座，即极乐寺、惠济寺、明因禅寺、定山寺、弘德寺、泰山寺、松筠庵、观音寺、七佛寺、兜率寺、王总寺、禅云寺、龙兴寺，寺院占地总面积22.75万平方米，建筑面积约5.51万平方米，常住僧、尼68人；另有尚未注册登记的非正式佛寺5座，即九华寺、九峰寺、华严寺、地藏寺和觉华寺；全区有佛教信众8670余人。

佛教协会 2003年3月31日，浦口区佛教协会（简称区佛协）第一次代表大会在珠江镇金玉宾馆召开，到会代表52人（应到53人）。会议选举区佛协第一届理事会理事19人；理事会选举常务理事13人，选举兜率寺住持圆霖为会长，极乐寺住持心灯、泰山寺住持隆月、惠济寺住持朗明、明因寺住持性空为副会长，朗明为常务副会长，选举秘书长1人、副秘书长2人；礼聘南京大吉铁塔有限公司董事长刘茂林为名誉会长。2008年5月，圆霖法师圆寂，经区佛协常务理事会商定，并征得区民族宗教事务局同意，由常务副会长朗明主持区佛协全面工作。2015年12月12日，在江浦街道极乐寺白马书院召开区佛协第二次代表大会，出席会议代表58人。会议选举产生由心灯法师等19人组成的区佛协第二届理事会；理事会选举常务理事13人，选举惠济寺住持朗明为会长，明因寺住持性空、定山寺住持智光、弘德寺住持心严、泰山寺住持能亮、松筠庵住持法音、极乐寺监院定旭为副会长，选举秘书长1人、副秘书长3人；礼请极乐寺住持心灯为名誉会长。会议通过《南京市浦口区佛教协会章程（修正案）》。

二、道 教

三国孙吴赤乌年间（238～251），境内已有道教活动，今星甸街道王总寺前身东岳行宫当为最早的道教活动场所。唐宋时期，尤崇道教，境内建有东平庙、鲁妃庙、曹王庙、关帝庙等。明代扬道抑佛，道教各种祭祀斋醮活动在民间广为流行。洪武九年（1376），江浦县治由浦子口城迁至旷口山（今江浦街道办事处驻地），其城隍庙也随之迁至，皆因“城隍”是道教奉祀的护城神灵。原浦子口城隍庙奏请改立道教玉虚观，并增建三清殿、元帝宫、玉皇阁等道教设施，供奉“泰山老母”等塑像。万历年间（1573～1620），境内建有东岳庙、玉虚观、天妃庙、刘公庙、玉皇庙、真武行宫等道教场所。真武行宫又称玉枢宫，位于老山黄山岭福龙山巅，宫院殿阁参差，有天符室、香积室、玉虚宫、土神祠、惠政祠、太玄宫等道观建筑。万历二十三年（1595），于浦口城攀龙门建关神祠。朝廷官府视关公为护国神，称之为“关圣帝君”。清康熙十九年（1680），于江浦县城建关帝庙。雍正元年（1723），知县项维正改县城天开楼为关公阁，奉祀关帝像。道光末年（1850），于石碛镇（今桥林街道）南街建关帝庙。咸丰年间（1851～1861），浦口城玉虚观毁于战火。光绪九年（1883），浦口营都司许正炘、镇绅及玉虚观住持黄至得募得善款，复建玉虚观偏殿，重建大殿和内宫。至光绪十七年，境内有道教庙、堂、观、院 35 座。

清末民初，道教渐衰。民国 12 年（1923），境内仅存有道士住持的道院 3 所，师徒 13 人；女道士观 1 所，师徒 2 人。乌江地区许道士、茆道士挂单玉皇宫，汤泉地区以张氏家族为首的正乙派俗家道士坚持活动。18 年，境内有道士 27 人。抗日战争前后，道教活动依然。王总庙、赭洛庙、石村庙、漫家庙各有道士 2 人，东平庙、大王庙各有道士 1 人。

中华人民共和国成立后，道教式微，活动渐止。1979 年后，仅有个别老道士居家重操旧业，为少数求购者扎制纸质楼房、别墅、汽车、冰箱、电视机等祭祀器物。2013 年，境内有重建于清同治六年（1867）、坐落在浦子山东麓的城隍庙（后改玉虚观），至今保留较完整的中殿和两侧偏殿宫房，为今人了解和研究道教历史文化提供了实物例证。另桥林街道周营社区有一处尚未登记注册的道教活动场所，名为玉皇宫，建有大殿、偏房，供奉玉皇大帝及数尊各路神仙塑像，宫院由南京升州路天后宫一名道士兼管。

三、伊斯兰教

明末清初，山东小金庄金氏族人迁徙今浦口区星甸街道境内，成为区内最早的回民，并于乾隆六年（1741）始建星甸清真寺。清代中后期，安徽、江西及南京城内的穆姓、张姓、马姓、沙姓回民相继迁入，散居于江浦县城、浦口、星甸、汤泉、永宁地区。民国 18 年（1929），境内有清真寺 8 座，分别位于城厢镇（今江浦街道）清真巷、金狮冲（今江浦街道老虎桥社区孙冲村）、星甸镇（今星甸街道）西街、汤泉镇（今汤泉街道）、西葛镇（今永宁街道西葛社区）、浦口盐卤巷、金汤门、东门吴家巷。星甸清真寺重建于光绪十六年（1890），建有礼拜殿 3 间、厢房 2 间、水房 1 间、阿訇住房 3 间，建筑面积约 200 平方米，占地面积 570 平方米。东门清真寺分前后两进，分别为三开间。汤泉清真寺建有大殿 5 间及水房、阿訇住房共 10 余间。西葛清真寺毁于抗日战争期间侵华日军炮火。

1958 年至"文化大革命"期间，清真寺遭到严重破坏。孙冲清真寺被生产大队拆除；汤泉清真寺仅留存大殿 3 间及厢房 1 间，归镇工商联所有；珠江清真寺由前任阿訇金守义后代居住；东门清真寺由房管部门托管，寺房租给当地居民居住；星甸清真寺礼拜殿挪做他用，其他房屋改建民房。1979 年起，恢复和落实党的民族宗教政策，清真寺回归本位。1989 年，浦口区穆斯林集资在泰山镇（今泰山街道）黄姚村新建泰山东门清真寺，先后建有大殿、礼堂、阿訇住房及殡房等 10 余间，建筑面积 240 平方米。1997 年 1 月 8 日，江浦县伊斯兰教第一次代表会议在星甸清真寺召开，成立江浦县伊斯兰教协会，选举金仁武为会长。2001 年 11 月 9 日，召开江浦县伊斯兰教第二次代表会议，金仁武连任会长。2002 年 12 月 13 日，浦口区伊斯兰教协会（简称区伊协）第一次代表会议在星甸清真寺召开，选举金仁武为会长。2008 年，区伊协整修江浦街道一条巷清真寺礼拜殿，新建水房、阿訇住房、殡葬房，改造门面房，配套水电设施，成立寺管组，恢复宗教活动。2009 年 8 月，区伊协召开第二次代表会议，选举王信武为会长。2011 年 8 月，星甸清真寺整体翻建，建筑面积由 150 平方米增加到 450

平方米；寺管组升格为寺管理委员会。2012 年 3 月，在江浦街道中心村孙冲村民组落实协议用地 1 公顷，建回民公墓。2015 年，全区信仰伊斯兰教的民族有回族、维吾尔族、哈萨克族、东乡族、柯尔克孜族、保安族、乌孜别克族、撒拉族，信教人口 5161 人。登记注册的活动场所有星甸清真寺、泰山街道东门清真寺，经政府批准的临时宗教活动场所有江浦街道一条巷清真寺。各清真寺正常开展开斋、古尔邦、圣纪三大节日活动，主麻拜活动以江浦街道一条巷活动点为主，每次参加者 50 人左右。

四、基督教

清光绪二十二年(1896)，外籍主教牧师卜美恩以 37 石 5 斗米承典浦口镇鱼市口大街布商汪言达的门面房做基督教堂，附设基督教徒二等小学 1 所。二十七年，美国人慕向荣在桥林镇西河沿购置民房 11 间，创设福音堂，附设仁慈医院和 1 所女子小学。三十一年，卜美恩在汤泉镇黄家巷自建民房 18 间，成立基督教会，附设男女初等小学各 1 所。

民国 5 年(1916)，外籍主教马约翰在浦镇金汤门江沿街租赁民房 5 间，创设圣公会，附设初等小学 1 所。7 年，女教士美富尔在江浦县城(城厢镇)中正街(今江浦街道中圣街)购置民房 9 间，创设福音堂。9 年，美国神召会南京分会在高旺镇创立神召会。23 年，美国人新普颂到高旺神召会传教，扩大神召会势力，恃势强占高旺国民学校部分教室，并强行降下中华民国国旗，升起美国星条旗，引起该校师生和当地民众极大愤慨和强烈抗议。同年，牧师赵纪先在汤泉镇建教堂，传播新约《圣经》教义，附设贫儿识字班，免费授课。抗日战争爆发后，外籍传教士先后离境。26 年起，安徽和县牧师曹恩博在乌江乡朱家巷(今桥林街道林山村)建教堂草房 4 间，有教徒近百人。六合县教士杨德进在高旺镇(今江浦街道高旺社区)东街建福音堂，发展会员 300 余人。和县牧师曹恩博到桥林镇马骡圩(今桥林街道马骡社区)传播耶稣家庭教系。36 年，教士刘兴元至浦口镇(今泰山街道)恢复教会工作，边行医边传道，有信徒 20 多人。至 37 年底，境内设有教堂 7 座，信徒近 2000 人。

1952 年，江浦县基督教会成立，基督教徒按自治、自传、自养的“三自”原则开展教务活动，调整堂点布局。桥林教堂改作桥林医院病房，高旺教堂被粮站置换至西街 7 间民房，陡岗中蔡福音堂被供销社拆除。1958 年，江浦县有教堂 11 座，教徒约 5200 人，分灵恩会、神召会和耶稣教会 3 个教派。是年 6 ~ 7 月，整顿基督教会，除保留高旺神召会、教徒 75 人外，其余教堂一律解散。“文化大革命”期间，高旺教堂关闭，教事活动停止。1979 年，原浦口区成立基督教徒工作小组，恢复宗教活动，信徒 20 多人在龙虎巷孙国华家聚会。江浦县兰花公社龟庄、林山公社朱家巷、星甸公社汪庄、石桥公社河沿、龙山公社孙垄、陡岗公社双庙钟等地信徒自发聚会，建堂设点，信徒 1300 多人。1982 年，浦口区第一批 37 名信徒在南京圣保罗教堂受礼。1985 年 8 月，浦口基督教东门堂举行开堂典礼。是年，江浦县批准开放堂点 11 座，教徒(含慕道友)3236 人。1987 年 5 月、1994 年 4 月，江浦县、浦口区先后召开首次基督教“三自”爱国运动委员会代表大会，仲先民、刘兴元分别当选为主任委员。1996 年，开展基督教堂点登记和发证工作。江浦县有48个堂点,其中正式登记的17个,临时登记的21个,暂缓登记的10个;有信徒1.8万人,义工300多人。2001年,浦口区有堂点25个,牧师、长老和专职神职人员各1人,信教群众2473人;江浦县有堂点53个,信教群众18660人,其中慕道友1555人。2002年12月31日,浦口区基督教"三自"爱国运动委员会第一届代表会议在珠江镇城西教堂召开,选举赵忠仁为主任委员。2008年6月,开展堂点重新登记发证工作,全区基督教堂点增至83个,信教群众2.7万余人。是年6月25日、2013年6月26日,先后召开区基督教"三自"爱国运动委员会第二次、第三次代表大会,赵忠仁连任主任委员。2015年,撤并宗教活动场所19处,新增3处,全区有基督教珠江教堂、浦口教堂及65处聚会点,信教群众2.8万余人,牧师2人,长老5人。

第七章　人　　物

第一节　人物传略

张　籍(约767—830)　字文昌,祖籍吴郡(今苏州),先世移居和州乌江县燕窝张(今南京市浦口区桥林街道周营村),唐代中后期著名诗人。幼时熟读经史,爱好诗文,15岁时开始5年漫游生涯。贞元元年(785),与王建同在魏州学诗,十四年在汴州结识韩愈,十五年在长安进士及第。元和元年(806)调补太常寺太祝,与白居易相识;十一年转国子监助教;十五年后迁秘书郎。长庆元年(821)起,历任国子博士、水部员外郎、主客郎中。太和二年(828),授国子司业,世称张水部、张司业。张籍同韩愈、白居易、刘禹锡、孟郊、王建交往甚密。他的诗文在中国文学发展史上占有重要地位,其乐府诗与王建齐名,并称"张王乐府",五言律诗对晚唐五律影响较大。主要作品经唐末五代战乱散失较多,今存诗480多首(详见第五章第三节《文学　书法　绘画》)。

张孝祥(1132—1169)　字安国,别号于湖居士,和州乌江县燕窝张(今南京市浦口区桥林街道周营村)人,南宋著名词人。生于明州(今宁波)鄞县,南宋绍兴十四年(1144)迁至芜湖。父张祁,官至直秘阁。十七年(1147),孝祥通过乡试。二十四年参加廷试,主考官定秦桧孙子秦埙为第一,高宗认为孝祥词翰俱美,擢为状元,授承事郎、签书镇东军节度判官。因此引起秦桧不满,遂指使党羽诬其父祁有反谋而下狱,孝祥亦因此牵连受难。次年秦桧死,张祁获释。孝祥官居临安,接连异迁,历任秘书省正字、校书郎、秘书郎、集英殿修撰、起居舍人等职。平步青云之态,难免遭人嫉妒,二十九年丢官外任。三十二年复官,知抚州。孝宗接位(1163),知平江府。任期内,惩治奸商,收缴其米仓,翌年饥荒,用收缴的粮食接济灾民;浙东大水,两次上疏请不催两浙积欠,朝廷从其所请,万千灾民得以生存。隆兴二年(1164),升任中书舍人,迁直学士院,兼都督府参赞军事,领建康留守。当时金再犯南宋,朝廷内议和声大起,孝祥仍坚持主战收复中原,并向孝宗奏议,结果被罢免,知建康府。乾道元年(1165),复官静江府。三年,知潭州。关注农事,勤勉公事,善待于民,使得狱事清静,庭无留滞。四年,知荆南、荆湖北路安抚使。筑寸金堤,自是荆州无水患,置万盈仓,以储诸漕之运。五年三月,以显谟阁直学士致仕退隐芜湖。同年病故,有记载云葬上元县清果寺。1982年5月,江浦县考古工作者在老山黄山岭南坡发现张孝祥墓及碑石,碑名《宋故显谟阁大学士状元张公讳孝祥字于湖公之墓》,立于"嘉庆二十五年三月初一"。现墓区已建为旅游景点,墓前矗立着张孝祥塑像。著有《于湖居士文集》40 卷、《于湖词》1 卷，代表作有《六洲歌头》《念奴娇·过洞庭》《西江月》《水调歌头》《浣溪沙》等，其中《西江月·阻风山峰下》被选入今上海教育出版社八年级语文课本。

张即之(1186—1266) 字温夫，号樗寮，和州乌江县燕窝张(今南京市浦口区桥林街道周营村)人，系唐著名诗人张籍八世孙。其父孝伯登南宋隆兴元年(1163)进士第，淳熙九年(1182)致江宁县事，累迁参知政事。其父死后，即之以父恩授官，历官监平江府粮科院、将作监簿、司农寺丞，后知嘉兴，以言罢官，特授太子太傅、直秘阁致仕。史称其博学有义行，喜校书，经史皆手定善本。又“以能书闻天下”。当时全国的丰碑巨刻、武林僧寺榜题多出其手，时人练字多以其书为楷模；名重四夷，“金人尤宝其翰墨”，甚至有不少日本人远涉重洋来寻求墨宝。即之书法初学唐人，后力攻汉魏碑刻，再经两晋又回到唐人，从中吸取严整的法度，坚持走“楷法御行草”的路子，下笔简捷凝练，运笔坚实峻健，点画顾盼生情，字字结体生动明快，清爽不落俗套。传世作品有楷书《汪氏保本庵记》《大字杜甫诗卷》《金刚经》《李伯嘉墓志》《金刚般若波罗蜜经》(现藏日本京都智积院)及多种尺牍等。

丁毅 丁胜 丁凤 丁雄飞 丁毅(生卒年不详)，孝义乡(今泰山街道)人。少喜读书，尤精医。明永乐、宣德间历任江浦县训科、知县，署府正科，县人称其“德俭而清，医良而仁”，弘治中祀乡贤祠。长子丁胜，神于医。途见抬棺，棺下流鲜血，他问棺里是否孕妇，还可救治。启棺后当胸针之，母苏子生。丁胜曾孙丁凤，幼承家学，所著《医方集宜》《兰阁秘方》《痘科玉函》诸书，家户奉为指南，丁氏子孙，均世精其学。丁凤曾孙丁雄飞创《行医八事图记》，八事即“一地、二时、三望、四闻、五问、六切、七论、八订”。对中医“望、闻、问、切”临床诊术作详细诠释，如“四闻”须合五脏，听“肺呼、肝悲、肾呻、脾歌、心噫”，再如“五问”：何日为始，因何而致，曾经何地，何处苦楚，昼夜孰甚，寒热孰多，喜恶何物，曾服何药。丁凤“三书”及丁雄飞“八事图记”流传至今。丁雄飞受其父明登影响极深，嗜书成癖，一生藏书 2 万多卷，著述达 98 种之多，惜多散佚，《江浦埤乘·艺文志》仅载其书目 36 种。

张 瑄(1417—1494) 字廷玺，号古愚，晚号安拙翁，又号观庵，江浦县任丰乡(今浦口区汤泉街道)人。出生官宦世家，祖籍句容，后徙滁，再迁江浦，先祖克逊任布政使，葬老山黄山岭，父俊民，任布政使，茔在县西金子冲。明正统六年(1441)举于乡，七年成进士，授刑部主事。历升员外郎郎中。景泰年间(1450～1457)出任吉安知府，革除尚巫、迎神陋习，以正民风；灾年开仓放粮，赈济饥民；兴办文教事业，分俸周济罗伦等志圣贤学的诸生，又建阁于学，以藏御书，建祠以祀忠节。经吏部考核，其绩“为天下第一”。天顺中升任广东右布政使，至成化初，他按行所部，督建预备仓 62 个，修陂塘圩 4668 个，增筑广州新会诸城垣 12 座。满任后，因军民相率乞留，又继任 8 年，以右副部御史巡抚福建。到任后，首先通会各郡县建仓禀，劝富民出粟备荒；复用铁索横绝大、小出海港口，抵御海寇；中官卢胜暴横乡里，上奏朝廷罢之。后改抚河南，风纪益振。再后迁南京刑部左侍郎、刑部尚书。成化二十年（1484），以星变被劾。居三年，给事御史再劾之，遂落职。弘治元年（1488）复职，但他无心仕途，退职还乡。七年病故，葬安德乡唐家山（今雨花台区铁心桥马家店）。张瑄居官50年，自奉如寒士，深受百姓爱戴，吉安、闽、广等地皆为其立碑以记功德。弘治十二年，祀乡贤祠。一生著作颇丰，主要有《张瑄奏议》8卷、《观庵集》15卷、《关洛记巡录》17卷以及《香泉稿》《凝清集》《南征录》等。

庄　昶（1437—1499）　字孔旸，一作孔阳、孔抃，号术斋，晚号活水翁，学者称定山先生，孝义乡（今泰山街道）人。明景泰七年（1456），乡试中举人。成化二年（1466）中进士，改庶吉士，次年授翰林检讨。因反对朝廷以奉养两宫太后为由，准备于次年元宵之夜张灯结彩、铺张浪费，不愿进诗献赋粉饰太平，与章懋、黄仲昭向宪宗帝呈奉《培养圣德疏》，直言进谏：“今两广弗靖，四川未宁，辽东离乱，北虏毛里孩包藏蛇豕之心，窥伺间隙，江西、湖广一旱数千里，生灵嗷嗷，张口待哺，以正陛下宵肝焦劳，两宫后母同忧天下之日……今烟火之举，恐非尧舜之道；烟火之诗，恐非仁义之言……省此冗费，以活流离困苦之民，赏征伐劳役之士，则干戈可息，灾异可消，百姓可以富庶，四夷可以宾服”。奏疏情真意切，文采奕奕，但宪宗帝却大为恼怒，斥责他们是“以下犯上，大逆不道，实为妄言”，并左迁其官。庄昶被贬谪为桂阳州判官，由于群臣力谏求请，四年正月改调南京行人司左司副。七年，他的父母相继去世，庄昶回籍丁忧。六年后除丧，无心再出仕。十二年起，从浦口城东门迁至南门，建“清江别业”。二十年，再迁居新江行窝，从此长期隐居定山，自号“定山居士”，以诗书自娱，教授生徒。其间曾被聘请参与创修《江浦县志》，撰有《定山文集》10卷。同时，在其草堂左右，置景养性，建造天峰阁、半云亭、霁月溪、春风亭、溪云亭、活水亭、鸢飞鱼跃亭、天地一我亭等景观，对定山珍珠泉景区建设起到承前启后的作用。弘治七年（1494），复任行人司副，后为南京吏部验封司郎中。九年，因“老疾罢之”。十一年病故于定山，葬定山南麓、定山寺后。十三年，祀乡贤祠。嘉靖十三年（1534），建定山祠。天启元年（1621），追谥文节。1992年，庄昶墓及万历壬午冬诗碑被列为南京市文物保护单位。

石　淮（约1448—1502）　字宗海，白马乡（今江浦街道）人，祖籍浙江，元末迁至江浦县定居。明天顺六年（1462），乡试中举。成化二年（1466）登进士，改庶吉士，授户部主事，继任四川、河南提学佥事。石淮为官正直方严，量才用人。在河南与开封知府张九云创立大梁书院，广存古今图籍，任人阅览，中州士风蔚然兴起，南海陈献章称其为蜀汴儒宗。年未三十，去官还乡，在石洞庵苦心读书，以文会友，人称石洞先生。成化十九年正月十八日，与南海名士陈白沙及娄怀玉、庄定山吟诗《白马庵联句》，并由陈白沙狂草成书，镌刻成碑，此碑今存求雨山林散之纪念馆。弘治十七年（1504），与县人郁珍创修《江浦县志》，志未成而卒。

沈孟化(生卒年不详) 字观瀛,福建永定人。明隆庆五年(1571)进士,万历二年(1574)任江浦县知事。为革除县赋多年不均弊端,亲自组织并参与清丈田地,早出晚归,不遗遐僻,核实欺隐,酌减坍荒,以实有田地征收田赋,做到"上不亏课,下不病民"。五年冬,自捐薪资,重修学宫,改建启圣祠,以兴教育。聘用县人张邦直、张梦柏等开局修纂《江浦县志》,七年,志成刊行,为江浦现存的首部信史。同年,与县人朱贤等议筑江浦城,且纲纪规划,报朝廷获准。八年,升湖州知府。江浦城垣由继任县令余乾贞稽表定位,于三月开工,九月告成。

朱　贤(生卒年不详) 字及泉,号草心,孝义乡(今泰山街道)人。幼年躬耕养母,及长,博览经史,才品卓越。明嘉靖二十五年(1546),乡试中举。三十二年成进士,授江西永新知县,政声优异。历任江西道监察御史,巡按贵州。干事雷厉风行,每向朝廷奏议,皆被严嵩党羽恶意抵毁,致使丢官归里,以图史自娱。万历五年(1577),被知县沈孟化聘纂县志,又与沈孟化计议规划,拟文报批兴筑县城。七至八年,志书与城垣先后告成,其功不可没。晚年以文会友,每逢春秋佳节,登山临水,赋诗见志。一生著述颇丰,大多散佚,仅存《退思诗草》2卷、《覆瓿集》1 卷。

顾　昊(生卒年不详) 字钦甫,号石坡,孝义乡顾村(今珍珠泉旅游度假区)人。明嘉靖三十一年(1552),乡试中举,从此开始官宦生涯。他文武兼备,重视强军,出任浙江嘉兴府通判时,因治绩颇著,深受嘉兴总督军务张经器重。三十四年五月,倭寇南犯嘉兴,顾昊受张经之命,率兵反击,英勇杀敌,败敌于平望县,"斩首百八十级,降者数百"。朝廷特"赐俸一级、赤金二铤、毳衣一袭",调任云南通判,升云南府知府。著有《石坡文集》《挹青诗集》。辞世后葬于顾村后山坡,后人立碑纪念。1982 年,墓及墓碑被列为浦口区文物保护单位,1992年被列为南京市文物保护单位。

刘　岩(1653—1714) 字大山,号无垢,原名枝桂,字月丹,祖籍山东,元末迁居江浦县东葛城,曾祖父时迁居浦子口(今泰山街道沧波门社区)。少时从其父卖酒,爱好下棋、绘画和音乐。清康熙九年(1670),18 岁始知读书,日夜攻苦,博极经史。二十五年拔贡,入太学(清代最高学府)。三十二年参加顺天乡试,考中举人,名列第二。四十二年中进士,授翰林院编修,先后参与《康熙字典》《朱子全书》编纂。五十年,因为戴名世《南山集》作序而受牵连,被贬还乡。三年后含冤辞世。雍正帝登基(1723)后,下诏赦免刘岩之罪。刘岩一生著作颇多,其中《匪莪堂文集》《匪莪堂诗集》《大山诗集》《拙修斋文稿》等为传世之作。

吴长庆(1834—1884) 字筱轩,安徽庐江人。《清史稿》称其"好读书,爱士,时称儒将。"清同治十一年(1872)任浦口驻军统领。十三年二月,率勇丁 2500 人开挖四泉河,即从金汤门(今顶山街道金汤街南面)外官洲口至九袱洲新口,全长1800余丈,河深1.8丈,宽8丈,引珍珠、卓锡二泉经八字沟入长江。光绪三年(1877)二至四月,率领勇丁1700余人,修浚金汤门至宣化桥800余丈河道,引碧、清二泉入八字沟。又在浦口二道河东筑坝挡水。五年二月,受两江总督沈葆祯之命,续开朱家山河,并在实地勘测后提出"滁河之水,经浦口达江"的治理方案。清政府核议并"任长庆用军力治之"。吴长庆抽拨2600余名勇丁致力开凿上至陈家桥、下至周公凹约三里长的朱家山石背,至六年八月,全部工程已完成大半。由于军务需要,吴长庆移防烟台。八年八月十日,吴长庆随北洋水师出使朝鲜,帮助朝鲜平定内乱。九年九月,两江总督左宗棠沿"长庆所疏故迹"继续开挖朱家山河,并于十年二月全程开通。同年闰五月,吴长庆病故。为纪念吴长庆治水功绩,于二十年在朱家山河西岸(今泰山街道东门左所后街)建"吴武壮公祠","武壮"为御赐谥号。1984年,该祠被列为区级文物保护单位。

毛书云　毛桐云　毛小云　毛书云(1831—1896)系江浦县南乡(今桥林街道)人,为江浦县、和县、全椒县地区著名骨伤科医生,著有《跌打指南》流传于世。其子毛桐云(1866—1929),字皖生,少年时随父潜心学医,又拜湖北高僧寄尘禅师为师,得临床方术《授鼓集》。青年时期创办桥林"毛大生药店",坐堂行医。中年时期转从内科,尤擅温病证治,创立"证治八法"(阴阳交泰法、脏腑经络法、外消内托法、扶正去积法、四时刺灸法、情志调摄法、延嗣种子法、服气吐纳法),主张天人合一,内外兼治。他指出:"医者非仁爱之士不可托,非廉洁纯良不可信"。著有《医门衣钵》《温寒浅说》《疡科集要》《毛桐云手记》等医著,分别由碧群署出版和滁州王翼祖署出版,其中《疡科集要》荟萃诸多秘方,广传于世。桐云子毛小云(1910—1972),字积成,自幼从父学医,民国18年(1929),继承父业,悬壶济世。28年,师从上海名中医恽铁樵学习近代医术,学验俱精,内外兼治,尤擅中医内科和疮疡外科,医治痈疽疔疮、无名肿毒,更是应手起效。他创制的"阴疽三方""地榆散"及黑虎丹、散结膏等方药膏均有独到的疗效。毛小云为人轻财好施,体恤贫苦,遇有赤贫求医者,常免费付药;有路途遥远者,留宿家中,悉心护理;又或重症不能来就医者,常至患者家中诊治,免收诊金。1957年,毛大生药店并入桥林医院,毛小云被安置在桥林医院工作。"文化大革命"开始后,贬为杂工,1972年病故。

万青选(1818—1898)　湖北江陵人,字泉甫,号少云,系中华人民共和国首任总理周恩来的外祖父,清光绪元年(1875)至二年由吏员任江浦知县。在任期间,公正廉明,据实断案;旧有科派马草弊政,他申请裁革,并勒石永禁;筑圩代城,保境安民;劝课棉桑,富民衣食;疏浚水渠,便民引用;城内河房沟阻塞不通,他捐廉疏浚;遇灾设厂赈粥,拯救饥民;兴办教育事业,恢复同文书院。光绪元年至十二年,江浦有十四任知县,万青选属出类拔萃的一位,《江浦埤乘》唯将其列入"名宦",并作政绩介绍。

侯宗海(1826—1907)　字杏楼,石碛乡湖里钱(今桥林街道双庙村)人。清道光二十五年(1845)入县学,同治六年(1867)选为拔贡。次年在京师与江宁甘之焕结为好友,随后任甘家教席20余年。期间,协助甘氏纂辑、校核《金陵丛书》,并将自己所藏邑人刘岩的《匪莪堂文集》详加考订后编入丛书。又憾于家乡久未续修县志,乃网罗旧闻,补苴罅漏,采附今事,刊正谬伪,为写好一人一事、一景一物,常常咨询田父野老,踏遍荒垅破冢、猩狐榛莽之区。历十年寒暑,日书数十页,几易其稿,编成《江浦备征录》。与此同时,邑人夏锡宝(字丙亭,浦口镇人,同治三年举副榜)撰成《浦纂》。光绪七年(1881),侯、夏两人将《江浦备征录》与《浦纂》合二为一,重加厘次,辑成《江浦埤乘》40卷,并于十七年作为官修志书付梓刊行,知县万青选为该志署名"江浦埤乘四十卷"。三十一年,侯宗海参加乡饮酒礼,重游泮水,作《重游泮水咏怀》七律二首,以"谬窥文史三千卷,滥作兰衫六十年"诗句概述平生。

王荷波(1882—1927)　原名灼华,化名满玉刚、汪一喜等,祖籍山西太原,清光绪八年(1882)五月出生于福建闽侯(今福建省福州市)。二十七年,在江阴清军水师鱼雷营当水手。民国5年(1916)夏,进入浦镇机厂(今浦镇车辆厂)当钳工,后升为机匠,改名王荷波。"五四"运动爆发后,带领浦镇工人举行示威游行,声援北京、南京学生爱国运动。10年3月,发起成立浦镇机厂中华工会,先后任副会长、会长。11年6月,在北京加入中国共产党;同年秋,成立中共浦口小组,任组长。12年2月,组织两浦铁路工人卧轨斗争,支援京汉铁路工人大罢工;6月,在中共第三次全国代表大会上当选为中央执行委员;9月,任中共上海地方兼区执行委员会委员长,并任中共中央局委员,兼任中央工委书记。13年1月第一次国共合作后,参加国民党上海执行部工作,领导工人运动;5月,同李大钊、罗章龙等人赴莫斯科出席共产国际第五次代表大会及赤色职工国际第三次代表大会。14年1月至16年10月,历任候补中央执行委员,中华全国铁路总工会委员长,中华全国总工会执行委员、常委,中共中央监察委员,中央监察委员会主席,中共临时中央政治局委员,中共北方局书记。期间,参与领导上海工人第二、第三次武装起义。16年10月18日,因叛徒出卖,在北京政法大学第一院被捕;11月11日深夜,在北京安定门外箭楼旁慷慨就义。1949年12月11日,遗骸移葬于北京八宝山革命公墓,政务院总理周恩来亲书碑文,亲临主祭。1982年,他组织领导的民国12年两浦工人"二七"大罢工指挥所旧址(今顶山街道南门浴堂街34号)被列为省级文物保护单位。2012年7月7日,中共浦口区委、区政府在浦口行知教育基地建立王荷波纪念馆,陈列其从事革命活动的240件实物、图片。

买雨田(1892—1927)　江浦县浦镇(今浦口区泰山街道)人,少年时期进浦镇机厂当徒工。清宣统二年(1910),参加浦镇机厂工人第一次罢工斗争。民国12年(1923)2月8日,在两浦铁路工人声援京汉铁路工人大罢工中,买雨田担任工人纠察队大队长,他与纠察队员们手持木棍、石灰袋站在罢工队伍的最前列。同年9月,加入中国共产党。14年5月30日,买雨田按上级指示，成立抵制英日货小组和声援上海“五卅”惨案募捐宣传队；6月7日上午，带领700多名工人至南京城内游行、演说，打击和揭露给日本侵略军军舰运送大米的江浦县商会会长吴文隆等人的行径，没收其大米100吨，送交市抵制英日货委员会处理；9月起，先后任中共浦口地方委员会、中共南京地方委员会候补委员。15年5月1日，买雨田出席在广州召开的第三次全国劳动大会。16年3月20～23日，与许立双等共产党员为配合北伐军进攻南京，打击北洋军阀政府江苏驻军，秘密张贴标语，散发传单，宣传北伐军胜利进军的消息；拆毁沪宁线龙潭车站和津浦线洋北门路段的铁轨，阻止军阀政府军运；率领工人纠察队在浦口码头袭击100多名军阀溃军，缴获120支步枪和2挺机枪。“四一二”反革命政变后，买雨田被调任国民革命军司令部北伐军铁道队一分队三排排长，同年7月升任分队长。8月17日，他所在分队在蚌埠遭遇敌人袭击，买雨田壮烈牺牲。

倪天荣（1881—1929）　生于西乡（星甸乡）高汤村，幼年随父定居桥林镇，摆摊设点，贩卖京货。倪天荣20岁时，在桥林镇南街开豆腐店，店号“倪大来”。俗话说：“世上三行苦，撑船打铁磨豆腐”。初办时本钱小、设备差、劳力少，挑水推磨全靠自己干，他起五更睡半夜，勤学苦干，很快掌握了“一磨二搅（滤）三点浆”制作豆腐工序的绝招。倪天荣做出来的豆腐、百页、干子质优价廉，生意颇旺，在桥林地区开始小有名气。两年后，又用高薪聘请山东名师范师傅，“倪大来”如虎添翼，声名大振，成为同行中的佼佼者。他制作的干子花样多、质量好，其中香干制作尤为讲究，原料以东北优质大豆为主，浸时适度，精磨细滤，轻膏重榨，然后用自制的三伏酱油，佐以冰糖和13味中药制作卤汁。干子入锅后加卤熬煮，反复3～4次。精制大圆干，再入锅熬煮6～7次，色黑发亮，亮中吐油，味香甜，有韧性，开胃健脾，滋补延年，畅销上海、无锡、南京、徐州、天津和哈尔滨等地。民国18年（1929），倪天荣病故，其子倪定友继承父业。1949年解放后，“倪大来香干”改名“桥林茶干”，为桥林地区特色产品，并以地方风味小吃入选《中国食品大全》。

陈兆春等八名烈士　陈兆春（1893—1930），又名陈绍春，江浦县浦镇（今浦口区顶山街道）人，浦镇机厂油漆工，民国14年（1925）加入中国共产党。19年7月，陈兆春与同厂工人、共产党员袁鸿鸣、吕占先、许立双、张学堂、袁德昌及浦口机务段工人、共产党员杜秀山、徐明德7人同一党小组，陈兆春任组长。党小组经常在三元庵、点将台召开会议，传达南京市委关于开展革命斗争的指示。同年8月6～8日，张学堂、袁鸿鸣出席在上海召开的4路（津浦、陇海、沪宁、沪杭）工人第一次代表大会后，党小组按照会议提出的斗争任务，在厂内公开张贴布告，要求增加工人工资和组织工会的自由，得到广大工友的支持。9月16日，陈兆春、张学堂、袁鸿鸣出席第二次4路工人代表大会。回厂后，组织党员书写“打倒蒋介石”“红军万岁”“中国共产党万岁”“拥护苏维埃政权”等标语，并于20日夜晚沿津浦路张贴。同时组织工人砍倒津浦路沿线电线杆，拆毁铁轨，破坏铁路运输。对此，反动当局派出军警特务搜捕。因叛徒岳云山告密,陈兆春、杜秀山等人于26~27日相继被捕。10月8日凌晨,8名烈士在雨花台慷慨就义。10日,中共中央机关报《红旗日报》发表专电《疯狂的白色恐怖》,愤怒谴责国民党反动派屠杀陈兆春等无产阶级革命战士的罪行。1956年4月,陈兆春被南京市人民委员会追认为革命烈士。

詹其桂(1870—1932) 字馨岩,号馥庵,江浦县珠江镇(今江浦街道)人。幼失怙恃,笃志励学。青壮年时期,曾以拔贡赴河南候补知事,因无缺额,未有任职,乃致力于家乡教育事业。设帐授徒外,还为县高等小学堂、爱群女子初等小学校的创办筹措经费,推荐校长、教员人选。民国元年(1912)7月,詹其桂奉命主持江浦县知事署浦口办事处事务。10年9月,任江浦县地方款产处总董、主任。11年,任江浦县立第一贫民工场主任,对贫寒子弟寓教于工。期间,詹其桂还经常参与处理荒年赈灾、战乱治安事务,深受县人称道、信赖。参与《江浦县新志》总纂工作,稿成未刊。现存志稿10卷,不但保存了江浦县清末民初珍贵的历史资料,而且在编纂宗旨、体例方面都有不同程度的创新,尤其注重记述实业,体现出民国时期由传统方志向新志转型的特点,为当今编修社会主义新方志提供了有益借鉴。

李启祥(1859—1938) 原籍安徽省和县,清同治年间(1862~1874)迁至江浦县星甸镇十里村大袁组定居。青年时期,在桥林镇一铸犁头铺子当学徒,因勤劳好学,深得店主欢心。光绪年间(1875~1908),李启祥返居大袁组,利用农闲时节浇铸犁头、犁瓜。为了提高产品质量,他总结、比较多种型号犁头、犁瓜的优缺点,并通过犁田实验,结合实践改进模具。他铸造出的犁头、犁瓜光亮、光滑,经久耐用,且舱口角度和犁冒大小适当,犁田省力、平稳、深浅一致,被农民誉为"大袁犁头",行销方圆百余里。迄今为止,大袁犁头已承传四代,仍久盛不衰。20世纪80年代,《南京日报》及中央、省、市广播电台对此均作专题介绍。

奚 侗(1878—1939) 字度青,安徽省当涂县人。早年留学日本,获明治大学法学士学位。民国7年(1918),署海门县事。10年,调任江浦县知事。奚侗悯民贫苦,注重实业。11年,于县城创立贫民工艺场,招收15~20岁贫寒子弟数十人进厂织布纺纱,县民对此"颂声交作"。12年春,于浦镇建立贫儿教养院,入院贫儿实行工读。同年,勘验全县河塘建设情况,召集士绅协议治河方法。县水利协会成立,奚侗被推举为会长。是年冬,为发展蚕桑事业,批拨专款,购买湖桑苗发给农民栽植,以副补农。13年,鉴于江浦地瘠民穷,拨款设借贷处,为小本经营者提供贷款。此外,奚侗还亲自募捐,为消防机构购置水龙等器械。28年患脑溢血在南京逝世。

龚心铭(1865—?) 字景张,安徽省合肥市人。清光绪年间进士,曾供职于翰林院,后任合肥太史,光(绪)宣(统)之交为津浦铁路顾问,与浦口防军统领吴长庆等交往甚多。龚心铭多次行往汤泉洗浴，购五柳泉，“引而甃之，复建数楹于旁，为栖息之所”；置办煤烟发电机，“装灯百余，为山林荒辟大放光明”；架设东葛火车站至汤泉街私人电话线，开设电报服务；购置山林，建坊设圃，豢犬蓄鹜，驯鹿养鹤，供游人狩猎观览。为了普利于利用温泉者，民国10年(1921)，龚心铭将温泉水托人送到上海，经同文书院水质化验显示，汤泉温泉水具有较高的疗养价值。11年10月，约请美国农学博士郭仁风等到汤泉演出新剧《农民泪》，意在“开导民智，改良农业”。12年冬，汤泉街遭火灾，烧毁房屋300多间，龚心铭将灾情上报上海“华译义赈会”，为每间房获赈灾款20银元。16年10月，龚心铭编纂出版《浦口汤泉小志》，汇集旧籍中有关汤泉历史的文字、图片资料，收录辛亥革命后游览汤泉的中外人士及其留言、诗词等。30年，龚心铭拍卖汤泉龚氏庄园及其地产后离开汤泉。

朱　龙(1905—1941)　乳名小龙，祖籍甘肃兰州，清光绪三十一年(1905)出生于沈阳。“九一八”事变后，其父被日本侵略军抓去当劳工，生死不明，其母忧郁而终，朱龙只身逃入关内，考入北平中央陆军军官学校，毕业后任南京卫戍司令部教导团连长。民国26年(1937)12月13日，侵华日军攻陷南京，朱龙在水西门阻击战中失去左臂。不久，参加忠义救国军南京特别行动总队十五支队，在乌江、桥林一带打击日本侵略军。29年春，朱龙离开忠义救国军，加入江浦县政府保安队，任四中队队长，率100余人驻守高旺镇。30年1月4日夜，1000多名日伪军从江浦县城出发，兵分三路包围高旺镇。5日拂晓，朱龙率部同日伪军于昇中寺、薛所桥等处反复厮杀5个多小时，毙伤日伪军百余人。分队长薛玉成等大部分战士牺牲后，他大义凛然，持枪自戕，为国捐躯。是年清明节，江浦县政府在江浦抗战阵亡将士昭忠祠(位于星甸镇北罗汉寺西侧)举行朱龙等人追悼大会，命名高旺镇为朱龙镇，薛所桥为玉成桥。会后，朱龙等人的灵位被恭迎入祠，朱龙遗骸埋于翠云山下。

虞明礼(1900—1944)　字叔和，江浦县陡岗乡(今浦口区桥林街道)七联村三虞人。民国4年(1915)就读于安徽省全椒中学。8年，考入国立南京高等师范，攻读数理，毕业后留该校附中执教。北伐战争期间，附中停办，虞明礼遂至江苏省立松江女子中学执教。26年，编著初级中学《代数》一部，分上、下两册，该书经国民政府教育部审订后由商务印书馆出版发行，定为全国初级中学选用教材。同年秋，日军入侵松江前夕，虞明礼辞职，举家流寓合肥，受聘于安徽省立第六女子中学。不久，学校遭侵华日机轰炸，虞明礼返回三虞故里，致力于桑梓教育，在家中设馆，收徒授业。28年9月，被教育部战区巡回教育团江浦补习班聘任为教员。是年底，因江浦县政府敦请，出任县政府秘书。30年9月起，先后任江浦县代理县长、县长。务政之余仍关心教育，32年起，自兼江浦县立中学校长。33年7月24日于漫家庙猝然病逝。

钱海如（1912—1945） 原名钱洪福，江浦县公子洲（今桥林街道双垄社区）人，祖籍安徽省无为县。民国28年（1939）夏，经新四军二大队四支队政治处主任张恺帆介绍参加革命，任新四军五支队交通联络员，主要负责搜集江浦县城、浦口、浦镇及南京一带的情报，购买枪支弹药和军用物资。32年，调至七师所属的江（浦）和（县）全（椒）县委，任江浦县桥林联络站站长，并以公子洲为根据地发展一支20多人的抗日游击队。33年6月，奉命到浦口柳洲二垄开展秘密工作。同年秋，调任香南联络分站站长。年底，到江宁铜井镇伪据地购买军火，策动该镇伪侦辑队10多人携械投诚，组建由自己担任队长的特工队，为县委活动向江南发展创造条件。34年春，他受江和全县委派遣，与中共星湖区委副书记、县财粮科科长陈效刚等8人到和县小黄洲开展抗日活动。6月13日夜，因伪保长古绪达告密而被捕，陈效刚当场牺牲。不久，钱海如被敌人装入麻袋于石拔河抛入长江。江浦解放后，县人民政府报请江苏省民政厅追认钱海如为革命烈士。

徐锦銮（1892—1964） 号步斋，江浦县珠江镇（今浦口区江浦街道）人。清光绪三十四年（1908），拜南京名中医李爵臣为师。民国2年（1913），满师归里，在家中为求医者切脉开贴，以医济世，虽不以医为业，其德其仁，为人称赞，名播县内外。民国27年（1938），疫疠流行，徐锦銮弃商从医，治病救人。1952年，任珠江镇联合诊所所长。1954年起，徐锦銮先后当选为江浦县第一、第二、第三、第四届人民代表大会代表。1956年被聘为珠江卫生院中医师。其医术首推医治温热症，次及妇科、儿科。对《温热经纬》《临证指南》等医典学以致用，对同病而异治、异病而同治有独到见解，对寒极似热、热极似寒亦能辩证论治。他治病有术，防病有道，认为："防病于未然，胜于治病救人。"还说："人人都应调其饮食，适其寒温；勿居湿也，勿冒风寒，勿犯七性，勿贪邪欲，病自少发。"徐锦銮医德高尚，对待病人一视同仁；收徒授业孜孜不倦，一再告诫弟子："医术易学医德难，切勿作江湖庸医，害人害己。"

吴家成（1892—1968） 江浦县桥林镇杜家碾人，秉家传三代瓦工手艺。30岁时，砌、雕、刻、画等技艺超群，他所砌的浴池灶、老虎灶（茶水灶）和糟坊、油坊、糖坊等作坊灶，既节省燃料，又能调节火力，被誉为一绝。20世纪30年代，他承建桥林镇张氏楼房、侯氏宗祠、柏子山袁氏宗祠等建筑，从工程质量到屋脊、墙壁装饰均称上乘。他主修的桥林东岳庙，在大殿屋脊上砌出"二龙抢珠""风雨雷电"图腾及海纹图案，宏伟壮观；在脊顶及翘檐上雕出的吉祥鸟、镇邪兽，或奔、或飞、或立，神态各异，栩栩如生。南京及安徽省和县、含山、全椒一带瓦工慕名而至，拜其为师，从师者达数十人，号称"吴帮"。中华人民共和国成立后，吴家成参加桥林镇瓦业社，收徒授业，言传身教，为建筑行业带出一批建筑骨干。

梁长泰（1910—1969） 字国卿，江浦县桥林镇（今浦口区桥林街道）人。15岁师从桥林镇毛桐云学中医，专心攻读《药性赋》《汤头歌》《温病条辨》《黄帝内经》《金匮心典》等医著。

民国21年(1932),在桥林镇毛大生药号挂牌行医。28年,开设华泰药号,坐堂应诊。37年,参加国民政府考试院国医考试,取得及格证书,获奖《伤寒来苏集》精装本全套。1952年,梁长泰出任桥林镇联合诊所所长。1956年,调任江浦县人民医院中医科医师。是年起,先后当选为江浦县第二、第三、第四、第五、第六届人民委员会委员。他的中医理论、临床施治造诣很深,但不拘泥中医一道之长,主张中西医结合,主动配合西医科治疗肝炎、肾炎、阑尾炎以及肠胃病、蛔虫梗阻等症。他用荆防败毒散、千金苇茎汤治疗血吸虫病急性感染,用土牛夕液滴鼻子治疗白喉等疗效明显,此方均为全县各医院采用。梁长泰行医一生,擅治温病,收集的温病资料和病例编成《温热直指》,被其师毛桐云收入《寒温微言》等医著。"文化大革命"期间,梁长泰被隔离审查,1969年2月4日受迫害致死。1979年1月23日,中共江浦县委作出《关于对梁长泰同志的平反决定》。2月4日,江浦县人民医院为其举行追悼会。

李金茂(1906—1976)　原籍安徽省寿县。民国2年(1913),随家迁至江浦县北乡汤泉保,定居上垄子(今汤泉街道九龙居委会),靠打短工、砍山柴度日。1951年,在土地改革中分到田地;是年冬,李金茂帮助翻身农民克服耕牛、农具不足的困难,联合13户贫农成立九龙常年互助组,与当时白马乡龙华互助组、公子乡双垄互助组被群众誉为全县农业战线上的"三条龙",为农业合作化运动起到推动示范作用。次年冬,九龙互助组转为农业生产初级合作社,李金茂被选为社长。1953年,九龙初级社水稻亩产312公斤,较上年翻一番,高于全县平均产量117公斤;皮棉亩产65公斤,是全县平均单产的2.4倍,李金茂因此名闻全县。自1954年起,他连续当选为江浦县第一至六届人民代表大会代表,第四、第五、第六届人民委员会委员,江苏省第一、第二、第三届人民代表大会代表。1956年加入中国共产党。1958年任九一生产大队党支部书记;同年被邀参加全国农村工作座谈会,受到国务院总理周恩来接见。1960年出席江苏省农业社会主义建设先进单位代表会议。1966年被选为汤泉人民公社贫协副主席。

顾克懋(1911—1976)　江浦县珠江镇西门外顾家大村(今江浦街道华光社区)人。青少年时期先后就读于江浦县第一高等小学校、江苏省南京中学、江苏省立第四师范。民国21年(1932),考取河南大学,攻读化学专业。毕业后就职于中央银行上海造币厂,从事化验工作。26年抗日战争爆发后返归故里,在家开办文化补习班,为青少年义务讲学。28年9月,顾克懋同邑人王明学等创办国民政府教育部战区巡回教育团江浦补习学社,任学社教务主任。29年8月,学社更名江浦县立中学(今江浦高级中学前身),为避侵华日军侵扰,屡迁校址,每到一处,他带头在露天授课。32年春,学校迁至安徽省肥东县油坊集,校长由县长虞明礼兼任,顾克懋负责学校全面工作,并围绕"因抗战以施教,为建国而造材"的办学宗旨,抓好教学工作,且亲自讲授高中英语、数学、理化课程。34年,学校迁回县境浦镇南门,顾克懋任教务主任,11月升任校长。1949年解放后,江浦县时属安徽省皖北行政公署滁县专署,同年8月起，顾克懋先后调至滁州中学、嘉山中学、定远中学、合肥体校和马鞍山钢铁学校任教。1966年当选为马鞍山市第一届政协委员。1976年病故。

马惊涛(1913—1980)　原名马松林，山东省临淄县南山庄人。民国21年(1932)，在家乡任小学教员。民国26年"七七"事变后，投笔从戎，参加临淄县抗日志愿军军训团。27年加入中国共产党，历任山东清河区抗日志愿军小队长，山东八路军三支队副连长、连长、指导员，渤海军区直属团作战参谋，抗日联军七师十九旅作战股股长，东北军区六纵队师作战科科长、师后勤部副部长，四野六纵一二八师后勤部政委、部长，第八预备师副师长，中央农垦部基建局副处长等职，并屡建战功，荣获三级独立自由勋章和解放勋章。1960年秋，调任江浦县工作。1961年3月，任中共江浦县委常委、副县长，分管城建工作，在批建新华书店、江浦电影院等建筑工程中，以发展的观点，就选址和施工问题提出科学意见。在分管政法工作时，忠于职守，严以束下，教育干部学法守法，秉公执法，取信于民。"文化大革命"期间，他身心健康受到严重摧残，带病参加劳动。1978年后，先后任江浦县革命委员会委员、中共江浦县第六届委员会委员、江浦县革委会顾问。1980年2月27日病逝。

王守道(1913—1980)　回族，桥林人，人称王老九。曾祖于清光绪年间(1875～1908)开办"王业兴清真馆"。王守道成年后承操祖业，主理百年老店，经营茶点面食、五香牛肉和盐水鹅鸭等，以质优量足、价格合理、老少不欺的商业道德誉满一方，日待顾客数百人次。解放后，王老九清真店主营的鹅鸭熟食较祖先更具特色，其中烤鹅、烤鸭形体丰腴、色泽清亮、鲜嫩味美、酥而不碎、肥而不腻，日销量近百只，逢年过节上门订购者应接不暇，常常供不应求。"文化大革命"期间，王守道被迫改行，清真店停业。1979年，王守道重操旧业，手艺不减当年。1980年8月，《南京日报》以"桥林镇王老九鸭子店顾客盈门"为题，对盐水鸭倍加赞赏。

杨泽瑾(1917—1980)　字化南，桥林镇(今桥林街道)人。民国25年(1936)，由南京钟英中学毕业后考取上海中国中医学院。在校期间主办《健华医刊》，发表《伤寒论浅说》等文章。毕业后遵从父命，回归故里，悬壶桥林。抗日战争初期，于武汉抗日战争干部团受训6个月，后出任桥林抗日救国会会长。中华人民共和国成立后，杨泽瑾就职于安徽省蚌埠治淮工程总医院。1956年，安徽省西湖农场流行出血热，他自制竹叶石膏汤，疗效显著。是年，晋升为中医主治医师。1958年调至安徽省建设厅医院。三年困难时期(1959～1961)，享受高级知识分子生活待遇。"文化大革命"初，被定为"资产阶级反动学术权威"。1969年下放桥林镇劳动，先后在林山人民公社林东村保健室、林山人民公社卫生院从医10年，日均问诊60余人，就诊者来自20多个省、市。他尤精肺癌症诊断，临床30例，均被西医检查一一证实。

杨铁超(1904—1981) 女,曾用名赵玉珍,辽宁省岫岩县人。民国9年(1920)始入小学,19年就读于天津女子师范学院国文系,毕业后先后在天津东北私立小学、北京河北省立女子职业学校、山东省枣庄中兴中学任教。26年1月,任南京国民政府交通部档案室实习员,次年参加郑州国民政府战地服务团。29年起,重返讲台,先后执教于河南省西峡口国立第一中学、汀州至诚中学、商丘自忠中学、安徽省蚌埠江淮中学、滁县晓明中学。1949年9月调入江浦县中学任教。1951年在抗美援朝运动中,带头捐购飞机大炮款200多元。1952年,参加县政治训练班学习,并向党组织表达要求入党的心愿。她在学习笔记中写道:"在我们的时代,还有比共产党员更高贵的称号呢,共产党员,这就意味着正直、无私、光明、磊落。"第一个五年计划期间,她把全部积蓄1000多元用于购买公债,且表示不要兑还。1956年5月,杨铁超加入中国共产党,同年被评为江苏省优秀教师。1960年当选为江浦县第四届人民委员会委员,被江苏省人民政府授予社会主义建设先进工作者称号。1961年9月,调任汤泉中学教导主任。此后又当选为江浦县第五届、第六届人民委员会委员,政协南京市第六届委员会委员。她终生未婚,一生从教,既教书又育人,并将每月工资的大部分用于接济经济困难的学生。1971年退休后,坚持不享受无子女退休职工100%的工资待遇。1981年3月8日,因癌症病逝,葬于汤泉中学东北部的小山上。临终前她把仅存的100多元积余交给学校。当年6月13日,《南京日报》以《她把心掏给了人民》长篇通讯和《做有益于人民的人》评论文章报道杨铁超的事迹。6月15日,中共江浦县委、县人民政府联合发出通知,号召全县人民学习杨铁超为党的教育事业奉献一生的高尚品德和全心全意为人民服务的共产主义精神。1983年3月,汤泉中学师生员工自发捐款,在杨铁超墓前立碑。

夏治海(1925—1982) 汤泉农场黄坝村人。青少年时期,家贫,18岁起以帮工维持生活。1949年10月任邢赵村村长,1951年12月升任七联乡副乡长。1954年3月加入中国共产党。1956年10月起,历任汤泉乡乡长、汤泉人民公社社长、中共汤泉人民公社委员会副书记、汤泉人民公社革命委员会副主任。任职期间,为发展农业生产做了大量工作。在百子岭水库建设、邵兴圩整治工程中,同民工同吃同住同劳动;在历次滁河防汛中更是一马当先,冲锋在前,不畏艰险。1961年6月中旬的一天,滁河洪峰涌进新建的陈桥电灌站底涵,他带头下水抢险,洪水瞬息淹过头顶。几分钟后,群众在涵洞下口100多米处把他抢救上来,才幸免一死。1970年2月,调任星甸人民公社革委会副主任,10月任公社党委书记,直至1981年。期间,他先后当选为中共江浦县第五届、第六届委员会委员、中共南京市第五届代表大会代表、江苏省第五届人民代表大会代表。任期内,他和公社领导班子规划并实施南引长江、北调滁河的农田水利建设工程,其中顾家坝冲万亩农田整治工程被江苏省列为长江流域水土保持工程的样板。1981年4月,夏治海调任江浦县农林水办公室副主任,兼县多种经营管理局局长。离任前,他在公社机关干部扩大会议上表示:"一不吃集体和个人的宴请,二不收受集体和个人的赠品,三不欠单位一分钱公款",给星甸干部群众留下一笔勤政廉政的精神财富。1982 年 3 月 13 日病逝。

夏臣忠(1941—1983) 江浦县汤泉镇(今浦口区汤泉街道)余冲村人,6 岁丧父,9 岁丧母,寄居婶母家。1962 年起,担任余冲大队第三生产队会计 13 年,一直坚持白天参加集体生产劳动,晚间搞账目,被群众誉为“理财能手,放心会计”。1975 年加入中国共产党。他在入党申请书中写道:“愿将自己一生交给党,必要时献出自己的生命也心甘情愿。”夏臣忠言必行,行必果,当年担任三队队长后,生产队粮食总产量年年超标,至 1979 年社员收入翻一番。同年秋,大队决定调他到贫困的第四生产队当队长,他不怕任务重,工作苦,也不顾自己收入低,甚至影响家庭副业生产,毅然服从组织决定。1980 年,夏臣忠当选为江浦县第九届人民代表大会代表,被评为南京市先进工作者。1982 年,任余冲生产大队大队长。在推行家庭联产承包责任制过程中,他积极帮助群众解决难题,做好良种、肥料供应及水利、植保等服务工作。1983 年 7 月下旬,旱情严重,夏臣忠不分白天黑夜,组织群众引水保苗。8 月 15 日上午,他和社员到北狮岭水库引水抗旱,发现涵洞堵塞,他不顾个人安危,第一个钻入涵洞排除障碍,因洞内严重缺氧,不幸以身殉职。噩耗传出,村民无不悲痛,扶老携幼,争往哀悼。1983 年 10 月《南京日报》、1984 年 2 月《新华日报》先后以《履行誓言,为党争辉》《丰收不忘送水人》为题报道夏臣忠的事迹。1984 年,江苏省人民政府批准夏臣忠为烈士。同年 9 月,江浦县人民政府在其墓地北狮岭水库旁立“革命烈士夏臣忠同志纪念碑”。

夏明文(1921—1985) 江浦县珠江镇(今浦口区江浦街道)人。民国 24 年(1935)考入上海商务印书馆当学徒。26 年 9 月,参加革命工作。27 年 8 月转入延安抗大学习,10 月加入中国共产党。28 年起,先后任八路军一二〇师干事、科长,绥蒙军区工作团团长、组织科科长,中共绥远前线指挥部直属部队党委书记,晋绥军区政治部部长。1949 年底,转业到地方工作,先后任中共川西区委组织部副部长、省委组织部办公室主任兼省委机关直属党委副书记、四机部七一五厂厂长。1954 年冬赴苏联学习。1956 年 3 月回国后,历任四机部贵州〇八三指挥部指挥长兼书记,七七四厂党委书记、革命委员会主任,北京市国际工业二办副主任,国家电子计算机工业总局副局长、党组成员等职。1983 年 12 月,夏明文在正司级岗位上离休。1985 年 7 月 11 日病逝于南京。

张玉龙(1964—1986) 江浦县星甸镇(今浦口区星甸街道)磙桥村人。1971 ~ 1981 年,在磙桥小学、星甸中学读书。1983 年加入中国共产主义青年团。1984 年 1 月应征入伍,同年 10 月任副班长。1985 年 3 月,驻防云南老山前线。多次向组织递交请战书,要求到最艰苦、最危险的前沿阵地参加作战。6 月 11 日,张玉龙坚守的阵地遭到越军猛烈炮击,他配合班长组织反击,冲在最前面,越过掩避体,用喷火器毁灭了敌人的火力点。在此后 60 个日日夜夜中,他敢打善斗,与战士们摧毁敌人作战工事 3 个,歼敌数名,冒着炮火抢运伤员 5 人,下阵地背运兵器、药品和生活物资40余次。8月中旬起，张玉龙所在班配合其他连队击退越军20多次反扑和偷袭，固守阵地5个多月，期间加入中国共产党。1986年4月13日晚21时，张玉龙所在部队与其他连队换防时突遭敌人炮击，张玉龙跃出掩护体，在掩护抢救战友时身负重伤，经抢救无效，于6月8日牺牲。部队为他追记二等功。

郑家银(1924—1987)　原籍安徽省怀远县。民国16年(1927)，举家迁至江浦县城西部绿豆洼(今江浦街道华光社区)。1949年4月参加三浦战役支前工作；12月加入中国共产党，任浦城区民主乡副乡长。1951年起，历任浦城区农委会副主任、副区长、区委副书记、区长、区委书记及中共江浦县农村工作部副部长。1957年3月至1961年3月，先后任龙山乡党委书记、第一书记、人民公社第一书记、书记。任期内，他带领群众开挖大陶、大许、大姚、大黄4座水库，拦洪蓄水，变害为利，把大面积荒山开辟成数百亩连片桑田、茶园和果园。1961~1971年，先后任陡岗人民公社社长、党委书记，建设人民公社党委书记。1972年3月起，历任县水电局负责人、水利局局长、县农林水利办公室副主任，在三岔水库续建和“引驷补库”等工程中，从组织施工队伍、测量、定线到现场施工，亲自指挥、把关，按时按质完成工程任务。1982年退休后，受聘为县农业区划办公室主任，尽责尽力，组建土地资源调查专业队，同普查人员踏遍全县山山水水，从不叫苦喊累，在内业量算、制图工作中兢兢业业，一丝不苟。1987年4月29日病逝。

刘　辉(1923—1988)　原名刘成元，汤泉镇(今汤泉街道)高华村人。民国33年(1944)9月参加抗日游击队。抗日战争胜利前夕，被国民党抓去从军。37年11月，在苏北新浦海洲参加中国人民解放军，编入三野九兵团二十六军七十二师二三四团二营五连，先后在淮海战役第二阶段、江浦县汤泉战斗和上海战役中荣立二等功、一等功和三等功。1950年12月赴朝作战。1951年3月23日，刘辉所在连队进入汉江北岸龙岩山高地，阻击北犯美军。上午8时许，美军以飞机和排炮轮番狂轰滥炸，下午又以两个营的兵力，在飞机和30辆坦克掩护下分四路强攻刘辉所在七班、八班阵地，战士们奋起还击，连续击退美军三次进攻。美军第四次进攻改用一个营的兵力从阵地左侧和后侧包抄阵地，战士们全都牺牲，仅剩刘辉机枪组坚守在地堡内。美军发出“中国人，赶快交枪吧!”刘辉愤怒地回答:“我是中国人，中国人从来是不屈服的!”黄昏时分，美军向地堡内猛掷燃烧弹、瓦斯弹，但火、毒都没把刘辉制服，美军只好派两个班兵力监视地堡。天黑以后，刘辉沿着战壕缓缓向前爬行，在靠近敌人机枪阵地时扔出手榴弹，趁敌慌乱之际，跳出工事，冲出封锁圈。战后，营长在连队大会上宣布刘辉火线入党，提升他为班长；师部给他记特等功一次，授予他“钢铁英雄”称号；朝鲜民主主义人民共和国政府特授他战士荣誉二级勋章。1951年9月26日，《人民日报》以《我们是中国人》为题报道刘辉的英雄事迹。1954年，刘辉转业到江浦县浦城区供销社工作，后调至龙山、高旺供销社。1980年退休，后改办离休。1988年10月13日病故。

林散之(1898—1989) 原名以霖,后改散之,自号三痴,别署散耳、聋叟、江上老人、半残老人等,斋名江上草堂等,祖籍安徽乌江,生于江苏省江浦县乌江镇(今南京市浦口区桥林街道)江坂村,书画家、诗人。清宣统三年(1911)家道中落,至南京评事街从张青甫学事肖像与工笔人物。两年后从范培开、晚清进士张栗庵学古诗文及书法。民国18年(1929)赴上海,师从山水名家黄宾虹。1950年起,先后当选为江浦县第一届各届人民代表会议代表、县各界人民代表协商委员会常务委员、县人民政府副县长、南京市文联副主席。1967年,被江苏省国画院聘为画师,迁居南京中央路新寓。1980年7月,当选南京市政协副主席。曾任全国政协委员、中国书法家协会名誉理事、江苏分会名誉主席、南京书画院院长等职。时人把他与胡小石、高二适、萧娴并称为"金陵书法四家"。1988年,向江浦县捐献书法作品170件、画40幅。江浦县在县城求雨山建立林散之纪念馆。1989年12月病逝于南京,葬于安徽省马鞍山市采石矶小九华山麓。1990年4月,中共中央和国务院批准安徽省委和省政府在安徽省马鞍山市采石公园建立林散之艺术馆。1998年,经浦口区政府批准,复建林散之故居"江上草堂"。1999年12月,林散之被评为中国二十世纪十大杰出书家,排名第四。2001年1月,林散之入选千年中国十大杰出书家行列,排序第十。2015年,入选中国艺术研究院、中央电视台、中央新影集团等单位联合摄制的百集20世纪中国文艺领域人物传记纪录片《百年巨匠》。其艺术成就详见第五章第三节《文学 书法 绘画》。

许式己(1899—1991) 号许敬庐,江浦县珠江镇(今浦口区江浦街道)人。民国2年(1913)就读于江苏省第四师范学校。8年考入北京大学,毕业后在北京孔德学校任英语教员。16年任江浦县教育局局长。21年任南京国民政府实业部秘书。22年任福建省财政厅秘书、厦门海关监督。23年起,先后任职于中国实业银行总行及上海分行、广州分行、重庆分行。中华人民共和国成立后,任中国实业银行广州分行经理。1958年调任中国人民银行广州分行储蓄部主任,当年作为先进代表赴京开会,受到中华人民共和国主席毛泽东接见并合影留念。至1964年,历任广州市金融行业工会主任委员、广州市工商业联合会历届委员及副主任委员,4次被选为广州市人大代表及两届市人大常委会委员。1982年5月,他动员长侄许敬復将家藏多年的民国《江浦县新志》稿(手抄本)7册10卷10万多字捐献给江浦县政府。一生创作诗词100多首,有《庸斋诗稿》行世。

张祯邦(1921—1991) 号耀卿,江苏省高邮县张庄人。民国31年(1942)6月参加革命,次年加入中国共产党。历任解放区高邮县周山区税务员、公安股股长、区委组织科长、山东鲁南兵站处分站副站长、高邮县公安局副局长、泰州专署公安处科长等职。1953年3月,调任江浦县公安局局长。此后30多年,历任江浦县委政法部部长、副县长、县革命委员会农林委员会副主任、县人大常委会主任等职;中共江浦县委员会一至四届、六届委员、常委。在工作中坚持实事求是、联系群众的作风。在"大跃进"年代,敢于说真话,虽然受到不公正的对待,但他仍能按照党的原则规范自己的言行,从不计较个人得失,体现了一个共产党员的宽阔胸怀。1986 年离休后,享受地市级政治、生活待遇;担任县老龄工作委员会名誉主任、县关心下一代协会副主席。1991 年 9 月 14 日病逝。

刘春城(1920—1998) 星甸街道人。民国 28 年(1939)起,就读于江浦县立中学、南京国立中央大学医学院。1949 年 7 月参加工作。1956 年 12 月加入中国共产党。1958 年 7 月入伍。历任南京大学医学院附属医院眼科医师、南京军区总医院眼科主治医师、副主任医师、主任医师等职,是军内外知名度较高的眼科专家。1973 ~ 1981 年,他在国内首先研制和应用的眼底荧光血管造型术,填补眼科学领域一项空白。该成果获全军科技成果二等奖,刘春城出席全军科技表彰大会。1988 年 3 月,进入医院医学专家室工作,曾任南京市激光学会理事、中华医学会江苏分会暨南京市眼科科学会副主任委员、南京军区眼科专业组副组长、全军眼科专业组副组长,并担任第二军医大学兼职教授、南京大学医学院临床医学系兼职教授;主编和参加编写《眼科学》《创伤眼科学》等 6 部专著,担任《中华眼科》《眼科研究》杂志编委、《人民军医》特约编辑。1992 年被国务院、解放军总政治部批准享受政府特殊津贴。1998 年病逝于南京。

孙本柱(1935—1998) 珠江镇(今江浦街道)人。1950 年 1 月参加工作。1956 年 5 月加入中国共产党。1957 年起,任江浦县食品公司、县农产品公司经理、县供销社人秘股长。1966 年 3 月调任龙山人民公社党委副书记、社长。1969 年 11 月至 1976 年 10 月,任中共陡岗人民公社革委会核心领导小组组长、中共陡岗人民公社委员会书记。期间,孙本柱带领干部群众大搞农田基本建设,对低产农田进行山、水、田、林、路综合治理,建造 8 座电灌站、四级翻水站,引长江水至东桥、高汤、双庙、七塔等 11 个山区大队,灌溉农田 1600 多公顷。1976 年 11 月任县社队工业办公室主任、社队企业局局长。1979 年 12 月任珠江镇党委书记后,他多方集资,铺设 20 多条县城水泥路面。群众称赞说:“脚踏水泥路,心想孙本柱。”1984 年 5 月起,任县交通局党委书记、局长。任内拓宽改造浦合公路、浦乌公路,新建浦泗公路、浦珠公路和 312 国道江浦段;兴修乡村道路 19 条,其中等级公路长 70 千米;推行企业改革,以县客运公司为试点,在全省率先推行单车承包责任制;制定交通局《简政放权 50 条》《交通系统端正党风的八条规定》,被县委转发。1987 年起,孙本柱当选为中共江浦县第八届、第九届委员会委员。1988 年,被评为江苏省劳动模范。

李润泉(1911—1999) 大桥乡(今永宁街道)宋弯村人。民国 17 年(1928),师从南京名中医朱少卿,23 年满师后到永宁镇金瑞芝药店坐堂行医。25 年,伤寒流行,李润泉与金瑞芝各筹 100 元开设贫民义诊所,免费为贫民百姓治病,两年义诊 2000 余人次。37 年 2 月参加国民政府考试院医师应试,名列第七。1952 年,考入南京医师进修班学西医理论,修业后被市卫生局安排到中山北路南京市第一联合诊所工作。1954 年回县,在大桥乡北城联合诊所从医。1958 年任大桥乡联合卫生院副院长。1971 年退休后仍由大桥乡医院聘任为中医师。1980 年起,先后当选为第九、第十、第十一届江浦县人大代表,第九、第十届县人大常委会委员。1988 年被评为中医副主任医师,1989 年被南京市卫生局评为南京名中医,1991 年被确定为市级"继承老中医学术经验工作"首批指导教师,系中华全国中医学会江苏分会会员。李润泉擅长内、妇两科,根据中医"气为血帅""不通则痛"理论,运用扶正、止血、化瘀、理气等疗术,对缓解心绞痛、降低心肌梗塞病死率尤为显著。利用西药加甘遂黄硝散治疗胰腺炎、肠梗阻、阑尾炎,治愈率达 90% 以上。李润泉一生收徒 6 人,常教导弟子:"医可学,必从书中学,从临床中学;经典故为师,病人更为师也。"

叶德琚(1909—2000) 字佩之,珠江镇(今浦口区江浦街道)人。少年时代就读于江浦县第一高等小学,民国 10 年(1921)考入江苏省立镇江第九师范学校,毕业后投身家乡教育事业,先后任桥林小学、江浦文德女子学校、浦镇东门小学校长、江浦县教育科教育委员。侵华日军侵占江浦后,他严词拒绝伪县政府教育科长之职,避居汤泉,并借用张家祠堂,办失学儿童补习班。1949 年解放后,成为国家公教人员,先后任汤泉小学、江浦县实验小学教导主任。1963 年起,当选为江浦县第五届、第六届人民委员会委员。1964 年 8 月,调任汤泉小学教导主任。1977 年,被评为南京市文教系统先进工作者。1978 年 12 月,当选为南京市第八届人民代表大会代表。1982 年 11 月,当选为江浦县第一届政协委员。叶德琚一生从教,爱校如家,爱生如子,为人师表,赢得教师、家长的广泛赞誉。

叶德明(1905—2001) 字启东,号一舟,清光绪三十一年(1905)出生于江浦县珠江镇(今浦口区江浦街道),曾就读于江浦县第一高等小学、南京省立第四师范学校、南京国立中央大学、美国华盛顿大学。历任驻美国及英国、荷兰等国副领事、领事、总领事,国民政府外交部美洲司专门委员兼第一科科长、副司长、司长,负责南北美洲外交及侨务事宜。民国 37 年(1948),南下中国香港经营商务。1956 年移居美国,经营国际贸易及房地产业务。布什总统任期内被邀参与机密议事。1976 年唐山大地震后,捐款 3000 美元赈济灾民。1988 年,捐赠 10 万元在江浦县设立叶德明夫妇奖学基金会。1994 年捐赠 15 万美元,在县城珠江镇建造德明图书馆。1996 年,其子女维豪、维杰、维凯、维丽共同捐资 15 万美元,在江浦县人民医院建造武英医疗技术楼。1998 年,捐款在县城建立艺术教育中心。2000 年 10 月,捐款 5 万元,设立叶氏医药助赈会,帮助贫困老人做白内障复明手术。1979 ~2001 年,他 5 次返乡,受到政府和家乡人民热忱欢迎和接待,江苏省委书记陈焕友及南京市政府有关领导干部亲切接见,并设宴款待。2001 年 10 月 3 日,因病在美国逝世。

何青辉(1930—2001)　南京市人。1950年10月参加工作,1956年12月加入中国共产党。1977年起,先后任三河人民公社党委副书记、顶山人民公社(乡)党委副书记。1984年2月任原浦口区农工部调研员。1989年被评为南京市优秀共产党员标兵、市劳动模范。何青辉一生勤勉、廉洁。1972年起,他一直住在一套阴暗、潮湿的房子里,直到临终从未提出调房要求。1985年,他担任浦珠公路建设工程副总指挥,对15千米长的路基、路面工程以及15座跨河立交桥、15座箱涵工程都亲临现场,检查进度和质量。1986年初,在朱家山河伏龙桥24孔桩眼施工中,他冒着塌方危险,腰系绳索下到13米深的井底查看情况,确保桥梁如期完工;期间,有些施工队盯上工程款这块"肥肉",借机给他送纪念品、土特产或宴请,搞感情投资,都被他一概谢绝;区政府配给他一辆万里牌面包车,他规定车子仅用于接送工程技术人员和联系业务,并带头执行,始终骑自行车奔波于施工现场,6年行程2万多千米。1991年防汛期间,他坚持在金汤街泵站查看水情,打捞飘浮物,连干30多天。7月10日深夜11时,点将台河堤决口,他带领20多名民工抢险,连续5天5夜未合眼。

黄自山(1934—2001)　原籍江苏省六合县,民国34年(1945)迁至江浦县东门镇。1958年进浦镇车辆厂当工人。1960年3月加入中国共产党。他工作勤奋,每天坚持早上班、晚下班,利用节假日、星期天加班加点,数十年如一日,多数年份超工时1000小时以上,月月、年年超额完成生产任务,产品合格率均在99%以上。他刻苦钻研技术,积极参加技术革新,实现弹簧支柱、风动夹具等4项革新,其中改进换枕技术将原生产工艺需二刀二道工序,改为双刀一次完成,提高工效一倍。他生活艰苦朴素,克勤克俭,坚持学雷锋做好事,经常利用休息时间为工友修鞋、补伞。1973年,在群众性"献宝"活动中,他利用工余时间,捡拾旧木材1500公斤、废旧钢铁8150公斤。1975年起,黄自山当选为全国人民代表大会第四、第五、第六届代表。1977年,被评为全国工业学大庆先进生产者、江苏省劳动模范、南京市劳动模范。1978年,被评为铁道部劳动模范。1995年退休。

胡长生(1930—2004)　江苏省涟水县人。民国35年(1946)10月加入中国共产党,参加工作。36年12月,任苏北华东军政大学南下工作队队员。1949年4月起,先后任中共苏南区委政策研究室干事、中共江苏省委农村工作部干事。1954年8月调入江苏省江宁县,历任中共江宁县委农村工作部指导员、副部长、江宁县农林局局长、江宁县人民委员会副县长。"文化大革命"期间,任江宁县革命委员会常委、县革委会生产指挥组负责人之一。1974年2月,调任南京市大厂区革委会副主任。1978年11月,调任中共江浦县委副书记。1980年10月,当选为南京市浦口区人民政府区长,并任中共浦口区委副书记。1984年5月,转任浦口区政府顾问。1990年离职休养。2004年12月病故。

刘宏林(1962—2004) 桥林街道石碛社区人。1984年,由镇政府分配到镇自来水厂工作。20年来,刘宏林从一般工人到技术骨干,从技术骨干到副厂长,工作岗位在变,但他爱岗敬业、刻苦钻研、全心全意为人民服务的精神和高尚品质没有变。刘宏林负责施工安装和维修工作,每项工程从测量、预算到施工,都亲临一线,精心组织,身先士卒,苦活脏活带头干,雨天一身泥,晴天一身汗。2003年11月,在桥林老街自来水管线改造工程中,刘宏林每天推着装有材料和工具的三轮车,第一个赶到工地,原定35天工期,提前11天完成任务。2004年12月26日下午,他带病冒着雨雪抢修中兴路附近小区的自来水管道,不幸以身殉职。2005年1月14日至4月14日,《江苏工人报》连续刊发《英雄之花在雨雪中绽放》《英雄赞歌是这样唱响的》《英雄之魂在百姓中树起丰碑》长篇报道和通讯,宣传刘宏林先进事迹,盛赞他是新时期工人阶级的楷模。期间,《南京日报》《金陵晚报》、南京电视台及浦口区人民广播电台也作了大力宣传。浦口区扬剧团将刘宏林感人事迹编排成《心泉》,在市、区多次上演。

季 魁(1924—2007) 曾用名季治国,江苏省兴化县老圩区人。民国30年(1941)12月在新四军兴化团三连服役。33年加入中国共产党,任兴化溱潼茅山地区交通员。34年起,任兴化县中兴乡政府文化教员、中兴乡乡长等职。1949年2月,先后任中共扬州市江都县霍桥区委副书记、区公所副区长、区长、区委书记。1951年起,历任江都县农民协会副主任、县供销社主任、县委财贸部长兼宜陵区委书记、县委书记处书记兼樊川区委书记、县人民委员会副县长。1966年4月,调任六合县人民委员会副县长。"文化大革命"初期休职。1970年任六合县农林局召集人,1972年任六合县革委会副主任,1974年任中共六合县委常委。1978年11月起,任中共江浦县委副书记、县革委会副主任。1980年任中共江浦县委书记,1984年2月转任江浦县委顾问。1986年4月离职休养。2007年11月病逝。

圆 霖(1915—2008) 俗姓杜,名振山,别号山僧,安徽宿州韩村人。自幼尤爱书画,22岁与皖北名宿梅雪峰等创办宿县书画社。30岁时至上海灵山寺,受了愿法师启迪,顿悟尘缘,决意弃俗求净。民国35年(1946)于江浦县老山狮子岭遁入佛门,投兜率寺住持体义为师,取法号圆霖。1955年,至五台山卓锡三年。"文化大革命"期间,在老山林场瓦殿果场看护桃园。1976年重返兜率寺,1982年出任该寺住持。是年起,他连任江浦县政协第一、第二、第三届常委,南京市佛教协会理事。为重振山门,圆霖竭尽所能,先后改建或重建藏经楼、莲花苑、三圣殿、天王殿、罗汉堂、弥勒殿、大雄宝殿、大慈宝殿等建筑设施。2003年3月,当选为浦口区第一届佛教协会会长。2006年6月,被推荐为南京市佛教协会名誉会长、江苏省佛教协会理事。数十年来,他以诵经念佛为主课,功课之余潜心书画,翰墨丹青在书画界获得独有的定位,成为浦口地区文化名片之一。为姑苏灵岩寺彩绘的莲宗十三祖师像生动传情,禅意超然,观音造像清澈静笃,慈祥安然,堪称举世一绝;书法以弘一大师为范,劲健明丽,实为佛门珍品。一生所作书画数以万计,皆随缘赠人。有《山僧圆霖书画集》《山僧书画精品集》传世。2008 年 5 月 5 日圆寂。

魏能润(1919—2010)　今浦口区泰山街道人,中共党员。青少年时期就读于南京市第一中学、扬州中学、四川省合川国立二中、昆明同济大学附中。民国 33 年(1944),毕业于上海同济大学医学院,就职于上海同济医学院、南京陆军总院(解放军八一医院)、南京鼓楼医院、武汉中南同济医学院(华中科技大学同济学院)。历任上海同济大学附属医院耳鼻喉科医生、讲师、主任、副教授、教授,中华医学会耳鼻喉科学会常委,湖北省及武汉市耳鼻喉学会主委,卫生部耳鼻喉科专题委员会委员,西德鼻喉科、头颈外科学会通讯会员,国际音声医学及语言矫治学会会员,西德平衡学会会员等。1981 年,被国务院学位委员会宣布为第一批博士生导师。1984 年,以学术交流学者身份应邀至德国图宾根大学耳鼻喉科医院从事科研合作 20 余年。当年德国人让魏能润填写入德国籍表,他没有填,只是 5 年一次到使馆签证延期。一生发表论文 70 余篇,其中《同种异体骨膜、听骨移植的初步应用》获卫生部科技成果甲等奖。主编《耳鼻喉科学》等著作。2004 年 11 月,南京市档案馆为魏能润建立名人档案。2010 年 4 月 15 日,魏能润在德国病逝。

赵洪典(1921—2011)　山东省莘县舍利寺村人。民国 32 年(1943)8 月参加工作,任山东省聊城范筑先专员所属二十一支队政治部宣传员。33 年 8 月任冀鲁豫边区朝城县政府财经科会计,同年加入中国共产党。34 年 7 月起,先后任朝城县第五区公所财经助理员、第二区公所副区长、区长、中共朝城县第五区分委副书记。1949 年 3 月,随解放军南下金陵支队进驻南京,5 月起任中共南京市第八区南门镇支部委员会书记、镇人民政府镇长。1951 年 1 月任中共南京市第七区委秘书室秘书、区人民政府办公室主任。1954 年任中共南京市委大厂镇委员会第二书记、书记。1956 年 10 月转任中共浦口区(代管)大厂镇委员会副书记、书记。1959 年 8 月后,历任中共南京市委农村工作部生产处处长、办公室主任、生活处处长、市农委财贸办公室副主任、市郊委组织部部长、南京市起重机装卸公司经理。1969 年 12 月下放江苏省沭阳县劳动。1974 年 1 月起,任该县革命委员会知青办公室主任、县人事局副局长。1978 年 8 月调任南京市农业办公室政工处处长。1979 年 2 月任中共浦口区委员会副书记。1980 年 10 月选任浦口区第九届人大常委会主任。1983 年 3 月离职休养。2011 年 8 月 13 日病逝。

林昌庚(1929—2011)　1949 年考入中央大学(今南京大学)。1953 年在南京林学院任教。1959 年,选派公费赴苏联留学,发表论文《确定林木蓄积量的新技术》,在苏联被称为《林昌庚公式》,后被编入苏联和国内高等林业院校教科书。1961 年回国后,继续在南京林学院任教,历任南京林学院教授、林业部高等学校教材编审委员会委员、《中国林业科学》杂志编委等职。一生发表科学论文60多篇,出版专著10余部,曾获林业部科技进步一等奖、教育部优秀教材一等奖、国家优秀出版物一等奖和国家科技进步一等奖;被评为“对发展我国教育事业做出突出贡献”的专家,终身享受国务院特殊津贴。作为当代著名书法家林散之的次子,他先后向林散之艺术馆、林散之纪念馆无偿捐献其父书画精品,并参与林散之故居修复和《林散之》一书的撰写、出版工作。

时作雨(1921—2012) 河北省元氏县人。民国27年(1938)2月参加工作,同年10月加入中国共产党。历任铁道兵四师新兵团政委、农垦局政治部主任。1961年3月起,历任中共江浦县第二届、第三届、第四届委员会副书记。1976年10月任江浦县革命委员会副主任。1978年12月至1982年11月,任江浦县第八届、第九届人大常委会副主任。1982年11月至1984年2月,任政协江浦县第一届委员会主席。1986年12月离休,享受地市级政治、生活待遇。

黄梅品(1927—2012) 江苏省江阴县上塘村人。1951年8月参加工作,任南京市第七区工会办事处组织干事。1953年6月加入中国共产党,升任区工会办事处副主任。1956年起,历任中共浦口区委工业部副部长、区委组织部组织员、浦口区工业分局副局长、区委工业部副部长、工业局局长、区委组织部副部长、中共浦口区葛塘人民公社委员会书记。1971年后,任浦口区大厂镇中学革命委员会主任、中共浦口区工农化工厂支部委员会书记、中共浦口区三河人民公社委员会书记。1975年10月,晋升为中共浦口区委员会副书记、区革命委员会副主任。1980年1月,调任中共南京市大厂镇地区临时工作委员会副书记、中共大厂区委员会副书记兼区人民政府副区长、区长。1984年5月,选任浦口区第十届人大常委会副主任。1987年8月退休。2012年4月病逝。

崔继修(1926—2014) 曾用名崔继元,河南省范县姜堤口村人。民国35年(1946)4月,参加山东省临泽县二区抗联工作,任濮县二区政府文书。36年10月,任冀鲁豫边区九专署总务科会计、股长。1949年10月加入中国共产党,任解放军南下金陵支队财经出纳员、南京市第八区财经科审计员。1950年5月起,任中共南京市第七区组织部组织干事、区人事科副科长。1955年8月至1966年12月,先后任浦口区南门镇镇长、中共浦口区委财贸部副部长、区委农村工作部副部长、区委监察组副组长等职。1968年10月起,任浦口区浦口镇革委会主任、区革委会政工组副组长、区委组织部副部长、部长。1978年12月,晋升中共浦口区委常委。1980年10月,选任浦口区政府副区长。1984年5月,选任政协浦口区第一届委员会主席。1987年7月离休。2014年4月3日病逝。

宋尔荣(1931—2015) 江苏省靖江县人。民国37年(1948)参加工作,1949年3月加入中国共产党,历任靖江县城区工作队队员、中共靖江城区、太和区委组织干事、西来区委组织科副科长、中共靖江县委组织部组织员、组织科科长、组织部副部长、中共靖江县委监察委员会副书记、中共靖江县柏木乡委员会第一书记、中共靖江县斜桥人民公社委员会第一书记。1966年2月起，调任中共江浦县委员会常委、县人民委员会副县长。1976年3月任江浦县革委会副主任。1980年当选为江浦县人民政府县长，次年任中共江浦县委员会副书记。1984年2月起，连选连任江浦县第九届至第十二届人大常委会主任。1993年2月离休。2015年8月22日病逝。

第二节　烈士简介

吴纯熙　清光绪三十一年(1905)生，湖南省沅陵县东关镇人(家人住浦口区桥工新村)。民国16年(1927)5月参加革命，是月25日在湖南省沅陵县东英盐仓河坪牺牲。1953年7月6日被中央人民政府批准为革命烈士。

陈兆春　清光绪十九年(1893)生，浦口区顶山镇后所村人，浦镇机厂(浦镇车辆厂前身)工人，民国12年(1923)参加革命，共产党员。19年10月8日被国民党杀害于南京雨花台。1956年4月13日被南京市人民委员会追认为革命烈士。

袁鸿鸣　清光绪二十二年(1896)生，河北省唐山市人，浦镇机厂(浦镇车辆厂前身)工人，民国19年(1930)参加革命，共产党员，同年10月8日被国民党杀害于南京雨花台。1956年4月16日被南京市人民委员会追认为革命烈士。

张学堂　清光绪十二年(1886)生，江苏省泰兴县人，浦镇机厂(浦镇车辆厂前身)工人。民国19年(1930)参加革命，共产党员，同年10月8日被国民党杀害于南京雨花台。1956年7月16日被中央人民政府追认为革命烈士。

邹士富　清光绪三十一年(1905)生，湖北省黄陂县蔡店区郭岗乡祁家河湾人(家人住浦口区桥工新村)，民国18年(1929)参加革命，曾任赤卫军班长。20年在湖北省黄陂县河口区牺牲。1957年7月10日被中央人民政府批准为革命烈士。

胡高生　民国11年(1922)生，江浦县桥林镇人，28年9月参加革命，任新四军七师战地服务团团部通讯员。30年4月因战牺牲。

周宗汉　民国8年(1919)生，江浦县石桥乡石村街人，30年参加革命，任新四军七师游击队江全大队队长，同年在乌江驻马河因战牺牲。

周宗昇　民国12年(1923)生,江浦县石桥乡石村街人,30年参加革命,系新四军七师游击队江全大队队员,同年在乌江驻马河因战牺牲。

毛义芳　清宣统三年(1911)二月生,江浦县龙山乡龙东村人,民国31年(1942)参加革命,任新四军七师和含支队江全大队龙山游击队情报组情报员。32年2月在江浦县龙山被敌杀害。

傅伦云　清光绪三十一年(1905)五月生,江浦县星甸镇万隆村人,民国31(1942)8月参加革命,任新四军七师和含支队江全大队情报组情报员。32年2月在江浦县龙山被敌杀害。

秦学贤　清光绪三十四年(1908)生,江浦县龙山乡人,民国31年(1942)5月参加革命,任中共北山区火龙山(龙山)情报员。32年2月被捕牺牲。

董香明　民国13年(1924)8月生,江浦县星甸镇十里村人,31年参加革命,系新四军七师游击队和含支队队员。32年10月在星甸因战牺牲。

汪命涛　民国11年(1922)4月生,江浦县大桥乡河北村人,32年参加革命,系新四军二师来安县大营区大队战士,同年在安徽省来安县相官集因战牺牲。

陶祥金　民国15年(1926)生,浦口区沿江镇新化村人,31年入伍,系新四军某部警卫员。32年在黄小地区战斗中牺牲。

郑宝山　民国10年(1921)8月生,江浦县龙山乡龙西村人,32年9月参加革命,系新四军七师和含支队江全大队龙山游击队战士。33年6月在江浦县被敌特谋害。

鲁金成　民国10年(1921)9月生,江浦县永宁镇西葛村人,32年9月参加革命,任新四军二师五旅十五团二营八连三排八班班长。33年11月在安徽省肥东县王四城因战牺牲。

张功富　清光绪二十二年(1896)生,江浦县石桥乡向前村人,民国33年(1944)在江浦被捕牺牲。

孟广兴　民国2年(1913)生,山东省蒙山县保天区西张庄人(家人住南京钟表材料厂宿舍),31年4月参加革命,系八路军游击队队员。33年在蒙山县牺牲。1950年9月5日被蒙山县人民政府批准为革命烈士。

沈宗植　民国5年(1916)11月生,江浦县大桥乡五四村人,26年参加革命,任新四军二师营部参谋。34年1月在六合县横梁因战牺牲。

张斗金　民国17年(1928)生,老山林场滴水珠村人,34年8月参加革命,系解放军某部战士。36年5月在山东省孟良崮因战牺牲。

朱应周　民国9年(1920)生,江浦县兰花乡双垄村人,33年参加革命,任解放军某部班长。36年在山东省枣庄市因战牺牲。

郭胜友　民国17年(1928)4月生,江浦县兰花乡双垄村人,33年7月参加革命,任华东野战军四纵十一师三十三团一营排长。36年在山东禹城因战牺牲。

阎振月　民国9年(1920)生,江苏省赣榆县海头镇人(家人住浦口区南门礼仪巷铁工新村),赣榆县海头镇基干民兵,34年4月参加革命,36年在济南市附近牺牲。1950年12月2日被山东省人民政府批准为革命烈士。

戴德兴　民国14年(1925)生,江浦县永宁镇上午旗村人,30年参加革命,任十八军一五九团司号兵。37年4月在安徽省阜阳市因战牺牲。

丁义才　清光绪三十四年(1908)生,江浦县星甸镇桂花村人。民国37年(1948)1月参加革命,任新四军七师游击队班长,同年6月在星甸因战牺牲。

兰荣业　民国14年(1925)生,江浦县石桥乡石合村人,31年参加革命。37年在江苏省徐州市因战牺牲。

蔺世才　民国15年(1926)生,浦口区沿江镇新化村人,31年入伍,任解放军华东野战军某部副排长。37年在开封战役中牺牲。

薛保年　民国10年(1921)生,江苏省建阳县芦沟区洪章乡人(家人住南京第四机床厂职工宿舍),35年入伍,系解放军第三野战军八十六师一〇四团卫生队战士。37年在江苏省海安县牺牲。1950年2月26日被江苏省盐城行政区专员公署批准为革命烈士。

林吉好　民国14年(1925)生,浦口区泰山镇夹河村人,30年12月入伍,共产党员,任解放军某部连长。37年在淮海战役中牺牲。

陈兴洲 清光绪十八年(1892)生,江浦县建设乡巩固村人,1949 年 3 月参加革命,系华东军区某部战士。1949 年 4 月在江浦因战牺牲。

宋明槐 民国 15 年(1926)生,江浦县宋家楼人,37 年 2 月参加革命,系六十五军五八四团四连战士。1949 年 8 月在秦岭杨家岭因战牺牲。

邹道法 民国 7 年(1918)生,江浦县星甸镇珍珠庙村人,36 年参加革命,系解放军某部战士。1949 年在辽宁省沈阳市因战牺牲。

郑 荣 江浦县人,在四十九军一四七师四四〇团任职。1949 年在天津塘沽因战牺牲。

雍永淮 民国 21 年(1932)生,江浦县石桥乡雍庄村人,1949 年 4 月参加革命,系四川省高县第二区公所工作人员。1950 年 2 月在四川省高县四烈乡因战牺牲。

张 诚 民国 17 年(1928)10 月生,江浦县建设乡高旺街人,1949 年 8 月参加革命,任四川省长宁县三区财粮员。1950 年 4 月在四川省长宁县杨岭因公牺牲。

林从德 清宣统二年(1910)生,浦口区顶山镇胜利圩人,1949 年 3 月入伍,系解放军某部战士。1950 年 6 月牺牲在浙江省肖山战场。

王仕贤 民国 19 年(1930)9 月生,江浦县永宁镇侯冲村人,1949 年 9 月参加革命,系中南军区宜山军分区独立营一连战士。1950 年 9 月在广西壮族自治区宜山剿匪牺牲。

王述迨 民国 17 年(1928)生,江苏省泗阳县人,1949 年 4 月入伍,系志愿军二十六军二三〇团战士。1950 年 12 月 6 日牺牲在朝鲜战场,被中国人民志愿军政治部批准为革命烈士。

陈金义 民国 16 年(1927)生,浦口区盘城镇双楼村人,37 年入伍,系志愿军某部战士。1950 年牺牲于朝鲜战场。

赵之堂 民国 17 年(1928)12 月生,江浦县陡岗乡七塔村人,1949 年参加革命,任志愿军二十军五十八师一七三团话务员。1951 年 5 月在朝鲜华川因战牺牲。

朱永彪　民国20年(1931)生,江浦县永宁镇东葛村人,1951年3月参加革命,系志愿军一〇七师师直通讯连战士。1951年10月在朝鲜太川郡因战牺牲。

赵希泉　民国20年(1931)生,山东省济南市鸽子街人(家人住浦口区浦铁一村),1951年10月参加工作,为合肥机务段援朝火车司炉。同年11月27日牺牲于朝鲜中午车站。1952年6月5日被济南铁路管理局批准为革命烈士。

方德才　民国9年(1920)生,江浦县建设乡差田村人,1949年5月参加革命,为志愿军二十六军二二七团三营七连战士。1951年在朝鲜涟川因战牺牲。

李　超　民国12年(1923)生,浦口区泰山镇临江村人,37年9月入伍,系中国人民志愿军三十八军一一三师三三八团一营三连战士。1951年牺牲在朝鲜战场。

李成炳　民国16年(1927)9月生,江浦县大桥乡板桥村人,1950年4月参加革命,系志愿军三十五师侦察队战士。1952年1月在朝鲜因战牺牲。

刘开忠　民国3年(1914)生,江浦县陡岗乡燕林村人,1950年10月参加革命,任志愿军炮兵二〇二团二营六连司机。1952年4月在朝鲜因战牺牲。

余永年　民国14年(1925)生,浦口区顶山镇南门人,1950年入伍,系中国人民志愿军炮兵二师二十八团观察员。1952年11月牺牲在朝鲜上甘岭战场,是年被南京市人民政府批准为革命烈士。

罗守福　民国4年(1915)生,浦口区沿江镇京新村人,33年入伍,系中国人民志愿军某部战士。1952年牺牲在朝鲜战场。

朱志保　民国18年(1929)生,浦口区沿江镇新化村人,32年入伍,共产党员,系中国人民志愿军某部司号长。1952年牺牲在朝鲜战场。

汤金平　民国23年(1934)生,浦口区沿江镇新化村人,1952年入伍,系中国人民志愿军某部战士,是年牺牲在朝鲜战场。

花文科　民国22年(1933)生,浦口区沿江镇龙山村人,1951年3月入伍,共青团员,系中国人民志愿军某部战士。1953年1月牺牲在朝鲜战场。

卞正平 民国20年(1931)生,浦口区盘城镇盘城村人,1951年4月入伍,系中国人民志愿军二十四军七十二师二一五团一营一连战士。1953年3月5日牺牲在朝鲜战场。1954年3月27日被中央人民政府批准为革命烈士。

陆长发 民国18年(1929)生,江浦县永宁镇双圩村人,1949年4月参加革命,系志愿军二十四军七十四师二二一团六连战士。1953年6月在朝鲜因战牺牲。

范永庆 民国19年(1930)生,浦口区永丰乡板桥村人,1951年6月入伍,共青团员,系中国人民志愿军二十四军七十二师二一五团通讯员。1953年7月牺牲在朝鲜战场。1954年2月15日被中国人民志愿军政治部批准为革命烈士。

喻仁良 民国20年(1931)9月生,江浦县建设乡差田村人,1952年2月参加革命,系志愿军六十八军第六〇八团一机连战士。1953年7月在朝鲜因战牺牲。

朱克标 民国22年(1933)10月生,江浦县建设乡差田村人,1952年2月参加革命,系志愿军六十八军第六〇八团一机连战士。1953年7月在朝鲜因战牺牲。

成学如 民国26年(1937)生,浦口区盘城镇丁解村人,1950年3月入伍,系中国人民志愿军二十四军七十二师二一五团通讯员。1953年7月3日牺牲在朝鲜战场。1954年3月27日被中央人民政府追认为革命烈士。

金德成 民国9年(1920)生,浦口区沿江镇新化村人,37年入伍,共产党员,系苏北某部战士。1953年在苏北的一次战斗中牺牲,是年被中央人民政府追认为革命烈士。

丁和森 民国15年(1926)生,浦口区顶山镇五宫村人,1951年入伍,系公安总队三团战士,1953年因公牺牲。

冯士芳 民国22年(1933)生,浦口区沿江镇冯墙村人,1951年入伍,系中国人民志愿军二十四军七十二师二一五团战士。1953年牺牲在朝鲜战场。

韦志和 民国23年(1934)生,浦口区盘城镇新华村人,1951年入伍,系中国人民志愿军某部战士。1953年牺牲在朝鲜战场。

谭相伍 民国11年(1922)生,江浦县星甸镇磙桥村人。1954年夏,随星甸乡防汛民工团到林蒲圩参加防汛,在抢险战斗中因公牺牲。

胡玉成 民国13年(1924)生,江浦县城东乡同心村人,1949年10月参加革命。1952年7月任人行江浦支行桥林营业所副主任。1954年8月在林蒲圩防汛抗洪中为抢救落水民工牺牲。

朱宗华 民国26年(1937)生,江浦县珠江镇人,1956年1月参加革命,系4229支队操纵手。1956年8月因公牺牲。

雷进发 民国22年(1933)生,江浦县林山乡五一村人,1956年3月参加革命,系7415部队战士。1956年11月因公牺牲。

赵先发 民国22年(1933)4月生,江浦县林山乡五三村人,1955年3月参加革命,任兰州部队汽车三十五团司机。1956年在兰州因公牺牲。

胡玉山 民国24年(1935)7月生,江浦县城东乡胡桥村人,1956年3月参加革命,系7495部队二分队五连战士。1958年11月在辽宁庄河县因公牺牲。

余少先 民国18年(1929)生,安徽省宣城县11区龙潭村人(家人住浦口区洪流村)。1949年1月入伍,共产党员,系中国人民解放军铁道兵8508部队一支队四连职工。1960年1月26日牺牲于余杭线南营溪中桥,是年9月30日被铁道兵司令部批准为革命烈士。

刘先德 民国29年(1940)生,江浦县石桥乡山西村人,1959年1月参加革命,系7205部队一分队二区队战士。1960年4月因公牺牲。

刘怀希 清宣统三年(1911)生,山东省滕县10区黄家村人,1949年初参加工作,共产党员,浦镇车辆厂消防队民警。1962年2月,在南京化学工业公司因公牺牲,随后被南京市公安局批准为革命烈士。

陈守普 民国33年(1944)生,浦口区浦口码头街东巷人,1961年8月入伍,共青团员,系中国人民解放军6534部队三分队卫生员。1965年9月28日在中越边界因战牺牲,12月2日被中国人民解放军总政治部批准为革命烈士。

陶树祥 民国30年(1941)生,浦口区泰山镇桥北村人,1963年2月入伍,共产党员,系中国人民解放军某部战士。1965年在部队病故。

庆增龙 民国35年(1946)5月生,江浦县陡岗乡大芦村人,1965年3月参加革命,系1506部队战士。1966年9月在河北省玉田县因公牺牲。

刘福全 民国18年(1929)生,黑龙江省达安市人(家人住浦口区泰山街道东门大街),1950年10月入伍,共产党员,任中国人民解放军6547部队加工连连长。1967年4月25日在安徽省嘉山县因公牺牲,随后被中国人民解放军总政治部批准为革命烈士。

王福华 民国24年(1935)12月生,江浦县桥林镇人,1956年3月参加革命,任7762部队医助。1968年5月在云南文山地区因公牺牲。

张广余 民国31年(1942)生,江浦县永宁镇复兴圩人,1965年3月参加革命,系4670部队十一分队战士。1968年8月在河北因公牺牲。

马吉全 民国29年(1940)生,浦口区顶山镇南门头步巷人,1961年8月入伍,共产党员,系中国人民解放军8283部队司药。1968年因公牺牲于浙江省温州市,是年11月1日被中国人民解放军总政治部批准为革命烈士。

刘恩连 1949年1月生,江浦县大桥乡高丽村人,1969年2月参加革命,系3303部队农场机械队战士。1969年4月在部队农场因公牺牲。

李文荣 民国32年(1943)生,浦口区沿江镇路西村人,1965年10月入伍,系中国人民解放军3261部队农场战士。1969年在辽宁省锦县因公牺牲,是年2月13日被中国人民解放军总政治部批准为革命烈士。

宋景和 民国16年(1927)生,山东省鱼台县人,南京港务局码头水手,共产党员。1970年5月30日在南京港务局17号码头塌方抢险时牺牲。1971年,被南京市革命委员会追认为革命烈士。

李永田 民国31年(1942)生,浦口区永丰乡新民村人,1963年3月入伍,共产党员,任中国人民解放军5831部队59分队副班长。1970年8月在四川省达县因公牺牲。

卜荣才　1949年生,浦口区宁港一村人,1969年4月入伍,共青团员,任中国人民解放军5257部队某连副班长。1972年5月在甘肃省天水县战备营房施工中牺牲,随后被中国人民解放军总政治部批准为革命烈士。

孟长林　1949年11月生,江浦县桥林镇人,1969年3月参加革命,系3122工程部队战士。1972年6月在长春因公牺牲。

段万华　1954年生,江浦县林山乡林东村人,1972年12月参加革命,系4114部队战士。1973年8月因公牺牲。

王志明　民国37年(1948)生,浦口区顶山镇南圩村人,1968年4月入伍,共产党员,任中国人民解放军39023部队会计。1976年4月在部队(大连市)病故。

吕殿明　民国35年(1946)生,江浦县建设乡华山村人,1965年参加革命,任二十四军二一一团一营一连连长。1976年7月在唐山因公牺牲。

刘曾庭　民国30年(1941)生,河南省柘城县人,1958年12月参加工作,系铁道部大桥局第四桥梁工程处工人,共产党员。1977年8月8日在修建援越升龙大桥(红河大桥)中牺牲。1978年10月30日被江苏省革命委员会批准为革命烈士。

曹　林　1958年生,浦口区浦口街道人,1978年3月入伍,系中国人民解放军89322部队战士。1978年7月在新疆维吾尔自治区乌鲁木齐市南山矿因公牺牲,随后被中国人民解放军总政治部批准为革命烈士。

滕衍树　1957年生,江浦县石桥乡高庙村人,1976年3月参加革命,任广西军区54207部队四分队班长。1979年2月在中越边境因战牺牲。

张永福　1956年生,江浦县汤泉镇三王村人,1976年3月参加革命,任广西独立师二团七连副班长。1979年2月在中越边境因战牺牲。

佴宗福　1956年生,江浦县石桥乡深井村人,1976年3月参加革命,任广西军区独立师二团九连副班长。1979年2月在中越边境因战牺牲。

陈有龙 1956年生,浦口区盘城镇双楼村人,1976年1月入伍,系中国人民解放军56037部队战士。1979年2月28日在广西板兰地区对越自卫反击战中牺牲。是年4月被追认为共产党员,同时被中国人民解放军总政治部批准为革命烈士。

张修富 1955年生,江浦县汤泉镇长岥村人,1976年3月参加革命,任广西独立师三团二营五连班长。1979年3月在中越边境因战牺牲。

张永福 1956年生,江浦县汤泉乡三泉村(今汤泉街道三泉社区)人。1976年3月参加革命,任广西军区独立师二团七连副班长。1979年3月,在对越自卫反击战斗中牺牲。

秦湘荣 1956年生,江浦县汤泉农场七联圩人,1976年3月参加革命,系广西独立师三团二营四连战士。1979年3月在中越边境因战牺牲。

呙顺发 1959年3月生,江浦县大桥乡护国村人,1979年1月参加革命,系81647部队五分队战士。1979年11月在内蒙古扎鲁特旗因公牺牲。

顾全民 1955年生,浦口区顶山镇同心村人,1974年12月入伍,共产党员,任中国人民解放军84870部队警卫连班长。1979年在部队(西安市)病故。

郑仁平 1964年4月生,江浦县星甸镇解放村人,1984年1月参加革命,系陆军第四十师(乙)三团一营三连战士。1985年6月在云南前线某高地因战牺牲。

严发奎 1958年生,浙江省淳安县人,1978年2月入伍,司令部副连职参谋。1986年12月1日,在排除哑弹时牺牲。1987年2月被所在集团军追认为革命烈士。

熊德杰 1963年生,四川省南充市嘉陵区人,1983年9月参加工作,任铁道部大桥局第四桥梁工程处助理工程师。1993年3月26日在与歹徒搏斗中牺牲。1994年4月21日被浙江省人民政府批准为革命烈士。

豆世峰 1952年1月生,浦口区星甸镇龙中村人,共产党员,村民组长。2003年7月5日18时,冒着狂风暴雨在滁河万隆段巡查堤防险情,不幸被雷击倒,以身殉职。9月,被江苏省人民政府追认为革命烈士。

注:烈士简介中不含已列入“人物传略”的烈士。

后　　记

2014 年 9 月，在党的群众路线教育实践活动中，区志办公室就地方志工作如何实践群众路线、更好地为广大群众服务的问题，集中办公室全体成员和离退休人员的意见，决定拟编一部内容简明扼要、纵贯古今的《浦口简志》，作为地方志书的普及本。并于 9 月 26 日向区政府报送《关于开展〈浦口简志〉编写工作的请示》及《〈浦口简志〉编纂工作方案》。令人鼓舞的是，区政府很快予以批示，同意区志办编写《浦口简志》，并将简志列为区委、区政府开展群众教育实践项目之一。10 月 10 日，以浦政发〔2014〕99 号文件印发《〈浦口简志〉编纂工作方案的通知》；同时成立区《浦口简志》编纂委员会，区长任编委会主任，1 名副区长任编委会常务副主任，区政府办公室、区地方志办公室负责人任副主任；编委会下设简志编纂办公室，具体负责简志实施工作，办公室主任由区档案局负责人兼任。

2015 年 1 月，简志工作进入实施阶段，编纂人员各就其位：区档案局局长、区志办主任陆先明任主编（2017 年 2 月起由马文媛继任），区志办副主任吴国华任副主编（2017 年 5 月起由李永胜继任）；曾任《江浦县志》主编刘海东和现任《浦口年鉴》执行主编朱军玲执笔撰稿。为了实现编纂简志的初衷和目标，编撰人员注重在志书体例把握和内容记述两个方面作了新的尝试。在篇目设置方面，遵循志书的基本体例要求，采用章节与条目结合体；从区情实际出发，精简篇目。全志初设 10 章，即概述、建置、环境、政治、经济、文化、社会、人物、大事记、附录；结合现代社会分工，参照国民经济行业分类标准，章下设 40 节；按事物内在逻辑，节下分设条目和子目。所设节、目，力求突出专业的实体性事物，政治类设党政机关、群众团体的组织机构，经济类设农业、工业、建筑业 房地产业、国内贸易、对外贸易、旅游业、金融等主要产业，以体现篇目简明、科学的特点。在内容记述方面，首先，重视资料的搜集和整理，为修志夯实基础，为志书质量提供基本保证。撰稿人员在稽阅已出版的 40 多部志书和年鉴、2002～2015 年《浦口区志》资料长编的同时，查阅了区委党史办、区政协、区文广局、区统计局等部门编印的《中共南京市浦口地方史（1949～1978）》《中国共产党南京市浦口区历史（1978～2002）》《中共南京市浦口区委执政纪事》《浦口文史》《浦口文韵》《浦口文华》《今浦口》《求雨山书画》报等数十种图书、报刊，从中获得许多新资料。其次，重视简志的编写规范问题。简志编写采取“一步成稿法”，即将稽查的可入志资料经过鉴别整理，去伪存真，去粗存精，分别注明名称、出处、时间编号，再逐一定位到简志节目；记述方法上，按时序记述事物或事件的历史与现状；内容记述做到精选和提炼，力求突出地方性和时代特色。老山和长江、滁河浦口段是浦口区具有地标性的生态资源，自然环境节对老山的“岭”“岵”“凹”“冲”“溶洞”等特色地貌及长江、滁河浦口段的流域、径流、水位、汛期、含沙量、潮汐等水文特征分别作了详细记述。文化章是简志文字量最重的一章，突出记述传统文化特别是诗词文化和书法文化。环境保护与生态文明建设、经济开发园区、房地产业、对外经济贸易、旅游业、精神文明建设、社会保障等内容的记述，集中反映了这些领域、行业改革开放的历史进程，充分体现了时代的主旋律。

原计划用3年时间即2017年底完成简志编修工作。其间，刘海东于2017年3～10月、2018年7～10月两个时段参加《浦口区志》2011～2015年资料长编两轮总纂工作；朱军玲于2017年5～7月、10～12月及2018年7～10月三个时段被区委组织部抽调参加区委巡察工作，简志完稿时间推延至2018年底。

2019年4月初，简志稿通过方志出版社初审、复审和终审。当月，地方志办公室组织人员根据方志出版社审稿意见，对志稿进行全面修改。办公室徐源负责志稿通读通审，字斟句酌，尽心尽职，不遗余力；应邀参加志稿审读的卢仕松、刘尚和、杨万友、杨宇金、周世泉分别对部分章节的篇目结构、记述内容、文字表述等作了认真修改，并提出大量中肯意见。5～6月，撰稿人员对简志进行全面加工、合成，增写概述章、自然灾害与灾害测报节，合并国内贸易节与对外经济贸易节为贸易节，删除大事记、附录章、中国国民党节，全志为7章43节。7月，简志几经打磨，如愿付梓。然编撰《浦口简志》是一项全新的工作，又限于水平，简志难免存在诸多疏误，敬请读者指正。

南京市浦口区地方志办公室

2019年7月